图书在版编目（CIP）数据

岳阳年鉴.2017/中共岳阳市委党史市志办公室编.
—— 北京：方志出版社，2017.9
ISBN 978-7-5144-2545-1

Ⅰ.①岳… Ⅱ.①中… Ⅲ.①岳阳—2017—年鉴
Ⅳ.①Z526.43

中国版本图书馆CIP数据核字（2017）第235323号

岳阳年鉴（2017）

编　　者：中共岳阳市委党史市志办公室

责任编辑：齐　笑

出 版 人：冀祥德
出 版 者：方志出版社
地址　北京市朝阳区潘家园东里9号（国家方志馆4层）
邮编　100021
网址　http://www.fzph.org
发　　行：方志出版社图书经销中心
电话　（010）67110500
经　　销：各地新华书店
印　　刷：岳阳鑫容印刷有限公司

开　　本：889×1194　1/16
印　　张：29
字　　数：989千字
版　　次：2017年9月第1版　2017年9月第1次印刷
印　　数：0001～2500册

ISBN 978-7-5144-2545-1　定价：260.00元

编 辑 说 明

一、《岳阳年鉴》是岳阳市人民政府主办，中共岳阳市委党史市志办公室承编，岳阳市各有关部门共同参与编纂，全面反映岳阳市情的年度资料性文献。《岳阳年鉴（2017）》卷为总第20卷，主要记载2016年岳阳市自然、政治、经济、文化和社会等方面的基本情况，为社会各界及海内外人士了解、研究岳阳提供基本资料。

二、本卷年鉴以马克思列宁主义、毛泽东思想、邓小平理论、"三个代表"重要思想和科学发展观为指导，深入贯彻落实习近平总书记系列重要讲话精神和治国理政新理念新思想新战略，坚持辩证唯物主义和历史唯物主义的立场、观点和方法，存真求实，全面、客观、系统地记述年度发展情况。

三、本卷年鉴采用分类编辑法，主体内容分类目、分目、条目3个层次，部分分目下设子分目，以条目作为记述的基本形式，条目标题统一用黑体加【 】表示。本年鉴检索系统包括中英文目录和主题索引，附全文检索光盘，方便读者查阅。

四、本卷年鉴记述时限为2016年1月1日至12月31日，特载、人物部分内容涉及2017年。所载领导人名录以2016年12月31日在职为准。

五、本卷年鉴所载稿件内容和数据均由各部门、各单位提供，并经撰稿单位领导审核。主要数据由市统计局提供。

六、本卷年鉴的编纂出版，得到岳阳市各级领导大力支持和相关单位的通力协作，在此谨致谢意。鉴于我们编辑水平有限，书中难免出现疏漏，不妥之处，恳请批评指正。

《岳阳年鉴》编辑委员会

李石道	岳阳市国家税务局局长
龙晓红	岳阳市地方税务局局长
谢春生	岳阳经济技术开发区管委会主任
王文华	湖南城陵矶新港区管委会主任
雷　欣	岳阳市南湖新区管委会主任
黄伟雄	平江县人民政府县长
曾平原	岳阳县人民政府县长
陶伟军	华容县人民政府县长
李镇江	湘阴县人民政府县长
魏淑萍	临湘市人民政府市长
朱平波	汨罗市人民政府市长
黄建文	岳阳楼区人民政府区长
余良勇	云溪区人民政府区长
李　勇	君山区人民政府区长
万　东	屈原管理区管委会主任

《岳阳年鉴》理事会

《岳阳年鉴（2017）》编审人员

主　　　编	唐道明　苏耀辉
常务副主编	陈念军
副　主　编	易　林　胡萍萍　朱　平
执行副主编	易　林　刘兴汉
编辑部主任	刘兴汉
编辑部副主任	屈胜龙
编　　　辑	刘兴汉　屈胜龙　李　幸
编　　　务	黄玉祥　穆利国
图片编辑	屈胜龙
英文翻译	陈　芬

《岳阳年鉴（2017）》组稿人

（按姓氏为序）

艾传刚	白石华	蔡春辉	蔡尚宏	曹 风	曹 瑜
曹清国	曹向林	陈 亮	陈 敏	陈 琴	陈 文
陈国阳	陈海强	陈秋荣	陈石剑	陈文翔	陈艳飞
陈迎春	陈泽君	戴 娜	戴 新	戴日升	邓 丹
邓 平	邓岳平	方吉良	方炎学	付寒昭	葛取兵
龚凤珍	龚飒虎	郭柒军	郝 纯	何 情	何 旭
何灿红	何军霆	何文波	何晓斌	胡 容	胡 滔
黄 林	黄健民	贾 伟	蒋 钶	康苏高	兰 岚
黎 伟	李 佳	李 杰	李 谦	李 强	李 情
李 为	李利平	李少华	李向阳	李宇翔	廖 岚
廖涛涛	林 荡	刘 傲	刘 斌	刘 端	刘 磊
刘方奇	刘凤波	刘金德	刘青山	刘三平	刘晓霞
刘智勇	刘中华	柳 毅	柳会刚	卢长裕	卢灵隐
卢艳春	卢正亮	鲁 力	鲁朝霞	罗 湘	罗正根
宁咏梅	欧阳锋	欧阳如	潘 静	潘小勇	潘正茂
彭 标	彭 星	彭红玖	彭岳斌	秦 浩	任冀容
任言志	邵伟兵	邵志伟	谭 綮	田 攀	童卫东
涂复兴	涂俊杰	万鸿飞	万欢爱	王 斌	王 锋
王 为	王 艳	王海燕	王群华	王守文	王振华
魏 璇	吴 飞	吴立信	吴腾彪	夏 玮	夏佩华
肖 安	肖长久	肖文波	谢 亢	谢芳茂	谢祖元
熊 斌	胥正旺	徐 波	徐应运	徐远归	许 波
许 辉	许 腾	许 赞	杨大智	杨丹丹	杨飞跃
杨子成	易 兵	易新文	易哲夫	袁继真	曾四海
曾志刚	张 弛	张 帆	张朝东	张明富	章宏平
章榆苓	赵 立	郑小峰	钟 乐	钟永辉	周 涔
周 光	周 静	周傲文	周黎兵	周正良	朱本发
朱冒柏					

目 录
CONTENTS

中共岳阳市委员会
THE COMMUNIST PARTY OF CHINA YUEYANG MUNICIPAL PARTY COMMITTEE

政协岳阳市委员会
C.P.P.C.C.YUEYANG MUNICIPAL PARTY COMMITTEE

民主党派·工商联
DEMOCRATIC PARTY ASSOCIATION OF INDUSTRY AND COMMERCE

社会团体
Social Organizations

法　治
RULE OF LAW

国防建设
NATIONAL DEFENSE CONSTRUCTION

经济监督与管理
ECONOMIC SUPERVISION AND ADMINISTRATION

财政·税务·审计
FINANCE TAX AUDIT

金 融
FINANCE

工　业
INDUSTRY

信息产业
INFORMATION INDUSTRY

农 业
AGRICULTURE

交通·邮政
TRAFFIC POST

商务·口岸
PORT & BUSINESS AFFAIRS

城乡建设与管理
URBAN-RURAL CONSTRUCTION AND MANAGEMENT

开发区·新区
DEVELOPMENT ZONE·NEW ZONE

环境保护
ENVIRONMENTAL PROTECTION

旅　游
TOURISM

科学技术
SCIENCE AND TECHNOLOGY

教育·体育
EDUCATION - SPORTS

文 化
CULTURE

卫 生
HEALTH

县市区概况
SURVEY OF DISTRICT COUNTY AND CITY

人 物
FIGURES

统计资料
STATISTICAL DATA

附　录
APPENDIX

彩色插页
COLORED INSERTS

岳阳市行政区划图

◉	地市级行政中心	○	乡　镇		省　界		县区界		武广高速铁路		在建高速		省　道
◎	县级行政中心		景　点		地市界		铁　路		高　　速		国　道		县乡道

湖南地图出版社　审图号：湘S（2017）087号

岳阳市中心城区图

君山区
洞庭湖大桥
洞庭湖
东风湖
南湖
沿湖
西瓜山
大道
洞庭
沿湖风景路
东风湖
汴河
九华山
北门
洞庭北路
市一中
岳阳楼
岳阳楼
岳阳楼北
剪刀池
枫桥湖
中医院
岳城
枫桥湖路
北得胜路
市二中
庙前街
湘爱园
岳阳火车站
站前路
铁路新村
郭亮
东茅岭
新胜街
岳阳楼区人民医院
联运汽车站
巴陵广场
巴陵西路
观音阁
吕仙亭
岳港
东茅岭
市一医院
巴陵中路
紫家山
岳阳汽车站
岳阳楼区
慈氏塔
梅溪桥
桥头
年丰巷
学坡
市粮食局
东茅岭路
运通街
市三中
市二医院（老院）
市档案局
市审计局
市住建局
市政务中心
五里牌
慈氏塔
太子庙
市救助管理站
炮台山
市规划局
新城
高山坡
余家垅
市七中
芋头田
新桥巷
万家坡
市人防办
杨树塘
四化建
岳荣
螺丝港
市三医院
市六中
市广播电视台
市十四中
市十中
市人社局
金鹗山公园
市疾控中心
三角线
吕仙亭
寓园
市房屋经营管理中心
市风景园林局
市委
古井
花板桥
湘岳医院
南津港
市旅游局
市环卫局
鹗西路
金鹗山
良万
白杨坡
市政府
求索
湘都
夏万路
科技局
地震局
岳阳供水
市信访局
金鹗山
市八中
市九中
三眼桥
湖畔
楼区民政局
市林业局
李家冲
朝阳小学
朝阳
求索东路
金鸡路
南湖
龙舟
市财政局
市城市管理局
渔光
南湖广场
南湖
南湖风景区管委会
南湖游路
尚书山
南湖公园
南湖宾馆
邕园路
党校
岳阳中学
龟山
八仙台路
南湖
汽车西站
北环路
鹰山
中石化巴陵分公司
望岳
望城岭
琵琶王
市十二中
连云路
市妇幼保健院
康岳
巴陵中路
五里牌
花板桥路
白石岭
岳阳大道
湖南理

湖南地图出版社　审图号：湘S（2017）087号

数字岳阳 2016

全市总面积	1.5万平方千米
全市总人口	568.11万人
全市生产总值	3100.81亿元
第一产业增加值	345.84亿元
第二产业增加值	1469.1亿元
第三产业增加值	1285.94亿元
财政总收入	330.75亿元
全年工业增加值	1321.68亿元
规模以上工业企业实现利润	155.37亿元
全社会建筑业增加值	149.56亿元
固定资产总投资	2317.4亿元
民间固定资产投资	1286.2亿元
房地产开发投资	132.95亿元
上市公司	10家
证券公司营业部	20家
全市期货公司	4家
证券交易额	2767.94亿元
货物运输总量	3.1亿吨
货物进出口总额	14.87亿美元

全年肉类总产量	52.14万吨
全年旅客运输总量	1.05亿人次
国内旅游收入	498.62亿元
国际旅游外汇	1.46亿美元
专利申请	2801件
广播覆盖率	99.48%
电视覆盖率	99.68%
卫生机构	4630个
医疗床位数	29823张
社会消费品零售总额	1142.88亿元
城镇居民人均可支配收入	27546元
全年城镇新增就业	5.69万人
农村居民人均可支配收入	13119元
城镇居民人均消费支出	19355元
农村居民人均消费支出	12050元
城镇基本医疗保险人数	166.7万人
参加失业保险人数	36.13万人
参加工伤保险人数	77.16万人
参加生育保险人数	40.97万人

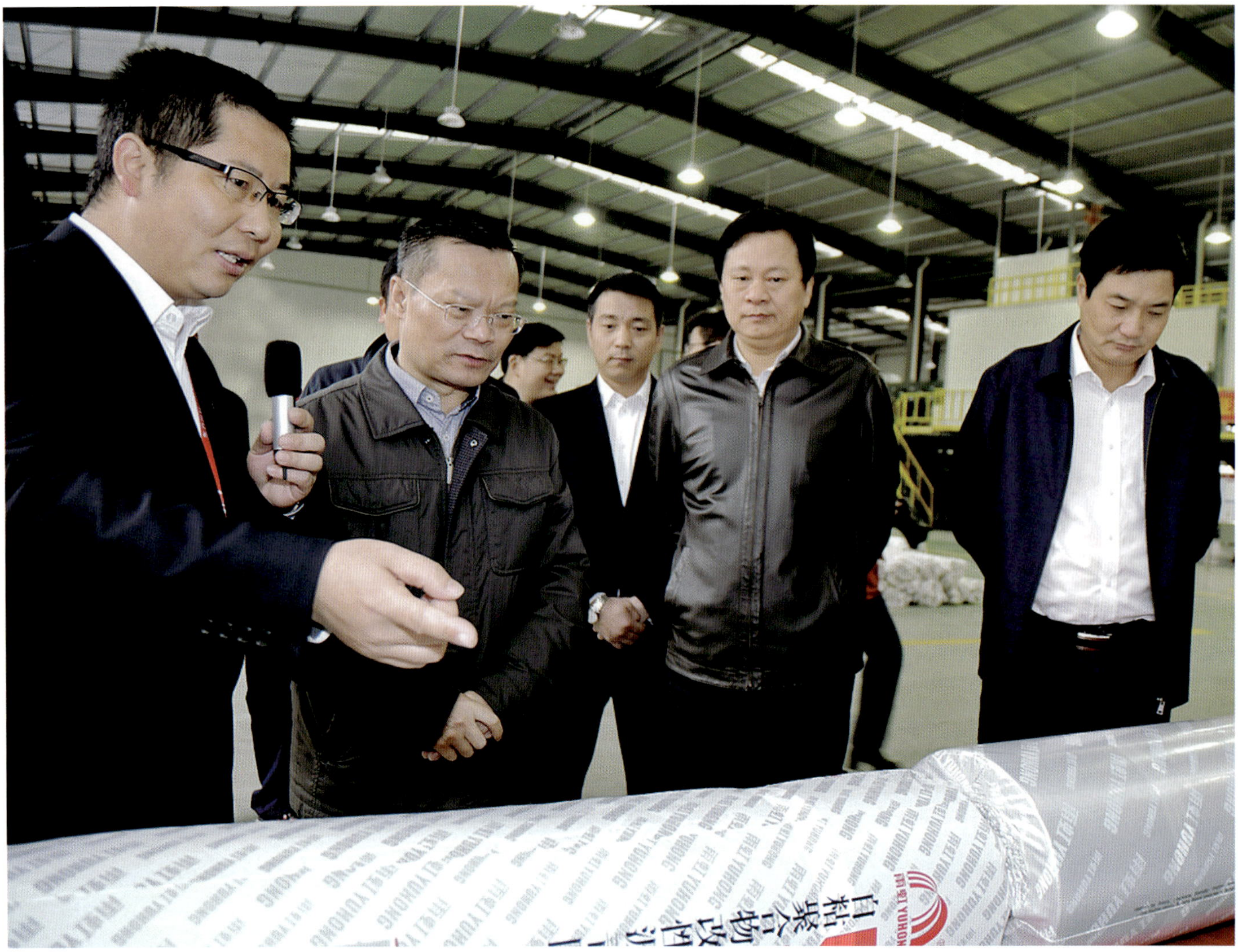

市委书记胡忠雄（左二）调研工业园区建设

市委副书记、市长刘和生（左三）调研开放型经济

深呼吸之城

碧潭绿岛

洞庭麋鹿

和谐家园

打好“四大会战”

岳阳大道

岳阳经开区风貌

加速岳阳发展

汨罗市循环经济产业园

湘阴县远大可建科技园

岳阳经开区南翔万商国际商贸城

建设中的蒙华铁路大桥

高速铁路穿越岳阳大道

京港澳高速公路岳阳段

三荷机场航站楼效果图

岳阳城陵矶综合保税区

湖南城陵矶新港区

城陵矶新港区新材料产业区局部

市委书记胡忠雄到岳阳县毛田镇电商扶贫农村淘宝店考察

精准扶贫项目——平江县光伏发电

教育扶贫

湘阴县“百会千商同心结对”社会扶贫工作推进会

岳阳市召开省脱贫攻坚督查情况通报暨整改部署会

新农村建设

华容插旗菜业生产线

茶园

摄影：杨一九　王　艳　范向辉　彭宏伟
李筑光　姚　毅　章正国　石云波

湖南省非物质文化遗产——

平江花灯戏

平江花灯戏(平江灯戏)，形成于明末清初，系全省独特的地方剧种之一，2006年成功申报为湖南省级非物质文化遗产保护项目。平江花灯戏剧目、道白、声腔、音乐、表演及演出场所和演出习俗，都承载着大量的平江历史文化和民俗文化，历来是平江人民精神文化生活的重要食粮，是平江文化的“活化石”。平江花灯戏声腔体系、表演形式独树一帜，表现在：一是即兴发挥表演，临台脱口独创成篇；二是丑、旦组合边走边唱，载歌载舞，既能登台演出也可不择场地围观成“戏”；三是将平江历有的渔鼓、莲花闹、送春牛、赞土地等说唱表演融入，加上道白和表演动作，用说唱艺术形式表现出来，形成了灯戏综合艺术；四是舞蹈动作丰富多样，气势磅礴、粗犷滑稽；五是灯戏道白用平江方言俚语、乡情乡音，唱腔声调多、调值低，音韵仄起平收，音程跳跃变化大，悦耳动听；六是打击乐器采用民间铜匠打造的云锣（又名啵锣）和低音大锣形成16度音差，对比强烈，风格独异。

唐新民/摄

平江皮影戏

皮影戏也叫“影戏”“灯影戏”“土影戏”，是中国戏剧艺术中的一个剧种。平江县地属山区，交通不便。影戏班子人少，演出道具容易搬运，演出场地不受限制，因此，皮影戏自明末清初传入平江后，迅速遍及城乡，长盛不衰。经六七百年发展，形成用平江方言演唱，有独特的《唢呐腔》演唱曲调，用纸糊成纸板作剪影原料的平江皮影戏。

2012年，平江皮影戏被确定为省级非物质文化遗产保护项目。平江县文化馆和平江县皮影戏协会多次组织举办皮影戏培训班、学徒培训班，为皮影戏的传承注入新的血液。同时，在演出形式和内容不断创新，一些皮影队在锣鼓、唢呐的打击乐基础上加入变声乐，还使用音响、电子屏等现代流行元素。2016年，平江县拥有100多支皮影戏队伍，遍及各乡镇，表演人员近300人。

图、文：杨一九

庆祝岳阳年鉴创刊20周年

《岳阳年鉴》篇目研讨会

《岳阳年鉴》是市委、市政府的年度公报，由市政府主办，市委史志办承编。《岳阳年鉴》创刊于1997年，至今连续出版20卷，累计2300余万字，全书设置34个部类，是逐年记载岳阳自然政治，经济，文化社会等领域基本情况的大型综合性、实用性、资料性工具书。

20年来，岳阳市委市政府始终高度重视《岳阳年鉴》编辑工作，推动年鉴工作不断提质量上水平。《岳阳年鉴》编纂质量稳步提升，被录入中国年鉴全文数据库（CYBD），多次获得全国全省奖励。《岳阳年鉴》始终坚持创新、实效、实用的编撰理念，文字简练，装帧精美，检索方便，突出年度特色和工作重点、亮点，努力打造独具岳阳特色的文化品牌。

出版书籍和部分获奖证书

主要荣誉:

首届全国年鉴编校质量评比综合二等奖（2003年）

湖南省第二届年鉴评比市州综合一等奖（2007年）

第四届全国年鉴编纂出版质量评比综合二等奖（2010年）

全国地方志系统第二届年鉴评比二等奖（2010年）

第五届全国年鉴编校质量评比二等奖（2011年）

湖南省第三届年鉴评比一等奖（2012年）

湖南省第四届年鉴评比一等奖（2016年）

岳阳市党史地方志工作会议

特载

责任编辑　刘兴汉

在市委七届二次全体（扩大）会议暨市委经济工作会议上的讲话

中共岳阳市委书记　胡忠雄

（2017年1月3日）

市委书记　胡忠雄

这次会议的主题是，深入学习贯彻中央、省委经济工作会议精神，总结2016年经济工作，分析当前形势，部署2017年经济工作，推动全市经济社会发展再上新台阶，奋力谱写富饶美丽幸福新湖南的岳阳篇章。

去年12月14—16日，中央经济工作会议在北京召开，习近平总书记、李克强总理分别作重要讲话。会议主要精神包括：“一个经济政策框架”。会议指出，十八大以来，党中央初步确立了适应经济发展新常态的经济政策框架：即作出经济发展进入新常态的重大判断，形成以新发展理念为指导、以供给侧结构性改革为主线的政策体系，贯彻稳中求进工作总基调。“一个重要原则”。稳中求进工作总基调是治国理政的重要原则，也是做好经济工作的方法论，贯彻好这个总基调具有特别重要的意义。“一条主线”。坚持以推进供给侧结构性改革为主线，努力实现供求关系新的动态均衡。供给侧结构性改革，最终目的是满足需求，主攻方向是提高供给质量，根本途径是深化改革。“四大主要任务”。深入推进“三去一降一补”，深入推进农业供给侧结构性改革，着力振兴实体经济，促进房地产市场平稳健康发展。会议强调要按照统筹推进、重点突破的要求加快改革步伐，更好发挥改革牵引作用。

前不久，省委经济工作会议召开，家毫书记、达哲省长分别作了重要讲话。会议充分肯定2016年全省经济社会发展取得的成绩，科学研判面临的机遇与挑战，明确今年经济工作的目标要求，提出大力实施创新引领开放崛起战略，切实抓好推进供给侧结构性改革、适度扩大有效需求、大力发展实体经济、推进农业现代化、深化关键性改革、加强和保障改善民生等六项工作，促进全省经济平稳健康发展。

我们要吃准吃透中央、省委经济工作会议精神，作为今年经济工作的根本遵循。这里，我讲四个方面意见。

一、准确把握形势，增强发展责任感

一个地方的发展，是历史累积和接续奋斗的过程。当前，岳阳已经站上了一个新的历史起点，机遇与挑战并存，压力与动力同在。全市上下要认清形势，坚定信心，主动担当，切实肩负起加快岳阳发展的历史责任。

1.看成绩：基础好、态势好。刚刚过去的2016年，全市上下认真贯彻中央、省委省政府决策部署，迎难而上，扎实工作，经济社会发展稳中有进、稳中向好，进一步巩固了多年来奠定的良好基础。综合实力不断增强。全市GDP、固定资产投资、规模工业增加值、社会消费品零售总额、公共财政预算收入分别达到3100亿元、2300亿元、1100亿元、1100亿元、330亿元，总量稳居全省第一方阵，主要指标增速处于全省前列。质量效益稳步提升。产业结构持续优化，第三产业、非公经济、高新技术产业增加值占GDP比重不断提高，非公工业、园区工业增加值占规模工业比重分别达80%、67%，全域旅游、航运物流、电子商务等新增长点加速成长。

改革开放活力显现。供给侧结构性改革取得初步成效，行政审批制度、不动产统一登记、公共资源交易等改革走在全省前列，开放型经济体制、屈原农村改革集中区建设等特色改革全省领先；创新创业深入推进，全市新登记各类市场主体3万户以上；“一区一港四口岸”建成运营，港口集装箱吞吐量达到28万标箱，城陵矶港一举扭亏为盈。民生福祉持续改善。全面小康总体实现程度可望达到94%，全年减少贫困人口11.6万人，居民人均可支配收入增长9.3%，26项民生实事全面完成，生态环境更加宜居，城乡面貌不断改观，防汛抗灾工作扎实有效，安全生产形势持续向好，社会大局和谐稳定。

2.看差距：短板多、困难多。主要表现为“四短一缓一减一增”。“四短”就是产业结构不优、县域经济实力不强、开放型经济不活、金融服务业发展不足这四块“短板”制约仍然明显。“一缓”就是经济增速放缓，有效投资增长乏力，项目开工不足，实体经济特别是工业企稳回升困难不小。“一减”就是发展动能减弱，传统优势正在逐步消退，新兴动力仍在孕育之中，新旧动能接续转换不快。“一增”就是风险隐患增多，财政收支矛盾突出，资源环境约束加剧，政府债务、民间借贷、房地产、安全生产等风险隐患不容忽视。

3.看大势：机遇大、压力大。一方面，世界经济在深度调整中曲折复苏，我国经济长期向好的基本面没有改变，仍处于大有作为的重要战略机遇期；“一带一路”、长江经济带、洞庭湖生态经济区、长江中游城市群建设等国家战略加力发力，岳阳处于几大战略交汇叠加的黄金节点；国务院刚刚批复的《促进中部地区崛起“十三五”规划》，明确做大做强岳阳等区域中心城市，形成带动区域发展的增长节点；省第十一次党代会将岳阳定位为全省“三极”中的第一极，把岳阳放到了一个前所未有的战略高地，对岳阳的支持力度将会更大。等等这些，都为岳阳进一步发挥优势、挖掘潜力、加快发展，提供难得机遇，增添政策红利，创造良好条件。另一方面，世界经济形势的复杂性、不稳定性、不确定性仍然存在，“逆全球化”思潮上扬，稍有“风吹草动”就会产生“蝴蝶效应”。放眼区域竞争，在沿江13个同类城市中，我市经济增速处于中下游水平；在全省14个市州中，尽管我市总量靠前，但与“标兵”长沙越拉越远，与“追兵”株洲、衡阳、常德越来越近，岳阳距离“极”的标准还较远，担当“极”的压力还很大。

4.看潜力：后劲足、干劲足。市党代会描绘了建设“一极三宜”江湖名城的宏伟蓝图，作出的战略部署、凝聚的共识共为、形成的浓厚氛围，正在转化为干事创业、思进求变的强大动力。特别是这些年来，历届市委市政府注重谋长远、打基础，先后布局了一批重大战略项目、推进了一批重大平台建设、完善了一批城乡基础设施、出台了一系列有效抓手举措，为加快发展积蓄了强大后劲。综合分析，加快岳阳发展，其时已至，其势已成，其风正劲。只要我们振奋精神、鼓足干劲，视压力为动力，化挑战为机遇，变“赶考”为赶超，顺势而为、乘势而上，就一定能不断开创岳阳经济社会发展新局面。

二、保持战略定力，把握发展主动权

2017年是党的十九大召开之年，是贯彻省市党代会精神的第一年，是供给侧结构性改革的深化之年，也是我市全面建成小康社会的决胜之年，做好今年工作意义重大。要全面贯彻落实党的十八大和十八届三中、四中、五中、六中全会以及中央、省委经济工作会议和省市党代会精神，统筹推进“五位一体”总体布局，协调推进“四个全面”战略布局，坚持稳中求进工作总基调，牢固树立和贯彻落实新发展理念，适应把握引领经济发展新常态，坚持以推进供给侧结构性改革为主线，大力实施创新引领开放崛起战略，突出工业强市，坚持项目为重，着力转型升级，加强民生保障，注重实干担当，推动经济平稳健康发展和社会和谐稳定，加快建设“一极三宜”江湖名城，奋力谱写富饶美丽幸福新湖南的岳阳篇章。

市委考虑，今年经济增长预期目标为9%左右，规模工业增加值增长8%，固定资产投资增长16%，社会消费品零售总额增长12.5%，公共财政预算收入增长10%左右，居民人均可支配收入增长9%。

把经济增长预期目标设定为9%左右，主要基于以下几个方面的考虑：一是与新常态下保持中高速增长规律相适应。二是与中央和省委的部署要求相衔接。按照我市这些年来实际增速一般高于全国2~3个、全省0.5~1个百分点的态势，提出9%左右的目标，把握了中央和省委要求，切合岳阳实际。三是与我市“十三五”规划和市党代会确定目标相匹配。这样的速度基本能够实现“十三五”规划和市党代会确定的目标。四是与新增长极建设潜力相吻合。今年的目标均略高于2016年预计完成值，有利于自加压力，调动各方面的积极因素，特别是我市经济增长蕴藏巨大的潜力和弹性，只要把握得当、工作有效，完全能够实现预期目标。

做好今年经济工作，必须按照中央、省委要求，保持定力、集中精力、激发活力、精准发力，切实把握四个方面的要求。

1.紧扣“一个中心”。新常态下，无论外部环境如何纷繁复杂，我们都要始终紧扣经济建设中心不动摇。要树牢“中心”意识。当前和今后一个时期，发展不足仍然是岳阳最大实际和主要矛盾，加快发展是根本任务的基本市情没有变，既要“赶”又要“转”的双重任务没有变，全面小康目标、区域竞争压力、人民群众期盼“倒逼”我们加快发展的紧迫形势没有变。必须一心一意搞建设，心无旁骛抓发展。要深挖“中心”潜力。目前我市尚处于工业化中期阶段，发展差距在工业，潜力也在工业。从三次产业关系看，工业可以上带一产、下促三产，推动一、二、三产业联动发展，是实现三次产业提速换挡、协调发展的关键。从动力结构看，工业是拉动经济发展的主导力量，在相当长一个时期仍无法替代。从现实景况看，当前我市工业经济的主要矛盾还是总量不大、结构不优。必须进一步深挖工业发展潜力，全面吹响新型工业化的集结号，唱响“工业强市、园区兴工、项目立园”主旋律，以工业经济的大发展推动岳阳经济的大提速。要强化“中心”抓手。发展必须依靠项目支撑，没有项目，一切都是空谈。悠悠万事，唯项目为大为重为先。必须把项目建设作为加快发展的“牛鼻子”“赛马场”和“试金石”，作为经济工作的第一抓手，以项目建设带动生产要素集聚，支撑岳阳科学发展、跨越发展。

2.实施“两大战略”。当今时代，既是创新的时代，又是开放的时代。要按照省委、省政府的部署要求，坚定不移推进创新引领、开放崛起战略落地生根。做准定位文章。跳出岳阳看岳阳，跳出湖南看岳阳，在全省和长江中游区域发展的大格局中找准坐标，立足“一带一部”的重要节点、湖南对外开放的重要门户、长株潭辐射全省的重要承接地精准定位，着力打造环湖地区创新创业的新高地、湖南融入长江经济带的“桥头堡”。做好结合文章。把实施“两大战略”与推进新增长极建设“621”行动、“学赶超”活动、县域经济“六个一”考核办法等结合起来，以“核”的标准推进“极”的建设，以“极”的建设检验“两大战略”的成效。做实落地文章。深入开展“创新引领在岳阳”“开放崛起在岳阳”行动，把任务要求精准落脚到一项一项具体工作、落实到一个一个具体项目上，大力推进观念创新、体制创新、结构创新、科技创新等全方位创新，大力实施引进来与走出去并重、对外开放与对内开放并重、引资引技引智与优化发展环境并重的深度开放，汇聚生产要素、培育发展动力，推动经济发展更具活力、更有效率、更可持续。

3.保持“三个定力”。按照市党代会确定的路线图、任务书、时间表，坚持主旋律不变、主频道不换，一锤一锤地敲，一棒一棒地跑，一年一年地干。在发展战略上保持定力。坚定不移推进“一极三宜”江湖名城建设，决不能有半点偏移和懈怠。在发展目标上保持定力。坚定不移确保“一个高于”，实现“两个率先”，达到“三大提升”。在发展格局上保持定力。坚定不移优化“一核三极两区多点”空间布局，促进区域协调发展、竞相发展。

4.打好“四大会战”。做好今年经济工作，要坚持稳中求进，该“稳”的“稳”得牢靠，该“进”的“进”得有力。具体来说，就是要抓住关键，集中火力，突出打好“四大会战”，引领和带动各项工作上水平、争一流、做贡献。打好港口建设大会战，把沿江地区特别是城陵矶新港区作为岳阳开放发展的主战场、大龙头，做活“水”文章，发挥“港”优势，全力推动资源大整合、基础大建设、项目大招商、平台大提效、机制大创新，以港口开放开发带动发展提速提效。打好交通建设大会战，把交通作为要素汇集的通道、经济发展的命脉，全力推动高速公路、国省干线、铁路、机场、港口和现代化站场建设，着力构建大进大出、成网成环、互联互通、快捷便捷的水陆空现代立体交通运输体系。打好园区建设大会战，把工业园区作为发展的高地和项目的“洼地”，全力推动项目集中布局、产业集群发展、资源集约利用、功能集合构建，以园区经济的大提升支撑工业经济的大发展。打好脱贫攻坚大会战，把脱贫攻坚作为头等大事和第一民生工程来抓，全力推动精准扶贫三年攻坚行动落实落地落细落小，确保实现全市建档立卡贫困人员2017年整体脱贫目标。

三、聚焦重点工作，打造发展升级版

今年经济社会发展任务很重，要在统筹兼顾的同时，聚焦重点，靶向施策，精准发力，突出抓好以下六个方面工作。

1.坚持工业主导，促进产业升级。旗帜鲜明地树立重工业、强工业、兴工业的导向，打响园区建设大会战，以工业发展带动三次产业扩量提质。着力推进新型工业化。积极对接“中国制造2025”，大力发展实体经济特别是制造业，推动石化、食品、造纸、电力、建材等传统优势产业改造升级，延伸产业链条，提高产品附加值，加快形成上下游联动发展的规模集群优势，使“老树发新芽”。加快发展军民融合、生物医药、先进装备制造、新材料、节能环保、清洁能源等战略性新兴产业，培育一批具有较强竞争力的百亿产业集群，营造新的经济增长点。要把工业园区作为新型工业化的主战场，坚决落实“园区十条”，加大基础设施投入，加快标准化厂房建设，完善公共服务配套，促进园区与城区协调发展；坚持“园区姓工”，突出产业链招商，强化项目立园，重点做强做优1~2个主导产业，提高园区投资效益和产出水平；理顺园区管理体制机制，最大限度地下放管理权限，激发园区内生活力。要持续开展企业和产业联手帮扶行动，帮助企业解决实际困难，构建“亲”“清”政商关系。着力发展现代农业。把深化农业供给侧结构性改革摆在突出位置，重点在“五化”上下功夫，即推进产业化，打通一、二、三产业融合通道，提高生产、加工、销售全产业链收益；推进规模化，加快土地经营权流转，发展适度规模经营，壮大专业大户、农民合作社、家庭农场和龙头企业等新型农业经营主体；推进机械化，加快水稻、油菜等大宗农产品种植生产全程机械化，提高新技术、新装备推广应用普及率；推进标准化，加强农业标准化体系、产品检测体系建设，着力发展无公害、绿色、有机和地理标志农产品；推进信息化，树立“互联网+”思维，依托国家农业示范区、农业科技园区，大力发展“智慧农业”，为农业插上科技的翅膀。着力兴旺第三产业。顺应消费升级趋势，大力发展文化旅游、商贸物流、现代金融、健康养老、总部经济等现代服务业，促进生产性服务业聚集化、生活性服务业便利化。要突出发展旅游业，唱响“楼岛江湖”“花鸟舟情”“山水祠村”特色旅游品牌，以旅游业为龙头带动第三产业全面提质升级。要按照“房子是用来住的、不是用来炒的”的定位，加强住房市场引导、监管和整顿，促进房地产业平稳健康发展。

2.坚持项目支撑，扩大有效需求。现阶段，新旧动能接续转换需要一个过程，投资仍然是经济增长的主动力。要牢固树立“抓项目就是抓发展、抓发展就要抓项目”的理念，以项目促投资、扩需求、稳增长。要扩大总量。积极研究宏观新政策、新动向，加强与国家和省里有关战略规划对接，尽快探索出台有足够吸引力的优惠政策，围绕我市优势资源、优势产业、优质品牌，加大立项争资和招商引资力度，广泛采用PPP模式，最大限度撬动社会资本，精心策划包装和引进布局一批打基础、利长远的大项目好项目，不断做大项目总量，扩大投资规模。要提升质量。坚决杜绝散、小、乱、差，不能“捡到篮子就是菜”，在坚守环保底线的前提下，坚持“招大、招群、招特”，瞄准国际国内500强企业、行业旗舰企业等战略投资者，开展点对点、专业化精准招商，优化项目结构，着力引进一批重大产业项目特别是重大工业项目，不断强化支撑带动效应。要加快进度。紧盯前期、开工、在建、竣工四个环节，探索推行全项目链管理模式，促进前期项目尽快签约、签约项目尽快开工、在建项目尽快竣工、竣工项目尽快达产，形成“投产一批、开工一批、储备一批、谋划一批”的良性循环。要营造氛围。坚持并完善项目建设“三个一批”、重大项目“双百工程”、市级领导联系重大项目等工作机制，特别是领导干部要带头到项目建设一线去搞服务、办实事、解难题，带动形成大抓项目、抓大项目的热潮。

3.坚持创新引领，激发动力活力。创新是经济发展的原动力。要深入开展“创新引领在岳阳”行动，以创新强动能、促转型、提品质。突出改革攻坚。完成规定改革，按照中央和省委的部署要求，不折不扣落实好重点领域改革任务，把深化供给侧结构性改革放在突出位置，打好“三去一降一补”攻坚战，坚决做到该去的去得了、该降的降得下、该补的补得上；加快推进“放管服”改革，切实转变政府职能，加大简政放权力度，进一步理顺权责利关系，真正把权力下放到县区、到园区、到基层。主攻试点改革，大力推进农村土地承包经营权登记、洞庭湖湿地生态效益补偿、飞地经济等一批改革试点项目，不断扩大改革受益面。聚焦特色改革，加快推进屈原农村改革集中区建设、开放型经济体制改革，瞄准排头兵、领头雁的角色定位，努力创造岳阳经验、形成岳阳模式。突出创新驱动。坚持应用导向，聚焦产业发展，强化企业主体，加强院士工作站、重点实验室、企业孵化器等创新平台建设，加快重点领域关键技术攻关和产品研发，主动对接驻岳央企已有创新成果，推进产学研用结合，着力打造新的产业和经济增长点。突出全民创业。促进创新与创业深度融合，着力发展小微企业创业园、创业基地和各类孵化园，建设一批低成本、便利化、全要素、开放式的众创空间；进一步加大政策支持，降低创业门槛，开辟绿色通道，积极推动“引老乡、回故乡、建家乡”，让大众创业、草根创业、精英创业在岳阳城乡蔚成大观。

4.坚持沿江带动，厚植开放优势。实践反复证明，大开放，大发展；小开放，小发展；不开放，难发展。要深入开展“开放崛起在岳阳”行动，打好港口建设大会战，不断提升外向型经济发展水平。瞄准主攻方向。积极融入对接“一带一路”、长江经济带、长江中游城市群、洞庭湖生态经济区等国家战略，既对接硬件又对接软件，既对接项目又对接观念，既对接政策又对接环境，深挖机遇“含金量”，培育新的增长点。具体来说，北部沿江地区要主动对接长江经济带，加强各领域分工协作，融入沿江产业发展链，借力助跑，撑竿起跳；南部邻长地区要加快对接长株潭，特别是要学习长沙、研究长沙、对接长沙、融入长沙，接受辐射，靠强变强。瞄准主攻阵地。依托163千米长江岸线，推动要素向沿江集聚、项目向沿江集中、产业向沿江集群，加大岸线资源整合力度，加快城陵矶新港二期等重点港口码头和岳阳机场建设，着力发展临港临空产业，科学运营管理好“一区一港四口岸”，继续深化与上港集团合作，推进长江沿线口岸通关一体化，真正让黄金水道发挥黄金作用、黄金岸线产生黄金效益。瞄准主攻指标。着眼提升“三外”特别是外贸指标，加快对接“两种资源”“两个市场”，推进外贸“破零倍增”计划，支持企业“走出去”，放大石化、机电、农副产品加工、轻纺等传统产业出口优势，扩大重要资源性产品、先进技术设备、关键零部件等进口份额，不断提升外贸依存度。

5.坚持基础先行，统筹城乡发展。基础设施建设是经济发展的重要基石和先导工程。要以抓好交通、水利、能源和信息等基础设施建设为重点，带动和促进城乡统筹协调发展。加快交通路网建设。全力打好交通建设大会战，重点瞄准对接长沙、武汉，进一步打开对外通道，加快平益、岳望等高速公路建设，争取长岳城际铁路开工建设。加快建设中心城区一批重要节点间的快速干线，打通与县市区的快捷通道；加大县域快速干线和县乡农村公路建设力度，构建以县城为中心、通乡达村的便捷路网。着力构建区域中心城市。围绕打造200万人以上大城市圈目标，积极拓展城市发展空间，加快推进以中心城区为核心圈，以经开区、南湖新区、云溪区、君山区为内圈，以临湘市、岳阳县为外圈的“1+4+2”城市组团，实现规划无缝对接、产业错位发展、交通快速便捷、管理高度融合，把岳阳建成长株潭城市群和武汉城市圈间的区域中心城市。推进城市扩容提质。坚持高标准规划、建设、管理城市，突出“路、水、林、房、场”五元素，彰显城市特色，提升城市品位。“路”，要加快构建城市交通快速环线，与水、铁、公、空等交通节点无缝连接，构造无障碍人流物流进出通道；加强城市主干道、次干道、支路、背街小巷的呼应度、联系度，完善城市交通微循环。“水”，要推进中心城区河湖连通工程，首期通过王家河把南湖与芭蕉湖连通起来，让水更清秀更灵动，把滨水空间和资源更好地向老百姓敞开。“林”，要实施“森林进城三年行动”，在中心城区少种花草、多栽树木，每年栽种乔木10万棵，努力打造林路相拥、林水相依、林城相融的森林城市。“房”，要重点推进城市棚户区、工矿棚户区、城中村改造，加快中心城区十大片区改造进度；强力推进禁违拆违治违和土地依法征收行动；加强城市控详规划，注重城市建筑设计，让每一栋建筑有自己的个性，让每一个片区有自己的格调，让整个城市有独特的气质风貌。“场”，要加快海绵城市、智慧城市建设，改造补齐城区地下综合管廊、公共交通、公共停车场、农贸市场建设等短板，增强城市综合承载功能，建设人民满意的城市。同时，要加快县城扩容提质，重点发展一批沿江中心镇、省际边界镇、特色产业镇和历史文化名镇，促进中心城区、县城和小城镇协调发展。建设美丽幸福乡村。切实加强农村水利、饮水安全、通信等基础设施建设，持续开展农村环境综合整治，全面改善农村生产生活条件；坚持“两鼓励两禁止”和“五有三到场”的工作思路，进一步规范农村村民建房，引导民居特色化、生态化改造，让广大农村成为令人向往的美好家园。

6.坚持民生至上，提升幸福指数。坚持以人民为中心的发展思想，以全面建成小康社会为统领，扎实做好各项民生工作，不断增强人民群众的幸福感和获得感。要强力推进扶贫攻坚。坚决打好脱贫攻坚大会战，以平江县为主战场，围绕解决扶谁、谁扶、怎么扶、扶得怎么样四个问题，全面落实“五个一批”“六个精准”等要求，构建“金字塔”式责任压力传导体系，强化基层基础，持续攻坚发力，坚决打赢脱贫攻坚战，决不让一个人在全面小康路上掉队。要尽力办好民生实事。持续加大民生投入，全面落实各项惠民政策，扎实推进省市民生实事办理，大力发展教育、医疗、文化、体育等社会事业，统筹做好社会保障、社会救助等重点民生工作，特别要扎实做好就业托底工作，突出解决重点人群就业问题，真正把老百姓期盼的事情抓实，把老百姓认可的事情做好，把老百姓受惠的事情办成。要大力保护生态环境。深入实施大气、水、土壤三大污染防治行动，加强洞庭湖、湘江、铁山水库等重点水域保护治理，加快土地生态修复和污染源治理，让人民群众喝上干净水、呼吸上新鲜空气、吃上放心食品、享有良好的人居环境。要全力维护社会稳定。扎实开展政法综治“三项行动”，突出抓好信访维稳、应急处突、综合治理、网络舆情等工作，加强食品药品监管，持续开展安全生产“大排查、大管控、大整治”专项行动，实现“三个确保”“五个坚决防止”目标，争创全国社会治安综合治理先进市。

四、突出实干担当，强化发展执行力

加快岳阳经济社会发展，关键在各级党组织、在各级党员干部。要把全面从严治党要求体现在党领导经济工作之中，不断增强领导发展的执行力、推动力，引导党员干部视使命为生命、凭发展论英雄、以项目比能力、从担当看品格，为加快发展提供坚强保证。

1.涵养想干事、不避事的思想境界。有位先哲说过：“人是一根能思想的苇草。”人因思想而伟大，只有从思想深处觉醒，才能行动坚定、铁肩担当，绽放出生命的异彩。始终牢记身份。加强党性修养，强化“四个意识”，铭记第一身份是共产党员、第一职责是为党工作，始终对党忠诚、为党分忧、为党担责、为党尽责，毫无保留地把自己的全部忠诚、智慧和力量奉献给党和人民的事业。始终牢记宗旨。涵养平民心境，始终站在群众立场和位置想问题、作决策、办事情，自觉摆正位子、俯下身子、挑起担子，一心一意为群众办实事、解难事、做好事。始终牢记使命。切实肩负起加快建设“一极三宜”江湖名城的历史使命，以“为官一任、造福一方”的责任感、“不进则退、慢进也是退”的危机感、“一万年太久、只争朝夕”的紧迫感，全力推动岳阳各项事业再上新台阶。

2.锤炼敢干事、不怕事的严实作风。“顺境逆境看胸襟，大事难事看担当。”面对加快发展、深化改革、改善民生、维护稳定的艰巨任务，面对供给侧结构性改革、园区发展、项目建设、禁拆治违、精准扶贫等重点难点工作，没有任何捷径，唯有迎难而上、勇往直前。要有“偏向虎山行”的勇气，主动到问题集中、条件艰苦、情况复杂的一线去，解剖麻雀，破解难题，迎着矛盾上，顶着压力干。要有“敢啃硬骨头”的韧劲，保持“功成不必在我、建功必须有我”的高远境界，以坚韧不拔的意志、抓铁有痕的劲头攻城拔寨、闯关夺隘。要有“争当出头鸟”的胆识，敢于“第一个吃螃蟹”，敢于“跳起来摘桃子”，做就做成最好，干就干到极致，勇立潮头、走在前列。要认真落实市委“三个办法”，坚持“三个区分开来”，进一步健全正向激励机制，旗帜鲜明地为敢于担当的干部担当，为敢于负责的干部负责，让干事的干部有平台、有奔头、受尊重。

3.提升能干事、不误事的过硬本领。干部干部，干是当头的，不仅要想干愿干积极干，还要能干会干善于干。既要登高望远，善于观大势、谋大局、抓大事，着力提高统筹贯彻新发展理念和省市重大决策部署的能力；又要埋头苦干，身体力行抓落实、管具体、干到位。既要善抓重点，分清工作主次轻重缓急，抓住主要矛盾和重点难点，以“一子落”带动“全盘活”；又要善“弹钢琴”，统筹兼顾、整体推进，绝不能因抓重点而忽视全面，也不能因强调全面就平均用力。既要带头示范，一级带着一级干，一级做给一级看，为广大党员干部做出榜样、树立标杆；又要凝聚合力，充分凝聚班子合力、上下合力、干群合力和内外合力，把全市上下的智慧和力量凝聚起来，把方方面面的积极性和创造性调动起来。

4.坚守干成事、不出事的廉洁底线。“公生明，廉生威”。清正廉洁是领导干部担当干事的底线所在、底气所在。管住自己。保持“赶考”心态，把好小节关、亲情关、社交关，自重自省、慎独慎微，切实做到初心不改、本色不变。管好团队。认真落实全面从严治党“两个责任”，始终把纪律规矩挺在前面，经常拉拉袖子、咬咬耳朵、敲敲警钟，倡导清清爽爽的同志关系、规规矩矩的上下级关系，营造山清水秀的政治生态。管紧家人。注重家庭、家教、家风，常打预防针，架设高压线，严管家人和身边工作人员。

基层是一切工作的落脚点。要更加重视基层、关心基层、夯实基层，进一步发挥基层组织的战斗堡垒和党员的先锋模范作用。要按照“选优、培强、严考、优出”的要求，切实抓好今年村党支部书记换届工作，选准用好基层群众兴业致富的“领头雁”，真情关怀、真心爱护基层干部，让基层干部有干头、有甜头、有奔头，满怀激情地扎根基层、奉献基层。

同志们，迎着希望的曙光，我们阔步迈进了精彩的2017年。让我们紧密团结在以习近平同志为核心的党中央周围，在省委、省政府正确领导下，坚定信心、保持定力，团结拼搏、开拓进取，为建设“一极三宜”江湖名城，谱写富饶美丽幸福新湖南的岳阳篇章而努力奋斗，以优异成绩向党的十九大献礼！

政府工作报告

——在岳阳市第八届人民代表大会第一次会议上

岳阳市人民政府市长　刘和生

（2017年1月6日）

市长　刘和生

岳阳发展站上了新的更高起点

过去四年，在中共岳阳市委的坚强领导下，我们全面贯彻党中央、国务院和省委、省政府各项决策部署，团结拼搏，克难奋进，较好完成了本届政府工作任务，岳阳发展站上了新的更高起点。

经济走势更加强劲。四年来，我们顶住宏观经济下行压力，全力以赴稳增长，保持了综合实力全省第二的位置。全市GDP迈上3000亿元台阶，由2012年的2199.9亿元增加到2016年的3123亿元（预计数，下同），年均增长9%；固定资产投资、规模工业增加值、社会消费品零售总额、公共财政预算收入分别达到2307亿元、1110亿元、1143亿元和330.8亿元，年均分别增长20.6%、9%、12.8%和9.4%，主要指标增幅均居全省前列。产业结构不断优化，三次产业结构比为10：48：42。工业结构进一步转优，形成了石化、食品两大千亿产业集群和11个省级以上产业园区，高新技术产业、非公工业占规模工业比重分别达到19.5%和80%。第三产业贡献加大，占GDP比重比2012年提高9.2个百分点；成功组建4家农商行，引进5家股份制商业银行。现代农业加快发展，新增市级以上农业产业化龙头企业60家，亿元以上农产品加工企业发展到153家，粮食产量稳定在310万吨以上。

改革开放更加深入。10大类155项改革稳步推进，供给侧结构性改革、行政审批制度改革、不动产统一登记制度、PPP模式试点等走在全省前列；营改增、公车改革、国企改革、城市公立医院改革等达到预期目标；政府机构改革、乡镇区划调整和并村工作等全面完成。对外开放取得重大突破，发扬“挑战不可能”的精神，经过多年持之以恒的努力，“一区一港四口岸”成功获批并建成运营，岳阳成为全国唯一拥有6个国家级口岸平台的地级市；成功组建湖南城陵矶国际港务集团；开通直达、接力航线4条，2016年港口集装箱吞吐量达到28万标箱，进出口总额比2012年翻了一番。

城乡面貌更加秀美。基础设施建设步伐加快，四年实施亿元以上重大交通项目51个，新建高速公路5条254千米、干线公路29条635千米，随岳、通平、岳常、石华、大岳高速和芙蓉大道湘阴段等建成通车；完成各类水利工程22.3万处，除险加固水库574座，治理中小河流253千米；投产输变电项目57个，升级改造农网1776个村，完成智能化用电改造80万户。城市品质不断提升，中心城区控详规划基本实现全覆盖，常住人口城镇化率达55.5%。四年实施亿元以上重大城建项目71个，中心城区重点渍水地段整治、小街巷改造、道路交通微循环改造三个“三年行动计划”全面完成，王家河流域综合治理等扎实推进，环南湖周边亮化工程和南湖公园、金鹗公园提质改造如期竣工，成为市民休闲健身的好地方。生态环境加快改善，湘江、洞庭湖、南湖水环境治理和铁山水资源保护持续加力，农村环境综合整治深入推进，森林覆盖率和空气质量优良率分别达45.3%和80%。岳阳获评全国文明城市、全国宜居城市、中国十大活力休闲城市等荣誉称号，城乡美景新貌刷爆“朋友圈”，广大群众纷纷点赞。

人民生活更加幸福。四年累计民生支出突破1000亿元，占财政支出比重72.8%；城乡居民人均可支配收入分别达27521元和13143元，比2012年分别增加8220元和4386元；全面小康实现程度达94%。扶贫攻坚成效显著，贫困发生率下降至6%。社会保障扩面提标，“五险”参保人数和征缴基金稳步增长；城乡低保月补差分别达300元和130元；残疾人“两项补贴”政策惠及5.6万人；新增城镇就业22.3万人、农村劳动力转移就业23.8万人，“零就业”家庭实现动态清零。住房保障力度加大，建成各类保障性住房17.6万套。社会事业繁荣发展，率先全省实行阳光招生，新建和改扩建城镇学校62所，建成义务教育合格学校488所、农村公办幼儿园173所；大力实施巴陵人才工程和“四海揽才”计划，培育并引进各类人才2万多人；完成县级医院、乡镇卫生院改扩建项目133个，救助大病患者7200人；县级社会福利中心覆盖率达100%；全民健身设施覆盖率达84.8%。更新新能源公交车513辆，建成公共自行车租赁系统，绿色出行成为新风尚。

民主法制更加健全。坚持依法治市，出台《法治岳阳建设纲要》和法治政府建设实施方案，为行政行为划定更加严格的法治轨道。自觉接受市人大法律监督和市政协民主监督，承办人大议案、代表建议和政协建议案、委员提案2171件，办结率、满意率分别达100%和99%，“美好社区、温馨家园”议案办理取得好的成效，岳阳楼区获评全国和谐社区建设示范城区、云溪安居园等4个社区分别获评示范社区。深入开展“三提升”主题活动，率先全省不再保留非行政许可审批事项，行政审批提速43.8%。创新社会治理与服务“三合一”模式，岳阳楼区下放公共服务事项111项。全面落实党风廉洁建设“一岗双责”，深入开展党的群众路线教育实践活动、“三严三实”专题教育和“两学一做”学习教育，严格落实中央“八项规定”精神，政风行风持续好转。

刚刚过去的2016年，我们按照中央和省委、省政府的工作部署与要求，扭住发展第一要务，聚焦重点，精准发力，经济社会保持平稳健康发展。预计全市GDP增长8%，规模工业增加值增长7%，固定资产投资增长14.5%，社会消费品零售总额增长12%，公共财政预算收入增长9.2%，居民人均可支配收入增长9.3%，主要经济指标增幅稳居全省第一方阵。

一年来，我们突出抓大事、要事、实事、难事，围绕推进“一极三宜”江湖名城建设，一以贯之抓落实，实现了“十三五”规划良好开局。

一批重大项目实现了快速推进。发挥投资对稳增长的关键作用，牢牢抓住项目建设这个“牛鼻子”，以大项目带动大投资，以大投资推动大发展。项目建设速度进一步加快。举办四次重大项目限时开工和集中开工竣工，开工项目124个，竣工项目51个，涉及总投资665.6亿元，掀起了项目建设的新高潮，省级主要新闻媒体多次重点推介，产生了很好的示范效应。“双百工程”攻坚提速，107个重大在建项目完成投资489.8亿元，占年计划的108.7%，103个重大前期项目推进顺利。京港澳高速新开联络线、S308平江段大修工程等全面建成；三荷机场、蒙华铁路岳阳段、学院路综合提质改造等扎实推进；500千伏岳阳南输变电工程建成投产。干成了一批多年想干的项目，环南湖旅游交通三圈提前2年全线拉通，临湖公路、G240岳阳县至湘阴段改扩建工程等一批谋划多年的项目成功实施，一批进展缓慢的项目全面提速。项目招商质量进一步提高。全市内联引资项目480个，南翔万商国际商贸物流城一期、岳阳现代装备制造产业园一期等竣工运营，友阿商业城市综合体、金悦洋商业公园、海济生物等一批投资过10亿元项目成功落地；5000万元以上项目增加到740个，224个项目纳入省级年度重点投资计划。项目融资渠道进一步拓展。设立100亿元城市建设发展基金，有效撬动了一批城建项目加快实施；推广PPP模式，21个项目进入国家级和省级示范项目笼子，项目数量和投资总额均居全省前列。这些重大项目的实施，既有力拉动了当前经济增长，又为岳阳长远发展提供了强力支撑。

一批创新工作进行了有益探索。坚持以创新的举措推动发展，在工业园区、县域经济、“三农”工作等方面解放思想、大胆探索，取得了好的成效。狠抓工业园区发展。牢固树立“实力看工业、工业看园区”的工作理念，出台“园区十条”，这是我市近年来首个专门支持园区发展的文件，在园区审批、用人和分配等机制上大胆创新，重点对城陵矶新港区、经开区分别下放41项、48项审批权限，为园区发展减压松绑，赋予了园区更多自主权。园区工业增加值占规模工业比重达67%，同比提高6.9个百分点，3个园区工业增加值增速全省排名前10位；强力推进“135”工程建设，竣工标准化厂房268万平方米，新增创新创业企业419家，超额完成省定目标任务。狠抓县域经济发展。牢固树立“强市必先强县”的工作理念，明确县域经济“六个一”工作重点，持续开展“学赶超”活动，7个县市区财政收入过10亿元，3个县市区综合实力进入全省20强。狠抓农业农村发展，推进工商资本下乡，流转农村耕地182.6万亩，培育新型农业主体39620个；启动屈原农村改革集中区创建工作，这是全省第一个农村改革集中区，通过全面推进“六化”，致力率先全省探索一条破解“三农”难题的新路子。创新已成为我市破解发展瓶颈的“金钥匙”，推动经济增长的“新动能”，成为岳阳加快建设湖南发展新增长极的强大引擎！

一批优势产业保持了稳健发展。坚持新兴产业培育与传统产业提质“两手抓”，重点扶持9大优势产业发展。做长石化产业链条。建立厂地联席会议和规范对接机制，完善绿色化工产业园区规划，举办石化产业招商推介会，签约项目总投资达20亿元，致力将绿色化工产业园建设成为全省最有特色的现代产业园区。做旺旅游市场人气。强力推进南湖“13118”工程、洋沙湖国际旅游度假区等项目建设，成功举办首届岳阳洞庭湖生态旅游文化节、岳阳市民免费游岳阳等活动，旅游总人数、总收入继续保持高位增长，岳阳大酒店获评我市第一家五星级旅游饭店，实现了全市五星级酒店“零”的突破。做大现代物流规模。综合保税区封关运行；岳阳新港首次实现盈利，扭转了6年来连续亏损的局面；55家外贸企业“破零倍增”；岳阳获批全国现代物流创新发展试点城市。其他优势产业持稳发展，食品加工、生物医药、装备制造、军民融合、清洁能源、节能环保等进一步扩张，产业基础更加坚实。

一批民生实事取得了显著成效。坚持把“两改”作为改善民生的重要抓手，组织实施我市近年来规模最大、力度最大的城市棚户（旧城）区改造和农村危（旧）房改造，完成城市棚户区改造31107户，中心城区消化商品房库存114万平方米。中心城区“十大片区”改造计划征收房屋200万平方米，拉动投资1000亿元，出台6条拆迁奖励政策，惠及1.2万户近5万人，目前这项工作进展顺利，基本完成征拆协议签约。在拆迁任务空前繁重的情况下，没有发生一起非正常群体性上访事件，这是很不容易的。推动农村危（旧）房改造与规范村民建房相结合，规划建设255个集中建房点，已开工82个，审批建房10978户，拉动民间投资20.7亿元。我市“两房两棚”工作得到省委、省政府的高度肯定，汨罗南托新村示范点经验被省委《工作情况交流》重点推介。强力推进精准扶贫“三年行动计划”，全市组建344个扶贫工作组，实施贫困户帮扶项目3.27万个，77个易地扶贫搬迁项目全部开工，8.77万贫困人口成功脱贫。统筹推进其他民生事业发展，中心城区学校“六建六扩”步伐加快，市十四中完成置换搬迁，市十六中主体工程竣工，顺利通过国家卫生城市复查，成功创建国家公共文化服务体系示范区，26项37件省市实事全面完成。岳阳进入中国地级市民生发展百强，居第58位。

一批发展难题得到了有效破解。我们坚持问题导向，聚焦发展难题，找准“症结”，开好“药方”，实实在在推动当前工作和长远发展。着力破解生态环境难题。启动湘江保护和治理第二个“三年行动计划”、洞庭湖水环境综合整治“五大专项行动”，推行常态化、长效化监管整治机制，采砂总量、运砂船舶分别减少40%和30.7%，特别是七里山水域整治成效明显，运砂船舶锚泊总量大幅减少，水域通航及停泊秩序有效改观，得到省委主要领导的充分肯定；加强南湖、王家河等城市水系治理和农村环境综合整治，“水墨丹青”底色更加厚重，岳阳获评“2016中国十佳绿色城市”。着力破解征地拆迁难题。保持禁拆治违和土地依法征收“两大行动”高压态势，中心城区拆除违建5296处110.5万平方米，拆违面积是2015年的近2倍，土地依法征收清零项目80个、腾地15569.8亩，是我市项目用地保障力度最大的一年。着力破解社会治理难题。推行“大部门、大警种”警务机制改革和火车站片区综合执法，全国公安机关规范基层警务工作暨110接处警工作会议在我市召开，岳阳经验在全国推介。深入开展“安全监管执法年”、安全生产“大排查大管控大整治”专项行动，强力推进路域环境综合整治和治理超载超限，认真抓好信访维稳和“平安岳阳”创建工作，综治工作荣获全省先进，社会大局和谐稳定。

其他事业协调发展，通过加强国防动员、武警、消防、人防等工作，开创了军政军民团结新局面；通过加强统计、史志、档案、国安、保密、老干老龄、民宗、科协、气象、联络接待、公积金、移民、烟草、盐业、邮政、通信等工作，推动了各项工作齐头并进；通过支持工会、共青团、妇联、工商联及各民主党派、无党派人士等工作，凝聚了新增长极建设的强大合力。

各位代表！过去四年是我市历经考验、攻坚克难的四年，也是抢抓机遇、奋勇争先的四年。成绩来之不易，经验弥足珍贵！这是省委、省政府和市委坚强领导的结果，是市人大、市政协监督支持的结果，是全市上下共同努力的结果。在此，我代表市人民政府，向全市人民，向所有关心支持岳阳发展的社会各界人士，表示衷心的感谢和崇高的敬意！

奋斗尤为艰辛，发展时不我待。我们清醒地认识到，岳阳发展还面临着不少困难和问题：一是经济下行压力仍然存在，经济总量还不够大、质量还不够优、效益还不够高，向中高端水平迈进任重道远；二是产业结构性矛盾仍然突出，县域经济、开放型经济、金融经济等短板制约明显，结构调整任务繁重；三是城乡发展差距仍然较大，基础设施、社会保障、公共服务体系建设还不平衡，城乡统筹发展任务艰巨；四是干部作风建设仍然有待加强，反“四风”、转作风还需要进一步从严从实，等等。我们一定要正视这些问题，不能回避这些问题，在今后工作中采取强有力的措施，认真加以解决。

加速加力推进新增长极建设

打造湖南发展新增长极是省委、省政府对岳阳发展的新定位、新要求，也是全市人民的新愿景、新梦想，把岳阳摆到了前所未有的战略高度，赋予了岳阳前所未有的历史重任，我们义不容辞、责无旁贷。时代呼唤作为、使命催人奋进！岳阳作为全省排名第二的经济强市、全省唯一通江达海的港口城市、“一带一部”的重要节点城市，我们务必顺应时代发展要求和群众美好期待，集全市之智，举全市之力，加快推进新增长极建设，奋力推动宏伟蓝图变成美好现实。

实现宏伟蓝图，需要我们精准研判发展形势。今后五年，我市面临着宏观经济下行和转型升级的双重压力，但经济长期向好的基本面没有改变，洞庭湖生态经济区、长江经济带、长江中游城市群和湖南“一核三极四带多点”区域布局等重大战略全面实施，给岳阳带来了千载难逢的政策机遇；特别是通过历届市委、市政府矢志不渝的努力，我市构建了更加坚实的基础设施体系、更为完善的产业园区体系、更具优势的开放平台体系、更有活力的机制创新体系，为岳阳未来发展打下了良好基础，积蓄了强大后劲，有利于我市在新的起点上实现新的跨越。岳阳“一极三宜”江湖名城建设其时已至、其势已成，必将迎来一个大有希望、大有作为的黄金期。我们要进一步增强机遇意识，用好用活政策机遇，化压力为动力，化挑战为机遇，将新增长极建设奋力推向前进。

实现宏伟蓝图，需要我们科学确定奋斗目标。目标是我们坚定前行的动力，是我们工作努力的方向，目标明则思路清、方向准、步子稳。今后五年政府工作总体要求是：高举中国特色社会主义伟大旗帜，深入学习贯彻习近平总书记系列重要讲话精神，全面落实党的十八届六中全会和省第十一次党代会、市第七次党代会精神，按照“五位一体”总体布局和“四个全面”战略布局，积极践行“五大发展”理念，大力实施“创新引领、开放崛起”战略，加快建设“一极三宜”江湖名城，奋力谱写富饶美丽幸福新湖南的岳阳篇章！

今后五年的主要目标是：

——综合竞争实力明显增强。力争到2021年，全市GDP迈上5000亿元台阶，人均GDP达到10000美元以上。固定资产投资、社会消费品零售总额、公共财政预算收入分别迈上5000亿元、2000亿元、500亿元台阶。主要经济指标占全省比重达到12%左右。

——经济质量效益明显提高。三次产业结构比进一步优化。园区工业占规模工业增加值比重达到70%以上。科技进步贡献率达到60%以上，高新技术产业和民营经济占GDP比重分别达到23%和67%。进出口总额突破50亿美元，集装箱吞吐量达到40万标箱。

——城乡发展环境明显改善。全市常住人口、户籍人口城镇化率分别达到60%和40%。万元GDP能耗下降15%，空气质量优良率、森林覆盖率保持在83%、45.3%以上，Ⅲ类以上地表水水体比例达到98.3%，建成美丽乡村200个以上。

——人民幸福指数明显提升。居民人均可支配收入突破3万元，城镇登记失业率控制在4%以内，市场物价指数稳定在合理区间，现行标准下贫困人口全面脱贫，让广大群众共同享有人生出彩、梦想成真的机会。

——社会文明程度明显进步。社会主义核心价值观深入人心，全民素质显著提升，法治岳阳、平安岳阳、诚信岳阳建设取得新成效，社会安全指数保持100%，文明城市指数测评保持全省先进，社会大局和谐稳定。

实现宏伟蓝图，需要我们切实找准工作抓手。当前，岳阳最大的问题还是发展的问题，还是经济总量不大不强、经济发展不快不优的问题。我们要准确把握政府工作要求，切实强化目标导向，以踏石留印、抓铁有痕的决心，推进新增长极建设，坚决做到不达目的不罢休、不获全胜不收兵。我们要牢牢把握岳阳经济新方位，主动适应把握引领经济发展新常态，把发展作为解决一切问题的“总钥匙”，自觉遵循发展的基本规律、基本原则和基本要求，多出实招，能出新招，敢出硬招，努力创造经得起实践检验、人民检验和历史检验的工作业绩。必须坚持创新驱动。始终把创新作为推动发展的核心动力，以科技创新为引领，推进观念创新、制度创新、文化创新等各方面的全面创新，形成创新主体充满活力、创新链条有机衔接、创新治理更加科学、创新效率大幅提高、科技文化与经济发展高度融合的创新新格局，综合创新能力处于全省第一方阵，推动经济增长由投资驱动向创新驱动加速转变。必须坚持对外开放。始终把开放作为岳阳崛起的战略支撑，以融入“一带一路”为切入点，坚持“引进来”与“走出去”并重、对外开放与对内开放并重、引资引技引智与优化发展环境并重，实现更宽领域、更深层次、更高水平的开放，把岳阳打造成为内陆对外开放的新高地、国际物资集聚的新基地。必须坚持生态优先。始终把生态文明建设贯穿发展的全过程，树立绿水青山就是“金山银山”的强烈意识，决不以牺牲环境为代价换取一时的经济增长。科学划定生态红线，实施循环发展引领计划，强力推进大气、水、土壤三大污染防治行动，加快建设蓝天常驻、青山常绿、碧水常流的美丽岳阳。必须坚持民生为本。始终把“以人民为中心”作为政府工作的出发点和落脚点，加大财政民生支出力度，扎扎实实办好每一件民生实事，统筹解决群众广泛关注的社会就业、社会保障、教育医疗、扶贫帮困、危房改造等问题，确保人民群众获得感、幸福感明显提升，归属感、认同感明显增强。必须坚持求真务实。始终把“一切从实际出发”作为政府工作基本要求，决不搞脱离实际、沽名钓誉的政绩工程，决不搞劳民伤财、华而不实的形象工程，决不搞失真失实、虚报浮夸的水分工程，一步一个脚印抓发展，努力追求真金白银、实实在在的政绩。“五个必须坚持”是今后五年政府工作的基本遵循，我们将以“功成不必在我，建功必须有我”的责任和担当，全力推进新增长极建设，以卓越的工作业绩向建党一百周年献礼！

率先环洞庭湖地区全面建成小康社会

2017年是新一届政府开局之年，是我市全面建成小康社会决胜之年。面对艰难繁重的发展任务和人民群众的美好期盼，我们将认真贯彻落实中央、省委和市委经济工作会议精神，坚持稳中求进工作总基调，全面做好稳增长、促改革、调结构、惠民生、防风险各项工作。主要预期目标是：GDP增长9%左右，规模工业增加值增长8%，固定资产投资增长16%，社会消费品零售总额增长12.5%，公共财政预算收入增长10%左右，居民人均可支配收入增长9%，率先环洞庭湖地区全面建成小康社会。主要任务是：

一、狠抓产业结构调整，增创发展新优势

岳阳产业结构还不够优、层次还不够高，必须大力推进产业转型升级，加快构建多点支撑、集群发展的现代产业体系，进一步提高发展质量和效益。

提升工业发展水平。新增长极建设必须要有大企业、大工业作支撑，否则就是一句空话。我们将始终坚持工业强市、园区兴工和项目立园，紧紧围绕工业园区、优势产业、骨干企业谋划工业发展，加快打造岳阳工业转型发展的升级版。2017年，全市要新增规模工业企业80家以上，园区工业占规模工业比重提高2~3个百分点。全面落实市委、市政府已经出台的“园区十条”，推动项目向园区集中、产业向园区集聚，引导每个省级以上园区重点发展2~3个主导产业，坚定不移走特色化、集约化的发展路子。全面壮大优势产业，每个产业筛选确定3~5家核心企业，通过延伸优势产业链条，扩张核心企业规模。进一步做大做强石油化工、食品加工2个千亿产业集群，改造提升清洁能源、装备制造等传统产业集群，培育壮大军民融合、生物医药、节能环保等新兴产业集群。严格落实县域经济“六个一”工作重点，将县域经济发展聚焦到园区、产业和项目上来，引导各县市区培育做大1~2个优势产业。全面推进企业帮扶，实施重点企业“一企一策”，研究出台规范企业收费的文件和政策，扎实开展降成本专项行动，着力解决融资、用地、审批、环境等难题，一心一意为企业排忧解难，全心全意为企业保驾护航，让企业卸下包袱、轻装上阵、企稳前行，走得更快更稳、更远更好！

补齐三产发展短板。坚定不移推进消费升温升级，

进一步扩大新兴消费、稳定传统消费、挖掘潜在消费，依靠消费助力经济发展。坚持把旅游业作为第三产业的龙头来抓，以打造古城旅游、江湖旅游、山岳旅游三大板块为重点，突出抓好3517文旅城、洞庭湖博览园、天岳幕阜山、汨罗江端午文化产业整体开发等旅游综合体建设，加快创建平江、临湘、湘阴三个国家全域旅游示范区，办好特色旅游节会活动，致力打造旅游目的地城市。当前，就我市旅游业发展现状来看，体制机制创新是必要的，是推动旅游业跨越发展的正确选择。今年，我们要大力引进战略投资者，加大景区体制机制创新力度，着力补齐旅游业发展短板，尽快把旅游业打造成为支柱产业。我市物流业发展潜力巨大、前景广阔，我们将专门研究出台支持物流业发展的具体办法，着力扶持物流龙头企业发展，致力把物流业打造成为千亿产业。优化中心城区商贸布局，加快友阿商业城市综合体、红星美凯龙和专业批发市场建设，加大五星级酒店引进力度，逐步做大东茅岭、花板桥、南湖片区、高铁新城等城市商圈。积极化解房地产库存，促进房地产市场平稳健康发展。

转变农业发展方式。把推进农业供给侧结构性改革作为农业农村工作的主线，以增加农民收入为主要目标，持续提高农业效益和竞争力。大力发展现代农业，突出抓好华容和屈原国家现代农业示范区、洞庭湖绿色食品产业园、岳阳黄茶标准化产业园、台湾农民创业园等农业园区建设，重点打造“1个20万公顷、3个3.33万公顷”特色生产基地。实施最严格的耕地保护制度，确保耕地数量和质量占补平衡，粮食播种面积稳定在53.33万公顷以上。严格落实“三权分置”农村土地管理制度，促进土地有序流转，鼓励更多工商资本下乡，大力培育农业种养大户、家庭农场、专业合作社、龙头企业、农村电商等经营主体，盘活农村资产资源，推动农业适度规模经营，让农业真正成为有潜力、有希望、有奔头的朝阳产业、富民产业！

二、狠抓基础设施建设，强化发展新支撑

基础设施建设是扩大有效投资的重要载体，我市还有很大的提升空间，必须坚持不懈地抓下去，加快提升发展承载能力。

构建互联互通的交通体系。一条路往往可以改变一个地方的发展格局，助推一个地方的经济腾飞。我们要牢固树立“交通先行”的发展理念，全力打造区域性综合交通枢纽城市。今年底要完成三荷机场主体工程，基本具备通航条件，规划建设航空口岸和空港产业区。扎实推进蒙华铁路、华容监利长江公铁两用桥等项目建设，稳步推进疏港铁路前期工作。加强长江、湘江航道岳阳段疏浚治理和锚地建设，进一步提升通航能力。临湖公路、赶山东路、金凤桥北路、G240岳阳县至湘阴公路要在年内建成通车。加快平益高速、岳望高速、岳阳东客运枢纽、高铁东站至三荷机场快速通道建设，规划实施环洞庭湖路、G107岳阳段东移暨升级改造、S306岳阳段升级改造、汨罗至杨桥公路升级改造、岳阳长江经济带沿江公路（黄盖湖至道仁矶）、中心城区西环线、S316改造升级等项目。要通过推进交通大建设，实施交通大会战，全面优化路网结构，加快打造外部配套成环、内部纵横成网、铁公水空“四位一体”的大交通格局，为岳阳发展插上腾飞的翅膀。

构建保障有力的水利体系。水情是岳阳最大的市情，必须把兴水利、治水患摆在更加重要的位置，全面推进人水协调的现代水利体系建设。聚焦“4830”目标，突出抓好“十大工程”，完成水毁工程修复4700处，清淤整治渠道5000千米，加固堤防300千米，治理水土流失面积51.6平方千米、河道33.9千米，加强防洪抗旱设施建设和山区地质灾害防治，完成水库除险加固、小型农田水利建设、农饮巩固提升工程、水利“百千万”工程等年度建设任务。大力发展民生水利、安全水利、生态水利和资源水利，坚决打赢水利建设“攻坚战”，坚决守住农业发展“命根子”！

构建绿色安全的能源体系。坚持绿色发展，推动能源生产和消费革命，促进能源结构优化升级。加快推进华电平江电厂、神华国华岳阳电厂、静脉产业园、福寿山抽水蓄能电站等项目的相关工作。扎实抓好新一轮农网升级改造，竣工投产输变电项目12个，开工建设农村水电增效扩容改造项目12个，实现智能化用电改造全覆盖。加快“气化湖南”支线管道工程和重点乡镇天然气管线建设，逐步实现重点乡镇燃气管道化。

俯瞰岳阳城区一角

三、狠抓深化改革创新，释放发展新活力

当前，改革已进入了攻坚期，再难也要向前推进。全市上下要以改革的举措、创新的思维开创发展新局面，努力谋求发展的“最大公约数”。

突出深化改革。以供给侧结构性改革为主线，全面落实“三去一降一补”五大任务，努力破解发展的体制机制障碍。深化行政体制改革，上半年要完成市本级和临湘、华容承担行政职能事业单位改革试点；启动经营类事业单位改革和行政综合执法体制改革；继续精简行政审批事项，持续提高行政效能。深化经济体制改革，抓好国企“三供一业”分离移交工作；加大各领域PPP模式推广和监管力度，杜绝固定回报、明股实债的“伪PPP”项目；深化预算管理、预决算公开、债务管理改革，积极防范和化解政府债务风险；发展多层次资本市场，大力引进股份制商业银行和村镇银行，拓宽保险、证券服务领域，引导民间资本稳妥有序参与金融市场。深化农村综合改革，扎实抓好合乡并村后续工作，完成农村土地确权登记颁证，强力推进屈原农村改革集中区创建工作，大胆探索“乡建投”“土地超市”“家庭联盟”等具有本地特点的农村改革新举措，力争率先全省出成果、出经验、出典型。

突出科技创新。实施创新驱动战略，最根本的是要增强自主创新能力。今年要把人才工作摆到更加重要的战略位置，继续推进巴陵人才工程，切实加大人才引进、培养、使用和激励力度。健全完善院士工作站、重点实验室、工程研究中心、企业孵化器等科技创新平台体系。以发展新技术、新产业、新业态为重点，围绕优势产业开展关键技术攻关和新产品研发，促进科技成果转化，新增规模以上高新技术企业15家以上。

突出全民创业。就业是民生之本，创业是就业之源。今年要大力实施“创新创业引领计划”和“创业带动就业促进计划”，全面落实“百优资助工程”。拓宽创新创业领域，坚持“非禁即入”，放宽政策，降低门槛，鼓励支持非公企业“二次创业”，引导更多社会资本投向实体经济。培育壮大创业主体，大力发展非公经济，重点针对高校毕业生自主创业、寓外乡友返乡创业和外来资本进驻创业，发展一批众创空间和“星创天地”。积极开展“创新创业、先锋先行”活动，弘扬“工匠精神”，让广大创业者敢创业、能创业、创大业，在巴陵大地广泛掀起“精英创业”“大众创业”“草根创业”百花齐放的新浪潮！

四、狠抓对外开放合作，拓展发展新空间

开放只有进行时，没有完成时。岳阳作为首批沿江对外开放城市，必须敞开门户促发展，着力打造湖南对外开放的“桥头堡”，努力昂起融入长江经济带的“大龙头”，奋力争当全省开放崛起的“排头兵”。

加快港区建设。城陵矶港是岳阳开放发展的“黄金资源”，也是岳阳在全省独一无二的禀赋优势，必须坚持以城陵矶新港区为依托，积极融入“一带一路”建设，推动我市外向型经济提速发展。要认真落实省政府《关于支持岳阳城陵矶港建设发展的会议纪要》和我市开放型经济发展“1+2”政策组合文件精神。突出抓好城陵矶新港二期、7个重点码头等港口码头群建设，杭瑞高速冷水铺互通连接线、水空联运快速通道等集疏运体系建设，海吉星农产品物流园、国际物流和加工产业园等园区建设。优化整合码头岸线资源，筹备开通城陵矶至日本、韩国及中国台湾等近海直达航线。深化与上港集团、宁波港合作和大通关协作，推进关检合作“三个一”通关改革和区域通关通检一体化，建成运营电子口岸和进出口交易中心，打通货物通关的“快车道”。

发挥平台效益。依托“一区一港四口岸”平台优势，争取岳阳进入湖南自贸试验区笼子。健全完善综合保税区功能，最大限度地将平台优势转化为开放效益。积极融入“丝绸之路”经济带建设，争取设立湘欧国际货运班列站点。扎实推进现代物流创新发展城市试点，构建互联网物流公共信息服务平台，引导企业货物从城陵矶港进出，年内力争集装箱吞吐量达到30万标箱。

大力招商引资。积极推进招大引强，鼓励中省企业、跨国公司、大型企业集团在我市设立区域总部、研发中心、生产基地和商贸平台。大力实施精准招商，年内举办2~3次重点产业、重点园区招商推介会。支持优势产业和骨干企业对外扩张，加快拓展国际市场。努力营造宽松透明的政策环境、高效便捷的政务环境、公正公平的法治环境、规范有序的市场环境，真心实意为来岳阳的投资客商抓好协调、搞好服务，让他们真正感受到岳阳是一块投资的沃土、创业的乐土，全面构建“亲”“清”新型政商关系。

五、狠抓城乡区域统筹，构建发展新格局

统筹城乡发展是现阶段的一项重要任务，我们既要激发城市发展活力，更要深挖农村发展潜力，坚定不移走以城带乡、城乡互动的发展路子。

提升中心城区品质品位。全面落实“一个尊重、五个统筹”城市发展要求，做大做美岳阳城区。推进多规合一，严格规划约束，继续开展禁拆治违和土地依法征收行动，科学管好用好每一寸土地，为城市发展预留更多的空间。强力推进中心城区“十大片区”改造，抓好规划、招商、建设等工作，力争两年完成改造任务，把“十大片区”打造成为改善人居环境的样板区、提升城市品位的精品区、拉动投资消费的示范区。加快南湖天灯咀片区、刘山庙、高铁新城等片区开发，完成市体育中心建设。探索城市建设运营新模式，深入推进海绵城市、地下综合管廊、城市黑臭水体治理“三大试点”。加强交通秩序整治，实施中心城区道路微循环改造第二个“三年行动计划”，认真解决城市交通拥堵和停车难问题。科学编制城市水系规划和“四湖两河”治理规划，加快南湖截污管网建设，启动蛇皮套治理和“三湖”治理工程，建设麻布山省级森林公园，留住城市可持续发展的生态“基因”。

推进县城和小城镇扩容提质。县城是一个地方的“窗口”和“门面”。当前，我市有的县城建设还比较滞后，档次还不高，形象还不优。我们要坚持规划与建设、扩容与提质并重，科学编制县城规划体系，每个县城既要适度拓展新城区，每年又要有计划地改造1~2条老街道。坚持把城镇作为统筹城乡发展的重要节点来抓，按照小而全、小而专、小而特、小而富、小而美的方向，每个县重点抓好2~3个小城镇建设，打造一批功能集中、产业繁荣、特色鲜明的小城镇。促进有能力在城镇稳定就业和生活的常住人口有序实现市民化，让广大群众共享新型城镇化发展成果。

加快美丽乡村建设。把规范村民建房作为美丽乡村建设的突破口来抓，将其与农村危（旧）房改造有机结合、统筹推进。坚持面上"两鼓励两禁止"、点上"五有三到场"的工作思路，强力推进22个市级试点乡镇和255个规划集中建房点建设，年内完成农村危房改造2万户以上。加大农村公路提质改造和管护力度。持续开展农村环境综合整治，加快实施农村清洁工程，推动"美丽岳阳"建设走进农村、走进千家万户。

六、狠抓保障改善民生，共享发展新成果

改善民生是最大的政绩。任何时候，我们都要带着感情、带着责任，倾尽全力做好富民、惠民、安民、乐民之事，努力把经济总量、财政增量转化为老百姓实实在在的生活质量，让幸福暖流在巴陵大地上充分涌流！

推进脱贫攻坚。把精准脱贫作为第一民生工程来抓，以平江山区和铁山库区为"主战场"，坚决打赢整体脱贫攻坚战，确保完成10.08万建档立卡贫困人口脱贫任务。严格落实中央"四个切实""五个一批""六个精准"等扶贫工作要求，以"四跟四走"产业扶贫和易地扶贫搬迁为重点，统筹抓好发展生产、公共服务、全民教育"三件大事"，推进水、电、路、业、房和环境整治"六到农家"，在扶贫政策、项目、资金上收拢"五指"，集中力量抓好一批群众看得见、摸得着的扶贫工程，激发贫困群众脱贫致富的内生动力，确保在脱贫攻坚道路上，不落下一个贫困地区、不落下一个贫困群众！

加强环境保护。良好的生态环境本身就是生产力，也是一个地方的核心竞争力。要实施最严格的水资源管理制度，今年起要全面推行"河长制"，认真抓好省"一号重点工程"贯彻与落实，深入实施湘江保护和治理第二个"三年行动计划"，积极开展洞庭湖水环境综合整治"五大专项行动"，巩固提升七里山等重点水域整治成效；切实抓好松阳湖、黄盖湖、汨罗江、新墙河等河湖综合治理和铁山水库等饮用水源地保护；抓好东洞庭湖湿地保护，提升生态涵养功能；加强农村面源污染治理，擦亮"宜居岳阳"的靓丽名片。对一切破坏生态环境的人和事，动真格、出重拳，不管涉及到谁，一律坚决查处、决不姑息，把好山好水好风光永远留在巴陵大地，永远留给子孙后代！

繁荣社会事业。坚持教育优先，落实乡村教师支持计划，加快农村薄弱学校建设，继续推进中心城区学校"六建六扩"，促进民办教育健康发展，推动高等教育、职业教育开展产教融合，发展更高质量、更加公平的教育。加快建设健康岳阳，坚持计划生育基本国策，统筹推进市县公立医院改革和分级诊疗制度，认真研究中心城区医疗资源布局，突出抓好市中心医院、市中医院、市妇女儿童医院、市公共卫生应急救援指挥中心、岳阳首尔健康城建设，着力解决群众看病难、看病贵的问题。开展全民健身活动，年内举办环洞庭湖国际公路自行车赛。完善公共文化服务设施，加强历史文化名城、名楼、名镇、名村保护，构建覆盖城乡、惠及全民的现代公共文化服务体系，提升岳阳文化软实力。

办好民生实事。积极扩大社会就业，2017年力争新增城镇就业5.2万人、创业主体2.8万个，城镇登记失业率控制在4.1%以内。织密扎牢社会保障网，推进社会保险扩面提标，深化机关事业单位养老保险制度改革，稳步提高城乡低保人均补助标准。加强住房保障工作，完成棚户区改造3万户。大力发展慈善事业。加快完善养老服务中心、老年人活动中心等老年服务体系。力争基层综合文化服务中心覆盖率达到80%以上。完成302个行政村

新农村建设　　（吴锡标　摄）

配电网改造。新增管输天然气用户2.8万户。新建和标准化改造农贸市场10家。建成运营智能交通指挥中心。实施“质量强市”战略，强化食品药品安全监管，营造放心消费的市场环境。

维护社会和谐。强化“抓稳定就是抓发展”的工作理念，加快创建“平安岳阳”。推广岳阳楼区社会治理服务“三合一”模式，把政府建到群众“家门口”。严格落实安全生产党政同责、一岗双责、失职追责，把重大风险隐患当成事故来对待，严厉打非治违，确保不发生重特大安全事故。加强双拥共建和国防后备力量建设。改善金融生态环境，维护金融稳定。深化信访工作制度改革，着力解决群众合理诉求。认真抓好综治维稳和调解工作，扎实推进禁毒社会化工作，持续开展“五打五整治”、医患矛盾纠纷综合整治等专项行动，争创全国社会管理综合治理先进市，确保社会大局和谐稳定。

各位代表，完成政府各项工作目标和任务，必须加强政府自身建设。我们将坚决做到：服务群众不忘初心。牢固树立“人民利益高于一切”的价值取向，把更多的财力、物力和精力集中到增进民生福祉上来，着力解决群众最关心、最直接、最现实的利益问题，着力构建广覆盖、保基本、多层次、可持续的民生保障网，着力开展“结对帮扶”“一进二访”“志愿服务”等察民情、解民忧活动，打通联系服务群众的“最后一公里”，用真心真情践诺初心、温暖人心、赢得民心！依法用权不越边界。坚持法定职责必须为、法无授权不可为，加快建设法治政府。主动接受人大、政协和全社会的监督，加强行政监察、司法监督和审计监督；严格实施“权力清单”“责任清单”“负面清单”制度，做到行政权力进清单、清单之外无权力，坚决防止公共权力部门化、部门权力个人化，既让权力“进笼子”，又让权力“晒太阳”，确保行政权力始终在法治轨道上运行！敢于担当不辱使命。有多大担当才能干多大事业，尽多大责任才会有多大成就。我们将淡化“唱功”，强化“做功”，不漂浮，不敷衍，不推诿，在加快发展上担当重任，在改善民生上担负重托，在破解难题上担起重担，决不把当前问题留给后人、留给他人。坚决落实中央“三个区分开来”的要求，为敢于担当的干部担当，为敢于负责的干部负责，大力弘扬“想干事、不避事，敢干事、不怕事，干成事、不误事”的良好氛围，推动岳阳各项工作走在前列、多做贡献。清廉从政不碰底线。着力增强“四个意识”，严格落实党风廉洁建设“一岗双责”和廉洁从政有关规定，加强惩治和预防腐败体系建设，持之以恒地反“四风”、转作风、正行风，坚持清白从政、干净干事、严守底线，着力营造干部清正、政府清廉、政治清明的政治生态。

各位代表，同志们！面对“一极三宜”江湖名城建设的壮丽蓝图，唯有一往无前才能扛起使命，唯有砥砺奋进才能再创辉煌。让我们在中共岳阳市委的坚强领导下，紧紧依靠全市人民，同心协力，奋发求为，努力谱写富饶美丽幸福新湖南的岳阳篇章！

大事记

责任编辑　屈胜龙

1月

4日　市委书记盛荣华主持召开市委常委会“三严三实”专题民主生活会会前征求意见座谈会，听取基层党组织书记意见建议。

4—7日　市委各巡查组向5个市直单位反馈2015年第一轮巡查情况。

5日　岳阳市委、市政府召开巴陵人才工程推进会。市委书记盛荣华讲话，市长刘和生主持。

△　市委书记盛荣华到平江县加义镇横许村调研精准扶贫工作。

6日　岳阳市举行各民主党派、工商联专题调研成果汇报会。市委书记盛荣华讲话。

7日　市委常委会“三严三实”专题民主生活会召开。省委常委、政法委书记李微微到会指导，市委书记盛荣华主持会议并作表态讲话。

8日　湖南城陵矶国际港务集团有限公司与上海国际港务（集团）股份有限公司合作运营启动暨中国远洋岳阳——澳大利亚接力航线开通仪式在南湖举行。副省长张剑飞宣布港务集团公司正式运营、接力航线起航。省政府党组成员、省长助理袁建尧主持仪式，市委书记盛荣华致辞，市长刘和生参加。

10日　市政协七届四次会议开幕。市政协主席赖社光宣布大会开幕，市政协副主席、党组副书记李可波作工作报告。陈奇达当选市政协主席。13日，会议闭幕。

11日　国务委员王勇到平江县调研民政和残疾人工作。国务院副秘书长孟扬，民政部部长李立国，中国残联党组书记、理事长鲁勇，省委书记、省人大常委会主任徐守盛，省委常委、省委秘书长许又声，副省长蔡振红，市委书记盛荣华参加调研。

12日　岳阳市第七届人民代表大会第五次会议开幕。市长刘和生作《政府工作报告》。15日，大会闭幕。

14—15日，省委常委、常务副省长陈向群到岳阳市调研重点项目建设。市领导盛荣华、刘和生陪同。

15日　平江县获2015年国家园林县城称号。

16—18日　湖南省开展第二次陆生野生动物资源鸟类同步调查活动。调查范围涉及环洞庭湖及外围湖泊，100多名鸟类专家及岳阳市江豚保护协会志愿者参加。

18日　市委召开传达学习总书记习近平在中央政治局“三严三实”专题民主生活会上的重要讲话精神专题会议。

△　市政府党组召开“三严三实”专题民主生活会。市政府党组书记、市长刘和生主持。

18—19日　市委书记盛荣华到四川省成都市衔接重大项目。

20日　岳阳军分区党委召开九届六次全体（扩大）会议。市委书记、军分区党委第一书记盛荣华出席会议并讲话。

21日　市委召开党的群团工作会议。市委书记盛荣华讲话，市长刘和生出席。

22日　市委书记盛荣华主持召开中共岳阳市委第六届第105次常委会。

23日　岳阳市中心城区棚户（旧城）区改造工作督战会召开。市长刘和生出席。

26日　省委副书记孙金龙到省十二届人大五次会议岳阳代表团，和代表一起审议省政府工作报告。副省长李友志参加讨论，市委书记盛荣华主持，市长刘和生参加。

27日　副省长何报翔到省十二届人大五次会议岳阳代表团，与代表共同审议省政府工作报告和“十三五”规划纲要草案。市委书记盛荣华主持，市长刘和生参加。

29日　省委常委、统战部部长黄兰香到省十二届人大五次会议岳阳代表团，听取代表建议意见。市委书记盛荣华主持，市长刘和生参加。

31日　岳阳市获得省全面小康工作综合优秀奖，云溪区获全面小康推进工作前十位县奖，岳阳楼区、湘阴县、华容县获全面小康推进工作十快进县奖，汨罗市获得经济强县奖。

2月

1日　市委书记盛荣华到岳阳县、岳阳楼区走访慰问低保人员、困难残疾人和劳模、优秀党员代表。

2日　岳阳市委、市政府举行市级老同志迎新春座谈会。市委书记盛荣华主持并讲话，市长刘和生通报全市经济社会发展情况。

3日　省委常委、省委组织部部长郭开朗，副省长蔡振红到岳阳楼区、南湖新区走访慰问困难群众和老党员。市领导盛荣华、刘和生参加慰问。

4日　省委常委、长沙市委书记易炼红与市委书记盛荣华、市长刘和生到芙蓉北大道项目现场，看望慰问工程建设者。

△　市委书记盛荣华主持召开中共岳阳市委第六届第25次常委扩大会和第106次常委会。

△　岳阳市2016年迎新春团拜会在岳阳文化艺术会展中心举行。

△　岳阳楼—君山岛景区被评为全国家文明旅游先进景区，成为湖南省唯一上榜景区。

14日　市委书记盛荣华主持召开中共岳阳市委第六届第107次常委会。

15日　市委书记盛荣华到杭瑞高速洞庭湖大桥施工现场慰问工程建设者。

24日　岳阳市市县乡负责干部暨深入推动全民创新创业大会召开。市委书记盛荣华讲话，市长刘和生主持。

△　岳阳市召开安全生产工作会议。市长刘和生讲话。

25日　岳阳市党政主要负责干部培训班暨市委学习中心组第一次集中（扩大）学习在市委党校开班。市委书记盛荣华作开班动员和主题报告，市长刘和生主持。

26日　岳阳市乡镇党委换届工作会议召开。

3月

1日　岳阳市“2015百姓点赞十大民生实事暨2016百姓期盼十大民生实事评选活动”新闻发布座谈会

在岳阳文化艺术会展中心举行。市委常委、宣传部部长徐新启主持新闻发布座谈会，市委常委、副市长唐道明宣布“双十”民生实事评选结果。

2日　市委书记盛荣华到市广播电视台、市网管中心和岳阳日报社调研，召开市委新闻舆论工作座谈会。

3日　“世界野生动植物日”宣传活动暨麋鹿引种放归洞庭湖仪式在东洞庭湖国家级自然保护区举行，国家林业局副局长陈凤学、湖南省人大常委会副主任李友志、省林业厅厅长邓三龙、市长刘和生出席。

△　岳阳市召开2015年系列最美人物暨志愿服务先进典型表彰座谈会。

4日　中国科学技术学会命名临湘市、汨罗市为首批2016—2020年度全国科普示范县（市、区）。

7日　岳阳市召开庆“三八”暨“创新创业·巾帼行动”动员会。

9日　中共岳阳市委党史市志办公室编纂的湖南省特色志《岳阳楼志》评审会在岳阳楼景区召开。湖南省地方志编纂委员会党组书记、副主任易介南，副主任李晓平，市政府副巡视员苏耀辉参加。

11日　市委书记盛荣华到南湖新区调研岳阳教科新城项目规划。

△　市委常委、组织部部长、统战部部长王瑰曙以《组工干部要带头加强德性修养》为题为岳阳市组工干部培训班学员授课。

11—13日　河南省、广东省，及长沙市、岳阳市等地100多名环保志愿者到岳阳参与“我的家乡·我的湘江”大型环保户外活动。

14日　市委政法工作暨“三项行动”（增强四个意识、做到三个看齐，医患矛盾纠纷综合整治，防范和处置非法集资）动员会召开。市领导盛荣华、刘和生出席。

16日　岳阳市举行对接“一带一路”战略推动企业“走出去”座谈会。市领导盛荣华、刘和生出席。

17日　市委书记盛荣华主持召开中共岳阳市委第六届第26次常委扩大会和中共岳阳市委第六届第108次常委会。

18日　岳阳市召开会议传达学习十二届全国人大四次会议、全国政协十二届四次会议精神。

22日　岳阳市召开迎接国家卫生城市复审动员大会。

22—23日　省委常委、省委统战部部长黄兰香到岳阳市调研基层统战工作和非公经济发展。

△　省政协副主席孙建国到岳阳市调研供给侧结构性改革工作。

25日　市委学习中心组举行第二次集中（扩大）学习，岳阳湘阴籍中国工程院院士钟志华作“创新驱动发展战略与中国制造2025”主题报告。

25—26日　岳阳市组织100余家企事业单位到武汉开展2016年四海揽才春季人才招聘活动。

26日　市委书记盛荣华到环南湖旅游交通三圈调研。

28日　市委书记盛荣华到城陵矶新港区调研。

△　出生于屈原管理区的著名作家、鲁迅文学奖得主熊育群长篇小说《己卯年雨雪》媒体报告会在湘阴县举行。

29日　岳阳市召开全面建成小康社会暨精准扶贫工作会。市领导盛荣华、刘和生出席。

30—31日　安全生产监督管理总局副局长李兆前到岳阳市督查调研安全生产工作。

31日　岳阳市委、市政府在苏州新加坡工业园区举行岳阳市园区发展工作会议暨园区产业发展专题培训班结业仪式。

4月

3日　来自北京、上海、深圳等地的200余名仇鳌宗亲聚首汨罗市，纪念辛亥元勋仇鳌和毛泽东师友情谊100周年暨辛亥革命烈士仇亮牺牲100周年。

5日　市委书记盛荣华主持召开中共岳阳市委第六届第27次常委扩大会和中共岳阳市委第六届第109次常委会。

6日　省政协副主席、民革省委原主委刘晓到民革岳阳市委，作“从全国两会看世界新经济”专题讲座。

9日　国家防汛抗旱督察专员李坤刚到岳阳市调研巡查长江堤防险工险段。

11日　副省长戴道晋到岳阳市检查备汛工作。

△　全省卫生应急工作会议在岳阳市召开。

11—13日　省委常委、省军区司令员黄跃进到岳阳市检查指导武装工作。

12—13日　省委书记、省人大常委会主任徐守盛到岳阳市调研。

13日　长篇历史小说《大清相国》作者、湖南省作协主席王跃文到岳阳市新华书店国学讲坛讲课。

14日　市长刘和生到城区督查调研国家卫生城市复审迎检工作。

14—15日　省政协副主席张大方到平江县调研精准扶贫工作。

17日　2016年岳阳市直机关干部职工春季环南湖健步行活动在南湖举行。

18日　市委召开六届十三次全体（扩大）会议，专题传达学习省委书记、省人大常委会主任徐守盛在岳阳调研座谈时的讲话精神，部署安排当前和今后一个时期工作。市委书记盛荣华、市长刘和生出席。

△　岳阳市县市区领导班子换届工作会召开。市委书记盛荣华、市长刘和生出席。

19日　中石化集团公司董事长、党组书记王玉普到岳阳市调研。省、市领导张剑飞，盛荣华、刘和生陪同。

20日　岳阳市召开张步真散文集《江湖之远》作品研讨座谈会。中国作家协会副主席谭谈、湖南省作家协会主席王跃文和湖南省文联名誉主席、著名作家彭见明参加。

21日　湖南省2016年“就业去哪儿”大型公益活动岳阳启动仪式暨岳阳市2016年四海揽才现场招聘会在湖南理工学院举行。

25—27日　文化部党组成员、中央纪委派驻文化部纪检组组长王铁率检查验收组对岳阳市国家公共文化服务体系示范区创建工作进行检查验收。市长刘和生参加汇报会。

26日　2016年岳阳环保世纪行活动正式启动。

26—28日　中国科协“海智计划”院士专家团到岳阳市开展长江洞庭湖生态环境水利能源考察调研。

27日　12时59分，出生于湖南岳阳的海军某舰载航空兵部队中队长、一级飞行员张超，在驾驶舰载战斗机进行陆基模拟着舰训练时，飞机突发故障，不幸壮烈牺牲。8月2日，省委常委、省军区司令员黄跃进到岳阳市慰问张超烈士家属。8月24日，中央宣传部、中央军委政治工作部、共青团中央在北京人民大会堂联合举行张超先进事迹报告会，中共中央政治局委员、中央军委副主席许其亮会见报告团成员，代表中央军委主席习近平向张超亲属和报告团成员以及全体舰载机飞行员表示诚挚问候，中央军委委员、中央军委政治工作部主任张阳，中央军委委员、海军司令员吴胜利一同会见。9月30日，市委书记盛荣华到张超烈士家中慰问。11月14日，中央军委主席习近平签署命令，追授张超烈士“逐梦海天的强军先锋”荣誉称号。

△　省财政厅厅长郑建新到岳阳调研汨罗市屈子文化园建设。

28日　市委书记盛荣华主持召开中共岳阳市委第六届第110次常委会。

△　广东省湖南商会到岳阳市投资考察。市长刘和生参加恳谈会。

29日　市委书记盛荣华到城陵矶新港区和南湖新区慰问一线劳动者。

△　市委书记盛荣华会见中国五矿集团副总经理、五矿有色董事长李福利。市长刘和生主持会见座谈。

△　市委书记盛荣华会见到岳阳市投资考察的太平洋建设集团创始人严介和。

△　岳阳市五个单位和个人获得全国五一劳动奖：湖南省长康实业有限责任公司获全国五一劳动奖状，华容县防汛抗旱指挥部办公室主任张志红、湖南凯美特气体股份有限公司维修主管徐勇获“全国五一劳动奖章”，君山区地方税务局第一分局、湖南省十三村食品有限公司副食村广场客服中心获得“全国工人先锋号”。

30日　岳阳市乡镇党委换届工作全面完成。

5月

3日　市委书记盛荣华分别主持召开洞庭湖博览园项目建设领导小组会议和岳阳东客运枢纽和三荷机场建设专题会议。

4日　市委书记盛荣华主持召开中共岳阳市委第六届第28次常委扩大会。

5日　岳阳三荷机场投资建设管理有限公司与广东龙浩航空集团有限公司签订合作协议，共同成立岳阳机场运营发展有限公司，负责岳阳三荷机场的建设、运营和管理。市领导盛荣华、刘和生出席仪式。

△　华容县城关镇黄湖花苑卢群芳家庭、汨罗市古培镇明月村15组徐金娥家庭、岳阳楼区尚书小区李和平家庭入选2016年湖南省最美家庭。

6日　市委书记盛荣华会见中国建筑第五工程局有限公司董事长周勇。

10日　省委决定：李挚任岳阳市委委员、常委、市纪委书记，不再担任常德市委常委、市纪委书记职务。

11日　岳阳市旅游发展大会在平江县召开。省旅游局局长陈献春、市委书记盛荣华出席并讲话，市长刘和生主持。

13日　市委书记盛荣华参加“江湖名城入网眼”主题访谈并出席大型网络电视栏目《网眼看岳阳》开播仪式。省委网信办常务副

建设中的杭瑞高速洞庭湖大桥吊装钢桁梁　（杨一九　摄）

主任屈贵全参加。

14日　汨罗市古培镇明月村徐金娥家庭入选2016年全国最美家庭，华容县城中路教育巷阮梅家庭、临湘市源潭镇东港村钱家组毛先桃家庭当选第十届全国五好文明家庭。

15日　纪念岳阳市获得中国楹联文化城市十周年暨岳阳县获得中国楹联文化县授牌大会召开。中国楹联学会会长蒋有泉出席。

17日　湖南百利工程科技股份有限公司在上海证券交易所挂牌上市。市委书记盛荣华出席上市仪式。

△　农业部在岳阳市召开洞庭湖区畜禽水产养殖污染治理试点工作会议。农业部副部长于康震讲话，副省长戴道晋主持，市领导刘和生参加。

18日　中国石化巴陵石化分公司首席专家、教授级高级工程师梁红文获得第七届全国优秀科技工作者称号。

19日　市委书记盛荣华主持召开中共岳阳市委第六届第111次常委会。

△　市委书记盛荣华调研督查南湖水环境治理和环南湖旅游交通三圈项目建设。市长刘和生参加。

△　岳阳湖南文学创作示范基地挂牌仪式在平江县安定镇高坪村坪上老屋举行。湖南省作家协会主席王跃文出席。

△　东洞庭湖国家级自然保护区开展2016年度夏候鸟调查，确认保护区鸟类种类达344种。

20日　中共岳阳市第六届纪律检查委员会第八次全体会议召开。市委书记盛荣华讲话，市长刘和生主持。

22日　岳阳市岳州宋瓷文化公司送展的岳州窑柴烧荷叶口净瓶获2016上海国际陶瓷艺术博览会金奖。

23日　岳阳市被国家发展和改革委员会确认为现代物流创新发展试点城市。

24日　中央电视台科教频道端午特别节目《我们的节日——粽香情更浓》在汨罗市完成取景拍摄。

26日至6月3日　市长刘和生率团到俄罗斯莫斯科、匈牙利凯斯特海伊市和保加利亚对接洽谈“一带一路”项目。

27日　“加强产融学合作，推进湖南‘十三五’发展岳阳专场对接会”在长沙市举行。副省长何报翔，市委书记盛荣华出席。

28日　中央电视台“新闻联播”播发《岳阳：治庸激励并举落实“两学一做”》经验做法。

6月

2日　岳阳市“两学一做”学习教育专题党课在岳阳文化艺术会展中心开讲，省委常委、省军区司令员黄跃进作“谈谈党员干部的进步观”专题党课辅导。并听取岳阳市工作汇报。市委书记盛荣华主持专题党课和汇报会。

△　长江航务管理局局长唐冠军和省交通运输厅厅长胡伟林率队到岳阳召开湖南段长江黄金水道建设座谈会。市委书记盛荣华出席并讲话。

3日　省委常委、省纪委书记傅奎到岳阳市调研党风廉政建设和反腐败工作。市委书记盛荣华参加座谈。

△　岳阳市被确定为湖南省省级海绵城市建设试点城市。

5日　岳阳市防汛抗灾工作座谈会在华容县东山镇举行。市领导盛荣华、刘和生出席。

7日　省委常委、常务副省长陈向群到岳阳市专题研究城陵矶新港区建设。副省长张剑飞，市领导盛荣华、刘和生出席。

△　岳阳市19所中小学入选教育部公示的2016年全国青少年校园足球特色学校。

8日　市委书记盛荣华主持召开中共岳阳市委第六届第112次常委会。

△　市委常委会围绕“讲政治、有信念”专题开展“两学一做”学习教育第一次学习讨论。市委书记盛荣华主持学习，市长刘和生参加。

9日　2016年第十二届中国汨罗江国际龙舟节暨汨罗江民间龙舟大赛开幕式在汨罗江国际龙舟竞渡中心举行。

11日　中国第十一个“文化遗产日”（岳阳）宣传活动暨第三届湘鄂赣边界地区非遗文化节在临湘市举行。

△　岳阳市巴陵戏传承研究院获得湖南省非物质文化遗产展演艺术交流传承基地授牌。

14日　岳阳市无偿献血十大公益形象大使、公益团队、公益家庭表彰颁奖仪式在岳阳文化艺术会展中心举行。

15日　省住建厅厅长蒋益民到岳阳市调研海绵城市和棚改项目建设。市领导盛荣华、刘和生陪同。

15—16日　副省长何报翔到岳阳市检查防汛工作，调研城陵矶综合保税区建设。市领导盛荣华、刘和生陪同。

17日　省委决定：唐白玉任岳阳市委委员、常委。

18日　岳阳市首个大学生创业孵化基地——湖南理工学院大学生创新创业孵化基地在君山区挂牌成立。

18—19日　人力资源和社会保障部“万名专家服务基层行动计划”名院名医走进岳阳活动暨2016岳阳心脑血管疾病高级专家研讨会在市二医院举行。

20日　华容县公安局禁毒大队教导员胡光志先进事迹座谈会在华容县举行。国家禁毒委办公室副主任闵天石参加。

22日　2016湖南夏季乡村旅游节在平江县安定镇横冲民宿村开幕。省、市领导黄跃进、何报翔、刘和生出席。

22—23日　部分全国人大代表到岳阳市调研洞庭湖生态经济区水环境综合治理工作。

23日　国家工商行政管理总局副局长马正其到岳阳市调研。

24日　岳阳巴厘岛水上乐园项目在城陵矶新港区开工建设。

29日　市委书记盛荣华主持召开中共岳阳市委第六届第113次常委会。

△　市委书记盛荣华主持市委学习中心组2016年第四次集中（扩大）学习。

30日　岳阳市召开庆祝中国共产党成立95周年大会。市委书记盛荣华讲话，市长刘和生主持。

△　市委书记盛荣华到城陵矶水

文站和一线防洪大堤督查防汛工作。

7月

1日　岳阳市举行重大项目集中开工仪式。市领导盛荣华、刘和生出席。

△　市委书记盛荣华督查道路水上交通安全工作。

4日　省委书记徐守盛到岳阳市检查防汛工作。省委常委、省委秘书长许又声，副省长戴道晋参加。市领导盛荣华、刘和生随同。

5日　中共中央政治局常委、国务院总理李克强到岳阳市视察指导防汛抗灾工作。当日晚，李克强在岳阳主持召开部分省份防汛工作会议，部署下一阶段防汛抗洪和抢险救灾工作。中共中央政治局委员、国务院副总理汪洋，中共中央书记处书记、国务委员兼国务院秘书长杨晶陪同视察并出席会议。

△　省委决定：胡小闽任岳阳市委委员、常委（挂职两年），提名为岳阳市副市长人选（挂职两年）。

6日　市委书记盛荣华主持召开中共岳阳市委第六届第29次常委扩大会议和市委常委专题学习会。

7日　市委书记盛荣华到屈原管理区督查指导防汛抗灾工作。

8日　副省长何报翔到岳阳市督查指导防汛工作。

△　市委书记盛荣华到云溪区督查指导防汛抗灾工作。

△　岳阳环境保护志愿者协会会长朱再保获评绿色中国年度人物。

9日　市委书记盛荣华到长江干堤督查防汛工作。

10日　上午11时，华容县新华蓄洪垸溃口。省委常委、省军区司令员黄跃进，副省长何报翔、戴道晋，市领导盛荣华、刘和生到现场组织抢险救灾。12日上午8时15分，溃口成功合龙。南部战区陆军司令员刘小午，省委常委、省军区司令员黄跃进，副省长何报翔，省军区参谋长郭辑山，市领导盛荣华、刘和生现场督战。市委书记盛荣华在现场主持召开调度会，安排部署后段抢险救灾工作。

14日　副省长何报翔到华容县督查防汛救灾工作。

△　市委书记盛荣华到黄盖湖大堤暗访督查防汛责任落实情况。

△　岳阳籍摄影师罗娴作品《梦境》获得2016首届玛格南摄影奖。

15日　副省长何报翔到临湘市、屈原管理区、湘阴县检查指导防汛抗灾工作。

△　市委书记盛荣华到湘阴县、岳阳县暗访督查防汛责任落实情况。

16日　市委书记盛荣华到华容县督查防汛工作。

18日　岳阳市防汛抗灾督查问责工作会召开。市委书记盛荣华讲话。

19日　临湘市获得“中国浮标之乡”称号。

20日　市委书记盛荣华到华容县督查防汛救灾工作。

23日　副省长戴道晋到湘阴县检查烂泥湖区域防汛工作。

△　市委书记盛荣华到长江和洞庭湖干堤暗访督查防汛责任落实情况。

24日　市委书记盛荣华主持召开防汛抗灾工作重点县市区视频调度会。

25日　武警部队司令员王宁到岳阳市检查指导防汛抗灾工作。武警部队副司令员戴肃军，武警交通部队司令员傅凌、参谋长高强，副省长戴道晋，武警湖南总队司令员刘国荣、政委蒋建宇，市长刘和生陪同。

27日　岳阳市2016年上半年经济工作暨“一极三宜”江湖名城建设重点工作讲评会召开。

29日　市委书记盛荣华主持召开市委常委班子专题民主生活会暨“两学一做”学习教育第二次专题学习讨论会。

30日　市委书记盛荣华到城区督查重大项目安全生产工作。

8月

1日　市委书记盛荣华主持市委学习中心组2016年第六次集中（扩大）学习暨国防知识讲座。国防大学战役部、国防教育研究中心教授孟庆全做《我国周边形势与国防建设》专题讲座。

△　市委书记盛荣华到岳阳军分区、市消防支队、军分区干休所走访慰问部队官兵和老红军老干部。

3日　市委书记盛荣华在北京会见中石化、中粮集团等央企高层。

5日　中国共产党岳阳市第六届委员会第十五次全体会议召开。市委书记盛荣华主持会议。

8—9日　副省长何报翔到岳阳市检查指导安全生产和防汛抗灾工作。

9日　城陵矶综合保税区封关运营。副省长何报翔宣布运营，长沙海关关长黎对贞下达通关运行指令，市领导盛荣华、刘和生出席。

11日　市委书记盛荣华就道路及水上交通安全工作，集中约谈县市区委书记和重点监管部门、重点企业负责人。

12日　上海市与中部六省口岸大通关合作第十次联席会议在岳阳市举行。海关总署党组成员、国家口岸办主任黄胜强，副省长何报翔出席并讲话。

△　市委书记盛荣华主持召开中共岳阳市委第六届第114次常委会。

△　市委书记盛荣华与新任县市区党政正职进行任前集体谈话。市委常委、组织部部长、统战部部长王瑰曙主持会议，市委常委、市纪委书记李挚作任前廉政谈话。

17日　国家预防腐败局副局长、中央纪委国际合作局局长刘建超到岳阳市调研指导反腐败国际追逃追赃工作。省委常委、省纪委书记傅奎主持汇报会，市委书记盛荣华作工作汇报。

18日　市委书记盛荣华到岳阳东站暗访督查深化文明城市建设工作。

△　岳阳文庙古建筑群第一期修缮工程开工建设。

18—19日　湖南省人大系统理论研讨会在岳阳市召开。省人大常委会党组书记、副主任韩永文出席会议并讲话。

19日　市委成立市级换届筹备工作小组和市委派驻县市区换届工

作指导督导及纪律监督组。

20日 岳阳市首届中华礼仪友善文化节暨2016年新墙镇葡萄采摘节开幕。

22日 市委书记盛荣华会见全国首届十大诚信之星李国武。

△ 岳阳市举行党外人士政治交接主题教育暨暑期谈心活动集体谈心会。市委书记盛荣华出席。

23日 市委书记盛荣华参加市委政研室党支部“两学一做”学习教育第二专题学习讨论。

23—24日 省委常委、省军区司令员黄跃进到岳阳市调研。

24日 湘阴县洋沙湖—东湖国家湿地公园和汨罗江国家湿地公园获评国家湿地公园。

25日 财政部党组成员、副部长、PPP领导小组组长史耀斌到岳阳市调研。

26日 市委书记盛荣华主持召开中共岳阳市委第六届第115次常委会。

△ 平江县板江乡流江完小教师李富强获评2016年度湖南最可爱的乡村教师。

30日 市委书记盛荣华到扶贫联系点平江县加义镇横江村调研脱贫攻坚工作。

9月

1日 市十四中新校园启用。市委书记盛荣华揭牌并讲话。

2日 岳阳市召开县市区党委换届工作总结座谈会。

△ 岳阳黄茶获得2016湖南茶业十大公共品牌称号。

3日 新编大型历史题材巴陵戏《远在江湖》在北京全国地方戏演出中心展演。中央宣传部纪检组组长傅自应、文化部副部长董伟、中央文献研究室常务副主任杨胜群，省文化厅厅长李晖，市长刘和生观看演出。是日晚，《远在江湖》专家研讨会在中国艺术研究院举行。

5日 岳阳市脱贫攻坚暨全面建成小康社会工作推进会召开。

6日 首届“岳阳人物游岳阳”活动启动仪式在南湖新区南津古渡举行。市领导盛荣华、刘和生参加。

7日 国家发展和改革委员会调研组到岳阳市调研现代物流业和商贸业发展情况。

8日 神华集团总经理凌文到华容县东山镇关山村调研。市长刘和生参加。

9日 纪念毛泽东同志逝世40周年诗词联书画展在岳阳文化艺术会展中心举行。

12日 市委书记盛荣华主持召开中共岳阳市委第六届第116次常委会。

13日 湖南省信访基层基础工作现场会在岳阳市召开。省委常委、政法委书记、副省长、省公安厅厅长黄关春出席并讲话，省、市领导陈君文、盛荣华、刘和生参加。

△ “协调江湖关系，促进长江中游绿色生态廊道建设”洞庭湖咨询研讨会在岳阳市举行。副省长张剑飞致辞，市委书记盛荣华出席。

△ 岳阳农村商业银行挂牌营业。市委书记盛荣华、省信用联社理事长张志军出席仪式并揭牌。

△ 2016中国黄茶高峰论坛在岳阳文化艺术会展中心举行。

18日 中国共产党岳阳市第六届委员会第十六次全体会议召开。

△ 市委书记盛荣华主持召开中共岳阳市委第六届第117次常委会。

△ 平江县一中学生陈震和华容县一中学生任欢获湖南省最美孝心少年称号。

21日 市委书记盛荣华主持召开中共岳阳市委第六届第118次常委会。

23日 省委副书记、代省长许达哲到岳阳市调研经济社会发展情况。副省长、省政府秘书长向力力参加调研，市领导盛荣华、刘和生陪同。

25日 中共岳阳市委第六届第30次常委扩大会召开。

△ 国务院第十三督查组第一小组到岳阳市督查国家重大政策落实情况。市长刘和生汇报。

25—29日 省委派驻现场督导组到岳阳市督导市级党委换届选举风气。

26日 市委书记盛荣华主持召开中国共产党岳阳市第六届委员会第十七次全体（扩大）会议。

27—29日 中国共产党岳阳市第七次代表大会在岳阳文化艺术会展中心召开。

30日 市领导盛荣华、刘和生、李志坚、李湘岳、陈奇达、王瑰曙、李挚、熊炜、王小中、马娜、谈正红、黄大军到岳阳市烈士陵园举行烈士公祭活动。

10月

8日 市委书记盛荣华主持召开中共岳阳市委第七届第一次常委会。

9日 岳阳市举行庆祝老年节暨市级老同志情况通报会。市委书记盛荣华主持会议，市长刘和生通报市第七次党代会及全市经济社会发展情况。

△ 市委书记盛荣华到社区、医院走访慰问老同志和高龄老人。

△ 岳阳楼君山岛景区获得国家旅游局“十一”假日旅游服务最佳景区荣誉称号。

12日 2016环洞庭湖国际新能源汽车拉力赛开幕式在南湖广场举行。省委常委、省委宣传部部长张文雄宣布大赛开幕，中国汽车摩托车运动联合会主席詹郭军，市领导盛荣华、刘和生出席仪式。

14日 鄂湘赣三省检察机关在岳阳市召开服务长江中游城市群建设第二次工作联席会议。省委常委、省委政法委书记、副省长、省公安厅厅长黄关春出席，湖北省检察院检察长王晋、湖南省检察院检察长游劝荣、江西省检察院检察长刘铁流发言。市领导盛荣华、刘和生出席。

△ 《岳阳楼记》主题书画展览在岳阳文化艺术会展中心开幕。全国政协委员、海军原副政委范印华宣布开幕。

15日 岳阳市10万人同城吟诵《岳阳楼记》活动启动仪式在岳阳楼前举行。全国政协委员、海军原副政委范印华，中国范仲淹研究会会长、北京大学教授范国强，中国范仲淹研究会副会长、文化部社教司原司长范崇嬿出席，市委书记盛荣华致辞并宣布活动启动。

△ 第二届岳阳楼国际诗会暨诗歌晚会在岳阳楼景区举行。中国作家协会副主席、书记处书记吉狄马加，省政协副主席、省文联主席欧阳斌出席。

△ 第六届中国范仲淹国际学术大会在岳阳市委党校举行。全国政协委员、海军原副政委范印华，学术大会主席、中国范仲淹研究会会长范国强出席开幕式并致辞。

16日 岳阳市获得2016环洞庭湖国际新能源汽车拉力赛突出贡献奖和最美赛道奖两项荣誉。

17日 市委书记盛荣华到扶贫联系点平江县加义镇横江村调研指导脱贫攻坚工作。

△ 市委书记盛荣华到平江县南江镇调研指导县乡人大代表选举工作。

18日 市委书记盛荣华、市长刘和生调研督查重大项目建设。

19日 岳阳市召开综治工作暨“三项行动”推进会。市委书记盛荣华、市长刘和生出席。

△ 中国红十字会中华骨髓库造血干细胞捐献第6000例公益宣传暨“传递爱心健步同行”健步走活动启动仪式在岳阳文化艺术会展中心举行。中国红十字会副会长兼秘书长王平，省人大常委会副主任王柯敏参加。

19—20日 国家发展和改革委员会副主任张勇到岳阳市专题调研洞庭湖综合治理情况及水利工程建设。省委常委、常务副省长陈向群，市领导盛荣华、刘和生陪同。

20日 省委常委、常务副省长陈向群与岳阳市重点企业负责人座谈。市委书记盛荣华主持，市长刘和生参加。

21日 副省长何报翔到岳阳市调研洞庭湖旅游发展情况。市领导盛荣华、刘和生陪同。

25 岳阳市三季度经济工作暨“一极三宜”江湖名城建设重点工作讲评会召开。市委书记盛荣华讲话，市长刘和生部署工作。

△ 岳阳市纪念中国工农红军长征胜利80周年大型群众文艺晚会在南湖广场举行。

26日 省委决定：徐新楚为市政协主席提名人选，李激扬为市人民政府副市长提名人选。

△ 岳阳市获得国家公共文化服务体系示范区称号。

27—28日 2016年岳阳市石化产业招商推介会暨巴陵石化公司客户座谈会举行。市委书记盛荣华讲话，市长刘和生致辞。

30日 复兴岳州窑专家研讨会暨岳州窑青瓷研发成果鉴定会在清华大学美术学院举行。

31日 市委书记盛荣华主持召开中共岳阳市委第七届第二次常委会。

11月

1日 岳阳市召开市人大、市政协新任领导干部见面会。

2日 市委学习中心组举行2016年第七次集中（扩大）学习。

△ 市委书记盛荣华到岳阳楼区调研。

△ 市委书记盛荣华到市“12345”公众服务热线平台调研。

3日 岳阳市防汛抗灾总结暨水利建设动员大会召开。市委书记盛荣华、市长刘和生出席。

△ 市委书记盛荣华到城陵矶新港区调研。

△ 市委讲师团副主任蔡吉跃教授获得全国基层理论宣传先进个人称号。

4日 汨罗市长乐镇长乐甜酒被国家质量监督检验检疫总局批准为地理标志保护产品。

5日 公安部在岳阳市召开全国公安机关规范基层警务工作暨110接处警工作会议。中央纪委驻公安部纪检组组长、公安部党委委员、督察长邓卫平出席并讲话。省委常委、省委政法委书记、副省长、公安厅长黄关春，市领导盛荣华、刘和生出席。

△ 市委书记盛荣华到环南湖旅游交通三圈调研。

6日 平江县入选全国十佳生态休闲旅游城市。

9日 岳阳市女企业家黄素萍获评2015年感动中国之感动湖南十佳人物。

10日 “江湖名城·璀璨南湖”首届岳阳洞庭湖生态旅游文化节在南湖广场开幕。副省长何报翔宣布活动开幕，全国政协人口资源环境委员会副主任王玉庆、省旅游局局长陈献春出席，市委书记盛荣华致辞，市长刘和生主持。

11日 第七届中国绿色发展高层论坛在南湖举行，岳阳市获得2016中国十佳绿色城市称号。联合国环境规划署驻中国代表张世纲、全国政协人口资源环境委员会副主任王玉庆、市委书记盛荣华出席。

△ 市委书记盛荣华主持召开中共岳阳市委第七届第三次常委会。

16日 省委副书记、代省长许达哲参加省第十一次党代会岳阳代表团讨论。

△ 2016中国当代最美爱情故事在君山岛景区揭晓。

17日 省委常委、省军区司令员黄跃进参加省第十一次党代会岳阳代表团讨论。

18—20日 “山水一城”2016岳阳市房地产交易暨棚改房源信息集中推介会在南湖广场举行。

19日 市委书记盛荣华当选中国共产党湖南省第十一届省委常务委员会委员。

20日 岳阳市岳阳楼区枫树小学啦啦操队获得2016—2017年全国啦啦操联赛暨2016中国啦啦之星争霸赛小学丙组爵士啦啦操冠军。

21日 岳阳市召开会议传达学习省第十一次党代会精神。省委常委、市委书记盛荣华讲话，市长刘和生出席。

△ 岳阳市完成古树名木资源普查工作。核定存留古树名木6979株，其中一级古树230株，二级古树968株，三级古树5775株，名木6株。确定树龄最长的古树2株，分别是平江县三市镇天福村的樟树，树龄2000年；岳阳市交通运输局院内的重阳木，树龄2000年。胸径最粗的古树是平江县三阳乡万古村的樟树，胸径568厘米，树龄310年。最高的古树是华容县东山镇桃花山村蔡家湾的枫香，树高47米，树龄110年。

23日 市长刘和生调研大岳（临湘大界至岳阳）高速公路建设。

△ 老一辈无产阶级革命家任弼时的家属代表向任弼时纪念馆捐赠一批文物史料。

24日 岳阳市市级领导干部会

议召开。省委组织部副部长庄超出席会议并宣布省委决定：盛荣华不再担任岳阳市委书记、常委、委员职务，不再提名为岳阳市人大常委会主任候选人。岳阳市委的工作暂由市委副书记、市长刘和生主持。

△ 市长刘和生主持召开中共岳阳市委第七届第4次常委会。

25日 市长刘和生到企业、工地督查安全生产工作。

29日 岳阳市举行学习贯彻党的十八届六中全会精神省委宣讲团报告会。省社科联党组书记宋智富宣讲，市长刘和生主持。

30日 岳阳市举行“面对面微宣讲，点对点解疑惑”活动启动仪式。市长刘和生出席。

△ 市长刘和生到省级贫困村——岳阳楼区郭镇乡建中村许庄组宣讲党的十八届六中全会精神和省第十一次党代会精神。

12月

4日 国家质量监督检验检疫总局局长、党组书记支树平到岳阳市考察内陆口岸发展情况。副省长何报翔陪同。

5日 中共中央政治局常委、国务院总理李克强在北京人民大会堂会见全国先进个体工商户。岳阳市岳阳楼区洁雅小南方俏巴鱼馆经营主李长方、岳阳经开区金杯电缆总代理刘静和洞庭渔都水产批发市场经营主柳荣华受到接见。

6日 岳阳县举行“同心携手、为爱传递”精准扶贫公益慈善募捐活动。副省长何报翔出席。

7日 湖南省第二届食品安全年会暨中国（平江）休闲食品文化节在平江县开幕，中国食品工业协会副会长兼秘书长沈篪代表中国食品工业协会为平江县授牌，指定平江县为中国休闲食品文化节永久主办地。省军区司令员黄跃进、市长刘和生参加。

9日 岳阳市开放型经济工作会在城陵矶新港区召开。市长刘和生出席。

10日 省委副书记乌兰到岳阳市调研经济社会发展。市长刘和生陪同。

11日 省委决定：胡忠雄任岳阳市委书记。

△ 首届全国高校湖畔挑战赛在岳阳市南湖举行。

12日 大岳（临湘大界至岳阳）高速公路通车。

△ 汨罗老兵李超然到南京参加国家公祭日活动。

13日 市委书记胡忠雄调研督查重点项目建设。

△ 市委书记胡忠雄主持召开中共岳阳市委第七届第六次常委会。

14日 省委宣讲团到岳阳市宣讲省第十一次党代会精神。市委书记胡忠雄主持。

△ 市委书记胡忠雄到巴陵石化、长岭炼化、云溪绿色化工园调研。

15日 省委决定：李志坚任省经信委党组副书记、副主任，不再担任岳阳市委副书记、常委、委员职务，李爱武任岳阳市委委员、常委、副书记。

△ 市委书记胡忠雄主持召开会议，听取“十三五”规划、产业发展、项目建设、产业园区发展、中心城区规划建设管理及交通建设情况汇报。

△ 水利部副部长田学斌到岳阳市调研农村水利建设管理改革情况。省水利厅厅长詹晓安、市长刘和生陪同。

△ 湖南省花鸟画名家作品邀请展暨岳阳市花鸟画精品展在岳阳文化艺术会展中心开幕。

16日 市委书记胡忠雄主持召开会议，听取农口系统有关单位和全面深化改革、全面小康推进、基层党建、信访、维稳、安全生产工作情况汇报。

△ 市委书记胡忠雄到南湖新区调研。

△ 2016年度岳阳市“千名书记讲党课”活动闭幕。

18日 市委书记胡忠雄到平江

王家河水系综合治理一期工程

县、岳阳县调研。

19日　市委书记胡忠雄在岳阳日报发表《坚持项目为重，突出实干担当，切实肩负起加快岳阳发展的历史责任》的署名文章。

△　岳阳市2016年重大建设项目集中竣工仪式在岳阳经开区南翔万商国际商贸物流城一期工程现场举行。市委书记胡忠雄宣布项目竣工，市长刘和生讲话。

△　市委书记胡忠雄到岳阳经开区、临湘市调研。

△　岳阳市完成县市区人大、政协换届选举任务。

20日　市委书记胡忠雄到华容县、君山区调研。

△　市长刘和生到市人大、市政协征求《政府工作报告》（征求意见稿）意见和建议，市人大常委会主任李湘岳、市政协党组书记徐新楚分别主持座谈会。

△　岳阳市首家五星级饭店在岳阳大酒店举行揭牌仪式。

△　榜样中国2016中国医疗卫生改革与发展高峰论坛暨2016中国医疗卫生事业颁奖在北京市召开。岳阳市第二人民医院获评全国“三好一满意”示范医院，院长余飞跃获评2016年全国医院管理优秀院长。

21日　市委书记胡忠雄到湘阴县、汨罗市、屈原管理区调研。

22日　市委书记胡忠雄主持召开中共岳阳市委第七届第7次常委会。

△　市委书记胡忠雄到岳阳楼区调研。

△　岳阳市在南湖宾馆举行外国专家圣诞和新年座谈会。市长刘和生参加。

23日　市委书记胡忠雄到云溪区、华能岳阳电厂和岳阳林纸集团调研。

△　市委书记胡忠雄到市政府政务服务中心、市“12345”公众服务热线平台、市公共资源交易中心等公众服务平台调研，听取市人力资源服务中心工作汇报。

24日　市委书记胡忠雄调研王家河流域综合治理工程。

△　第三届中国百诗百联大赛颁奖大会暨高峰论坛在长沙市举行。岳阳市委政策研究室副主任，中国楹联学会会员、市诗词楹联学会副会长余友安的楹联《湘北会战礼赞》获楹联类一等奖。

26日　市委书记胡忠雄主持召开中共岳阳市委第七届第8次常委会。

△　市委书记胡忠雄主持召开市委“五人小组”会议，听取第七届市委第一轮巡察工作情况汇报。

△　岳阳楼君山岛景区入选第三批全国旅游标准化示范单位。

28日　省委经济工作会议岳阳分组展开讨论。省委常委、省委秘书长盛荣华，省人大常委会副主任李友志，省政协副主席张大方，市委书记胡忠雄，市长刘和生参加。

△　岳阳市入选中国特色魅力城市200强。

28—29日　市委各巡察组就第七届市委第一轮巡察情况分别向8个市直单位进行反馈。

29日　市委书记胡忠雄调研中心城区棚户（旧城）区改造工作。

△　市长刘和生考察深圳比亚迪云轨项目，会见比亚迪公司董事长兼总裁王传福。

△　“江湖名城赞”书画展在岳阳文化艺术会展中心开幕。

30日　市委书记胡忠雄主持召开市委常委班子民主生活会征求意见座谈会，听取部分乡镇（街道）党（工）委、村（社区）支部书记意见建议。

△　市委书记胡忠雄到市人大、市政协、岳阳军分区调研。

综述

责任编辑 李 幸

概　况

【地理位置】　岳阳市位于湖南东北部，素称“湘北门户”。地处北纬28°25′33″～29°51′00″，东经112°18′31″～114°09′06″之间。东邻江西省铜鼓、修水县和湖北省通城县，南抵湖南省浏阳市、长沙县、望城区，西接湖南省南县、安乡县、沅江县，北界湖北省赤壁市、洪湖市、监利县、石首县。市东西横跨177.84千米，南北纵长157.87千米。土地总面积1.5万平方千米，占全省总面积的7.05%。城市规划区面积845平方千米，其中市区建成区面积83.73平方千米。

【历史沿革】　岳阳历史悠久。早在20万年前，就出现人类活动。距今9000年前，先民们就在此繁衍生息，用石制器具，开拓远古文明。夏、商时为“三苗”之地。春秋战国时期属楚，秦代属长沙郡。汉高祖五年（公元前202年），东属长沙国下隽县、罗县，西属南郡华容县、武陵郡孱陵县。建安十五年（210年），孙权分长沙郡北的下隽、罗县建汉昌郡，郡治设今平江县金铺观。建安十九年（214年），孙权遣鲁肃率万人屯巴丘邸阁，筑巴丘城（今岳阳楼区）。晋武帝太康元年（280年），分下隽县西部建巴陵县。元康元年（291年），分长沙郡北部四县建立建昌郡，郡治设巴陵县城。南朝宋元嘉十六年（439年）置巴陵郡。隋开皇九年（589年）废巴陵郡为巴州，十一年（591年）改为岳州。元为岳州路。明为岳州府。民国2年（1913年）废府，后设湖南第一行政督察区，并改巴陵县为岳阳县。1949年7月，境内各县相继解放，现辖区东部属长沙专区，后改属湘潭专区，西部华容县属常德专区。1960年1月，以岳阳县城关镇建立岳阳市。1962年10月，撤销复为城关镇。1964年9月，设岳阳专区，辖岳阳、临湘、华容、平江、湘阴5县。1966年2月，拆分湘阴县为湘阴、汨罗县。1975年12月，恢复岳阳市，实行县、市分治。1981年10月，撤销岳阳县，行政区划并入岳阳市。1983年7月，岳阳市升为省辖市，实行地、市分设。1986年1月，撤销岳阳地区，所辖县并入岳阳市，实行市管县体制。1996年4月，撤销岳阳市南区、郊区，设立岳阳楼区、君山区，北区更名为云溪区。2000年，撤黄盖湖农场建镇，归临湘市管辖，撤君山农场、钱粮湖农场建镇，归君山区管辖，同年12月，撤屈原农场，建屈原管理区。1992年，岳阳被列为长江沿岸对外开放城市，1994年，被列为国家历史文化名城，1998年，被批准为中国优秀旅游城市，2003年，被评为国家卫生城市，2006年，被列为国家园林城市。2007年，中国野生动物保护协会授予岳阳市中国观鸟之都。2013年4月，岳阳市被全国绿化委评为全国绿化模范城市。2014年获评为全国文明城市，2016年获得“中国十佳绿色城市”称号。

【行政区划】　2016年，岳阳市行政区划进行调整，合并建制村1705个，合并比例达到55%，提前超额完成，合并工作经验被省改革办专题推介。乡镇合并后，全市127个乡镇（办事处），其中，乡镇104个，街道（办事处）23个。岳阳市乡镇合并任务的比重全省排名第一位、调整数量全省排名第二位，建制村减幅比例全省排名第一位、合并任务数全省排名第四位。　（吴　伟）

【自然资源】　地质、地貌：岳阳市位于新华夏系巨型第二沉降带，地貌组合复杂，拥有山地、丘陵、岗地、平原、水面5种地貌，丘陵与平原是构成地貌的主体。地势东高西低，呈阶梯状向洞庭湖盆倾斜。东部是连绵起伏的山岳地带，中部以岗地丘陵为主，西部是河湖冲积的平原。最高海拔1600.3米（平江县境内连云山主峰），最低海拔23米。平原面积38.78万公顷，占全市国土总面积的26%，丘陵35.78万公顷，占24%，岗地26.8万公顷，占18%，山地23.8万公顷，占16%，水面23.8万公顷（其中，东洞庭湖面积7.6万公顷、横岭湖面积4.3万公顷），占16%。

气候：岳阳市属于东亚热带季风性（湿润）气候，具有光热资源丰富，雨量充沛，山区略多湖区，生产季节光热水基本协调，四季分明，春秋多变等特点。

土壤：岳阳市土壤种类繁多，有8个土类、21个亚类、76个土属，222个土种，357个变种。其中，红壤土地面积占总面积的52.1%，其次为水稻土，占25.2%，潮土占15.7%，其他有紫色土、山地黄壤、菜园土、黄棕壤、山地草甸土占7%。

植被：岳阳市属中亚热带阔叶林带区，同时具备中亚热带向北亚热带过度的明显特征，植被种类繁多，区系成分复杂。特别是幕阜山及连云山区天然针阔叶林植被群落和君山岛繁杂的刚竹属植被类群，成为全省重要的天然物种基因库之一。由于地理条件悬殊和水热条件不同，植被分布也存在着明显的地区性差异，东部中山区从山麓到山顶，由常绿阔叶林向落叶阔叶林过度的地带性明显，中部丘陵及环湖丘岗区以常绿阔叶林为主，洞庭湖平原区以落叶阔叶林为主。有野生植物、栽培植物90多科300多属1118种，属国家保护的古树古木有19种。其中，属国家一级保护的植物有银杏、水杉、红豆杉等3种，属国家二级保护植物的有樟树、金钱松、闽楠等3种。　（易少满）

野生动物资源：岳阳市野生动物资源比较丰富，有以洞庭湖为核心的湿地生态类型（水禽为主），以幕阜山、药菇山为核心的森林生态类型（兽类为主），境内各类动物23目84科近600种。其中，属国家一类保护的有云豹、黄腹角雉、金雕、白鹤、白头鹤、东方白鹳、黑鹳、大鸨、中华秋沙鸭、白尾海雕、草鸮、麋鹿12种，属国家二类保护的有河豚、穿山甲、灰鹤、白枕鹤、虎纹蛙、猛禽类等36种。鸟类资源极其丰富，2016年年末，仅东洞庭湖自然保护区内观测记录的鸟类有18目64科345种，其中，属国家一类保护的有7种。鱼类资源有11目22科124种，其中，国家一类保护的有中华鲟、白鲟等。　（易少满）

水资源：岳阳市水系发达，河湖密布，雨量充沛，过境水量大，水资源丰富，湘江和资水、汨罗江和新墙河、华容河和藕池河分别

2016年岳阳市行政（管理）区划

表1 单位：个

单位	街道办事处（管理处）	镇	乡
平江县		汉昌镇、三市镇、安定镇、福寿山镇、加义镇（原咏生乡并入）、长寿镇（原黄金洞乡、南桥乡并入）、龙门镇、石牛寨镇（原大坪乡改镇）、虹桥镇、上塔市镇（原冬塔乡改镇）、南江镇、梅仙镇、余坪镇（原余坪乡改镇）、岑川镇、瓮江镇、浯口镇、伍市镇、向家镇、童市镇	三阳乡、板江乡、大洲乡、木金乡、三墩乡
岳阳县		荣家湾镇（原麻塘镇、鹿角镇并入）、张谷英镇（原饶村乡并入）、月田镇、毛田镇（原相思乡、云山乡并入）、公田镇（原甘田乡并入）、筻口镇、新开镇、新墙镇、黄沙街镇、柏祥镇、步仙镇	杨林乡、长湖乡、中洲乡
华容县		东山镇、三封寺镇、注滋口镇（原幸福乡并入）、插旗镇、禹山镇（原南山乡和终南乡合并）、操军镇、鲇鱼须镇（原宋家嘴镇并入）、万庾镇、梅田湖镇（原新建乡并入）、治河渡镇、北景港镇、章华镇（原城关镇、胜峰乡、护城乡合并）	团洲乡、新河乡
湘阴县		文星镇（原白泥湖乡、石塘乡、袁家铺镇、长康镇并入）、樟树镇、金龙镇、东塘镇、鹤龙湖镇、新泉镇、岭北镇、湘滨镇、南湖洲镇、三塘镇（含原青山岛镇）、静河镇、玉华镇	六塘乡、杨林寨乡
临湘市	长安、五里牌、桃矿	江南镇、聂市镇、黄盖镇、坦渡镇、羊楼司镇、忠防镇、桃林镇、詹桥镇、长塘镇、白羊田镇	
汨罗市		白塘镇、长乐镇、三江镇、归义镇、汨罗镇、新市镇、大荆镇、罗江镇、神鼎山镇、弼时镇、桃林寺镇、屈子祠镇、古培镇、白水镇、川山坪镇	
岳阳楼区	岳阳楼、吕仙亭、东茅岭、金鹗山、五里牌、望岳路、城陵矶、三眼桥、奇家岭、枫桥湖、洛王（原梅溪乡并入）、洞庭、站前路、王家河、		郭镇乡
云溪区	长岭	云溪镇、路口镇、陆城镇	
君山区	柳林洲	钱粮湖镇、良心堡镇、广兴洲镇、许市镇	
屈原管理区	天问	营田镇、河市镇	凤凰乡
经济技术开发区	金凤桥、木里港、通海路	西塘镇	康王乡
南湖新区	求索、湖滨、南湖、龙山、月山		

从南、东、北三面汇入洞庭湖，经城陵矶注入长江。境内长江堤岸线142千米。5千米以上的河流265条，流域面积100平方千米的河流27条，流域面积2000平方千米以上的河流2条，10平方千米以上的湖泊9个。大小水库1201座，其中，大型水库1座，中型水库23座。2016年年末，铁山水库水库蓄水量3.94亿立方米，比2015年年末蓄水量增加6.2%。全市有水面约2583平方千米，约占全市国土面积的六分之一。本地降水年径流总量95.21亿立方米，地下水可采量131.6亿立方米，多年平均过境水量6382亿立方米。洞庭湖出口年平均径流总量为2765亿立方米，其中，长江1079亿立方米，四水（湘、资、沅、澧）1465亿立方米，区间221亿立方米。全年人均水资源2369立方米。总用水量30.23亿立方米，同比下降2.9%。人均用水量532立方米，下降3.8%。 （杨彩霞）

矿藏：岳阳市矿产资源比较丰富，已发现矿产种类49种，探明资源储量的矿种31种，按矿种类别可分为能源矿产3种，金属矿产22种，非金属矿产22种，水气矿产2种。实施地质勘查项目（含续作项目）81个，实施老矿山边深部找矿项目4个。国家地质公园1个。矿泉水达到饮用标准的26处。温泉2处。

（廖涛涛）

【人口状况】 2016年年末，岳阳市常住人口568.11万人，比2015年增加5.19万人，其中，城镇常住人口为315.98万人，占总人口比重55.62%。出生人口7.37万人，出生率12.98‰，死亡人口3.4万人，死亡率为5.98‰，自然增长率7.0‰。

（谢 亢）

【民族宗教】 岳阳市是一个多民族散杂而居的城市，有少数民族50个，人口21726人，约占全市总人口的0.38%，其中千人以上的少数民族有土家族、苗族、壮族、侗族、回族、瑶族等6个。岳阳有佛教、道教、基督教、天主教、伊斯兰教五大宗教。三国时吴赤乌十年（247年），吴国在罗县隐居山（今汨罗市铜盆乡）建宏济寺，佛教逐渐传入岳阳，有代表性的佛教场所有岳阳地区的乾明古寺、圣安禅寺，汨罗市资圣寺，湘阴县法华古寺、南泉寺，平江县东山古寺等。晋太康年间（280—289年），道教开始在岳阳建观传道。有代表性的宫观有吕仙道观、大云山祖师殿、汨罗普德大庙，特别是大云山祖师殿始建于唐代，迄今约1300年历史。伊斯兰教于南宋德裕元年（1275年）传入岳阳，天主教于康熙四十三年（1704年）传入岳阳，基督教于1990年1月由美国复初会牧师海维礼传入岳阳。 （何灿红）

【语言文化】 岳阳话，俗称“巴陵话”或“巴陵腔”，属汉语北方话语系。境域洞庭湖以西，长江以北，与西南官语区相接，幕阜山、连云山以东，是赣方言地域，南部与湘语的典型——长沙话连成一片。这种地理特点，造成境内方言的差异。历史上政区隶属关系的演变、人口的迁徙以及交通条件的发展，使岳阳话经历一个由与北趋同变为与南趋同的过程。岳阳是湖湘文化的重要发源地，以“先忧后乐”“团结求索”为精髓的岳阳文化，底蕴丰富。包括汨罗江畔端午习俗在内的中国端午节被联合国教科文组织列入“世界人类非物质文化遗产名录”。岳阳巴陵戏、平江九龙舞、岳阳花鼓戏、临湘花鼓戏、汨罗长乐故事被列入首批国家级非物质文化遗产名录，华容夹叶点子、洞庭渔歌、平江花灯戏、汨罗抬阁故事、临湘嗡琴戏等13项列入湖南省非物质文化遗产代表作名录，云山高腔、临湘天狮、汨罗饮茶习俗等26项列入市级非物质文化遗产名录。

【风景名胜】 岳阳市是一座历史文化名城，是中国优秀旅游城市，以“洞庭天下水、岳阳天下楼”著称于世。全市有各类文物点1670多处。其中，国家重点文物保护单位17处，省级重点文物保护单位44处，市级重点文物保护单位98处，国家AAAAA级景区1处，AAAA级景区6处，AAA级景区16处，国家历史文化名镇名村1处，国家重点风景名胜区2处，国家森林公园3处，国家级自然保护区1处。东洞庭湖湿地入选国际重要湿地，岳阳楼和君山岛旅游区为国家AAAAA级旅游区。著名的历史文化古迹有古楼（岳阳楼）、古庙（岳州文庙）、古塔（慈氏塔）、古祠（湘妃祠、屈子祠）、古屋（张谷英古建筑群）、古桥（三眼桥）、古亭（朗吟亭、三醉亭、独醒亭）等。岳阳楼景区尽显古城风貌、衬托楼湖风光、再现巴陵胜状。屈原投江殉国的汨罗江是龙舟文化的发源地。以爱情文化为主题的君山岛被誉为“东方伊甸园”。团湖荷花公园，被上海大世界吉尼斯评为“面积最大的野生荷花成处聚生地”。有“东方日内瓦”之美誉的南湖，湖内绿岛耸立，呈现“一龙赶九龟”的奇观，湖畔修建环湖旅游走廊和总面积15万平方米的南湖广场。

【交通状况】 岳阳承东联西、贯穿南北，区位优势明显。港口：城陵矶港是国家对外开放的一类口岸，是湖南唯一的国际标准集装箱港口，也是湖南首个亿吨级港口。铁路：京广铁路，武广高速铁路。公路：京珠高速公路，随岳高速公路，岳望高速公路，岳宜高速公路，平汝高速公路，杭瑞高速公路。城市公交：线路48条。其中，2路、4路、游1路等25条为新能源车线路；游1、游15、游21、游31、游55为旅游线路；3路、47路、48路为城乡线路；游15路、52路、12路、16路为跨区线路；55路为夜班线路。

【市树市花】 1985年，岳阳市开展市树、市花评选工作，评选出杜英树为市树，栀子花为市花。杜英树干形高大，树冠广阔，枝繁叶茂。树叶红绿相间，大方美观，喜温暖湿润环境，是理想的庭院风景林树种。栀子花属茜草科，四季常青，品种较多，喜光稍耐荫，喜肥耐瘠薄干旱，分布面广，尤具本地特色。花洁白无瑕，芳香馥郁，备受岳阳人喜爱。

【2016年气候】 2016年，岳阳市气温偏高，年内寒冷与高温同现，气温阶段性变化明显、冷暖起伏

大，年初遭遇最低温，岁末温高刷新值。入季时间春提前夏推后，春季比往年长。冬季未现严寒期，春温偏高有5月低温，夏有高温热浪，秋季阴雨寡照。年降水量正常但雨日多，降水时空不均匀，春夏频现强降水，出现多段雨水集中期。无霜期较往年长。年日照时数偏少，仍续2015年“寡照”主题词。

气温。全市年平均气温18.0℃，与2015年相比偏高0.2℃，为历年第5高值。各地年平均气温17.6℃（汨罗市）~18.2℃（华容县、岳阳县、湘阴县），呈西北高东南低的分布态势。年平均最低气温15.0℃，较常年偏高1.0℃，为历年同期并列第一高值。年极端最低气温为-8.1℃（平江县，1月25日），为近15年来最低值。年平均低温日数（日最低气温≤0℃）为13天，较常年偏少5天。各地均未出现严寒期，自2008年冰灾之后连续8年未出现严寒期。年平均最高气温22.1℃，较常年偏高0.6℃。年平均高温日数（日最高气温≥35℃）为27天，较常年偏多5天。春季平均气温为17.7℃，夏季平均气温28.0℃，秋季平均气温18.5℃，冬季平均气温7.1℃。四季入季时间入春早、入夏晚，入冬、入秋正常，春季特长，其余各季均偏短或特短。各月平均气温变化与常年同期相比，除5月、11月偏低外，其余各月均偏高。全市无霜期较长，为309天，与常年同期相比，偏长41天。

降水。全市年平均降水量1576.5毫米，降水量距平137.4毫米，比2015年偏少120.4毫米。平均年雨日（日降水量≥0.1毫米）162天，雨日距平为18天，同比偏多6天。春季平均降水量555.4毫米，平均雨日50天；夏季平均降水量604.2毫米，平均雨日42天；秋季平均降水量243.7毫米，平均雨日37天；冬季平均降水量161.2毫米，平均雨日38天。各月降水量阶段性变化大，其中，2—3月、6月、8—9月偏少，其余各月偏多。出现暴雨及以上过程14次，出现暴雨（50毫米）30站次，较常年偏多3站次，其中，大暴雨及以上（100毫米）7站次，较常年偏多4站次。年最大日降水量220.1毫米（湘阴县，7月3日）。汛期（4—9月）各地降水量914.8毫米（华容县）~1312.8毫米（湘阴县），主汛期（5—7月）各地降水量553.3毫米（华容县）~896.5毫米（平江县）。雨季开始时间除平江县4月8日，汨罗市4月17日，其余各地为4月4日，雨季结束时间各地均不明显。

日照。全市年平均日照时数1457.1小时，比2015年偏多47.3小时。各地日照呈北向东南递减的分布态势，临湘市属正常，其余各地均偏少。春季平均日照时数329.1小时，夏季平均日照时数512.2小时，秋季平均日照时数293.7小时，冬季平均日照时数269.4小时。各月平均日照时数除2月、3月、12月偏多外，其余各月均偏少。（章 鸿）

【主要天气气候事件】 2016年，岳阳市气候受超强厄尔尼诺影响，气温偏高，寒冷与高温同现，降水量正常却雨日多，时空差异明显，强降水过程频繁，极端气候事件高发。特别是“4·16”“7·3”和“7·19”等强降水过程，局部暴雨强度大，致洪涝、堤垸溃口、城乡积涝明显，全市12个县市区130多个乡镇均有不同程度受灾。年内出现的暴雨洪涝、强对流等灾害性天气造成全市143.4万人受灾，因灾死亡人口4人，紧急转移安置人口6.9万人，受灾面积10.46万公顷，倒塌、损毁房屋2.41万间，直接经济损失22.2亿元。夏季出现高温热浪给农作物生长以及电力方面带来不利影响。阴雨寡照对农作物生长不利。全年气象干旱影响不明显，没有出现大范围、持续时间长的严重干旱，旱情较常年偏轻。低温冷冻害影响偏轻，雾霾日给全市交通运输及人体健康等造成一定影响。

寒潮和低温雨雪冰。全市受强冷空气影响，1月23—25日，各地48小时降温6.6℃（岳阳县）~11.2℃（平江县），自北向南出现1~3天积雪，积雪深度1~3厘米。1月31日—2月3日，各地出现1~3天积雪，最大积雪深度2cm（华容县）~11cm（汨罗市）。2月13—14日，各地出现雨雪天气，48小时降温5.6℃（岳阳县）~8.9℃（平江县），此时正值春运期间，对春节返程交通造成一定影响。3月9—10日，各地出现“断崖式”降温，48小时降温16.1℃（华容县）~19.5℃（汨罗市），达到强寒潮标准，导致部分油菜开花授粉短暂受阻。11月21—23日，各地出现降温、降雨天气，48小时内降温16.4℃（平江县）~18.4℃（华容县），达到强寒潮标准；23—24日，部分地区出现雨雪冰冻天气，其中，临湘市出现2天冰冻，汨罗市出现1天冰冻，最大电线覆冰厚度均27毫米，达到轻度冰冻标准。

暴雨洪涝。全市遭受暴雨及以上的天气过程14轮，出现暴雨（50毫米）23站次，大暴雨（100毫米）6站次，特大暴雨（200毫米）1站次。入汛时间偏早，降雨过程频繁，强降雨多发，多地出现极端情况，致使出现洪涝灾害严重。4月16—25日湘阴县总降水量202.4毫米，达到轻度洪涝标准，洪涝主要出现在岳阳县和湘阴县，26个乡镇达轻度洪涝标准，4个乡镇达中度洪涝标准，1个乡镇达重度洪涝标准。5月6—15日平江县累计降水量216.5毫米，达到轻度气象洪涝标准，洪涝主要出现在平江县，7个乡镇达轻度洪涝。6月27日至7月6日各地累积降水量267.7~413.9毫米，汨罗市、华容县、平江县达中度气象洪涝标准，岳阳县、临湘市、湘阴县达重度气象洪涝标准，洪涝出现在全市范围，39个乡镇达轻度洪涝标准，57个乡镇达中度洪涝标准，122个乡镇达重度洪涝标准。

极端降水事件。全市出现极端降水事件9站次，出现极端降水事件29件。湘阴县、汨罗市4月20日降水量分别为116.4毫米、103.1毫米，达到过程1天最大降水量极端事件标准。华容县7月2日降水量100.5毫米、临湘市7月4日降水量183.0毫米、汨罗市和平江县7月3日降水量分别为135.4毫米和162.0毫米、湘阴7月3—4日降水量分别为220.1毫米和131.5毫米，达到过程1天最大降水量极端事件标准。7月1—5日，岳阳县、临湘市、汨罗市、平江县、湘阴县最大连续2~4天降水量均达到极端降水事件标准，各地最大连续5天以及过程降水量均达到极端降水事件标准，其中，湘阴县最大降水量1

天、最大连续2~5天降水量、过程降水量均创当地新极值。8月2日，华容县降水量为111.3毫米，达到过程1天最大日降水量极端事件标准。

雾与霾。全市平均雾日数38天，较常年平均偏多18天。雾日10（湘阴县）~69天（汨罗市），除华容县和平江县较常年偏少4~18天，其余各地偏多1~46天。其中汨罗市年雾日数创历年同期新多值。平均霾日数22天，较常年偏多15天。各地霾日数6（平江县）~35天（岳阳县），除湘阴县较常年偏少2天外，其余各地偏多5~32天。雾霾天气主要集中在1月上旬、2月上中旬、11月中旬以及12月中下旬，其中，11月14—21日临湘市出现连续8天雾天，12月23—27日汨罗市出现连续5天大雾。频发的雾霾天气导致能见度下降，持续时间较长的霾天气对市民的交通出行和人体健康造成不利影响。

高温热浪与极端高温事件。全市夏季平均高温日数（日最高气温≥35℃）27天，较常年偏多5天，出现2段高温热浪天气。7月21日至8月2日，岳阳市出现持续高温天气，除岳阳市内受洞庭湖水体影响未出现高温热浪天气，其余各地均出现首轮高温热浪天气，达到中度高温热浪标准。8月11—20日出现第二轮高温热浪天气，其中岳阳县、华容县、临湘市、平江县均达到轻度高温热浪天气过程标准。夏季极端最高气温38.9℃（平江县，8月16日）。7月21日至8月2日，华容县、临湘市、湘阴县高温持续时间13天，高温持续时间达极端事件标准；华容县、平江县37℃以上高温累积日数达极端事件标准；华容高温过程强度达极端事件标准。

（覃　鸿）

国民经济和社会发展

【国民经济稳定增长】 2016年，岳阳市国内生产总值3100.87亿元，比2015年增长7.8%。其中，第一产业增加值345.84亿元，增长3.1%；第二产业增加值1469.1亿元，增长6.7%；第三产业增加值1285.94亿元，增长10.5%。第一产业增加值占国内生产总值的比重11.1%，第二产业增加值比重47.4%，第三产业增加值比重41.5%。城镇新增就业5.69万人，城镇登记失业率3.6%，失业人员再就业2.9万人。居民消费价格同比上涨1.9%，其中食品价格上涨4.0%。商品零售价格上涨0.8%。工业生产者出厂价格下降1.1%。全市公共财政预算收入330.75亿元，同比增加27.97亿元，增长9.2%，其中，税收收入247.25亿元，增加12.79亿元，增长5.5%。地方公共财政预算收入152.04亿元，同比增加24.06亿元，增长18.8%，其中，税收收入70.29亿元，增加8.9亿元，增长14.5%。

【农业发展】 2016年，岳阳市粮食种植面积56.25万公顷，比2015年增长0.1%。棉花种植面积3.64万公顷，下降1.0%。油料种植面积12.88万公顷，下降0.5%，蔬菜种植面积10.35万公顷，增长3.7%。主要农产品产量基本稳定，粮食产量317.69万吨，同比减产2.1%。棉花产量5.58万吨，增产4.5%。油料产量22.09万吨，减产0.3%。蔬菜产量338.87万吨，增产4.4%。茶叶产量1.87万吨，增产3.3%。猪、牛、羊肉总产量52.14万吨，同比下降2.0%。其中，猪肉产量49.3万吨，下降2.3%，禽蛋产量8.43万吨，增产4.2%，水产品产量53.78万吨，增长4.8%。

【工业生产平稳增长】 2016年，岳阳市全部工业增加值1321.68亿元，比2015年增长6.8%，规模以上工业增加值增长7.1%。在规模以上工业中，分经济类型看，国有企业增长10.0%，集体企业下降26.1%，股份制企业增长7.7%，外商及港澳台商投资企业增长11.8%。规模以上工业中，全市九大优势产业增加值多数增长：石化业同比增长3.7%，食品业增长7.3%，医药业增长8.5%，造纸业下降7.4%，机械业增长10.6%，建材业增长1.9%，有色及循环业增长9.9%，纺织业增长8.3%，电力行业下降0.3%。规模农产品加工企业406家，实现主营业务收入同比增长9.3%，农副食品加工业增加值增长7.2%。六大高耗能行业增加值同比增长3.9%。高技术产业增加值同比增长11.9%，高加工度工业增加值增长9.6%。规模以上工业企业实现利润155.37亿元，同比增长12.2%，其中，国有企业1.93亿元，增长10.2%，集体企业0.92亿元，下降7.7%，股份制企业133.42亿元，增长14.9%，外商及港澳台商投资企业8.66亿元，增长9.2%。全社会建筑业增加值149.56亿元，同比增长5.8%。

【固定资产投资】 2016年，岳阳市固定资产投资2317.4亿元，比2015年增长14.5%。其中，第一产业投资106.7亿元，增长17.3%，第二产业投资926.2亿元，增长0.4%，第三产业投资1284.5亿元，增长27.2%。民间固定资产投资1286.2亿元，增长15.1%，占固定资产投资的比重55.5%。房地产开发投资132.95亿元，同比增长-12.2%。商品房销售面积534.2万平方米，增长19.0%，商品房销售额215.2亿元，增长22.3%。

【国内外贸易】 2016年，岳阳市市场销售稳定增长，社会消费品零售总额1142.88亿元，比2015年增长12.0%。按经营地统计，城镇消费品零售额994.66亿元，增长11.9%，乡村消费品零售额148.22亿元，增长12.6%。限额以上法人批发零售业商品零售额中，粮油、食品类同比增长27.5%，烟酒类增长21.2%，服装、鞋帽、针纺织品类增长18.1%，化妆品类增长24.1%，金银珠宝类增长19.4%，日用品类增长22.6%，书报杂志类增长16.0%，家用电器和音像器材类增长14.5%，中西药品类增长16.1%，文化办公用品类增长17.8%，家具类增长18.4%，通信器材类增长14.0%，石油及制品类增长3.1%，建筑及装潢材料类增长23.6%，汽车类增长17.6%。

货物进出口总额14.87亿美元，同比增长31.1%。其中，出口11.36亿美元，增长31.7%；进口3.51亿美元，增长29.2%。顺差（出口减进口）7.85亿美元。

【交通、邮电和旅游】 2016年，岳阳市交通运输平稳增长，货物运输总量3.1亿吨，比2015年增长9.2%。全市民用汽车保有量达到42.04万辆，同比增长20.9%，新注册汽车7.8万辆，增长30.9%。旅客运输总量1.05亿人次，同比下降10.6%。旅客运输周转量52.98亿人千米，下降9.7%（注：旅客运输周转量不含铁路）。

邮电业务快速增长，完成邮电业务总量（2010年不变价）57.92亿元，同比增长20.6%。其中，邮政业务总量8.23亿元，增长59.3%，电信业务总量49.69亿元，增长16.2%。

国内旅游收入498.62亿元，增长50.3%。国际旅游外汇收入1.46亿美元，增长43.9%。

【金融发展】 2016年年末，岳阳市全部金融机构本外币各项存款余额2178.35亿元，比2015年增长25.7%。其中，住户存款1264.47亿元，增长15.8%，非金融企业存款484.6亿元，增长58.9%，广义政府存款425.78亿元，增长27.6%。全部金融机构本外币各项贷款余额1024.01亿元，增长14.5%，短期贷款332亿元，下降8.0%，中长期贷款676.35亿元，增长29.5%。

上市公司10家，新增1家。A股上市公司总股本46.5亿股，A股上市公司总市值629亿元。证券公司营业部20家，证券交易额2767.94亿元。期货公司4家。

保险公司原保险保费收入57.15亿元，同比增长23.3%。其中，寿险业务原保险保费收入30.98亿元，增长23.6%，财产险业务原保险保费收入18.25亿元，增长10.5%。原保险赔付支出24.41亿元，增长33.4%。其中，寿险业务给付13.19亿元，增长51.5%，财产险业务赔款11.22亿元，增长17.0%。

【人民生活和社会保障】 2016年，岳阳市城乡居民收入继续增加，城镇居民人均可支配收入27546元，比2015年增长9.3%。农村居民人均可支配收入13119元，同比增长8.5%。居民人均消费支出15930元，同比增长10.7%。按常住地分，城镇居民人均消费支出19355元，增长9.9%，农村居民人均消费支出12050元，增长11.0%。

参加城镇基本医疗保险166.7万人。其中，参加职工基本医疗保险60.67万人，参加城镇居民基本医疗保险106.03万人。参加失业保险36.13万人，领取失业保险金3.15万人。参加工伤保险77.16万人。参加生育保险40.97万人。

【教科文卫】 2016年，岳阳市教育科技和文化体育事业较快发展。其中，中等职业教育招生2.28万人，在校生5.51万人，毕业生1.59万人。普通高中招生2.86万人，在校生8.34万人，毕业生2.75万人。初中招生5.44万人，在校生15.95万人，毕业生5.46万人。普通小学招生6.22万人，在校生34.3万人，毕业生5.52万人。特殊教育招生154人，在校生1158人，毕业生64人。幼儿园在园幼儿17.41万人。

建设国家工程技术研究中心1个，省级工程技术研究中心14个，市级工程技术研究中心63个。获得国家科技进步奖励1项，获得国家技术发明奖励1项。科技成果登记数53项。专利申请2801件，授权专利权1620件。签订技术合同94项，技术合同成交金额2210万元。

全市检验监测机构9个，其中，国家产品质量监督检验中心1个。法定计量技术机构7个。工业产品生产许可证5张，食品生产许可证871张。强制检定计量器具14.1万台（件）。

全市文化系统艺术表演团体112个，新增54个。群众艺术馆、文化馆11个。公共图书馆11个，博物馆、纪念馆12个，放映农村公益电影3.69万场。广播电台1座，广播综合人口覆盖率99.48%。电视台1座，电视综合人口覆盖率99.68%，有线电视用户68.83万户。国家级非物质文化遗产保护目录7个，省级非物质文化遗产保护目录17个，新增8个。

全市体育场地8806个，体育馆20座。经常参加体育锻炼人数190万人，开展全民健身项目231项次。新建农民体育健身工程的行政村180个。

全市卫生和社会服务事业不断改善，有医疗卫生机构4630个。其中，医院241个，妇幼保健院10个，专科疾病防治院（所、站）18个，村卫生室3402个。卫生技术人员29160人，执业医师和执业助理医师14312人，注册护士10350人。疾病预防控制中心（防疫站）11个，卫生监督所（中心）10个。医院床位29823张，新增3576张。

【环境和安全生产】 全市自然保护区11个，其中，国家级1个，省级4个，自然保护区面积27.61万公顷。森林覆盖率45.31%。

全市规模工业综合能源消费量974.39万吨标准煤，同比增长1.8%，其中，六大高耗能行业综合能源消费量762.87万吨标准煤，增长0.8%。全社会用电量131.38亿千瓦时，增长7.4%，其中工业用电量78.28亿千瓦时，增长3.7%。

全市发生各类生产经营性安全事故142起，同比下降1起，死亡117人。其中亿元GDP生产安全事故死亡率为0.037人/亿元，道路交通万车死亡率16.4人/万辆。

（谢　元）

政治文明建设

【政府立法工作】 2016年，岳阳市人民政府法制办公室（简称市政府法制办）坚持科学民主立法、开门立法，发挥立法工作的制度引领，为经济社会发展提供制度保障。起草编制《岳阳市人民政府2016年立法计划》，4月6日，以市政府办公室名义发布。以城市管理、民生保障、生态环境保护等方面的管理需求为重点，安排立法项目6个。组织相关职能部门到北京市、河北省、浙江省等地学习立法工作经验，采取调研、会签、论证、听证等方式和手段听取基层、部门、专家和社会的意见，把岳阳市首批地方性法规和政府规章打造成精品。推进立法项目，要求各单位报送立法计划责任项目的时间节点安排，确定项目责任人。《岳阳历史文化名城保护条例》草案经合法性审查，由市人大常委会3次审议通过。《岳阳市物业管理办法》和《岳阳市饮用水水源保护管理办法》两部政府规章草案完成调研、听证、座谈及征求意见，组织专家学者论证后定稿，提请政府常务会议审议。

配合省政府、市州各单位开展立法学习调研工作6次，提出合理化建议意见40条。探索建立立法基层联系点制度，结合政府立法计划项目，通过合理选取联系点，听取基层一线工作人员和基层民众的意见，提高制度设计的可操作性。

（冯庆慧）

【政府法律服务】 2016年，市政府法制办履行政府法制机构参谋助手和法律顾问职责，发挥政府外聘法律顾问的作用，参加市政府涉法事务会议55次，承办领导批示件83件。其中，审查云溪区静脉产业园、岳阳东客运枢纽、南湖交通三圈等重大建设投资PPP项目合同16份、其他政府合同13份，审查个案处理方案30件，提交法律意见书13份。市政府外聘法律顾问列席政府重要会议30人次，参加政府重大决策专题会7人次，参与纠纷调解26起，提交法律意见书16份。

（冯庆慧）

【县市区政府机构改革】 2016年2月24日，岳阳市县市区政府机构改革推进会议召开。4月，全市10个县市区政府机构改革全面完成，农业大部门制、市场管理大部门制、文化管理大部门制基本建立。县市区减少正科级行政机构42个、事业单位27个，降副科级事业单位16个，副科级行政机构降格10个、事业单位43个。乡镇合并改革推进，156个乡镇合并成104个，精简比例达到33%，超额完成省里下达的目标任务。 （徐伯维）

【行政审批放管服改革】 2016年，岳阳市本级保留行政审批项目180项，比2013年减少203项，精简比例达53%。开展“赋权强园”行动，授权岳阳经开区行使市级管理权限48项，授权城陵矶新港区行使市级管理权限43项。对法律法规有明确规定、不能授权产业园区直接实施的行政审批事项，协调产业园区设置政务服务中心，督促8家市直单位设立服务窗口，对35项审批权限实行一门受理、全程代办、限时办结。岳阳市园区行政审批效率整体提速50%以上，典型经验被省委《改革简报》重点推介。

（徐伯维）

【电子政务项目建设】 2016年4月6日，岳阳市电子政务云中心项目建设启动，推动电子政务资源整合，推进信息共享，财政投资评审总投资预算3926.88万元，两项招标合计2602.4万元，按实际投入计算，节省财政资金1324.48万元。牵头建设跨部门应用系统。7月，地理空间框架专题数据建设项目完成建设，包含全市30家市直单位合计60万条专题数据的数据库。录入人大建议135件，政协提案263件，部分建议提案实现网上办理。信用信息平台12月上线运行，录入数据58.98万条，通过归集整合各行业信用信息，使金融、工商、质监、节能、环保、用地等相关信息互联互通，为建立政府联合征信系统打下坚实的基础。

（叶　辉）

【电子政务门户网站建设】 2016年，岳阳市优化政府门户网站的建设管理，获得省政府门户网站建设先进单位。推进集约建设，做好辖区网站“减法”，加强对县市区政府网站指导督查，对保障不力，无专人运维的县直部门和乡镇网站及时向上级政府网站平台迁移整合，政府网站287个减少至119个。做好市级门户“乘法”，围绕群众关注的热点问题，通过岳阳市政府门户网站及微博微信平台，聚焦各部门围绕中心、服务大局的有关工作情况，开展“部门工作网上宣传周”活动28期，岳阳市政府门户网站日均访问量由5万人次上升至10万人次，微信公众号关注量由6000人提升到1.6万人，微博关注上涨到16万人，市长信箱收到市民来信5416件，办结回复5269件，办结回复率99.87%，满意率80%，来信量比2015年增加10%，满意率同比提升5%。加快新媒体应用建设，做好传播渠道“加法”，市政府英文网站和手机版上线运营，微信公众号开设便民大厅和微信矩阵，新版政府门户网站上线，政府信息公开渠道进一步拓展，内容形式进一步丰富，时效性、便民性和互动性显著增强。提升管理水平，做好普查工作“除法”，进一步完善市政府网站群系统提醒功能，按照更新频率对网站群所有栏目进行监测，下发《关于开展网站常态化检查工作的通知》，联合市政务公开办召开政务公开和政府网站调度会，并开展联合检查，对检查中存在问题的网站及时下发专项通报，对市长信箱办理情况进行季度通报。 （叶　辉）

【电子政务规范管理】 2016年，全市规范审核部门电子政务项目30个，完成市住建局地下管线普查及信息化系统、教体局辖区校车4G视频监控系统等30个项目的评审工作，总金额约1.1亿元，其中，500万元以上的项目5个，200万~500万元的项目10个，有效支持各单位电子政务项目建设。切实保障政务外网和机房正常运行，服务视频会议11次，其他会议10次，对县区视频会议系统进行维护、故障排除和应急指导，全年视频会议系统平稳运行，未出现重大事故。完成省发改委系统的视频会议、省建设系统的视频会议、省政协远程协商、省安全监管基础业务平台和省司法、省食品药品等相关应用系统的接入，保证政务外网到业务单位的网络正常运行。完成公共资源交易系统各银行接入硬件部署及网络连通。

（叶　辉）

【政务公开】 2016年，岳阳市出台《全市政务公开工作考评细则》，制定《政务中心窗口及窗口工作人员考核办法》，拟订《关于全面推进政务公开工作的实施意见》，进一步完善主动公开、依申请公开、发布协调、保密审查等制度，完善纪检监察、民主监督、问责监控、舆论监评“四个层次、四种形式”工作讲评机制，明确责任分工，强化措施落实。加强政策解读、推进数据开放、扩大公众参与、回应社会关切，实施行政决策、执行、管理、服务、结果“五公开”。编制办事目录和服务指南，对办事政策、程序、时限和收费等进行全方位公开。加强督查工作，现场督办县区网站4个，网上抽查市直网站36个，组织召开57家市直部门、14个县市区（管委会）重点领域信息公开业务培训会议，实施联合督查3批次，下发通报2期，整改具体问题6个。至年底，全市主动公开政府信息15.25万条次，回应社会关切1421件次，督办依申请公开169起次，政府信息报送量全省排名第一位。（吴立信）

【政务服务】 2016年，岳阳市政务服务系统审批事项680万件，期内办结率100%，提前办结率51.6%，审批整体提速43.8%，其中应用“湖南省网上政务服务和电子监察系统”登录办件627万件，连续2年全省排名第一位。推进业务融通，优化审批流程。优化企业简易注册登记，实行“一表申请、一窗受理、五证合一、三天办结”，审批提速72.6%。优化税务“营改增”政策调整，完成税收入库2.89亿元，减免房地产交易税收7600万元，其中减免棚户区410户征地拆迁户契税252万元。市政务中心窗口完成税费征缴4.42亿元，政策性减收2.055亿元。优化不动产登记和房产交易办理流程，实施“交叉设窗、共同受理、平行办理”，完成登记发证1.25万户。优化规划和建设方案审批流程，实行“两审合一”，创新容缺预审、全程代办、限期办结等服务机制。组织市8个重大项目和城市道路“微循环”项目集中审批委托代办，实行“挂号销号”制度，实行“周核查、旬督促、月讲评”，组织会办15次，开展帮办23次，牵头联办11次，解决审批问题80个。推进平台直通，率先在全系统开展“创新创业·工匠岳家军”行动，10个应建政务中心县市区完成建设，4个县市启动新建政务中心业务用房，全市乡镇便民中心覆盖率100%，36个乡镇新建大厅式便民服务中心，新增与规范村（社区）便民服务站1206个，标准化率90%以上，中心城区95个社区在全省率先试点建设“15分钟便民服务圈”，20个部门9大类85项公共服务委托社区办理。推进数据互通，推进审批数据电子化、审批流程标准化、审批办理网络化、审批信息公开化、审批监督实时化，推进网上虚拟窗口与实体窗口的有效对接。应用“湖南省网上政务服务和电子监察系统”，办件录入推行“部门全覆盖、事项全覆盖、流程全覆盖”，办件数据实行“日统计、周排名、旬调度、月通报”，办件状态实施“即时监控、即时纠错”。推进体制贯通，加强服务监管，处理投诉纠纷36起，纠正违纪行为60人，约谈12人，收到群众、企业的锦旗、感谢信219件次。（吴立信）

【“12345”公众热线服务】

2016年，岳阳市政府“12345”公众服务热线在全国率先实现与110接处警平台的无缝对接、实时联动，分流110接处警平台的非警务类求助，减轻基层民警接处警负担，在全省首推“微信挪车”，列入便民服务措施，只需扫描车卡二维码输入对方车主代码，或拨打卡上标注的免费热线电话，就可以在互不透露个人联系方式的情况下，通知对方车主挪车，市民关注“微信挪车”公众号6万人，成功挪车2万人，《湖南日报》以《岳阳“微信挪车”受热捧》为题予以报道。热线运行各项主要指标全面提升，至年底，受理群众来电25.9万件，话务总量突破114万件，来电15秒接通率98.5%，综合办结率99.8%。89家责任单位办理工单12.92万件，工单办结率100%，按期办结率98.74%，群众满意率92.6%，收到市民表扬来电728件。（王 奕）

【“12345”公众平台建设】 2016年，岳阳市“12345”公众服务热线整体搬迁，办公新址建筑面积1700平方米，设施设备齐全、管理科学规范，解决市政府热线办和呼叫中心长期分离带来的工作不便等诸多问题，降低管理成本，提高工作效能。对知识库全面整理更新，市政府热线办组织全市89家热线责任单位统一开展知识库信息更新管理工作，从机构查询、服务指南、行政执法、便民服务、法律法规、常见问题、其他信息和基本服务8个大类及51个子分类，更新信息数据8081条。新整合2条非紧急类政务服务热线，整合“12385”（残疾人服务热线）和“12350”（安全生产举报投诉热线）两条热线，整合非紧急类政务服务热线8条，新建成2个二级平台。岳阳楼区、君山区建成“12345”公众服务热线县级工单办理网络平台。新增设市公积金中心、岳阳高速公路管理处、湖南理工学院、岳阳移动分公司等12家单位责任单位，办结热线工单1537件。（王 奕）

精神文明建设

【社会主义核心价值观宣传教育】

2016年，岳阳市深化公益广告宣传，以培育和弘扬社会主义核心价值观作为根本任务，结合传统美德、雷锋精神、勤俭节约、文明旅游、遵德守礼、法治建设、环境保护等主题进行公益广告提质发布。制定下发《关于进一步深化全国文明城市建设公益广告宣传的通知》《岳阳市公益广告促进和管理暂行办法》《关于进一步做好“图说我们的价值观”公益广告刊载传播工作的通知》等文件，设计喷涂130台水墨丹青风格的核心价值观主题公益广告车身，利用436个公交站台、380块民政路牌进行全方位立体化公益广告铺设。坚持常态化宣传，建设核心价值观公益广告主题街道、机关、广场、公园、社区，制定公益广告宣传任务责任明细并纳入各单位年终绩效考核及文明单位测评标准，开展公益广告宣传工作专项督查3次，对市级新闻媒体、主次干道、广场、学校等15个方面966个样本点进行现场督查测评，全市公益广告宣传质量大幅提升。

加强道德讲堂建设，下发《关于深化道德讲堂活动的通知》，对中心城区300多家单位的道德讲堂进行督查指导，评选表彰岳阳市首批10家“十佳道德讲堂”。深化“道德讲堂”建设，实现“六个结合”（与“两学一做”学习教育活动相结合，与道德模范、身边好人的宣传相结合，与讲文明树新风、提升市民素质相结合，与行业开展职业道德教育相结合，与“学雷锋当好人”志愿服务活动相结合，与网络文明传播相结合），市道德讲堂总堂举办活动7次。

引领网络文明风尚。利用微博、微信、博客、论坛等网络平台，开展网络文明传播工作。策划“为身边最美点赞”“那些记忆中的年味”“雷锋在我身边”“践行网络文明，我宣誓”等网络文明传播活动100多次，岳阳文明网刊登新闻稿件2000多条，原创评论文章200多篇。中国文明网首页采用新闻稿件17条，评论文章76篇。岳阳市网络文明传播和联盟网站建设工作在中国文明网组织的季度考核中，处于全国前列。

开展“好家风好家训”活动，号召党员、干部带头树立传承良好家风，弘扬中华优秀传统美德。开展“最美家庭”和“文明家庭”评选表彰活动，评选表彰“最美家庭”40户，“最美家风”16户。岳阳市徐金娥家庭获得全国“最美家庭”称号，阮梅、毛先桃家庭获得“第十届全国五好文明家庭”称号。评选岳阳市首届文明家庭100户，岳阳市杨其凡、彭润湘、戴桂香等8户家庭获评全省文明家庭。

【公民思想道德建设】 2016年，岳阳市广泛开展公民道德教育和公民道德实践活动，纵深推进公民道德建设，形成文明道德新风尚。

选树宣传先进典型。每月开展“中国好人”“湖南好人”推荐评选宣传活动，至年底，岳阳市有胡光志、丁群芳、龙娟、危李、陈玉成等5人入选“中国好人”，黄素萍入选感动湖南十佳人物，彭中伟、陈杰夫等21人入选“湖南好人”。全市评选表彰“最美警察”“最美教师”“最美医师”“最美护士”“最美工人”和“最美基层干部”62人。开展道德模范基层巡讲活动，组织7名市级道德模范到12个县市区和中央、省有关驻岳单位进行宣讲活动。

弘扬传承传统文化。深入开展“我们的节日”主题活动，传承弘扬传统文化。春节期间，举办汴河街庙会、开展“红红火火过大年”送春联活动。清明节期间，开展缅怀革命先烈、网上祭先烈等活动。端午节期间，举办第十二届中国汨罗江国际龙舟节暨汨罗江民间龙舟大赛，组织龙舟队代表岳阳参加2016“我们的节日·端午·屈原杯”湖南省第三届群众性龙舟赛。中秋节期间，开展故事巡游、花鼓戏展演、唱皮影等系列民俗活动。重阳节期间，承办省“我们的节日·重阳·孝友传家”活动，省委宣传部副部长、省文明办主任刘进能出席。举办“我们的节日·重阳节”孝礼文化敬老活动，向全市发布《孝老爱亲倡议书》。

推进诚信建设制度化。以褒扬诚信、惩戒失信为重点，推进诚信建设制度化。制定下发《关于对重大税收违法案件当事人实施联合惩戒措施的合作备忘录》，以制度约束失信行为。构建公共信用信息平台，通过与各部门信用信息系统对接互通，打破“信息孤岛”“信息碎片化”现象。开展“三宜岳阳、文明消费”“3·15”消费者权益日活动，弘扬“诚信、公平、法治”文化，引导科学理性文明消费。在全市家居建材行业开展“诚信承诺·客户满意”活动，评选表彰10家诚信经营示范商场、10家诚信经营示范企业、10家诚信经营示范店、20个诚信品牌。推广先进典型，岳阳市临湘十三村公司董事长李国武获得全国“诚信之星”称号，是全省唯一获此殊荣者。至年底，在市广播电视台、《岳阳日报》等市级媒体上发布诚信红黑榜6次，对履行义务的16家单位和个人从《失信被执行人黑名单》中删除。

开展文明专项行动。深入开展文明餐桌、文明旅游、文明交通等文明专项行动，提高市民素质，提升城市品位。深化文明餐桌行动，表彰“岳阳市文明餐饮店”30家，“岳阳市文明食堂”10家，“岳阳市文明食品经营店”20家，“岳阳市文明药店”10家。深化文明旅游行动，召开文明旅游工作联席会议2次，开展“为中国加分”文明旅游公益活动，启动文明旅游先进单位和文明旅游个人选树活动，岳阳楼—君山景区入选全国文明旅游先进单位。深化文明交通行动，动员市民参与城市交通秩序管理、文明宣传、现场劝导和社会公益服务，组织开展“守护斑马线”“小手拉大手”“微信随手拍”“文明交通我参与”演讲比赛等活动，市民文明交通意识不断增强。

【文明城市创建】 2016年，岳阳市深化文明城市创建，坚持问题导向，加大整治力度，不断提升城市管理水平和文明程度。召开深化全国文明城市建设工作推进会2次，召开工作督导会2次，及时研究分解《全国文明城市测评体系操作手册（2016年版）》，明确各相关单位的创建工作任务。市城调队开展综合模拟测评2次，开展公益广告、文明交通、文明餐桌、文明旅游等专项督查，对各级各部门工作开展情况进行考核，下发督办函92份，各相关责任单位对照存在的问题，严格整改落实。在《岳阳日报》和市广播电视台等市级媒体开设文明瞭望台栏目，营造良好的舆论氛围。

【美丽乡村建设】 2016年，岳阳市加大文明村镇创建力度，新申报省级文明镇7个，省级文明村3个。开展星级文明户创建、“好媳妇、好婆婆、好妯娌”评选、“乡邻和谐、邻里互助”等活动，组织各村结合实际修订完善村规民约，发挥村民议事会、道德评议会、禁毒禁赌协会、红白理事会等群众组织的作用，引导农民群众移风易俗，逐渐形成家庭和睦、民风淳朴的文明乡风。抓好改水、改路、改厨、改厕、改圈“五改”工作，开展清洁田园、清洁水源和清洁能源行动，开展保护环境、节约资源活动，推进农村公共文化服务体系建设，开展全市文化科技卫生“三下乡”活动。

【未成年人思想道德建设】 2016年，岳阳市以文明校园创建活动为抓手，不断提升未成年人思想道德建设水平。开展童谣征集传唱活动和校园周边环境整治行动，举办“童心向党”歌咏比赛和感恩心理教育校园行活动，教育引导未成年人自觉培育和践行社会主义核心价值观，岳阳市陈震、任欢2名学生获得省“最美孝心少年”称号。加强学习培训，组织召开市直中小学校长心理健康教育培训班、乡村学校少年宫建设管理现场交流会。关爱留守儿童，为贫困、受灾地区的留守儿童捐赠821个“温暖包”。深化乡村学校少年宫建设，利用中央彩票公益金支持建成少年宫6所，落实启动资金90万元，联合市教育体育局和财政局对46所乡村少年宫进行等级评定，落实运转资金161万元。组织全市学校乡村少年宫开办“四点半课堂”、在寒暑假期间开设开办假期班。

【学雷锋志愿者服务】 2016年，岳阳市推进志愿服务制度化、专业化、常态化。拓展服务项目，把策划“特色项目”作为推进志愿服务工作创新的重要抓手，开展“公益集市”“志愿者进特校”“爱心送考”“牵着蜗牛去散步”“旧衣物捐赠”“冬日暖阳，情暖巴陵”等一系列丰富多彩、灵活多样的志愿服务活动。以需求为导向，把志愿服务做到基层做进社区，下发《关于推进社区志愿服务专业化工作的实施方案》，以岳阳楼区为重点，确定15个社区为专业化示范社区。完善长效机制，为志愿者购买必要保险、提供基本保障。在市四中成立岳阳公益组织孵化基地，为草根公益组织提供固定办公场地。加强志愿服务培训，举办手语培训班，培训志愿者50名。在全市开展志愿服务先进典型评选表彰活动，评选表彰“最美志愿者”30人，“最美志愿服务社区”7个，“最佳志愿服务项目”10个，“最佳志愿服务组织”10个。打造工作亮点，在全国志愿服务“四个100”先进典型评选中，岳阳市个人、项目、社区和组织均获奖，成为全省获奖最多的市州。7月，岳阳市发动5万名志愿者开展防汛抗灾志愿服务活动，为受灾群众筹集物资600万元。央视新闻频道《东方时空》《24小时》等栏目对岳阳市蓝天救援队在华容县新华垸转移群众的事迹，进行集中报道。

（毛家伟）

生态文明建设

【湿地面积调减】 2016年12月25日，东洞庭湖国家级自然保护区范围与功能区调整通过国家级自然保护区评审委员会的专家评审，得到国家层面认可，调减试验区面积3.31万公顷，占保护区总面积17.44%，是进入评审委员会调规评审程序中，调整面积最大、调出部分占比最高的保护区。（易少满）

【污染减排整治】 2016年底，岳阳市结合大气攻坚行动和洞庭湖水污染防治工作，加强对重点减排工程的工作进度和关键节点的督办力度，推动实施工程减排、结构减排。其中，华能湖南岳阳发电有限责任公司5#燃煤机组实施超低排放改造，岳阳林纸股份有限公司1#、2#、4#、5#、6#炉按照限期治理进行环保验收，黄梅港污水处理厂完成一期阶段性环保验收，湘阴县柠檬酸化学公司工业锅炉实施清洁能源改造，华容县帮成纸业实施淘汰关闭。对临湘市海螺水泥有限责任公司脱硝设施运行不正常、马壕污水处理厂“久试不验”等减排项目进行督办和调度。严格执行《建设项目主要污染物排放总量指标审核及管理暂行办法》，把主要污染物排放总量控制指标作为新改扩建项目环评审批的前置条件，办理总量前置审批项目102个。制定《岳阳市排污许可管理工作方案》，以环统工业企业为基础，严格排污许可证的发放及管理。发放排污许可证627家，其中向纳入环统企业发放303家，规范排污者的排污行为。至年底，全市完成化学需氧量、氨氮、二氧化硫和氮氧化物减排2403吨、387吨、8214吨、3466吨，分别削减1.7%、1.6%、15.8%、7.2%，超额完成年度目标任务。

（何 旭 廖从志）

【16头麋鹿引种放归洞庭湖】

2016年3月3日，由国家林业局、省人民政府主办，中国野生动物保护协会、省林业厅、岳阳市人民政府承办的第3个“世界野生动植物日”宣传活动暨麋鹿引种放归洞庭湖仪式，在东洞庭湖国家级自然保护区举行。国家林业局副局长陈凤学、国家林业局保护司司长张希武、省人大常委会副主任李友志、省林业厅厅长邓三龙、市人民政府市长刘和生、市委副书记李志坚、副市长熊炜等出席活动。16头从江苏大丰麋鹿国家级自然保护区引进的麋鹿放归洞庭湖区，将改善洞庭湖麋鹿种群结构，促进种群复壮和基因交流。此次引种放归的麋鹿安装无线电定位装置，能实时追踪麋鹿的活动轨迹，用于研究麋鹿种群的生活习性、活动规律和环境需求。（陈秋荣）

【洞庭湖生态科研】 2016年，东洞庭湖国家级自然保护区管理局推进洞庭湖湿地生态研究，搭建洞庭湖生态研究平台，成立洞庭湖生态研究院，开展以洞庭湖生态研究为主题的科研工作。开展生物多样性科研监测，围绕鸟类、鱼类、麋鹿、植被、江豚、东方田鼠等6大类24次系统生物多样性监测，首次监测到洞庭湖鸟类长趾滨鹬1种。开展生物多样性监测培训，开展为期一周的封闭式学习和野生动物疫源疫病监测培训，提升业务素质。开展野生动物救护工作，成功救护和放归鸟类100多只、麋鹿10余头，首次启动高水位时期直升机对麋鹿的监测。（陈秋荣）

【湿地宣传】 2016年，东洞庭湖国家级自然保护区管理局拓宽宣传领域和渠道，加大湿地保护宣传力度，被中央电视台报道6次，《人民日报》报道2次，新华网报道2次，人民网报道1次，湖南卫视报道15次，市级媒体报道100次。其中，5月13日《人民日报》以头版和第5版名为《又见洞庭山水色》《谁写青翠入画来》对东洞庭湖湿地保护工作进行专题报道。开展系列专题宣传活动，特别是利用“湿地日”“爱鸟周”等重大节日开展宣传。2月2日，第20个世界湿地日，组织工作人员深入临湖社区、各站点开展野外监测、巡护执法、救护和放飞鸟类等一系列“湿地日”活动；3月31日，在南湖广场举行以“依法保护鸟类，建设美丽中国”为主题的第35届爱鸟周宣传活动。

（陈秋荣）

【市两家湿地公园晋升国字级】

2016年，全国66处通过验收的“国家湿地公园”名单出炉，岳阳市湘阴县洋沙湖—东湖国家湿地公园和汨罗江国家湿地公园位列其中。

湘阴县洋沙湖—东湖湿地公园，总面积1525.9公顷，域内有植物565种、动物198种，其中国家级保护物种分别有20种和16种。该湿地公园试点建设2009年正式启动，投入资金3亿元，恢复和重建湖面岸线15千米，建设人工生态岛屿4个。关闭沿江、沿湖污染企业29家，拆除畜禽养殖场450家，周边水排放达国标。湿地公园周边打造南泉寺、左宗棠文化园等旅游景点。

汨罗江国家湿地公园于2009年12月被国家林业局列入国家湿地公园试点规划建设单位，规划总面积2954.1公顷，其中湿地面积2812.24公顷，包括汨罗江干流汨罗段及其周边部分区域。公园分为湿地生态保护保育区、恢复重建区等五大功能区，是集湿地保护保育与修复、湿地功能和湿地文化展示等于一体的国家湿地公园。（李　志）

全面深化改革

【概况】　2016年，岳阳市全面推进10大类52大项247小项改革任务，出台《岳阳市供给侧结构性改革实施方案（2016—2018年）》《关于深化财税体制改革加强预算管理的实施意见》等20多个重要改革方案，健全完善改革评估、督察落实、考评激励等相关制度机制，纵深推进系列重大改革。至年底，各项改革任务基本完成。

【经济体制改革】　2016年，岳阳市经济体制改革任务9大项67小项，其中，商事制度改革、开放型经济体制改革、供给侧结构性改革成效明显。

商事制度改革。开展商事制度改革“放管服”综合配套改革试点工作，出台《关于深化商事制度改革全力促进大众创业万众创新的实施意见》等规范性文件4个，在全省率先启动企业简易注销登记制度改革，在10月21日全省深化商事制度改革工作座谈会上作典型发言。全面实施“五证合一、一照一码”登记制度，办理营业执照23596户企业。推进“先照后证”改革，保留工商登记前置审批事项15项，改后置审批事项187项。至年底，全市新登记注册市场主体29375户，比2015年增长18.95%，公司制企业注册资本总计189.49亿元，同比增长15.32%，工商注册登记效能提升67%。

开放型经济体制改革。出台《岳阳市对接“一带一路”战略推动优势企业“走出去”实施方案》和《关于支持企业“走出去”若干措施（试行）》，鼓励企业“走出去”主动参与国际产业分工与协作。城陵矶综合保税区8月9日正式封关运营，实现进出口贸易额9.73亿美元。推进区域通关通检一体化改革，市本级为船运公司、海关监管区经营单位、进出口企业奖励9000多万元，企业物流成本降低。

供给侧结构性改革。去产能，开展淘汰落后产能攻坚行动，淘汰落后产能水泥49.4万吨、造纸58.8万吨、印染1.28万千米、再生铜冶炼27万吨。全市硫酸、盐酸等初级化工产品产量下降5.8%和32.1%，水泥产量5.0%。去库存，全市商品房销售面积429.58万平方米、销售额173.86亿元，同比增长15.3%、19.4%，去库存周期控制在19个月以内。去杠杆，扩大政府和社会资本合作，入选PPP省级示范项目30个，其中，入选国家级示范项目4个，总投资约450亿元，项目数量和投资额全省第一位。降成本，推出减轻企业税费负担、降低涉企行政事业性收费、降低企业用工成本等12个方面的意见措施，规模工业企业每百元主营业务收入中的成本同比下降0.9元。补短板，围绕产业转型、外向经济、金融体系等短板精准施策、精准发力，引进各类人才2万多人，完成标准厂房建设469.17万平方米，招商引进企业94家，港口集装箱吞吐量28万标箱，55家外贸企业“破零倍增”。

【行政机构改革】　2016年，岳阳市推进行政机构改革。继续转变政府职能，全面完成县市区机构改革任务，全市合并建制村1705个（超额完成19个），减幅分别为33.33%、55.05%。下发《岳阳市人民政府关于取消和调整一批行政审批事项的通知》取消24项行政审批项目，承接增加2项行政审批项目，调整4项行政审批项目，主动下放1项行政审批项目，合并8项行政审批项目。率先在全省公布市直部门行政权力运行流程，授权岳阳经开区、城陵矶新港区行使96项市级行政审批事项，园区行政审批效率整体提速50%。

【农村改革】　2016年，岳阳市推进农村体制改革，其中，加快推进农村土地承包经营权抵押贷款试点和屈原农村改革集中示范区创建等方面改革成效明显。

农村土地承包经营权抵押贷款试点。对土地承包经营权抵押贷款试点工作进行扩量增面，新增杨林镇、柏祥镇进行试点，试点乡镇达4个。岳阳县制定出台《岳阳县农村承包土地的经营权抵押贷款试点实施方案》和《岳阳县农村土地承包经营权抵押贷款办法（试行）》，实现全县各乡镇抵押贷款全覆盖，累计发放农村土地承包经营权抵押贷款41笔，金额3761万元，现有贷款余额1272万元。

屈原农村改革集中示范区创建。屈原管理区出台《关于全力支持屈原管理区创建农村改革集中区的意见》《支持屈原管理区创建农村改革集中区的工作方案》。推进规划全域化，统筹规划编制，形成“1+5”规划体系，村庄简易规划全覆盖。推进土地股份化，搭建资本运作平台，盘活农村资源，全区田土流转面积780公顷，发展各类专业合作社158个，涌现10家有规模有品牌的家庭农场联盟。推进产业融合化，投资1.1亿元的中农联成绿色饲料加工厂正式投产，投资1.6亿元的海泰博农栀子深加工项目开工建设。推进建房规范化，全面停止农村零散新建和改建房屋的审批。推进环境生态化，启动绿化屈原三年行动。推进保障一体化，在全省率先推进“五网”一体化建设，启动新型农民（工）职业培训中心和农村田间学校建设。省党代会期间，屈原农村改革集中示范区创建工作被“湖南新闻联播”作为五年成果展中基层改革创新的典型推介。

【生态文明体制改革】　2016年，岳阳市出台《市委生态文明体制改革专项小组2016年改革工作要点及责任分工》《岳阳市生态环境监测网络建设工作实施方案》和《生态环境监测网络建设实施细则》等文件，生态文明体制改革成效明显，其中，“岳阳市探索东洞庭湖湿地保护新模式”和“岳阳化工产业园区循环化发展模式”2个创新案例被评为省首批生态文明创新案例。岳阳市成功申报省级海绵城市建设试点城市，获得省财政三年1.5亿元资金支持，总金额94亿元的中心城区湖泊河道综合整治系列工程进入财政部PPP示范项目库。编制完成《岳阳市海绵城市建设总体规划》、环南湖截污、“三大湖”等多项规划，建立《海绵城市建设项目库》，完成学院路综合提质改造工程、南湖交通三圈工程、王家河大咀堤路桥坝工程等7个重点项目的落地建设，南湖交通三圈工程完成投资4.56亿元。

【民主法制领域改革】 2016年，岳阳市推进民主法制领域改革，出台《关于贯彻落实〈法治政府建设实施纲要（2015—2020年〉的实施方案》。市政协与岳阳电视台完成“协商民主在岳阳”专栏合作方案，开展“推进巴陵戏等地方戏曲发展，彰显岳阳历史文化名城底蕴”专题协商，“一办五委一室”组织开展界别活动12次，撰写界别提案23份。

【文化体制改革】 2016年，岳阳市文化体制改革任务5个大项22个子项，其中，现代公共文化服务体系建设和健全文化市场综合管理体系工作成效明显。

现代公共文化服务体系建设。建成乡镇（街道）综合文化站203个、农家书屋3443个、村（社区）文化活动室3148个，文化信息资源共享基层服务点3148个，配套文化广场1137个，广播电视综合覆盖率达到100%，形成“岳州讲坛”等品牌服务项目78个，网络平台注册文化志愿者14937名，文化志愿服务团队1000多个。10月26日获文化部正式授牌，岳阳市成为湖南省唯一全国第二批创建国家公共文化服务体系示范区试点城市。

健全文化市场综合管理体系。出台《关于加强全市网络宣传管理和新媒体建设工作的通知》，建立和完善“扫黄打非”和网络文化工作协调机制、网络违法犯罪防范打击工作联动机制等一系统的工作机制，开展网络安全和互联网技术新应用培训，建立互联网新技术新应用的研究和安全评估机制。成立“12318”文化市场监管指挥中心，升级改造文化市场监管平台。中央电视台“社会与法”频道对岳阳市文化市场执法局改革进行专题报道。

【司法体制改革】 2016年，岳阳市司法体制改革任务6大项21小项。“四项试点”方面，平江县检察院内设机构改革试点工作作为省检察院联合呈报的基层院改革试点工作，得到中央政治局委员、中央政法委书记孟建柱肯定性批示。公安改革方面，率先完成公安110与政府“12345”热线两个技术平台对接，5月12日全省公安机关微改革微创大赛调度会在岳阳市召开，岳阳市获得金牌并作典型发言。健全矫正和安置帮教体制、健全法律服务体系上，制定完善法律援助制度的实施意见、出台律师代理公益诉讼，成立律师工作站的工作方案，开展律师进社区以案释法的活动、完善市、县两级公共法律服务中心建设。

【社会体制改革】 2016年，岳阳市社会体制改革任务41项。推进医疗卫生体制改革方面，岳阳市在全国率先设立乡镇（街办）卫生计生办和卫生计生监督管理所，基层卫生计生监督执法体系建设工作模式和经验被国家卫计委推介；推进城市公立医院改革，10月1日起，全市18家二级以上城市公立医院取消药品加成，实行药品零差率销售，理顺医疗服务价格，开展生育保险和基本医疗保险合并实施试点。推进机关事业单位工资养老改革，出台《关于调整机关事业单位工作人员基本工资标准和增加机关事业单位离休人员离休费三个实施办法的通知》。岳阳楼区作为全国社区治理和服务创新实验区，“三合一”整体推进社区公共服务、网格管理和协商自治，区直部门109项服务事项下沉社区。

【党的建设制度改革】 2016年，岳阳市党的建设制度改革任务4大类12项。落实防止干部“带病提拔”的意见，开展“带病提拔”乡科级干部选拔任用过程集中倒查工作。加强非公有制组织和社会组织党的建设工作，出台《加强非公有制经济组织和社会组织党的建设工作的实施意见》，成立岳阳市委非公有制经济组织和社会组织工作委员会办公室。加强基层专业技术人才队伍建设，印发《岳阳市深化中小学教师职称制度改革工作实施方案（试行）》，健全中小学教师考核和聘后动态管理制，建立退出机制，使教师在岗位聘用中实现能上能下。

【纪律检查体制改革】 2016年，岳阳市纪律检查体制改革任务12项。严格执行廉洁自律准则和党纪处分条例，全面落实执纪监督“四种形态”，受理信访举报2607件，立案1071件，给予纪律处分和组织处理999人，移送司法机关10人。贯彻落实修订后的《中国共产党问责条例》及省委实施办法，问责干部87人，查处“两个责任”不到位的问题20起，给予党纪政纪处分和组织处理25人。加大国际追逃追赃的力度，下发《关于进一步加强反腐败国际追逃追赃工作的通知》，对3个重点个案进行高密度的督办，成功阻止1人外逃。改革查办腐败体机制，下发《关于落实案件查办和线索处置报告制度的通知》《关于规范涉及市管干部信访举报件报送工作的通知》《岳阳市纪委监察局信访举报工作规程》。探索开展巡察工作，不断完善巡察制度。

（张　萍）

全面小康社会建设

【概况】 2016年，岳阳市以全面建成小康社会统揽经济社会发展，思想上加压，工作上加力，宣传上加温，全面小康协调发展，各项指标稳步提升。至年底，全市全面小康总体实现程度94.6%，比2015年提升2.6个百分点。各县市区协调推进，实现程度平均提升3.4个百分点，君山区获评全面小康推进工作前十位县市区，临湘市获评全面小康推进工作十快进县市区，平江县获评经济快进县。

【目标任务压实】 2016年，岳阳市提出小康“一确保、二力争”的工作目标，即确保全市小康整体稳步提升，实现程度提升2个百分点，达到94%以上，“领先环湖地区，保持全省前列”，力争县市区创优夺牌，力争更多县市区获得达标认定。围绕年度目标任务，全市小康工作突出小康指标责任分解，压实推进责任，下发《岳阳市全面建成小康社会2015年指导目标任务》《各县市区全面建成小康社会2016年指导目标任务》等专门文件，市级39项、县市区22~24项指标年度目标任务，逐项分解到县市区及市直部门，实现小康推进有据、任务细化、目标落地。各县市区目标任务分解到县直部门、乡镇（街道）、村场（居委会），各相关市直部门目标任务分解到分管领导、职能科室和县直部门（分局），层层传导压力。

【短板指标攻坚】 2016年，岳阳市全面小康工作坚持问题导向，突出短板指标，全面开展短板攻坚行动。下函督办，针对岳阳市13项落后于常德市的指标，市小康办采取一个指标一个函的形式，要求责任部门制定推进方案，细化工作措施。特别是针对短板指标，逐项比较、分析，找出症结所在。针对推进较慢、进度滞后的指标，向责任单位下发督办函，分析指标情况，明确后段重点，要求按时完成。借力推进，对一些难度较大的综合性问题，如“第三产业增加值占GDP比重”“空气质量达标率”“污染物排放强度指数”“每万人发明专利拥有量”“每万人口拥有律师数”“每万人口刑事犯罪人数”等指标，市委、市政府主要领导和分管领导召开工作调度会议或作出批示8次，高位推动指标提升。协调推进，针对短板指标，加大协调调度力度，召开指标调度会30次，专门研究小康指标推进措施，对金融2项短板指标，市小康办联合人民银行、市金融证券办等，开展调查研究，共商提升之策。强化对接，注重做好上下对接工作，确保指标数据真实反映岳阳发展水平，市小康办到省小康办、省统计局汇报对接3次，邀请省小康办、省统计局到岳阳市调研指导全面小康推进工作3次，督促各地各部门加强与省直厅局对接，弄清统计口径，确保数据认定。

【考核督查】 2016年，岳阳市全面小康工作按照市委、市政府主要领导“一月一调度，一季一讲评”的要求，严格考核督查，扎实推进各项工作。开展讲评督查，将问题点到指标、点到部门、点到负责人，结合讲评情况，市小康办对各县市区开展统一督查2次，对各部门开展专项督查30次，对工作推进不力的部门，采取上门或去函督办等形式，重点督促落实指标责任，加快推进工作。对冲击省小康“十先进”“十快进”“经济强县”“经济快县”等先进县市区，开展点对点的指导。完善考核评比，市委、市政府注重发挥全面小康考评“指挥棒”作用，修改完善《岳阳市2016年度全面小康推进工作考核计分办法》，重点从市直部门和县市区责任指标实现程度、提升幅度、目标任务完成情况、进位情况和向上对接情况等方面进行考核。特别是注重增加短板指标考评权重，通过强化考核评比推进工作。

【监测调度】 2016年，岳阳市全面小康工作坚持全程监测，按月调度，每季分析，及时掌握小康工作进程。强化监测责任，严格数据报送流程，压实部门统计责任，明确“谁出数谁负责”，市直部门在上报数据前须经统计员、责任科室负责人、单位分管负责人、单位主要负责人层层审核，确保数据精准，不出现漏统错统现象。统计监测部门，加强动态监测、业务指导、数据报送等工作，严把数据统计关口。强化市县小康办的监测、指导、督查、调度等职责，推进全面小康工作顺利开展。密切监控指标，在半年度、三季度和年底，对市级和各县市区小康指标进行全面统计监测3次，对监测结果进行通报。根据监测指标变化情况，及时做好工作预警，调整工作措施，指导各地各部门加快工作进度。开展统计培训，加强业务培训，客观真实地做好小康统计工作。针对科技类、教育类指标统计问题，市小康办分别联合市科技局、市教育体育局、市统计局等部门，对全市各县市区科技、教育统计人员进行业务培训，联合市统计局，对28个市直部门、12个县市区小康人员进行业务培训，提升统计监测水平，确保指标数据应统尽统，杜绝漏统错统。

【宣传引导】 2016年，岳阳市加强全面小康工作宣传，利用广播、电视、报纸、宣传栏、横幅、板报、手机短信、互联网等形式，集中宣传全面小康工作。市小康办通过与市委宣传部、市广播电视台、《岳阳日报》社等单位媒体多次研究，制定《岳阳市“决胜全面小康”集中宣传活动方案》，于7月4日召开全市全面建成小康社会宣传工作会议，就全市小康宣传进行安排部署。内部宣传刊物《岳阳小康》，刊发12期，及时推介各地各部门小康工作情况。在市广播电视台、《岳阳日报》开设“全面小康在岳阳”专题专栏，及时播报、刊发小康典型节目和文章，在市级以上新闻媒体刊播小康消息文章60多篇次。

（郑卓之）

实事项目建设

【民生实事项目建设完成】 2016年，省市重点民生实事26项37个指标全部完成或超额完成目标任务，在全省绩效评估中，岳阳市重点民生实事工作获得满分并获加分。

明确责任。省市重点民生实事指标任务明确后，市实事办对指标任务进行分解，明确每项指标任务由市政府分管副市长牵头负责，市政府分管副秘书长为具体责任人，相关部门单位一把手为直接责任人。对实事主要责任单位和相关责任单位的职责、实事协调领导小组成员单位的职责进行明确。根据职责分工，各实事承办主要责任单位、各县市区政府根据所承办实事指标内容，编制实施方案，详细制订工作措施，排出时间进度表，明确实事联络员，按照谁主管、谁负责的原则，对资金筹措、问题协调、组织实施、工作联络等工作定

2016年省级重点民生实事项目完成情况表

表2

序号	考核指标		单位	年度目标	实际完成	完成率%
1	精准扶贫		人	66816	80596	120.6
2	农村公路建设	提质改造	千米	659	659	100.0
		安保设施建设	千米	781	783	100.3
3	农村自来水建设普及率		%	77.74	81.11	104.3
4	新增城镇就业		万人	5.2	5.6423	108.5
5	中小学校和幼儿园建设	建设义务教育合格学校	所	73	73	100.0
		建设农村公办幼儿园	所	18	18	100.0
6	危房和棚户区改造	农村危房改造	户	9100	14105	155.0
		城市棚户区改造	套	25868	31107	120.3
		国有工矿棚户区改造	套	1182	1237	104.7
7	“两供”设施建设	新增管输天然气用户	户	32000	36420	113.8
		县以上城镇市政管网水水质达到《生活饮用水卫生标准（GB5749—2006）》要求	个	10	10	100.0
8	残疾儿童和重性精神疾病患者救治救助工程	帮助残疾儿童实施抢救性康复	名	435	452	103.9
		救治救助贫困重性精神疾病患者	人	820	829	101.1
		改扩建精神卫生服务机构	家	2	2	100.0
9	农村适龄妇女（35~64岁）“两癌”免费检查		人	96860	102830	106.2
10	新增社会治安视频监控摄像头		个	400	400	100.0
11	建设社区矫正中心		个	6	6	100.0
12	新增养老服务床位		张	1856	1876	101.1
13	农村信息化工程	直播卫星户户通	户	88030	88497	100.5
14	行政村配电网改造		个	90	90	100.0
15	美丽乡村示范村建设		个	12	12	100.0
16	基层综合文化服务中心建设		个	11	11	100.0

2016年市级重点民生实事项目完成情况表

表3

序号	考核指标		单位	年度目标	实际完成	完成率%
1	市级农村村民规范建房示范点建设	10个试点乡镇和屈原全部乡镇各完成1个20户以上集中建房示范点建设	个	14	14	100.0
2	推进中心城区棚户区十大片区改造		基本完成征拆工作		基本完成征拆工作	100.0
3	提升城区水系水环境质量和加强铁山水资源保护	提升城区水系水环境质量	南湖80%以上水质达到或优于IV类水质，王家河基本达到IV类水质		完成目标任务	100.0
		加强铁山水资源保护	铁山库区砂石禁采率达100%，违法建设零增长，水质保持在Ⅱ类标准。完成月田和毛田集镇污水处理厂、垃圾中转站建设，完成“四池净化”工程建设，规范发放生态公益林补偿资金、特困救助资金和大病医疗救助资金		完成目标任务	100.0

续表3

<table>
<tr><th>序号</th><th colspan="2">考核指标</th><th>单位</th><th>年度目标</th><th>实际完成</th><th>完成率%</th></tr>
<tr><td>4</td><td colspan="2">农贸市场标准化改造</td><td>家</td><td>10</td><td>10</td><td>100.0</td></tr>
<tr><td rowspan="4">5</td><td rowspan="4">整治中心城区建筑工地施工噪声扰民和治堵保畅</td><td>噪声扰民受理率和按期处置率</td><td>%</td><td>100</td><td>157</td><td>100.0</td></tr>
<tr><td rowspan="3">治堵保畅</td><td>个</td><td>3个停车场，新增300~500个停车泊位</td><td>3</td><td>100.0</td></tr>
<tr><td>家</td><td>50家临街单位内部停车场对外开放</td><td>50</td><td>100.0</td></tr>
<tr><td colspan="2">新建1个灯控路口，完成15个交叉路口高清监控探头安装，完成11条主干道路中央隔离护栏设置及开口调整，完成7条次干道交通标识施划、设置，完成花板桥路口行人隔离护栏建设，完成智能交通指挥大楼主体工程建设</td><td>完成目标任务</td><td>100.0</td></tr>
<tr><td>6</td><td colspan="2">整治重点减排治污项目</td><td>个</td><td>12</td><td>12</td><td>100.0</td></tr>
<tr><td>7</td><td colspan="2">建设20个“美好社区、温馨家园”</td><td>个</td><td>20</td><td>20</td><td>100.0</td></tr>
<tr><td rowspan="2">8</td><td rowspan="2">开展食品药品“四查”行动</td><td rowspan="2">普查食品药品生产经营主体46576家</td><td>%</td><td>覆盖率95%</td><td>114.0%</td><td>114.0</td></tr>
<tr><td>%</td><td>问题处理率100%</td><td>问题处理率100%</td><td>100.0</td></tr>
<tr><td rowspan="3">9</td><td rowspan="3">加快推进市妇女儿童医院、市中医院骨伤大楼建设、环保（静脉）产业园项目、市新图书馆项目建设</td><td>市妇女儿童医院和市中医院骨伤大楼建设</td><td colspan="2">完成前期工作</td><td>完成前期工作</td><td>100.0</td></tr>
<tr><td>环保（静脉）产业园项目</td><td colspan="2">启动项目建设</td><td>已开工建设</td><td>100.0</td></tr>
<tr><td>新图书馆项目</td><td colspan="2">完成前期工作并开工建设</td><td>已开工建设</td><td>100.0</td></tr>
<tr><td rowspan="3">10</td><td rowspan="3">严惩恶意欠薪</td><td>受理率</td><td>%</td><td>100</td><td>100</td><td>100.0</td></tr>
<tr><td>打击率</td><td>%</td><td>100</td><td>100</td><td>100.0</td></tr>
<tr><td>反馈率</td><td>%</td><td>100</td><td>100</td><td>100.0</td></tr>
</table>

（黄雷军）

人定责。市实事办根据实际，完善《重点民生实事考核办法》，对考核工作的责任主体、考核等次、考核结果运用等进一步进行明确。

强化调度。市实事办严格按照“月调度、季讲评、半年检查、年终考核”要求，按月对实事项目进展情况进行调度，对个别进度较慢的指标进行重点调度。组织召开工作督战会3次，工作讲评3次，开展现场督查6次，下发督办函41份，向市政府领导、市直单位负责人、县市区政府负责人发送进度情况短信100条。

严格督查。省重点民生实事工作纳入综合绩效考评，市直单位考核占50分、县市区占7分。市实事办在加强面上督查的同时，围绕直播卫星户户通、农村公路提质改造、农村公路安保设施建设、社区矫正工作建设等实事项目开展有针对性的重点督查5次，对于每次督查发现的问题，及时向市政府主要领导和分管领导进行报告，并根据领导的指示精神，办理情况在全市进行通报，促进各项实事的顺利完成。各承办单位根据工作情况，及时开展系统内的督查，重点督进度、督质量、督规范。

（黄雷军）

党和国家领导人关注岳阳

【中共中央政治局常委、国务院总理李克强到岳阳视察指导防汛抗灾】

2016年7月5日，中共中央政治局常委、国务院总理李克强视察岳阳防汛。中共中央政治局委员、国务院副总理汪洋，国务委员杨晶陪同。在岳阳内涝城中村察看灾情时，李克强指出，内涝凸显城市建设中突出的短板，必须要加快地下管廊建设，尽快补上城市历史欠账。在视察长江干堤荆江门电排堤段汛情和防汛工作时，李克强强调，要确保长江干堤安全，对支流垸坝该保的也要保，要把保障人民群众生命财产安全顶在头上。在洞庭湖大堤建新垸柳叶湖堤段视察防汛时，李克强要求，要确保大江大湖大堤安然无恙，确保整个流域的安全。

当日晚，李克强在岳阳市主持召开部分省份防汛工作会议，部署下一阶段防汛抗洪和抢险救灾工作。中共中央政治局委员、国务院副总理汪洋，中共中央书记处书记、国务委员兼国务院秘书长杨晶陪同视察并出席会议。

【国务委员王勇到平江县部分乡镇和社区调研】　2016年1月11日，国务委员王勇到平江县部分乡镇和社区调研民政和残疾人工作，了解民生保障政策落实和困难群众生活安排情况，看望慰问低保人员、特困供养人员、残疾人和老红军、老战士。国务院副秘书长孟扬，民政部部长李立国，中国残联党组书记、理事长鲁勇；省委书记、省人大常委会主任徐守盛，省委常委、省委秘书长许又声，副省长蔡振红；市委书记盛荣华，市委常委、市委秘书长樊进军，副市长熊炜、唐文发参加调研。

（陈　立）

聚焦岳阳

【岳阳市获得“中国十佳绿色城市”称号】　2016年，岳阳市抢抓长江经济带和洞庭湖生态经济区建设等机遇，加快绿色岳阳建设步伐，深入推进城乡环境整治，加强节能减排工作，持续开展“洞庭湖风雷”、湘江流域保护与治理、南湖水环境综合整治、铁山水库等饮用水源地保护等行动，守住生态保护红线，着力建设“水墨丹青”家园。11月11日，第七届中国绿色发展高层论坛在岳阳市举行，为岳阳市未来发展搭建全球化交流平台，提升岳阳国际绿色形象。论坛权威发布《2016中国城市绿色发展报告》，岳阳市获得“2016中国十佳绿色城市”称号。（易少满）

【2016年岳阳市十大亮点工作】

亮点一：主要经济指标全线飘红

2016年，岳阳市发展迈上“五个台阶”：全市GDP迈上3000亿元台阶，达到3123亿元，增长8%；固定资产投资迈上2000亿元台阶，达到2307亿元，增长14.5%；规模工业增加值迈上1000亿元台阶，达到1110亿元，增长7%；社会消费品零售总额迈上1000亿元台阶，达到1143亿元，增长12%；公共财政预算收入迈上300亿元台阶，达到330.8亿元，增长9.2%，主要经济指标全线飘红，增幅稳居全省第一方阵，全省第二经济强市地位进一步巩固提升。

亮点二：重大项目建设提速提效

2016年，岳阳市举办4次重大项目限时开工和集中开工竣工，岳阳三荷机场2017年年底具备通航条件。

亮点三：综合保税区正式封关运营

2016年8月9日，城陵矶综合保税区成功通过国家海关总署等10部门的验收，全年入驻企业注册86家，是全省项目落地最多、发展来势最好的综保区。全市开放型经济发展硕果累累，汽车、肉类、粮食、固废四大国家级进口指定口岸全部建成营运，岳阳新港7年来首次实现盈利，进出口总额比2012年翻一番。

亮点四：环南湖旅游交通三圈全线贯通

2016年，岳阳市坚持问题导向，一批“胡子工程”强势破局。市政府通过抓调度、解难题、搞督查，至年底，环南湖旅游交通三圈提前2年全线贯通，成为岳阳旅游的新亮点、市民休闲的好去处。

亮点五：临湖公路、G240升级改造即将完成

2016年，岳阳市一批路面狭窄、车流量大、影响出行的干线公路攻坚提速。临湖公路路基全线拉通，正式通车后从临湘到岳阳将缩短到不到1个小时的车程；G240岳阳县城至湘阴段路基工程基本完成，将大大改善沿线生产生活条件、方便周边群众出行、促进地方经济发展。

亮点六：友阿商业城市综合体建设拉开序幕

2016年，岳阳市友阿商业城市综合体建设是全省单体面积最大的商业综合体，坐落在步行街南辅道，总建筑面积约40万平方米，其中商场面积26万平方米，建成后年纳税1亿元以上，创造就业岗位1万多个，将成为岳阳市城区商圈又一精品力作、商业繁荣又一强力“引擎”。

亮点七：岳阳首家五星级酒店成功获批

2016年11月14日，岳阳大酒店成功获评岳阳市第一家五星级旅游饭店，实现全市五星级酒店“零”的突破，为提升岳阳城市旅游美誉度再添一张靓丽“名片”。

亮点八：中心城区“十大片区”棚户（旧城）区改造扎实推进

2016年，岳阳市“十大片区”改造惠及1.2万户近5万人，是近年来改造规模最大、力度最大的一年，已基本完成征拆协议签约，没有发生一起非正常群体性上访事件。2年内“十大片区”将建设成为改善人居环境、提升城市品位、拉动投资消费的示范区。

亮点九：农村危旧房改造和规范村民建房效果超出预期

2016年，岳阳市将农村危旧房改造与规范村民建房相结合，规划建设255个集中建房点，2年内将实现农村危房全面“清零”，农村“有新房无新貌”的现状将得到明显改观。汨罗市南托村200多户村民搬进一栋栋整齐划一、洋气美观的“小别墅”，过上比城里人更惬意、更舒心的“好日子”。岳阳市“两房两棚”工作得到省委、省政府高度肯定，南托新村示范点经验被省委《工作情况交流》重点推介。

亮点十：中心城区“六建六扩”步伐加快

2016年，岳阳市坚持把改善民生作为政府工作的出发点和落脚点，37件省市实事全面完成，民生保障网织得更实更密更牢。中心城区学校“六建六扩”扎实推进，市十四中成功置换搬迁。

（刘　岳）

组织机构及负责人名单

（负责人任职时间以2016年12月31日在职为准）

中国共产党岳阳市委员会

书　记　盛荣华（2016年11月免）
　　　　胡忠雄（2016年12月任）
副书记　刘和生
　　　　李志坚（2016年12月免）
　　　　李爱武（2016年12月任）
常　委　陈奇达（2016年4月免）
　　　　唐白玉（2016年6月任、9月免）
　　　　康代四（2016年1月免）
　　　　唐道明
　　　　徐新启（2016年9月免）
　　　　樊进军（2016年9月免）
　　　　王瑰曙
　　　　李　挚（2016年4月任）
　　　　张作坤
　　　　向伟雄（2016年9月免）
　　　　胡小闽（2016年6月任、挂职）
　　　　熊　炜（2016年9月任）
　　　　王小中（2016年9月任）
　　　　马　娜（2016年9月任）
　　　　谈正红（2016年9月任）
秘书长　樊进军（2016年10月免）
　　　　谈正红（2016年10月任）
常务副秘书长　倪慧君
副秘书长　任小娟　丁源源
　　　　吴敬文　杨志军
　　　　王家树　孙志诚（援藏）
　　　　胡　玮　许　杨
　　　　杜　宇　寻　健
秘书长办公会成员
　　　　陈念军　侯喜保

岳阳市人民代表大会常务委员会

党组书记　李湘岳（2016年10月免）
　　　　向伟雄（2016年10月任）
党组副书记
　　　　陈国荣（2016年1月免）
　　　　刘美树（2016年5月任）
党组成员　刘美树
　　　　包忠清（2016年1月免）
　　　　许伟奇　陈志莲
　　　　彭先政　陈光荣
　　　　李永丰
　　　　孔福建（2016年10月免）
　　　　赵岳平（2016年10月任）
　　　　骆岳梨（2016年11月任）
主　任　李湘岳
副主任　陈国荣（2016年1月免）
　　　　刘美树　余炳锐
　　　　包忠清（2016年1月免）
　　　　许伟奇　陈志莲　彭先政
　　　　陈光荣（2016年1月任）
　　　　李永丰（2016年1月任）
秘书长　孔福建
副秘书长　方平波　戴　丽
　　　　戴　斌

岳阳市人民政府

市长、党组书记　刘和生
常务副市长、党组副书记
　　　　陈奇达（2016年4月免）
　　　　唐道明（2016年4月任）
副市长　胡小闽（2016年7月任、挂职）
　　　　宋爱华　李　为
　　　　陈恢清（2016年7月免）
　　　　熊　炜（2016年10月任市委常委、统战部部长）
　　　　李激扬（2016年10月任）
　　　　唐文发
　　　　黎作凤（2016年10月任）
　　　　杨　昆（2016年10月任）
　　　　邱　虹（2016年10月任）
　　　　石　光（2016年1月挂职、2016年6月离世）
副巡视员、党组成员　苏耀辉
副厅级干部、党组成员　张益民
秘书长　刘传汉
党组成员　罗　荣
副秘书长　周金龙　费荣新
　　　　陈正文　陈　峰
　　　　廖长生　易兴吾
　　　　张　翎　胡宗明
　　　　刘衡岳

中国人民政治协商会议岳阳市委员会

主　席　陈奇达（2016年1月任）
党组书记　徐新楚（2016年10月任）
副主席　李可波　万岳斌　刘晓英
　　　　欧江平　罗陆平　黎四清
　　　　李　平　方争奇　万五龙
秘书长　江玉祖
党组成员　秧　励　孔福建
党组成员、办公室主任　张群望
副秘书长　邹岳湘　刘岸芳

中国共产党岳阳市纪律检查委员会（监察局）

书　记　李　挚（2016年4月任）
副书记　罗　荣　李建雄　任茂辉
常　委　付汉家　刘建民　张志辉
　　　　刘陆军　刘曙光
监察局局长　罗　荣
副局长　陆敏刚　汪四新　曹克强
预防腐败局局长　罗　荣
副局长　张志辉
中共岳阳市委巡察工作领导小组办公室（中共岳阳市委巡视联络办公室）主任　黄定军
办公室主任　冯　为
组织部部长　胡　敏
宣传部部长　黎罗清
调研法规室主任　李　军
党风政风监督室主任　刘　润
信访室主任　郑　星
案件监督管理室主任　何选军
第一纪检监察室主任　李子红
第二纪检监察室主任　李　定
第三纪检监察室主任　姚恒毅
第四纪检监察室主任　陈高飞
第五纪检监察室主任　龚圣伟
第六纪检监察室主任　杨革新
案件审理室主任　甘定辉
纪检监察干部监督室主任　单复果
预防腐败室主任　何素琴

岳阳军分区

司令员　黄大军
政　委　张作坤
副司令员　胡小合
参谋长　袁建华
政治部主任　易长运
后勤部部长　刘晓荡

城陵矶新港区、经开区、市南湖新区

湖南城陵矶新港区
第一书记　李志坚（2016年12月免）
　　　　　李爱武（2016年12月任）
工委书记　李永丰（2016年5月免）
工委副书记、管委会主任　黄俊钧
工委副书记、纪工委书记　王文华
工委委员、管委会副主任
　　　　　林军华　李建华
综合管理部部长　彭公穆
财政金融部部长　范星飞
开发投资公司总经理　贺正哲
招商联络部长　刘　勇
岳阳经济技术开发区
工委书记　王小中
工委副书记、管委会主任　文春方
工委副书记　刘光明
工委委员、管委会副主任
　　　　　罗同乐　黄小年
　　　　　严若鹏　谭国良
纪工委书记　胥棉桃
工委委员、总经济师　李兴吾
工委委员　郑德明　黄件保
　　　　　周和平　何厚德
市南湖新区
工委书记　李运帷
工委副书记、管委会主任　尹家辉
工委副书记、管委会副主任
　　　　　雷　欣
纪工委书记　李军辉
工委委员、管委会副主任
　　　　　夏金城　李精明
　　　　　李征兵　苏正明
工委委员、总经济师　姜　华
工委委员　张朝东　张幼明

岳阳市中级人民法院

党组书记、院长　彭世理
党组副书记、常务副院长　王雨田
党组副书记、副院长　龙建新
纪检组组长　刘亚洲
副院长　姜跃军　袁小文
工会主席　田光辉
执行局局长　聂晴晓
政治部主任　付小勇

岳阳市人民检察院

党组书记、检察长　罗　青
副检察长　何旭光　何季如
　　　　　许　太　周　升
　　　　　周　湘
工会主席　许乐平
纪检组组长　李建军
政治部主任　徐立泉
反贪局局长　汤尧光

市委机构

市委办公室
主　任　樊进军（2016年10月免）
　　　　谈正红（2016年10月任）
常委秘书　谢文辉
市委政策研究室
主　任　侯喜保
副主任　余友安　汤跃军
市委改革办
主　任　谈正红（兼）
副主任　刘传汉（兼）
　　　　杨志军（兼）
　　　　王家树（兼）
　　　　李　术　张　莉
市委党史市志办公室
党组书记、主任　陈念军
副主任　易　林　胡萍萍　朱　平
任弼时纪念馆
党组书记　吴敬文
副馆长　符国凡　夏剑光
岳阳市国家保密局
局　长　刘利民
市委机要局（市国家密码管理局）
局　长　邹青松
市委组织部
部　长　王瑰曙
常务副部长　张　赟
副部长　贺名良　任栩栩
　　　　罗忠勇（兼）
　　　　刘腊干（兼）
纪检组组长　张中霏
党员教育中心主任　杨志红
市委状态调研与问责处理办公室
主　任　谭立华
市委非公有制经济组织和社会组织党工委
专职副书记　谭　军
市直机关工作委员会
工委第一书记
　　　　谈正红（2016年10月兼）
书　记　李桂华
副书记　毛永明　吕敬国
　　　　翁桂萍　周雄勇
委　员　方克君　周　劲
市委机构编制委员会办公室
党组书记、主任　殷清华
党组副书记、副主任　荣般芝
副主任　袁益志
纪检组组长　郑雄辉
市事业单位登记管理局
局　长　杨九年
市委党校、市行政学院、市社会主义学院
校（院）长
　　　　李爱武（2016年12月兼）
常务副校（院）长　王伊亮
副校（院）长　刘宇赤　禹　辉
　　　　霍益辉　刘光明
纪检组组长　李革凤
教育长　付文兴
市委老干部局
党组书记、局长　刘腊干
党组副书记、副局长　周　兰
副局长　余长庚　胡向荣
纪检组组长　韩　英
市老干部活动中心主任　丁立秋
市委宣传部
部　长　徐新启（2016年10月免）
　　　　马　娜（2016年10月任）
常务副部长　许卫国
副部长　徐远杰　彭东明
纪检组组长　罗　岚

市网络文化建设管理中心
主　任　冯元满
市精神文明建设指导委员会办公室
主　任　章宏平

市文化广电新闻出版局
党组书记、局长　费荣新
副局长　何立夫　甘学红　丁建兵
　　　　范泽容　姚正国
纪检书记　罗　雯
总工程师　余国荣
市新华书店
党委书记、总经理　陈胤夫

市文化市场综合执法局
党组书记、局长　喻飞跃
纪检组组长　李玉新
副局长　熊少先　吴春华　朱　霞

市广播电视台
党组书记、台长　周泽柱
党组副书记、总编辑　李　红
纪检组组长　陈　勇
副台长　张立军　罗永明　陈国柱
总工程师　周　巍
副总编辑　施卫军
市电视转播台
台长　邹文锋

岳阳日报社
党组书记、社长兼总编辑　刘朝晖
党组副书记、纪检组组长　皮露基
副社长　肖艳娟　金海军
副总编辑　黄俊拔　袁乐之

市委讲师团
主　任　戴文慧
副主任　蔡吉跃　李卫兵

市委政法委员会
书　记　向伟雄（2016年9月免）
　　　　王小中（2016年9月任）
常务副书记　张群望
副书记　蒋仁凯　贾建湘
　　　　李湘滨　李伍华
纪检组组长　李军威
委　员　罗维维
市维护稳定工作领导小组办公室
主　任　胡　卫
市社会治安综合治理委员会办公室
主　任　李伍华
副主任　汤　露

市委统战部
部　长　王瑰曙（2016年10月免）
　　　　熊　炜（2016年10月任）
常务副部长　邓有根
副部长　汪四新　方亚华　姜佳莉
纪检组组长　梁旭光
市工商联党组成员　周宇岳
市社院工作部主任　瞿伟华

市委台湾工作办公室
主　任　罗　纯
副主任　刘中力　张志勇

市人大常委会机构

内务司法委员会
主任委员　刘孟虎
副主任委员　吴德仁　周　升

财政经济委员会
主任委员　杨岳斌
副主任委员　李耀华

教育科学文化卫生委员会
主任委员　卢宗仁
副主任委员　李正钧　李有根

城乡建设与环境资源保护委员会
主任委员　万方平
副主任委员　鲁　勇

农业与农村委员会
主任委员　万旦明
副主任委员　李首元　黄小清

法制委员会（法制工作委员会）
主任委员（主任）　姜　彬
副主任委员（副主任）　刘沧海

办公室
主　任　骆岳梨
副主任　黄淑平　张恩科
纪检组组长　徐舒翔

选举任免联络工作委员会
主　任　万旦明
副主任　黄三梅　张扩军

研究室
主　任　汤文彬

预算工作委员会
主　任　刘志强

信访办
主　任　张扩军

市政府机构

市政府办公室
党组书记、主任　刘传汉
党组副书记　林霞辉
副主任　何四军　李海林
办党组成员　卢志平　向科军
纪检组组长　陈文亮
常务秘书　胡　巍

市政府研究室
党组书记、主任　甘　勇
副主任　李文伟　陈平刚　叶　罡
纪检组组长　陆亚超

市政府法制办公室
主　任　何季如
党组成员　仇新华
副主任　向元宗　柴　青　杨思权
纪检组组长　高　峰

市信访局
党组书记、局长　向科军
党组副书记、副局长　向阳春
副局长　李　霖　沈晓初　刘迪虎

市委市政府接待处
党组书记、处长
　　　　钱丹青（2016年8月免）
副处长　孙建秋　张碧华

市政府驻北京联络处
主　任　郑绍华
副主任　袁　波　祖庆恒
　　　　彭忠益　谢朝春

市政府驻上海联络处
主　任　卢志平
副主任　徐　鸿

市移民开发局
局　长　柳　怀
副局长　陈卫成
市电子政务管理办公室
主　任　谢芳茂

市政府民族宗教事务局
局　长　查　宜
副局长　熊　伟
市政府政务服务中心
主　任　徐继兴
市住房公积金管理中心
主　任　刘跃红

市公共资源交易中心
主　任　余国祥
副主任　刘月平

市发展和改革委员会
主　任　刘晓英
党组书记　谢春生
副主任　张　鑫　陈　辉　伏沛根

周和平 彭 晟 韩保新
张志超 夏安民 周文健
傅传贵
总经济师 蒋仕林
纪检组组长 周孝元
市优化办
主 任 陈岳林
市金融工作办公室
党组书记、主任
李建雄（2016年10月免）
副主任 彭怡明 张 炯 白锁铭
许爱秋 袁正宏
纪检组组长 何 雄
市经济和信息化委员会
党委书记 许 永
副主任 李 煌 李岳星 陈岳红
程 均 姚海燕 向 阳
工会主任 刘建武
总经济师 陈 丰
纪委书记 周洪兵
总工程师 李 智
市科学技术局
党组书记、局长 曹合群
副局长 李立平 彭波涛 何厚德
张 忠 李争元
纪检组组长 戴本柱
总工程师 罗明亮
市地震局
局 长 吴奇良
市教育体育局
党组书记、局长 王德华
党组副书记、副局长 喻玲玲
副局长 万五龙 朱新和 宋杰林
刘志高 程岳华 李永波
王志红 陈育文
工会主席 张诗文
纪检组组长 周 赞
党组成员 童卓君
市招生考试委员会办公室
主 任 刘益良
市大中专学校毕业生就业管理办公室
主 任 曹金钟
市公安局
局 长 唐文发
党委副书记、常务副局长 喻伟民
副局长 王景亮 廖亚文 刘 卫
纪委书记 夏荣才
政治部主任 欧阳德儒
市司法局
党组书记、局长 许 雄
副局长 胡进良 赵碧喜 郑志挥
纪检组组长 陈绍华
政治部主任 黎鹏飞
市民政局
党组书记、局长 刘树平
党组副书记、副局长 陈 平
纪检书记 李 晔
副局长 曹远鹏 李建军
杨书生 谭应兵
党组成员 周伟祥
市康复医院
院 长 曾建国
市特困家庭大病医疗慈善救助管理办公室
主 任 周拥军
市财政局
党组书记、局长 邹三友
党组副书记、副局长 方新群
副局长 洪建军 熊建伍 谢建华
谭 辉 羊卫东
总会计师 周继祥
总经济师 何 斌
纪检组组长 彭 坚
工会主席 李向阳
市非税收入征收管理局
局 长 陈定宝
市农业综合开发办公室
主 任 钟 肯
市国库集中支付核算中心
主 任 隋 蕾
市城市建设投资集团有限公司
党委书记、董事长 游志坚
党委副书记、总经理 涂克成
纪委书记、监事会主席 易 轩
副总经理 赵柏生 龙 强
易 放
党委委员 李方爱 刘宝山
市旅游发展有限公司
董事长 李方爱
总经理 田共兵
市水利建设投资有限公司
董事长 刘宝山
总经理 杨雄辉
市人力资源和社会保障局
党组书记、局长 罗忠勇
党组副书记、副局长 卢进星
副局长 陈 彬 晏桃宝
何文忠 文飞宇
党组成员 李鹏杰 邹望春
姜继辉
纪检组组长 李有星
工会主席 卢景辉
总会计师 谈 抒
市劳动就业服务局
局 长 李鹏杰
市人力资源服务中心
主 任 邹望春
市社会保险事业管理处
处 长 姜继辉
市医疗生育保险基金管理服务处
处 长 谭 星
市工伤保险基金管理服务处
处 长 李胜军
市劳动人事争议仲裁院
院 长 姜汀兰
市劳动保障监察支队
支队长 刘跃裕
岳阳市住房和城乡建设局
党组书记、局长 罗黑皮
党组副书记、副局长 叶建国
副局长 程文艺 谢 卿 艾更知
总工程师 刘新华
纪检组组长 胡列宇
党组成员、工会主任 易立先
市重点工程建设办公室
主任 陈慎辉
岳阳市交通运输局
党组书记、局长 刘海波
党组副书记、副局长
徐浩明 刘勇强
党组成员 彭旅京 周赞先
副局长 方全民 张建辉 胡荣满
总工程师 孙晓红
纪检组组长 臧石田
市道路运输管理处
党委书记、主任 李 晖
市公共交通总公司
总经理 卢 平
党委书记 胡春山
市交通质量和安全监督管理局
局 长 谢 钢
市邮政管理局
党组书记、局长 胡荣满

市107国道管理处
主　任　范　律
市委农村工作办公室（市农业委员会）
主　任　湛锡光
副主任　李新生　刘利文　黄玉祥
　　　　黄泽根　陈　刚　左仕庚
　　　　周　泉　肖　强　付明中
　　　　邹国良
市农村经营服务站
站　长　晏春华
市政府扶贫开发领导小组办公室
主　任　李永胜
市水务局
党组书记　陈正文
党组副书记、副局长　李超军
副局长　许　杰　丁文奇　刘固华
　　　　刘湘龙　徐育才
总工程师　方　潭
工会主席　毛再斌
市防汛抗旱指挥部办公室
主　任　冯楚生
市林业局
局　长　何祚云
党组书记、副局长　方归农
副局长　曹道伍　孟正兴
　　　　杨大成　李赐军
总工程师　李洪泽
纪检组组长　邓金洲
党组成员　黄景文
湖南东洞庭湖国家级自然保护区管理局
局　长　赵启鸿
市畜牧兽医水产局
党组书记、局长　李学勇
副局长　高四新　蒋文胜　曾新保
总工程师　李亚白
纪检组组长　赵志坚
总畜牧师　徐　勇
市铁山供水工程管理局
党委书记、局长　熊树林
党委副书记、副局长　尹　山
副局长　李新武　骆新保
　　　　许泽波　许石兵
总经济师　余东球
市农业机械管理局
党组书记、局长　巢桃平
副局长　涂亚明　徐福保
纪检组组长　范　瑛

总工程师　彭小星
市长江修防处
党组书记、处长　蔡冬华
副处长　胡世忠　谢月秋
　　　　杨　烈　杨天强
纪检组组长　余　渊
总工程师　吴文胜
市贸促会
会　长　方争奇
党组书记　何　晖
副会长　刘友才　罗爱慧
　　　　杨政文　刘大海
纪检组组长　唐立德
市商务粮食局
党组书记、局长　刘正仁
党组副书记、副局长　张善保
副局长　吴　桐　陈文斌　吴新平
　　　　许德煌　冯庆新　蔡宇志
　　　　黄时正　司马孟军
　　　　吴　灿
纪检组组长　廖敬东
市市场建设管理处
主　任　周月殿
市卫生和计划生育委员会
党组书记、主任　彭纲要
党组副书记、副主任　吴小青
副主任　任浩波　孙　奕　胡小军
　　　　徐伟科　刘志敏　邵爱军
　　　　王耀平　周立标
党组成员　赵曙光　黄岳四
纪检组组长　董艳萍
工会主任　李江辉
市疾病预防中心
主　任　黄岳四
党委书记　姚建云
市卫生计生综合监督执法局
局　长　张壮军
市中心血站
站　长　方奎明
市审计局
党组书记、局长　谌亚忠
副局长　杨如松　李星吾
　　　　陈　超　丁湘平
总审计师　干忠叶
纪检组组长　曾建国
党组成员　万春霞
市环境保护局
党组书记、局长　王文选

党组副书记、副局长　余岳良
副局长　李石六　卿　漪　蒋　卉
　　　　万四良　付　平　王　新
纪检组组长　周　兴
市环境监察支队
支队长　魏锦鑫
市环境监测中心
主　任　钟亚军
市统计局
党组书记、局长　许平亚
党组副书记、副局长　许勇球
副局长　徐光明　吴龙标
　　　　邓兴亮　殷　俊
纪检组组长　许万景
市旅游外事侨务办公室
党组书记、主任　任焱辉
副主任　卢　谦　杨川勇　王诗宽
　　　　欧阳娟　黄　立
纪检组组长　巢岳农
党组成员　吴　波
市规划局
党组书记、局长　曲安江
党组副书记、副局长　许　淞
副局长　易湘清　杨建军　张世愚
党组成员　李建军　刘雪梅
总工程师　胡伟华
纪检组组长　罗　湘
市人民防空办公室
主　任　范安珲
副主任　贾建中　徐光华　李佳军
　　　　任伟明　刘绍斌　李永红
市档案局
党组书记、局长　任欣欣
副局长　赵小龙　余伏良
纪检组组长　马岳生
市安全生产监督管理局
党组书记、局长　毛绍武
副局长　李春光　童俏冰
　　　　方延子　陈卫兵
副局长、总工程师　赵珍彩
纪检组组长　李荣华
市国有资产监督管理委员会
党委书记、主任　黄岳山
副主任　刘其元　付维民
　　　　曹冠军　余风祥
纪委书记　余良成
总经济师　贾双彬
工会主席　陈解建

市食品药品监督管理局

党组书记、局长 卢大平

党组副书记、副局长 王亚明

副局长 周志宏 王如松 徐焕斌 李岳玲

纪检组组长 欧阳藏修

市食品药品检验所

所 长 毛谊平

市供销社

党组书记、理事会主任 陈琪钢

党组副书记、监事会主任 彭岳武

党组副书记 蔡勋华

纪检组组长 陈 城

理事会副主任 陈眺军 刘立蒙 周传龙

监事会副主任 李贻华

市口岸管理办公室

党组书记、主任 何移兵

党组副书记、副主任 宋振权

副主任 彭受宗 刘师迅 肖德根

纪检组组长 李季平

市公路局党组成员

党委书记、局长 冯嘉皇

副局长 李茂文 付瑞祥 高建勋 吴岳新 余欲晓

总工程师 徐 军

市洞庭湖大桥管理局

党组书记、局长 彭旅京

副局长 钟鉴波 李文新 李华云 杨涛广

总工程师 伏晓宁

纪检组组长 缪小新

岳阳三荷机场投资建设管理有限公司

董事长 李炎云

总经理 刘爱军

监事会主席 李 铮

副总经理 梁盛发 冯建坤 付旭光

市地方海事局

党委书记、局长 李白才

副局长 杨德华 李中汉 钟爱国 邓跃飞 戴武会 李志勋

总经济师 黄 河

市城市管理和行政执法局

党组书记、局长 陈克祥

党组副书记、副局长 柳泗明

副局长 鲍京平 许心豪 李国伟 胡荣华 樊 卫 邓晓峰

总会计师 袁本德

总工程师 陈 鑫

市市容环境卫生管理局

局 长 方欲林

市风景园林局

局 长 黄达江

市城市管理行政执法支队

支队长 刘其汉

市房地产管理局

党委书记、局长 焦铎辉

党委副书记、副局长 赵海波

纪委书记 许阳春

副局长 张胡根 吴德仁 付 荣 葛文斌 叶湘林

总工程师 陈 宏

市政协机构

办公室

主 任 张群望

副主任 田 军

提案委员会

主 任 毕金林

副主任 李 星

经济科技委员会

主 任 黄建平

副主任 姚海根 刘雪梅

文化教育卫生体育委员会

主 任 郭介川

法制群团人口资源环境委员会

主 任 陈慧君

副主任 谢志武

文史和学习委员会

主 任 王志龙

副主任 王馥兰 安立萍

港澳台侨民族宗教外事委员会

主 任 杨驰军

研究室

主 任 徐 煜

副主任 亓 磊

驻岳部队

湖南陆军预备役步兵师第三团

团 长 王如良

参谋长 谢伟雄

政治处主任 李子新

后装处处长 李训民

武警岳阳市支队

支队长 蒋建军

第一政委 唐文发

政 委 袁勇智

副支队长 蔡 琪 陈雪纯

副政委 宋 炀

参谋长 刘 辉

政治处主任 毛建国

后勤处处长 陈 超

市公安消防支队

支队长 黄 超

政治委员 廖国庆

副政治委员 谢立辉

副支队长 杨胜利 王 雷

参谋长 潘 正

政治处主任 张 容

后勤处处长 秦绍兴

防火监督处处长 韩灏凌

市边防检查站

政治委员 程 强

站 长 陈亚玲

省主管机构、银行

国家统计局岳阳调查队

党组书记、队长 吴当时

副队长 刘爱玲 于细文

纪检组组长 李 俞

市国土资源局

党组书记、局长 胡 辉

党组副书记、副局长 易拓耕

副局长 万岳斌 刘险峰 严 菲

总工程师 李志宏

总经济师 陈湘栋

纪检组组长 周治中

党组成员 彭四林

市国家税务局

党组书记、局长 李石道

副局长 李森岩 张登炎 朱春辉 练建平

纪检组组长 肖标志

市地方税务局

党组书记、局长 龙晓红

党组副书记、副局长 黎 毅

副局长 罗平原 龙伟华

总会计师 余爱华

纪检组组长 田平力

总经济师 何国祥

市工商行政管理局
党组书记、局长　王星耀
党组副书记、副局长　张长庚
副局长　罗岳锋　颜石湘　杨彦华
纪检组组长　田德年
市质量技术监督局
党组书记、局长　蒋跃进
副局长　赵奇志　胡力平
　　　　周　喆　刘正光
纪检组组长　刘荣保
总工程师　杨建良
中华人民共和国岳阳海关
党组书记、关长　刘探担
副关长　洪余喆　刘　廷
党组成员　杨胜前　龚先明
岳阳海事局
党委书记、局长　樊哲斌
政委、纪检组组长　朱远志
副局长　杜国平　张　帆　丁玉林
岳阳出入境检验检疫局
党组书记、局长　盛胜军
副局长　林建军
纪检组组长　谢忻然
党组成员　曹　克
国网岳阳供电公司
总经理、党委副书记　王　健
党委书记、副总经理　汤美云
副总经理　杨五一　李泽龙
　　　　　姚维平　朱盛开
市邮政公司
党委书记、总经理　李胜军
副总经理　狄　洪　范湘彤
党委委员　黄　华
中国电信股份有限公司岳阳分公司
总经理　施宁堃
副总经理　万建湘　陶　涛　李清华
湖南移动通信有限责任公司岳阳分公司
总经理、党委书记　武　樵
副总经理　罗定安　吴　铸　曾卫华
中国联合网络通信有限公司岳阳市分公司
党委书记、总经理　杨锜顺
副总经理　张　波　余　惠　彭　岳
市烟草专卖局（公司）
党组书记、局长（经理）　吴奇林
副经理　邓　杰　毛岳胜
纪检组组长　李雄伟

湖南盐业股份有限公司岳阳市分公司（市盐务管理局）
总经理　周　伟
党委书记、局长　李克才
副总经理　方卫平　唐国良
市气象局
党组书记、局长　彭　洁
副局长　李东阳　刘　敏
纪检组组长　向良权
岳阳监狱
党委书记、监狱长　彭　锋
党委副书记、政委　裘冰可
副监狱长　张运良　艾祥卫
　　　　　程志文　刘桂平
　　　　　周正文
党委委员　陈志刚　康　健
纪委书记　彭立春
政治处主任　谭冬明
湖南省血吸虫病防治研究所
所　长　罗志红
党委书记　邓维成
副所长　任光辉　贺宏斌　彭先平
　　　　肖翠兰　丁国建
纪委书记　肖　群
工会主席　曹春莲
中国人民银行岳阳市中心支行（国家外汇管理局岳阳市中心支局）
党委书记、行长（局长）　曹平辉
副行长　王晓毛　李利华
　　　　兰红梅　覃兆勇
中国银行业监督管理委员会岳阳监管分局
局　长　易　文
副局长　金爱钦　贺爱卿
纪委书记　李雁新
中国农业银行岳阳市分行
党委书记、行长
　　　　刘友明（2016年9月免）
党委副书记、副行长　伍高琴
副行长　吕桂玲　冯　壮
　　　　刘利国　刘献兵
中国银行股份有限公司岳阳分行
党委书记、行长　吕　军
副行长、纪委书记　赵　勇
副行长　符日明　蔡　旭　刘飞舟
中国农业发展银行岳阳市分行
行长　周芳华
副行长　唐双华　刘夷夫

交通银行股份有限公司岳阳分行
党委书记、行长　马学军
副行长　李克拉　胡　昕　曾　明
中国工商银行股份有限公司岳阳分行
行　长　杨　林
副行长　柳会刚　陈飞宝
　　　　罗　健　袁校刚
纪检书记　李俊厚
中国建设银行股份有限公司岳阳市分行
党委书记、行长　刘　星
副行长、纪委书记　梁运胜
副行长　周　强　王逸辉　周栋兵
党委委员　李　鑫
华融湘江银行岳阳分行
党委书记、行长　郑　武
副行长、纪委书记　王湘平
副行长　胡炯钢
党委委员　刘　倩
中国邮政储蓄银行股份有限公司岳阳市分行
党委副书记、副行长　郑精兵
副行长　刘　飞　谈　磁
　　　　胡　军　金　超
中国光大银行岳阳分行
党委书记、行长　刘　林
副行长、纪委书记　赵　祯
副行长　孙晓龙　刘　强
湖南省农村信用社联合社岳阳办事处
党组书记、主任　刘汉军
副主任　朱晓华
兴业银行岳阳分行
行　长　周　坤
副行长　胡定邦
中信银行岳阳分行
王晓燕　行　长
副行长　苏朝霞　张学海

社会群众团体

市总工会
主　席　彭先政
党组书记、副主席　谭志兰
党组副书记、副主席　彭慕侬
副主席　冯胜建　杨红杰
党组成员、经审委主任　刘　沅
市妇女联合委员会
党组书记、主席　王亚丹

副主席　杨勤　胡晓明　吴玉玺
纪检组组长　曾　琴

共青团岳阳市委员会

党组书记　李　乐
副书记　綦小广

市社会科学界联合会

党组书记、主席　魏　星
副主席　郑立新　张　萍　汤迪军

市文学艺术界联合会

党组书记　钟　辉
主　席　余三定
纪检组组长　刘子华
副主席　徐喜德

市科学技术协会

党组书记　陶沙岸
主　席　徐载满
副主席　傅道德　彭晓霞　唐　慧
纪检组组长　陈　虎

市残联人联合会

党组书记、理事长　方欲林
副理事长　李正望　巢向阳　邹湖平

民主党派·工商联

中国国民党革命委员会岳阳市委员会

主　委　任浩波
专职副主委　陈立新
副主委　袁正宏　范泽容　候练兵

中国民主同盟岳阳市委员会

主　委　万岳斌
专职副主委　黎雄兵
副主委　李石夫　李赴军　高鸽子

中国民主建国会岳阳市委员会

主　委　方争奇
专职副主委　郝　纯
副主委　王五星　李永波　刘怀金

中国民主促进会岳阳市委员会

主　委　张世愚
专职副主委兼秘书长　李尧瑶
副主委　丁卫平　李国武　李建军

中国农工民主党岳阳市委员会

主　委　李　为
专职副主委　周　波
副主委　林　辉　练　伟

中国致公党岳阳市委员会

主　委　丁湘平
专职副主委　陈跃平
副主委　李　文　陆敏刚　刘岸芳

九三学社岳阳市委员会

主　委　李　平
专职副主委　付　萍
副主委　周　升

市工商业联合会

主　席　刘晓英
党组书记　方亚华
副主席　张　超　郑叶新
纪检组组长　肖华斌
党组成员　周宇岳

学校（院）、医院

湖南理工学院

党委书记　李　明
党委副书记、院长　卢先明
党委副书记　邱绍雄
副院长　刘亦工　李　文　钟　华
　　徐小立　张国云
纪委书记　谢贵辉
党委委员　刘　创

岳阳职业技术学院

党委书记　喻岳兰
党委副书记、院长　张　建
党委副书记　潘岳生
常务副院长　李应龙
纪委书记　胡振东
副院长　吴丽文　李晚林　陈细兵
工会主席　陈卫东

湖南民族职业学院

党委书记　李　红
党委副书记、院长　吴顺发
党委副书记　童和钦
常务副院长　戴南海
副院长　文小华　李葵模
纪委书记　杨火保
工会主席　戴金波

岳阳广播电视大学

党委书记　陈美中
党委副书记、副校长　袁　征
副校长　江家立　封　屹　邹欣欣
纪委书记　乐艳华
党委委员　熊　灏

湖南石油化工职业技术学院

党委书记　雷放华
院　长　徐　方
副院长　孙　雷　刘　滔
　　郭丽荣　符文文
工会主席　刘三青

湖南省工业技师学院（中南工业学校）

院　长　张文兵
党委书记　李　勇
党委副书记、纪委书记　曾红彪
副院长　章传美　张旭辉　符兴承
工会主席　吴细细

市一中

校　长　廖炳晔
党委书记　李赞辉

市十四中

校　长　符新培
党委书记　杨　锋

岳阳中学

党委书记、校长　林　立
副校长　孙　瑾　李仲芬　毛小平
纪委书记　李阳春

市十五中

党委书记、校长　宋卓辉

市第一职业中等专业学校

党委书记、校长　孙光友

市一人民医院

院长、党委副书记　唐　敏
党委书记　曾　强
副院长　李自华　夏伟瑜　许文杰
纪委书记　王学明
工会主席　陆海湖
党委委员　张建安

市二人民医院

院长、党委副书记　余飞跃
党委副书记　王松柏
副院长　应民政　方兴旺
　　刘　芳　杨福炎
纪委书记　刘文龙
党委委员　林春龙
工会主席　李　伟

市中医院

院　长　向明波
党委书记　司马雄翼
副院长　邹智国　余绍清　钟利明
　　张　伟（挂）　陈亚红
纪委书记　陈　剑

市三人民医院

院　长　葛华阶
党委书记　文立波

市妇幼保健院

院　长　陈　卓
党委书记　袁劲进

部·省·市属企业单位

中国石油化工股份有限公司巴陵分公司

中国石化集团资产经营管理有限公司巴陵石化分公司

总经理、党委副书记　李大为
党委书记、副总经理　李德刚
副总经理　许世政　彭鸽威
总会计师　皮明生
纪委书记　阳　忠

中国石油化工股份有限公司长岭分公司

中国石化集团资产经营管理有限公司长岭分公司

董事长、党委书记　李　华
副董事长、党委副书记、总经理　王妙云
副总经理、总会计师　谯培武
副总经理　刘建平　谢型样　蒋文军
党委副书记、纪委书记、监事会主席　胡先红

华能湖南岳阳发电有限责任公司（华能岳阳电厂）

总经理、厂长　尹开颜
党委书记、副厂长　唐明华
副总经理、副厂长、工会主席　李亚强
副总经理、副厂长　李海滨　郑伟德　刘文华
纪委书记　周祖芳

岳阳林纸股份有限公司岳阳分公司

总经理、党委书记　禚　昊
副总经理、总工程师　朱宏伟
副总经理　郑聚雄　闫成珉　易兰锴

际华3517橡胶制品有限公司

执行董事　容三友
党委书记　傅　胜
总经理　孙贤进

中国化学工程第四建设有限公司

董事长、党委书记　刘德辉
董事、总经理　胡流芳
监事会主席、党委副书记、纪委书记、工会主席　何玉文
副总经理　钱家林　陈荣仓　周　鸿　周　栗　周水柏　刘　斌
副总经理、总工程师　孙　韵

湖南龙骧神驰运输集团有限责任公司

董事长、党委副书记　江海清
总经理、党委副书记　胡太勋
党委书记　袁　俊
党委副书记、纪委书记　汪景林
监事会主席、工会主席　李宏伟
副总经理　李載良　罗辉进　戴文力　许　峰　张怀国

岳阳城陵矶新港有限公司

总经理　徐忠诚
副总经理　邓隆标

国信军创（岳阳）六九零六科技有限公司

董事长　向志明
总经理　张万英
党委书记、副总经理　涂永良
副总经理　张　云　余正军　阳　智　贾　坤　邓　涛
总工程师　郭智俊

岳阳金秋红日工业有限公司

总经理　彭欣荣
常务副总经理　黄力群
副总经理　黄建强　廖　斌
纪委书记　陈历辉

中共岳阳市委员会

责任编辑　屈胜龙

综 述

【概况】 2016年，中共岳阳市委以党的十八大和十八届三中、四中、五中、六中全会精神为指导，树立和贯彻落实新发展理念，适应把握引领经济发展新常态，贯彻中央、省委省政府决策部署，带领全市干部群众，推进“一极三宜”江湖名城建设，谱写建设富饶美丽幸福新湖南的岳阳篇章，全市经济社会发展稳进向好，取得“十三五”规划良好开局。

一、抓住第一要务，加快新增长极建设

突出发展主题，坚持以供给侧结构性改革为主线，稳增长、促改革、调结构、惠民生、防风险。2016年，全市GDP迈上3000亿元台阶，达3100.87亿元，同比增长7.8%。固定资产投资、规模工业增加值、社会消费品零售总额、公共财政预算收入同比分别增长14.5%、7.1%、12.0%和9.2%，主要指标增幅均居全省前列。

保持发展定力。召开市第七次党代会等一系列重要会议，进一步明确未来五年岳阳发展的路线图、任务书、时间表。在发展战略上保持定力，坚定不移推进“一极三宜”江湖名城建设，实施“621”（“6”就是六大战略，包括口岸经济发展、基础设施先导、产业转型升级、县域经济壮大、城镇扩容提质、全民创新创业等战略，“2”就是六大战略下的20项工程，“1”就是20项工程下的100项重点工作。）行动。在发展目标上保持定力，确保“一个高于”，即主要经济指标增速高于全省平均水平；实现“两个率先”，即率先在洞庭湖地区全面建成小康社会，率先在全省建成通江达海、产业兴旺、开放共赢、绿色发展的新增长极；达到“三大提升”，即经济总量占全省比重有较大提升、发展质量和效益有较大提升、人均均量和群众获得感有较大提升。在发展格局上保持定力，优化“一核三极两区多点”空间布局，着力构建中心城区核心引领、沿江环湖地区和邻长地区组团联动、县城园区多点支撑的区域经济协调发展、竞相发展新格局。

推进转型升级。坚持重实业、优产业、强企业，打造岳阳经济升级版，2016年三次产业结构比为10∶48∶42。发展现代工业，坚持“工业强市、园区兴工、项目立园”，打好“园区建设”大会战，以工业发展带动三次产业扩量提质。开展重点产业和重点民营企业帮扶行动，重点帮扶发展九大优势产业，石化、食品等2个2000亿元级产业集群正加速形成。新兴产业蓬勃发展，“互联网+”经济风头正劲，食品加工、生物医药、装备制造、军民融合、清洁能源、节能环保等加快扩张，高新技术产业占GDP比重、非公工业占规模工业比重分别达19%和79.5%。园区经济支撑有力，落实“园区十条”，对城陵矶新港区、经开区分别下放41项、48项审批权限。强力推进“135”工程，竣工标准化厂房268万平方米，新增创新创业企业419家；举办石化产业招商推介会，签约项目总投资达20亿元，致力将湖南绿色化工产业园打造为全省最有特色的现代产业园区，园区工业增加值占规模工业比重达67%，3个园区工业增加值增速全省排名前10位。发展现代农业。推进工商资本下乡，加快农业产业化、规模化、机械化、标准化、信息化建设，全市新增市级以上农业产业化龙头企业60家，亿元以上农产品加工企业发展到153家，粮食产量稳定在310万吨以上，水产品总量连续26年位居全省第一。发展第三产业，商贸物流稳中向好，获批全国现代物流创新发展试点城市。旅游总人数、总收入高位增长，岳阳大酒店获评岳阳市第一家五星级旅游饭店。房地产业升温回暖，商品房销售总额和成交面积分别增长22.4%和19.0%，第三产业占GDP比重比2015年提高3.1个百分点。

抓好项目建设。加大项目推进力度，举办重大项目限时开工和集中开工竣工仪式4次，开工项目124个，竣工项目51个，总投资665.6亿元。107个重大在建项目完成投资489.8亿元，占年计划的108.7%，推进103个重大前期项目建设。建成京港澳高速新开联络线、S308平江段大修工程、500千伏岳阳南输变电工程等，环南湖旅游交通三圈全线拉通。项目建设质量稳步提高，全市内联引资项目480个，友阿商业城市综合体、金悦洋商业公园、海济生物等投资过10亿元项目落地，21个项目进入国家级和省级PPP模式示范项目笼子，项目数量和投资总额均居全省前列。

全面深化改革。规定改革进展顺利。推进10大类52大项247小项改革，落实重点领域改革任务，率先在全省出台供给侧结构性改革实施方案，“三去一降一补”攻坚战取得阶段性成果；行政审批制度改革、不动产统一登记制度、PPP模式试点等走在全省前列；完成政府机构改革、乡镇区划调整和并村工作等。试点改革扎实推进，创造农村土地承包经营权登记、洞庭湖湿地生态效益补偿、飞地经济等改革试点项目经验，形成亮点。特色改革成效明显，开放型经济、屈原农村改革集中区等改革落地见效。推动大众创业、万众创新，全市新增各类市场主体3.2万户，同比增长11.5%，其中企业8067户，同比增长25.1%。

扩大对外开放。发挥口岸优势，实施开放崛起战略。“一区一港四口岸”建成运营，岳阳成为全国唯一拥有6个国家级口岸平台地级市。综合保税区封关运行，有签约和意向入驻项目100个，其中国际贸易项目80个；完成入驻企业注册86家，其中，7个项目开工建设，总投资54亿元。与上港集团合作，组建湖南城陵矶国际港务集团，岳阳新港首次实现盈利，港口集装箱吞吐量达29.5万标箱，同比增长21.6%。对外贸易逆势反弹，55家外贸企业“破零倍增”，进出口总额达103亿元，同比增长47.3%，保持逐月增长态势。

二、注重协调发展，推进城乡建设统筹

坚持以城带乡、城乡一体，促进城乡在规划布局、基础设施、要素配置、产业发展、公共服务、生态保护等方面融合发展，拓展发展空间，增强发展后劲。

打基础。加快交通、水利、能

源、信息建设，增强基础设施承载能力。交通方面，完成投资92.8亿元，建成大岳高速、京港澳高速新开联络线，推进三荷机场、蒙华铁路岳阳段、临湖公路、G240岳阳县至湘阴段改扩建工程、学院路综合提质改造等，平益高速、岳阳东客运枢纽、岳阳东站至三荷机场快速通道等进展顺利。推进长江、湘江等干线航道整治疏浚工作，“铁、公、水、空”一体化综合交通网络加快形成。水利方面，实施农田水利“百千万”工程，开展农村沟渠疏浚行动，全市投入水利建设资金22.73亿元，完成各类水利工程4万处，农村自来水普及率超过省定任务。加强灾后水利建设，推进水毁水利修复、洞庭湖治理、水库涵闸除险加固、中小河流治理等十大工程，提高防灾抗灾能力。能源和信息方面，加快电力、通讯、网络、燃气等城乡公共设施建设，完成城区地下管线普查工作，500千伏岳阳南输变电工程建成投产，全市互联网普及率50%，获批国家电信普遍服务试点城市，岳阳楼区被列入国家智慧城市试点。

建城镇。贯彻落实中央和省委城市工作会议精神，加快推进新型城镇化，优化城镇布局、提升城镇品位、彰显城镇特色。精准做规划。启动新一轮岳阳市城市总体规划修编，推进“1+4+2”城市组团发展，完善城镇规划体系，中心城区控详规划基本实现全覆盖，县城、乡镇和中心村规划加快覆盖，打造区域性中心城市写入国家《促进中部地区崛起“十三五”规划》。精明搞建设。加快南湖新区、洞庭新城、高铁新城、空港片区、芭蕉湖片区等重点区域开发建设，完成中心城区重点渍水地段整治、小街巷改造、道路交通微循环改造3个“三年行动计划”，“十大片区”棚户区改造基本完成征拆协议签约，推进王家河流域综合治理，岳阳成为全省唯一省级“海绵城市”建设试点城市。加快县城扩容提质，重点发展一批沿江中心镇、省际边界镇、特色产业镇和历史文化名镇，创建国家级重点镇16个，增强城镇综合承载能力，常住人口城镇化率达55.5%。精细抓管理。保持禁拆治违和土地依法征收高压态势，中心城区拆违面积是2015年的近2倍，土地依法征收清零项目80个、腾地1034公顷。开展文明系列创建活动，推进数字城市、智慧城市建设，通过国家卫生城市复查。公共自行车二期、环南湖周边亮化工程和南湖公园、金鹗公园提质改造竣工，城镇面貌得到改观。岳阳入选2016年中国百强城市。

强县域。发挥各县市区比较优势，推动县域经济错位发展、个性发展，岳阳楼区现代服务业、经开区现代装备制造和生物医药、云溪区绿色化工能源、汨罗市循环经济、平江县食品旅游和汽车部件、湘阴县装备制造和食品、岳阳县生物医药和粮食加工、临湘市化工建材矿产、华容县纺织服装和食品、君山区绿色食品和乡村旅游、屈原管理区现代农业等优势产业发展加快。落实县域经济“六个一”考核办法，开展“学长沙、赶宜昌、超九江”活动，6个县市区财政收入过10亿元，3个县市区综合实力进入全省20强。

美乡村。开展“美丽系列”创建评选活动，启动美丽乡村示范片建设，完成12个省定重点民生实事美丽乡村示范村建设任务，6个村被评为全省美丽乡村建设示范村，2个县区被评为全省美丽乡村建设先进县市区，涌现一批美丽县城、美丽乡镇、美丽村庄和农村文明家庭。开展农村环境综合整治，投入资金1.77亿元，实行垃圾集中处理，岳阳县、华容县、云溪区等地实现农村保洁常态化，农村环境整治从清洁层面向整洁层面转变提升。规范农村村民建房，坚持“两鼓励两禁止”（鼓励适度集中建房、鼓励按示范图建房，禁止占用基本农田建房、禁止在山洪地质灾害易发点和影响水利工程运行地段建房）和“五有三到场”（有村庄规划、有示范图集、有审批手续、有施工管理、有绿化美化，提前选址到场、开工放样砌基到场、竣工验收到场）的工作思路，推动农村危（旧）房改造与规范村民建房相结合，全市规划建设集中建房点255个，开工82个，审批建房1.1万户，拉动民间投资20.7亿元。

三、坚持人民至上，改善民生福祉

2016年全市城乡居民人均可支配收入分别达2.75万元和1.31万元，分别增长9.3%、8.5%。

办好民生实事。落实中央、省委省政府各项惠民政策，民生支出占财政总支出比重为72.8%，办成26件省市实事，推进千条小街巷改造、城区严重低洼渍水地段整治、棚户区改造和保障性住房建设等惠民实事办理。把就业作为民生之本，全市新增城镇就业5.6万人、失业人员再就业2.8万人，“零就业”家庭保持动态清零。做好教育、医疗、养老、社会救助等工作，“五险”参保人数和征缴基金增长，城乡低保扩面提标，残疾人“两项补贴”政策落实。推进“阳光招生”。贯彻落实人口计生政策，被确定为国家级医养结合试点市。开展全民健身运动，体育公共设施覆盖率达84.8%，公共自行车网点386个。发展文化事业，实施《岳阳市历史文化名城保护条例》，推进“两馆一中心一基地”和屈子文化园建设，支持农村文化礼堂建设，开展文化惠民工程和群众性文化活动，加快构建覆盖城乡、惠及全民的现代公共文化服务体系。

推进扶贫攻坚。加强组织领导，先后召开市委常委会、市政府常务会、全面小康暨精准扶贫工作专题会7次，组建扶贫工作组344个，选派1046名干部联点结对驻村帮扶，319名干部脱产担任贫困村第一书记，3.7万名社会人士帮扶10万贫困户，实现贫困户结对帮扶全覆盖。推进精准扶贫“六到农家”（水、电、路、业、房、环境整治）和“六个落实”（就医、就学、养老、低保、五保、村级集体经济发展），统筹解决产业发展、帮扶就业、危房改造、教育扶贫、拆迁安置、基础设施、政策兜底等问题。实施贫困户帮扶项目3.27万个，77个易地扶贫搬迁项目全部开工，全年脱贫8.77万人，退出贫困村23个，贫困发生率降至6%，全面小康实现程度达94%。

保护生态环境。推动绿色、低碳、循环发展，着力建设天蓝、地绿、水洁的美好家园。实施大气、水、土壤三大污染防治行动，加强洞庭湖、南湖、王家河和铁山水库等重点水域保护治理，开展湘江流域保护和治理第二个“三年行动计划”和“洞庭风雷”行动，加强东洞庭湖湿地保护，实施污染防治项目59个，主要污染物排放削减率完成省定任务。中心城区污水处理率91.3%、垃圾无害化处理率100%，县以上城镇垃圾无害化处理率98%，全市空气质量优良率和森林覆盖率分别达80%和45.3%。

维护社会稳定。抓好信访维稳、应急处突、综合治理等工作，开展法治岳阳“四公开四整治”、平安岳阳“五打五整治”专项活动和政法综治“三项行动”，推进信访工作制度改革，强化信访基层基础，进京赴省上访人次年均下降13%，信访维稳工作进入全省先进。加强网络宣传和网络舆情管理疏导，确保互联网可管可控可用。强化食品药品安全监管，开展安全生产“大排查、大管控、大整治”专项行动，安全生产向好，全市没有发生生产经营性较大安全事故，获得全国“安全生产月”先进单位。

四、从严管党治党，加强党的建设

以“两学一做”为抓手，坚定理想信念。落实中央、省委部署要求，开展“两学一做”学习教育，做好规定动作。创新开展“巴陵先锋先行”等主题实践活动，推动全市广大党员干部真学实做，永葆共产党人的先进性和纯洁性。“关键少数”坚持把自己摆进去，认真参加专题学习讨论，坚持以普通党员身份参加所在党支部组织生活，带头加强理论学习和党性锻炼，带头开展批评和自我批评，带动全体党员干部增强党性观念、提升党性修养。加强学习型党组织建设，举办各类专题培训班和巴陵名师讲堂，重点强化对党章党规党纪、中国特色社会主义理论、总书记习近平系列重要讲话精神、党的十八届六中全会精神、省市党代会精神等学习教育，全市各级党员干部“四个自信”“四个意识”进一步增强。

以三级换届为契机，建强班子队伍。抓好市县乡三级领导班子集中换届，落实市委“三个办法”，坚持“好干部”标准，15名乡镇党委书记提拔进县市区四大家班子，选拔任用一批务实干事、敢于担当的好干部，所有组织提名人选均满票或高票当选。查处违反换届纪律典型案件，给予16名责任人纪律处分，确保市县乡集中换届风清气正、圆满顺利。发挥市委统揽全局、协调各方的领导核心作用，支持人大、政府、政协依法依章履职尽责。实施巴陵人才工程，启动实施重大人才项目10个，出台优惠政策，安排专项资金。

以“三大三强”为载体，夯实基层基础。落实基层党建工作责任制，对县市区委书记和部分市直单位党委（党组）书记实施党建责任述职评议考核，形成一级抓一级、一级带一级的整体联动格局。开展“三大三强”行动，集中整合人力、物力、财力投向基层，全市村均运转经费达14万元，中心城区社区工作经费达30万元，3572名村、社区和“两新”组织书记全部由市级培训，调整撤换159名“一大三低”村（社区）书记，整顿转化141个软弱涣散村和社区党组织。加大激励关怀力度，建立健全困难党员救助基金，探索全市推行村干部养老保险办法。

以“两个责任”为统领，树立清风正气。落实党风廉政建设“两个责任”，市委常委会先后5次召开会议专题研究党风廉政建设工作，推动责任落实落细。加大责任追究，对52名“两个责任”落实不到位的党员干部进行问责追究。加强干部廉政教育，推进家风建设，开展制度廉洁性评估、预防腐败调查等工作，加大源头治腐力度。坚持有腐必反、有贪必肃，加大执纪监督力度，支持纪检机关依法履职，以零容忍态度惩治腐败，全市各级纪检监察机关立案1261件，结案1189件，给予党纪政纪处分1222人。抓好作风建设，开展“雁过拔毛”式腐败问题和“六大陋习”专项整治行动。加大巡视反馈意见整改和交办线索办理力度，3376件信访举报件全部办理完毕，459件问题线索办结450件，其余9件正在办理。探索开展巡察工作，启动七届市委首轮巡察工作，探索推进县级专项巡察。

（杨　滔）

重要会议

【中国共产党岳阳市第七次代表大会】 2016年9月27—29日，中国共产党岳阳市第七次代表大会召开。会议应到会代表475人，实到会代表467人。会议选举产生中国共产党岳阳市第七届委员会委员57名、候补委员12名，中国共产党岳阳市纪律检查委员会委员35名，出席中国共产党湖南省第十一次代表大会代表50名。中国共产党岳阳市第六届委员会书记盛荣华代表中共岳阳市第六届委员会，向大会作题为《加快推进“一极三宜”江湖名城建设，奋力谱写富饶美丽幸福新湖南的岳阳篇章》的报告。

盛荣华指出，中国共产党岳阳市第七次代表大会，是在“十三五”规划开局起步和全面建成小康社会进入决胜阶段的关键时期召开的一次重要会议。大会的主题是：高举中国特色社会主义伟大旗帜，深入学习贯彻总书记习近平系列重要讲话精神，按照“五位一体”总体布局和“四个全面”战略布局的要求，牢固树立和贯彻落实创新、协调、绿色、开放、共享的发展理念，主动适应、把握、引领经济发展新常态，实施“五化同步”，推进“621”行动，团结带领560万岳阳人民继往开来，奋发进取，扎实工作，加快推进“一极三宜”江湖名城建设，奋力谱写富饶美丽幸福新湖南的岳阳篇章。

盛荣华在报告中明确今后五年乃至更长时期的奋斗目标：率先在洞庭湖地区全面建成小康社会，率先在全省建成通江达海、产业兴旺、开放共赢、绿色发展的新增长极，力争到2020年主要经济指标占全省比重12%左右，到2025年占全省比重15%左右，努力把岳阳建设成为实力强、城乡美、风尚好、活力足、民生爽的“一极三宜”江湖名城。

盛荣华要求，决胜全面小康，不断提升人民群众的获得感和幸福

2016年6月29日，市委学习中心组举行2016年第四次集中（扩大）学习
（范向辉　摄）

感。要坚持把脱贫攻坚作为头等大事和第一民生工程，打赢脱贫攻坚硬仗。要坚持人人参与、人人尽力、人人享有，切实保障改善民生。要坚持教育优先发展，优化医疗资源布局，保障人民健康，加快发展社会事业。要积极践行社会主义核心价值观，推动文化繁荣发展。要坚持党的领导、人民当家作主、依法治国有机统一，加强民主法治建设。要突出系统治理、依法治理、源头治理、综合施策，发挥人民群众主体作用，创新社会治理方式，保障人民安居乐业，努力让改革发展成果更多更公平地惠及全市人民。

盛荣华强调，全面从严治党，为建设"一极三宜"江湖名城提供坚强保证。办好岳阳的事情，关键在全市各级领导班子和领导干部，紧要的是坚持全面从严管党治党，不断提高党的建设科学化水平。要强化理论武装，不断增强"四个意识""四个自信"，始终坚定理想信念；要坚持正确导向，持续深入实施"三个办法"，锻造过硬干部队伍；要广纳四方贤能，实施人才强市战略，推进巴陵人才工程，加快建设人才高地；要夯实基层基础，把基层党建融入经济社会发展各方面、全过程，构筑坚强战斗堡垒；要持续改进作风，始终保持党同人民群众的血肉联系，密切党群干群关系；要严明纪律规矩，严格执行《廉洁自律准则》《纪律处分条例》《问责条例》等党规党纪，营造良好政治生态；要坚决反对腐败，扛稳压实"两个责任"，拧紧管党治党的螺丝，永葆清正廉洁本色，以正风肃纪的实际成效取信于民。

中共岳阳市第六届纪律检查委员会书记李挚代表市第六届纪律检查委员会作工作报告，回顾过去五年的主要工作和体会，提出今后五年全面从严治党，进一步加强党风廉政建设和反腐败工作的主要任务。今后五年，要认真学习领会总书记习近平系列重要讲话精神，深入贯彻中央和省委、市委反腐倡廉决策部署，坚持全面从严治党、依规治党，严明党的纪律规矩，加强党的纪律建设，强化干部监督管理，保持正风反腐高压态势，努力营造风清气正的政治生态，为加快推进"一极三宜"江湖名城建设提供坚强的纪律保证。

【市县乡负责干部暨深入推动全民创新创业大会】　2016年2月24日，岳阳市市县乡负责干部暨深入推动全民创新创业大会召开。会议由市委副书记、市长刘和生主持。会议的主要任务是，深入贯彻2015年底以来中央、省、市一系列重要会议精神，通报2015年度工作考核情况，深入推动全民创新创业，再动员、再鼓劲，掀起新一轮创新创业热潮，确保全面完成2016年各项工作任务，为"十三五"规划发展开好局起好步。市委书记盛荣华强调，主动适应经济发展新常态，坚定不移推进"一极三宜"江湖名城建设，以新理念引领新发展，以新视野抢抓新机遇，以新路径争创新优势，以新作为开拓新局面。

盛荣华指出，"十三五"时期，谋划和推动岳阳经济社会发展，必须将适应、把握和引领新常态作为贯穿发展全局和全过程的大逻辑，因势而谋、因势而动，努力开拓"一极三宜"江湖名城建设新局面。要以"一极三宜"江湖名城建设的成效推动新发展理念落地生根，不断挖掘新的机遇内涵、释放新的机遇红利，坚持以"621"行动为根本路径，把工作一步一步、实实在在推进，着力解决"不想为""不敢为""不善为"问题，以新作为引领和推动经济社会发展迈上新台阶。

盛荣华强调，创新创业是推动经济社会发展的动力源泉，要深入推进全民创新创业，着力培育转型发展新动能。要凝聚创新创业共识，充分激发每一个社会细胞活力、释放每一个市场主体潜能；要优化创新创业环境，加大政策支持，加强平台建设，强化舆论宣传，抓紧出台具体措施，让广大创新创业者"创得了、活得下、做得大"；要壮大创新创业主体，坚持以创业带动就业，坚持扶持初始创业、鼓励二次创业、吸引外来创业相结合，坚持以巴陵人才工程为载体，引领和带动全社会创新创业；要激发创新创业活力，把行政审批制度改革放在更加突出的位置，为全民创新创业"结绳松绑"。

盛荣华要求，要全力以赴真抓实干，确保完成2016年目标任务。各级各部门要围绕目标任务，级级传导压力，层层压实责任；要把开放型经济和县域经济发展作为重中之重，以挑战不可能的决心和韧劲，精准施策发力，以重点突破带动全局发展；要深化比学赶超，健全讲评通报和奖惩制度，形成你追我赶、争先恐后、竞相发展的生动局面；要坚守民生保障、生态环保和安全稳定底线，深化平安岳阳、法治岳阳建设，着力提升人民群众安全感和满意度。

盛荣华强调，做好当前各项工作，关键在党，关键在干部。要始终贯彻全面从严治党要求，为经济社会发展提供有力保障。要坚持“五个看重”“两个倾斜”用人导向，切实抓好市县乡同步换届工作；要深化落实“三个办法”，从严从实管理队伍，营造山清水秀的政治生态和积极进取的干事环境；要坚决整治“四大恶习”，扎实推进反腐倡廉建设，各级干部要从自身做起，尤其要重视家风建设，严格要求亲属和身边工作人员，做到清廉为政、清白做人；要扎实开展“三大三强”行动，全面兑现“三个一律”要求，着力提升基层党建工作水平，在强基固本中筑牢堡垒、凝聚力量。

【中国共产党岳阳市第六届委员会第13次全体（扩大）会议】　2016年4月18日由市委书记盛荣华主持召开。专题传达学习省委书记、省人大常委会主任徐守盛在岳阳调研座谈时的讲话精神，部署安排当前及今后一个时期工作。盛荣华强调，以坚定决心、自觉担当、严实作风和铁规铁纪抓好贯彻落实，把智慧和力量凝聚到着力打造大门户、大引擎、大名片、大基地的“四大”发展目标和要求上来，奋力开拓“一极三宜”江湖名城建设新局面。

盛荣华指出，各级各部门要把贯彻落实好省委书记徐守盛讲话精神作为当前一项重要政治任务，以坚定决心抓好贯彻落实。要牢牢抓住发展第一要务不动摇，始终扭住经济建设这个中心，以发展成效论英雄，凭干事干净用干部。要认真贯彻落实“创新、协调、绿色、开放、共享”五大发展新理念，准确把握“宏观政策要稳、产业政策要准、微观政策要活、改革政策要实、社会政策要托底”五大支柱政策，突出抓好供给侧结构性改革“三去一降一补”五项重点任务，以“三个五”总览发展全局。要始终围绕“四大”主攻方向谋篇发力，做实“极”的内涵、体现“极”的担当、发挥“极”的作用，做强“大门户”，做优“大引擎”，做响“大品牌”，做旺“大基地”。

盛荣华要求，以自觉担当抓好贯彻落实。要担当发展之责，围绕“一极三宜”江湖名城建设，着力推动经济社会平稳健康发展。要担当安全之责，坚持问题导向，强化底线意识，以法治思维和法治方式，坚决维护生产安全、防汛安全、生态安全、金融安全和粮食安全，确保社会大局和谐稳定。要担当民生之责，坚持把保障和改善民生作为一切工作的出发点落脚点，全面完成2016年26件省市重点民生实事，突出抓好脱贫攻坚、就业增收、社会保障兜底，让老百姓有更多获得感。要担当党建之责，切实抓市县乡领导班子换届，从严从实管理干部，推动“三个办法”落地落细落深，扎实开展“三大三强”行动，不断夯实基层基础。

盛荣华强调，以严实作风抓好贯彻落实。各级各部门要以“钉钉子”精神和抓铁有痕的作风，压实领导责任，出台实施方案，把六大战略归总到“四大”建设任务中。要深入开展贯彻落实徐守盛讲话精神学习讨论、“学赶超”“一区一港四口岸”大宣传大招商、“两学一做”学习教育等系列活动，狠抓重大项目建设，强化督查考核。以铁规铁纪抓好贯彻落实。要加强纪律教育，严守政治纪律，铁腕执纪问责，以铁的纪律统一意志、行动和步调，将全市上下的智慧和力量凝聚到贯彻落实“四大”发展目标和要求上来，为把岳阳建设成为“大门户、大引擎、大名片、大基地”，实现“一极三宜”江湖名城的发展目标而接力奋进。

【中国共产党岳阳市第六届委员会第15次全体会议】　2016年8月5日由市委书记盛荣华主持召开。出席全会的市委委员40人、候补委员4人，市纪委委员列席会议。市委常委、组织部部长、统战部部长王瑰曙作《〈关于召开中国共产党岳阳市第七次代表大会的决议（草案）〉的说明》。

全会讨论决定，中国共产党岳阳市第七次代表大会于2016年9月中下旬召开。大会有五项议程：一是听取和审议中国共产党岳阳市第六届委员会工作报告；二是听取和审议中国共产党岳阳市纪律检查委员会工作报告；三是选举产生中国共产党岳阳市第七届委员会；四是选举产生中国共产党岳阳市纪律检查委员会；五是选举产生出席中国共产党湖南省第十一次代表大会代表。

全会号召，召开中国共产党岳阳市第七次代表大会，是全市政治生活中的一件大事，各级党组织和全体共产党员，要紧密团结在以习近平同志为总书记的党中央周围，深入贯彻落实党的十八大、十八届三中、四中、五中全会精神和总书记习近平系列重要讲话精神，发扬严实作风，真抓实干，全面完成2016年经济社会发展目标任务，在打造大门户、大引擎、大名片、大基地，加快建设“一极三宜”江湖名城的实践中努力创先争优，以优异成绩迎接中国共产党岳阳市第七次代表大会胜利召开。

【中国共产党岳阳市第六届委员会第16次全体会议】　2016年9月18日由市委书记盛荣华主持召开。会议酝酿、表决岳阳市出席中国共产党湖南省第十一次代表大会代表候选人预备人选。出席全会的市委委员42人、候补委员6人。市纪委委员列席会议。市委常委、组织部部长、统战部部长王瑰曙作《关于岳阳市出席省第十一次党代会代表候选人预备人选酝酿产生情况的说明》。会议以无记名投票的方式，通过出席省第十一次党代会代表候选人预备人选名单。

【中国共产党岳阳市第六届委员会第17次全体（扩大）会议】　2016年9月26日由市委书记盛荣华主持召开。会议听取中共岳阳市第七届委员会委员、候补委员和市纪律检查委员会委员人事安排的说明，审议并表决通过中共岳阳市第六届委员会工作报告（审议稿）、岳阳市纪律检查委员会工作报告（审议稿），同意提交中共岳阳市第七次代表大会审议。出席全会的市委委员48人、候补委员6人。市纪委委员和市第七次党代会各代表团召集人列席会议。市委常委、组织部部长、统战部部长王瑰曙作《关于中共岳阳市第七届委员会、市纪律检查委员会人事安排的说明》。

盛荣华指出，五年来，六届市委召开全会17次，表决通过一系列重大决策和决议，有力推进全市经济社会又好又快发展。五年来，六届市委全体委员、候补委员、市纪委委员忠诚履职，团结一致，辛勤工作，圆满完成各项任务，体现出党员领导干部高度的政治责任感、坚强的组织纪律性和强烈的工作事业心。

盛荣华指出，经省委批准，中国共产党岳阳市第七次代表大会将于9月27日召开，大会将选举产生新一届市委、市纪委领导班子。9月24日，中共湖南省委对中共岳阳市第七届委员会人事安排方案作出批复。方案是省委根据全省市州党委领导班子建设大局的需要，从岳阳的实际情况出发，在民主推荐、全面考察、充分酝酿、广泛征求意见的基础上，由省委常委会集体研究决定的。方案严格执行《党政领导干部选拔任用工作条例》的规定和要求，认真贯彻中央和省委有关市州党委换届的政策精神，既立足于岳阳市委领导班子建设的实际情况，又着眼于班子建设的长远需要；既注重保持岳阳工作的连续性，又进一步优化班子活力、增强班子战斗力。要讲政治、顾大局、守纪律，自觉把思想和行动统一到省委的决定上来，坚决不折不扣地维护省委决定，确保市委换届风清气正，确保省委人事安排方案顺利实现，确保市第七次党代会圆满成功。

【中国共产党岳阳市第七届委员会第1次全体会议】 2016年9月29日，中国共产党岳阳市第六届委员会书记盛荣华受岳阳市第七次党代会主席团的委托，主持召开岳阳市委七届一次全会。省委督导组组长、省纪委正厅级纪检员、省预防腐败局专职副局长凌升山出席。出席全会的有岳阳市委委员56人、候补委员12人。岳阳市纪委委员列席会议。全会通过七届市委一次全会选举办法，通过监票人名单，在酝酿市委常委、书记、副书记候选人建议名单后，选举产生七届市委常委11名，在市委常委中选举产生书记1名，副书记2名。全会通过市纪委一次全会的选举结果。盛荣华当选岳阳市委书记，刘和生、李志坚当选市委副书记，唐道明、王瑰曙、李挚、张作坤、熊炜、王小中、马娜、谈正红当选市委常委，马娜、王小中、王文选、王伊亮、王瑰曙、毛知兵、文春方、田文静、白维国、向伟雄、刘和生、刘铁健、李华、李明、李挚、李运帷、李志坚、李美云、李桂华、李德刚、杨昆、邱虹、邹三友、汪灿、汪涛、张中于、张作坤、张群望、陈克祥、陈奇达、陈阁辉、罗青、罗荣、赵岳平、胡辉、侯喜保、骆岳梨、秧励、殷清华、唐文发、唐白玉、唐道明、谈正红、黄伟雄、黄岳山、黄建文、盛荣华、彭世理、喻文、曾平原、谢胜、谢春生、谭志兰、熊炜、黎作凤、潘梅芳、魏淑萍等57人当选市委委员，周荼秀、余良勇、尹家辉、王德华、李勇、曹合群、金晨、毛绍武、朱平波、李镇江、彭纲要、刘朝晖等12人当选市委候补委员。

盛荣华指出，中共岳阳市第七届委员会要倍加珍惜时代提供的机遇和舞台，倍加珍惜组织的重托和厚爱，倍加珍惜全市党员干部群众的信赖和期待，始终坚持一张蓝图绘到底、一项行动抓到底、一个实字干到底、一支队伍严到底、一条底线守到底，忠诚履职，开拓进取，扎实工作，全面完成市第七次党代会确定的各项目标任务，把岳阳各项事业推向前进，向党和人民交上一份满意的答卷。

盛荣华要求，一是始终不忘初心，争做信念坚定的表率。要把坚定理想信念摆在首位，始终坚定正确的政治方向，自觉加强党性锻炼，认真开展“两学一做”学习教育，永葆共产党人的先进性和纯洁性。二是始终维护大局，争做团结共事的表率。要像爱护自己的眼睛一样爱护团结，切实增强大局意识，严格执行民主集中制，健全集体领导与个人分工负责相结合的工作机制，心往一处想、劲往一处使，把岳阳的事情办好。三是始终牢记使命，争做实干担当的表率。要紧紧扭住经济建设这个中心不动摇，进一步解放思想、勇于创新，大力弘扬严实作风，发扬挑战不可能的精神，带头落实市委“三个办法”，切实增强“能力危机”“本领恐慌”意识，努力成为推动经济社会发展的行家里手。四是始终践行宗旨，争做为民服务的表率。要树牢以人民为中心的思想，始终把人民放在心中最高位置，扎实推进省市重点民生实事办理，大力发展教育、医疗、文化、体育等社会事业，多办一些能让人民群众看得见、摸得着、得实惠的民生实事。特别是要把脱贫攻坚作为头等大事和第一民生工程来抓，带领贫困地区群众一同致富奔小康，让全市人民共享改革发展成果。五是始终严于律己，争做清正廉洁的表率。要筑牢拒腐防变的思想防线，正确行使权力，切实把纪律和规矩挺在前面，积极践行社会主义核心价值观，自觉接受监督。

（杨　滔）

【市委第六届第25次常委扩大会议】

2016年2月4日，由市委书记盛荣华主持召开。传达省委书记徐守盛、省长杜家毫对岳阳工作的指示，传达省委扶贫开发暨全面建成小康社会工作推进会议精神，传达省十二届人大五次会议和省政协十一届四次会议精神。

【市委第六届第26次常委扩大会议】

2016年3月17日，由市委书记盛荣华主持召开。研究审定《岳阳市2016年重点产业和重点民营企业帮扶行动方案》，听取全市重大项目计划安排情况和中心城区2016年城建计划编制情况汇报，讨论研究迎接国家卫生城市复审工作。

【市委第六届第27次常委扩大会议】

2016年4月5日，由市委书记盛荣华主持召开。听取全省市县领导班子换届工作会议精神和全省加强换届风气监督工作视频会议精神的汇报，听取一季度经济运行情况汇报，研究审定《岳阳市供给侧结构性改革实施方案（2016—2018年）》，听取关于湖南旅游发展大会精神的汇报，传达全省经济工作座谈会精神。

【市委第六届第28次常委扩大会议】

2016年5月4日，由市委书记盛荣华主持召开。研究讨论岳阳东客运枢纽及主站房扩改概念性规划建设方案，听取洞庭湖博物馆变更设计调整情况的汇报。

【市委第六届第29次常委扩大会议】

2016年7月6日，由市委书记盛荣华主持召开。传达国务院总理李克强在岳阳调研时重要讲话精神，部署当前重要工作。

【市委第六届第30次常委扩大会议】

2016年9月25日，由市委书记盛荣华主持召开。听取市第七次党代会筹备工作情况汇报。

【市委第六届第105次常委会议】

2016年1月22日，由市委书记盛荣华主持召开。传达学习中办发〔2016〕1号文件精神，听取精准扶贫工作和中心城区农民工工资支付工作情况汇报，研究审定全市公务用车制度改革方案和市县乡负责干部会议方案。

【市委第六届第106次常委会议】

2016年2月4日，由市委书记盛荣华主持召开。听取2015年度“一极三宜”江湖名城建设综合绩效考评汇总情况、实施县域经济壮大战略考核情况和安全生产、综治、信访、人口计生工作考核情况汇报，研究审定市县乡负责干部暨深入推动全民创新创业大会和全市正处级以上领导干部学习培训方案。

【市委第六届第107次常委会议】

2016年2月14日，由市委书记盛荣华主持召开。讨论研究基层党建工作。

【市委第六届第108次常委会议】

2016年3月17日，由市委书记盛荣华主持召开。听取全国党校工作会议精神的汇报，研究审定市委常委会2016年工作要点和《政协岳阳市委员会2016年协商工作计划》，听取关于组建湖南城陵矶国际港务集团有限公司有关事项的汇报，传达全省统战部长会议精神。

【市委第六届第109次常委会议】

2016年4月5日，由市委书记盛荣华主持召开。听取全省机构编制工作会议精神的汇报，讨论研究有关机构和领导职数的问题，听取中央、省关于信访工作有关精神的汇报。

【市委第六届第110次常委会议】

2016年4月28日，由市委书记盛荣华主持召开。听取全省党委秘书长会议精神的汇报，讨论研究干部保健工作，听取全省“雁过拔毛”式腐败问题和“纠‘四风’治陋习”专项整治工作电视电话会议精神的汇报，研究审定《岳阳市“雁过拔毛”式腐败问题专项整治实施方案》《贯彻落实〈中国共产党统一战线工作条例（试行）〉的实施意见》，讨论研究全面深化改革工作和县市区领导班子换届有关政策，研究审定全市“两学一做”学习教育实施方案和市委常委会“两学一做”学习教育安排建议方案。

【市委第六届第111次常委会议】

2016年5月18日，由市委书记盛荣华主持召开。听取中纪委全会、省纪委全会精神及贯彻意见的汇报，研究审定市纪委六届八次全会工作报告，听取2015年度全市落实党风廉政建设“两个责任”目标管理考核情况的汇报，听取中央、省委政法工作会议、文件精神的汇报，听取省军区围绕强军目标抓建基层工作会议精神的汇报。

【市委第六届第112次常委会议】

2016年6月8日，由市委书记盛荣华主持召开。传达全省市县领导班子换届工作座谈会议精神和傅奎同志在岳阳调研时的讲话精神，传达省委办公厅《关于贯彻落实习近平总书记重要指示精神坚决防范和遏制统计数据弄虚作假的通知》精神，讨论研究庆祝建党95周年工作和基层党建工作，研究审定《关于做好岳阳市“一极三宜”江湖名城建设2016年度综合绩效考评工作的通知》和《关于对实施县域经济壮大战略进行单独考核奖励（试行）的通知》。

【市委第六届第113次常委会议】

2016年6月28日，由市委书记盛荣华主持召开。研究审定全市“三优一先一好”表彰名单，讨论研究市工商联换届人事工作，传达学习全省安全生产电视电话会议精神。

【市委第六届第114次常委会议】

2016年8月12日，由市委书记盛荣华主持召开。学习《中国共产党问责条例》，研究审定《岳阳市第八届人大代表、政协委员推荐提名工作方案》。

【市委第六届第115次常委会议】

2016年8月26日，由市委书记盛荣华主持召开。听取市科协关于全国“科技三会”精神的汇报，传达总书记习近平在全国哲学社会科学工作座谈会上的讲话和省委相关会议精神，讨论研究华容县抗灾救灾工作，讨论研究巡视联络和巡查工作、对台工作、全面深化改革工作，听取省委领导对政法工作重要讲话精神和省司法体制改革推进会议精神的汇报，研究审定《全市公务用车制度改革实施方案》，听取全省非公有制经济组织和社会组织党建工作暨园区党建工作座谈会精神的汇报。

【市委第六届第116次常委会议】

2016年9月12日，由市委书记盛荣华主持召开。传达省委市州委书记座谈会精神，听取市县乡人大代表和市县政协委员推荐提名相关工作情况汇报，听取第七次党代会筹备工作情况汇报，听取反腐败国际追逃追赃工作情况和长寿工程（张震将军陵园）建设情况汇报。

【市委第六届第117次常委会议】

2016年9月18日，由市委书记盛荣华主持召开。讨论研究第七次党代会有关事项，研究审定《贯彻落实〈中国共产党统一战线工作条例（试行）〉的实施意见》，研究确定第六届湖南省“人民满意的公务员集体”“人民满意的公务员”及记一等功个人推荐名单。

【市委第六届第118次常委会议】

2016年9月21日，由市委书记盛

荣华主持召开。传达省委贫困县党政正职谈心谈话会精神，审议六届市委工作报告和市纪委工作报告，研究确定市第七届委员会委员、候补委员和市纪律检查委员会委员候选人建议人选名单以及市纪律检查委员会常务委员会委员候选人名单。

【市委第七届第1次常委会议】

2016年10月8日，由市委书记盛荣华主持召开。学习《中国共产党地方党委工作条例》，研究审定《中共岳阳市委常委会议事规则》，听取对市第七次党代会工作报告进行责任分解的情况说明，听取市人大常委会党组工作汇报，研究审定《关于进一步加强和改进人大工作的意见》，审议《岳阳历史文化名城保护条例（草案）》。

【市委第七届第2次常委会议】

2016年10月31日，由市委书记盛荣华主持召开。传达学习十八届六中全会和省委专题会议精神，听取深化人才发展体制机制改革有关精神的汇报，听取中央、省委政法综治维稳工作会议精神的汇报，讨论研究贯彻落实全省第八次法治宣传教育工作会议精神的措施，讨论研究承担行政职能事业单位改革试点工作，研究审定2016年度军转干部和随调家属安置计划。

【市委第七届第3次常委会议】

2016年11月11日，由市委书记盛荣华主持召开。传达学习省委十届二十次全体（扩大）会议精神，讨论研究党的十八届六中会精神宣传工作。

【市委第七届第4次常委会议】

2016年11月24日，由市委副书记、市长刘和生主持召开。传达学习总书记习近平、刘云山同志在全国国有企业党的建设工作会议上的讲话精神，讨论研究市人大代表建议人选。

【市委第七届第5次常委会议】

2016年11月30日，由市委副书记、市长刘和生主持召开。传达全省非公有制经济工作会议精神。

【市委第七届第6次常委会议】

2016年12月13日，由市委书记胡忠雄主持召开。传达全省厅级领导干部学习贯彻党的十八届六中全会精神集中轮训班精神，研究审定《市委书记、副书记、常委工作分工》《关于调整市级领导联系县市区工作的通知》《关于加强非公有制经济组织和社会组织党的建设工作的实施意见》，听取全省部署出席党的十九大代表选举工作会议精神的汇报，研究审定市直第二批下派市人大代表建议人选。

【市委第七届第7次常委会议】

2016年12月22日，由市委书记胡忠雄主持召开。传达学习中央经济工作会议精神和省贯彻落实部署会议精神，讨论市人大政协“两会”有关工作，审议《政府工作报告》，研究审定《关于进一步加强和改进新形势下离退休干部工作的实施办法》，听取关于调整机关事业单位工作人员基本工资标准和离休人员离休费以及退休人员调整养老金待遇情况的报告。

【市委第七届第8次常委会议】

2016年12月26日，由市委书记胡忠雄主持召开。听取市委改革办工作情况汇报，审议改革文件，听取关于《湖南省党委（党组）意识形态工作责任制考核办法》有关情况的汇报，听取非公有制经济工作情况、2016年财政预算执行情况与2017年财政预算草案和信访工作情况汇报。

（谢文辉　许　祺）

重大决策及活动

【《岳阳市供给侧结构性改革实施方案（2016—2018年）》】　2016年4月8日，岳阳市委市政府制定下发该实施方案。

指导思想：全面贯彻落实党的十八大，十八届三中、四中、五中全会精神和总书记习近平系列重要讲话精神，以及省委、省政府有关决策部署，以改革创新为动力，以提高经济发展质量和效益为中心，聚焦“去产能、去库存、去杠杆、降成本、补短板”五大任务，强力推进供给侧结构性改革，着力优化劳动力、资本、土地、技术、管理等要素配置，提高供给质量和效率，推动岳阳市经济社会发展水平整体提升，为“一极三宜”江湖名城建设和全面建成小康社会提供坚强有力保障。

基本原则：坚持问题导向、精准施策。坚持改革引领、创新驱动。坚持市场主导、政府引导。

工作目标：通过三年时间的努力，全市供给侧结构性改革攻坚取得重要进展，“三去一降一补”工作取得明显成效，供给结构对需求变化的适应性和灵活性显著提高。去产能，推动产业优化升级。推进产能结构优化升级，实施“僵尸企业”分类处置，引导工业经济提质增效；去库存，促进房地产市场健康发展。释放重点群体购房需求，推行住房保障货币化，培育住房租赁市场，加强房地产市场引导；去杠杆，防范化解金融风险。加强政府债务管理，严厉打击非法集资，加快不良贷款处置；降成本，减轻企业运营负担。降低制度性交易成本，降低企业税费成本，降低企业融资成本，降低企业要素成本；补短板，释放发展活力动力。补齐产业结构短板，补齐开放发展短板，补齐县域经济短板，补齐金融经济短板；加强供给侧结构性改革组织保障。加强组织领导，强化宣传引导，严格督查考核。

【《关于深化财税体制改革加强预算管理的实施意见》】　2016年5月6日，岳阳市委市政府制定下发该实施意见。主要内容：一是强化政府预算管理。完善政府预算体系，加大预算统筹力度。二是推进财政信息公开。细化政府预决算公开内容，做好其他财政信息公开。三是改进预算管理和控制。改进年度预算控制方式，建立跨年度预算平衡机制，实行中期财政规划管理。四是规范财政收入征管。加强税收和非税收入征管，规范税收等优惠政策。五是加强预算执行管理。硬化预算约束，完善支出标准体系，规范国库管理，加强结转结余资金管理，加快支出进度，清理规范重点

2016年11月30日，市委常委、市委秘书长谈正红到南湖新区龙山管理处双塘村开展微宣讲活动　（杨晨牧　摄）

支出挂钩机制，推广政府购买服务，健全绩效管理机制。六是规范政府债务管理。规范政府举债融资机制，加强政府债务控制，推广使用政府与社会资本合作（PPP）模式。七是坚持依法理财。主动接受监督，严肃财经纪律。

【《关于贯彻落实〈法治政府建设实施纲要（2015—2020年）〉的实施方案》】 2016年11月8日，岳阳市委市政府制定下发该实施方案。

主要任务和具体措施：一是依法全面履行政府职能。深化行政审批制度改革，大力推行权力清单、责任清单、负面清单制度并实行动态管理，优化政府组织结构，推进投资和价格体制改革，加强市场监管，创新社会治理，优化公共服务，强化生态环境保护。二是完善依法行政制度体系。完善政府立法体制机制，加强重点领域政府立法，提高政府立法公众参与度，加强规范性文件监督管理，建立规章和规范性文件清理长效机制。三是推进行政决策科学化、民主化、法治化。健全依法决策机制，增强公众参与实效，提高专家论证和风险评估质量，加强合法性审查，坚持集体讨论决定，严格决策责任追究。四是坚持严格规范公正文明执法。改革行政执法体制，完善行政执法程序，创新行政执法方式，全面落实行政执法责任制，健全行政执法人员管理制度，加强行政执法保障。五是强化对行政权力的制约和监督。健全行政权力运行制约和监督体系，自觉接受党内监督、人大监督、民主监督、司法监督，加强行政监督和审计监督，完善社会监督和舆论监督机制，全面推进政务公开，完善纠错问责机制。六是依法有效化解社会矛盾纠纷。健全依法化解纠纷机制，加强行政复议工作，完善行政调解、行政裁决、仲裁制度，加强人民调解工作，改革信访工作制度。七是全面提高政府工作人员法治思维和依法行政能力。树立重视法治素养和法治能力的用人导向，加强对政府工作人员的法治教育培训，完善政府工作人员法治能力考查测试制度，注重通过法治实践提高政府工作人员法治思维和依法行政能力。

组织保障和落实机制：加强党对法治政府建设的领导，落实第一责任人责任，强化考核评价和督促检查，加强理论研究、典型示范和宣传引导。

【《关于加强非公有制经济组织和社会组织党的建设工作的实施意见（试行）》】 2016年12月22日，岳阳市委制定下发该实施意见。一是明确功能定位。二是健全管理体制。设立领导机构，健全工作机构，明确管理职责。三是理顺隶属关系。非公有制经济组织党组织原则上实行属地管理，社会组织党组织实行分级负责、条块结合、区域兜底管理，健全直接联系工作机制。四是努力扩大党的组织和党的工作有效覆盖。扩大组织覆盖，规范建设党组织活动阵地，加强经常性管理，完善双向进入、交叉任职工作机制，增强党组织活动实效性，创新党员活动方式。五是加强党组织领导班子和党员队伍建设。选优配强两支队伍，加强党务工作者教育培训，做好发展党员和党员管理服务工作，落实激励措施。六是切实加强工作保障。强化领导责任，落实经费保障。

【《关于加强政党协商的实施意见》】 2016年12月30日，岳阳市委制定下发该实施意见。一是政党协商的意义。加强政党协商，有利于扩大民主党派和无党派人士有序政治参与、畅通意见表达渠道，有利于增进政治共识、广泛凝心聚力，有利于促进科学民主决策、推进国家治理体系和治理能力现代化。二是政党协商的内容。包括：中共岳阳市党代表大会、中共岳阳市委员会的有关重要文件；市人大常委会、市人民政府、市政协领导班子成员和市中级人民法院院长、市人民检察院检察长建议人选；全市国民经济和社会发展的中长期规划以及年度经济社会发展情况；关系改革发展稳定等重要问题；统一战线和多党合作的重大问题；其他需要协商的重要问题。三是政党协商的形式。会议协商：专题协商座谈会、人事协商座谈会、调研协商座谈会、其他协商座谈会；约谈协商：联谊交友、暑期谈心、个别约谈；书面协商。四是政党协商的程序。会议协商的程序：制订协商计划，做好协商准备，召开协商会议，落实协商成果。五是政党协商的保障机制。完善知情明政机制，健全调研工作机制，强化督办反馈机制。六是加强和完善党对政党协商的领导。高度重视政党协商，营造良好协商氛围，加强协商能力建设。

【省委书记徐守盛到岳阳市调研】

2016年4月12—13日，省委书记、省人大常委会主任徐守盛到岳阳市调研。省委常委、省委秘书长许又声参加调研。市领导盛荣华、刘和生、李志坚、李湘岳、陈奇达、唐道明、徐新启、樊进军、王瑰曙、向伟雄等陪同调研或参加座谈会。

徐守盛到湘阴县奇思环保和远大可建生产车间调研，要求将节能环保的理念渗透到每一个环节，鼓励企业加大科技创新力度，不断提升核心竞争力和持续发展力。在湘阴县燎原水库和东湖生态公园，徐守盛嘱咐当地负责人坚持点面结合、标本兼治、建管并举，统筹抓好水资源保护、水污染防治、水生态修复、水安全运行等重点，不断提升水资源配置能力和水环境承载能力。在岳阳经开区海凌科技企业孵化园，徐守盛考察无人机、3D打印等创新产品研发情况。在科美达电气了解产品开发和生产销售情况，嘱咐当地负责人要着力深化供给侧结构性改革，按照高端化、智能化、绿色化和服务化的要求，加快产业结构优化升级，大力发展新技术、新业态，加速培育发展新动能。在环南湖旅游交通三圈和王家河流域两岸，徐守盛询问工程进度和水环境治理工作，要求进一步挖掘历史文化内涵，推出丰富的旅游产品，满足全域旅游发展需求。在城陵矶综保区和国信军创6906卫星应用产业园，徐守盛询问企业研发、生产、销售和出口等情况，鼓励企业以商招商，实现集群发展，在打造内陆开放新高地中打头阵、挑大梁、唱主角。在汨罗市南托村农民集中规范建房示范点，徐守盛指出，要把撤乡并村后的规划调整与城乡统筹发展结合考虑，促进城乡公共服务均等化，补好农村发展这块短板，让农村在集聚中逐步实现城乡一体化。在屈原管理区惠众粮油农民专业合作社，徐守盛询问合作社的运营情况，要求不断提升科技创新实力，拉长产业链条，努力实现人无我有，人有我精，力争成为全省农业产业化创新引领的示范。

徐守盛充分肯定岳阳市经济社会发展取得的新成绩。具体体现在：确定了一个好的发展思路，保持了“三量齐升”的良好发展态势，实现了打造新增长极的良好开端，构建了改革开放的良好格局，营造了干事创业的良好环境。

徐守盛强调，岳阳作为全省“一核三极四带多点”发展新格局中的首极，关键要狠抓落实，落准落细落小。要着力打造成为全省开放发展的“大门户”。抢抓历史大机遇，充分用好长江岸线资源，树立全省通江达海“一盘棋”思想，积极开展跨区域、大通关合作，推动湖南腹地与长江经济带无缝对接；健全完善产业链，深化与沿江城市的产业分工协作，在优势互补中拉长产业链条。要着力打造成为洞庭湖生态经济区的“大引擎”。积极探索大湖流域综合治理开发的新路子，推动生态与经济协调发展；以供给侧结构性改革优化产业支撑体系，推动石化、食品、造纸等传统产业改造升级，加快发展先进装备制造、文化旅游、循环经济等新兴产业。要着力打造好江湖名城这张“大名片”。“一极三宜”江湖名城的总体目标符合岳阳实际，要坚持一张蓝图干到底，主动加强与周边城市群的对接融入和经贸联系，加快推进以人为核心的新型城镇化，凸显江湖名城特色，全方位、精细化、高水平管理城市。要着力打造成为现代港口物流产业的“大基地”。加快长江中游区域性航运物流中心建设，不断完善基础设施，促进产业集聚，优化港口服务，推动临江、临港产业以及国际物流加快发展。

徐守盛要求，加强经济运行的分析、研判和调度，重点抓好供给侧结构性改革，有效防范化解风险隐患，切实保障和改善民生。要扎实做好防汛抗灾准备，坚决守护好人民群众生命财产安全。要以同步换届为契机，进一步加强党的建设和班子队伍建设。

市委书记盛荣华汇报岳阳市经济社会发展情况。市委副书记、市长刘和生主持座谈会。平江县、岳阳楼区和长岭炼化、凯美特气体、道道全粮油等部门单位负责人在会上发言。

（许　祺）

纪检监察

【概况】　2016年，全市各级党组织按照中央和省委、市委反腐倡廉决策部署，落实全面从严治党政治责任，各级纪检监察机关聚焦中心任务，强化监督执纪问责，推动党风廉政建设和反腐败斗争取得新进展新成效。

强化政治担当，责任压力层层传导。市委领导以身作则，带队开展检查考核，带头开展谈话提醒，推动管党治党责任级级传导、层层压实。各级纪检监察机关切实履行监督责任，加大问责力度，对责任落实不到位的52名党员干部进行责任追究和公开通报，形成有力震慑和倒逼压力，各级领导干部的责任意识进一步增强。

严明纪律规矩，服务大局彰显作为。加强监督检查，推动乡镇区划调整改革等重大决策部署和防汛抗灾等重点工作的贯彻落实，维护政令畅通。严明换届工作纪律，强化换届风气监督，对换届中出现的苗头性问题严查严办、快查快办，给予党纪政纪处分16人，确保市县乡三级换届风清气正。

亮剑“六大陋习”，作风建设扎实推进。针对存在的突出问题，在全市范围内开展交叉检查，开展“纠‘四风’、治陋习”专项整治。市纪委带头开展“杜绝违规收送礼品礼金”公开承诺活动，全市积极响应，产生广泛影响。全市查处“四风”典型问题247件，给予党纪政纪处分189人，同比增加65%、110%。

注重教育监督，抓早抓小更有力度。加强干部廉政教育，推进廉政文化和家风建设。加大巡视反馈意见整改和交办线索办理力度。启动第七届市委首轮巡察工作，对8个市直单位开展集中巡察，探索推进县级专项巡察，利剑作用初步凸显。加强干部日常监督，扩大函询覆盖面，全市开展函询536件。同比增长267%。坚持开展制度廉洁性评估、预防腐败调查等工作，有效防控廉政风险。

加强执纪审查，惩治腐败保持

高压。把握运用监督执纪“四种形态”，围绕“六大纪律”加强执纪审查。全市立案1261件，结案1189件，给予党纪政纪处分1222人，移送司法机关12人，立案数、结案数、给予党纪政纪处分人数同比增长57.23%、55.05%、49.21%。市纪委立案41件，查处处级领导干部27人，重点查处李自然、陈亚兵等一批严重违纪案件。加大国际追逃追赃和防逃盯逃工作力度，成功防止1名干部外逃。

开展专项整治，基层反腐持续加力。把整治“雁过拔毛”式腐败问题作为落实全面从严治党向基层延伸的重要途径，采取直接交办、挂牌督办、向问题线索“零报告”单位发函督办等方式推动监督执纪，查处损害群众利益的不正之风和腐败问题314件，给予党纪政纪处分296人，追缴资金1195.75万元，清退资金213.04万元，通报曝光典型案件98件，释放从严执纪的强烈信号。

从严自我要求，自身建设成效明显。完成市县乡三级纪委换届工作，市县两级纪委班子交流率达60%，乡镇纪委平均配备3名以上专职纪检干部，选优配强各级纪委领导班子。开展“两学一做”学习教育，加大纪检监察干部培训力度，举办乡镇纪委书记等各类业务培训班，开展“月月讲坛”学习活动。加强内部监督管理，出台纪检监察干部“十不准”规定，开展纪委系统内部巡察，全市查处违纪违法纪检监察干部11人。

【中共岳阳市第六届纪律检查委员会第八次全体会议】　2016年5月20日，市第六届纪委第八次全会在市文化艺术会展中心召开。市委书记盛荣华讲话，市委副书记、市长刘和生主持，市委副书记李志坚通报典型案例，市委常委、市纪委书记李挚作工作报告。李湘岳、陈奇达、唐道明、徐新启、樊进军、王瑰曙、张作坤、向伟雄等市级领导出席。会议对2015年度岳阳市反腐倡廉建设先进单位和纪检监察工作先进单位进行表彰，县市区负责人递交2016年度党风廉政建设和反腐败工作责任状。

会议提出，2016年党风廉政建设和反腐败工作的总体要求是：深入贯彻总书记习近平系列重要讲话和中央纪委第六次全会、省纪委第八次全会精神，坚持全面从严治党，聚焦监督执纪问责，加强纪律建设，强化党内监督，持之以恒纠正“四风”，着力解决群众身边的不正之风和腐败问题，始终保持惩治腐败的高压势头，建设忠诚、担当、正派、业精、干净的纪检监察队伍，为推进“一极三宜”江湖名城建设提供坚强纪律保障。

盛荣华强调，深入推进全面从严治党落地落细。要牵住主体责任这个“牛鼻子”，党委（党组）书记要当好第一责任人，各级班子成员要按照“一岗双责”要求，强化责任追究，抓好党风廉政建设，形成人人负责、层层压实的局面。要念好纪律规矩这个“紧箍咒”，让廉洁自律成为党员干部的生活常态，在市县换届过程中要严格落实“九个严禁、九个一律”要求，把铁的纪律贯穿全过程。要树牢选人用人这个“风向标”，打好干部激励、监督、问责的“组合拳”，营造为担当者担当、让有为者有位的良好氛围。要拧紧理想信念这个“总开关”，时时铭记、处处坚持、事事践行“三严三实”，锻造“金刚不坏之身”。同时，积极探索强化党内监督的有效途径。要健全完善监督体系，深化落实“四项制度”，严肃党内政治生活，紧紧抓住“关键少数”，加强纪检监察队伍建设，为加快建设“一极三宜”江湖名城、打造“四大”提供坚强有力的纪律和作风保障。

【中共岳阳市第七届纪律检查委员会第一次全体会议】　2016年9月29日，中共岳阳市第七届纪律检查委员会举行第一次全体会议。会议通过无记名投票，选举李挚、罗荣、李建雄、任茂辉、付汉家、刘建民、张志辉、刘陆军、刘曙光9人为中共岳阳市第七届纪律检查委员会常务委员。李挚当选中共岳阳市第七届纪律检查委员会书记，罗荣、李建雄、任茂辉当选中共岳阳市第七届纪律检查委员会副书记，王文华、王雨田、邓淼、甘定辉、付汉家、任茂辉、向风行、刘润、刘陆军、刘建民、刘曙光、李挚、李力之、李学松、李建雄、杨革新、吴健思、何选军、何素琴、宋可权、张中霏、张志辉、陈绍东、陈高飞、易兴建、罗岚、罗荣、周湘、周岳雄、赵瑾、胡敏、柳雁翔、夏荣才、翁桂萍、曾建国等35人当选为市纪委委员。

李挚指出，新一届纪委班子要倍加珍惜组织的厚爱和重托，倍加珍惜全市干部群众的信赖和期盼，努力把市纪委领导班子建设成为政治坚定、担当担责、团结务实、勤政廉政的坚强领导集体。

2016年5月26日，中共岳阳市第六届纪律检查委员会第八次全体会议召开　　（范向辉　摄）

会议强调，做好新形势下的反腐倡廉工作，实现市第七次党代会提出的目标和任务，关键在抓好领导班子建设。新一届纪委班子一定要加强业务学习，提升履职能力；坚守责任担当，敢于监督执纪；坚持理解礼让，团结和谐共事；严守纪律规矩，树立良好形象。在市委的坚强领导下，坚持全面从严治党，强化监督执纪问责，把全市党风廉政建设和反腐败工作不断引向深入，为加快推进“一极三宜”江湖名城建设作出应有的贡献。

【换届风气督查】 2016年9月27—29日、2017年1月5—9日、1月3—7日，中国共产党岳阳市第七次党代会、岳阳市第八届人民代表大会第一次会议、政协岳阳市第八届委员会第一次会议，分别完成各项议程胜利闭幕。会议期间，市纪委监察局把严肃换届纪律、加强换届风气监督作为最大政治任务，以“史上最严”的决心、举措和纪律，确保“两会”风清气正、圆满成功。

加强领导，“责任主体”协同发力。一是思想重视。市委高度重视换届风气监督工作。12月22日，市委书记胡忠雄主持召开市委常委会，专题研究“两会”换届工作，强调要切实加强换届风气监督，坚决确保风清气正。11月28日，市委副书记、市长刘和生专题批示，继续抓好换届风气督查，确保全市人大政协‘两会’风清气正、圆满成功。二是责任到位。市委成立市换届工作领导小组、市换届风气监督工作领导小组、市级换届筹备工作小组，建立市委常委联点制度。市纪委、市委组织部制定《关于加强换届风气监督工作的实施方案》，将省委要求的10类责任主体进一步细化为14类责任主体，增加代表团团长、临时党支部书记和政协界别组召集人担负本团（支部、组）换届选举风气监督直接责任。三是部署精准。市纪委监察局制定《岳阳市人大政协“两会”期间严肃会风会纪工作方案》《岳阳市人大政协“两会”期间外围监督工作方案》《岳阳市人大政府政协换届选举风气现场监督操作细则》，明确纪律监督总协调组和综合调度小组、驻团（组）监督小组、巡回督查小组、外围监督小组的具体工作职责，列出“两会”期间的纪律监督工作清单。

挺纪在前，“四个必须”全员覆盖。一是严明纪律规矩。结合中央“九严禁”、省委“约法三章、三个一律”和市委“三个严查严处”换届要求，市纪委监察局总结县市区“两会”中的不足，制定两个“十不准”，即《市“两会”“十不准”纪律规定》和《纪律监督组工作人员“十不准”》。二是坚持“四个凡提”。坚决防止干部和代表委员“带病提名”“带病提拔”，按照凡提必审、凡提必核、凡提必听、凡提必查的要求，制定《人大代表政协委员建议人选联合审查工作实施方案》，在省委要求24家单位联审的基础上，增加市委问责办、市控建拆违办两家单位，对代表委员人选考察实行“26联审”。三是提前警示教育。吸取辽宁贿选案、衡阳破坏选举案和南充拉票贿选案的深刻教训，制定下发《关于组织观看两部警示教育片的通知》，组织观看中组部“一片一书”（警示片《不可触碰的底线》《警钟》212场次和《镜鉴》《严肃换届纪律文件选编》），确保“四必看”对象受到教育和提醒。四是开展谈心谈话。开展谈心谈话5600人次，提醒督促谈话对象严守换届纪律、自觉履职尽责，使“本级‘四套班子’成员、本级党委管理的主要领导干部、拟提拔人选考察对象和重点岗位干部、负责换届工作人员”四类人员谈心谈话全覆盖。五是加强舆论宣传。通过电视、报刊、网络、手机短信、宣传标语等方式，特别是微信群、QQ群等新兴媒体，宣讲换届政策。以口袋书形式，编印《严肃换届纪律宣传册》，内容包括换届纪律规定，以及中央、省、市点名道姓通报的违反换届纪律典型案件；以“两网一报”（岳阳红星网、巴陵风纪网、《岳阳日报》）为主打平台，发布换届信息100条；摆放换届纪律宣传展板27块，张贴换届纪律宣传海报60余张，避开摄像头可视范围悬挂检举箱15个。

严格执纪，“六位一体”全方位监督。一是畅通监督渠道。畅通“12380”“12388”电话、网络、短信和信访“四位一体”综合举报受理平台，确保四类举报平台24小时“不掉线”，保证实时监测和了解换届风气情况，及时发现违规违纪问题线索。二是团（组）自我监督。“两会”期间，代表团团长、界别组召集人认真履行换届选举风气监督直接责任，在会前强调和重申“九严禁”“十不准”等纪律规定。三是驻团（组）监督。8个驻政协界别组监督小组、10个驻人大代表团监督小组成员，分别于“两会”开幕前一天进驻，对所驻团（组）实行“一对一”“24小时全天候”“360度无死角”的驻团、驻会监督。会风会纪监督员与代表同吃同住，全程参与代表团、界别组各环节活动，严格监督会风会纪。四是实施动态监督。“两会”期间，3个巡回督查小组每天不定时对各代表团、界别组和各驻团（组）监督小组履行监督职责等情况进行监督检查，掌握情况，传导工作压力，推动责任落实。五是节假日同步监督。12月30日，市纪委监察局下发《关于做好2017年元旦春节期间强化监督执纪问责严格纠“四风”工作的通知》，要求各级各部门高度重视、主动作为，采取市县乡三级联动方式，按照“一寸不让、动辄则咎”的要求，继续保持纠治“四风”和换届纪律问题的高压态势，集中开展专项监督检查、明察暗访和随机抽查，严肃查处各类“节日腐败”行为，严肃查处借“两节”和换届之机搞拉票贿选、说情打招呼、跑官要官、干扰换届等违纪违法行为，确保监督从严、执纪从严、问责从严。

【“雁过拔毛”式腐败问题专项整治】 2016年，岳阳市纪委监察局组织开展“雁过拔毛”式腐败问题专项整治工作，完成“排查一批问题线索、查办一批典型案件、解决一批突出问题、出台一批制度规范”的阶段性工作任务。全市发现“雁过拔毛”式腐败问题线索538件，受理信访举报163件，立案208件，处理381人，给予党纪政纪处分305人，移送司法机关34人，追缴违规资金1195.75万元，清退违规资金111.15万元，出台制度规范185个。

加强组织领导，层层传导压力。市委对专项整治工作高度重视，市委书记盛荣华在市纪委六届八次全会上作出“以整治‘雁过拔毛’式腐败问题为突破，推动正风反腐向基层延伸”的专题要求；召开市委常委会议，审定工作方案，成立由市委副书记李志坚任组长，市委常委、纪委书记李挚和市委常委、统战部部长、副市长熊炜为副组长的专项整治领导小组。各县市区和市直相关单位成立由“一把手”挂帅、一级抓一级、层层抓落实的“一盘棋”格局。

强化宣传教育，突出整治重点。市纪委监察局多渠道、多形式、多角度宣传专项整治工作，形成浓厚的工作氛围。在《岳阳日报》、岳阳电视台设立专栏，宣传专项整治进展情况。加大反面典型通报曝光力度，在各市县主流媒体点名道姓通报曝光典型案件21批次98起，形成有力震慑。市纪委监察局找准问题，抓住要害，对重点问题进行重点整治，提高专项整治的精准度。将扶贫开发领域虚报冒领、截留私分、挥霍浪费、随意支配扶贫资金等问题列为重点问题，增加群众反映强烈的引发越级访、集体访和群体性事件的问题。

深入清理核查，全面公示公开。一是自清自查。按照“横向到机关科（股）室和直属单位、纵向到乡镇和村组”要求，市纪委监察局要求各成员单位、市县乡村分别对2013年以来本地本部门分配、拨付、管理和使用的项目资金数额、来源、去向等情况进行“大起底”。二是交叉互查。市专项整治办组织县市区成立12个检查组，通过县区之间异地交叉、明察暗访等方式，检查县市区财政、住建、国土等重点服务领域和公安等重点执法单位13个，发现问题线索52件，对屈原管理区营田镇菱湖村虚报套取移民培训费、计生办违规收取换环费用等重点问题进行交办。三是公示公开。7月起，各地各单位通过门户网站、公开栏等形式对清理核查结果全面公示，自觉接受群众监督。

严格执纪问责，持续形成震慑。对省纪委交办的问题线索，采取书面交办、派人参与、定期催办等方式，加大督查督办力度，按期完成省专项整治办交办件。7月底，市纪委监察局向县市区挂牌督办问题线索23件，全部按要求调查处理到位。强化严查实督，市专项整治办重点对清理核查问题线索和立案数“零报告”的3个区和8个市直单位，发函督促强化整改措施，责令作出情况说明。强化责任追究，对专项整治工作不力的地方和部门，对专项资金方面的“雁过拔毛”式腐败问题实行“一案双查”，查处责任追究典型案件5件，对8名责任人员进行责任追究。

推进制度建设，致力防患未然。市纪委监察局按照“边集中整治、边整章建制”的要求，针对专项整治中发现的系统性、普遍性问题和监管方面的薄弱环节，加强分析研究，查漏补缺，注重源头防控，进一步健全完善行政审批、财政管理、财政转移支付、集体财产监管等制度机制。

（涂　範）

巡视巡察工作

【概况】 2016年，市委巡察工作领导小组办公室（简称市委巡察办）按照中央、省委、市委巡视巡察工作总体部署，突出抓好组织建设，探索方式方法，发挥组织协调、督查督办、联络服务职能，坚持全面监督、从严监督、从实监督，较好地完成工作任务。省委、省委巡视办、省委巡视组对岳阳巡视巡察工作给予肯定。1月8日，湖南卫视等媒体宣传报道岳阳巡视整改工作；5月28日，中央电视台《新闻联播》报道岳阳巡察工作；8月15日，《中国纪检监察报》以《岳阳严肃换届纪律》为题报道岳阳结合巡察开展换届风气专项巡察工作。

【七届市委第一轮巡察工作】 2016年8月26日，市委第98次常委会专题听取市级巡察工作汇报。根据市委统一部署，10月18—21日，市委派出8个巡察组分别进驻市房产局、市住建局、市规划局、市交通运输局、市卫计委、市发改委、市城管局、岳阳广播电视台8个市直单位，进行集中巡察。市委巡察办履行综合协调、组织部署和人员管理职责，加强业务指导。各市委巡察组以高度的政治责任感抓巡察，扎实推进各项巡察工作的开展。8家被巡察单位积极配合巡察工作，较好地保障巡察工作进行。在集中巡察所发现信访反映和问题线索中，有关部门和单位即知即改问题41个、立行立改问题39个、立案3人，相关问题线索依相关程序分别移交有关部门处理。

【2015年市委第一轮巡察整改工作】 2016年，市委巡察办督促各被巡察单位加大对2015年市委第一轮巡察整改力度。1月29日，市委巡察办对市国土局等5家被巡察单位下发巡察整改督办函5份。5家被巡察单位党组切实担负起整改主体责任，制定《整改方案》和《责任分解表》，成立以党组书记为组长的整改工作领导小组，负责整改工作的统筹推进和协调调度。5家被巡察单位将反馈意见细化分解为6个方面216个问题，按照即知即改、立行立改、边整边改的要求，倒逼责任、倒排任务，216项具体问题均全面整改，整改率为100%，其中整改到位189项，整改到位率为87.5%。对涉及重大问题的人和事，坚持严格问责，处理120人次，其中，通报批评、诫勉谈话36人次，清退违规领取补贴72人次，处理公车私驾12人次。巡察发现的问题线索立案处理6人，其中，处级干部2人、科级干部4人。

【换届风气专项巡察】 2016年8月2日，市委换届风气专项巡察工作启动，组建市委换届风气专项巡察组，实施“一托二”（1个专项巡察组设立2个巡察小组）巡察模式，结合市委换届风气巡回监督进驻9个选区开展专项巡察。巡察期间，组织个别谈话478人次，其中处级干部245人次、“两代表一委员”194人次，发放调查问卷表和满意度测评表1800份，受理群众来信来访来电71件次，走访29个乡镇（街道）、

18个村（社区），向各县市区反馈意见建议52条，下发督办通知书9份，交办转办信访件32件。下发《关于进一步加强县市区换届风气监督工作的通知》和《关于进一步加强县市区人大、政府、政协换届风气专项巡察工作的通知》，进一步严肃换届工作纪律，压实各责任主体责任，到县市区督导党委、人大、政协换届选举和换届风气监督工作，对各县市区党委换届风气进行“回头看”，开展县市区党委换届风气满意度测评，梳理排查县市区“两会”和乡镇人大、政府换届风气隐患点和风险点，确保县市区党委、人大、政协换届风清气正、顺利圆满。

【巡视联络工作成效明显】 2016年，市委巡视联络工作取得成效。一是做好2015年第三轮巡视反馈工作。2016年2月，配合省委巡视第八组完成对湘阴县、君山区、平江县巡视反馈工作，组织召开向市委“五人小组”反馈会和3个县区巡视反馈会。二是做好2015年三轮6组次督促整改和交办督办工作。配合市委督查室指导督促2015年岳阳市被巡视地区（单位）做好巡视反馈问题的整改落实，与市委督查室联合对26家单位下发督办函。加强省委巡视和市委本级巡察移交的问题线索的督办跟踪，对2015年省委3轮6组次巡视和2015年市委第一轮巡察移交问题线索办理情况进行逐件梳理，向有关巡视巡察问题线索受理单位下发督办函20余份。三是做好中央巡视组巡视湖南期间到岳阳开展巡视“回头看”工作。市委巡视联络办按照中央、省委要求，对2013年中央巡视组对湖南巡视反馈意见涉及岳阳部分任务再分解、再督导，重新梳理16项涉岳整改任务，按程序以市委名义下发《整改责任分工方案》，成立以市委书记盛荣华为组长的工作领导小组和专门工作班子，研究制定《巡视“回头看”工作方案》。联合市委督查室下发督办函30余份，开展实地督查6次。各责任单位对整改任务进一步“回炉补火”，对中央巡视组反馈事项中涉及岳阳市整改事项的落实情况逐一细化梳理，层层传导压力，级级真抓实干，形成浓厚的工作氛围。4月8—9日，中央第五巡视组到岳阳对有关工作进行巡视“回头看”，市委巡视联络办配合做好相关联络协调服务工作，确保中央第五巡视组工作顺利开展。

【市本级巡察机构建立健全】

2016年11月，根据省委、市委的安排部署，经市编委报省编委研究审定，同意岳阳市设立中共岳阳市委巡察工作领导小组办公室，作为市委巡察工作领导小组日常办事机构，与市委巡视工作联络办公室合署办公，实行“两块牌子、一套人马”，为正处级行政机构，列入党委工作序列。设主任1名，副主任1名，黄定军任市委巡视巡察办主任，曹红斌任市委巡视巡察办副主任，列行政编制5人。平江县、屈原管理区率先探索开展县级巡察，建立健全巡察机构，均开展两轮次集中巡察。岳阳市巡察机构不断健全，覆盖面不断扩展，工作实效不断增强，实现从无到有、从弱到强、从起步到规范的转变。

（李　貌）

组织工作

【概况】 2016年，中共岳阳市委组织部（简称市委组织部）落实从严管党治党政治责任，注重思想政治建设。加强业务培训，举办全市组工干部培训班。坚持跟班学习制度，选派部机关干部参加每期异地培训班。推进组工文化建设，坚持开展“周末课堂”和读书会等7个兴趣小组活动，组织开展有益干部身心健康的文体活动，有效激发团队活力。做好信息宣传调研工作，完成中组部、省委组织部重点课题调研任务。

【“两学一做”学习教育】 2016年，市委常委会带头开展“两学一做”学习教育，高标准召开民主生活会，认真开展批评与自我批评。市级领导带头参加所在支部的专题研讨和组织生活会，带头讲党课。创新载体，开展“巴陵先锋先行”主题实践活动，激励引导党员干部在项目建设、脱贫攻坚、防汛抗灾中真学实做。在全市广大党员中组织开展抄读一遍党章、撰写一篇心得、讲学一堂党课、交流一次学习体会、做好一件实事、联系（帮扶）一名（困难）群众的“六个一”活动，建立“党员集中活动日”制度，依托乡镇党建工作站设立流动党支部，开展“送学上门”活动。在2016年防汛救灾中，岳阳市5万名党员干部佩戴党徽、亮明身份，用实际行动践行合格党员标准。此举分别得到中组部《“两学一做”学习教育情况通报》、中央电视台新闻联播推介，中组部、省委组织部给予肯定。

【市县乡领导班子换届】 2016年，市委组织部吸取衡阳破坏选举案的深刻教训，加强组织领导，严格把好代表委员人选关、领导班子人选关、组织选举关。做深做细思想政治工作，引导党员干部正确对待个人进退留转。严肃换届风气监督，坚持教育在先、警示在先、预防在先，加强对县乡班子换届的指导督导。9个县市区和103个乡镇领导班子换届圆满顺利，组织提名人选均满票或高票当选。完成市级领导班子换届，实现换届“四好”目标，得到省委换届风气巡回督查组和省委派驻市州党委换届现场督导组的高度评价。

【落实市委“三个办法”】 2016年，市委组织部强化正向激励。坚持看重忠诚、看重实干、看重担当、看重干净、看重基层。在县市区班子换届中，提拔17名乡镇党委书记作为县市区党政领导班子换届人选，占换届提拔重用干部总数的24.3%。表彰一批优秀基层党组织书记、市直好科长、人民满意公务员，有效激发广大党员干部实干担当、干事创业的热情。强化教育培养。全年举办市委党校主体班24个，组织举办近年来最大规模、最高规格的全市党政主要负责干部培训班。坚持组织到浙江大学等知名高校及江浙等发达地区，举办园区产业发展、秀美乡村、现代物流、城乡规划建设管理等专题培训班15个。举办“巴陵名师讲堂”10期。

从市直单位集中选派13名优秀年轻干部到乡镇挂职锻炼。强化管理监督。学习贯彻《中国共产党党内监督条例》，强化市管领导班子、重点岗位干部的动态管理，加强对干部选拔任用的严格审核把关。受理各县市区、市直有关单位呈报乡科级干部调整51批，因超职数配备、不符合任职资格条件等原因，否决26名干部拟任职决定。岳阳市干部选拔任用工作五项满意度平均分值位居全省前列。做好全市1493名市管干部个人事项报告抽查核实工作，配合省委组织部做好岳阳市省管干部个人有关事项集中报告工作。强化问责追责。推动《中国共产党问责条例》落地生威，围绕中心、服务大局，高扬问责利剑，前置问责手段，强化问责职能。全年问责处理干部298人，其中处级干部9人，形成震慑效应，有效推动市委市政府中心工作。

【“三大三强”行动】 2016年，市委组织部开展“三大三强”（大投入强化基本保障，大培训增强能力素质，大调整选优配强队伍）行动，夯实党建基层基础。提高基层保障水平，村均运转经费达14万元，中心城区社区达30万元，村干部养老保险制度在临湘市成功试点。统筹党校、高校教育培训资源，集中培训村、社区、机关和“两新”组织书记、无职党员3572人，培训县乡村党建骨干230人。优化基层党组织书记队伍，调整撤换159名“一大三低”村（社区）书记。结合换届，择优选拔47名“三类人员”进入乡镇领导班子，新招录乡镇公务员161名，占招录总人数的52.79%。扩大组织覆盖，市委成立“两新”党工委，已建非公企业党组织753个、社会组织党组织318个，党组织覆盖率、新增率位于全省前列。丰富党员教育信息化平台，探索党员干部现代远程教育创新发展新模式。筹办庆祝建党95周年系列活动，表彰一批优秀共产党员、优秀党务工作者、优秀乡镇（街道）党（工）委书记、先进基层党组织。以“三个一律”推动基层党建责任落实，在全省市州委书记履行基层党建工作责任述职评议中，岳阳市名列第一方阵。

【巴陵人才工程】 2016年1月5日，市委高规格召开巴陵人才工作推进会，全体市委常委会组成人员出席。为13个人才团队、89名重点支持人才、90名市政府特殊津贴专家授牌授证，给各类人才派发“红包”1000多万元。市领导带队赴武汉、深圳、长沙等地开展“四海揽才”活动，吸引4500名中高端人才和高校应届毕业生应聘，400人落户岳阳工作，其中博士34人。12月16—17日，市委组织部会同相关部门策划举办“武汉高校岳阳行”活动，武汉大学、华中科技大学等20所知名高校优秀人才和岳阳市科伦制药等70家企事业单位精准对接，提供岗位需求400个。依托香港金融管理学院，挂牌成立岳阳市首个海外人才引进及培训基地。发挥人才对经济社会发展的支撑作用，选派科技特派员41人，服务农业产业和医疗卫生事业发展。加大县市区督查考核力度，构建整体联动机制，引导形成全市人才工作一盘棋格局。巴陵人才工程入选全国基层人才工作创新优秀案例。

（陈豪华）

统一战线工作

【概况】 2016年，岳阳市统一战线贯彻落实中央、省市委统战工作决策部署，服务“一极三宜”江湖名城建设，树立“同心”理念，各项工作取得成效。支持引导党外人士围绕“十三五”规划实施建言献策120条。开展“同心促进创新创业”“同心帮扶非公企业”“同心参与精准扶贫”“同心服务开放发展”等一系列活动。引导党外人士“学系列讲话、学优良传统、助力新湖南”。组织300名党外人士参与网上社院学习，为400名党外代表人士订购《习近平总书记系列重要讲话读本》，发放“两学一助”学习教育笔记本。组织召开“优良传统的时代价值与继承弘扬”专题研讨会6场。开展谈心交友活动，开展党员领导干部与党外人士交朋友活动，建立各级党委与党外代表人士交朋友制度，市委书记、市长带头与党外朋友谈心交流。实行统战部机关干部与党外代表人士联系制度，联系党外人士80名，开展交心座谈200人次，听取意见建议200条。

【民主党派市委、市工商联换届工作】 2016年，市委统战部协助和指导岳阳市七个民主党派市级组织，市、县两级工商联完成换届工作。换届过程中坚持市委的坚强领导，各民主党派市委、市工商联换届及人事安排的重大政策、工作部署和人选方案均由市委研究决定，市委领导分别出席各民主党派市委、市工商联换届大会；坚持严格程序、确保质量，建立健全人选的酝酿提名、推荐考察和审查机制，把好安排人选的政治关、素质关；坚持发扬民主、沟通协商，在换届人事安排中，多次同民主党派、工商联、知联会及有关方面协商，听取各方面意见。做好市政协委员和党外人大代表人选提名工作，严把推荐程序关、标准条件关、身份认定关和结构比例关，全体推荐人选均按要求组织严格考察；组织市纪委、市公安局、市检察院、市法院、市卫计委等26家单位对全体人选进行联合审查；在市级媒体上进行公示。推荐提名过程中，对10多个单位推荐的36名不符合提名条件的政协委员人选退回重报；考察联审过程中，对发现问题的15名人选进行调整更换；公示过程中，对有举报并查实存在问题或暂无法核实相关问题的3名人选均暂缓提名。

【参与扶贫帮困】 2016年，市委统战部联点帮扶湘阴县岭北镇仁义村，多次召开现场办公会，慰问困难群众，提供帮扶资金20万元。开展“万企帮万村”精准扶贫行动，引导120家非公企业对口援建乡村60个，投入帮扶资金3000万元。发挥民主党派优势，开展“党派联社区、同心促和谐”活动。各民主党派在社区开展就业扶助、义务诊治、扶贫帮困、法律援助等帮扶活动，捐资500万元。防汛抗灾过程中，全市统一战线2000人参与抗灾救灾、灾后重建等工作，捐款捐物3000万元。

【党外人士政治交接主题教育暨暑期谈心活动】　2016年8月22—26日，岳阳市党外人士政治交接主题教育暨暑期谈心活动在重庆市举行。市委统战部部务会成员、各民主党派市委正副主委、部分非公经济人士、无党派人士48人参加活动。市委书记盛荣华出席开班仪式并与党外人士集体谈心，听取民主党派、工商联换届工作情况汇报，征求相关意见建议。活动期间，市委统战部部务会成员与党外人士面对面谈心，征求对开展“两学一做”“两学一助”活动及搞好政治交接、加强班子队伍建设的意见建议，商讨新形势下推动多党合作事业发展的方式方法，听取党外人士意见建议42条。组织参观重庆中国民主党派历史陈列馆、两江新区产业园区建设示范点、武隆县民主党派精准扶贫示范点等。

（张艺弘）

政策研究工作

【概况】　2016年，中共岳阳市委政策研究室（简称市委政研室）以文辅政，起草各类文稿200多篇180万字，有多篇重要文稿被市委主要领导亲自批示，起草市委经济工作会议讲话、市县乡负责干部会议讲话、全市旅游发展大会讲话、建党95周年大会讲话、市第七次党代会报告、市委七届一次全会讲话等一批重要文稿。为市委主要领导准备参考材料，接受新华社、《人民日报》、中央电视台、新华网、人民网、《湖南日报》、湖南卫视、湖南经视等中央、省内外主要媒体采访。加强理论研究和经验总结，发表系列署名文章，在《人民政协报》发表《抢抓长江经济带开放发展新机遇，打造“一极三宜”江湖名城》，在2016年第8期《湘组研究》发表《共产党员必须担当起该担当的责任》，在《湖南日报》发表《绿色是“三农”永续发展的底色》《担当起“桥头堡”的重任》等。

【调查研究】　2016年，市委政研室按照“紧扣发展全局、紧贴领导思路、紧跟热点问题”的思路，结合市委、市政府重大工作部署，联合各方开展调研。一是主导调研。在市第七次党代会报告起草期间，联合全市相关部门单位，组成多个调研组，前往长沙、西安、九江、宜昌及兄弟市州进行调研，多次到县市区、乡镇，走访社情民意，掌握第一手资料。为落实市委第七次党代会精神，联合相关县市区委政研中心开展现代农业和全域旅游等课题的专题调研。对岳阳楼区社区服务、临湘市发展思路定位、城市管理等工作进行专题调研。二是协助调研。协助省委政研室开展当前经济形势专项调研、“补齐民生短板、促进社会公平”专项调研以及省第十一次党代会报告起草相关调研工作。接待来自德州、泰安、九江、郴州等地到岳的调研队伍，进行产业升级、金融创新、推进项目建设等专题调研工作，形成调研报告多篇，报送省市领导决策参考。三是健全网络。发挥市委政研室在全市调研工作中的牵头引领作用，健全完善政研工作联系网络，促进各地各部门加强课题交流与合作，组织县市区政研室开展重点课题调研。

【编辑党刊】　2016年9月，市委政研室将市委、市政府机关刊物《民本岳阳》更名为《江湖名城》，提高办刊质量，编排10期。编印《中共岳阳市第七次党代会特刊》，展示过去5年岳阳市经济社会发展成就、各县市区发展现状以及重要职能部门的工作亮点等。编印《中国共产党湖南省第十一次代表大会岳阳市代表团活动集锦》，展示与会的54名岳阳党代表昂扬向上的精神状态、认真务实的工作作风和忠诚担当的政治素养。搜集各类资料及图片，整理编辑《市委主要领导活动集》《市委主要领导文稿集》等资料，计100万字。

（凌丹华）

党史地方志工作

【概况】　2016年，中共岳阳市委党史市志办公室（简称市委史志办）做好党史编研、党史联络、修志、编辑年鉴、资政育人等工作。出版党史地方志类书籍3部152万字。完成《中国共产党岳阳历史》第三卷专题研究60个。指导编辑、审阅、阅读史志书籍11部800万字。发表史志文章36篇。史志成果与史志专项工作获得全国、全省荣誉21个。被省委党史研究室评为全省党史工作先进单位，被省地方志编纂委员会评为全省地方志工作先进集体。

党史编研工作。一是党史正本编撰提速。制定《中国共产党岳阳历史》第三卷编撰方案，向市直部门和县市区70多家单位征集改革开放及社会主义现代化建设新时期党史资料，基本完成资料征集工作。完成60个党史专题研究，编撰15万字。加强对县市区党史正本编撰的业务指导。二是开展纪念活动。纪念红军长征胜利80周年，编撰出版17万字的《岳阳人长征路上的故事》，向全市免费赠送2万册。参加“红军长征与湖南”学术讨论会，纪念中国共产党成立95周年、抗战胜利71周年等，在《岳阳日报》开设专栏刊发文章11篇，并在岳阳电视台新闻频道连续播出。三是开展学术交流。与汨罗市委、市政府联合承办“毛泽东与屈原”学术研讨会，承办湖南省重大党史题材研讨会暨《湘潮》杂志第七届笔会，参加第四届湘鄂赣苏区论坛、“红色湘女之情”研讨会等学术活动，撰写、入选论文13篇。四是完成交办任务。为《湖南省党委工作纪事·2016卷》组稿13篇。为《改革开放实录·2016卷》《以史铸魂——2016年热点话题》组织撰写专稿7篇。五是服务党史联络工作。为市委党史联络组到洞庭新城、浏阳市调研考察提供协调服务。组织老同志撰写回忆录、整理口述史，收集回忆文章20篇。

地方志工作。一是提升依法治志能力。4月19日，市政府印发《岳阳市地方志事业发展规划纲要（2016—2020年）》，推动指导县市区制定地方志事业发展规划纲要。5月6日，岳阳市在全省推进依法治志工作会议上作典型发言。二是加快第二轮修志。督促通过评审的《湘阴县志》《岳阳楼区志》

《岳阳县志》《云溪区志》修订完善。三是指导乡镇简志等志书编写。《湖南乡镇简志·岳阳卷》县市区初稿基本完成。推动《中国名镇志（岳阳部分）》编修工作。四是做好年鉴编辑出版工作。编辑出版《岳阳年鉴（2016）》卷，指导协调县市区年鉴工作，10个县市区实现一年一鉴，大部分公开出版。

史志宣教工作。一是服务中心工作。参与王家河沿线风景带文化创意工程建设，为开国将军雕塑园区建设整理提供60位岳阳籍国家领导人和开国将军的史料。参与《岳阳市历史文化名城保护条例》评审、中国地名普查工作。参与岳阳烈士陵园的陈列布展等工作。参与岳阳市纪念《岳阳楼记》诞生970周年系列活动。二是加强宣传教育。在百年湘潮网、省地方志网、《岳阳日报》等省市媒体刊发文章36篇。做好岳阳市情网维护，网站累计浏览235万次。做好党史刊物《湘潮》的宣传推广，发行量居全省前列。三是推进史志惠民。史志专家到湖南理工学院、杨树塘社区讲党史课2堂。为《家规·家训·家风——湖南故事》组稿“张谷英文化传承”等3篇。

【多项史志编纂成果获奖】 2016年，岳阳市史志编纂众多工作成果获得全国全省奖励。全市史志系统获全国、全省党史优秀科研成果奖荣誉17项。市委史志办牵头制作的系列专题片《烽火湘北——岳阳抗战纪略》获得全国党史优秀成果二等奖、全省党史优秀成果一等奖，获得全省“以史铸魂”平台建设组织奖一等奖，《岳阳年鉴》获全国年鉴质量评比三等奖。岳阳市选送的8部市县两级年鉴在全省第四届年鉴奖评奖中全部获奖，其中一等奖2个、二等奖5个，《岳阳年鉴（2016）》卷获得一等奖（排全省第一），获奖数量和等次排全省首位。

【出版发行《岳阳楼志》】 2016年10月，市委史志办承编的《岳阳楼志》出版发行。《岳阳楼志》为湖南省特色志丛书首卷，该书在记述内容、方法和特色等方面大胆创新，分概述、主楼景观、园林胜景、古楼兴废、当代新修、楼以文传、艺文荟萃、景区管理、名楼人物、大事记等10个章节，16开本全彩印刷，45万字，插图照181幅。对1000年以来与岳阳楼有关的人物进行系统研究，遴选866个人物记载，让岳阳楼由物到人、由景观到思想延伸，丰富岳阳楼人文内涵。该志具有较强的思想性、艺术性、可读性。

【出版《岳阳年鉴（2016）》卷】 2016年10月，《岳阳年鉴（2016）》卷出版发行。全书围绕市委、市政府中心工作、各县市区和各部委办局重点工作、社会关心的热点工作进行编辑，34个部类，90.4万字，80个彩色专版。年鉴内容全面、主题突出、可读性强，被录入“中国知识资源总库中国年鉴全文数据库（CYBD）”。市委史志办致力打造精品年鉴，2016年为岳阳年鉴质量提升年，一是抓重点环节。调整框架结构，对6个部类作出调整，反映岳阳市机构改革的新情况新特点。突出年度特色和地方特色，在公共彩版推出“一极三宜”江湖名城建设、国家非物质文化遗产记录等。抓好装帧设计，封面烫金，全彩印刷，图文并茂。二是抓流程管理。完善“五审五校”制度，在组稿、编辑、审稿、校对、印刷等环节严格把关。进一步规范工作流程，强化工作职责，形成任务明确又相互配合的整体推进联动机制。三是抓统筹管理。锤炼年鉴队伍，组织参加上级单位业务培训，开展专题培训，研讨编辑方案，提高编辑业务能力。

【出版《岳阳人长征路上的故事》】 2016年10月，市委史志办为纪念红军长征胜利80周年，编撰出版《岳阳人长征路上的故事》。该书17万字，图文并茂，收录任弼时、张震等68位岳阳籍红军将士长征路上的故事。免费给各县市区、机关单位和学校赠书2万册，激励广大干部群众和青少年学生铭记历史、缅怀英烈，继承光荣革命传统，弘扬伟大的长征精神，走好新时期的长征路。

（黄玉祥）

2016年3月9日，湖南省特色志《岳阳楼志》评审会在岳阳楼景区召开
（王 艳 摄）

任弼时纪念馆

【概况】 2016年，任弼时纪念馆推进免费开放、旅游接待、文物保护、宣传研究、馆区建设等工作。接待游客70万人次，举办《弼时故里民俗文物展》《红军长征过丽江图片展》两个临时陈列，被省文化厅授予文化遗产保护利用“五好”（文物本体保护好、文物内涵展示好、服务功能完善好、周边环境整治好、当地民生改善好）园区。

2016年8月22日，“任弼时与青年工作”学术研讨会在上海召开

（张 赛 摄）

【举办活动和会议】 2016年4月30日是任弼时同志诞辰112周年纪念日，任弼时纪念馆组织当地干部群众、参观游客及全馆干部职工300多人，在铜像广场举行敬献花篮仪式。以国际博物馆日和文化遗产日为契机，参加湖南省“2016年中国第十一个文化遗产日·湖湘文化遗产月”活动，滚动播出《任弼时故居本体保护利用》成果宣传片。开展“美丽校园行”和“微展览进校园”活动。11月10—12日，在岳阳市举办中国博物馆协会名人故居专业委员会2016年会。会议主题为“名人故居的保护和人文资源的利用和发展”，来自全国各地的40家成员单位的100余名专家学者参加，收到学术论文41篇。

【文物保护和研究】 2016年，任弼时纪念馆做好文物保护和研究工作。一是文物保护促规范。巩固“一普”成果，完成2031件馆藏文物信息的整理、更新、录入、上报工作。加大馆区白蚁防治力度，组织举行全馆区域的白蚁防治。对文物库房增设文物保管室，添置文物柜架和除湿防潮设备，对馆藏文物进行调整和建档，确保文物藏品安全。征集20世纪中期农村生产生活用具230件。到北京向任弼时家属征集珍贵文物201件，并在馆内举行文物捐赠仪式。二是学术研究出成果。协助中央文献研究室举办“任弼时与青年工作”上海研讨会，参加“红色文化与企业文化高峰论坛”温州会议、省博物馆学会沙坪会议，在相关会议及《湘潮》等报刊杂志上发表论文和文学作品10篇。向国家及省市文物部门报送《中国博物馆志——任弼时纪念馆》《中国文物志——任弼时故居》《任弼时故居、纪念馆篇》等史志材料。三是网刊编撰提水平。编辑发行馆刊四期，及时更新馆网，发布动态新闻60条、学术文章10多篇。四是馆区文化有氛围。组织干部职工到周边省市红色景区学习业务知识和管理经验。安排人员参加国家、省市相关类型培训班。组建党史文博、园林园艺、书画摄影、职工篮球队等四个兴趣小组。

（张 赛）

督查工作

【概况】 2016年，市委督查室围绕市委、市政府重大决策和重要工作部署，真督实查，完成各项工作任务。开展中心工作督查80次，常委会议督查21次，会风督查15次。办理省市领导重要批示件和省委督查室交办件43件，市委主要领导群众来信746件，建议提案20件，满意率均为100%。协助省委督查组开展督查调研活动9次，向省委、省政府和省委督查室报送材料25篇。编发《岳阳督查报告》55期，《岳阳督查通报》10期，《岳阳督查专报》13期，《岳阳督查交流》8期。获得市委领导肯定性批示26次，在《岳阳日报》刊发署名文章14篇。

【服务中心抓大事】 2016年，市委督查室围绕“一极三宜”江湖名城建设，突出重点，兼顾全局，狠抓落实。一是抓重点工作落实。组织开展传达学习贯彻省委书记讲话和市委六届十三次全体（扩大）会议精神、干部管理“三个办法”、“一区一港四口岸”加快发展奖励办法、党风廉政建设、精准扶贫、土地依法征收“百日攻坚”行动和禁违拆违治违、南湖水环境综合整治、交通治堵保畅、防汛抗灾、安全生产等中心工作督查80余次。二是抓市委常委会决定事项落实。加大对市委常委会决定事项的跟踪督查力度，确保会议决定事项落实到位。10月，组织对18次市委常委会研究的109件事项进行督查，12月，对所有未完全落实事项再次进行梳理和回访督查。三是抓督查调研活动落实。采取看材料、听汇报、查现场等方式，对市委书记在全市各地各部门单位开展调研所决定的事项，定期进行跟踪督查。认真做好省委督查组到岳阳市开展实地督查调研活动的协调联络工作。

【服务群众树权威】 2016年，市委督查室以市委主要领导和省委督查室交办事项为重点，做好专项查办工作。一是压实工作责任。对书记批示件，在拟办意见中明确提出承办单位或责任人供领导参考，同时要求各地各单位明确专人承办，构建横向到边纵向到底的专项查办责任体系。二是提高办理时效。制定《关于切实加强市委主要领导批示件办理工作的通知》《市委主要领导信件办理督查工作规程》，对市委书记批示件坚持10天跟踪问效，半月汇报进度，一月一总结。对书记群众来信，坚持收信后5个工作日与信访人联系，2个月内办结，每月汇总专题报告。三是加强跟踪督办。紧扣省市领导关注的重大问题和涉及人民群众利益诉求的问题重点跟踪督办。下达书面督办函200

份，现场督查160次，回访信访人180人次，解决人民网网友留言反映在左岸巴陵购房无法办理土地使用证、国道240湘阴六塘段道路设计、岳港船务有限公司股东纠纷等群众反映强烈的问题。

【服务发展严考评】 2016年，市委督查室修订完善考核办法，发挥综合绩效考评“指挥棒”和“风向标”作用。一是制定考评考核内容。书面征求所有市级领导和部门单位意见3次，与各县市区党政主要负责人面对面座谈调研2次，收集各类意见建议336条，与相关部门专业人士研究分析9次，解决问题120个。调整考评对象，明确考评结果审定程序，设置“县域发展个性指标”，提高县域经济壮大战略“六个一”和脱贫攻坚考核分值，将岳阳市“一极三宜”江湖名城建设的重大战略部署与省委提出的新增长极“四大建设”构想科学融合。二是强化考评考核日常监管。要求83个提供考评依据的部门单位年初制订并印发责任指标考评细则，对46个提供考评依据的重点单位开展2次以上日常考核工作专项督查，为97个被考评单位建立单独的动态管理台账。加强对县市区县域经济指标和个性指标运行的指导和调度，客观分析形势，预测预警问题。

（胡 冬）

保密工作

【概况】 2016年，市国家保密局被评为湖南省保密工作先进集体，岳阳县国家保密局局长周闰年被人力资源和社会保障部、国家保密局评为全国保密工作先进工作者。

抓宣传教育。抓好《中共中央关于加强和改进保密工作的意见》（简称《意见》）学习贯彻，组织专项督查。开展保密法规宣教进中心组、进党校、进学校、进企业、进单位等“五进”活动。举办全市保密干部培训班、涉密定点维修维护单位从业人员保密培训班。在市委党校主体班、初任公务员培训班及市直机关、单位和企业开展保密教育专题讲座32场次，培训5400人次。利用保密短信平台、“保密观”微信平台、警示教育片，开展保密宣传教育。发放各类保密宣教资料6400本（册），向领导干部和涉密人员发送保密短信12期2.3万条。推进《保密工作》学刊用刊工作。《保密工作》杂志2016年第1期以《岳阳保密：那些忧乐背后的故事》为题对岳阳保密工作进行报道。

抓规范管理。强化网络保密管理。推进保密技术监管平台建设，建立完善全市涉密网络、涉密计算机户籍化管理，强化保密技术防范设备对涉密计算机和网络监控。抓好涉密人员管理。按照国家保密局等八部局《关于进一步加强涉密人员保密管理工作的意见》，督促指导全市机关单位开展涉密人员分类确定和保密审查，建立涉密人员管理台账，对涉密人员实行动态管理。加强日常监管。介入对辖区内保密要害部门部位、涉密考试、打字复印废品回收行业、门户网站、网络运营商等管理。加强涉密载体销毁管理。全年接待20个单位送销，监督销毁各类文件资料10吨、电子设备120件。

抓隐患消除。督促指导全市机关、单位开展保密自查自评工作，强化机关单位保密管理主体责任。联合市网管中心、市电子政务管理办公室在全市范围集中开展互联网门户网站“清池子”行动。检查互联网门户网站501家、政务微博99个、政务微信公众号36个，清查信息56.77万条，化解失泄密风险。6—8月，成立联合检查组对县市区和市直重点涉密单位进行专项督查检查，对发现的问题，做到第一时间处置、第一时间整改、第一时间反馈；对严重失泄密事件，按程序对相关责任单位、责任人进行问责。

（何文波）

接待工作

【概况】 2016年，中共岳阳市委岳阳市人民政府接待处（简称市接待处）秉承接待标准更高、接待水平更优、接待能力更强的理念，完成全年工作任务。接待到岳宾客2122批，3.59万人次。其中，接待李克强、汪洋、杨晶、王勇、李蒙、唐家璇等党和国家领导人6人，省部级领导196人次，重要客商89批，服务各类会议346场次。实现零差错、零失误。

精细化服务。精心谋划、超前部署好每一次接待活动，按需要分成若干小组，明确一名处级领导牵头，任务到人到时。从领导行程安排到就餐座椅摆放，均精心布置。对接待基地电梯、消防设施、吊灯、桌椅等所有设备进行地毯式排查，逐一登记检查问题、检修结果和运行情况，不出任何差错。完成国务院总理李克强一行到岳阳市视察防汛抗洪接待任务。

个性化服务。把个性化服务贯穿到接待服务的每一个环节、每一项具体工作中。根据来宾的饮食习惯、工作习惯和身体状况等情况安排饮食、出行等。

规范化服务。落实两个“主体责任”不走样，做到一批客一账单，每批到岳阳宾客的住房、用餐、会议室等产生的费用和呈报单、公函并在一起，手续齐全、程序规范。对无呈报单、无公函的一律不接待。严格执行公务接待必须有四大家秘书长在呈报单上签批的规定。做好相关部门单位的工作，严格控制陪餐人员，减少接待开支。

【提升接待水平】 2016年，市接待处遵循热情周到、文明节俭、规范有序的工作宗旨，认真履职，多措并举，较好完成接待任务。强化接待人员政治教育。高度重视接待人员的学习教育，经常开展学习活动，组织学习中央八项规定、省委九项规定等。接待人员在空余时主动浏览各类时事要闻，学习新的党规文件，提高接待人员的政治理论素质。强化接待业务培训。每月不定期抽查接待人员业务知识。针对7月新老人员交替，组织新进员工业务培训，从席位卡、宴会单、住宿的安排，到岳阳楼、君山岛、洞庭湖等景区景点的讲解，让新员工尽快熟悉业务。学习其他先进省市好的接待做法，促进业务水平提升。强化宾馆督导。重视宾馆作为接待工作中具体实施、组织落实、操作服务的重要作用，与宾馆协调配合，加强对宾馆酒店的督促指导。每遇接待活动，及时与宾馆无缝对接，做到有效督导，确保工作有序进行。对餐厅、会场、房间内的布置标准作出详细规定，增强规范接待的操作性，有效防止接待过程中的浪费现象。严肃接待纪律。牢固树立勤俭节约办接待的思想，严格遵守财务纪律和财产管理、物资采购等各项规章制度。所有接待都按标准和规定执行，做到90%以上接待都有呈报单和公函。要求工作人员严守廉政纪律和作风纪律，清白做人、干净办事。接待经费较2015年明显下降，没有发生一起违反党风廉政纪律的事件。

（黎 雯）

市直机关党建工作

【概况】 2016年，中共岳阳市委市直机关工作委员会（简称市直机关工委）围绕服务中心、建设队伍两大任务，助推“一极三宜”江湖名城建设，开拓工作新局面。

党建责任述职。3月15日，召开市直（部分）单位党组（党委）书记履行党建责任述职暨市直机关党的工作会议，10名党组（党委）书记对存在问题进行自我剖析，2名机关党委书记作典型发言，市委副书记李志坚，市委常委、组织部部长王瑰曙分别进行提问点评，市委书记盛荣华讲话。

“两学一做”学习教育。超前部署安排，成立工作领导小组。派出督查小组3个，对市直12个系统的35个市直单位开展“两学一做”学习教育情况进行两次专项督查。8月，联合市委组织部对89个市直单位集中督查，下发督查通报。落实市直机关基层党建7项重点任务，完成党员组织关系集中排查、机关党委换届选举、党费收缴、党员教育等工作，其中，对市直28个系统及单位开展党费专项督查。与“慈善一日捐”等民生活动相结合，号召市直机关党员干部做善人行善事捐善款，募集101万元。与抗洪救灾等重大任务相融合，下发《关于在防汛抢险救灾中切实发挥好机关党组织战斗堡垒和党员先锋模范作用的通知》，评选市防汛抗旱指挥部党支部等一批模范党支部。

学习培训和理论研究。举办党务骨干“两学一做”及综合素质提升北京大学研修班，74名机关党务骨干参加。举办入党积极分子知识学习班，309名学员结业。开展送党课下支部活动，工委班子成员到市人社局、市国土局等单位讲“两学一做”专题党课20多堂。参与“面对面微宣讲、点对点解疑惑”活动，到汨罗市宣讲党的十八届六中全会和省第十一次党代会精神。参与举办“千名书记讲党课”活动，形成案例报送中央国家机关工委，被评为全国机关党组织“两学一做”优秀案例。组织以“学习贯彻习近平总书记系列重要讲话精神，用五大发展理念引领机关党建”为主题的理论研讨活动。收集理论研讨文章20篇，上报省直机关工委15篇。组织参加全省党务知识暨党纪知识网上复赛。

纪念建党95周年系列活动。组织市直机关党员干部以上党课、开设专题讲座、举办党的知识竞赛、撰写心得体会等形式，纪念建党95周年。选树先进典型，向省委、市委推荐表彰先进基层党组织4个、优秀个人10名，推荐省人民满意的公务员集体2个，省人民满意的公务员2名、记一等功2名，省“雷锋式人民公仆”5名，市文明家庭5户，工委表彰“两优一先”93名，市直单位18人被授予2016年度市直机关好科长。加强典型和先进事迹推荐报道，推荐市文广新局等13个单位党组织参加市委组织部党员教育中心“书记谈党建”活动，推荐宣传3名市直优秀共产党员先进事迹，推荐市水务局“70后结对”等3个案例参加省委“三会一课”案例评选，向省委组织部报送市城管局机关党委优秀基层党组织案例。

基层党组织建设。修订并上报市委、市政府综合绩效市直单位党建部分考核细则。推进党代会党代表选举，对市直单位19个选区进行现场指导、监督，选举出席市第七次党代会代表143名，配合市委组织部考察出席省党代会党代表预备人选17名。严格党组织换届，考察、调整23个市直单位机关党委书记、专职副书记人选，指导40个单位机关党委换届并成立机关纪委。对接市财政局，出台在银行开设党费专户的文件。对市直部分单位发展新党员工作进行备案审查，对其中存在的举手表决、政审表述不规范等问题，制作备案审查意见书通知整改。完成2016年度年满50年党龄老党员统计，颁发纪念章240枚。印制“三会一课”会议记录本1万册、党费证3万册。

【党风廉政建设】 2016年，市直机关工委加强党风廉政建设。

2016年4月17日，岳阳市直机关干部职工春季“环南湖健步行”活动举行

（范向辉 摄）

抓廉政教育。将《中国共产党章程》《中国共产党纪律处分条例》《中国共产党廉洁自律准则》等党纪党规列入培训重点内容，结合党务干部北京大学培训班和入党积极分子培训班，分别举办以“新形势下党风廉政建设”和“作风与纪律”为主题的廉政讲座。安排350名市直单位新发展的党员代表和基层纪检委员参加市纪委组织的“学党章党规、颂廉篇经典、铸优乐情怀”活动。编印《科级干部廉洁从政手册》5000册，将《党章》等党纪条规全部收纳其中，计1272条17万字。组织市直机关389名新任科级干部任职廉政法规知识测试，市委常委、市委秘书长、市直机关工委第一书记谈正红到考场巡视。

抓专项整治。6月，对市直各单位“纠‘四风’、治陋习”专项整治工作进行一轮电话督导，收集市直单位自查自纠情况汇报54份。多次派出督查组不定时间、不定地点针对违规公款吃喝、违规操办婚丧喜庆事宜、参赌涉毒、吸毒涉毒方面进行暗访，对某局二级机构3名党员干部吸毒案进行立案查处，开除2名吸毒党员党籍（另1名正在调查中）。市党代会和县市区党代会、人大、政协换届期间，到南湖宾馆等酒店、娱乐场所、28个乡镇（街道）及39个县市区直单位监督暗访换届风气情况，个别座谈相关负责人及社会各界人士236名。在端午节、中秋节等重要时间节点，派出6人次参与市纪委、市委督查室、市政府督查室联合督查组，对县市区和部分市直单位落实作风建设情况进行督查。国庆节前后，派出4个督查组到9个系统24个单位，对上班纪律及廉洁过节情况进行督查。全年发现涉及机关作风问题13起，严格按照规定处理，其中，开除党籍4人，留党察看1人，党内严重警告4人，其他处分4人。市巡察办交办的23件问题线索32项问题全部办结，立案2件2人，警示谈话5件7人，整改7件13项问题，信访结案5件6项问题。

抓警示预防。建立纪检员工作台账，制定《市直机关基层纪检委员信息报送制度》，将其纳入机关党建年度绩效考评。通过基层纪检委员的渠道收到信息76条，从中分析筛选出问题线索15条，通过提醒谈话方式把问题解决在萌芽状态。通过作风建设投诉意见和群众评议，从社情民意中收集问题线索58条，筛选出问题线索7条，均通过函询方式解决。对市直机关有轻微违纪人员警示谈话36人次。

抓案件查办。查办案件23起，其中自办案件13起，协审案件10起，查办市纪委交办案件3件、市委巡察办交办案件2件；处分党员干部23人，其中开除党籍7人，留党察看2人，党内严重警告5人，党内警告5人，政纪处分4人；处分正科级干部9人，副科级干部8人，其他党员6人；追缴违纪款65万元。

【群团工作】 2016年，市直机关工委开展好群团工作。一是开展结对帮扶。开展党组织结对帮扶贫困残疾人家庭活动，市委领导带头，157个市直及中央、省驻岳单位党组织到中心城区1014户贫困残疾人家庭开展结对帮扶，办理实事700件，帮助残疾人参加职业技能培训和推荐就业178人次，送去大米、食用油等慰问物资1210份，落实帮扶资金300万元，被评为市最佳志愿服务项目。春节、“七一”期间开展慰问生活困难党员150人次，送去慰问金15万元。筹集资金4万元，对市直单位50名困难职工进行帮扶。开展“金秋助学”活动，为市直单位2名困难职工子弟分别争取助学金3000元。二是开展文体活动。联合市教体局、南湖新区举办2016年岳阳市直机关干部职工春季环南湖健步行活动，市直机关19个系统、同城三区及驻岳部队3600名干部职工参加。与市教体局联合举办市直机关第二届乒乓球比赛，市直13个系统和11个县市区的300名运动员参赛。主办2016年第二届市直机关干部职工篮球赛，30支球队、500名运动员参赛。三是加强群团建设。指导7个市直单位组建工会、1个单位工会委员会委员补选、3个单位工会换届选举。指导推荐市国土资源局工会创省级模范职工之家、市残联工会创市级模范职工之家、市人社局工伤保险管理处创“工人先锋号”。组织市政务中心等市直窗口单位开展“三优”劳动竞赛活动。开展第三期职工住院医疗互助活动，市直系统90个单位、5000名干部职工参加职工住院医疗互助，收缴、上解互助金45万元。

（陈　虎）

机构编制工作

【概况】 2016年，中共岳阳市委机构编制委员会办公室（简称市委编办）围绕中心、服务大局，推进政府职能转变和体制机制改革，科学配置机构编制资源，加强事业单位法人监管，各项工作取得成效。

【理顺体制机制】 2016年，市委编办按照同一件事情由一个部门负责的原则，最大限度解决部门职责交叉和分散问题。围绕推行不动产统一登记管理，将原来分散在市国土、房产、林业、畜牧等部门的相关职责整合起来，设立市不动产登记中心。着眼法治政府、阳光政府、廉洁政府建设要求，将发改、财政等10多个市直部门涉及工程建设项目招投标、政府采购等公共资源交易职责进行整合，并按“编随事走、人随编走”的原则，一次性划转人员编制46名，成立岳阳市公共资源交易中心，在湖南省率先实现公共资源场外无交易。

【承担行政职能事业单位改革试点】

2016年，市委编办开展行政职能事业单位改革试点，深化政事分开，推进行政职能回归行政机关，公益性服务回归事业单位。到部门单位座谈调研、征求意见60场次，甄别465家事业单位权责清单629项，确定91家单位承担行政职能并纳入改革试点范围。坚持“一案一策”，为每家涉改单位制定具体改革方案，得到中央编办和省编办的肯定。跟踪督导华容县、临湘市两个试点县市改革工作，市县两级上下联动、整体推进。

【规范基础工作】 2016年，市委编办统一社会信用代码赋码发证工作取得成效，市直党政群机关赋码发证115家；全市事业单位完成赋码发证2900家，占总量的80%，超年度预定的60%的目标，全省排名第一。事业单位统一登记管理规范有序，岳阳市3500家事业单位完成年报并上网公示。做好一般变更、登记工作，办理各类设立登记22家，变更登记232家次，办理注销登记16家。加强事业单位法人公示信息抽查工作，完成公示信息抽查单位10家，发现并督促整改各类问题26个，典型做法被湖南省编办在《湖南机构编制工作》《湖南机构编制网》推介。开展事业单位法人履职评估，实行履职评估与年度报告公示工作相结合、与公示信息抽查工作相结合、与实地核查工作相结合、与事业单位信用监管工作相结合、与事业单位运行异常名录制度相结合制度，较好解决事业单位履职缺位、越位、不到位等问题。加强网上名称管理工作，市直单位注册中文域名422个；10个县市区中文域名注册工作基本完成。规范实名制管理，信息年报工作被评为湖南省先进单位。

【优化配置机构编制资源】　2016年，市委编办执行审批“一支笔”制度，明确规定新增职能一般不新设机构，由职能相近机构承担；新设机构一般不新增编制，从职能弱化单位划转；新增编制一般不新进人员，从人员超编单位选调。岳阳市在编人员连续四年实现负增长。坚持向简政放权要编制、向精简机构要编制、向整合职能要编制，最大限度地挖掘潜能、满足需要。推行编制结构管理和周转编制管理，腾出编制引进高学历人才200名。紧盯薄弱环节，加大明察暗访力度，杜绝违规超编进人现象。

（徐伯维）

党校工作

【概况】　2016年，市委党校适应“一极三宜”江湖名城建设的需要，加大培训力度。开办主体班24个，培训1723人。举办社会培训班38个，培训各类社会人才6060人。新招收在职研究生2个班102人，在学的在职研究生有4个班232人。改革班次设置。拓宽培训对象的覆盖范围，首次举办村（社区）党组织书记培训班和市直单位工作人员进修班，加大对基层党员干部的培训力度。丰富教学内容。突出理论教育和党性教育主业主课，围绕中央“四个全面”和“五大发展理念”设置教学板块，开设“一极三宜”江湖名城建设、省市党代会精神等专题课程，把党委政府中心工作和重大战略部署纳入主体班培训内容。创新教学方式。突出学员与教师双向交流，组织电视问政、电视访谈模拟式教学，开展“课前5分钟”活动，学员自我组织诵读古诗词名篇、唱革命歌曲。开展多个班次的现场式、案例式教学和异地培训活动，增强培训效果。教师教学质量考评优良率、学员结业考试考核成绩优良率均达98%。

【理论宣讲】　2016年，市委党校围绕宣传马克思主义中国化最新成果、党的路线方针政策及市委市政府重大决策部署，组织教师到市直部门和基层讲课100场，接受岳阳电视台专访5次，在《岳阳日报》发表理论文章8篇。11月，派出由校领导和教师组成的30人宣讲团，分10个小分队，到街道社区开展十八届六中全会和省十一次党代会精神“面对面微宣讲、点对点解疑惑”活动。

【科研咨政】　2016年，市委党校把为教育培训服务、为党委、政府决策服务作为科研工作的方向。全年出版理论著作1部，完成省级课题12个、市级课题4个，在省级以上报刊发表论文22篇，在省级以上理论研讨会获奖10个，申报立项省级课题9个，编辑出版校刊《岳阳论坛》2期。其中，著作《建设服务责任法治廉洁政府》、市级重点委托课题《岳阳饮食文化旅游资源及其开发研究》、省情与决策咨询课题《土地产权流转与发展农村新型合作经济组织研究》《洞庭湖生态经济区生态产业发展研究》等研究成果，都具有咨政服务价值。课题《洞庭湖生态经济区新型城镇化发展路径研究》是市委党校首次独立申报、主持并完成的省社科基金重点委托课题。

【学风建设】　2016年，市委党校落实中央、省委和市委关于加强学风建设的要求，持之以恒抓学风。一是严明制度。制定《关于主体班学风建设实施意见》，对学员管理明确规定16项121条，细化到就餐、住宿、自学等各环节。二是严格督查。采取上级组织部门派人进班跟学、党校班子成员轮流值班、老师专人带班、纪检部门不定期督查等形式，严查“两堂”（课堂、饭堂）“两风”（吃喝风、送礼风）“四率”（到课率、自学率、住校率、就餐率），对学员管理情况实行日公布、周通报。三是严肃

2016年5月24日，岳阳市党校系统第十五次教学竞赛举行

（肖　凌　摄）

考核。采取百分制量化考核，综合评价学员的“四率”、政治纪律、廉政纪律、学习成绩等表现，作为评先选优的依据。市委党校主体班“四率”达95%。6月，市委党校作为先进单位在全省党校工作会议上交流学员管理经验。中央党校《党校工作通讯》刊发市委党校学员管理经验。

（彭亚林）

老干部工作

【概况】　2016年，中共岳阳市委老干部局（简称市委老干部局）贯彻落实《关于进一步加强和改进离退休干部工作的意见》和《关于进一步加强和改进离退休干部工作的实施意见》（以下简称《意见》《实施意见》）精神，把握老干部工作为党和人民的事业增添正能量的价值取向，取得新成绩。被评为全省老干部工作先进集体。

【优化工作环境】　2016年，市委老干部局针对老干部工作转型发展要求，确立“强化保障、齐抓共管、多办实事、争创一流”的工作思路，创优环境。

确立三个优先。争取市委、市政府主要领导重视支持，确立“三个优先”，即离退休干部工作优先研究，离退休干部经费优先保障，离退休干部困难优先解决。召开市老干部工作领导小组会、“双先”表彰会、市长征求老同志《政府工作报告》意见座谈会、第四个老年节暨经济形势通报会等，市四大家主要领导均分别参加。全市老干部工作部门认真学习贯彻《意见》和《实施意见》。局领导到县市区和市直单位、中央省驻岳单位对《意见》《实施意见》进行宣讲和辅导，召开座谈会30个，听取基层和老同志的意见建议。下发《关于进一步加强和改进离退休干部工作的实施意见》。

实行三个确保。配强人员经费，确保服务到位。《关于进一步加强和改进离退休干部工作的实施意见》对老干部工作机构编制和经费保障进行硬性规定。纳入绩效考核，确保真正重视。老干部工作纳入全市综合绩效考核和全市党建工作目标考核内容，做到工作有抓手、考评有标准、前进有方向。争取部门配合，确保形成合力。市委副书记李爱武主持召开老干部工作领导小组会，研究部署老干部工作，各成员单位各负其责，形成合力。

构建三项机制。巩固离休干部“三个机制”（财政支持、离休费保障、医药费保障机制），出台离退休干部特困帮扶机制、离退休干部共享发展成果机制，落实离退休干部政策性经费和生活补助经费。落实市本级离休干部特殊护理费。建立健全特困老干部帮扶资金。县市区将特困老干部帮扶资金列入财政预算，每年增至15万~30万元，全年帮扶离休干部260人次，帮扶资金42万元。

【突出亮点工作】　2016年，市委老干部局突出亮点工作，成效明显。

开办“金秋正能量”栏目。在岳阳电视台开办“金秋正能量”栏目，宣传推介优秀老干部事迹，播出18期，推介宣传55个老干部的典型事迹。围绕市委建设“一极三宜”江湖名城战略，组织全市2万名老干部在建言献策、关心下一代、弘扬优秀文化、助力新农村建设等方面发挥作用。在全市离退休干部中开展“明规矩、守纪律、作表率”主题活动，使广大离退休党员干部自觉严守政治纪律、政治规矩，支持拥护换届选举纪律要求，为确保全市领导班子换届工作风清气正做贡献。防汛抢险期间，全市有500名老党员、老干部、老专家战斗在抗洪抢险第一线，发挥协调指挥和技术指导作用。

开展亲情服务。针对离休干部开展亲情服务、个性化服务，提高老干部的生活质量。开展结对服务，每个局领导联系15名老干部，每个工作人员联系10名老干部，发放亲情服务联系卡，保持24小时联系，做到“五必访”“三必送”（春节必访、老人节必访、生日必访、家庭特殊困难必访、生病必访，电话送爱心、上门送服务、临终送关怀）。

打造巴陵红枫品牌。加强老干部活动阵地规划和建设，市老干部活动中心大楼装修装饰工程竣工。实施巴陵红枫·文化养老工程，构建传统文化、党建文化、才艺文化、健康文化等体系，组织老同志开展活动。举办纪念建党95周年和红军长征胜利80周年征文书画作品展、第23届老干部门球赛、“城管杯”老干部钓鱼比赛、“健康长寿老人”表彰大会等活动10场次。

【市级老同志迎新春座谈会】

2016年2月2日，岳阳市举行市级老同志迎新春座谈会。老同志梅

2016年6月28日，《金秋正能量》栏目开播仪式在市广电中心演播大厅举行

（范向辉　摄）

楚波、黄甲喜、叶树松、罗传根、高碧云、汤志雄、刘泗元、陈志刚、张治雄、罗典苏、赵协成、白尊贤、方贵吾等出席。市委书记盛荣华主持并讲话，市委副书记、市长刘和生通报全市经济社会发展情况。市领导陈奇达、樊进军、王瑰曙出席。

【离退休干部“七一”表彰大会暨“金秋正能量”栏目开播仪式】　2016年6月28日，市委组织部、市离退休干部工委、市委老干部局在市广播电视台演播大厅举行全市离退休干部“七一”表彰大会暨“金秋正能量”栏目开播仪式。市委常委、组织部部长、统战部部长王瑰曙出席并讲话，宣布“金秋正能量”栏目正式开播。市领导李永丰、欧江平，老领导黄甲喜、罗传根、陈志刚、张治雄、白尊贤、方贵吾等出席。各县市区、市直单位、中央省驻岳单位分管领导和老干、政工人事科长220人参加会议。

（杨亚中）

讲师团工作

【概况】　2016年，市委讲师团发挥在市委学习中心组服务、理论宣讲和理论研究等方面的职能作用，以服务党委中心组学习为龙头，以宣讲总书记习近平系列重要讲话精神和党的十八届五中、六中全会，省第十一次党代会、市第七次党代会精神为主线，完成工作任务。组织市委中心组学习7次15天，举办全市宣传理论骨干培训班1期，授课208场次，出版专著和编著2部，主持完成省、市重大立项课题5个，发表各类文章100多篇，在全省讲师团系统先进单位考评中获得一等奖。

【服务党委中心组学习】　2016年，市委讲师团服务党委中心组学习。一是制订市委中心组年度理论学习计划。研究制定《2016年市委中心组理论学习安排意见》，确定全年6个重点学习专题和5个专题讲座。指导全市副处级以上单位党委（党组）中心组理论学习。邀请钟志华、黄跃进、詹鸣、胡旭晟、孟庆全、郑昌华等专家学者到岳阳作专题辅导。超额完成市委中心组年度学习计划。二是加强对中心组学习秘书的管理和培训。5月3—5日，围绕党的十八届五中全会精神和全年理论热点，与市委宣传部联合举办全市党委（党组）中心组学习秘书暨理论骨干培训班，讲授5个重点专题，培训140人。组织20名理论骨干参加省委宣传部、省委讲师团举办的培训班，提高党委（党组）中心组学习秘书和全市理论骨干的理论素养和业务能力。

2016年11月30日，市长刘和生到岳阳楼区郭镇乡建中村开展宣讲活动

（王　志　摄）

【开展理论宣讲活动】　2016年，市委讲师团开展重大理论宣讲活动。一是结合理论热点开展宣讲。围绕党的十八届五中、六中全会精神和理论热点，为市直各单位、各县市区、厂矿企业、部队、学校、乡镇（街道）和社区讲课208场次，听众3万人次。编写《岳阳市2016年党员干部理论学习专题讲座》，设6讲，每讲1万字，后附“资料链接”和“理论学习专题菜单”，为全市党员干部理论学习提供辅导资料和培训教材。二是策划重点专题开展宣讲。组织开展学习总书记习近平系列重要讲话精神、党的十八届五中、六中全会精神、省第十一次党代会、市第七次党代会精神等重大主题宣讲活动。开展集体备课，组织专题备课会8次，制作多媒体课件20个。11月，党的十八届六中全会召开后，配合市委成立宣讲团，到各县市区和市直单位、厂矿企业开展专题宣讲50堂次。

【组织课题调研与理论研究】　2016年，市委讲师团组织课题调研与理论研究工作。

开展课题调研。出版专著和编著2部。戴文慧、蔡吉跃、李卫兵、谢朝晖、王随、杨辉等6人合著出版《岳阳推进“一极三宜”江湖名城建设宣讲案例选编》，刘生康专著《乡愁映像——叶氏黄泥湾大屋》。戴文慧、蔡吉跃、谢朝晖、杨辉等联合完成省直机关工委党建研究立项课题《“两学一做”学习教育实践创新研究——以湖南省岳阳市为例》。戴文慧、蔡吉跃、杨辉等联合完成市社科重大课题《岳阳市开放型经济发展对策研究》。蔡吉跃主持完成省哲学社会科学基金党的创新理论研究立项课题《按照“四个全面”战略布局，推进湖南农业产业集群发展和农民增收研究》。

撰写理论文章。在《云梦学刊》《学习导刊》等省级刊物上发表理论文章6篇，在市级刊物及媒体上发表文章100篇，发表时评、阅评文章110篇。11月，在全省讲师团系统学习贯彻党的十八届六中全会精神理论研讨暨宣讲备课会上提交理论文章4篇。其中，《全面从严治党的路径方法与经验启示》获三等奖，获人选论文奖3篇。10月，蔡吉跃被评为中宣部全国基层理论宣讲先进个人和省国防教育工作先进个人。

参与省团活动。3月，两人参加全省哲学社会科学教学科研骨干研修班。4月，两人参加全省县级以上单位党委（党组）中心组学习秘书培训班。9月，2人参加全省讲师团系统学习贯彻以习近平为总书记的党中央治国理政新理念新思想新战略教学比赛，《加快推进供给侧结构性改革，建设“一极三宜”江湖名城》获得三等奖。

【开展“面对面微宣讲、点对点解疑惑”活动】 2016年，市委讲师团戴文慧、蔡吉跃、李卫兵、谢朝晖等4人分别参加由市长刘和生带队，市委市政府领导、专家学者、党员干部和文艺工作者组成的微宣讲小分队，到岳阳楼区郭镇乡建中村、岳阳县中洲乡中洲村、柏祥镇中村村、长湖乡范家村，以“一张图表见精神、一次恳谈解疑难、一台说唱暖人心、一场互动明事理”的形式，开展党的十八届六中全会和省第十一次党代会精神微宣讲活动。该活动被新华网、凤凰网、湖南卫视、红网等中央和省级主要媒体报道推介。

（杨　辉）

对台工作

【概况】 2016年，中共岳阳市委台湾工作办公室（简称市台办）采取节会发布、网上推介、微信联络、邀请考察、上门对接等方式，开展对台招商，组织参加重大节会3次，派小分队上门对接6批次，邀请台商11批150人。岳阳绿光农业科技有限公司、岳阳尚墨网络科技、士宏农林科技、岳阳幸福盛会文创精品馆等一批中小台资企业落户岳阳。

【对台交流合作】 2016年市台办一是加强县市区对台工作指导。县级对台工作网络建设进入实质性解决阶段。加强县级对台基础工作建设。12月，在华容县召开为期2天的全市对台系统干部业务培训暨基础工作交流会，举办台海形势专题讲座，观摩华容县台办的基础工作，对县级对台工作提出规范性要求。二是启动乡镇对台交流合作。5月，策划并配合市委组织部开展首批乡镇党委书记到中国台湾地区考察交流培训活动，重点考察学习台湾地区乡村规划建设、现代农业发展、农业专业化服务和农村生态保护等方面的经验，建立乡级对台直接联系与合作关系。该项工作被市委组织部列入优秀乡镇干部培训计划。三是推进对台交流联络。发挥岳阳市对台工作资源优势，举办重要涉台交流活动7次，其中，上级台办委托项目4个、自办3个，参与交流的中国台湾各界人士230人。举办湖湘文化之旅、“大陆魅力城市”岳阳专访、中华历史文化名楼图片展等重要涉台活动。

【服务台商台企】 2016年3月，市委、市政府召开台商台资企业代表座谈会。市对台办为永箔科技、嘉美大厦、湘安陵园等台资企业协调解决相关困难和问题。处理海协会关注的扬帆幼儿园建筑合同纠纷、台胞廖启迪祖业房产和李满辉祖产补偿等信访问题。协调解决3名台胞的小孩择校就学诉求。协调处理富川公司“南湖·名门世家”项目建设过程中遇到的困难和问题。

（李　杰）

岳阳市人民代表大会

责任编辑 李 幸

重要会议

【市七届人大5次会议】 2016年1月12—15日，岳阳市第七届人民代表大会第5次会议召开。会议听取和审查市人大常委会、市人民政府、市中级人民法院和市人民检察院工作报告，审查岳阳市国民经济和社会发展第十三个五年规划纲要（草案）的报告，批准岳阳市国民经济和社会发展第十三个五年规划纲要，审查岳阳市2015年国民经济和社会发展计划执行情况与2016年国民经济和社会发展计划（草案）的报告，批准岳阳市2015年国民经济和社会发展计划执行情况的报告与2016年国民经济和社会发展计划，审查岳阳市2015年财政预算执行情况与2016年财政预算（草案）的报告，批准岳阳市2015年财政预算执行情况的报告与2016年财政预算。审议并表决通过《关于设立岳阳市第七届人民代表大会法制委员会的议案》。

【市人大常委会会议】 2016年2月23日，市七届人大常委会召开第25次会议。会议听取和审议关于调整岳阳市第七届人民代表大会换届时间的议案，表决通过市人大常委会关于调整岳阳市第七届人民代表大会换届时间的决定，审议通过有关人事事项。

3月31日，市七届人大常委会召开第26次会议。会议传达学习十二届全国人大四次会议精神。听取和审议市人民政府关于提请审议支持组建岳阳农村商业银行股份有限公司的议案、关于2016年市本级财政专项资金（基金）预算的报告、关于2015年度城乡规划实施情况的报告、关于2015年度全市环境状况及环境保护目标任务完成情况的报告。听取市人大常委会法工委关于2015年度全市规范性文件备案审查工作情况的报告。表决通过市人大常委会关于批准支持组建岳阳农村商业银行股份有限公司的决定。审议通过有关人事事项。

5月26日，市七届人大常委会召开第27次会议。会议初审《岳阳历史文化名城保护条例（草案）》，听取市人大常委会代表资格审查委员会关于部分市七届人大代表资格终止、补选的代表资格审查的报告，审议通过市人民政府关于《中华人民共和国安全生产法》及《湖南省安全生产条例》执法检查审议意见落实情况的报告、关于全市职业教育、城镇污水处理设施建设与运行工作评议意见落实情况的报告，市人民检察院关于全市检察机关民事行政检察工作审议意见落实情况的报告以及有关人事事项。

7月28—29日，市七届人大常委会召开第28次会议。会议审议《岳阳历史文化名城保护条例（草案·二次审议稿）》；听取市人大常委会代表资格审查委员会关于部分市七届人大代表资格终止的报告；听取和审议市人民政府关于岳阳市2015年财政决算草案和2016年上半年预算执行情况的报告、关于2015年度市本级预算执行和其他财政收支的审计工作报告、关于岳阳市2016年上半年国民经济和社会发展计划执行情况的报告、关于2016年市本级政府性投资项目计划的报告、关于全市劳动保障监察工作情况的报告；审议通过《关于批准2015年市级财政决算的决议》《关于批准市人民政府〈关于2016年市本级政府性投资项目计划的报告〉的决议》，市人民政府关于《中华人民共和国农产品质量安全法》执法检查审议意见落实情况的报告、关于提请审议修改《岳阳市城市总体规划（2008—2030）》的议案，市人大常委会主任会议关于重新确定屈原管理区河市镇和凤凰乡乡镇人大代表名额的议案、关于提请任命屈原管理区营田镇等三个乡镇选举委员会组成人员的议案及有关人事事项。

9月30日，市七届人大常委会召开第29次会议。会议听取和审议市人大常委会执法检查组关于检查《中华人民共和国食品安全法》《中华人民共和国水法》实施情况的报告，市人民政府关于2016年岳阳市地方政府债券资金安排及市级预算调整方案（草案）的报告、关于提请审议岳阳市与英国萨默塞特郡建立友好城市关系的议案；审议通过关于批准2016年岳阳市地方政府债券资金安排及市级预算调整方案的决议、关于同意岳阳市与英国萨默塞特郡建立友好城市关系的决定、关于岳阳市第八届人民代表大会代表名额分配的决定、市中级人民法院关于民事审判工作评议意见落实情况的报告以及有关人事事项。

11月30日，市七届人大常委会召开第30次会议。会议听取和审议市人民政府及有关被审计单位关于2015年度市本级预算执行和其他财政收支审计工作报告指出问题整改情况的报告，市人民政府关于代表议案和建议批评意见办理工作情况的报告，市人大常委会关于代表议案和建议批评意见督办情况的报告；听取市人大法制委关于《岳阳历史文化名城保护条例（草案）》审议结果的报告，市人大常委会联工委关于重新确定部分乡镇新一届人民代表大会代表名额的备案报告；审议通过《岳阳历史文化名城保护条例》，市人民政府关于2015年度市本级预算执行和其他财政收支审计工作报告指出问题整改情况的报告，市人大常委会主任会议关于确认许可对岳阳市第七届人大代表余方然采取强制措施的议案，市人大常委会关于召开市八届人大1次会议的决定以及有关人事事项。

12月29日，市七届人大常委会召开第31次会议。会议初审市人民政府关于岳阳市2016年预算执行情况与2017年预算草案的报告，市人大常委会工作报告（送审稿），市八届人大1次会议议程和日程（草案）、有关名单（草案）、选举办法（草案）、关于接收代表议案、质询案截止时间的决定（草案）；听取市人大常委会代表资格审查委员会关于岳阳市第八届人民代表大会代表的代表资格审查报告，市人大常委会联工委关于全市市、县、乡三级人大换届选举工作情况的报告；接受5名省十二届人大代表辞职，补选1名省十二届人大代表；审议通过有关人事事项。

【市人大常委会主任会议】 2016年2月19日，市七届人大常委会召开第59次主任会议。会议研究确定2016年重点督办的代表建议。审议岳阳市人大常委会实施宪法宣誓制度组织工作细则（征求意见稿）。初审关于调整岳阳市第七届人民代表大会换届时间的议案和决定（草案）、市七届人大常委会第25次会议议程（草案）及人事事项。审议通过市七届人大常委会第25次会议日程安排（草案）。

3月24日，市七届人大常委会召开第60次主任会议。会议初审市人民政府关于提请审议支持组建岳阳农村商业银行股份有限公司的议案、关于2016年市本级财政专项资金（基金）预算的报告、关于2015年度城乡规划实施情况的报告、关于2015年度全市环境状况及环境保护目标任务完成情况的报告，市人大常委会法工委关于2015年度全市规范性文件备案审查工作情况的报告，市七届人大常委会第26次会议议程（草案）及人事事项。听取市人民政府关于2015年度城建项目资金计划执行及2016年度计划编制情况的报告。审议通过市七届人大常委会第26次会议日程安排（草案）。

4月22日，市七届人大常委会召开第61次主任会议。会议听取市人民政府关于岳阳东客运枢纽项目情况的汇报。

4月28日，市七届人大常委会召开第62次主任会议。会议听取市人民政府关于岳阳市人大代表建议网上办理平台建设情况的报告、关于全市农村村民规范建房工作情况的报告。初审市人民政府关于《中华人民共和国安全生产法》和《湖南省安全生产条例》执法检查审议意见落实情况的报告、市七届人大常委会第27次会议议程（草案）。

5月18日，市七届人大常委会召开第63次主任会议。会议听取市人民政府关于全市农村精准扶贫工作情况的报告、市人大常委会代表资格审查委员会关于部分市七届人大代表代表资格审查情况的报告。初审市人民政府关于全市职业教育发展、城镇污水处理设施建设与运行工作评议意见落实情况的报告，市人民检察院关于全市检察机关民事行政检察工作审议意见落实情况的报告，市人民政府提请审议的《岳阳历史文化名城保护条例（草案）》及人事事项。审议通过市七届人大常委会第27次会议日程安排（草案）。

7月25日，市七届人大常委会召开第64次主任会议。会议初审市人民政府关于岳阳市2015年财政决算草案和2016年上半年预算执行情况的报告、关于2015年度市本级预算执行和其他财政收支的审计工作报告、关于岳阳市2016年上半年国民经济和社会发展计划执行情况的报告、关于2016年市本级政府性投资项目计划的报告、关于《中华人民共和国农产品质量安全法》执法检查审议意见落实情况的报告、关于全市劳动保障监察工作情况的报告、关于提请审议修改《岳阳市城市总体规划（2008—2030）》的议案。初审《岳阳历史文化名城保护条例（草案·二次审议稿）》、关于提请任命屈原管理区营田镇等三个乡镇选举委员会组成人员的议案、关于重新确定屈原管理区河市镇和凤凰乡乡镇人大代表名额的议案、市七届人大常委会第28次会议议程（草案）及人事事项。听取市人大常委会代表资格审查委员会关于部分市七届人大代表资格终止的报告。审议通过市七届人大常委会第28次会议日程安排（草案）。

8月26日，市七届人大常委会召开第65次主任会议。会议听取市人民检察院关于全市检察机关规范司法行为工作情况的报告。初审市人大常委会执法检查组关于检查《中华人民共和国食品安全法》《中华人民共和国水法》实施情况的报告及市七届人大常委会第29次会议议程（草案）。

9月5日，市七届人大常委会召开第66次主任会议。会议研究关于推荐湖南省人大工作先进个人和湖南省人大代表履职先进个人相关事项。

9月21日，市七届人大常委会召开第67次主任会议。会议初审市人民政府关于2016年岳阳市地方政府债券资金安排及市级预算调整方案（草案）的报告、关于提请审议岳阳市与英国萨默塞特郡建立友好城市关系的议案，市中级人民法院关于民事审判工作评议意见落实情况的报告。初审关于岳阳市第八届人民代表大会代表名额分配的决定（草案）及人事事项。审议通过市七届人大常委会第29次会议日程安排（草案）。

10月21日，市七届人大常委会召开第68次主任会议。会议听取市人民政府相关单位关于重点建议办理工作情况的报告，书面印发市人大专门委员会、常委会工作机构关于代表议案和建议批评意见督办工作情况的报告。初审《岳阳历史文化名城保护条例（草案·三次审议稿）》及人事事项。

11月4日，市七届人大常委会召开第69次主任会议。会议听取岳阳环保世纪行、农产品质量安全行、农民健康行、民族团结进步行动活动情况的报告。初审市人民政府关于代表议案和建议批评意见办理情况报告，市人大常委会关于代表议案和建议批评意见督办情况的报告及市七届人大常委会第30次会议议程（草案）。

11月17日，市七届人大常委会召开第70次主任会议。会议听取市人大常委会调研组关于岳阳市物流产业发展情况的调研报告，市人大常委会联工委关于重新确定部分乡镇新一届人民代表大会代表名额的备案报告，市人民政府关于《物业管理条例》贯彻实施情况的报告。初审市人民政府及有关被审计单位关于2015年度市本级预算执行和其他财政收支审计工作报告指出问题整改情况的报告，市人大常委会关于召开市八届人大1次会议的决定（草案）。审议通过市八届人大1次会议筹备工作方案（草案），市七届人大常委会第30次会议日程安排（草案）。

11月22日，市七届人大常委会召开第71次主任会议。会议听取衡阳市公安局拟对岳阳市第七届人大代表余方然采取强制措施的报告。

11月30日，市七届人大常委会召开第72次主任会议。会议审议《岳阳历史文化名城保护条例（草案·建议表决稿）》。

12月16日，市七届人大常委会召开第73次主任会议。会议听取市普法办组织行政执法部门国家工作人员学法用法集中考试情况的报告。征求对市人大常委会工作报告（送审稿）的意见。初审市八届人大1次会议议程和日程（草案），市八届人大1次会议有关名单（草案），市八届人大1次会议选举办法（草案），市八届人大1次会议关于接收代表议案、质询案截止时间的决定（草案），市七届人大常委会第31次会议议程（草案）。

12月26日，市七届人大常委会召开第74次主任会议。会议听取市人民政府关于岳阳市2016年国民经济和社会发展计划执行情况及2017年计划草案的报告、关于岳阳市2016年预算执行情况与2017年预算草案的报告，市人大常委会代表资格审查委员会关于岳阳市第八届人民代表大会代表的代表资格审查报告，市人大常委会联工委关于全市市、县、乡三级人大换届选举工作情况的报告。初审补选省十二届人大代表有关事项及人事事项。审议通过市七届人大常委会第31次会议日程安排（草案）。

（汤文彬　谌国华　刘方奇）

决议决定

【审议决定重大事项】 2016年，岳阳市人民代表大会常务委员会（简称市人大常委会）服务全市发展大局，依法科学审议决定重大事项，推动全市经济社会持续健康协调发展。听取和审议“十二五”规划实施情况报告、“十三五”规划编制情况报告，督促政府主动对接融入“一带一部”、长江经济带、洞庭湖生态经济区等国家区域发展战略，发挥“一区一港四口岸”平台优势，加快构建具有特色的开放型现代产业体系。听取和审议年度国民经济和社会发展计划执行情况报告，督促政府科学研判宏观经济形势，主动适应经济发展新常态，优化经济发展环境，抢抓发展机遇，推进“621”行动，打造新的经济增长极。审议批准岳阳城市原点标志建设方案，督促政府推进城市原点标志建设。督促财政部门认真编制年度预算，从七届人大二次会议开始将市本级部门预算提请全体代表审查。在代表大会审查批准市级财政预算基础上，每年听取和审议年度市本级财政专项资金细化预算，半年度预算执行及年度财政决算情况报告。推进全口径预算，对年度市级一般公共财政预算、政府性基金预算、国有资本经营收入预算、社保基金预算进行细化审查。督促政府进一步强化财政资金预算管理，规范编制程序，细化编制项目，强化预算约束。

【依法审议决定人事任免】 2016年，市人大常委会依法审议决定人事任免，坚持党管干部原则，坚持拟任命人选任前法律知识考试、供职发言、向宪法宣誓和颁发任命书等制度。本届以来，依法任免国家机关工作人员289人次，接受辞职9人次，接受省十二届人大代表辞职13人，补选省人大代表11名，聘任市人大各专门委员会兼职委员33名。

【地方立法工作】 2016年，市人大常委会着力用好地方立法权，加强立法能力建设，以岳阳历史文化名城保护为突破口，制定岳阳市首部地方法规。提请编制部门设立市人大常委会法工委，提请代表大会批准设立市人大法制委员会，配备立法工作人员，安排立法工作经费，完善立法工作制度。加强立法队伍建设，组建立法专家库，与省法学会、有关高校及律师事务所建立合作或联系机制，为立法工作提供专业支持。加强培训学习，组织立法工作人员到省人大法工委跟班学习，参加全国人大组织的立法专题培训，学习外地立法工作先进经验和成功做法，努力提高立法能力。结合岳阳实际，主导制定《岳阳历史文化名城保护条例》，广泛征求意见，组织专家论证。法规草案提请常委会议进行3次审议，多次修改完善，经常委会第30次会议表决通过，按程序报请省人大常委会审查批准。

【关于调整岳阳市第七届人民代表大会换届时间的决定】 2016年2月23日，市七届人大常委会第25次会议作出《关于调整岳阳市第七届人民代表大会换届时间的决定》，将岳阳市第七届人民代表大会换届时间由2017年年底至2018年年初调整到2016年年底至2017年年初。

【关于批准支持组建岳阳农村商业银行股份有限公司的决定】 2016年3月31日，市七届人大常委会第26次会议作出《关于批准支持组建岳阳农村商业银行股份有限公司的决定》，支持市人民政府整合岳阳楼区、云溪区、君山区农村信用合作联社，组建岳阳农村商业银行股份有限公司，同意市人民政府以现金和土地置换涉政类不良贷款的方案。

【关于批准2015年市级财政决算的决议、关于批准市人民政府关于2016年市本级政府性投资项目计划的报告的决议】 2016年7月28—29日，市七届人大常委会第28次会议作出《关于批准2015年市级财政决算的决议》和《关于批准市人民政府〈关于2016年市本级政府性投资项目计划的报告〉的决议》。会议要求依法依规筹措资金，依法依规将政府性债务纳入预算管理，严格执行项目管理制度，推进项目建设，确保工程质量，提高资金使用效益。

【关于批准2016年岳阳市地方政府债券资金安排及市级预算调整方案的决议】 2016年9月30日，市七届人大常委会第29次会议作出《关于批准2016年岳阳市地方政府债券资金安排及市级预算调整方案的决议》《关于岳阳市与英国萨默塞特郡建立友好城市关系的决定》《关于岳阳市第八届人民代表大会代表名额分配的决定》。

【关于召开岳阳市第八届人民代表大会第1次会议的决定】 2016年11月30日，市七届人大常委会第30次会议作出《关于召开岳阳市第八届人民代表大会第1次会议的决定》，定于2017年1月在市区召开岳阳市第八届人民代表大会第1次会议。

（汤文彬　谌国华　刘方奇）

重大活动

【依法行使监督职权】 2016年，市人大常委会依法行使监督职权，督促“一府两院”依法行政、公正司法，保障宪法法律全面正确实施。制定《专项工作评议办法》，督促政府及部门依法行政、履职为民。对全市职业教育发展、基本农田保护、城镇污水处理设施建设运行、保障房建设与管理、大气污染防治、价格调节基金管理、农机购置补贴政策落实、农业科技创新与成果转化、社会救助、农村公路养护管理、中心城区道路交通安全管理、人口计生工作等群众普遍关注的15个方面工作进行评议。在实事求是肯定工作成绩的同时，客观中肯指出问题与不足，切合实际提出整改要求，推动改进工作。组织开展义务教育法、农产品质量安全法、安全生产法、环境保护法、食品安全法、行政诉讼法、人民防空法、农业法、水法、旅游法、植物检疫条例等10余部法律法规实施情况的检查，配合省人大常委会开展未成年人保护法、大气污染防治法、水污染防治法、专利法、电力法、湖南省安全生产条例、湖南省乡镇财政管理条例等执法检查，跟踪督促执法检查审议意见的落实，解决法律法规执行中存在的问题。做好规范性文件备案审查工作，接收报备规范性文件190件，向省人大常委会报送备案规范性文件12件，督促有关单位对个别文件依法进行修改。作出《关于加强人民检察院对诉讼活动法律监督工作的决定》，监督和支持检察机关履行法律监督职责。听取和审议全市检察机关职务犯罪预防工作情况报告，督促检察机关推进预防机制建设。作出《关于对法院、检察院、公安执法人员学法用法进行集中考试的决定》，督促提升司法执法队伍法律业务素质。听取全市干部学法用法考试情况汇报，支持选择部分行政执法单位工作人员进行学法用法集中考试。专题调研全市法院人民陪审员履职情况，督促审判机关发挥人民陪审员作用。对全市审判公开、检务公开、公安刑事侦查、司法鉴定工作进行调研，提出建议意见。

【预算执行审计整改情况监督】

2016年，市人大常委会审议通过《审计查出问题整改监督办法》，听取和审议年度市本级预算执行和其他财政收支审计工作报告及审计查出问题整改情况报告。本届以来，46个被审计单位专题向常委会报告整改情况。针对审计报告中指出的226个问题，督促整改到位212个，基本整改3个，正在整改11个，收缴财政资金3128万元，按原资金渠道归位17.06亿元，制定和完善相关制度62个。将部门预决算、审计工作报告及审计查出问题整改情况报告、专项资金分配使用情况在市人大、政府和财政、审计部门的门户网站或刊物公开，接受社会监督。

【增进民生福祉】 2016年，市人大常委会把群众最关心最直接最现实的民生问题作为开展工作的出发点，促进改善人民福祉。对全市养老保险工作开展专题调研，督促加大基金征缴力度，加强基金管理，确保养老保险基金安全运行，各类养老金如实足额发放。组织常委会组成人员及部分代表分组视察中心城区和各县市区食品药品安全工作，推进网格化监管，提升食品药品安全水平。集中视察城区水域保护与利用工作，督促建立长效机制。专题视察农村环境整治，督促建设秀美乡村。分组视察农村安全饮水工程建设，促进农村安全饮水工作持续发展。对残疾人康复、工会帮扶工作、湖南省企业工资集体协商条例实施情况开展专题调研，努力维护人民群众合法利益。对铁山水资源保护开展专项督查，全面了解铁山水资源保护现状，督促政府及有关单位编制库区水资源保护规划，推进库区水资源保护工作。专项督查全市扶贫攻坚，督促政府按照精准扶贫要求，夯实发展基础，整合各方资源，提高扶贫工作的针对性和有效性。对中心城区周边非金属矿山无序开采问题进行持续督查，规范生产秩序，整治环境突出问题。专题听取全市妇女儿童工作情况报告，提出意见建议，督促保障妇女儿童合法权益。认真督查农村村民规范建房、移民等工作情况，督促办好民生实事。接待群众来信来访1756件，3362人次。认真对待群众提出的诉求，强化督查督办工作，限期报告办结情况，维护信访群众的合法权益。组织开展“四行”活动。岳阳环保世纪行以水污染防治、大气污染防治为主题，督促解决环境保护工作中存在的突出问题，守护岳阳碧水蓝天。农产品质量安全行以畜禽水产品、蔬菜加工产品安全整治等为重点，组织开展农产品质量安全督查，推动全市农产品质量安全上台阶。农民健康行围绕村级卫生室建设、乡村环境卫生整治等主题，提升农民群众健康水平。民族团结进步行动以保障民生、促进团结为主题，营造岳阳市各民族共同团结奋斗、共同繁荣发展的良好氛围。

【发挥人大代表作用】 2016年，市人大常委会尊重代表主体地位，把代表作为联系群众的主要渠道。扎实推进平台建设，全市建成代表联系平台198个，实现乡镇、街道平台建设全覆盖。保障代表知情知政，督促“一府两院”及时向代表通报有关工作情况，推荐26名全

市人大常委会常务副主任、党组书记向伟雄调研汨罗市白水镇西长村新农村建设 （卢芳亮 摄）

国、省代表列席省人大常委会议，邀请159名省、市代表列席市人大常委会议，向代表赠阅《中国人大》《人民之友》《人大导刊》等杂志，寄送《常委会议公报》等资料文件。组织编组在岳全国人大代表专题调研4次，组织省、市人大代表视察调研7次，邀请421人次代表参加调研视察、执法检查、工作评议、建议督办等活动，推荐100多名省市代表担任党风政风行风监督员。建立代表履职登记制度，各县市区人大常委会组织代表向原选举单位或选民述职。市级领导和常委会组成人员坚持走访联系基层代表500多人次。重视议案建议办理，出台《代表建议、批评和意见处理办法》。筛选若干事关民生的建议进行重点督办，邀请提出建议的代表300多人次共同督办，建立代表建议网上办理平台及办理结果公开平台，接受社会监督评议。本届以来，代表所提839件建议全部得到认真办理，并逐件答复代表，其中，236件建议所提问题已经解决或基本解决，连续3年督办“美好社区、温馨家园”议案。

【履职能力建设】　2016年，市人大常委会加强人大代表和人大队伍自身依法履职、科学履职和民主履职能力建设，组织部分代表和人大干部8批360人次，到全国人大培训基地和高校学习培训。组织452人次代表参加履职培训。分2批组织全市163名乡镇、街道人大干部专题培训1个月。坚持会前学法制度，结合常委会审议议题，集中学习预算法、环境保护法、旅游法、大气污染防治法等法律法规。加强组织建设，提请市委专题研究人大工作，出台《关于进一步加强和改进人大工作的意见》。规范完善人大干部学习培训、轮岗交流等制度。督促常委会组成人员、人大代表、机关工作人员严格执行党风廉政各项纪律规定，经常开展警示教育，印发十八大以来改进作风文件制度汇编《认真看、对照办》。要求人大党员干部深刻剖析辽宁、衡阳、南充违纪违法案件，在换届选举中坚持原则，洁身自好，严格执行换届选举工作纪律。切实改进作风，出台《改进作风联系群众实施细则》，常委会组成人员紧扣会议议题，深入实际调研，为常委会审议决定提供参考。参与党委中心工作和重大项目建设，完成文明创建、禁违拆违治违、联手帮扶企业与产业、新农村建设、精准扶贫等中心任务。落实机关新农村建设点、建整扶贫点基础设施项目10个，协调帮扶资金800多万元。加强文明建设，机关成为市级文明标兵单位，创建省级文明单位已经评估验收。注重宣传研讨，围绕人大制度和工作重点开展宣传，对常委会执法检查、专题视察等重要履职活动全方位报道，拓展人大工作的社会影响。巩固人大宣传阵地，精心编办《人大导刊》和岳阳人大网，编印常委会公报、人大工作动态。

【指导换届工作】　2016年市人大常委会周密部署安排，加强对县乡人大换届选举的指导，依法有序推进换届选举工作。全市选举乡镇人大代表6986人，县市区人大代表2129人，市人大代表454人，新一届各级人大代表整体素质提升，结构优化。县乡人大会议顺利举行，选举产生新一届县乡人大和政府班子，全市换届选举风清气正、圆满顺利。

【《中华人民共和国食品安全法》执法检查】　2016年8月，市人大常委会执法检查组检查《中华人民共和国食品安全法》贯彻实施情况。检查组采取查看现场、暗访、听汇报，与经营、生产和消费者、管理者交流座谈等形式，对岳阳县、湘阴县、汨罗市、屈原管理区贯彻执行食品安全法的情况进行重点抽查。

【《中华人民共和国水法》执法检查】　2016年7—8月，市人大常委会组成执法检查组检查《中华人民共和国水法》贯彻实施情况。检查组在平江县召开全市人大执法检查座谈会，对市水务局、市铁山管理局、市长江修防处等职能部门和湘阴县、君山区进行重点检查。

【视察公安信息化建设】　2016年10月14日，市人大常委会驻会组成人员视察公安信息化建设工作。建议加强管理，高效和依法使用信息技术。在规划上，以高标准、大视野和长远眼光考虑问题。在投入方面，财政加大投入力度，建设项目上采取更多模式。在信息采集方面，加大工作力度，采集更多更全面的信息。在人才方面，对信息化特殊人才要采用特殊的引进办法。

【视察重大项目建设】　2016年9月9日，市人大常委会驻会组成人员视察全市重大项目建设工作。视察岳阳三荷机场、临湖公路（皇姑塘立交桥）、城陵矶综合保税区进口商品展示中心，听取相关情况汇报。建议加强项目前期研究工作，强化项目建设的创新举措，推进项目建设的精细管理，确保全面完成和超额完成年度目标任务。

【议案办理】　2016年，市人大常委会将“美好社区、温馨家园”议案办理督办工作作为年度重点工作推进。2016年9—10月，常委会主任会议成员分别带队到各县市区督办“美好社区、温馨家园”议案办理工作。市政府将“建设20个‘美好社区、温馨家园’示范社区”列入重点民生实事任务，推进议案办理工作，全市各级部门通力配合，创建工作取得明显成效。岳阳楼区被评为全国和谐社区建设示范城区，被国家民政部确认为第三批全国社区治理和服务创新试验区；岳阳楼区万家坡社区、杨树塘社区、枫树新村社区，云溪区安居园社区被评为全国和谐社区建设示范社区；华容县被评为全省和谐社区建设示范县。

【建议办理】　2016年，市七届人大5次会议及闭会期间，收到代表提交的建议、批评和意见135件。市人大常委会及时向“一府两院”交办，研究确定重点督办建议12件。所有建议分别由市人大各专门委员会具体督办，市政府及有关单位高度重视，积极应对，建议办理工作得到有序推进。全部建议办理完毕，并及时回复代表，代表满意率100%。建议所提问题得到解决或基本解决44件，问题解决率43.7%。

（汤文彬　谌国华　刘方奇）

岳阳市人民政府

责任编辑 李 幸

重要会议

【市政府全体（扩大）会议】

2016年1月20日，岳阳市人民政府（简称市政府）召开全体（扩大）会议，对2015年政府常务会决定事项的落实情况进行点评，对全年的重点工作进行部署。市长刘和生强调，要在突出重点中带动全局，在强化措施中狠抓落实，加速加力推进“一极三宜”江湖名城建设，确保实现“十三五”规划良好开局。市政协主席、市委常委、常务副市长陈奇达主持会议。

（李绍峰）

【市政府常务会议】 2016年2月2日，市政府第50次常务会议召开。听取“一极三宜”江湖名城建设综合绩效考评和实施县域经济壮大战略、安全生产、综治、信访、人口计生考核情况汇报，审议《岳阳市静脉产业园PPP项目初步实施方案》。

3月1日，市政府第51次常务会议召开。听取2016年全市重大项目计划安排情况汇报和市中心城区2016年城建计划编制情况汇报，审议《岳阳市2016年重点产业和重点民营企业帮扶行动方案》《关于授权岳阳经开区、湖南城陵矶新港区实施部分行政审批事项的通知》和《岳阳市产业园区绩效考核暂行办法》，部署“国家卫生城市”复审迎检工作。

3月21日，市政府第52次常务会议召开。听取政府性债务管理情况汇报，审议南湖广场和步行街行人过街规划方案、岳阳市第十四中学整体搬迁修建性详细规划及建筑方案、岳阳东客运枢纽规划方案和岳阳三荷机场新建航站楼概念性设计方案，并安排部署当前工作。

4月15日，市政府第53次常务会议召开。听取洞庭湖治理、湘江保护和治理、环保工作情况汇报，审议《岳阳市新建住宅供电设施建设和维护管理办法》《关于进一步推进户籍制度改革的实施意见》《岳阳市城市建设发展基金方案》和三荷机场公司与广东龙浩集团《合作成立有限责任公司股东协议》。

5月16日，市政府第54次常务会议召开。听取屈原管理区推进农村改革情况汇报和加快推进市中心城区五星级酒店项目建设情况汇报，审议《关于进一步加强政府投资项目管理的意见》《岳阳历史文化名城保护条例（草案）》和《岳阳市人民政府——四川科伦药业股份有限公司战略合作框架协议（草案）》。

5月24日，市政府第55次常务会议召开。审议《关于做好岳阳市“一极三宜”江湖名城建设2016年度综合绩效考评工作的通知》，审议市政府与有关央企战略合作框架协议，并研究部署当前工作。

6月24日，市政府第56次常务会议召开。审议《岳阳市中心城区第二批排污企业“退二进三”工作实施方案》《关于进一步加强和规范岳阳市城区国有土地使用权出让收支管理的通知》，传达全省禁毒工作会议精神，并研究部署当前重点工作。

7月26日，市政府第57次常务会议召开。学习总书记习近平在庆祝中国共产党成立95周年大会上的重要讲话精神，听取当前防汛抗灾工作情况汇报、取消中心城区出租车经营权使用费情况汇报和全市安全生产工作情况汇报，审议《市管国有企业负责人薪酬制度改革的意见》《岳阳市市属国家出资企业负责人经营业绩考核评价试行办法》和《岳阳市城市公立医院综合改革试点实施方案》。

8月25日，市政府第58次常务会议召开。听取市食品检验实验室项目建设情况汇报和全市慈善工作情况汇报，审议《关于进一步做好国有农垦企业职工基本养老保险工作的意见》和《岳阳市现代物流创新发展城市试点工作方案》。

9月22日，市政府第59次常务会议召开。听取岳阳绿色化工产业园规划和石化产业链延伸工作情况汇报、财政工作汇报和三荷机场项目配套建设资金有关情况汇报，审议《2016环洞庭湖国际新能源汽车拉力赛（岳阳站）工作方案》，并部署当前工作。

10月14日，市政府第60次常务会议召开。听取与云南城投集团旅游开发合作情况汇报和岳阳市生态保护红线划定工作情况汇报，并安排部署当前工作。

11月9日，市政府第61次常务会议召开。学习党的十八届六中全会精神，听取全市开放型经济工作情况汇报，审议《关于促进岳阳城陵矶“一区一港四口岸”加快发展奖励办法（修改稿）》《关于规范岳阳市中心城区公益类建设项目收费有关事项的通知》和《关于岳阳市中心城区建设项目分级管理的通知》。

12月21日，市政府第62次常务会议召开。讨论《政府工作报告》，听取2016年财政预算执行情况与2017年财政预算草案情况汇报、市城投集团申请注册非金融企业债务融资工具和向交通银行申请棚改贷款审核意见情况汇报，审议《岳阳市2016年棚户区改造建设项目（一期）三方合作协议》。

12月27日，市政府第63次常务会议召开。听取全市交通路网大提质大建设情况汇报、全市科技创新情况汇报和岳阳市2016年国民经济和社会发展计划执行情况与2017年计划草案情况汇报。　（熊珞圻）

【市长办公会议】 2016年2月2日，市长刘和生主持召开第1次市长办公会议，就杭瑞高速金凤桥连接线、岳阳火车东站至岳阳三荷机场快速通道、市公安局监所管理中心进出口道路、G240市中心城区至湘阴县拓改工程等项目建设问题进行研究。

3月29日，市长刘和生主持召开第2次市长办公会议，就岳阳市南湖新区刘山庙地段五星级酒店建设有关问题进行研究。

4月11日，市长刘和生主持召开第3次市长办公会议，就市中心城区棚户（旧城）区十大片区改造有关工作进行研究。

4月21日，市长刘和生主持召开第4次市长办公会议，就支持云溪区加快发展有关问题进行研究。

5月4日，市长刘和生主持召开第5次市长办公会议，就交通项目建设、社会信用体系建设有关工作进行研究。

6月16日，市长刘和生主持召开

第6次市长办公会议，专题研究G240岳阳楼区洞庭湖大桥至湖滨公路建设有关前期工作。

6月6日，市长刘和生主持召开第7次市长办公会议，就岳阳县毛田镇南庙村等“四小龙”易地扶贫搬迁问题进行研究。

6月21日，市长刘和生主持召开第8次市长办公会议，专题研究“热游岳阳”有关工作。

6月21日，市长刘和生主持召开第9次市长办公会议，专题研究学院路综合提质改造暨岳望高速公路岳阳连接线工程建设有关工作。

6月24日，市长刘和生主持召开第10次市长办公会议，专题研究支持中石化在岳发展及城区加油站网点建设有关工作。

5月16日，市长刘和生主持召开第11次市长办公会议，就加快推进市中心城区五星级旅游饭店重点项目建设有关问题进行研究。

8月4日，市长刘和生主持召开第12次市长办公会议，专题研究岳阳楼区范围内棚户（旧城）区改造征地拆迁有关工作。

8月2日，市长刘和生主持召开第13次市长办公会议，专题研究刘山庙五星级酒店、岳阳教会学校遗址文化园、市图书馆新馆、洞庭湖博物馆、洞庭3517文旅城等五个重大项目建设有关工作。

8月8日，市长刘和生主持召开第14次市长办公会议，专题研究2016年政府性投资项目融资、《岳阳市静脉产业园PPP项目战略合作协议（送审稿）》有关问题。

8月29日，市长刘和生主持召开第15次市长办公会议，专题研究湘江洞庭湖采砂运砂秩序和七里山水域船舶锚泊秩序整治工作。

8月31日，市长刘和生主持召开第16次市长办公会议，专题研究市中心城区十大棚户（旧城）片区改造有关工作。

8月1日，市长刘和生主持召开第17次市长办公会议，就加快临湖公路建设有关问题进行研究。

9月6日，市长刘和生到市十四中新校区及岳阳楼区白杨坡小学和建湘路小学拟建新址现场调研，并主持召开第18次市长办公会议，专题研究市中心城区学校建设有关工作。

9月28日，市长刘和生主持召开第19次市长办公会议，专题研究岳阳东客运枢纽项目采取PPP模式运作有关事项。

10月10日，市长刘和生主持召开第20次市长办公会议，专题研究厂地协作石化产业链延伸工作。

10月12日，市长刘和生现场调研商业步行街南辅道旧城改造、学院路综合提质改造暨岳望高速公路岳阳连接线项目，并主持召开第21次市长办公会议，专题研究有关工作。

10月9日，市长刘和生现场调研四化建片区、九华山片区、白水磨子山片区棚户（旧城）区改造工作，并主持召开第22次市长办公会议，专题研究市中心城区十大片区棚改有关工作。

11月11日，市长刘和生主持召开第23次市长办公会议，专题研究四化建棚改有关工作。

11月28日，市长刘和生现场调研蛇皮套污水整治及北大湖、中大湖、南大湖治理工作，并主持召开第24次市长办公会议，专题研究蛇皮套污水整治及“三大湖”治理、岳阳东客运枢纽项目规划设计招标入围方案、市图书馆新馆项目PPP实施方案有关工作。

12月14日，市长刘和生主持召开第25次市长办公会议，部署当前工作，研究有关土地出让与收回工作。（万　文）

【市政府专题会议】　2016年1月5日，副市长陈恢清主持召开专题会议，就湖南凯美特气体股份有限公司工程技术研发中心项目建设有关问题进行研究。

1月6日，副市长陈恢清主持召开专题会议，就巴陵石化煤制氢配套项目建设有关问题进行研究。

2月23日、29日，市委常委、副市长唐道明2次主持召开专题会议，就市中心城区渍水整治有关问题进行研究。

2月25日，副市长陈恢清主持召开专题会议，就市交建投信用评级及发债有关问题进行研究。

3月8日，副市长、市公安局局长唐文发主持召开专题会议，就市中心城区道路微循环建设工作有关问题进行研究。

4月1日，副市长、市公安局局长唐文发主持召开专题会议，就“3·19”京港澳高速大荆段车辆爆燃事故善后处置工作进行研究。

4月11日，市委常委、常务副市长唐道明主持召开专题会议，就蛇皮套水系及调蓄池综合改造工程有关问题进行研究。

4月14日，受市长刘和生委托，副市长李为主持召开专题会议，就新建白杨坡小学有关问题进行研究。

4月20日，副市长熊炜主持召开专题会议，就加快推进屈大附中旧城改造项目建设有关问题进行研究。

4月22日，副市长陈恢清主持召开专题会议，就调整武广高铁岳阳东站牵出线建设有关问题进行研究。

5月3日，受市长刘和生委托，市政协主席、副市长陈奇达主持召开专题会议，就市妇幼保健院整体搬迁建设有关问题进行研究。副市长李为、石光出席会议。

5月6日，受市政府委托，市政协副主席欧江平主持召开专题会议，就市中心城区十大棚户（旧城）区国有土地及集体土地房屋征收补偿问题进行研究。

5月12日，市委常委、常务副市长唐道明主持召开专题会议，就长郴输油管道岳阳段安全隐患整治工作进行研究。

5月18日，市委常委、常务副市长唐道明主持召开专题会议，就开发中路项目建设有关问题进行研究。

5月23日，副市长李为主持召开专题会议，就市辖区校车监控平台建设有关问题进行研究。

4月1日、5月26日，副市长宋爱华2次主持召开专题会议，就处理岳阳银监分局“丘山名园”和“银泰小区”项目有关基建遗留问题进行研究。

5月31日，市委常委、常务副市长唐道明主持召开专题会议，就临湖公路及城区公交专用道建设有关问题进行研究。

6月3日，副市长宋爱华主持召

开专题会议，就岳阳楼景区管委会和君山公园从市旅游发展有限公司撤回股权等有关问题进行研究。

6月24日，市委常委、常务副市长唐道明主持召开专题会议，就城市水利规划编制工作有关问题进行研究。副市长熊炜出席会议。

6月29日，市委常委、常务副市长唐道明主持召开专题会议，就岳阳三荷机场建设有关问题进行研究。

7月18日，副市长李为主持召开专题会议，就市二人民医院全科医生培养基地项目建设有关问题进行研究。

7月21日，市委常委、常务副市长唐道明主持召开专题会议，就岳阳东客运枢纽项目建设有关问题进行研究。

6月21日、7月29日，副市长宋爱华2次主持召开专题会议，就岳阳大酒店创建五星级旅游饭店有关问题进行研究。

7月29日，副市长熊炜主持召开专题会议，就电力供应“迎峰度夏”工作有关问题进行研究。

7月4日、8月3日，市委常委、常务副市长唐道明2次主持召开会议，就不动产统一登记工作有关问题进行研究。

8月3日，市政协主席、市政府副市长陈奇达主持召开专题会议，就进一步加强国有土地使用权出让收支管理和支持城陵矶新港区建设发展有关问题进行研究。市委副书记、城陵矶新港区工委第一书记李志坚出席会议。

8月4日，市委常委、常务副市长唐道明主持召开专题会议，就市委党校整体改造规划建设有关问题进行研究。市委副书记、市委党校校长李志坚，市委党校常务副校长王伊亮出席会议。

8月11日，受市长刘和生委托，副市长李为主持召开专题会议，就岳阳教会学校旧址修缮工作有关问题进行研究。

8月11日，市委常委、常务副市长唐道明主持召开专题会议，就学院路综合提质改造和岳望高速岳阳连接线项目建设等有关问题进行研究。

5月26日、8月12日，副市长熊炜2次主持召开专题会议，就太平咀临时砂石码头项目建设有关问题进行研究。

8月19日，市委常委、常务副市长唐道明主持召开专题会议，就进一步加快推进静脉产业园项目建设有关问题进行研究。

8月22日，市委常委、常务副市长唐道明主持召开专题会议，就临湖公路配套市政供水管网迁改和建设有关问题进行研究。

9月6日，市委常委、常务副市长唐道明主持召开专题会议，就杭瑞高速金凤桥连接线、奇康路、汴河园路、巴陵东路大桥等4个城建重点项目和海绵城市建设工作有关问题进行研究。

9月9日，市委常委、常务副市长唐道明主持召开专题会议，就杭瑞高速洞庭湖大桥观光平台建设有关问题进行研究。

8月5日、9月13日，副市长熊炜2次主持召开专题会议，就市中心城区（岳阳楼区、岳阳经开区、岳阳市南湖新区）生猪定点屠宰和肉类市场监管有关问题进行研究。

9月18日，市政府秘书长，市政府办党组书记、主任谈正红主持召开专题会议，就市政府家属区临街地段旧城改造项目二期建设有关问题进行研究。

10月12日，市委常委、常务副市长唐道明主持召开专题会议，就临湖公路建设有关问题进行研究。

9月14日、10月25日，市委常委、常务副市长唐道明2次主持召开专题会议，就南湖电排站扩容改造工程建设有关问题进行研究。

10月17日，受市委常委、常务副市长唐道明，市委常委、副市长胡小闽委托，市政府党组成员、副厅级干部张益民主持召开专题会议，就岳阳碧桂园项目施工与市武警教导大队靶场训练安全等有关问题进行研究。

11月11日，市政府党组成员、副市长提名人选黎作凤主持召开专题会议，就原农校家属区旧城改造有关问题进行研究。

11月15日，市委常委、常务副市长唐道明主持召开专题会议，就市疾控中心搬迁建设工作有关问题进行研究。

12月12日，市政协主席、副市长陈奇达主持召开专题会议，就市铁山管理局、市铁山供水总公司（与市铁山管理局两块牌子一套人马）、市自来水公司三家单位农业银行债务处置有关问题进行研究。市政府党组成员、副市长提名人选李激扬出席会议。（万　文）

重要活动

【督战调研中心城区棚改工作】 2016年1月23日，岳阳中心城区棚户（旧城）区改造工作督战会召开，会议总结前段成绩，查摆突出问题，部署后段工作。市长刘和生出席并讲话，强调要坚定信心、坚持标准、坚守目标，下定决心打赢“十大片区”改造攻坚战。市委常委、副市长唐道明主持。市领导唐文发、欧江平、彭世理、文春方，市政府秘书长谈正红参加。10月9日，刘和生率队调研中心城区棚户（旧城）区改造工作。他强调，要坚定信心，乘势而上，加速推进棚户区改造，努力让老百姓得到更多实惠。唐道明、欧江平和市直有关部门负责人陪同调研。

【与云南城投洽谈旅游合作】 2016年3月1日，市长刘和生参加市政府与云南城投集团旅游开发合作洽谈会议，会见云南城投集团董事长许雷一行。双方就旅游开发等方面进行交流洽谈，寻求深度合作。副市长宋爱华、石光，市政府秘书长谈正红参加洽谈。8月10日，刘和生率队到云南城投集团对接旅游项目建设等相关工作，与云南城投集团董事长等就旅游开发合作进行交流洽谈。副市长宋爱华、市政府秘书长谈正红及君山区、岳阳市南湖新区、市旅游外事侨务办、洞庭新城等单位负责人参加考察和洽谈。8月19日，刘和生参加市政府与云南城投集团旅游开发合作洽谈会议，会见云南城投集团董事长一行。副市长宋爱华，市政府秘书长谈正红参加洽谈。

【督导“3·19”车辆燃爆事故救援处置工作】 2016年3月20日，省人民政府副省长、省公安厅厅长黄关春，市长刘和生深入“3·19”车辆燃爆事故现场和汨罗市人民医院，督导救援处置工作，看望慰问一线救援人员和受伤群众。副市长唐文发及省直、市直相关部门负责人参加。

【媒体专访谈岳阳旅游】 2016年4月7日，市长刘和生接受参加“环行洞庭——聚焦洞庭湖生态文化旅游”大型主题采访活动的20多家中央、省市媒体采访。他指出，岳阳市把旅游业作为第三产业龙头来抓，按照全域旅游、大众旅游理念要求，推动旅游业转型升级，加快建设目的地旅游强市。

【调度城市总体规划修改情况】

2016年4月12日，市委常委、副市长唐道明召集市规划局等部门，听取专家关于岳阳市城市总体规划修改调度情况。他指出，城市总体规划的修改应以问题为导向，结合海绵城市规划、综合交通规划等专项规划中存在的问题，通过总体规划落实国家、省市的战略意图，重点解决城市定位和性质的修改，基于长远判断，重点解决中心城区发展规模、用地布局等问题。

【督查国家卫生城市复审迎检】

2016年4月14日，市长刘和生深入城区大街小巷，督查调研国家卫生城市复审迎检工作并听取相关情况汇报。他强调，要进一步加大工作力度，对照标准主动作为抓整改、抓落实。市领导李为、文春方，市政府秘书长谈正红等参加。

【调度中心城区城建重点项目建设】

2016年4月15日，市委常委、副市长唐道明主持召开2016年城建重点项目建设调度会。市住建局、市城管局、市公路局、市城投集团、岳阳楼区、岳阳经开区、岳阳市南湖新区等单位有关负责人参加会议。会议就学院路提质改造工程、奇康路、环南湖截污工程、海绵城市建设等城建重点项目进行集中调度。

【调研易地扶贫搬迁工作】 2016年5月5日，市长刘和生到岳阳县毛田镇调研易地扶贫搬迁工作。他强调，要认真贯彻落实党中央、国务院和省委对精准扶贫工作的部署要求，坚持把精准扶贫工作摆到更加突出的位置，在精准扶贫、精准脱贫上下功夫，不断提高扶贫工作的精准性、有效性、持续性。副市长熊炜，市政府秘书长谈正红等参加。

【调研军民融合产业发展】 2016年5月12日，市长刘和生专题调研岳阳市军民融合产业发展工作，市领导李志坚、向伟雄、李永丰、文春方，市政府秘书长谈正红等参加。刘和生深入产业园建设现场实地调研，充分肯定产业园计划通过转型升级、产业链融合及产业联盟等方式，壮大延伸高分子材料特色产业链，强调要加快建设进度，尽快实现投产，发挥龙头效应，带动整个军民融合产业集群不断上规模。在调研座谈会上，刘和生指出，岳阳市军民融合产业有着很好的基础，大有潜力，各级各部门要进一步提高认识、明确目标，增强产业发展的紧迫感，力争尽快打造成千亿产业，做到全省领先，影响全国。

【率团访问欧洲三国】 2016年5月26—6月3日，应俄罗斯莫斯科工商会、匈牙利凯斯特海伊市政府和保加利亚投资署的邀请，市长刘和生到欧洲三国就对接“一带一路”进行项目洽谈、友好城市互访、寻求合作空间。其间，代表团和当地政府及商会就经贸、旅游、规划等项目取得多方面共识。市财政局、市规划局、市外事侨务办、华容县人民政府、岳阳经开区负责人参加访问。

【调研棚户区规划和招商情况】

2016年5月30日，市委常委、常务副市长唐道明到九华山、杨树塘两大片区，就棚户区规划和招商情况进行调研。唐道明要求各部门坚定信心、落实责任、攻坚克难，落实落细平台融资计划，按照属地责任严格执行公开、公平、公正的征拆任务；要按照统一规划、多规合一、产业转型的办法，统一十大片区整体规划，保证基础设施配套，提升城市品质；要高起点打造都市核心区，实现更大土地价值。

【调度调研检查防汛工作】 2016年7月7日，市长刘和生到市防汛抗旱指挥部检查指导防汛抗灾工作并主持召开全市防汛工作会商会，贯彻落实国务院总理李克强在岳阳视察防汛工作时的讲话和指示精神，部署下一阶段全市防汛工作。他强调思想上再重视，责任上再落实，措施上再强化，全力以赴打赢防汛抗灾这场硬仗，并就会商会制度、防汛值班、物资准备、抢险力量、督查等提出具体要求。岳阳军分区司令员黄大军、市政府秘书长谈正红等参加。7月9日，刘和生到岳阳县督查暗访防汛值班、察看薄弱环节防守情况。7月14日，刘和生到华容河流域考察，摸清华容河流域的防洪调度情况以及支流和干流两岸的塘坝、涵闸等防洪工程情况，以便进行综合研究，更好地进行防洪调度，确保华容河流域防洪安全。7月15日，刘和生到市防汛抗旱指挥中心，听取前段防汛抗灾工作情况汇报，部署安排当前和下阶段防汛抗灾工作。他强调，全市各级各部门要坚决贯彻落实中央和省委、省政府要求，更加绷紧防汛这根弦，确保不再出现新的险情。市气象局、市民政局、市国土资源局、市交通运输局、市防汛抗旱指挥部等单位相关负责人参加会商。7月16日，刘和生到临湘黄盖湖大堤督查防汛值班值守情况。同日，刘和生主持召开市防指防汛抗灾会商会，传达学习省委常委会和全省强降雨防御工作再动员再部署电视电话会议对防汛抗灾工作的重要指示精神，分析研判当前雨情、水情，安排部署下阶段防汛工作。7月17日，刘和生到湘阴县检查防汛工作，强调必须绷紧神经，不能松懈，坚决打赢防汛抗灾这场硬战。9月8日，刘和生到华容县，调研指导新华垸灾后重建工作。强调要抓住灾后重建契机，科学规划、严把质量关，把灾后重建项目打造成美丽乡村建设的亮点工程。

【调研临湖公路和三荷机场建设】

2016年8月1日，市长刘和生专

题调研临湖公路和三荷机场建设。他强调，各级各有关部门要增强加快项目建设的责任感和紧迫感，根据时间节点，倒排工期，加快推进征地拆迁，决不能因为征拆工作影响项目建设进度。市领导王小中、文春方、张益民，市政府秘书长谈正红等参加。

【调研中心城区学校建设“六建六扩”工作】 2016年9月6日，市长刘和生调研岳阳市中心城区学校建设“六建六扩”工作。他强调，学校建设对于破解中心城区入学难问题十分重要，要科学布局、抓紧推进，建成高品质学校，满足群众对教育资源的需求。教师节临近，刘和生代表市委、市政府向全市广大老师和教育工作者致以节日的问候。

【会见澳中经济合作促进会主席】

2016年9月7日，市长刘和生会见来访的澳大利亚澳中经济合作促进会主席董军一行，双方就推动澳大利亚与岳阳之间的经贸往来和企业交流合作等方面交换意见。副市长宋爱华参加。

【督查七里山水域秩序整治】

2016年9月30日，市长刘和生到七里山码头，实地督查七里山水域船舶锚泊秩序整治工作。他强调，要明确时间和目标，迅速开展集中执法，抓紧推进该水域秩序整治。市领导熊炜、谈正红等参加。

【调研交通重点项目建设】 2016年10月8日，市长刘和生深入岳阳经开区、岳阳县、汨罗市、湘阴县等地，实地调研岳阳市部分交通重点项目建设情况。他强调，交通重大项目建设事关全市经济社会发展大局，各相关县市区及部门要加强协调配合，及时有效破解难题，加快推进项目建设。

【调研旧城改造和学院路项目】

2016年10月12日，市长刘和生实地调研南辅道旧城改造项目、学院路综合提质改造暨岳望高速岳阳连接线项目。他强调，这两大项目对岳阳经济社会发展至关重要，各相关单位要高度重视、全力支持，高标准、大力度推进项目建设。市委常委、常务副市长唐道明参加会议，并就两个项目的建设提出具体要求。

【第三批重大项目限时集中开工】

2016年10月28日，岳阳市举行第三批重大项目限时集中开工仪式，市长刘和生出席岳阳楼区主会场开工仪式并宣布开工，市领导李志坚、李湘岳、陈奇达、唐道明、胡小闽、熊炜、文春方、张益民等参加。

【与比亚迪对接项目】 2016年11月7日，比亚迪商用车销售事业部总经理王杰一行到岳阳市考察。市长刘和生、市委副书记李志坚陪同。刘和生表示，欢迎比亚迪公司到岳阳市投资兴业，希望双方进一步坚定合作共赢、共同发展的决心，助推项目早日落地。李志坚表示，要进一步加强对接，细化合作方案，加快建成全省第一条“云轨”实验线、示范线，早日让岳阳市民享受绿色交通、低碳出行。12月29日，刘和生一行到深圳实地考察比亚迪云轨项目，考察跨座式单轨轨道梁厂、体验乘坐比亚迪云轨示范线，并与比亚迪公司董事长兼总裁王传福进行深入交流。

【调研大岳高速建设】 2016年11月23日，市长刘和生深入大岳高速公路建设施工现场进行专题调研。他强调，大岳高速公路是岳阳市重要的交通基础设施建设项目，事关岳阳经济社会发展，相关部门和项目施工方要抢抓进度，抓好质量，力争早日建成通车。

【暗访督查安全生产工作】 2016年11月25日，市长刘和生深入岳阳市企业、工地，突击暗访、督查全市安全生产工作。他强调，要迅速传达贯彻中央、省、市系列重要指示和部署要求，采取扎实有效的措施，切实抓好安全生产工作，全面排查各类隐患，抓紧整改到位，坚决杜绝重大事故的发生。

【调研禁违拆违治违工作】 2016年12月1日，市委常委、常务副市长唐道明深入市禁违办、岳阳楼区和岳阳经开区，对2012年以来的累计新增违法建设、存量违法建设片区清零、典型违建拆除情况和工作保障落实等情况进行调研。唐道明指出，禁违拆违要确保信息源的真实性、准确性、及时性，结合高科技手段建设好信息数据库，随时做到信息更新；加强巡查力度，从源头遏制违法建设的产生，将违法建筑拆除处置到位；加大宣传力度，建立健全长效监管机制，将禁拆治违工作落到实处。

（李绍峰）

政务督查

【抓实督查工作】 2016年，市政府督查室抓实督查工作，在严、紧、活、快上做文章。坚持“严”字，严肃、严谨对待督查工作。全年下发的督查通报和综合反馈情况做到事实清楚、表述准确，没有瞒报、错报、漏报。严格督查问责力度，对市发改委不落实政府投资项目管理办法问责5人，责令单位作出书面检查；在禁拆治违、土地依法征收和棚户（旧城）区改造工作上，约谈“涉公人员”及相关单位主要负责人400人次，被问责干部46人，其中，被免职15人，副处级干部被调离岗位1人；对精准扶贫工作落实不到位的10个单位和13名干部进行问责。扣住“紧”字，把督查的重点放在领导最关心、最重视和带有全局性的重要决策和工作部署的落实上。在政府重点工作、省绩效评估、省市民生事实等工作中，做到年初有计划、实施有方案、考核有细则。针对全市长时间遭受超警戒的洪涝灾害，白天进行调度晚上开展巡查，严格督查问责，抓紧抓细每个环节，为防汛抗灾的胜利筑牢督查保障。讲究“活”字。注重灵活多样的督查方式，对周期长、时间长的督查事项，实施连续跟踪督查。针对直播卫星户户通工作8月底全市的进度仍不到20%和少数县市区仍未启动相关工作的现状，通过手机短信、新闻媒体报道、向分管副市长专题汇报、现场督办等多种形式，有效推动工作，在10月取得突破性进展。

力求“快”字，在工作作风上，加快办事节奏，提高工作效率。在临湖公路拆迁工作的督查中，及时组成督查组，深入现场督查督办，对拆迁工作中遇到的问题尽可能的快处理、快报告，做到不拖、不压、不误，确保临湖公路建设的顺利推进。

【开展“三提升”活动】 2016年，市政府督查室拟定《关于明确2016年深入推进“三提升”主题活动重点工作的通知》，出台《2016年度“三提升”主题活动考核评分实施方案》，为“三提升”工作的开展和考核提供明确参考。组织市直相关单位和市政府办相关科室，对全市“三提升”主题活动开展情况进行全面督查，督查结果纳入年终绩效考评。

【市政府重点工作督查】 2016年，市政府督查室针对《政府工作报告》，及时分解目标任务，明确年度目标任务、牵头单位、责任领导和政府分管领导，经分解，政府年度重点工作147项，涉及牵头单位64家。根据“一极三宜”江湖名城综合绩效考评方案，对市政府重点工作所占分值进行分配，明确每项重点工作的考核要点，下发《市政府重点工作年度考核方案》和《细则》。按照一项重点工作，一套实施方案，进一步细化工作措施，明确时间节点，实行“月调度、季汇总、半年讲评、年度考核”的方式加强督查调度。6月和9月开展全面督查2次，下发针对政府重点工作督办函和通知15份，开展现场督办16次，组织或参与相关调度会7次。至年底，147项政府重点工作按照时间节点稳步推进。

【省绩效评估指标落实督查】

2016年，岳阳市承担7大项42个省绩效评估指标，涉及13个县市区52个市直单位，市政府督查室加强对省绩效评估指标落实督查，对省绩效评估指标的完成情况进行全面调度3次，指标完成情况在全市进行通报，对进度滞后的责任单位下发督办函15份，对重点指标、滞后指标点对点督办、跟踪调度。每季度组织统计部门对主要经济指标的进度情况进行预测分析，进度滞后的指标及时预警，提请相关领导和部门重视，加大解决力度，促进各项指标落实到位。

【民生实事办理督查】 2016年，市政府督查室对16项省民生实事23个指标和10项市重点民生实事14个指标进行责任分解，明确分管领导和责任单位，详细制订工作措施，排出时间进度表，下发《关于认真做好2016年省市民生实事工作的通知》《岳阳市2016年重点民生实事考核指标报送要求和验收标准》。每月进行调度1次，集中向分管副市长专题汇报3次，组织召开实事工作调度会4次，现场督查3次，下发督办函41份，短信通报情况100条，《岳阳日报》发表相关报道4次。针对进度滞后的指标开展跟踪调度和重点督办，通过向进度滞后的责任单位下发督办函、向负责人短信通报情况的方式督促实事任务的加快落实，推进各项省市民生实事完成。

【县域经济壮大战略“六个一”督查】 2016年，市政府督查室修订县域经济壮大战略考核文件，突出“一组经济运行指标、一个赶超目标、一个产业园区、一批重大项目、一批优势产业、一批民生实事”等“六个一”考核内容，涉及16个市直责任单位29个指标。组织责任单位针对每项指标制定详细考核细则，由考评办审核把关后下发到各县市区，规范考核工作。对各责任单位县域经济壮大战略“六个一”落实情况调度3次，对各项指标落实情况在全市经济工作一季度讲评会和半年工作讲评会上进行通报。11月，联合市委督查室，组织市直相关责任单位到县市区进行实地督查，确保县域经济壮大战略“六个一”考核落到实处。

【重要会议和市长信箱落实督查】

2016年，市政府督查室加强政府常务会议决定事项的落实督查，形成每次常务会议结束的第15个工作日对会议决定事项落实情况进行督查督办，书面汇报材料在召开下次常务会议上进行报告的惯例。对市政府12次常务会议决定的50个事项进行督查，除个别工作任务因客观原因影响外，其余工作任务都按要求落实推进。市长信箱办理，按照“事事有着落、件件有回音”的要求，实行一周一催办、一月一汇报、一季一通报，及时交办市民来信。受理市民有效来信2534件，办理2413件，各县市区和相关市直部门的办信质量和水平逐年提高，一大批关系到群众切身利益的问题和困难得到解决。

【批示件办理督查】 2016年，市政府督查室加大对省委、省政府领导批示件和市长批示件的督查工作，牵头办理省委书记杜家毫关于巴陵石化公司安全隐患的批示、省长许达哲调研有关决定事项的落实、省政府办公厅关于加快城陵矶港滚装船码头建设的落实情况、关于落实君山垃圾无害化处理厂有关事项等近10件省委省政府领导批示和交办件。办理省级新闻媒体关于群众诉求的督办调查11件。对市长批示件办理，实行月报告制度，印发《市长批示件办理半年度情况通报》，对市长刘和生批示的82项工作任务进行督查，81项工作任务按要求落实到位。

【专项工作督查】 2016年，市政府督查室加强专项工作督查力度，对“同级审”查出问题整改、十大棚户区改造、依法用地“百日攻坚”、2016年城建计划、安全生产、森林防火、市公共交易平台建设、长郴管道隐患改造治理、公路路域环境整治、铁山水资源保护、南湖水污染综合防治“13118”工程、七里山水域船舶锚泊秩序整治、生猪定点屠宰职能划转、市城区8个重大项目集中审批、康王采石场关停等近20个事项展开专项督查。会同市委督查室开展县市区政府机构改革、深化文明城市建设、全国卫生城市复检，督查暗访30次，向市委、市政府领导报告督查情况27次，下发督查通报13期。对临湖公路、赶山路、G240拓改、蒙华铁路、岳望高速、市图书馆新馆、静脉产业园、学院路综合提质改造暨岳望高速连接线工程、滨泰新城、开发中路等市城区重大项目进行现场调研督查40次。下发督办函276份，综合、反馈督查情况126件次。

（陈文翔）

建议提案办理

【概况】 2016年，市政府系统承办市七届人大五次会议以来建议129件，市政协七届四次会议以来提案257件，见面率、办结率、满意率100%。连续3年办理市人大《关于建设"美好社区、温馨家园"的议案》，重点办理《关于七里山路提质改造的建议》《关于精准扶贫工作的提案》等34件建议提案。在建议提案办理过程中，各级承办单位高度重视，圆满完成各项办理任务，解决一批涉及岳阳市经济社会发展的重大问题和人民群众广泛关注的民生问题，成效明显。建立建议提案网上办理平台，标志着岳阳市建议提案办理工作迈入信息化轨道。

（王小洋）

经济研究

【概况】 2016年，岳阳市政府研究室（简称市政府研究室）围绕政策研究、文稿起草、信息报送等重点工作，较好完成各项目标任务。

文稿起草。树立精品意识，力求精益求精，以市长名义起草《在建设富饶美丽幸福新湖南征程中走在前列》《在创新引领开放崛起的道路上阔步前进》等多篇文章在《湖南日报》和《岳阳日报》刊载，获得高度评价。起草《在岳阳市创建国家公共文化服务体系示范区文化部验收检查反馈会上的表态发言》《搞好"五个对接"打造环湖黄金旅游带》《做强旅游经济，加快建设旅游强市》等30个各类典型发言、访谈材料。至年底，起草领导讲话、专题报告等综合性文稿470篇。

调查研究。紧扣岳阳经济社会发展中的重难点问题、影响未来发展的深层次问题以及群众广泛关注的热点问题，深入县市区、乡镇和基层一线开展一系列针对性、前瞻性研究，形成一批高质量的调研报告，为领导决策提供参考依据。围绕城市社区治理创新，深入岳阳楼区实地调研，到成都、昆明等先进地区考察，完成《岳阳市"三合一"社会治理和服务模式调查与思考》专题报告；针对城市投融资平台公司转型发展困境进行深入调研，形成《城市投融资平台转型发展调研报告》《关于市国资公司转型发展的思考》；围绕如何进一步加快农村土地流转，促进土地适度规模经营开展专题调研，形成《关于我市农村土地流转情况的调研报告》；参与民盟湖南省委参政议政调研课题，起草《依托长江经济带，提高湖南开放型经济发展水平》通过评审顺利结题。

信息报送。坚持月调度，半年通报，年终考核，切实抓住重点、跟踪热点、剖析难点、关注弱点、捕捉亮点，重点报送经济运行、项目建设、金融、农业生产等方面的信息，把信息的全面性、时效性、真实性摆在首位，不断提高政务信息质量，确保每一条上报的信息严格符合要求。向国务院、省政府报送信息1200条，被国务院办公厅、省政府办公厅采用50条。报送的推进产业扶贫工作、湘江流域污染防治、棚户区改造、营改增试点等专题信息，及时反映推介岳阳推进经济社会发展的好经验、好做法，提升省政府领导对岳阳工作的关注度，为省政府领导及时解掌握岳阳市的最新情况发挥重要作用。

【举办"一极三宜"江湖名城青年经济论文竞赛活动】 2016年，市政府研究室为推动全市青年在岳阳经济社会发展中参政设谋、献智出力，搭建文稿工作学习交流、推介提升平台，联合共青团岳阳市委、岳阳日报社主办全市"一极三宜"江湖名城青年经济论文竞赛活动。活动于4月25日启动，7月15日完成征文收集，8月25日完成论文评选，9月6日举办论文成果交流会并对获奖人员进行表彰奖励。其间，收到论文100篇，内容涵盖"五区"、工业、商务、旅游、科技等十余个热点领域，经过专家评审，评出优秀论文15篇。其中，一等奖1篇，二等奖2篇，三等奖4篇，优秀奖8篇，选取32篇高质量论文汇编成册。

（傅家钧）

外事工作

【因公出国（境）管理】 2016年，市旅游外事侨务办严格执行因公出国（境）计划管理。至年底，报审团组53批95人。其中，厅级领导11人，党政干部69人，非党政干部26人。自组报审11批47人，参加双跨团组42批48人。按照因事定人的原则，根据任务需要派遣人员出国执行公务，团组回国后，及时做好出访报告收集和护照登记管理工作，切实加强因公出国（境）管理。

【推进国际友好城市建设】 2016年4月，法国大圣富瓦市市长查纳德和法国驻武汉总领馆总领事马天宁一行，到岳阳市进行友好访问，期间，大圣富瓦市与岳阳市签订结为友好城市意向书。5月，省友协组织省友好代表团到印度、斯里兰卡和老挝访问。经前期沟通协调，印度纳西克市高度重视与岳阳市开展友好城市交往。纳西克市市长率市政府相关部门官员和纳西克市工业与制造协会会长等130多人，会见省友好代表团，与岳阳市就友好交往进行洽谈。省友协专职副会长刘启峰代表岳阳市与纳西克市市长签订两市结为国际友好城市的协议书。岳阳市与英国萨默塞特郡签订结为国际友好城市协议，获得全国对外友好协会的批复，市人大于9月通过审议，正式缔结国际友好城市关系。

【民间外事交流活跃】 2016年，由岳阳市援巴老兵发起的巴基斯坦国家艺术团到岳阳市演出活动在市会展中心进行，市旅游外事侨务办与省外侨办、省文化厅、市委宣传部、市电视台进行多次协调对接，邀请巴驻华大使、商务参赞、文化参赞、驻巴前大使等到岳阳市参加活动。协助日本汉诗大会组委会代表团探访左宗棠故居活动，受到日方的高度评价。俄罗斯国家电视台在端午期间到岳阳市汨罗江拍摄报道龙舟竞渡活动，及时衔接把关，节目如期在俄罗斯国家电视台播出，社会反响良好，提升岳阳市的美誉度。

【服务地方社会经济发展】　2016年，市旅游外事侨务办争取省财政外事侨务专项资金20万元，用于岳阳市国际交流平台建设，近3年争取资金180万元。在君山公园建设国际友好林，完成玫瑰园、樱园和枫园建设，挂牌成立岳阳市国际交流中心。与上级主管单位协调，争取政策，向境内外宣传“一区一港四平台”的优惠政策。5月，省外事侨务办向城陵矶新港区授牌在湘港澳交流基地，为促进岳阳市与港澳地区的交往合作搭建新的平台。服务外向型企业发展，与市商务粮食局、市工商局和市国税局，对全市港澳资企业进行全面排查，有经营生产的港澳企业30家，通过建立岳阳港澳企业QQ群，提供政策、信息和渠道等服务。

（江炫龙）

信访工作

【概况】　2016年，岳阳市信访局（简称市信访局）以深化信访工作制度改革，打造阳光信访、责任信访、法治信访为主线，扎实推进各项工作，全市信访形势呈现信访总量下降、进京到省非访下降、网信占比上升、信访秩序好转的良好态势。信访基层基础建设、网上信访、依法逐级走访等工作处于全省先进行列，在全省信访工作考核中岳阳市被评为优秀单位。市信访局在第六次全省信访工作会上，被评为2010—2015年全省信访工作先进集体，并获得岳阳市综合绩效考评先进单位、信访工作考评优胜单位、综治工作考评群众满意度调查考核优胜单位等荣誉。

【开展“基层基础强化年”活动】　2016年，市信访局贯彻落实省委、省政府《关于进一步加强县市区信访工作的意见》和市委、市政府《关于进一步加强县市区信访工作的实施意见》，深入开展“基层基础强化年”活动，信访基层基础工作成效明显。源头治理健全工作机制，在县、乡、村、组明确信访信息员5000多人，构建互联互通的矛盾排查网，全方位监测社会舆情和访情，确保矛盾及时发现、部门及时介入、问题及时化解。继续推进领导干部“定点接访、重点约访、专题接访、带案下访和领导包案”的“四访一包”制度，集中力量推动基层重点难点信访问题及时化解，县级领导轮流到信访局坐班接访形成常态。完善群众工作平台，推进县、乡、村三级群众工作网络建设，县一级均建立人民群众来访接待中心，120个乡镇（街道）设立群众工作站，1800个村（社区）设立群众工作室，并配齐人员设备、健全规章制度，方便群众反映信访诉求。创新信访工作机制，制定《关于做好信访事项办理提速提质工作的通知》，规定信访事项转送期限不超过1天、受理告知不超过3天，简易信访事项办结时限不超过15天，信访事项及时受理率、到期办结率达到98%以上。9月13日，全省信访基层基础工作现场会在岳阳市召开，省委常委、省委政法委书记黄关春和省人大常委会副主任陈君文现场指导，对岳阳市信访基础工作予以高度评价，相关工作经验在《湖南日报》推介。

【“互联网+信访”融合】　2016年，市信访局推进信访信息系统建设与应用工作，扩展延伸“互联网+信访”工作平台，提升信访工作信息化、规范化水平，把网上信访打造成群众信访主渠道。按照纵向到乡镇、横向到职能部门，网络到位、设备到位、人员到位的要求，全面推进网上信访信息系统平台建设。岳阳市54个市直单位、12个县市区信访局、127个乡镇（街道）、617个县直单位接入信访信息系统，基本实现信访信息系统全覆盖。按照应录尽录和“网下办理，网上流转”的要求，所有来信、来访、网上信访事项的登记、转送、交办、结果录入等工作全部通过信访信息系统进行操作，实现信访事项受理办理过程可跟踪、可督办、可查询。全市信访信息系统应用率100%，信访事项登记录入总量2万多条。通过信访部门工作人员的面对面引导、手把手指导，让群众自愿变走访为“网访”，切身体会网上信访的便捷。同时，开通“岳阳信访”微信公众号，与市信访局门户网站和网上信访投诉平台进行对接，方便群众通过手机反映信访诉求。至年底，全市网上信访8103件次，占信访总量40.6%，超过全省平均水平。

【推进信访“事要解决”】　2016年，市信访局以维护群众合法权益为出发点和最终目标，压实信访事项受理办理、信访积案有效化解的

2016年9月13日，省委常委、省政法委书记、副省长、省公安厅厅长黄关春考察岳阳信访工作

（李　岸　摄）

工作责任，确保群众合理合法诉求解决到位。开展信访积案“千案攻坚”行动，对岳阳市纳入“千案攻坚”行动的96件信访积案逐人逐案建立工作台账，按照诉求情况实行化解、帮扶、稳控分类管理，并明确办结标准、办结时限以及党政包案领导。同时，建立积案化解挂销号制度和定期通报制度，对所有的信访积案进行挂号，办结一件、销号一件，96件信访积案按时保质完成化解任务。加强信访事项督查督办，坚持每周对转送、交办的信访事项进行跟踪，每月对办理情况进行通报，每季度对重大信访问题进行研判和调度，每半年对信访工作进行一次讲评，严格督促各级各部门在规定期限、按照规定程序受理办理群众信访事项。建立“阳光信访”大督查工作机制，由市委、市政府督查部门牵头，市信访工作联席办统筹协调，邀请市党代表、市人大代表、市政协委员、记者、法律工作者以及市直相关职能部门等共同参与，对重点难点信访问题进行实地督查，提升信访督查工作的公信力和透明度。严格落实信访事项满意度评价，市以上初信初访全部列入满意度评价范围，要求信访部门引导群众对相关单位工作作风和信访事项办理情况进行满意度评价，以群众评议督促责任落实，以群众满意作为化解标准。岳阳市信访事项满意度评价参评率，群众对相关单位和信访事项处理的满意率达到90%以上。

（李　岸）

人力资源和社会保障工作

【概况】　2016年，岳阳市人力资源和社会保障局（简称市人社局）围绕“民生为本，人才优先”工作主线，发扬“四为”（民生为本、法纪为镜、事业为重、团结为要）人社精神，开展“强基础，保安全”主题活动，服务“一极三宜”江湖名城建设，各项目标任务全面超额完成。在市委、市政府和省人社厅综合绩效考核中均被评为优胜单位，局系统获得全国人社系统优质服务窗口、全国清理整顿人力资源市场秩序专项行动先进单位、省先进基层党组织、省人民满意公务员集体、省诚信人力资源服务机构、省劳动人事争议效能建设先进单位等荣誉。

创业就业更充分。根据市委、市政府《关于推动创新创业带动就业的若干意见》等文件，落实一次性创业补贴、“百优资助”等一揽子新政。全市设立创新创业带动就业扶持资金6100万元，发放创业担保贴息贷款30300万元。改造升级“湖南江湖名城众创空间”。创建省级创新创业带动就业示范基地1家、创新创业带动就业示范县1家、示范街道（乡镇）3家、示范社区（村）6家。评选“百优资助工程”，给予100家优秀创业主体350万元奖励资助。举办“巴陵工匠”职业技能竞赛、巾帼创新创业大赛、残疾人就业创业“双十佳”评选、全民创新创业成果展等活动。新增创业主体3.6万户，带动城乡就业5.63万人，带动城镇就业2.8万人。开展就业精准扶贫，本地企业吸纳农民工就业1.3万人，省内转移就业3.9万人，零就业家庭保持动态清零。创建全国“千户百强”家服企业6家，新增就业5500人，在全省发展家庭服务业促进就业工作会上介绍经验。全市新增城镇就业5.7万人、失业人员再就业2.9万人、就业困难对象再就业1.1万人、农村劳动力转移就业4万人，贫困农村劳动力转移就业1万人，城镇登记失业率控制在3.65%以内。

社会保障更健全。全市“五险”参保人数和基金征缴稳步增长，基金征缴总额64.34亿元，完成任务的110.87%。在全省率先推出“五险”统一稽核模式，各项社会保险实现应保尽保、应收尽收。城乡居民医保制度实现整合，由人社部门统一负责。机关事业单位养老保险制度改革基本完成。启动实施中心城区被征地农民社会保障工作，5个征地项目收缴社会保障金4367.82万元。工伤保险费率调整到位，市本级（含市辖五区）工伤保险基准费率由三类行业风险类别调整为八类行业风险类别，每年为企业减负千万元。企业养老保险待遇实现“十二连增”，企业离退休人员人均养老金增至每月1879.34元，比2015年每月增加148.39元，城乡居民基础养老金最低标准从每月75元提高至80元，其中岳阳楼区、岳阳经开区、岳阳市南湖新区达到每月90元。城镇居民（职工）医保支付费用273748万元。大病保险正式实施，完成2015年度大病医保补偿工作，全市11867名城乡大病患者获得补偿8260.13万元。全年享受工伤保险待遇2.65万人，待遇总支出1.95亿元。社会保障卡持卡人数366.6万人，推动社保卡服务网点进人社服务大厅、进银行、进社区，初步建成全市人社系统“大数据”库。

人事人才管理更规范。承办“四海揽才”活动，由市委、市政府领导带队，组织238家企事业单位，到武汉、长沙、深圳等地引进亟需人才329名。坚持凡进必考，阳光考录制度，公开招录公务员403人，公开招聘事业单位工作人员1460人，公开招募“三支一扶”高校毕业生志愿者37人，没有出现违纪违规现象。妥善安置军转干部92人和随调家属6人。机关事业单位工资调标工作落实到位。规范工资、退休和福利待遇审批，全部归口人社部门办理，实现管理办理、政策标准、信息数据“三统一”。公务员职务与职级并行制度实施工作基本完成。深入清理“三超两乱”，市直行政机关消化科级领导职数6名，科级非领导职数20名。完成市直181家车改单位性质和人员身份审核任务，指导12个县市区制定车改方案和安置司勤人员。升级岳阳人才信息网，构建“互联网+人才”服务模式。建成岳阳人才信息库，收录各类人才22.34万人。深化中小学教师职称制度改革，统一职称（职务）等级和名称，建立与岗位聘用制度相衔接的职称制度。完成13个类别198场次2.58万人次考试组考任务，完成4300人次各类人员继续教育培训任务。超额完成“农村人力资源开发三年行动计划”，培训“一人学一技”1.38万人、“能工巧匠”培训6312人。引进国外智力成果项目27项，争取资金122.5万元。

劳动关系更和谐。坚持劳动合同备案制度，备案登记企业3879家，备案劳动合同16.2万份，全省排名第二位。示范推广标准劳动合同文本，免费为企业提供样本合同2万份。指导全市677家工会企业签订工资集体协商协议，覆盖职工7.6万人，签订率92%。签订行业性工资集体协商协议23份、区域性工资集体协商协议117份，覆盖3175家企业4.7万人。“惩治恶意欠薪”办结157件欠薪案件，基本实现农民工工资零拖欠目标。受理劳动人事争议案件申请2140件，立案1862件，涉及劳动者3100人，涉案金额3000万元，结案1768件，结案率95%。

【首个人才信息库开通】 2016年10月10日，由岳阳市委组织部、市人社局共同组建的岳阳市首个人才信息库正式开通运行，实现网上招聘应聘、人才信息快速查询、人才数据精确统计三项功能，在全省属首创。入库的22万人才信息包括：党政人才、事业单位管理人才、专业技术人才、企业管理人才、高技能人才、在外流动人才、高校在读人才、在外乡友高级人才。市委常委、市委组织部部长、市委人才工作领导小组组长王瑰曙在市人才信息库开通仪式上指出，人才信息库建设是实施“巴陵人才工程”的一项基础性工程，对加强人才管理开发、加快人才强市进程具有重大意义，起重大作用。

【举办“巴陵工匠”职业技能竞赛】

2016年，由市人社局主办，湖南省工业技师学院承办的全市“巴陵工匠”职业技能大赛在该院举办。本次竞赛设焊工和机修钳工2个项目，每个项目设职工组和学生组2个组别。来自市直及各县市区高职、中职院校和企业的18支代表队104名选手参加5个项目的角逐。竞赛分理论知识竞赛和操作技能竞赛两部分，采取现场打分，集中点评方式进行。12人获得“巴陵工匠”荣誉称号。

【医保信息化服务】 2016年，市人社局投入980万元，升级改造市医保处经办服务大厅，医保服务窗口移至一楼，按照信息化标准建设，窗口数量扩展至22个，大厅设立叫号系统、广播系统、群众即时评价系统和医保个人业务自助办理一体机，并设立咨询台和等候区，方便办事群众问询和休息。同时，在全市46个工商银行网点启动灵活就业医保缴费业务，全市城镇居民和灵活就业人员医疗保险费用实行代扣代缴、居民生育保险待遇医院直接结算，为参保群众提供“邻家式”“零距离”服务。

【整合城乡居民医疗保险制度】

2016年，市人社局贯彻落实省人民政府《关于整合城乡居民基本医疗保险制度的实施意见》精神，成立整合城乡居民基本医疗保险制度协调小组，召开全市整合城乡居民医疗保险制度工作会议，出台《城乡居民大病保险实施方案》《新型农村合作医疗制度管理职能移交工作方案》等文件，把卫生部门的新农合和人社部门的城镇居民医保整合为城乡居民医保，在全市范围内建立统一覆盖范围、筹资政策、保障待遇、医保目录、定点管理、基金管理的城乡居民医保制度，由人社部门统一负责管理。

（何　龙）

2016年10月10日，岳阳市人才信息库运行开通　（何　龙　摄）

民政工作

【概况】 2016年，市民政局按照“守住底线、突出重点、完善制度、引导预期”的民生工作思路，坚持问题导向、关注民生热点、回应群众期盼，夯实民生保障基础、全力服务民政对象、增强公共服务效能、优化社会治理结构、有效破解民生难题，社会救助、社会福利、优抚安置、社会组织管理、社会事务管理等工作成效明显。至年底，收到市长信箱咨询投诉12件，“12345”公众服务热线工单607件。对人民群众的咨询投诉，由经办人员主动与当事人联系，问明情况后及时交由相关科室和单位处理、回复，做到办结率100%，回复率100%，人民满意度不断提升。办理人大代表建议、政协提案16件，做到事事有回复、件件有落实，代表满意率100%。

【社会救助托底】 2016年，全市民政系统争取社会救助资金85561万元（上级下拨83829万元，本级安排1732万元），其中，困难群众基本生活救助资金76338万元，城乡医疗救助资金8303万元，敬老院建设资金920万元。争取市政府出台新的城乡低保保障标准，城市每月由400元提高至440元，农村由每月200元提高至220元。为使农村低保标准与扶贫标准“两线合一”，争取市政府将农村低保标准提高至每月260元。至年底，月均保障城市低保对象10.52万人、农村低保对象18.12万人，城乡低保补差标准分别达到每月300元和130元，较2015年提高17.5%和17%。对特困供养救助对象进行重新认定，按有关程序和标准进行全面重新审批，确保对特困供养人员的精准救助，指导督促各县市区出台特困人员供养标准，全市供养特困对象4.39万人。其中，集中供养8326人，供养标准每人每年6000元，分散供养标准每人每年3300元。执行医疗救助和慈善救助制度，帮助困难群众解决生活生产、看病就医等方面的困难，至年底，发放医疗救助金8303万元，资助困难群众参合参保、住院治疗10.93万人。指导岳阳楼区和平江县开展“救急难”试点工作，发放临时救助金5928万元，帮助9.22万人应对临时性生活困难。及时应对“4·16”“7·3”和“7·19”等自然灾害，第一时间转移安置受灾群众，迅速开展抗灾救灾和灾后重建工作，确保灾民在灾后12小时内得到救助，维护灾区稳定。每次灾害发生前夕，根据省、市有关气象信息，及时向各县市区民政部门发出灾情预警，要求密切关注风情、雨情、水情，加强灾害防范工作，一旦发生灾情，要求灾区民政部门围绕保障灾民基本生活，迅速制定工作方案，组织精干力量深入重灾区，做好抗灾救灾工作。至年底，全市争取和下拨应急救灾资金5270万元，发放救灾物资折价3000万元，4188户倒房及严重损房的重建工作于12月15日全部完成，实现开工率、竣工率、修复率3个100%。在全市创建综合减灾示范社区24个，其中，岳阳楼区城陵矶华能社区、湘阴县南湖洲镇建民村等5个社区被评为国家级综合减灾示范社区，华容县梅田湖镇西来村、君山区良心堡镇福华社区等9个社区被评为省综合减灾示范社区。

【优抚安置军休工作】 2016年，岳阳市优抚、安置、军休工作稳步推进。市民政局打造“优抚对象健康关怀”“关爱老功臣”和“优抚医疗一站式保障”三个帮困品牌，深化“解三难”“四帮”工作。认真做好优抚对象的年检、年审和信息系统维护工作，做到优抚对象二代身份证录入率100%，清理不规范数据8000条。完成张超烈士骨灰安葬和烈士公祭日活动组织任务。开展“双带双促”活动，增强服务意识，为退役军人排忧解难，加强退役士兵职业教育和技能培训工作，全市18个培训机构，教育培训退役士兵1578名，提高退役士兵就业能力，做到退役士兵培训知晓率达100%，培训率92%，就业率100%。组织召开市退役士兵安置工作领导小组会议，市本级51名退役士兵全部安置到位。完成省双“十佳”人物推荐活动，12月，省双拥办分别授予岳阳市危李和易森云优秀退伍老兵和优秀军嫂称号。开展“八一”建军节驻军慰问活动，根据岳阳舰官兵的意愿，组织采购一批慰问物资寄送岳阳舰。对到岳阳市抗洪部队官兵开展慰问活动3次，其中，赠送慰问物资2次，赠送现金1次，总金额达70万元。对符合条件的随军随队未就业且无固定收入的61名随军家属，按政策发放生活补助31.5万元。及时调整、提高军休人员公勤费、护理费、离退休经费、津补贴以及遗属生活费等多项待遇。市本级被评为省双拥模范城，市军干所、岳阳市军休中心、汨罗市军干所评定为五星级军休所，平江军干所、汨罗军干所评定为三星级军休所。

【基层民主建设】 2016年，岳阳市基层民主政治建设进一步加强。市民政局深化村（居）民自治，及时制定完善城乡基层协商相关制度，深入贯彻《关于推进城乡基层民主协商的意见》，全市基层组织依法自治达标率99%。开展“美好社区温馨家园”示范社区创建，评出20个创建示范社区，以市政府名义给予表彰奖励，每个社区奖励3万元。争取中心城区社区运转经费1560万元，争取社区新（改扩）建经费335万元，为社区基层建设奠定坚实基础。办理“美好社区温馨家园”议案工作，受到市人大考评、评议及代表大会的好评。严格执行《清理规范村（社区）承担的公共事务上下联动整改工作方案》《岳阳市村承担公共事务参考目录》《岳阳市社区承担公共事务参考目录》《岳阳市村（社区）协助上级机关工作事务参考目录》，开展村（社区）事务清理工作。

【社会组织管理】 2016年，岳阳市社会组织管理工作有序开展。市民政局通过健全社会组织发展政策措施，社会组织登记管理改革取得成效，实行行业协会商会类、科技类、公益慈善类、城乡社区服务类四类社会组织直接登记。取消社会组织的筹备工作阶段和分支机构登记，对公益慈善类社会组织登记适当降低注册活动资金。依法依规开展社会组织年检，市本级年检率95%，县市区年检率95%以上。完善第三方评估机制，设立相应的社会组织评估委员会和社会组织评估复核委员会对全市社会组织进行评估。健全社会组织民主机制、加强社会组织财务管理、规范社会组织商业行为、实行社会组织信息公开制度、强化社会组织审计和执法监督，确保社会组织健康有序发展。完成社会组织孵化基地建设工作，12家社会组织入驻，开展孵化培育工作。完成第一批20家行业协会与商会与行政机关脱钩工作，脱钩试点取得阶段性成果。通过初评、评定、公示等程序，完成20家社会组织的评估工作。对新成立的65家社会组织赋予统一社会信用代码，发放新登记证书并发布公告。深入开展社会组织党建工作，按规定向未建立党组织的社会组织，选派86名党建指导员。

（吴 伟）

公共资源交易

【概况】 2016年4月，岳阳市公共资源交易中心（简称市公共资源交易中心）正式运行。通过撤并原市建设工程交易中心、原市国土资源交易中心等交易平台组建市公共资源交易中心，整合原来分散在市住建局、市国土资源局、市财政局、市国资委、市卫计委等单位涉及公共资源交易的职能，工程建设项目招投标、政府采购、国有土地使用权和矿业权出让、国有产权交易、医疗器械及医用耗材采购五大类交易实现全部进场。同月，岳阳市公共资源交易网正式上线，全年发布交易信息4400余条。7月，投标保证金收退系统正式上线，实现投标保证金网上自动收退，资金安全和信息保密得以加强。8月，交易场地

2016年12月16日，岳阳市直党政机关公车改革处置车辆首场拍卖会

（余　露　摄）

预定系统正式上线，中心业务办理更加公开透明。11月，在全省率先完成水利项目远程评标系统部署，拉开电子化交易序幕。至年底，完成公共资源交易2325宗，交易额537.51亿元，比照控制价为政府节约资金7.498亿元。

【推动交易项目进场】　2016年，市公共资源交易中心加强与有关单位沟通衔接，推动交易项目进场，召开全市平台整合工作推进会议，加大相关工作调度，争取到市政府督查室牵头对全市公共资源交易平台整合工作开展督查，7—12月进场交易数量增长明显，占全年交易宗数82.8%，占全年交易金额的95.6%。推进工程建设项目招投标、政府采购、国有土地使用权和矿业权出让、国有产权交易、医疗器械及医用耗材采购、吉祥车牌号拍卖、罚没品拍卖等交易进场，原平江县、汨罗市公共资源交易中心挂牌为市公共资源交易中心分中心，并根据市公管办明确的分工原则为本地部分项目提供交易服务，其他县市区项目全部进入市公共资源交易中心交易。至年底，完成交易项目2325宗，交易总额537.51亿元，比照招标控制价为政府节约资金7.498亿元。

【服务重大交易活动】　2016年9月26日，全市农村土地整治项目在交易中心开标，交易涉及投标单位714家，现场参与交易2000多人，交易顺利完成。10月18日，医用耗材首次统一纳入市公共资源交易平台集中采购，全市62家县级及县级以上公立医疗卫生机构参与集中采购，涉及招标产品12大类28787个品种，吸引全国1300多家企业投标报名，形成投标品规个数36200个。12月16日，岳阳市公车改革首场车辆拍卖会在阿波罗御庭大酒店举行，市纪委、市车改办、市发改委、市财政局、市委编办等部门全程现场监督，93台参拍公车全部拍出，起拍总价240.3万元，成交总价563.8万元，溢价率135.2%。

【公共资源交易管控】　2016年，市公共资源交易中心加强交易管控。完善制度流程，牵头制订《岳阳市公共资源交易项目目录（试行）》《岳阳市公共资源交易中心交易流程（试行）》《岳阳市公共资源交易投标保证金管理暂行办法（试行）》等管理制度，制定岳阳市公共资源交易中心内部管理制度，对公共资源交易相关法律、法规、规范性文件进行收集、整理、汇编，印制《公共资源交易法律法规及文件汇编》，形成“制度管人、流程管事”的机制。加强交易监控，对公共资源交易廉政风险进行全面清理，针对性出台系列管理措施。加强专家抽取管理，实行专家抽取人员每日随机更换机制，确保专家抽取过程全程录像可追溯，纪检监察全程监督。切实加强评标区管理，严控进入评标区的人员数量，要求招标代理机构人员必须持证进入评标区，且只能安排1人。配合省纪委、岳阳楼区纪委、市建设局等单位查处案件27起，及时提供相关政策文件、视频文字资料。

【信息化水平建设】　2016年，市公共资源交易中心加强中心信息化水平建设，提升服务质量。组织开发保证金收退系统，实现投标保证金统一网上收退，投标单位办理保证金收退更加快捷高效，信息保密得以加强，有效遏制围标、串标等违规、违法行为，全年完成保证金收退9269笔达7.1亿元。完成场地网上预订和评标专家自动抽取系统开发、中心门户网站与省中心网站的数据对接，使业务办理更加公开透明，每月按时向省公管办上报岳阳市公共资源交易数据，实现信息的互联互通。在全省市州中，率先完成水利项目远程评标系统部署，并组织对监管部门、代理公司、评标专家等进行使用培训，11月14日，该系统在全市公共资源交易中心首次运行，完成岳阳市君山区华洪运河洪水港段治理工程项目开标。

【电子化平台建设】　2016年，市公共资源交易中心加快推进中心电子化平台建设，一期门户网站、保证金缴纳系统等建成运行，二期公共服务平台、电子交易平台、行政监督平台、协同办公平台等进入开发阶段，其中国有土地、国有产权交易平台正式上线。

（欧阳如）

档案工作

【概况】　2016年，市档案局突出重点，攻坚克难，档案工作取得新成效。在全省档案系统综合绩效考核中，全省排名第一位，获得省档案工作绩效考核优秀、省档案工作先进单位、省档案信息宣传工作先进单位，获得市群众满意度调查优胜单位、市综治民调先进单位、市计生工作先进单位、市精准扶贫先进单位等荣誉，继续保持省文明标兵单位、市基层党建示范单位、市道德讲堂示范点、市书香机关等荣誉。

推进市县档案新馆建设。市档案新馆建设连续列入市委、市政府年度重点工程和市政府年度重点工作，市档案新馆按“国内一流，省内领先”建设标准，完成新馆建设。县级档案馆建设加快，平江县、华容县、湘阴县、岳阳县、临湘市档案新馆全部竣工投入使用，通过省档案局多功能验收，各档案馆成为当地标志性的文化惠民工程和文化景观。其中，平江县高标准完成周令钊艺术馆、平江县规划馆及平江县历史名人档案展布展工作，接待参展人数2.1万人，君山区档案新馆11月完成主体工程，中石化长岭炼化公司档案新馆竣工验收正式投入使用，汨罗市档案新馆列入汨罗市第10次党代会重点建设任务，完成选址、立项等前期工作。

推进依法治档工作。加强档案法制宣传，制定下发《岳阳市档案系统“七五”法制宣传教育规划》（2016年—2020年），各县市区均制定“七五”普法实施方案，确保档案法制常态化、制度化。举办全市“档案与民生”主题演讲比赛。市县档案局、市直和中央省驻岳单位在“6·9”国际档案日采取悬挂横幅、张贴宣传海报、出动宣传车、电视专题讲话、群发宣传短信等多种方式宣传档案法律法规知识。开展档案行政执法检查，对全市1645家单位进行档案行政执法检查，下发整改通知书106份，立案查处24个。临湘市执法工作做到全覆盖，按财政收支两条线依法收取罚没金21万元。湘阴县对档案遗失的县进修学校和2000年前档案未移交综合档案馆导致档案霉变的县供销社分别进行立案查处和行政处罚。华容县对存在档案遗失问题的梅田湖镇和治河渡镇依法进行行政处罚。平江县对管理不规范的县城建投和平江县七中进行立案查处，推动重点难点问题的有效解决，切实维护档案法律的尊严与权威。

推进档案业务工作。加强指导与服务，制定下发《关于继续开展“进馆档案质量建设年”活动的通知》《关于进一步加强全市乡镇档案工作的通知》等9个业务规范性文件，确保业务依规指导有章可循。加强全市重点项目档案管理工作，指导建设“一极三宜”江湖名城重点工程单位收集有关文件资料2.3万份。汨罗市对重点工程屈子文化园、岳长高速重大项目建设、中国汨罗江第十届龙舟节档案进行专项检查，全部实行合同制管理和完成规范化整理。湘阴县人大常委会针对地下管网档案和重点工程（重大活动）档案管理，要求政府建立健全档案管理及责任追究机制。加强农村土地确权颁证档案管理工作，平江县档案局与县确权办联合组织培训6次，华容县确权颁证档案工作6家公司中标。做好撤并乡镇和机构改革单位档案管理工作，全市52个撤并乡镇均按要求完成撤并前档案移交工作，移交进馆档案资料6.6万卷（册），确保撤并乡镇档案的绝对安全。督促各机构改革单位做好机关文件材料归档范围和文书档案保管期限表的修订工作，市教体局等12家涉改单位完成审核，机构改革单位档案管理工作全部按要求落实到位。

推进档案规范化管理。启动进馆档案质量建设年活动，70%的单位达到进馆档案标准。加强档案中介机构监管工作，对3家中介公司进行年度检查，起草《岳阳市档案局关于规范档案中介执业行为严明档案服务工作纪律的通知》，对全市档案行政管理部门及其工作人员提出“六不准”纪律规定。新批准成立一家档案中介服务机构，持续推进档案馆室规范化、标准化管理。全市20家单位晋升省特级、一级、二级或通过复查验收，档案规范化、标准化管理水平得到新提升。加强数字化工作外包服务、档案网络安全、档案数据库安全、档案实体安全的检查与管理，确保档案馆库无任何安全责任事故。

推进“三个体系”建设。加强档案资源建设。全市各级档案馆接收征集档案资料10.56卷（册、件），其中，市档案局收集名人档案、南下干部档案、族谱、各种照片和岳阳地方史料以及图书期刊资料3546卷（册、件）。建成档案新馆的岳阳县、湘阴县、平江县、华容县、临湘市重点开展到期档案接收进馆工作。推动档案的利用，市县国家综合档案馆接待档案资料查阅者1.91万人，帮助解决各类问题1.7万个。其中，市档案局接待查阅利用者2358人，处理政务服务平台档案咨询件19个，解决各类问题2100个。全市档案馆利用馆藏档案推出档案文化成果10部。组织各县市区完成国家重点档案普查和储备项目申报，报送普查数据10万条、储备项目41个。完成市档案信息共享平台年度目标任务，市智慧档案馆建设第一期建设目标完成，第二期完成立项，全市各国家综合档案馆和市直各单位均按市档案局要求加大目录录入和原文扫描工作力度，成效显著。

【市档案新馆竣工】 2016年，岳阳市档案馆项目竣工。该项目选址岳阳经开区，市体育中心西北，建筑面积1.6万平方米，投资8086万元。主体工程于2014年1月正式开工建设，历经3年完成地下2层基坑土石方开挖支护，主体工程8层建设，内外装饰，水电气工程和消防、电梯、中央空调、信息化等专业系统的安装施工联合调试等工程，水、电、天然气、电信、路均正式接通。整个工程无安全质量事故无投诉，建设质量、安全专项检查一次性通过。

【档案信息共享平台建设】 2016年，市智慧档案馆建设（暨全市档案信息共享平台）被列为市政府年度重点工作。市档案馆结合新馆建设，完成投资600万元的档案馆弱电与信息化专项施工，各国家综合档案馆新录入文件级目录22万多条，扫描166万余页。湘阴县档案局投入160万元开展全文数据库建设，60万页原文扫描。平江县完成目录数据15万条，全文扫描55万页，开展虚拟档案室推广工作，在该县农业局等10家立档单位进行试点。市直60%的单位完成存量档案数字化和增量档案电子化工作，其中市城建档案馆投入400万元建成城建档案信息管理平台，扫描城建项目档案800

万页。市人社局投入200万元建设档案信息资源管理系统平台及纸质档案数字化扫描，档案信息资源管理平台投入使用，扫描企业职工档案8万卷300万页。市自来水公司投入500万元对全市地下自来水管网档案数字化，建成全市自来水管网信息电子平台。市、县、乡三级314个涉洞庭湖单位完成目录录入6.4万条，原文扫描39万多页，数据库总容量达304.1G，在全省率先完成洞庭湖生态经济区专题档案资源数据库建设，获得省档案局16万元专项资金奖励。

【重点项目档案管理】 2016年，市档案局制定下发《关于切实做好“一极三宜”江湖名城档案管理的通知》，对全市107个省市重点建设项目单位进行调研与指导，与15个重点建设项目单位签订重点建设项目档案管理合同。组成督查组重点对湖南军民融合北斗卫星应用产业园、岳阳三荷机场及空港产业园等省、市级重点建设项目现场进行业务指导。指导重点工程单位档案管理工作，收集有关文件资料2.3万份，其中，巴陵石化公司有巴陵——长岭氢气提纯及输送管线工程等3个项目获中石化集团公司项目档案专项验收优秀，汨罗市对重点工程屈子文化园、岳长高速重大项目建设、中国汨罗江第十届龙舟节档案进行专项检查，全部实行合同制管理和完成规范化整理。

【进馆档案质量建设年活动】

2016年，市档案局连续3年在市直单位开展“进馆档案质量建设年”活动。至年底，指导159个单位规范整理档案6.5万卷（件），规范整理各类目录68万条，录入电子目录48万条，70%的单位达到进馆档案的标准，并建立专项台账。

【乡镇档案管理】 2016年，市档案局制定下发《关于进一步加强乡镇档案管理工作的通知》，针对全市乡镇档案管理工作现状，对依法治档、资源建设、保管保护、开发利用及信息化建设等方面进行统一部署，要求各乡镇切实加强档案资源建设，确保年度档案资料收集齐全，规范整理上架，保管保护安全。结合县市区执法检查，以抽查的方式对13个乡镇进行专项执法检查。全市各乡镇围绕“两学一做”主题教育，高标准完成15万名农村党员档案的规范整理等工作。

【汛期档案管理督查】 2016年，市档案局制定下发《关于加强汛期档案安全保管工作的紧急通知》，组织指导华容县治河渡镇灾后档案安全保管工作，深入防汛形势严峻的华容县、临湘市、汨罗市、君山区等县市区进行现场督查，重点督查易发生山体滑坡的山区乡镇、溃堤涨水的湖区乡镇各项安全措施落实情况。至年底，未发生一起水毁档案事故，中国档案报以头版、新浪新闻网站以头条对岳阳确保汛期档案安全进行专题报道。

（田丽群）

移民工作

【概况】 2016年，岳阳市移民开发局（简称市移民局）以移民增收致富、改善民生和维护移民权益为重点，依法行政，强化监督管理，全面完成各项工作任务，被评为省移民工作综合优秀单位。至年底，安排项目资金1.07亿元，实施移民后扶项目811个。新修通库和村组公路176千米，新修与改扩建水厂4处，解决不安全饮水人口2万多人，维修、护砌、清淤渠道122千米，山塘54口。开发与巩固油茶676.7公顷、茶叶40公顷、水果130.5公顷、蔬菜基地253.3公顷、楠竹120公顷。

【移民培训】 2016年，市移民局安排培训资金362万元，组织移民培训70期，培训移民5181人，其中，农业实用技术培训3576人，就业技能培训1505人。委托中南工业学校、湘北女校组织中长期技术培训班，培训移民子弟210人。岳阳县移民局与长沙岳麓厨师学校合作送厨师培训下乡，首次把培训办到重点移民乡镇、移民身边，首届培训班人数60人，学制3个月，结业考试合格后颁发厨师资质证书。平江县与岳阳技工学校合作，把“教育培训一批”作为扶贫工作重点，开展电工、焊工、钳工等实用技术培训，培训贫困移民65人，培训合格移民获得技工四级证书，增强移民增收致富的本领。

【移民扶贫攻坚】 2016年，市移民局针对移民收入仍低于全市农村人均水平的现状，瞄准移民区域短板，扎实推进移民脱贫攻坚工作。摸清扶贫底子，精准扶贫精准识别，完成对重点移民村与贫困移民村的精准识别。合乡并镇后对重点移民村与贫困移民村进行重新识别，移民人口100人以上重点移民村269个，重点贫困移民村49个。完成对贫困移民的精准识别，困难移民人口5172户13805人。其中，因病因残2507户6903人，因灾97户334人，缺少生产资源1694户4507人，其他874户2061人。做实扶贫规划，精准施策，根据贫困移民致贫原因按照“五个一批”的要求制定《水库移民脱贫攻坚工作方案》，计划生产脱贫5007人，易地扶贫搬迁3316人，生态补偿39人，发展教育2331人，社会保障兜底3112人。做到贫困移民村在项目支持上全覆盖，移民人口10~29人的一般贫困移民村投入5万元以上，30~299人的重点贫困移民村投入20万元以上，300人以上的重点贫困移民村投入60万元以上。加大扶贫力度，启动铁山库区毛田镇南庙村、小港村、立坪村、湾丘村4个纯移民村易地扶贫搬迁工作，涉及306户906人，毛田集镇集中安置点开工建设。在项目资金安排上重点向贫困移民村倾斜，安排脱贫攻坚资金4610万元，占计划资金的一半以上。其中，产业开发1218万元、技能培训269万元，美丽家园建设2707万元，教育医疗救助资金156万元，加快移脱贫致富民同步小康的步伐。

【重点工程建设】 2016年，市移民局推进平江县移民避险解困工程建设，严格按照《湖南省大中型水库库区和安置区特困移民避险解困试点方案实施办法》要求，坚持政府引导、移民自愿的原则，制定《平江县大中型水库特困移民避险解困试点项目实施方案》。坚持与易地搬迁、规范农村建房紧密结合，完成搬迁安置任务1276户4361人。其中，县城集中安置241户561人，乡镇集中安置66户245人，中心村分散安置714户2454人，中心村集中安置255户1101人。完成平江县抽水蓄能电站前期工作，3—5月，移民部门会同项目业主、设计单位组成联合调查组，开展建设征地人口、房屋、土地及专业项目等实物指标的调查、公示、复核工作；6—8月，完成《移民安置规划大纲》技术评审，获得省移民局和省人民政府批复，涉及生产安置人口728人，搬迁安置人口699人。

【移民权益维护】　2016年，市移民局落实直补资金发放政策，全市打卡发放直补资金9003万元，确保直补资金按期足额兑现给移民。落实计生政策，按要求与各县市区签订计生工作责任状，进一步规范和完善计生扶持政策，扶持大中型水库移民独生子女和计划生育二女户家庭455户，发放奖励资金45万元。优化调整后扶方式，按照"一个尽量"的要求，尽量将直补资金发放给移民个人，92个村1.5万多名移民的扶持方式由以往的两者结合调整为直补方式，增强移民对后扶政策的获得感。化解移民难题，维护移民区和谐稳定，市、县移民部门接待移民来访167批275人，移民来信42件，排查矛盾84起，解决疑难问题47个，没有发生非正常上访和群体事件，信访总量持续下降。

【移民监督管理】　2016年，市移民局突出财政供养人员清理，通过移民后扶人口数据库比对，核实重复领取直补资金的移民123人，涉及直补资金34万余元。通过移民后扶人口数据库与全市财政供养人员数据库比对，核实财政供养人员218人，涉及直补资金57万元。对上述两类人口全部停发移民后扶直补资金，并收缴非法领取的后扶直补资金60万元，维护移民利益与后扶政策的严肃性。突出"雁过拔毛"专项整治，强化执纪问责。组成内审与稽查专家组对岳阳县、平江县、君山区、云溪区、岳阳经开区5个县区的移民资金使用情况开展内部审计。对湘阴县、汨罗市、平江县、岳阳县4个县市区开展后扶稽查。发现存在资金使用不规范等相关问题28个，规划计划管理不到位等相关问题19个，全部责令整改到位。联合纪检监察部门开展专项整治工作，对8起侵占移民资金的案件进行查处，其中，涉及移民村干部7人，乡镇干部1人，被司法机关查处1人，被党纪政纪处分6人。

（许　腾）

政协岳阳市委员会

责任编辑　李　幸

综　述

【概况】 2016年，政协岳阳市委员会（简称市政协）围绕全市经济社会发展大局，认真履行政治协商、民主监督、参政议政职能，发挥协调关系、汇聚力量、建言献策、服务大局的作用，为推进“一极三宜”江湖名城建设贡献智慧和力量。

助推“一极三宜”江湖名城建设。市政协把服务中心作为履职第一要务，特别是市委、市政府作出“一极三宜”江湖名城建设战略部署，市政协就加快生态旅游、乡村旅游发展等方面组织专题调研，提出意见建议。发动各级政协组织、民主党派、工商联、各界别、广大政协委员为打造湖南新增长极建言献策，编发政协委员建言集，收集界别委员、专家委员意见建议，为市委、市政府科学决策建言献策。在具体实施过程中，对市委、市政府交办的产业转型升级战略、洞庭新城建设、环南湖交通旅游三圈工程、中心城区禁违拆违治违、城区十大片区棚户区改造、岳阳静脉产业园等中心工作和重点工程，牵头负责的主席、副主席坚持靠前指挥、落小落细，推进各项重点工程与项目建设。组织“三个一”行动，为贫困地区筹措扶贫资金600多万元，解决就业300多人次，资助贫困学生388名。

推进协商民主岳阳新实践。市政协推动协商民主在岳阳广泛、多层、制度化发展，利用全体会议、常委会议等平台，围绕市委、市政府确定的重大发展战略事项、经济社会发展的突出问题和人民群众关心的热点难点问题，开展协商议政，积极建言献策。全体会议期间，邀请市委、市政府领导出席，与委员“面对面”议政，高位推进民主协商，积极推动委员建议转化落实。4月召开的精准扶贫专题协商会上，市委书记盛荣华对委员们提出的建议表示肯定，强调“五个一定”“五个更加”的要求，组织6个暗访组随机抽查精准扶贫村，以更严格的督查考评和最严厉的责任追究，压实责任、落实任务。6月召开“推进棚户（旧城）区改造，共筑百姓幸福梦”专题协商会议，市委副书记、市长刘和生参会听取委员意见，促进和推动中心城区“十大片区”改造。为进一步扩大政协协商议政的影响力和知晓度，促进协商成果的转化，在岳阳电视台开设《协商民主在岳阳》栏目，在《岳阳日报》开设协商专栏，重点报道重点课题的协商情况和委员的发言，引导全社会对政协的专题协商进行评价和监督。

增强民主监督工作实效。市政协坚持寓支持于监督之中，做到开展监督有计划、有课题、有载体、有成效，建立健全民主监督制度机制。完善沟通机制，加强政协专委会与政府职能部门之间的对口联系，形成欢迎监督、支持监督、接受监督的良好局面。依托专委会成立6个民主监督小组，每个小组选聘15名政协委员为监督员，并确定一个市直部门进行民主监督。坚持市级领导领衔督办重点提案，建立专门委员会牵头、政协常委参与督办工作机制，对一批重点提案组织视察。就驻岳央企、省企“三供一业”分离移交工作组织视察，召开专题座谈会，督促相关部门单位，为企业松绑减负。同时，在行风评议、重大事项听证、电视问政等活动中，政协委员及时发出民主监督的声音。

做好团结联谊工作。市政协把团结和民主贯穿于履职之中，充分发挥人民政协联系面广、包容性强的优势，为岳阳市改革发展凝聚最广泛的智慧和力量。进一步发挥民主党派、工商联和无党派人士的重要作用，重视办理“关于加快金凤湖生态保护区建设的建议”“关于加快扶持我市蔬菜产业发展的建议”等党派提案，重点安排党外人士在政协全体会议和常委会议上发言，邀请参加政协视察和考察、联合调研。召开宗教界人士座谈会，发挥宗教界代表人士作用，促进宗教和睦。通过传统节日上门走访、联谊活动、座谈交流等形式，加强与台胞、台属、归侨侨眷和台侨企业的联系与沟通，听取意见要求，解决实际问题。畅通各界人士利益表达的渠道，最大限度减少矛盾，最大限度凝聚力量。发挥政协理论研究、新闻宣传和文史资政的重要作用。加强和改进政协信息宣传工作，借助主流媒体，依托政协报刊、网站等阵地，开辟《议政与建言》《提案追踪》《社情民意信息》等专版专栏，宣传多党合作和政治协商制度，宣传各级政协组织和广大委员参政建言、履职尽责事迹。《人民政协报》《湘声报》等媒体多次推介市政协工作经验。成立宣传信息科和网络信息中心，举办讲座和征文活动，加强政协理论研究和宣传。注重发挥政协文史资料存史、资政、团结、育人的作用，促成湘北抗战史料陈列馆建设，推动巴陵戏等非物质文化遗产传承发展。

（周雄刚）

市政协党组书记徐新楚走访贫困户　（傅　峰　摄）

重要会议

【市政协主席会议】　2016年3月1日，市政协七届32次主席会议召开。会议协商通过《政协岳阳市委员会2016年工作要点》和《政协岳阳市委员会2016年协商工作计划》。

4月22日，市政协七届第33次主席会议召开。会议通报市政协机关党组成立批复，审议市政协七届4次会议重点方案、审议通过“加强公共服务体系，提升文化软实力”专题协商方案和“推进棚户区改造，改善人居环境”专题协商方案，听取岳阳市客运枢纽规划设计方案。

5月24日，市政协七届第34次主席会议召开。会议部署推动“两学一做”学习教育活动，审议通过“加快山岳旅游资源整合，推动旅游业产业升级”专题协商会方案，并研究其他事项。

9月30日，市政协七届第35次主席会议召开。会议学习市委书记盛荣华在中共岳阳市第7次党代会上所作的工作报告。

10月26日，市政协七届第36次主席会议召开。会议根据相关程序对留任政协委员进行协商，征求各界别的意见。

12月16日，市政协七届第37次主席会议召开。会议协商讨论第八届政协委员人选名单。

12月23日，市政协七届第38次主席会议召开。会议协商讨论市政协八届委员会委员名单、关于召开市政协八届一次会议的决定（草案）、市政协八届一次会议议程（草案）、日程（草案）、《政协岳阳市第八届委员会各专委会界别小组正、副组长建议名单》（草案）《政协岳阳市第八届委员会各专委会、办公室联系界别方案》（草案）；审议《选举方案》（草案）《选举工作人员建议名单》（草案）、秘书处各组负责人名单（草案）、市政协七届常委会工作报告（审议稿）和提案工作报告（审议稿）、优秀提案及提案先进承办单位和优秀市政协委员表彰名单；协商通过市政协七届21次常委会会议方案；听取各专委会4年来的工作情况汇报。

【市政协常委会议】　2016年2月23日，市政协七届常委会第18次会议召开。会议就年度专题协商、民主监督等重点工作计划进行协商讨论，协商通过《换届时间调整决定》。

6月30日，市政协七届常委会第19次会议召开。会议传达学习中央、省、市关于换届工作纪律有关精神，部署全会筹备工作，安排部署委员参与“三个一”活动有关事项，协商通过邹岳湘任市政协副秘书长。

10月27日，市政协七届常委会第20次会议召开。会议听取市委系统、市政府系统提案办理情况汇报，听取有关承办单位重点提案办理情况汇报，就提案质量和提案办理情况开展民主评议和测评。会议就市政协八届委员会委员推荐人选进行协商。

【市政协专题协商会议】　2016年4月22日，市政协组织召开“加强公共文化服务体系建设，提升岳阳文化软实力”专题协商会议。市政协主席、市委常委、常务副市长陈奇达，副市长李为，市政协副主席万岳斌、刘晓英、罗陆平、黎四清、李平、方争奇，市政协秘书长江玉祖、部分省市政协委员、市直相关单位主要负责人等参加会议。会议由李平主持。罗洪程、段华等7名市政协委员和特邀代表发言。陈奇达指出，建设公共文化服务体系，认识要再升温，政协要再给力，要继续围绕这项工作发挥自身优势，认真履行职能，为促进公共文化服务体系建设继续给力，追踪该课题、转化成果、取得实效。李为提出要重视地方特色文化、队伍建设、常态化发展、推动重大项目建设等要求，提升岳阳文化软实力和老百姓获得感。

5月24日，市政协组织召开“推进棚户（旧城）区改造，共筑百姓幸福梦”专题协商会。市领导刘和生、陈奇达、唐道明、谈正红，市政协领导、民主党派专职副主委、各县市区政协分管副主席、相关市直单位部门、十大棚改区主任等参加会议。会议由陈奇达主持。王梦华等5名市政协委员发言，就推进棚改中的工作方式、资金平衡、公产房征收等问题建言献策。刘和生强调，在征拆工作中，要包干负责，严格控制成本，依法依规、公平公正，落实责任、奖罚分明，力争6月底完成多数片区拆迁工作。

6月23日，市政协组织召开“加快发展乡村旅游，助推国家全域旅游示范区创建”专题协商会议。市领导陈奇达、宋爱华、李可波、刘晓英、罗陆平、黎四清、李平、万五龙，市政协副秘书长、委室主任、相关市直部门负责人、各县市

2016年8月11日，市政协召开“推进巴陵戏等地方戏传承发展，彰显岳阳历史文化名城底蕴”专题协商会议　（周雄刚　摄）

区分管副主席、部分市政协委员、调研组成员、特邀景区负责人等参加会议。会议由陈奇达主持。会议对全市全域旅游发展情况作汇报，与会人员就更好地加快发展乡村旅游，助推国家全域旅游示范区创建进行交流和协商。宋爱华指出，要牢固树立旅游大产业发展的理念，调结构促升级，树形象促开放，惠民生促和谐；做到乡村旅游全域共通，全域共享。陈奇达指出，要进一步统一思想，深化认识；要认真总结经验，科学编制规划；要注重多方联动，发挥各方优势。

8月10日，市政协组织召开“推进巴陵戏等地方戏曲传承发展，彰显岳阳历史文化底蕴”专题协商会议。市领导陈奇达、李为、李可波、刘晓英、欧江平、罗陆平、黎四清、李平、方争奇、万五龙、江玉祖，市政协副秘书长、委室主任、部分市政协常委委员、特邀人员、相关部门单位负责人等参加会议。会议由黎四清主持。会议对岳阳市巴陵戏、花鼓戏等传承发展工作作汇报，与会的政协委员、专家学者和相关部门负责人就如何传承保护和发展好巴陵戏等地方戏曲进行交流和协商。陈奇达指出，全市各级各部门要充分认识到巴陵戏的重要意义和作用，认真做好地方戏曲的传承保护和发展工作；要认真对待切实解决巴陵戏等地方戏曲传承发展存在的问题，要强化精品意识，以名家为范，向经典看齐；各相关部门要共同配合，大力支持做好巴陵戏等地方戏曲的传承保护和发展工作。

9月9日，市政协组织召开“完善洞庭湖生态补偿机制，促进洞庭湖生态环境持续健康发展”专题协商会议。市领导陈奇达、唐道明、李可波、万岳斌、刘晓英、罗陆平、黎四清、李平、方争奇、万五龙、江玉祖参加会议。会议由万岳斌主持。会议详细汇报关于洞庭湖生态保护补偿机制问题的调研报告，市政协委员就明确洞庭湖生态补偿机制的基本原则和主要内容、完善生态补偿法律制度构建洞庭湖生态补偿机制、如何破解洞庭湖生态保护与当地经济发展的矛盾、建立洞庭湖流域多元化投资模式的生态补偿机制等问题作协商发言，市发改委和农业局等部门给予积极回应。唐道明要求，保护母亲湖是我们义不容辞的责任，要进一步强化绿色发展理念、创新生态补偿机制、争取政策支持、突出产业发展、巩固现有生态保护机制，促进洞庭湖可持续绿色发展，为建设“一极三宜”江湖名城作出新的更大贡献。

（周雄刚）

主要工作和重大活动

【提案办理】 2016年，市政协七届四次会议召开以来，政协委员、各民主党派市委、市工商联、有关团体和政协各专委会建言献策，提交提案335件，经审查，立案262件，向省政协提交26件，交市委系统、市政府系统60个单位承办。至年底，提案办理答复率100%，见面率100%，委员满意率98%。市委办公室、市政府办公室、市委组织部、市发改委、市经信委、市财政局等22个单位被评为2016年度办理提案先进单位。

【专题协商】 2016年，市政协围绕市委、市政府中心工作，推进专题协商。承办“推进棚户（旧城）区改造，共筑百姓幸福梦”专题协商活动，成立专题调研组，到全

2016年度优秀提案

表4

序号	提案者	提案
1	民革岳阳市委	以“互联网+”推动我市航运物流业发展的建议
2	民盟岳阳市委	关于推行“四自模式”，抓好惠农工程的建议
3	民建岳阳市委	发挥口岸平台优势，加快开放型经济发展
4	民进岳阳市委	实施创新驱动，提升岳阳装备制造业水平
5	农工党岳阳市委	为了生命渠的安全与畅通
6	致公党岳阳市委	关于我市家庭农场发展的建议
7	九三学社岳阳市委	加快开工建设市植物园，为绿色岳阳增添新亮点
8	岳阳市工商联	加快县域工业园区建设，促进县域经济健康发展
9	岳阳市政协文史和学习委员会	关于推进“文化+”跨界融合，把文化旅游业打造成“一极三宜”江湖名城战略支柱产业的建议
10	共青团岳阳市委、李信华等	关于推动青年创新创业的建议
11	安丽娣	助推中心城区旧城改造项目顺利实施的几点建议
12	陈玉成	关于精准扶贫工作的建议
13	王秀云、詹景春等	关于加强中心城区餐饮业油烟排放治理的建议

市十大棚户区进行调研，制作改造纪实专题片，召开“推进棚户（旧城）区改造，共筑百姓幸福梦”专题协商会议，市委副书记、市长刘和生，市委常委、常务副市长唐道明和市直有关部门主要负责人参加会议，协商会议内容制成纪录片在岳阳电视台新闻频道第二期《协商民主在岳阳》进行播放，推进“棚（旧）改”工作开展。以加快整合山岳旅游资源为切入点，到临湘市、岳阳县、平江县等地重点景区开展调研，听取专家意见，认真分析研究山岳资源整合的精品景点、精品线路，形成《做好山岳旅游资源整合文章，助推国家全域旅游示范区创建》调研报告，召开专题协商会，与市政府14家职能部门进行协商，为市政府科学决策提出具体建议，促进全域旅游示范区创建工作。牵头承办“加强公共文化服务体系建设，提升岳阳文化软实力”专题协商会议，推动公共文化服务体系建设工作。承办“推进巴陵戏等地方戏曲传承发展，彰显岳阳历史文化底蕴”专题协商会，明确提出将巴陵戏传承基地建设纳入“十三五”规划，做好地方戏曲进校园的工作。

【调研考察】 2016年，市政协强化调研工作在政协履职中的基础地位，围绕全市经济社会发展的重大问题，开展专题调研考察活动。围绕精准扶贫开展调研，聚焦精准扶贫中政策落实、产业帮扶情况到基层开展调研、了解情况、寻找对策，到湘西等精准扶贫工作先进地区学习考察，撰写视察报告，为市委、市政府决策提供参考。组织就“调整社区人口规模，加强社区服务”在本地民政系统、各个社区进行调研。组织驻岳省政协委员和10多家市直部门，配合完成省政协到岳阳市就全省供给侧结构性改革的专题调研。组织开展全市民办教育发展情况视察调研活动，形成《关于岳阳市民办教育办学情况的视察报告》，促进岳阳市民办教育持续健康发展。组织政协委员到甘肃、宁夏、内蒙古等多个省份调研走访、学习取经，形成《内蒙古、宁夏社区治理的经验及对岳阳的启示》调研报告，为市委、市政府科学决策提供重要参考。组织政协委员开展乡镇卫生区划调整改革情况视察调研活动，推进卫生计生事业持续健康发展。联合市水文局、长江信息报社、世界自然基金会（WWF）长沙项目办公室，邀请有关专家参与，开展“对话汨罗江——2016汨罗江水文生态大型科考活动”，形成《对话汨罗江——关于汨罗江水文生态现状与未来的考察报告》，为助推岳阳市国家全域旅游示范区创建和促进生态文明建设提供决策参考。

【民主监督】 2016年，市政协加大民主监督力度，围绕群众关心、委员关注的食品安全、城市管理、环境保护等，推进民主监督。对市食品药品监督管理局依法贯彻落实《中华人民共和国食品安全法》和食品安全生产情况进行民主监督，通过深入食品加工企业、餐饮场所、超市、学校食堂和集贸市场等20余家食品生产经营单位进行明察暗访，及时与市食品药品监督管理局等职能部门交流意见，反馈民主监督情况，提出工作建议。组织第四民主监督小组全体成员对城市管理和行政执法局所负责的“水墨丹青”生态岳阳建设和城区生活垃圾无害化处理工作进行视察，召开座谈会，进行民主评议。加强与公、检、法、司等对口联系部门的工作联系和民主监督，多次到司法局调研，组织委员参加市环保局的“环保公开日”、环保检查及环保指标测试活动。

2016年4月8日，市政协主席陈奇达考察民办教育 （傅 峰 摄）

【团结联谊】 2016年，市政协组织学习统一战线、人民政协、民族宗教理论和党的民族宗教政策，增强履行职能的政治责任感和使命感，提高业务能力和专业素质，学习《宗教事务条例》等法律法规，熟悉掌握党的宗教工作基本方针，提高依法管理宗教事务的能力和水平。组织委员就“加强少数民族流动人口服务和管理”“全市历史教产的保护和使用问题”等主题撰写提案，组织部分委员和部门负责人到岳阳县“岳阳—中国台湾农民创业园”进行项目对接与推介，组织委员为社会公益事业奉献爱心，通过设立慈善机构、搭建爱心平台、捐资捐物等方式参与济贫扶困、支教助学等各项社会公益事业。利用传统节日及重要纪念日，组织委员开展形式多样内容丰富的联谊活动，加强与港澳台同胞、海外侨胞的联系与交流，加强与台胞、台属、归侨侨眷和台侨资企业的联系与沟通。参加民族传统节日活动和宗教活动，宣传党的民族宗教政策，在日常交往中增进和民族宗教界人士的感情，发挥他们在维护民族团结、促进社会和谐方面的重要作用。

【市政协开展扶贫攻坚】 2016年，市政协响应省政协“助推扶贫攻坚，全面建成小康社会”号召，

2016年6月20日，市政协委员参与“三个一”扶贫行动推进会议

（周雄刚　摄）

组织开展“三个一”扶贫活动，推进扶贫攻坚。组织政协委员到湘西自治州花垣县十八洞村实地考察并学习精准扶贫先进经验，召开“做实精准文章，合力扶贫攻坚”专题协商会议。在省政协精准扶贫专题协商会上，王志龙委员代表岳阳市政协作远程协商发言，把平江县困难群众的呼声反映到省政协常委会议上。组织政协委员到安徽省铜陵市学习考察牡丹产业的发展，并与市发改委、市科技局、市林业局等部门共商农业产业基地发展对策，以产业发展促进全面脱贫为主题，为扶贫攻坚提供思路与经验。倡导并组织政协委员参加脱贫攻坚“三个一”行动，筹集资金7万元，组织市政协委员到君山区、平江县对帮扶对象进行就业指导、助学帮扶、大病救助、危房改造、建房帮扶。通过捐款捐物等方式资助近300人次贫困学生完成学业，结对30多个贫困家庭增加收入，帮助20多户贫困家庭成员解决就业，捐助款物1100万元。

【社情民意反馈】　2016年，市政协进一步加强社情民意信息工作，围绕食品安全、住房保障、城市管理等社会普遍关注的问题，及时反映群众的诉求和建议，为市委、市政府决策提供重要参考，推动百姓关注的实际问题得到解决。至年底，收集社情民意信息489条，编辑整理上报173条，获省政协采用和市委、市政府领导批示26条。

（周雄刚）

民主党派·工商联

责任编辑　刘兴汉

中国国民党革命委员会岳阳市委员会

【概况】 2016年，中国国民党革命委员会岳阳市委员会（简称民革市委）围绕“一极三宜”江湖名城建设，团结全体党员，不断加强自身建设，履行参政党职能，坚持在团结和谐中求发展，在工作中求创新，为岳阳经济社会发展做出贡献。

一、开展调查研究，为建设“一极三宜”江湖名城建言献策。民革市委围绕中共岳阳市委的中心工作，深入开展调查研究，发挥群体优势，开展参政议政工作，取得较好成绩。认真开展政治协商。主要领导出席中共岳阳市委、市人民政府、市政协召开的协商会、情况通报会、座谈会等10余次，建言献策。在“十三五”规划、中共岳阳市第七次党代会《工作报告》、市政府《工作报告》等征求意见会上，代表民革市委提出建设性的建议和意见。参加“两会”议政。“两会”期间，全市民革党员中的市级人大代表、政协委员提交提案、建议案36件，其中，市委会集体提案16件，市人大代表、市政协委员个人建议案、提案20件。切实开展专题调研。民革市委三次召开参政议政工作会议，围绕市委、市政府的中心工作和人民群众普遍关心的热点难点问题，结合民革的优势和特色，集思广益，深入调研。调研小组由主委班子牵头，走访市直、县区有关单位，并到外地学习考察。完成《加强农业物联网建设，助推我市互联网+现代农业发展》《关于大力发展分享经济，促进经济转型升级》2篇调研报告。与民革湖南省委合作完成1个省级调研课题。努力开展民主监督。认真履行参政党民主监督的职能，民革组织的各级人大代表、政协委员、特约监督员认真履行民主监督的职责，取得明显成效。按照民革省委的部署，市委会领导参加全省民革组织湘江、洞庭湖治理民主监督专项行动。

二、加强自身建设，为科学谋事干事夯实组织基础。开展系列学习活动。民革市委一是把创建学习型机关纳入工作目标。把提高机关工作人员整体素质作为重要抓手，每周一的机关工作例会同时也是机关学习例会，坚持寓学于会，组织机关干部及部分党员参加市委讲师团负责人宣讲的十八届六中全会精神讲座、关于庆祝中国共产党成立95周年暨“两学一做”专题教育活动、市第七次党代会精神学习辅导等。参加民革省委培训班暨民革省委机关建设工作研讨会。机关加强信息化建设，启用“民革E家”、并对支部“民革E家”管理员进行专题培训。二是努力探索新的学习载体。坚持以会带学，每次主委会议、市委（扩大）会议都要认真组织相关时事学习；参与民革省委、市直有关部门组织的征文、书画及其他文体活动，努力建设“书香民革”“翰墨民革”。三是努力探索新的学习形式。4月，邀请全国政协委员、省政协副主席刘晓给全体党员作“从‘两会’看我国分享经济发展”专题讲座；9月，邀请民革中央副主席郑建邦到岳阳市作台情专题报告。新进市委委员参加省、市两级社会主义学院培训，有40名党员分别参加各级组织的培训班。

顺利完成市委会换届工作。根据民革省委、中共市委统战部关于做好换届工作的具体要求，民革市委于6月完成换届，选举产生第八届委员会，有委员16名，其中，主任委员1名，副主任委员4名，任命秘书长1名。委员平均年龄44.9岁，其中新进委员8名。

做好党员发展工作。民革市委按照“三个为主”的方针，健全组织工作制度，抓好党员发展工作。发展新党员16名，其中高中级职称8人。

协商推荐人大代表、政协委员有成效。在人大、政协换届中，市委会领导讲政治、讲原则、讲方法，主动与各有关部门联系协商、民主推荐人大代表与政协委员的候选人。有2名党员当选市人大代表，有20名党员提名考察为市政协委员，有8名党员当选县（区）级人大代表，有22名党员担任县（区）级政协委员，市县两级人大代表、政协委员安排总人数为52人次。

加强基层组织建设。市委会以深化基层组织活动为抓手，不断创新主题，丰富活动形式，激发党员参加活动的热情，取得明显效果。岳阳楼区总支持续推进万家坡社区“省同心社区”挂牌的迎检工作，九支部开展活动5次，部分党员参与纪念《岳阳楼记》诞生970周年大型系列活动；云溪区支部、君山区支部认真组织调研，为当地经济社会发展建言献策；岳阳经开区支部、直属一支部分别组织党员到大云山、新墙河抗战博物馆、平江起义纪念馆等地举行爱国主义教育活动；湖南理工学院支部、七支部党员多次参与民革市委课题调研；岳阳职院支部党员推动“大众创业、万众创新”，筹建成

2016年1月1日，岳阳市关爱抗战老兵“暖冬”计划启动

（李园平　摄）

立岳阳市创新创业协会；湖南民院支部党员发表省级以上学术论文8篇，主持省级科研项目一个；直属一支部、二支部、巴陵公司支部分别组织开展“两学一助”等形式多样的学习活动。

三、抓好服务社会，为构建和谐社会贡献力量。认真开展好对台工作。民革市委围绕中共中央对台工作大局和两岸和平发展主题，坚持祖统工作重心向参政议政转变，坚持工作领域向多向型转变，坚持工作渠道向多元化转变，坚持工作主题向和平发展转变，以高度的政治责任感和使命感，认真学习贯彻中共中央对台工作方针政策，动员民革党员中的台侨属，加强两岸沟通和交流。9月，民革市委成功承办全省祖统工作会议。11月，应中国台湾国际文化创意产业发展协会邀请，主委任浩波参加民革省委组织的为期6天的到台湾地区参访活动。民革市委被民革中央评为全国祖统工作先进单位。主动做好社会服务工作。民革市委围绕民革省委、中共岳阳市委中心工作，不断创新社会服务方式，开展各项社会服务工作。市委会2次召开助力脱贫攻坚“三个一”行动工作会议，制定《民革岳阳市委2016年扶贫工作方案》，对口联系的岳阳县毛田镇彭庄村扶贫工作得到进一步落实。

【打造祖统工作平台】　2016年，民革岳阳市委把祖统工作作为民革工作的重点，以抗战文化为纽带，打造祖统工作平台，取得一定的成绩。通过挖掘抗战文化，将新墙河抗战遗址，特别是新墙河抗战博物馆打造成为一个祭拜、参观的平台。该馆自2015年9月9日竣工开放以来，接待7万多名观众，其中社会团体300多个，抗战将士后代40多批次（其中来自中国台湾地区、中国香港地区，日本、美国等国家20批次）。

（本栏撰稿　李园平）

中国民主同盟岳阳市委员会

【概况】　2016年，中国民主同盟岳阳市委员会（简称民盟市委）认真学习贯彻中共十八大及十八届五中、六中全会精神，胜利召开第八次代表大会，选举产生民盟岳阳市第八届委员会，圆满完成政治交接。被民盟中央评为坚持和发展中国特色社会主义学习实践活动先进单位。

【宣传教育工作】　2016年，民盟市委开展坚持和发展中国特色社会主义学习实践活动，认真组织开展“两学一助”专题学习教育活动。一是组织专题学习。坚持逢会必学的传统，第一时间传达学习中共十八届六中全会、中共省、市党代会等各种重要会议精神，及时掌握和领会会议精神。二是集中轮训。市委班子成员参加岳阳市党外人士政治交接主题教育暨重庆暑期谈心活动，新任市委委员和新入盟盟员参加市委党校培训。三是开展“两学一助”学习教育。制定学习活动年度计划，岳阳民盟网站开设学习实践活动专版，及时报道学习活动情况及盟员思想动态，组织新盟员观看民盟传统教育片《一世狂澜》，组织部分新任副主委、市委委员和新盟员，前往民盟中央及中国国家博物馆接受传统教育，在微信群开展“民盟先贤每日一介绍”活动。组织老盟员开展“九九重阳·快乐健康”南湖健步走活动，组织青年盟员到汨罗市开展“缅怀爱国先贤，弘扬骆驼精神”爱国主义教育。四是开展“大讲堂”活动。

【参政议政工作】　2016年，民盟市委参与民主协商，积极献计献策。民盟市委作为主要承办单位，与市政协提案委、九三学社市委共同举办“完善洞庭湖生态补偿机制，促进生态环境持续健康发展”专题协商会。在市第七次党代会报告征求意见会上，民盟市委“始终把山陵视为生态之脉”的建议得到市委书记盛荣华的肯定并被市党代会报告采纳。组织民盟政协委员参与“推进巴陵戏等地方戏曲的传承发展”“推进棚户（旧城）区改造”等多个专题协商，盟员提出意见、建议近30条。民盟市委主要负责人先后参加民主党派机关座谈会、市长刘和生主持的政府工作报告征求意见座谈会、省政协供给侧结构性改革岳阳专题调研座谈会，为岳阳发展建言献策。

撰写提案，反映民意民声。市政协七届五次会议上，民盟市委提交集体提案7件，个人提案26件，在大会开幕式上作《推行“四自”模式，抓好惠农工程》的大会发言，被列为市政协1号重点提案，该提案引起市委、市政府、市政协的高度重视。市农委会、市水务局迅速落实，“四自”模式在全市广泛应用。平江县高标准农田建设省级试点项目采用该模式，产生很好的社会效益和经济效益，农民真正得到实惠。在湖南省2016年高标准农田建设改革试点工作暨春耕生产现场会上，副省长戴道晋对试点工作给予肯定，要求将成功经验向全省推广。《关于抢救国家级非物质文化遗产巴陵戏的建议》被评为优秀提案。做好社情民意信息反映工作，举办社情民意培训班、不定期交流会，全年向民盟中央、民盟省委、省市政协、中共岳阳市委统战部报送社情民意信息106条，其中被省委统战部、民盟省委采纳23条。

深入调研，关注焦点热点。紧扣岳阳经济社会发展重点、焦点和热点问题，成立调研组，到企业、园区、市直相关单位和云溪区、汨罗市等地调研，完成《加快推进岳阳环保产业发展的对策与建议》《优化我市经济发展环境》《完善洞庭湖湿地生态补偿机制》等3个重点调研课题。中标承担《依托长江经济带，提高湖南开放型经济发展水平的建议》《推进政党协商制度化、规范化、程序化建设的思考》等2个民盟省委重点参政议政、统战理论课题。组织盟员参与省委统战部和民盟省委“建功‘十三五’，建设新湖南”活动，提交论文3篇。

【社会服务工作】　2016年，民盟市委开展精准扶贫工作。民盟市委主要负责人2次到扶贫点现场办公，督促项目进度与质量，帮助平江县梅仙镇柘庄村解决地质灾害隐患治理资金8万元。到平江县长寿镇实施精准扶贫工作，为该镇争资金、争项目、爱心助学和开展文化下乡活动。其中，为长寿镇向民盟省委等省、市单位争取贫困村组公路建设等项目资金110万元，联合中共平江县委主办“幸福大长寿，开启新征程”送文化下乡活动。无私援助，慰问灾区。关注教育，爱心助学。做实做强“张曼珠教育奖”，评选、奖励16名德艺双馨优秀老师、品学兼优的学生。筹集6万元资金，资助平江县长寿镇贫困家庭的6名初中生、8名高中生和6名大学生继续学业。牵手广东省东莞市民盟，在岳阳市举行“莞盟助学行”，为44名品学兼优的特困学生提供助学金12.6万元。民盟岳阳经开区支部、联合支部为汨罗市大荆镇渡头铺社区捐赠图书500多本，民盟市政府机关一支部在郭镇小学开展科普行活动，捐赠科普书籍160册。活动惠民，服务社区。开展党派联社区活动。岳阳楼区支部按照省级“同心社区”指标要求，圆满完成各项创建任务。与联点社区杨树塘社区开展“关爱慰问困难居民”“关爱自闭症儿童”志愿活动。市医卫支部和君山区支部组织10多位专家为君山区湖南国泰食品有限公司的职工进行义诊。文化艺术支部参加社区群众文艺会演活动和省市党代会精神“微宣讲”活动。

【组织建设稳步推进】 2016年，民盟市委以换届为契机，不断提升民盟组织活力，提升广大盟员对盟组织的归属感、认同感和自豪感。

推进基层组织建设。根据基层组织现状及发展的需要，民盟市委完成部分支部换届及调整工作。原文化支部与巴陵戏传承研究院支部合并为文化支部，原经委支部、洞氮支部、四化建支部、洞麻支部合并为联合支部。调整后，民盟市委有基层组织26个。同时，民盟市委制定《市委委员责任考核办法》《市委委员联系基层分工制度》，充分发挥市委委员的主体作用，强化履职要求和责任考核，市委委员服务、协调和联系基层组织工作得到明显加强。

加强骨干人才培养。继续延揽优秀人才入盟，适当考虑数量的同时严格把住质量关。全年发展盟员11人，其中，研究生1人，大学学历9人，副高职称1人。新盟员呈现出年轻化、知识化和参政议政能力较为突出等特点。民盟市委做好新一届市、区两级盟员人大代表和政协委员的推荐工作。经统计，有市人大代表10名、市政协委员23名，区人大代表7名、区政协委员13名，代表和委员的数量与上届比有较大幅度提升。

【中国民主同盟岳阳市第八次代表大会】 2016年6月23日，中国民主同盟岳阳市第八次代表大会隆重召开，会议选举产生新一届市委领导班子和出席民盟湖南省第十四次代表大会代表。省政协常委、民盟省委专职副主委胡颖，中共市委常委、组织部部长、统战部部长王瑰曙，市人大常委会副主任李永丰，市政协副主席、民盟市委主委万岳斌，市政协副主席、九三学社市委主委李平等出席。

【民盟市委开展抗洪赈灾行动】

2016年7月10日，岳阳市华容县新华垸内溃，多个乡镇受灾。灾情发生后，民盟市委第一时间发出组织动员令，捐赠7万多元救灾物资送往灾区。盟员李春艳、陈静琳为灾民送上急需的日常用品，盟员周新民到抗洪一线，为武警官兵送上1万元慰问金。市医卫支部为抗洪抢险的武警官兵和灾区群众送上价值2000元的防暑降温、防治血吸虫病药品。

【民盟大讲堂第四期开讲】 2016年11月17日，民盟大讲堂第四期在岳阳市政协大礼堂开讲，市政协副主席、民盟市委主委万岳斌主持讲座。应民盟市委邀请，中央电视台《百家讲坛》主讲嘉宾、上海开放大学中文系教授、中国古代思想史学者、文学博士、专栏作家鲍鹏山为本期民盟大讲堂作题为“士大夫精神与当代知识分子的价值追求”的专题讲座。市政协党组书记徐新楚、副主席罗陆平、李平、民盟省委宣传处长彭维良、参政议政处长邓彬彬、市文联党组书记钟辉等领导与岳阳盟员、市政协、中共市委统战部、各兄弟党派、市国土资源局、市委党校民主党派新任市委委员培训班学员及社会各界人士300多人聆听讲座。

（李　湘）

中国民主建国会岳阳市委员会

【概况】 2016年，中国民主建国会岳阳市委员会（简称民建市委）以“凝心聚力‘十三五’行动”为抓手，以市委换届为契机，大力加强自身建设，认真履行政治协商、民主监督和参政议政职能，各项工作成绩突出，反映社情民意工作被民建省委评为先进单位特等奖，理论研究工作被民建省委评为一等奖，获得中共岳阳市委统战部信息工作先进单位称号。

【加强组织建设】 2016年，民建市委完成市委换届工作。6月22日召开民建岳阳市第五次代表大会，选举产生民建岳阳市委第五届市委班子，班子结构得到进一步优化。新一届市委会把政治交接主题与“两学一助”学习教育工作紧密结合起来，组织会员学习总书记习近平系列重要讲话精神和中共十八届六中全会精神、中共湖南省第十一次党代会、岳阳市第七次党代会精神。8月，正副主委参加全市党外人士政治交接主题教育暨暑期谈心活动，到重庆市考察两江新区港口经济发展情况和各民主党派扶贫工作情况。新一届市委会加大宣传工作力度，开展“身边的榜样”主题征文活动，其中3篇征文被民建省委评为优秀成果。坚持用好会刊和网站等宣传阵地，全年出刊《岳阳民建》4期，开通微信公众号。4个理论研究课题在民建省委中标，其中，一个课题获得民建中央理论研究成果二等奖，民建市委获民建省委理论研究工作一等奖。新一届市委会稳步推进组织建设，全年发展会员19人，截至年底全市有会员271人，设置基层组织18个，专门委员会8个，组织结构更趋合理。

【民建岳阳市第五次代表大会】

2016年6月22日，中国民主建国会岳阳市第五次代表大会在岳阳格兰云天大酒店召开。市政协副主席、民建市委主委方争奇代表民建岳阳市第四届委员会作题为《同心携手创伟业彰显民建新风采　在多党合作的大道上奋力前行》的工作报告。民进岳阳市委主委张世愚代表各民主党派、工商联和知联会致贺词。大会选举产生民建岳阳市第五届委员会，召开民建岳阳市委五届一次全会，方争奇当选为民建岳阳市第五届委员会主任委员，郝纯、王五星、李永波、刘怀金当选为副主任委员，任命许冰为秘书长。民建湖南省委专职副主委朱皖出席会议并讲话，对民建岳阳市第四届委员会在思想建设、组织建设、参政议政、社会服务等方面取得的成绩表示充分肯定。中共市委常委、组织部部长、统战部部长王瑰曙在讲话中希望新一届民建市委会进一步发扬优良传统，在多党合作的道路上迈出新步伐。

【探索专题调研新模式】 2016年，民建市委探索形成三种模式的专题调研：一是市委会主持的重点课题调研。围绕长江经济带建设和开放型经济发展开展调研，完成课题《加快城陵矶综合保税区发展的调查与建议》，调研成果转化为市政协八届一次全会的大会发言和重点提案。二是联合其他单位开展的专题调研。与市政协经科委联合完成调研课题《加快山岳旅游资源整合，促进全域旅游发展》，调研成果在6月举行的全市专题协商会上作为协商主题，取得很好的协商成效和社会影响。三是以课题招标形式确定的专题调研。3月初召开参政议政工作会议，发布招标通知，投标申报7个课题，其中3个中标课题结题，成果转化为市政协提案。

【举办“两学一助”专题学习班】

2016年10月20—23日，民建市委在中国民主建国会发源地重庆市开展“两学一助”专题学习活动。市政协副主席、民建市委主委方争奇出席活动，重庆市大足区政协副主席、民建大足区委主委赵小华陪同考察，民建市委委员、支部主委、专委会主任参加。此次活动以“两学一助”中的“学习党派优良传统”为主题。20日，开班式在各民主党派历史陈列馆举行。学习期间，全体学员参观中国民主建国会旧址——西南实业大厦，与民建大足区委开展工作交流并参观大足区统一战线同心实践基地，参观渣滓洞、白公馆缅怀革命先烈，接受心灵洗礼。

【打造“同心项目”平台】 2016年，民建市委创建社会服务基地。整合会内社会服务力量，建立“同心助残社会服务基地”，采取就业培训、心理矫正、安排就业和对口资助四种措施开展助残活动。在湖南拓福家纺公司基地，安排残疾员工50名，累计安排残疾人就业320人次，成功帮助48名残疾人完成脱贫。向岳阳市长江助学活动捐赠6万元，向8户贫困残疾人家庭捐款捐物价值5万元，向残疾儿童捐赠报刊100份价值2万元。辅助就业中心申报国家级残疾人辅助就业创新项目。“同心助残”项目获得全市统战工作实践创新奖。紧盯扶贫攻坚难点。平江县板江乡流江村为民建市委精准扶贫点，安排1名机关专干为扶贫联络员，为5户扶贫对象提供5万元帮扶款，并通过多种措施，帮助实现脱贫目标。民建市委被评为全市扶贫工作一类单位。营造全员参与氛围。民建市委多次组织会员参加民建省委举办的“建华课堂”和市内各种培训讲座，选派会内企业家参加民建中央主办的“非公有制经济发展论坛”，同时广泛动员基层组织和会员开展社会服务活动，营造浓厚的参与氛围。君山区支部建立四年连续资助长效机制，包干资助3名大学生，落实资助金额2.9万元。岳阳楼区支部于5月开展爱心助残活动，协助市残联开展“牵着蜗牛去散步”关爱智障残疾人活动。云溪区支部在中秋佳节期间在陆城镇敬老院开展慰问活动，为敬老院的老人送去月饼、大米和食用油等价值3000元的物资。王五星、袁陆军、刘百灵、熊云辉等一大批民建会员非公代表人士通过“金秋助学”等形式开展扶贫助学活动。袁陆军与湘阴县、汨罗市的贫困家庭对接，解决20名大学生、中学生的学费和生活费用，并为贫困家庭安排就业10人，被民建中央授予民建全国社会服务先进个人称号。

【开展系列主题活动】 2016年，民建市委从市委会、基层组织到普通会员三个层面着手，把开展主题活动打造成岳阳民建的一项特色工作，组织凝聚力和活力得到明显提升。市委会的工作经验，在3月召开的全市统战部长会议上作典型发言。市委会主题活动示范引领。3月，妇女与老龄工作委员会组织全体女会员在会员企业开展“庆三八女会员创新创业现场观摩活动”。会员熊云辉获得全市“创业标兵”和全省“最美创业人”称号。副主委王五星获得“省长质量奖”提名。3月，民建市委承办省委妇女委员会扩大会议及调研活动，岳阳民建开展主题活动的工作经验在会上作介绍。支部主题活动丰富多彩。1月，岳工支部开展视察南湖旅游交通三圈重点工程活动。3月，岳工支部、机关支部等联合开展长江锚地保护调研活动。云溪区支部、岳化支部联合开展城郊休闲旅游产业调研活动。5月，城东支部、市一中支部和财经支部牵头举办“全民健身，快乐民建”趣味运动会。6月，南湖支部在枫树岭社区开展助残结对帮扶活动。10月，财经支部开展志愿者爱心助残活动。岳阳楼区支部、云溪区支部、君山区支部以“两学一助”为主题，开展一系列支部主题活动。云溪区支部开展参政议政调研活动，调研成果《加大污染整治力度，确保环境根本好转》在区政协大会作典型发言。

【反映社情民意工作】 2016年，民建市委作为民建全省反映社情民意工作“示范单位”创建点，不断巩固创建成果，抓好三级信息员队伍建设，完善工作机制。一方面推行市委会考评体系，一方面指导基层组织创新出台激励措施，市财经支部开展信息工作半年讲评，对撰写信息积极分子给予专门奖励，岳阳楼区支部、云溪区支部对优秀信息员在政治安排上予以优先推荐。通过这些创新举措，岳阳民建反映社情民意工作取得显著成效，全年编报稿件130篇，上报的统战信息被采用12篇，被评为全市统战信息工作先进单位。上报的社情民意信息被民建省委采用37篇，被民建省委评为反映社情民意工作先进单位特等奖。

【“两会”议政有成效】 2016年，在政协岳阳市七届四次全会上，民建市委集体提案《充分发挥城陵矶新港区国家级平台优势，全力建设湖南融入长江经济带的“桥头堡”》获优秀提案奖，集体提案《发挥国家级口岸平台优势，加快岳阳开放型经济发展》得到中共市委书记盛荣华批示，办理成效明显。《加快构建综合交通枢纽体系，充分发挥通江达海桥头堡作用》的建议作为市政协全会开幕式第一个大会发言。《加快构建湖南综合交通枢纽体系的建议》作为湖南省政协提案提交，经省政协研究，上升为全国政协提案。

（罗琪美）

中国民主促进会岳阳市委员会

【概况】 2016年，中国民主促进会岳阳市委员会（简称民进市委）以换届工作为重点，突出加强自身建设和提高参政议政能力，认真履行参政议政、民主监督和政治协商三大职能，各项工作迈上新台阶。参政议政工作得到民进中央和民进省委的充分肯定，被民进中央评为全国参政议政先进集体，被民进省委评为参政议政主题年工作先进单位。

一、政治共识进一步强化。多党合作共识得到强化。以换届为契机，加强思想教育。6月7日顺利召开换届大会，选举产生民进岳阳市第八届委员会，新一届市委委员职数增加2个，新任市委班子平均年龄47.6岁，班子结构进一步优化。改革发展共识得到强化。明确将“凝聚共识、凝聚智慧、凝聚力量”，作为“两学一助”学习教育目标。组织全市基层组织围绕“两学一助”，广泛开展调查研究和社会服务。协助会员企业，联合中共市委宣传部等多家单位，共同组织“十三五”期间企业的机遇与挑战高峰论坛，邀请民进中央经济委员会副主任、教授王林为岳阳企业“升维”把脉。政党意识得到强化。组建宣传工作小组，加强思想宣传工作力度。组织参加“团结情中国梦”“我为湖南脱贫攻坚建一言献一策”等征文活动。制定落实宣传信息工作奖励办法，面向全会开展参政议政、宣传信息先进个人评比表彰。开通岳阳民进微信公众号，做优做强民进网站，及时发布会务动态和先进会员事迹，全年编发微信公众号信息17条次。被民进省委公微采用5条次。全年更新岳阳民进网站信息47条次，向《民主》杂志、《团结报》和《楚帆》等各级媒体投稿51篇，其中，11篇稿件被国家级媒体刊发，6篇被省级媒体刊发。

二、组织建设进一步夯实。领导班子表率作用更加突出。及时完善市委委员联系基层组织工作制度和专委会工作制度，更新专委会人员名单，明确市委委员工作职责。加强政策理论学习，推荐5位新任市委委员参加全市民主党派新任市委委员培训班。主委班子身体力行，参加全市统一战线暑期谈心活动，牵头开展课题调研。基层组织工作更加规范。成立民进南湖新区支部，进一步完善组织网络，实现民进组织在中心城区的全覆盖。巩固基层组织建设年工作成果，继续加大基层组织工作经费投入。为基层组织开展会务活动和同心创建提供坚强保障。后备干部培养更加全面。把握省市人大、政府、政协换届机遇，推荐3位后备干部到科级正职岗位，推荐67位会员担任省市区三级人大代表、政协委员，其中，市人大常委2人，市政协常委5人，区政协副主席2人。全年发展新会员10人，首次举办新会员入会仪式。推荐20人次参加全市党外中青班、乡（镇）长班和党派新成员班学习培训。

三、履职能力进一步提升。一批中标课题成果得到转化。继续推行课题招标办法，调动全市基层组织和骨干会员参政议政的热情和动力。结合全市“一极三宜”江湖名城建设目标和全省“大门户、大引擎、大名片、大基地”的四大发展理念，围绕“交通治理”“合乡并村”“农村污染治理”和“发展乡村生态旅游”等11项中标课题开展调研，完成调研报告10篇，政协大会发言3篇，集体提案11份。一批建议提案督办取得实效。两会期间，向省市人大、政协会议提交大会口头发言材料1份，集体提案9件，个人提案25件，其中，集体提案《实施创新驱动，提升岳阳装备制造业水平》和市政协委员王秀云个人提案《关于加强中心城区餐饮油烟排放治理的建议》被列为重点提案督办。关于支持装备产业转型、支持装备企业合作创新等建议，被市经信委和市科技局采纳实施。一批政治协商建言得到肯定。先后参加中共岳阳市党代会工作报告征集意见会、中共省委统战部到岳阳市调研座谈会和政府工作报告意见征集座谈会。有关“城市规划建设管理”“历史文化名城保护”和“四湖两河治理”的建议得到充分肯定。

四、社会服务实效进一步提高。同心品牌得到认可。在大屋湾社区成功挂牌市级同心社区示范点的基础上，继续开展省级同心社区创建。广泛开展扶贫帮困、医疗义诊和文化惠民活动，接待省社院、省委统战部实地考察多次，得到一致肯定。微公益品牌得到认可。响应民进中央脱贫攻坚民主监督活动号召，广泛开展智力扶贫、产业扶贫、教育扶贫和文化扶贫。民进市委机关总支和岳阳楼区教育系统支部为君山区黄金小学捐赠书籍2000册。机关三支部与市九中为临湘市、岳阳县贫困地区学校捐赠实验桌柜80套。机关总支联合市图书馆、星星国际影城共同举办“同心彩虹”公益活动。机关二支部联合山水有爱志愿者协会，在岳阳县、临湘市、君山区多次开展扶贫助学走访，为95名贫困学生送去一对一帮扶助学款和奖学金20万元。

【中国民主促进会岳阳市第七次代表大会】 2016年6月7日，中国民主促进会岳阳市第七次代表大会在格兰云天酒店召开。张世愚代表民进岳阳市第七届委员会作题为《凝心聚力、顺势而为，打造高素质参政党地方组织，为建设“一极三宜”江湖名城努力奋斗》的工作报告。会议选举产生由18名委员组成的民进岳阳市第八届委员会。选举张世愚为民进岳阳市第八届委员会主任委员，李尧瑶（专职）、丁卫平、李国武、李建军为副主任委员，任命李情为秘书长。

【民进岳阳市南湖新区支部成立】 2016年12月9日，民进岳阳市南湖新区支部召开成立大会。大会由民进市委专职副主委李尧瑶主持。中共市委统战部常务副部长邓有根，副处级调研员、党派科科长王静晗，南湖新区管委会副主任李征兵、组织部部长张幼明，民进市委副主委丁卫平、李建军出席。选举倪啸担任民进南湖新区支部主委。

【民进市委召开2016年履职成果汇报会】 2016年12月29日，民进市委召开2016年履职成果汇报会。会议由民进市委专职副主委李尧瑶主持。民进市委主委张世愚作工作报告。中共市委常委、统战部部长、副市长熊炜出席会议并讲话。会议通报专题调研评审结果，宣读评优评先表彰决定，印发参政议政成果集。民进市委机关二支部主委付文，民进岳阳楼区教育局机关支部主委梅磊，民进市委机关三支部会员谢翠云作交流发言。

（李　情）

中国农工民主党岳阳市委员会

【概况】 2016年，中国农工民主党岳阳市委员会（简称农工党市委）团结带领全市农工党员，围绕经济社会发展大局，不断加强自身建设，切实履行参政党职能，为建设富饶美丽幸福新岳阳做出贡献。

一、坚定信念、团结协作，自身建设全面推进。以主题活动为载体，抓好思想建设凝聚政治共识。3月31日，组织100名党员参加农工党中央在岳阳市开展的“走进基层、贴近党员，培育和践行社会主义核心价值观百场宣讲”活动；7月8日，组织各支部主委、市委机关干部召开“两学一助”学习教育工作会等。以换届选举为契机，推进组织建设夯实发展基础。一是圆满完成换届选举。6月20日，举行农工党岳阳市第七次代表大会，选举产生农工党岳阳市第七届委员会；7月15日至8月27日，市委下属2个总支、20个支部相继召开支部换届会议，顺利产生新一届支部委员会，新进副主委1人、委员6人。二是择优充实党员队伍。考察党员发展对象17名，发展新党员13名。三是切实提升党员素质。组织党员参加中共市委统战部举办的培训班学习，举办基层支部负责人培训班，对60名新当选支部负责人进行集中培训，市委获得农工党省委组织建设先进单位。以建章立制为重心，加强机关建设提升服务能力。努力打造学习型、人文型、服务型机关。细化基层组织目标管理考核制度和《基层组织的量化管理方案》，改革市委委员、支部主委述职制度，健全领导班子成员集中学习和谈心制度，完善领导班子成员和机关干部联系基层制度和年终集体测评制度。以党政报刊为阵地，加大宣传力度增强社会影响。强化“大宣传”理念，以党政报刊为主要阵地宣传先进人物、典型活动，努力扩大岳阳农工的社会影响。有30篇稿件在各种不同层次媒体刊登，被农工党中央授予“2016年度《前进论坛》发行工作先进单位”称号。

二、围绕中心、主动作为，切实履职成效显著。依托“两会”平台，献务实之策。“两会”期间，提交集体提案6件、个人提案议案20件、建议意见10余件。农工党市委集体提案《主动对接长三角，提质壮大岳阳石化产业》获中共市委书记盛荣华重点批示，《珍珠山公园建设不能再拖延》《关于加强中小学校服管理的建议》被中共市委、市政府定为重点督办提案；《关于进一步加强城区治安管理的建议》《关于加强中小学校服管理的建议》被市政协评为优秀提案。深入开展调研，谋发展之计。完成《全面提升城陵矶港对外开放大通关水平，力推湖南更快更好融入长江经济带》《弘扬岳阳精神，推动社会主义核心价值观在湖南的创造性实践》《推进新时期扶贫政策实施方略，助力岳阳率先在洞庭湖区建成全面小康社会》等调研报告。参与政治协商，献益友之言。认真学习贯彻落实《中共中央关于加强社会主义协商民主建设的意见》精神，全力推进协商民主，积极开展政治协商，参加市政协棚户区改造专题协商、中共岳阳市第七次党代会报告起草调研座谈会及重点提案办理专题协商。反映社情民意，传民本之声。撰写社情民意信息10余条，较好地传达群众心声，在社会上引起良好反响。

三、量力而行、尽力而为，社会服务彰显本色。发挥届别医卫优势，持之以恒做好医疗服务。开展送医送药送健康义诊活动。在君山区二医院义诊，赠送药品2000元，在钱粮湖明珠广场举办“我为群众做义工”爱心义诊活动，在岳阳县长湖乡白羊完小和自强村举办第二十八届“国际科学与和平周”之“科普大篷车进校园”“专家扶贫义诊”系列活动。心怀“大爱”精神，整合资源回报社会。市直机关支部为汨罗市李家锻敬老院26位孤寡老人捐赠现金、米、油；看望残疾人代亚东，送去爱心款2000元。“永普励志奖学金”颁奖典礼在平江县板江中学举行，奖励、扶助资金1万元；参与支援华容新华垸抗洪救灾，筹款8000多元给武警官兵购买防暑降温品。树立担当意识，主动开展精准扶贫。12月，主委、副市长李为，副主委周波等到岳阳县公田镇媳岭村开展精准扶贫工作，筹措资金380万元（其中农工党市委帮扶资金10万元）用于该村基础设施建设。

【农工党岳阳市第七次代表大会】 2016年6月20日，农工党岳阳市第七次代表大会召开。农工党湖南省委副主委、南华大学校长张灼华，中共岳阳市委常委、组织部部长、统战部部长王瑰曙出席并讲话。岳阳市副市长、农工党岳阳市委主委李为代表农工党岳阳市第六届委员会作题为《坚持五大发展理念，助力“一极三宜”江湖名城建设》的工作报告。全体参会代表审议通过农工党岳阳市第六届委员会工作报告和农工党岳阳市第七次代表大会政治决议，选举产生农工党岳阳市第七届委员会。李为当选为农工党岳阳市第七届委员会主任委员，周波、林辉、练伟当选为副主任委员，任命李向阳为秘书长。

【农工党市委组织支援抗洪抢险】 2016年7月10日，华容县新华蓄洪垸内溃，抗洪抢险武警部队君山小学营区急需支援，农工党岳阳市委得知情况，立即组织发动20名党员，带好工具赶赴君山小学营区，帮助营区订纱窗，做好择菜等后勤工作，将30间教室，每间6个以上门窗的纱窗全部订好，让抗洪抢险一线官兵晚上免受蚊虫叮咬、休息好。农工党市委筹款8000多元给武警官兵购买防暑降温品，农工党员在灾区开展送医送药义诊服务，为抗洪抢险贡献一份力量。

【开展“国际科学与和平周”活动】 2016年11月4日，农工党市委在岳阳县长湖乡白羊完小和自强村举办第二十八届“国际科学与和平周”之“科普大篷车进校园”“专家扶贫义诊”系列活动。专家们给学生讲授手足口病的防治和近视眼的预防相关知识，展示“尖端放电”等20余种科教展品，给村民们免费检查、义诊，惠及近300名小学生及100名村民，让农村小学的学生接触到权威的健康知识和鲜活的科普知识，偏远乡村的老百姓亲身体验到送到农门口的健康检查和专家义诊。

（李向阳）

中国致公党岳阳市委员会

【概况】 2016年，中国致公党岳阳市委员会（简称致公党市委）以“省市工作一体化”实施意见为行动指南，围绕《致公党湖南省委2016年度市级组织目标管理考核实施细则》考核要求，团结和带领全市党员开拓进取、勇于创新，较好地完成年度目标任务，各项工作均取得较大进步。

【致公党市委换届顺利完成】 2016年，致公党市委严格遵循致公党湖南省委和中共岳阳市委统战部的要求和部署，高标准完成市委换届工作。新一届市委班子在人员规模、年龄结构、学历水平和界别构成上均有所改善。其中，有女性3名，博士学历4名，研究生学历3名，副高级以上技术职称7名，平均年龄比上一届小3.4岁。同时，开展新主委班子成员走访历届市委主委班子、市委委员和支部主委的谈心活动，顺利完成新老班子政治交接。

【规范党员发展程序】 2016年，致公党市委进一步规范新党员发展程序，出台《致公党岳阳市委党员发展要求（草案）》，严把入口关，不断提高新党员发展质量。严格执行致公党湖南省委新党员预审制度，省委预审后，对21名入党积极分子进行严格规范的考察，吸纳为党员，新党员发展率达8.1%，其中，行政、事业单位10人，新阶层4人，非公经济人士7人，具有中高级职称9人，具有侨海关系12人。组织新党员举行入党仪式，开展专题教育和培训，增强其认同感和归属感。同时，及时做好党员信息的更新和管理。

【举办“岳阳致公30周年”系列庆祝活动】 2016年，致公党市委走访历届主委、市委委员、支部主委和老党员，查阅30年党史资料，编辑印刷《岳阳致公30年画册》，拍摄《岳阳致公30年》宣传片，举办《江湖古城写新意书画摄影图片展》，召开中国致公党岳阳组织成立30周年总结暨表彰大会。岳阳电视台、《岳阳日报》《新湖南》等各大媒体进行宣传报道。

【提案建言有成效】 2016年，致公党市委向各级“两会”提交提案议案90个，向全国人大提交建议案14个，向省政协提交提案5个，向市政协七届四次全会提交提案51个。其中，3个被市政协评为优秀提案，6个被市政协评为重点督办提案，《关于家庭农场发展的建议》被市政协采纳作为大会发言，赢得一致好评。

【专题调研有成果】 2016年，致公党市委按照致公党省委推进省市课题调研一体化要求，专委会选定调研课题为“关于我市茶叶生产情况的调研”与“洞庭湖水域生态修复和湿地保护调研”。搭建专题调研班子，多次到岳阳县、君山区、华容县、岳阳楼区等地乡镇，渔场、茶场等，采取实地踏勘、走访群众、召开座谈会等方式，与当地政府相关职能部门单位以及群众代表进行广泛交流。收集大量资料和数据，调研成果被致公党省委采用。

【致公助学有内容】 2016年，致公党市委一是开展省市一体联动助学。协助致公党省委向平江县大兴学校捐赠助学金、奖学金4万元，指导综合支部向省市助学点平江县阜山小学捐赠价值4万元的多媒体电教室设备、课桌、校服、消毒柜等物资；湖南理工学院支部为平江县昌江中学与岳阳市十中友好共建牵线搭桥，促进双方教育资源共享与经验交流。二是开展“爱心妈妈”主题活动。致公党市委成立致爱小组、志愿者队伍，开展“爱心妈妈”活动。综合支部党员开展“妈妈我想对您说”微心愿活动，对君山区濠河小学57名农村留守儿童进行心理辅导；省血防所总支组织带领职工子弟60余人慰问岳阳市儿童福利院的孤儿，为孩子们送去爱心和温暖。三是开展“一家一”助学就业项目。致公党市委和致爱小组成员持续跟踪和帮扶致公·能和安安班学生成长，多次参与班级活动。

【服务民生有新举措】 2016年，致公党市委结合自身优势，探索社会服务的新模式、新内容。一是书画交流，以文化人。组织岳阳致公书画院在南湖安置小区、君山区湖南国泰食品公司开展送春联活动；岳阳致公书画院、岳阳美术馆50名艺术家到平江县安定镇开展送书画下基层活动；邀请中央美术学院美术学博士肖文飞在民主党派机关举办书法公益讲座；在岳阳美术馆举办致公党岳阳组织建立30周年“江湖古城写新意”书法美术摄影作品展。二是走访慰问，关心弱势群体。岳阳楼区支部联合王家河商会筹资4万元，邀请120名环卫工人共进午餐，赠送菜油、大米等物资；致公党市委组织60多名女党员看望龙山敬老院的孤寡老人，送去价值

3000元的慰问品；南湖新区支部捐款4000元慰问平江县福寿山镇建档立卡贫困户，筹资1万元免费上门为当地100名老人拍照，并装裱后送给老人；省血防所总支、岳阳职业技术学院支部发挥自身优势，组织医学专家在花板桥社区、临湘市黄盖湖镇开展义诊，免费检查200人次，建立健康档案150份。三是抗洪救灾，服务灾区群众。华容新华垸内溃灾情发生后，致公党市委号召全市致公党党员投身抗洪救灾工作，各基层支部利用自身资源，募集物资，发动党员捐款捐物达5万元。

（周　静）

九三学社岳阳市委员会

【概况】　2016年，九三学社岳阳市委员会（简称九三学社市委）准确把握中共中央、省委、市委的部署要求，以深入开展“两学一助”学习教育为载体，切实履行参政党职能，紧扣改革发展献计出力，扎实推进社会服务，切实加强自身建设，各项工作取得新成绩。获得九三学社湖南省委“信息工作先进集体”“参政议政工作先进集体”，获得岳阳市统战调研工作、理论创新、实践创新优秀成果三项先进荣誉称号。

【社务活动有成效】　2016年，九三学社市委组织全体社员参加“湖南统一战线凝心聚力‘十三五’行动”的各项活动，立足本职岗位履职尽责、创先争优。组织70名社员参加学习总书记习近平关于统一战线的系列重要讲话精神和《条例》知识竞赛活动，递交3篇论文参加九三学社中央第三届坚持和发展中国特色社会主义论坛论文征集，同时加大宣传工作力度，对参政议政和助力发展等工作进行宣传，有2篇稿件被《人民政协报》采用，30篇稿件被社中央网站、三湘统战网站、《湘声报》等采用。提供5幅作品参加《中国面孔·中国梦》摄影作品征集评选，推荐2名社员参加“和美潇湘同舟圆梦”——省政协系统第二届主题摄影赛。

【组织凝聚力增强】　2016年，九三学社市委举办“三八”妇女节、“五四”青年节、“九九”重阳节等主题节庆活动。以开展“两学一助”学习教育为平台，引导基层支社开展活动，增强基层组织凝聚力。大多数支社除开展政治学习、座谈讨论外，还开展调研考察等丰富多彩的社务活动。市农科所支社组织社员到华容县中国棉文化博物馆调研考察。岳阳经开区支社组织社员到新墙河抗战纪念馆参观学习。岳阳楼区支社开展社区服务业发展问卷调查。市三医院支社结合本职工作召开“两学一助”学习教育座谈会。市医卫支社组织专家到社区开展送医送药活动。市直一支社召开提案工作研讨会。君山支社在新河小学设立服务基地开展助学活动。

【参政议政水平提高】　2016年，九三学社市委聚焦履职重点做好调研工作。一是针对全市种子安全问题开展调研。组织调研组到产粮大县、乡镇调研，撰写《建设现代种子强市确保粮食种子安全》的调研报告。二是为摸清近年来全市实施六大文化惠民工程，让群众享受到公共文化设施建设新成果的情况组织调研，形成《加强公共文化服务体系建设，提升岳阳文化软实力》的调研报告。此外，与民盟市委一道开展“洞庭湖生态补偿机制”专题调研，为促进洞庭湖生态环境可持续发展提出意见。三是承担九三学社省委参政议政课题，就洞庭湖水环境综合治理的现状、问题，提出策略建议，形成《洞庭湖水环境综合治理的对策与建议》的调研报告。建言献策突出服务大局。在年初市政协大会上，九三学社市委提交提案9件，其中列为重点提案2件。《关于加强我市湘江流域污染防治工作的建议》被评为优秀提案，撰写的《关于促进我市电子商务发展的建议》被列为重点督办提案。认真开展民主监督。社市委把民主监督与参政议政工作紧密结合起来，通过多种方式提出批评建议，切实发挥民主监督作用。社市委主要领导应邀出席中共市委及各级部门召开的座谈会、通报会等，就有关问题提出建议，得到重视和采纳。积极反映社情民意。制定《九三学社岳阳市委基层组织参政议政目标管理考核评分细则》，完善《九三学社岳阳市委参政议政奖励办法》。通过举办培训班，培养一批骨干力量，全年上报统战信息和社情民意60篇。

【社会服务有特色】　2016年，九三学社市委充分发挥智力资源密集优势，在拓宽社会服务领域，创新社会服务形式，丰富社会服务内容等方面取得一些成绩。一是发挥优势利民惠民。11月，九三学社市委联合市一医院、春招法商顾问公司、幸福心理所，在岳阳楼区观音阁社区开展“两学一助”学习教育暨送医药、法律、心理咨询进社区活动，免费发放药品5000元、宣传资料1000份，受益居民218人。12月，联合中共市委统战部到君山分路口敬老院开展“同心携手关爱老人”活动，赠送物资1万多元。二是精心打造同心品牌。将岳阳楼区观音阁社区精心打造成“同心社区”基地，并成为全市统一战线同心示范基地。创新社会服务形式，配合社区，利用网络入户、“一日双巡”等方式，广泛征集社区弱势群体微心愿，重点关注贫困、孤残、留守儿童和进城务工人员子女、孤寡老人、空巢老人及残病人，在居民点密集地设置征集箱，随时就近接收居民“微心愿”，保证居民心愿倾诉不受时间地点限制。自“微心愿”活动启动后，社市委投入1万多元兑现20户高龄和身体不便的居民的微心愿，为他们送出轮椅、电饭煲、电扇等用品。圆梦“微心愿”活动受到群众热烈欢迎，社会反响良好。中共市委统战部将社市委“微心愿”活动作为全市3个项目之一申报省统战工作实践创新奖。三是服务灾区开展生产自救。7月10日，华容县新华蓄洪垸发生内溃，社市委及时组织社内政协委员赶赴新华垸灾区，送去价值5万元的米油等物资。随后组织农业专家进行技术指导，帮助灾区恢复生产。

【九三学社岳阳市第八次代表大会】　2016年6月30日，九三学社岳阳市第八次代表大会召开，省政协副主席、九三学社省委主委张大方、专职副主委王仁祥，市领导王瑰曙，老领导蒋治材等出席。大会选举产生九三学社岳阳市第八届委员会。选举李平为主委，付萍、周升、胡建兵、杨善为副主委，任命杨波为秘书长。

【九三学社市委开办九三班】 2016年12月5日，同心温暖工程“九三系列班”开班仪式在平江县职业技术学校举行。省政协副主席、九三学社省委主委张大方，岳阳市政协副主席、九三学社岳阳市委主委李平等领导出席，九三学社省委与九三学社市委在平江职业技术学校开办2个“九三班”，捐送助学金40万元、棉被30床。

（杨　波）

岳阳市工商业联合会（总商会）

2016年4月28日，广东湖南商会到岳阳考察　　（葛取兵　摄）

【概况】 2016年，岳阳市工商业联合会（简称市工商联）围绕中心，服务大局，以“两学一做”学习教育为契机，牢牢把握“两个健康”主题，凝心聚力服务“十三五”规划发展大局，提升工商联工作科学化水平，为构建“亲”“清”的新型政商关系，加快推进“一极三宜”江湖名城建设做出贡献。在全市“一极三宜”江湖名城建设综合绩效考核中评为先进单位。综治工作被评为单项先进。

一、主动作为，民企帮扶成效突出。市工商联主动作为，全力推进重点民营企业帮扶工作。市委、市人大、市政府、市政协四大家35名市级领导率40家市直部门单位到40家重点民营企业，调研解难，推进帮扶。各帮扶部门高度重视，全力以赴，狠抓落实，形成领导挂帅、部门联动、上下联手的帮扶工作格局，帮助企业化解困难和问题95个，湖南凯美特气体股份有限公司、湖南中科电气股份有限公司、南翔万商（岳阳）物流产业有限公司等帮扶企业在生产经营中遇到的困难和问题得到有效解决，企业效益大幅提升，企业对帮扶工作高度认可。帮扶工作经验做法上报国务院督查组。

二、强化培训，思想教育凝聚共识。开展以“守法诚信，坚定信心”为重点的理想信念教育活动，举办总书记习近平在全国政协民建、工商联界委员联组会上重要讲话精神专题辅导报告会和部门单位座谈会，联合举办第二期浙江大学企业家研修班，65名企业家参加学习。组织20名企业家到新加坡进行交流培训。与女企业家协会联合举办人民大学战略文化总裁特训营，提升企业家综合素质。完善市工商联政务网，编辑出版4期《岳阳商会》杂志，宣传非公企业新形象。

三、建言献策，参政议政效果明显。开展“访民企、办实事、强信心”万户民企大走访调研活动，形成《合理推动房地产去库存的建议》《降低实体经济成本，促进非公经济健康发展》等调研报告。《降低实体经济成本，促进非公经济健康发展》评为全省工商联系统调研成果一等奖，《合理推动房地产去库存的建议》评为三等奖。《降低实体经济成本，促进非公经济健康发展的建议》在市政协八届一次会议上发言，得到市委、市政府高度重视，市委书记胡忠雄批示政府相关职能部门专题研究解决。《合理推动房地产去库存的建议》得到市长刘和生批示。

【市工商联第八次会员代表大会】 2016年8月14—15日，市工商联（总商会）第八次会员代表大会召开，省工商联副主席肖翔，市委副书记、市长刘和生出席并讲话，市委副书记李志坚主持会议，市委常委、组织部部长、统战部部长王瑰曙致开幕词，市领导李湘岳、陈奇达、刘晓英、方争奇和老同志余世华等出席。会议选举产生新一届工商联领导班子，刘晓英当选为市工商联（总商会）第八届执行委员会主席（会长），方亚华、张超、郑叶新等19人当选为副主席，伍玉龙等26人当选为副会长。

【服务质量提升】 2016年，市工商联为缓解企业融资难题，帮助民营企业与资本市场对接，与中国建设银行岳阳分行签署合作协议，授信30亿元。举办银企对接暨金融产品推介会和银企战略合作签约会，为245家企业投放贷款10.3亿元。充分发挥桥梁纽带作用，内引外联，引老乡、回故乡、建家乡，先后到广州市、佛山市、东莞市、深圳市走访乡友，推介岳阳。组织广东省湖南商会、上海市岳阳商会等80多位企业家到岳阳市投资考察。开展法律维权服务，帮助民营企业依法经营、依法维权。

（葛取兵）

社会团体

责任编辑　刘兴汉

岳阳市总工会

【概况】 2016年，岳阳市总工会以“两学一做”学习教育为统揽，认真学习贯彻党的十八届四中、五中、六中全会和总书记习近平系列重要讲话精神，紧扣市委“一极三宜”江湖名城建设目标，在服务发展、关爱职工、自身建设等方面取得显著成效。被评为全国“十二五”规划期间“中彩金”法律援助项目示范单位、全国市级工会财务先进单位、全省“安全生产月”活动先进单位、全省经费审查工作规范化建设特等奖，解困脱困、基层组织建设、女职工权益维护等工作，先后在全省作典型发言，全省“女职工素质大讲堂”开讲仪式、全省女职工维权服务工作现场经验交流会，相继在岳阳市举行。

【开展三大竞赛活动】 2016年，市总工会组织全市各行业工会开展劳动竞赛。以“践行新理念，建功十三五”为主题，在经济建设、节能降耗、安全生产、优质服务等行业领域开展“三争三赛”（争当标兵赛奉献、争做模范赛风采、争创业绩赛作为）活动，在重点工程、重大项目中，开展以“六比四创”为主要内容的劳动竞赛，在窗口服务行业部署开展“三比三看三优”劳动竞赛，实施“窗口环境优化行动”，在工业企业深入开展“四创四增”劳动竞赛，在非公企业开展“携手保增长、和谐促发展”劳动竞赛，全面激发职工群众的劳动热情。全市有7000多家企事业单位、80多万名职工群众参与劳动竞赛，创效30多亿元。其中，中国石化长岭炼化公司开展的“节能降耗、降本增效、全力打好效益翻身仗”劳动竞赛，助推企业赢利20多亿元。

技能大赛。认真落实省总工会部署，精心组织全市“十行百优”巴陵工匠职业技能大赛，成立以市委常委、常务副市长任主任，市直17个部门为成员的大赛组委会，争取市财政投入资金256万元保障大赛顺利推进。大赛启动后，2万名一线职工参加焊工、钳工、数控车工、汽车修理工等10个行业的企业选拔赛、县级初赛和市级复赛。通过大赛命名表彰岳阳市“巴陵工匠”60名，并选拔一批能工巧匠参加全省决赛，有5人获得省“百优工匠”称号。同时，发动市公路局、市环保局等16个市直单位联合组织开展行业技能竞赛，涉及30个行业、工种，有3万名职工参与竞赛，4000名职工通过竞赛晋升技能等级，公路系统在全省竞赛中获得团体一等奖和个人前2名。

“安康杯”竞赛。联合市安监局组织开展以“教育培训强基础，隐患排查保安康”为主题的“安康杯”竞赛活动，推动竞赛活动向非公有制企业、中小型企业和农民工延伸，有2316家单位、2万个班组、23万名职工参与“安康杯”竞赛。同时，不断拓展“安康杯”竞赛形式，在第十五个“安全生产月”系列活动中，市总工会主动承办全市“守护生命”安全生产知识竞赛，组织310支队伍进行县级初赛、市级复赛，10支队伍进行市级决赛。竞赛活动的深入开展，实现安全生产知识普及率达98%以上，市总工会被省安全委员会表彰为全省“安全生产月”活动先进单位。

【服务职工】 2016年，市总工会把解困脱困与精准扶贫对接。主动将解困脱困工作融入全市精准扶贫攻坚大局，整合“双联”资源，成立以市委副书记任组长、28个部门主要负责人为成员的市“双联”和困难职工解困脱困工作领导小组，制定出台《“精准帮扶、解困脱困”五大主题活动实施方案》。市总工会班子成员带队深入改制企业、社区开展精准识别，全面核对核定，重新确认困难对象4万多名。筹集资金1500多万元，深入开展“四送关爱”、第三期职工医疗互助、困难救助等活动，惠及困难职工、农民工7000多名，帮助2100多名困难学子圆大学梦，为2047名住院职工发放补助金136万元。在7月抗洪救灾中，各级工会不等不靠，筹集款物600多万元（市总工会筹集资金200多万元），及时送往灾区。

把“一户培养一名产业工人”与工会培训对接。认真落实全国总工会、省总工会要求，以市职工培训学校、农民工培训学校和女职工业余学校为龙头，以人社、教育等部门资源为依托，实施项目化、发展式和精准式帮扶，把培训课堂搬入企业、驻进社区、送到村镇，采取订单式、委托式、定向式等方式，组织参联单位举办美容美发、茶艺和月嫂等实用技能培训班380多期，免费培训3.8万人，帮助2.5万名职工重新就业，支持1200名困难职工实现自主创业。紧扣互联网+时代新模式，开办电子商务、网络销售等培训班，建立15个“4050”下岗女职工手工串珠编织合作社，帮助开设实体店和网店，实现“培训一人，脱困一户，带动一片”。同时，在对口扶贫点湘阴县王家河村，开办水产养殖技能培训班，新建10个龙虾养殖基地，帮助100多个困难户走上脱困之路，并带动周边5个村实现整体解困脱困。

把职工维权与构建和谐对接。借助全国“中彩金”法律援助项目示范城市优势，发挥300人组成的律师志愿服务团队作用，和12351职工热线功能，落实“工会领导班子带班接访处访轮值制度”，定期免费提供法律咨询、劳动争议调解等服务210多场次，免费办理法援案件288件，挽回经济损失1440万元，市总工会被评为全国“十二五”期间“中彩金”法律援助项目示范单位。督导企事业单位落实职代会、质询会等制度，深入推进工资集体协商，已建工会的企业工资集体协商建制率达到92%，新签订女职工权益保护专项集体合同30家，以劳动关系和谐促进社会和谐稳定。10月，全省女职工维权服务工作现场经验交流会在岳阳市召开，成为岳阳市职工维权工作的新品牌。同时，投入近80万元扎实做好关爱服务工作，在主城区沿街新建15个“户外职工之家爱心驿站”示范点，在汽车站、大型商城等地新建20家“母婴关爱室”，在市卫计委等企事业单位，新建一批职工“心理减压室”“心理咨询工作室”，免费举办心理健康知识讲座、提供心理咨询服务200多场次。

【全省女职工维权服务工作现场经验交流会】 2016年10月25日，全省女职工维权服务工作现场经验交流会在岳阳华瑞宾馆召开，岳阳市总工会女职工委员会承办，全省各市州以及产业工会和省总芙蓉杯竞赛联系点单位女工分管领导以及女职工委员会主任100人参加会议。市总工会女职工委员会以《忠诚履职彰显主责做女职工信赖的“娘家人”》为题作现场经验发言。巴陵石化公司工会“母婴关爱室”以及“职工心理减压室”，市总工会女职工业余学校和帮扶中心服务大厅被作为本次会议的现场观摩点，赢得与会者高度评价。

【岳阳市总工会第六届委员会第四次全体（扩大）会议】 2016年3月30日，市总工会第六届委员会第四次全体（扩大）会议召开。会议认真学习党的十八届五中全会、党的群团工作会议和总书记习近平系列重要讲话精神，传达学习全国总工会十六届四次执委会、省总工会十五届五次全会和市委经济工作会议精神，回顾总结2015年全市工会工作，研究部署2016年工会工作。市委副书记李志坚，市人大常委会副主任、市总工会主席彭先政，市人民政府副市长陈恢清出席会议，市总工会党组书记、副主席谭志兰作工作报告。会议增替补市总八届委员会委员，并通报2015年度工作考核结果。市总工会六届委员会委员、六届经费审查委员会委员，拟增补的市总工会委员，不是委员的县市区总工会党组书记、市直系统（产业）工会主席、驻岳中央省属企事业单位工会主席和市总工会全体机关干部职工100余人参加会议。

【全市“十行百优”巴陵工匠职业技能大赛】 2016年，市总工会在全市范围内大力开展“十行百优”巴陵工匠职业技能大赛活动，成立由市委常委、市人民政府常务副市长唐道明任主任，市人大常委会副主任、市总工会主席彭先政任副主任，市总工会、市人社局等17家单位为成员的岳阳市2016年“十行百优”巴陵工匠职业技能大赛活动组织委员会。在焊工、钳工、数控车工、数控铣工、计算机程序员等十大行业中，层层开展技能竞赛，选拔优秀人才，命名表彰岳阳市“巴陵工匠”；分别组织公路系统、卫生系统、环保系统等行业的2万名职工开展技能竞赛选拔赛，选拔出一大批优秀选手参加全国、全省比赛，获得较好名次，其中5人获得湖南省“百优工匠”荣誉称号。通过开展“十行百优”巴陵工匠的评选活动，进一步激发全社会“追匠星潮”的热情，大力培育和弘扬“工匠”精神，引领广大职工参与大众创业、万众创新的活动。

【开展全市“守护生命”安全生产知识竞赛】 2016年，市总工会与市安监局联合主办“守护生命”安全生产知识竞赛，精心组织初赛、复赛、决赛，通过广泛宣传，全面发动，全市260支队伍进行初赛，2000多人次参与竞赛，安全生产知识普及率达98%以上，竞赛活动实现参与度高、知晓面广。各级工会组织以安全生产知识竞赛活动为抓手，组织开展各类安全生产、劳动保护知识竞赛、有奖问答等活动52场次，内容涵盖安全生产、劳动保护法律法规、安全常识等，有1万余人次参加活动，有力促进安全生产、劳动保护知识的普及和传播。

【户外职工之家“爱心驿站”建设】

2016年，市总工会大力建设户外职工之家“爱心驿站”，在主城区沿街设立15个户外职工之家“爱心驿站”示范点，为环卫、园林绿化、邮政快递等户外流动作业的劳动者，提供饮水热饭、遮风避雨、防暑取暖、短暂休息等服务，体现工会组织对一线职工的关爱。8月，在市华润燃气金鹗西路客户服务中心举行“关爱劳动者服务农民工”岳阳市户外职工之家爱心驿站启动仪式，倡导企事业单位运用其现有资源，在沿街建立户外职工之家爱心驿站，市委副书记李志坚出席仪式并宣布仪式启动，市人大常委会副主任、市总工会主席彭先政作动员讲话，启动仪式为全市首批10家户外职工之家爱心驿站授牌。各县市区总工会争取爱心单位或沿街商户的支持，建立2个以上的示范样板。

（罗　军）

共青团岳阳市委员会

【加强青年理想信念培育】 2016年，共青团岳阳市委员会（简称团市委）高举理想旗帜，把握正确方向，不断促进思想意识提升。在“纪念五四运动97周年”“纪念抗日战争胜利71周年”“纪念红军长征胜利80周年”等重要时间节点，团市委组织全市300余名团员青年、团干部、青年志愿者代表分批次到平江起义纪念馆、任弼时纪念馆等红色教育基地开展主题团日活动。通过官方微博开展“共筑中国梦”话题推广讨论和带动“筑梦长征路”话题，获得10万人次的关注量；在“六一”儿童节前夕，举办“红领巾相约中国梦，关注‘十三五’，创造新生活”主题大队活动暨少儿文艺会演；创新十八届六中全会精神、省第十一次党代会精神学习宣讲方式，做好常规线下“面对面微宣讲，点对点解疑惑”活动，创新线上展宣讲活动，组织青年在新媒体上开展微视频宣讲比赛、每日一题学习问答竞赛活动；搭建活动平台，凝聚思想共识，扎实开展青年马克思主义者培养工程。团市委高度重视青年马克思主义者的培养，全市各级团组织认真组织实施“青马工程”，开展“与人生对话——我的中国梦”“迈人青春门，走好成人路”18岁成人仪式、“彩虹人生——奋斗的青春最美丽”主题教育活动。网聚青春正能量，构建清朗空间，不断提升舆情引导力。团市委建立网评员、网宣员、网络文明志愿者三级联动的网络宣传队伍，在市本级建立一支1300人左右的网宣员队伍，与市网信办组建35个网络文明志愿者队伍，人员1.6万人；“岳阳共青团”微信、微博平台编发原创信息近500条，吸引大量青年关注，12篇微信推文阅读量过万；参与引导“岳阳与云南城投合作开发岳阳楼”“临湘职高女生被打”等舆情，通过官方微博对“马蓉是共青团员”“山东教授邓相超微博发布多条侮辱毛主席言论”等事件进行猛烈抨击，得到大量转发与点赞。

2016年10月18日，岳阳市首届初创企业创新创业大赛在岳阳职业技术学院举行
（团市委供稿）

【主动做好服务工作】 2016年，团市委开展“青年创新创业行动”，促经济活力提升。5月4日，成功举办岳阳青年创客大会，市委书记盛荣华高度肯定团市委工作，市委副书记李志坚为市青年创新创业孵化基地、青年创新创业大数据服务中心授牌，市邮储银行现场发放青年创新创业“邮青时代”小额贷款440万元。组织成立岳阳青年创新创业先进典型巡回报告团在全市各高校进行巡回宣讲，营造出浓厚的创业氛围；岳阳市中学生科技竞赛得到团中央的肯定，被评为全国示范竞赛，8月22日，中央政治局委员、国家副主席李源潮亲自为团市委授牌；联合市总工会、市工商联、市国资委、市邮储银行成功举办“邮储银行杯”岳阳市第三届青年创新创业大赛暨首届初创企业创新创业大赛，6个创业项目团队分别获得一、二、三等奖，获得创业奖金39万元。开展“青年志愿社区行”，促幸福指数提升。全年3000多人次的志愿者参与社区行活动，直接服务对象4万多人。在春节期间，团市委开展“春暖童心”志愿服务系列活动，得到市领导的高度认可，市委常委、组织部部长、统战部部长王瑰曙专程看望慰问青年志愿者；“3·5”学雷锋日期间，市委副书记李志坚参加“争当志愿者，助推621”学雷锋志愿服务主题活动，为市蓝天救援队水上演习基地揭牌；市委常委、宣传部部长徐新启出席全市推进社区志愿服务专业化座谈会。开展青年典型选树行动，促社会氛围提升。为选树各类青年典型，团市委联合市委组织部和市科协开展2016“巴陵青年英才”支持计划，遴选出10名青年创业精英，给予每人10万元的资金支持，引领广大青年在“大众创业、万众创新”的时代中勇立潮头，树立一批敢于创新、勇于创业的优秀青年榜样，激励和引导更多奋斗中的有志青年；联合市政府研究室、岳阳日报社举办“一极三宜”江湖名城青年经济论文竞赛活动，发掘一批优秀青年才俊，市委常委、常务副市长唐道明出席讲话并颁奖；在选树青年典型的同时，团市委将优秀青年推出去，推荐12名优秀青年参加全省“向上向善”好青年评选活动，且全部入围。

【维护青少年权益】 2016年，团市委深入推进希望工程。开展希望工程爱心圆梦季、一对一助学结对“牵手行动”“湖南国鼎·洞庭之声”助学公益行等10多项助学活动，着力实施“芙蓉学子”“国酒茅台”“华融湘江银行绿色助学”“富基春晖班”等10多个品牌项目，自筹和接收各项社会捐款349.5万元，资助贫困学子760人，使一大批贫困学生得到帮扶。倾情关爱各方青年。关注未婚青年，举办“相约巴陵，幸福佳缘”岳阳市第四届青年员工联谊晚会，300多名青年参与，为解决青年情感问题提供平台；强化对外交流。7月24日，澳门地区“千人计划”青年赴内地交流团到岳阳市学习交流，交流团一行参观位于汴河街的岳阳市大学生创业实训基地，并与岳阳青年分享交流创新创业经验；支持新疆维吾尔自治区、西藏自治区青少年工作的开展，派专人到鄯善县、桑日县开展相关调研，筹集10万元帮扶资金支持西藏自治区山南市青少年工作。主动维护青少年权益。深入推进社区青少年安置帮教，创建“平安校园”，青少年禁毒防毒宣传等工作，与省禁毒委共同举办湖南省“蓝结行动第六季——禁毒志愿者三湘行”大型禁毒主题宣传活动湘北岳阳站出发仪式；联合市公安局、市教育体育局、中国人寿岳阳分公司举办全市中小学生“知安全风险会紧急避险”活动；主动介入市未成年人犯罪案件办理，配合公安机关调查未成年犯罪案件5起，密切跟踪“临湘女孩被打”网络视频事件，安排团市委权益部负责人参与该事件的调查，利用新媒体及时跟进调查情况，并组织网宣员在各门户网站留言评论，引导舆情发展。

（杨 颂）

岳阳市妇女联合会

【概况】 2016年，岳阳市妇女联合会（简称市妇联）认真学习贯彻党的十八届六中全会，中央、省委、市委党的群团工作会议，省第十一次和市七次党代会精神，紧贴中心，服务大局，主动作为，为建设“一极三宜”江湖名城做出贡献。先后获得全国妇联系统维权工作先进集体，省妇联系统综合绩效目标管理考核先进单位，岳阳市“一极三宜”综合绩效考评先进单位等荣誉称号。

【引领妇女创新创业】 2016年，市妇联围绕“大众创业、万众创新”，引领广大妇女在“双创”中贡献“她力量”。召开“创新创业·巾帼行动”动员会，举办形式多样、内容丰富的妇女就业创业培训班，开展寻找身边最美“草根”创客活动，打造一批女大学生创新创业实践基地，聘请郑宏翠等5人为岳阳市第二批女性创新创业顾问，鼓励城乡妇女树立“互联网+”思维，成功引进96580家政服务呼叫平台，拓宽网上创业发展新渠道。联合市人社局开展“春风行动”，举办岳阳市首届巾帼创新创业大赛，首届家庭服务职业技能大赛，并组队参加全省首届家政服务职业技能大赛，获得“团体二等奖”和6个单项奖。

【开展巾帼精准脱贫】 2016年，市妇联把协助党和政府做好妇女脱贫工作作为重要政治任务，围绕精准扶贫、精准脱贫总体部署，找准定位，强化担当，扎实推进“巾帼脱贫行动”。开展“双学双比”活动，举办20期新型职业女农民培训班，培训职业女农民3600人次，打造一批女农民专业合作社和巾帼脱贫示范基地。免费为10.32万农村适龄妇女进行“两癌”检查。着力推动妇女小额担保贷款，全市有1289名妇女获得9886万元小额贷款，带动5000多人就业创业。

【助力城乡岗村共建】 2016年，全市妇联组织充分发挥巾帼文明岗示范带头作用，引领动员全市妇女广泛参与城乡建设，在全市开展“巾帼建新功·共筑中国梦”技能大赛、岗位练兵等主题实践活动，引领各行各业妇女立足岗位创新创优。通过座谈交流、听取汇报、查阅资料、现场观摩等方式，评选市级“巾帼文明岗”27个。推荐临湘市新农合管理办公室获评“省‘十佳’巾帼文明岗”，岳阳楼区人社局社保站等6家单位获评“省巾帼文明岗”荣誉称号。同时，还组织27家巾帼文明岗和27个巾帼示范村结对共建新农村。

【服务企业做大做强】 2016年，市妇联成功召开市女企业家协会成立10周年暨“我为‘一极三宜’江湖名城建新功”动员会，组织女企业家到新加坡、香港地区、深圳市等地考察学习。引导女企业家反哺社会，开展金秋助学、防汛救灾、关爱留守儿童等公益活动，捐资金额600万元。推荐黄素萍获评“感动中国之感动湖南人物”，叶琳获评“全国创业之星”，郑宏翠、陈佳等女企业家获评“岳阳市首届巾帼英才”荣誉称号。

【创建文明家庭】 2016年，市妇联以书香家庭、平安家庭、廉洁家庭创建为抓手，开展晒家庭幸福生活、讲家庭和谐故事、展家庭文明风采、秀家庭未来梦想等文明家庭评选活动。征集家训家规，晒出家庭照片1200多幅，举办家风家训评议会1250次、最美家庭故事会979次，杨其凡等8户家庭被评为“湖南省第一届文明家庭”，李和平等3户家庭获得“湖南省最美家庭”，欧阳德儒等3户家庭获得全国“书香之家”荣誉，徐金娥家庭获得全国“最美家庭”称号。联合中央电视台等单位在君山爱情岛举行“情满洞庭湖爱溢君山岛”2016当代最美爱情故事评选颁奖活动。

【注重家庭教育】 2016年，市妇联按照总书记习近平提出的“注重家教”的要求，开展家庭教育“十二五”规划终期评估，开展以“悦读越美丽”为主题的全民阅读进家庭、“教子好父母”“十万父母共成长”“美德在我家”“亲子读书”等主题实践活动，充分发挥网上家长学校、家庭教育讲堂、农村父母课堂的阵地作用，实现“科学家教进万家”。在全省率先成立家庭教育讲师团，举办家庭教育公益巡讲214场，并印制《家长必读》10万册和家长意见反馈表现场发放。推荐郭平老师的公益讲座参加省妇联精品课程评选，选送市中级人民法院微电影《在一起》、市一幼儿园微电影《尘爱》等3个作品参与省妇联儿童情景剧征集并获奖。

【开展志愿服务】 2016年，市妇联为深化全国文明城市建设，充分发挥巾帼志愿者在扶贫济困、爱心助学、尊老爱老等方面的独特作用。在全市启动“邻里守望·姐妹互助”巾帼志愿服务主题活动，开展巾帼志愿活动600次，参与人数2万人次。动员巾帼志愿者参与市“三下乡”活动，组织百名巾帼志愿者、禁毒妈妈到市禁毒所对女戒毒人员进行爱心帮扶。特别是汨罗市发生山洪灾害、华容县新华垸内溃后，迅速动员市女企业家协会、市巾帼志愿者协会捐款捐物，将160多万元现金和物资运抵灾区。

【办好民生实事】 2016年，市妇联强力推动省民生实事农村适龄妇女“两癌”免费检查项目实施，任务完成全省排名第二，受到省政府表扬。同时，争取全国妇联、省妇联“两癌”救助资金700多万元、“母亲邮包”1300多个、留守儿童

2016年6月14日，岳阳首届巾帼创新创业大赛决赛颁奖典礼举行

（黎 伟 摄）

"知心屋"3个、"彩虹包裹"500多个、"导乐项目"1个、"儿童快乐家园"项目1个、"母亲健康快车"3台，这些民生项目让全市妇女儿童感受到娘家人的"温暖"。

【夯实维权阵地】 2016年，市妇联充分发挥12338妇女维权服务热线，妇女之家维权点、家庭暴力投诉站维权阵地作用，强化信访接待工作，推进"平安家庭"示范社区（村）、婚调委创建。市妇联接待来信来访来电551件，信访调处率达100%，有效地保障妇女儿童的合法权益。5月，深圳市妇联专程到岳阳市就婚姻家庭纠纷调解工作进行交流考察。

【提升妇联干部素质】 2016年，市妇联为适应群团组织改革需要，着力提升妇联干部素质。争取市委组织部重视将妇联干部培训班纳入全市干部教育总体规划，将"巾帼英才"纳入市委巴陵人才工程，每年选出20名杰出女性给予1万元奖励。12月，组织50名妇联系统干部到浙江大学开展为期8天的妇联组织改革创新专题培训。

【夯实组织基础】 2016年，市妇联争取市委重视，召开党的群团工作会议，建立党群工作联席会议制度。在巩固传统阵地基础上，推进"两新"组织妇女组织建设，培育和凝聚女性社会组织，充分发挥女律师专门委员会、妈妈禁毒联盟等组织的作用。推进"两新"组织妇女组织建设的做法在全省作典型发言。10月，中国台湾地区基层民意及妇女代表团到岳阳市就基层妇女组织建设进行交流，对市妇联做法给予高度评价。

（喻　谦）

岳阳市文学艺术界联合会

【概况】 2016年，岳阳市文学艺术界联合会（简称市文联）始终坚持以总书记习近平在文艺座谈会上的重要讲话精神为指引，认真学习习近平在中国文联"十大"、中国作协"九大"会议上的重要讲话精神，以"两学一做"学习教育为抓手，学习培训有声有色，惠民活动丰富多彩，队伍建设成绩斐然，精品创作硕果累累，多人多部作品在省级以上文艺评选活动中获奖，文艺岳家军"走出去"步伐加大，新编大型历史题材巴陵戏《远在江湖》参加北京展演获得成功，儿童文学《空心的竹子会唱歌》获得冰心儿童文学奖，并入选《2016年冰心儿童文学选》。市文联获得省文联系统先进单位称号，岳阳市文艺惠民服务中心被评为第五批省文艺惠民服务基地，市文联作为湖南省唯一的市州文联受邀参加全国文联组联工作会议，并作大会交流发言。

【加大培训力度】 2016年8月17—20日，市文联在湘阴县举办文联系统学习总书记习近平在文艺座谈会上的重要讲话精神专题培训班，市直14个文艺家协会70多名文艺骨干参加。此次培训邀请省文联党组书记夏义生、省文联名誉主席彭见明作专题辅导报告，其间还组织学员们围绕协会工作开展交流讨论，进行为期半天的创作采风活动。11月21—23日，市文联举办全市县区文联骨干专题培训班，各县市区文联负责人、业务骨干等60余人参加培训。此次培训邀请省文联有关领导专家作专题报告，还组织开展工作交流、讨论。市文联下辖市作家协会、市民间文艺家协会、市摄影家协会等分别举办类似专题培训班，邀请省市专家授课辅导。

【抓好协会换届】 2016年1月，市文联完成市诗词协会换届工作。为进一步抓好协会换届工作，规范协会换届程序，9月市文联制定《岳阳市关于市直文艺家协会换届工作的实施意见》，11月16日，召开换届选举动员会，进一步统一思想，强化共识。市杂技魔术家协会、市民间文艺家协会、市楹联学会、市（企）事业文联、市舞蹈家协会、市音乐家协会全部按计划完成换届选举工作。

【举办惠民晚会】 2016年10月9日晚，市文联在市会展中心举办"建设江湖名城·唱响秀美洞庭"——2016"岳阳之歌"国庆·重阳文艺惠民大型音乐会。此次音乐会是第一次岳阳人写岳阳、唱岳阳，以本土原创作品为主题、彰显岳阳特色，深度挖掘洞庭湖及岳阳本土文化的大型文艺惠民盛会。20多首精挑细选的歌曲现场展演，《岳阳日报》手机客户端进行现场图文直播。此次活动邀请市委、市政府、市人大、市政协的相关领导参加，市委常委、市委宣传部部长马娜作重要讲话，对专题晚会给予高度评价。

【《洞庭文苑》创刊】 为反映岳阳文艺界声音，挖掘本土文艺中的精品力作，2016年9月下旬，由市文联主办的文联机关刊物《洞庭文苑》创刊。《洞庭文苑》是岳阳市文艺信息发布的重要平台，是文艺界交流创作体会、切磋工作经验的重要阵地，同时也是岳阳本土原创作品发表的重要园地。《洞庭文苑》创刊号深受读者和业内人士好评。

（刘　傲）

岳阳市科学技术协会

【举办市委学习中心组集中学习】
2016年3月25日，岳阳市科学技术协会（简称市科协）邀请岳阳市湘阴籍中国工程院院士钟志华到岳阳市，做客"巴陵名师讲堂——科普大讲堂"，在市委中心组学习2016年第二次集中（扩大）学习会议上作《创新驱动发展战略与中国制造2025》专题讲座。市直单位主要负责人、部分企业代表、高校学生代表等1400多人参加学习。

【举办院士专家生态环境考察长江洞庭行活动】 2016年4月26—28日，中国科协海智办组织海外专家生态能源环境调研团到岳阳市开展院士专家生态环境考察长江洞庭行活动，中国工程院院士王浩、伍业钢、严晋跃等4名外籍专家，12名国内知名院士专家参与考察活动。调研团一行前往城陵矶三江口、东洞庭湖国家级自然保护区、东洞庭湖君山后湖湿地考察调研，并召开中国科协院士专家长江洞庭湖生态环境水利能源调研座谈会，了解长江流域东洞庭湖面临的生态环境问题、大型水利水电工程建设对生态环境的影响和长江流域生态环境保护措施等情况。王浩等专家提出“走生态优先、绿色发展之路，加强长江流域的环境污染控制，加快立“长江法”和划生态红线”等建议。7月，岳阳市科协获批湖南省海智计划基地。

【建设全国创新驱动示范市】 2015年8月，岳阳获批中国科协创新驱动助力工程示范市。2016年，市科协围绕创新驱动示范市建设，实施创新驱动助力工程，搭建五大平台：创新驱动科技成果转化服务平台。3月25日，中国科协创新驱动科技成果转化服务中心岳阳市分中心正式挂牌，分中心硬件建设基本完成，建成岳阳地区服务创新驱动的阵地。同时，与中关村天合科技成果转促中心签订战略合作协议，成为其岳阳分中心，凝聚中关村开放实验室和中关村科技园区聚集的高科技创新资源优势，为岳阳市企业日益迫切的转型升级和技术创新的内生需求服务。信息资源平台。丰富2015年已建的企业技术需求、专家人才、科技成果3个动态信息库。企业技术需求上，在以往收集企业需求的基础上，更加精准收集企业需求20多个，其中雷勃电气等6家企业的需求进入第四届京交会“好需求发布推介”，专家人才上，重新核准建立各层级、各类别专家人才库390人。学会服务平台。强化学会能力建设，新成立岳阳市青少年机器人协会，推动6个学会如期进行换届，引导所属学会开展创新驱动的学术交流活动。印发《关于建立创新驱动助力工程学会服务工作站的意见》，在云溪区科协建立第一家创新驱动助力工程学会服务工作站，引导学会、协会、高校科协智力资源为企业服务。11月17日，组织开展岳阳博士联合会专家进企业对接活动，与云溪区11家企业进行对接。产业创新联盟平台。针对岳阳重点产业需求，以园区为枢纽，联合相关全国学会、省级学会、高校、科研院所和龙头企业，共同组建产业创新联盟。石化行业企业科协联合会、省企业科协联合会、省石油学会、石油化工科学研究院联合湖南岳阳绿色化工产业园区内的10余家企业成立石化产业创新联盟。企业科协平台。印发《关于加强企业科协组织建设的通知》，完善一整套企业科协组建的流程和制度。新成立湖南新泰和农业、岳阳中科电气、湖南科美达电气3家科协，企业科协总数达到18家。

【举办院士专家岳阳行系列活动】

2016年3月，市科协联合市经信委、市科技局、市教育体育局等部门，开展“助力创新驱动，助推‘一极三宜’——院士专家岳阳行”系列活动，中国工程院院士、中国工程院党组成员、秘书长钟志华，中国化工学会常务理事、博士洪定一，中关村天合科技成果转化促进中心主任朱希铎等多名国内知名专家深入到中石化长岭炼化公司、湖南科美达电气股份有限公司、国信军创（岳阳）六九零六科技有限公司等机械制造、电子信息、石化等行业，与50家代表企业调研对接。

【助力企业创新创造】 2016年，市科协结合科技信息企业推广应用服务项目，组织推广美国、欧盟、日本、韩国的科技信息公开数据2300余万篇，帮助重点应用企业快速转化科技信息，实现技术二次创新。组织入网注册推广企业174家，开展专利应用工程师培训2次、200人，培育示范典型案例企业23个，其中湖南奥力斯电梯有限公司利用数据库信息进行技术创新，典型经验在中国科协2016年科技信息应用企业交流会上推介。7月，联合市经信委，举办岳阳市2016年科技信息企业推广应用暨专利应用工程师培训会，培训企业93家、技术高管及骨干120人。10月，联合市科技局举办第二期专利应用工程师培训班。

【开展青少年科技教育活动】

2016年，市科协举办岳阳市第17届青少年模型竞赛，青少年车辆模型、建筑模型、魔方、悠悠球竞赛，第三十八届岳阳市青少年科技创新大赛，参与青少年超过8500人次。组队参加省级、国家级青少年科技创新大赛，有36件作品获得国家、省一、二、三等奖。组织青少年选手参加第九届湖南省机器人大赛，获得1金、10银、3铜的好成绩。市科技馆获得第三十七届省青少年科技创新大赛优秀组织奖和省第九届青少年机器人竞赛优秀组织奖。组织30名高中生参加在湖南大学、厦门大学、济南大学举办的青少年高校科学营活动，让学生感受高校文化，体验科学氛围，培养创新精神。以培养科学生活为重点，编印各类科普书籍10余种近5万册。

【开展特色科普活动】 2016年，市科协按照“贴近实际、贴近群众、贴近形势”的工作要求，着力打造岳阳科普活动品牌。开展“航天科技连着你和我——院士专家校园行”活动，3月29日，邀请中国工程院院士龙乐豪、《太空探索》杂志原社长兼主编田如森、国防科技大学三院导航仪器湖南省工程研究中心教授杨俊、北京大学地球与空间科学学院教授焦维新、北京天文馆馆长朱进、中国人民解放军航天员大队第一任大队长申行运等6位院士专家到市一中、君山区许市中学、市外国语学校、市四中、东方红小学、岳阳楼小学等6所中小学作科普报告，3000多名师生聆听报告。启动实施岳阳市巴陵千名小院士孵化工程，工程以三年为一个周期，以馆校结合的模式，面向全市20所中小学校、1000名学生免费开设“培育青少年综合创新思维系列训练课程”，在全国率先探索青少年科技创新教育新模式。开展“中国流动科技馆”湖南巡展岳阳站点活动，巡展以“体验科学”为主题，设声光体验、电磁探秘等7个主题展区，50余件经典互动展品与机器人等科学表演、科普活动相结合，免费为青少年及广大观众提供丰富的科普资源。在岳阳楼区、平江县、汨罗市进行巡展，参观体验人数突破10万人次，争取2~3年内，覆盖全市所有县市区。成功举办以“创新放飞梦想，科技引领未来”为主题的全国科普日活动。9月21

日，以“创新放飞梦想，科技引领未来”为主题的岳阳市2016年全国科普日活动暨“中国流动科技馆”巡展平江站开馆启动仪式在平江县举行。全国科普日期间，各县市区科协先后开展科普进校园、进社区、进机关、进企业以及科普小制作评选等丰富多彩的科普活动。市科协被中国科协评为“2016年度全国科普日”优秀组织单位。

【科普信息化建设】　2016年，“科普岳阳”微信公众号正式上线，有一级栏目3个，二级栏目9个，每天定期发送科普知识3~4条，科普关注人数突破6000人。加快科普信息化平台建设，在全市安装3台科普屏媒，临湘市长安街道办事处长城社区率先建立全市第一家社区科普e站，站点完善正在进行中。

【科普惠农项目】　2016年，岳阳市蔬菜食用菌协会君山区蔬菜食用菌基地、临湘市楠竹科技示范园、华容县龙开湖苗木协会、汨罗市原种场优质水稻生产科普示范基地、岳阳县城关镇天鹅社区居民委员会、云溪区云溪镇下街社区居委会，汨罗市沙溪乡关山村黄红专获得中国科协、财政部表彰的“基层科普行动计划”奖补单位和个人。云溪区路口国良葡萄协会、君山区新丰龙虾养殖协会、岳阳县杨林乡肉鸽养殖协会、汨罗市夕阳优质水稻生产科普示范基地，湘阴县文星镇先锋路社区、岳阳楼区王家河街道东升社区、平江县城关镇景福坪社区、临湘市长安街道办事处长城社区，云溪区李秀媛获得省科协、省财政厅表彰的湖南省“基层科普行动计划”奖补单位和个人。获得国家奖补资金125万元，省级奖补资金85万元。

【做好巴陵青年英才支持计划实施工作】　2016年，市科协按照市委人才工作领导小组统一部署，做好巴陵青年英才选拔工作。收到基层推报的参评对象42人，经过层层选拔，确定王艳锋、许耀祖、李亮东、张晓红、陈勇彪、周龙、屈铠甲、钟瑛（女）、徐助要、黄华等10人为巴陵青年英才，每位巴陵青年英才获得专项资助资金10万元。

举荐优秀科技人才。推荐中石化巴陵分公司梁红文入选为第七届“全国优秀科技工作者”，在中国科协“九大”会议上受到表彰。推荐市农业科学研究所周泉为首届湖南省优秀科技工作者候选人，周泉作为地市唯一获奖对象被评为首届湖南省优秀科技工作者，在省科协“十大”会议上受到表彰。承担举荐科协界政协委员的任务，举荐梁洁、邵寒梅等6名科技型企业法人或科技工作者为政协岳阳市第八届委员会科协界委员建议人选。推介优秀科技人才。5月7—8日，由省科协主办的“激情五月，青春飞扬——青年科学家进校园”巡回演讲活动在岳阳市举行，第六届湖南省青年科技奖获得者、省交通规划勘察设计院总工程师彭立和第九届湖南省青年科技奖获得者、省水稻研究所优质稻育种室副主任张世辉2位青年科学家到临湘市一中和岳阳县一中作励志报告。

（兰　岚）

岳阳市社会科学界联合会

【概况】　2016年，岳阳市社会科学界联合会（简称市社科联）围绕市委、市政府的工作大局，开展社科理论宣传、社科知识普及、社科课题研究、社科学会管理等工作。

一、开展社科理论宣传，发挥引导作用。宣传贯彻党的十八届六中全会精神和总书记习近平“5·17”“七一”重要讲话，通过座谈会、解读、微宣讲等多种形式进行学习宣传解读。

二、组织社科课题研究，服务经济社会。围绕市委、市政府中心工作组织社科课题研究。在全市范围内确定15个重大社科课题。市社科联努力突破自身经费瓶颈，通过重大课题立项的形式，发动相关单位自筹经费90多万元，弥补社科经费的不足。为岳阳市经济社会发展建言献策。举办社科学术交流活动。开展洞庭湖民俗文化论文征文，征集论文80多篇，相关著作10多部。组织策划并联合有关部门举办中国（福尔康）第二届棉文化节暨洞庭湖民俗文化论坛，130多位洞庭湖民俗文化专家学者参加洞庭湖民俗文化论坛大会。6月，在湖南省“女性发展与区域文化”研讨会上，联合市妇联、湖南民族职业学院等单位参与征文活动，有6篇论文获得一、二等奖。组织参与的《打造湖南长江远洋船队》被列为省级重点课题。

三、推进社科普及工作，贯彻落实《条例》。召开市社会科学普及工作座谈会。争取市委、市政府对社科普及工作的重视。8月26日召开市委第六届115次常委会，专题研究社科工作，并形成会议纪要，同意调剂增加工作人员编制，继续举办全市优秀社科成果评奖，增加社科经费预算。开展社科普及基地创建工作。12月30日，经过认真考察、研究，确定第四批市社科普及基地14家。市礼仪文化传播协会被授予“全国优秀社科普及基地”称号，市社科联党组书记、主席魏星被授予“全国优秀社会科学普及专家”荣誉称号。市群众艺术馆被确定为省社科普及基地。5月5日，市社科联和市教育体育局、市新华书店联合举办岳阳市2016年社科普及宣传周启动式。进一步完善社科普及宣传平台建设。“岳阳社科智库”微信公众平台2月正式上线，岳阳智库网于12月正式开通上线。

四、集聚社科人才，完成智库建设。社科人才库确定第一批436名社科专家。在此基础上，进一步选聘100名具有更高学术水平的专家学者作为岳阳智库咨询专家和特约研究员，制定《岳阳智库专家工作规则》。

五、规范社科学会管理，形成工作合力。做好服务、联络工作。按照“谁组织谁负责、谁审批谁监督”和属地管理原则，严格把关、严守纪律，确保社科理论类论坛坚持正确的政治导向，成为宣传科学理论、传播先进文化、弘扬社会正气的重要阵地。学会活动丰富多彩。各社科类社会组织根据自身特点和实际，开展一系列活动。岳阳市洞庭湖文化促进会开展多项民俗文化推广活动，市素食文化促进会开展传统文化知识培训，岳阳楼街道和谐宣讲团针对城市居民和青少年特点开展社科普及，岳阳市礼仪文化传播协会开展文明礼仪和旗袍文化推广。省社科联举办的社科类社会组织“两学一做”主题演讲比赛中，市广电学会会员彭倩获得二等奖。

【市级重大社科课题研究】 2016年，市社科联在全市范围内开展课题选题征集，发动各有关单位申报，经专家论证，于5月12日确定15个重大社科课题项目，通过《岳阳日报》《社科天地》“岳阳社科智库”微信公众平台向社会公布。课题组开展广泛深入调研，截至12月，有7个课题组完成通过课题评审。15个市级重大课题修改结束后，将编辑成书，供市委、市政府作决策参考。

【洞庭湖民俗文化论坛】 2016年5月，市社科联以“传承洞庭湖民俗文化，推动洞庭湖生态经济发展”为主题发起洞庭湖民俗文化论文征文，征集论文80多篇，相关著作10多部，经过认真筛选、编辑，选出具有代表性的文章35篇，并编印成《洞庭湖民俗文化论坛文集》。对挖掘整理和传承洞庭湖民俗文化，推进洞庭湖生态经济区建设起到一定的率先引领作用。6月23日，采取“企业搭台，社科唱戏”的形式，市社科联与省洞庭湖区域经济社会发展研究会、市委宣传部、华容县政府、湖南省福尔康医用卫生材料股份有限公司等部门联合举办中国（福尔康）第二届棉文化节暨洞庭湖民俗文化论坛，省、市、县有关领导和来自湖北省荆州市、湖南省长沙市、益阳市、常德市等地社科联负责人和各地洞庭湖文化专家、学者等500多人参加开幕式。130多名洞庭湖民俗文化专家学者参加洞庭湖民俗文化论坛大会。11位论文作者代表从不同角度围绕洞庭湖区域民俗文化主题，阐述自己的观点。10多名热心洞庭湖民俗文化研究的专家学者被授予“洞庭湖文化特使”“洞庭湖文化大使”徽章。活动为加快洞庭湖生态经济区建设提供良好的学术交流平台，多家媒体争相报道，为市社科学术活动社会化探索新路径。

【社科智库建设】 2016年，市社科联把创建岳阳社科人才库，作为岳阳市文化体制改革任务之一，1—6月，完成社科人才库数据信息录入工作。7—10月，经单位推荐、资格审核、研究审定，确定第一批社科专家436人。11—12月审核、筛选，聘任岳阳智库咨询专家105人，制定《岳阳智库专家工作规则》，明确智库职责。岳阳智库成员将围绕市委、市政府中心工作开展课题研究、决策参考、实践指导、成果评审等方面的活动，为提升全市经济社会发展决策科学化水平，为市委、市政府科学决策提供智力支持和学理支撑发挥积极作用。

（郭小龙）

岳阳市归国华侨联合会

【完成湘阴“珍珠班”开班等捐赠项目】 2016年，岳阳市归国华侨联合会（简称市侨联）在省侨联、省外侨办等部门的支持下，经多方争取，实现引进涉侨捐赠项目6个，金额达100万元。完成浙江新华爱心基金会在湘阴县左宗棠中学实施资助贫困优秀学子“珍珠班”开班项目。6月，完成符合条件的55名“珍珠生”考生的资格审核和整体申报，捐赠学生三年学杂费42万元“珍珠班”项目首年开始实施。8月，省侨商会长庄启宁向岳阳县筻口镇游岗村捐赠10万元用于乡村修路。市侨联多次派人实地考察，督促项目实施，至年底完成路面路基基础工作，后续扫尾工作由县镇筹措资金力争尽早完工。争取香港地区吴星可基金会向临湘市聂市镇源潭卫生院捐10万元医疗设备项目，并上报岳阳县麻塘卫生院医疗设备捐助项目。

【市侨商会助力经济发展】 2016年2月1日，岳阳市侨商联合会（简称市侨商会）正式成立。大会审议表决并通过市侨商会章程、制度等，通过第一届理事会名单，选举通过市侨商会会长、副会长及秘书长。市侨商会立志推动侨商发展壮大，加强与侨商联系，依法协助维护涉侨正当权益，参加社会公益活动。省侨联副主席孙民生，市领导宋爱华、刘晓英、黎四清，市侨联主席刘力群等出席成立大会。

3月24—28日，市侨商会部分会长在北京市参加由中国侨联举办的全国侨商组织会长、秘书长高级研修班，此次活动旨在更好建设侨商会组织和更好发挥侨商会作用。

5月3—13日，市侨联在全市范围内，依托侨商会和各县市区侨联，到侨企生产经营一线，组织开展侨资企业基本经营情况调研走访活动。活动收集并向上反映当前侨商在生产经营中遇到的共性问题，并针对性提出相关建议。

【完成推荐八届市政协侨界委员工作】 2016年，市侨联为落实《中华人民共和国归侨侨眷权益保护法》中关于参政议政的有关要求，推荐有较大社会影响、有一定参政能力、热心侨联及公益事业的归侨侨眷参与岳阳市政治生活。根据市人大政协换届工作领导小组的要求，开展市第八届侨联友好界政协委员和市人大代表推荐工作。推选侨联友好界市政协候选委员12名，市人大代表候选人1名。毛伟华、詹景春、高锦文、叶斌、刘玄、陶涌、江炫龙等7人当选为岳阳市第八届政协侨联界委员，其中毛伟华当选为常委。

【妥善处理涉侨权益】 2016年，市侨联处理涉侨信访维权等41件次。联系落实老年归侨生活补助新标准，认真做好宣传贯彻工作。按要求开展三侨考生宣传登记上报工作，认真维护归侨、华侨的正当教育权益。

（张洳生）

岳阳市残疾人联合会

【康复工作】 2016年，全市各级残联为残疾人提供康复服务13979人次，市本级完成康复任务1701例。其中，省重点民生实事任务0~6岁残疾儿童抢救性康复任务435名，各级财政投入资金1493.54万元，完成452例，超任务17例。继续开展万件辅具适配工程，投入资金344.5

万元，为残疾人适配各种辅助器具12173件。出台部分辅助器具免费（补贴）配发文件，在中心城区开展免费配发普通轮椅、拐杖、座便椅和补贴配发电动轮椅试点工作，为残疾人免费配发的基本辅具1794件，补贴配发电动轮椅61台，电动轮椅限额补贴每台3000元。

【教育就业工作】 2016年，岳阳市残疾人联合会（简称市残联）落实贫困残疾学生和贫困残疾人家庭子女资助政策，为211名大学生和139名高中生发放补助80.59万元。通过争取国家彩票公益金助学项目、开展扶残助学长江行动、发动32名市政协委员“一对一”资助残疾学子和残疾人家庭子女就读，募集资金44.8万元，资助125人。举办残疾人定岗培训、电子商务、创业扶持、盲人按摩等培训班7期，完成各类培训任务1760名，扶助残疾人创业210人，新增残疾人就业1369人，支持兴办残疾人创业就业孵化基地、辅助性就业工场各1个。

【残疾人宣传文体工作】 2016年，市残联在《岳阳日报》《长江信息报》和中国残联、省残联网站等媒体发表残疾人事业新闻稿256篇，《中国残疾人》杂志社记者到岳阳市采访市残联原理事长向科军，以《多一点付出就多一点安慰》为题在理事长访谈栏目刊载。组织参加全省残疾人文化周、第二届全省残疾人少年儿童及特校艺术老师基本功比赛、全省第一届“活力、健康、自强、快乐”主题残疾人文体活动等文化体育活动，获得一等奖7个，二等奖4个，三等奖5个，排名居全省前列。与长江信息报社合作开办“自强与助残，我们同关注”专栏，报道身边残疾人事迹51个整版。11月12日，组织20名盲人运动员和20名护跑运动员，参加“全民健身挑战日”活动“融合关爱跑”项目引起极大关注。

【志愿助残工作】 2016年，市残联开展“把爱送进家”志愿助残服务活动48次，360人次参加志愿者行动，为1029名残疾人提供爱心服务。5月14日，岳阳市代表湖南省与全国15个省市同步开展“牵着蜗牛去散步”大型公益活动，600多名爱心助残志愿者陪护200多位“小蜗牛”游览岳阳楼。10月16日，承办2016年中国智协“牵着蜗牛去散步”“放心工程”智障者家庭需求调查暨省际协会工作交流会，中国智协主席张宝林，高度评价岳阳市爱心助残工作。12月5日，市爱心助残志愿者协会获得“湖南省2016年学雷锋志愿服务百强社团”称号。全市13个助残志愿者工作站，就近就便分别开展“邻里守望，爱在身边”活动2次以上。

【残疾人维权工作】 2016年，全市残联系统接待和处理残疾人来信来访5790多人（件）次，其中，市本级收到来信23件次，接待残疾人来访1980人次，办理中国残联、省残联，市委、市政府及市信访局交办件15件，有效化解涉残矛盾纠纷120起，维护全市残疾人合法权益，确保残疾人群体大局稳定。

【残疾人无障碍环境建设】 2016年，市残联组织全市首届“远程杯”无障碍知识竞赛，在《长江信息报》连续刊发6期无障碍知识专题。开展全市公共场所无障碍建设调查，申报省级无障碍社区1个。投入资金245万元，完成350户贫困残疾人家庭无障碍改造。全市办理残疾人证114327本，注销残疾人证9002本。及时发放残疾人机动轮椅车燃油补贴279.4万元。投入资金42.3万元，为华容县、云溪区等五个县区16616名残疾人购买意外伤害保险。

【开展党组织结对帮扶贫困残疾人家庭活动】 2016年，市残联与市委组织部、市直机关工委联合，在中心城区和市直单位开展党组织结对帮扶贫困残疾人家庭活动，市委书记盛荣华，市人民政府市长刘和生等10多位市级领导带头走进贫困残疾人家庭开展结对帮扶和走访慰问。全市157个市直及中央、省驻岳单位，结对帮扶1146户残疾人家庭，办理实事210余件，提供帮扶资金78万元，送去大米、食用油等慰问物资650袋（壶），让结对的受助贫困残疾人家庭深切感受到党和政府的关怀。

【开展首届残疾人创业就业“双十佳”评选活动】 2016年，市残联举办全市首届残疾人创业就业“双十佳”评选活动，评选出“十佳残疾人创业就业明星”和“十佳吸纳残疾人就业项目”。12月8日，市残联、市人社局在市会展中心召开表彰大会，省残联和市委、市政府、市政协领导出席表彰大会，获奖对象、残疾人及其亲友、爱心助残志愿者600人参加大会。

【开展残疾人基本信息动态更新工作】 2016年，市残联组建3100人的调查员队伍，采取入户采集、电话调查等方式，历时3个多月，核查残疾人基本信息110519人，入户调查率达97.02%。

【创建省级文明单位】 2016年，市残联聚全会之力，全面开展争创“省级文明单位”活动，先后高标准建成图书室、健身室、荣誉室和职工之家。11月25日，受省文明办的委派，市文明办对市残联文明创建工作进行检查验收。市文明办主任章宏平对市残联的文明创建工作给予高度评价，认定市残联文明创建工作达到省级文明单位要求。

（杨 笑）

法治

责任编辑　屈胜龙

中共岳阳市委政法委员会

【概况】　2016年，中共岳阳市委政法委员会（简称市委政法委）坚持防控风险、服务发展、破解难题、补齐短板，开展“三项行动”（“增强四个意识、做到三个看齐”行动，医患矛盾纠纷整治行动，防范和处置非法集资行动），加强社会治安综合治理，推进平安岳阳、法治岳阳和过硬队伍建设。

开展“增强四个意识、做到三个看齐”专项行动。组织全市政法干警学习党章党规、总书记习近平系列重要讲话精神，树立政治意识、大局意识、核心意识、看齐意识，在政法实践中向党中央看齐，向党的理论和路线方针政策看齐，向党中央决策部署看齐。通过开展专项行动，政治建警落到实处，队伍建设效果明显。市中级人民法院被评为全国法院党建工作先进集体、全国法治宣传教育先进集体，市检察院获得全省文明标兵单位，市公安局获得全省公安机关队伍建设成绩突出集体。

开展医患矛盾纠纷综合整治专项行动。查处涉医刑事案件4起，刑事拘留6人；治安案件6起，治安拘留20人，现场调处医患纠纷149起。实行源头治理，优化服务流程，畅通诉求渠道。

开展防范和处置非法集资专项行动。坚持宣传、打击、帮扶并举，对民间借贷引发的违法犯罪行为，予以依法打击。受理非法集资类案件24起，刑拘11人；对违法轻微、主要因经营不善引发兑付危机的企业，党委、政府和相关职能部门予以整顿和帮扶。

“三项行动”围绕突出问题，破解效果显著，得到中央综治办的肯定。新华网、新浪网、凤凰网、长安网、红网等媒体进行报道。7月4日，《湖南日报》以《“平安岳阳”全面升级》为题，专题推介岳阳市政法综治维稳工作经验。

【维护社会稳定】　2016年，市委政法委预警防控五大领域风险（反对暴力恐怖，维护政治安全、金融安全、网络安全、公共安全），全市没有发生重大政治事件、重大非法聚集事件、暴力恐怖事件。

深化严打暴恐专项行动，防止暴力恐怖、宗教极端活动向岳阳市发展蔓延。加强重点人员在控登记，4月，公安部情报中心到岳阳市专题调研管控经验。化解重大不稳定隐患147起，摸排不稳定信息2180条，处置全市涉军群体、出租车司机群体、民间投融资机构非法集资受损群体、水库移民群体、城市建设安置群体等事件。11月27—30日，化解一起全国“两参老兵组委会”刘某某因病死亡影响波及全国范围的重大涉军群体事件。省委书记杜家毫专门作出批示。中央政法委在2017年中央政法工作会议上对岳阳服务和稳定特定利益群体的工作经验进行推介。

加强涉法涉诉信访专项治理，全年接访542起1100人次，依法导入司法程序80件。组织信访积案“千案攻坚”行动，信访总量下降，特别是全国“两会”、G20峰会、十八届六中全会和省市党代会等特别防护期间，全市进京到省上访人次为全省最少，实现进京非访零登记。

强化重点地区、重点部位、重点环节的安全防范，落实人员密集场所人防物防技防措施，全年没有发生重大公共安全和生产安全责任事故。7月，岳阳市在全省铁路护路联防工作交流会上作典型经验发言。强化舆情管控和舆论引导，处置“3·19”京珠高速岳阳大荆段货车爆炸事故等网络舆情炒作，引导岳阳县法官与当事人冲突致伤事件、公安民警顾某非法拘禁案等网络发酵事件。8月，中央政法委对岳阳市“3·19”舆情处置工作经验予以推介。

【平安岳阳建设】　2016年，市委政法委对县市区、市直和中央、省驻岳单位分别制定和落实相应的《综治工作考评办法》，压实综治责任。开展“五打五整治”［即打击黑恶势力犯罪、打击侵财性犯罪、打击毒品犯罪、打击聚众赌博及地下“六合彩”犯罪、打击暴力恐怖犯罪，整治“三堵”（堵门、堵路、堵桥）问题、整治“三强”（强揽工程、强行阻工、强买强卖）问题、整治涉众型经济犯罪、整治交通秩序、整治安全生产隐患］专项行动，保障人民群众生命财产安全和维护社会治安秩序。

2016年，公安机关破获各类刑事案件2919起，摧毁恶势力犯罪团伙29个。对临湘市禁毒工作，岳阳县、汨罗市、岳阳楼区地下“六合彩”问题进行挂牌督办。组织开展网络犯罪专项整治，建立网上网下一体化打防管控机制，对于利用信息网络实施犯罪的，落地查人。

将2016年定为综治工作基层基础建设年，投入资金14亿元，重点推进综治中心、网格化服务和视频监控建设。组织综治、公安、财政、发改、规划等部门到常德、永州等地学习社会治理创新工作，在市中心城区、县城和乡镇所在社区全面推行网格化，创建“以人为本、信息化支撑、网格化管理、社会化服务”的社区治理模式。

落实矛盾纠纷排查调处工作协商会议制度、“三调联动”工作机制和信访问题化解机制。9月，全省信访基层基础工作现场会在岳阳市召开。岳阳市综治民调在全省得分87.46分，高出全省平均分1.64分，岳阳市社会治安综治工作被评为全省先进。12月29日，全省见义勇为先进个人表彰大会表彰先进个人26名，其中岳阳市4名，记一等功1名、记二等功3名。

【法治岳阳建设】　2016年，市委政法委推进审判和检察机关四项司法体制改革、公安机关“1+3”方案实施、国家安全机关改革、司法行政改革，解决影响司法公正、制约司法能力的体制性、机制性、保障性障碍。11月，全国公安机关规范基础警务工作暨110接处警转型工作现场会在岳阳市召开。开展“四公开、四整治”专项活动。组织开展岳阳市“十大法治人物”“十大法治事件”评选活动，编印发放《做法律明白人》读本2万册，开展农村法制宣传月、“三八”妇女维权周、青少年法制宣传周、“3·15”消费者权益保护日、“6·26”国际禁毒日、第九届“中部崛起法治论坛”论文征集、法治岳阳建设等系列法治主题活动。8月，在全国首创公益法律事务工作站，推进律师参与化解社会矛盾，参与涉法涉诉信访案件，参与重大决策合法性论证，助推法治岳阳建设。

【服务社会经济发展】　2016年，市委政法委创新法治方式，服务社会经济发展，依法平等保护各类市场合法权益，严厉打击破坏市场经济秩序犯罪。市中级人民法院出台《关于服务企业、优化发展环境的若干规定》《关于全市法院为岳阳打造湖南通江达海新增长极提供优质司法保障和服务的意见》，成立破产案件专业合议庭、土地房屋征收审判庭和国家赔偿委员会办公室，服务市政和民生工程建设。市检察院开展优化经济环境侦查监督等专项活动，加强司法协作，依法保障和促进非公有制经济发展。10月，湘鄂赣三省检察机关在岳阳市召开服务长江中游城市群建设工作联席会议。市公安局开展打击整治“三强三堵”活动，确保“621”等重大建设项目进行；制定同城市发展相适应的户口迁移政策，促进城镇化建设。市司法局组织律师开展“一带一路”战略法律服务活动、中小微企业法律体验活动等。对全市33个重大项目组织实施社会稳定风险评估，防范化解不稳定隐患89起，得到中央维稳办肯定。9月，中央维稳办到岳阳调研平江县火电项目风险评估工作经验。

（周　勇）

法治政府建设

【概况】　2016年，岳阳市政府法制办公室（简称市政府法制办）以法治政府建设为目标，加强自身建设，提升履职能力，开展依法行政工作，促进全市经济又好又快发展和社会和谐稳定。

【部署依法行政工作】　2016年，市政府法制办制订《2016年岳阳市法治政府建设推进计划》，明确主要任务和时间节点，推进市县两级法治政府建设实施规划的制定工作，完善相关配套制度，工作基本完成。编制下发《岳阳市法治政府建设实施规划（2016—2020年）》，市委、市政府下发《岳阳市贯彻落实〈纲要〉的实施方案》，为加快推进法治政府建设提供依据。下发《关于指导贯彻落实〈法治政府建设实施纲要（2015—2020年）〉实施方案的通知》，督促县级法治政府建设实施方案的出台。

【规范性文件监督管理】　2016年，市政府法制办严把规范性文件监督管理入口关和出口关。坚持全面审查、公开透明，落实文件管理制度，做到有件必审、审查必严，确保政府文件合法、适当。全年审查市政府和市政府办公室规范性文件72个、非规范性文件62个，审查会议纪要、行政合同、协议等公文80件。

规范管理，对发布的52个规范性文件实行“三统一”（统一登记、统一编号、统一公布）制度。对市直部门单位报请“三统一”的24个部门规范性文件进行审查，对符合规定的22个部门规范性文件予以登记，对不符合规定的2个文件不予登记。

加强事后审查监督，对正式发布的规范性文件及时报送省政府和市人大常委会备案。对县市区政府（管委会）报备的143个规范性文件进行审查。对5批次人民群众就部门规范性文件提出的异议咨询进行详细解答。

建立规范性文件清理长效机制，组织专人对2010年7月1日至2015年12月31日期间，以市政府和市政府办公室名义发布的218个规范性文件进行清理。

【行政复议工作】　2016年，市政府法制办坚持依法公平公正办理行政复议案件。发挥行政复议“层级监督”和“过滤网”“稳压器”作用，化解行政争议和社会矛盾纠纷，及时纠正违法或不当行政行为。全年收到各类行政复议申请121件，受理107件，办结84件，其中，撤销、变更行政机关的行政决定21件，责令履行的3件，确认违法的1件。针对个别问题，发出行政复议意见书和建议书各1份。

健全依法化解纠纷机制。健全和解机制，坚持“调解优先、调裁结合”，制定行政复议和解、调解处理办法，有效化解行政争议，通过协调沟通，申请人自愿撤回复议申请10件；健全集体会审机制，制定重大行政复议案件集体讨论规则，组织相关部门负责人、律师等集体讨论审理；建立联系沟通机制，加强横向沟通，及时与人民法院联系协调。加强纵向联系，指导监督县市区行政复议工作，督促县市区复议机关履行职责，推进行政复议工作规范化建设，提升基层行政复议工作水平。

【行政应诉工作】　2016年，新修订的《中华人民共和国行政诉讼法》实施，行政诉讼案件立案门槛随之降低，行政诉讼案件数量呈井喷式增长。市政府法制办与市中级人民法院等相关部门沟通协调，及时妥善处理相关案件，多渠道化解矛盾纠纷，达到案结、事了、人和的目的。全年代理市政府应诉案件85件，向省政府进行行政复议答复案件5件。

【依法行政监督指导工作】　2016年，市政府法制办落实行政执法责任制，理顺城市管理领域行政执法体制。在完成城市管理领域相对集中行政处罚权工作的基础上，推动综合执法，改变以往交叉执法、多头执法，不作为、乱作为的现象。

狠抓行政执法监督指导与协调。组织开展行政处罚、案卷评查等专项行政执法监督检查活动，对全市65家行政执法单位的130份执法案卷进行评查，提出改进建议16条，接待各类行政执法咨询180人次，为市烟草局、市国土资源局、市房地产管理局、华容县等25家市直行政执法单位和县市区提出执法指导意见30次，参与矛盾协调60次。

健全行政执法人员管理制度。2016年是第五轮行政执法换证年，市政府法制办对全市在岗在编行政执法人员进行全面摸底、统计上报、信息录入，组织开展全市行政执法人员执法资格考试和“两证”

换发工作。组织全市1.34万名行政执法人员参加全省执法资格统一考试。

（冯庆慧）

立法工作

【市人大法制委机构设置】 2016年1月12日，岳阳市第七届人民代表大会第五次会议第一次全体会议通过关于设立岳阳市第七届人民代表大会法制委员会（简称市人大法制委）的决定。市委编委核定法制委主任委员兼法工委主任职数1名、副主任委员兼副主任职数1名，法制委（法工委）下设综合科、立法科和备案审查科。3月31日，市七届人大常委会第二十六次会议补充任命7名法制委员会委员，市人大法制委组成人员9人，其中4人为常委会委员。6—9月，选派干部参加全国人大法工委专题培训，组织法制委全体工作人员到山西省、青海省和甘肃省进行学习交流，拓宽立法工作的视野，为提高立法能力、开展立法工作积累经验。

【制定《岳阳历史文化名城保护条例》】 2016年，市人大法制委抓好首部地方性法规——《岳阳历史文化名城保护条例》制定工作，细化工作措施，明确工作责任，确保立法工作有序推进。3月11日，市人大法制委与市人民政府法制办联合召开立法工作推进会，对法规草案的起草及审议工作进行安排部署。4月6日，市人大法制委与法规起草单位市规划局邀请中规院、清华同衡规划院、省规划院、湖南理工学院等单位的9位知名专家学者召开专家论证会，听取法规草案的专业性指导意见。5月，市人大常委会完成法规一审，市人大法制委组织全体委员实地调研3次，组织相关单位召开立法协调会8次，研究法规草案的修改及相关事项，把好立法质量关。9月，市人大法制委就法规草案二次审议稿分别向省人大教科文卫委和省人大常委会法工委征求意见。10月8日，市人大法制委提请市人大常委会党组就立法工作情况向市委常委会进行汇报。11月30日，《岳阳历史文化名城保护条例》在市人大常委会第三十次会议上表决通过。

【立法机制建设】 2016年，经市人大常委会主任会议审定，明确法制委、法工委及内设机构工作职责，制定法制委（法工委）工作规则和法工委工作制度。1月，市人大法制委负责人参加省法学会宪法研究会“依宪治国与地方立法”研讨会。

3月，市人大法制委应邀与湖南理工学院和云盟、岳州、昌言律师事务所进行沟通联系，在人才培养、教育培训、专家咨询以及委托立法等方面初步达成合作意向，利用其专业人才集中的优势，为地方立法工作提供技术支持与辅助。

【规范性文件报备】 2016年，市人大法制委加强与规范性文件制定机关的沟通协调，督促其及时、规范报送规范性文件，落实报备责任，规范报备工作。市人大常委会收到市政府（含岳阳经开区、南湖新区）和县市区人大常委会报送备案的规范性文件45个。其中，市政府报送备案的地方政府规章和其他规范性文件32个，县市区人大常委会报送备案的决议、决定13个。市政府制定的地方政府规章和规范性文件，县市区人大及其常委会作出的决议、决定全部向市人大常委会报送备案，报备的规范性文件基本做到材料齐全、格式规范、报备及时、应报尽报。

【备案审查工作】 2016年，市人大法制委按照“有件必备、有备必审、有错必纠”的要求，对报送的规范性文件进行登记和初步审查，分送有关专门委员会和常委会工作机构进行审查。坚持被动审查与主动审查相结合、普遍审查与重点审查相结合的审查方式，按照审查标准严格进行合法性审查，提高审查实效。组织开展形式多样的学习活动，加强对县市区的工作指导，提升备案审查工作力度和工作水平。对全市规范性文件备案审查工作进行专题调研，听取各单位的规范性文件备案审查工作情况汇报；加强对县市区人大和政府法制办的有关负责人的培训。加强对县市区成立人大法制委工作进行指导、协调，截至年底，县级人大常委会相继设立法制委员会。注重对全市人大系统备案审查工作的日常指导。

【服务人大常委会中心工作】

2016年，市人大法制委工作围绕市人大常委会中心工作来开展，当好参谋助手。

加强立法解读、宣传。坚持对立法全过程的宣传报道，对通过的法规章案作出权威解读，加强舆论引导，使各方面准确理解立法的背景、目的、原则和内容，为法规正确实施营造良好社会环境。注重提高工作的透明度，将市人大常委会的审议意见通过人大网、人大导刊向社会公布，听取意见和建议，引导人大代表和人民群众参与立法。

配合服务常委会审议法规。选购一批与法规审议工作相关的法律书籍赠送全体常委会组成人员，为人大常委会组成人员及时掌握国家法律和地方性法规创造条件。编印法制工作简报以及有关立法参阅资料，让常委会组成人员及时掌握法规修改情况和各地立法信息，了解社情民意。

承办立法调研活动。承办省人大常委会法工委交办的《湖南省城市综合管理条例》《湖南省湘江保护条例》《湖南省大气污染防治条例》《湖南省乡镇财政管理条例》《湖南省地方立法条例》等10多部法规草案及修正案草案征求意见工作，收集相关部门、社会各界的意见，上报省人大常委会法工委。

（罗纤纤）

法院工作

【概况】 2016年，全市法院受理各类案件5.89万件，结案4.72万件，比2015年分别上升18.3%和25.5%。其中，岳阳市中级人民法院（简称市中级人民法院）受理案件7203件，审结6251件。全市法院司法绩效评估与综合考评全省排名第一，民调工作居全省各市州法院第三，市中级人民法院被最高人民法院评为全国法院党建工作先进集体，被中宣部和司法部评为全国法治宣传教育先进集体。

【依法惩治犯罪】　2016年，全市法院严惩严重危害社会治安犯罪，依法审理杀人、抢劫、绑架等严重暴力犯罪案件和多发性侵财犯罪案件，依法快速审结邓方强奸杀害2名女学生以及冯鸿、冯满兄弟抢劫杀害3名妇女等案件。推进打黑除恶工作，依法惩治涉黑团伙犯罪案件。依法惩治毒品犯罪，审理公安部督办的李伟等14人贩卖、运输、制造毒品案等重、特大涉毒案件。

严惩贪污贿赂犯罪，审理最高人民法院指定岳阳市两级法院办理的中国民用航空飞行学院原院长郑孝雍（正厅级）、副院长吴旭勇（副厅级）等15案15人系列贪贿案。加大对行贿犯罪打击力度，省建筑工程集团总公司路桥工程有限公司原聘任副总经理刘正刚犯行贿罪和串通投标罪，被判处有期徒刑五年六个月，并处罚金20万元。

严惩金融犯罪，开展防范和处置非法集资专项行动，准确把握民间借贷和非法集资的区别，对发现涉嫌非法集资等违法犯罪的线索及时移送公安机关处理，依法审理集资诈骗、贷款诈骗、非法吸收公众存款等犯罪案件。

严惩网络电信犯罪，依法打击网络赌博和网上造谣、传播淫秽物品等犯罪，净化网络空间。严惩利用网络泄露个人信息、非法买卖信息、生产销售伪基站等犯罪行为，维护个人信息安全。

严格审理减刑假释案件，强化网上公示、开庭审理，加强社区矫正对接工作，与市司法局联合建立假释、暂予监外执行罪犯定期回访工作机制，实地了解社区矫正情况，对违反管理规定的假释对象予以收监。严防冤假错案，强化证据审查，发挥庭审功能，与公安、检察机关分工负责、互相配合、互相制约，建立健全防范刑事冤假错案工作机制。恪守罪刑法定、疑罪从无等原则，严格排除非法证据，确保无罪的人不受刑事追究。

【服务经济发展】　2016年，全市法院围绕“一极三宜”江湖名城建设，专门出台15条规定，助推重点项目建设。

市中级人民法院成立土地房屋征收审判庭，妥善处理涉及旧城改造、城陵矶新港区建设、环南湖交通三圈项目、湘阴军用机场和岳常、大岳、岳临高速公路等案件，增强服务通江达海新增长极建设的针对性。依法支持土地征收和禁违拆违治违“百日攻坚”行动，准予强制拆除涉及王家河流域综合治理工程、东茅岭商业步行街南辅道片区旧城改造项目和南湖新区大型旅游项目等一批重大项目建设过程中的被征收房屋。

打击阻挠、干扰、破坏重点工程和项目建设的各类违法犯罪。加强环境资源案件审判，对乱垦滥伐、破坏资源等行为零容忍，依法审结洞庭湖特大毒鸟案，何建强等3名主犯均被判处10年以上有期徒刑。

加强涉外和涉港澳台民商事案件审判，服务和促进开放型经济发展。加强知识产权案件审判，依法审理侵犯著作权、商标权等民事案件、刑事案件，服务和促进创新发展。促进企业健康发展，主动适应供给侧结构性改革，出台服务企业发展的规定27条。

倡导诚实守信经营，依法审理合同纠纷案件，平等保护各类市场主体合法权益，促进各类所有制经济健康发展。支持企业转型升级，市中级人民法院成立专门合议庭，与政府专门机构整体联动，依法清理“僵尸企业”，审理破产和强制清算案件，宣告湖南韶峰岳阳建材有限公司、市织布厂、市阀门厂、市立新服装厂等企业破产。

护航金融机构发展，院领导带队走访金融部门，找准服务全市金融生态环境和农村商业银行成立的着力点，依法审理借贷、融资、保险等金融案件，开展涉金融案件执行清积专项行动。有效化解行政争议，贯彻实施新行政诉讼法，畅通“民告官”诉讼渠道，推动落实行政首长出庭应诉制度。

依法审理行政诉讼案件，加强非诉行政案件审查。强化国家赔偿委员会建制，妥善办理国家赔偿案件。加强与行政机关的联络，及时发出司法建议。

【坚持司法为民】　2016年，全市法院加强民生案件审判。

重视食品药品安全，依法审理生产销售有毒有害食品等犯罪案件，化解因食品药品质量引发的民事纠纷案件，确保“舌尖上的安全”。重视人身权益保护，依法审理人身损害赔偿案件，维护受害方合法权益。开展医患矛盾纠纷化解专项审判，联合市卫计委出台诉调对接方案，依法审理医疗损害纠纷案件；严惩暴力伤医犯罪，对故意扩大事态、教唆他人实施医闹的被告人，原则上不适用缓刑或免刑。重视家事纠纷化解，依法审理离婚、继承、抚养、赡养等案件。重视劳动关系保护，加强诉讼与仲裁的衔接，依法审理劳动争议案件。重视新农村建设，依法审理土地承包经营权流转、宅基地纠纷、拖欠农民工工资等涉农案件。重视群众居住权益保护，妥善处理因房地产开发、销售引发的群体性事件，依法审理房地产纠纷案件，引导建立规范的房地产市场秩序。

兑现合法权益。按照最高人民法院部署，落实“用两到三年时间基本解决执行难问题”的各项措施。推进网上执行，市中级人民法院和9家基层法院完成执行指挥中心建设，具备财产信息查询、现场指挥、决策分析、信用惩戒等功能；实行涉诉资产网络竞拍，拍卖46场次，涉及资产1.6亿元，华容县法院通过淘宝网拍卖涉诉资产，提升资产变现率。创新执行工作方式，建立24小时值班备勤的“执行110”机制，通过公安机关“监控”系统查控被执行人。“围剿”“老赖”，与市文明办、市诚信办等12家单位签署《岳阳市构建诚信、惩戒失信合作备忘录》，在最高人民法院失信名单发布平台公布失信被执行人，通过各种形式曝光“老赖”。汨罗市法院执行工作代表岳阳市法院接受最高人民法院检查评比，获得肯定。全市法院执行工作位居全省法院前列，工作经验被《人民法院报》头版头条推介。

强化诉讼服务功能，推进立案登记制改革，对依法应当受理的案件，做到有案必立、有诉必理，当场立案率95%。推进诉讼服务中心建设，市中级人民法院开通“12368”诉讼服务热线，在门户网站设置案件查询栏目，建立大学生法律志愿者每周一到院引导诉讼机制。推进司法救助工作，市中院依法为确有困难的当事人减、免诉讼费，向刑事被害人和申请执行人发放救助金。推进涉诉信访工作机制创新，依法畅通“诉”的入口，全市法院均开通远程视频接访系统，做到来信件件有回复、来访个个有接待，规范申诉复查和申请再审审查工作；依法畅通“访”的出口，建立信访案件终结机制，严厉打击缠访闹访行为，维护正常信访秩序；健全信访多元化解机制，律师参与接访、化解信访。全市法院涉诉信访工作居于全省法院前列。

【司法能力建设】 2016年，全市法院创新队伍培育机制。

抓文化建设，秉承“公正、为民、良知、担当”的院训，坚持“从严治院、公信立院、文化育院、科技强院、人才兴院”的工作方针，升级改造市中级人民法院“文化长廊”，编辑《法官论坛》《岳阳审判案例参考》和《优秀裁判文书选集》。

抓业务学习，组织参加集中培训和视频讲座，邀请专家教授授课，组织第二批次84名法官到北京大学培训。抓业务比武，组织“听庭评庭”“法官沙龙”和法警大比武等技能练兵活动，评选优秀法官和“办案能手”，市中级人民法院和云溪区法院在全国法院执行裁定精品文书评选中分获一等奖和二等奖；市中级人民法院法学理论研讨工作居全省法院先进行列，临湘市法院获得全国法院调研工作先进集体。抓业务监督，设立廉政监察员，强化对评估拍卖、财产保全、减刑假释等关键部位和关键环节的监督；组织对全市法院涉案款物、公务用车、违规经商营利等专项检查，创建并落实差错案件责任倒查机制、严禁非职务行为插手过问案件处理办法等制度，切实提升廉洁司法能力。市中级人民法院有7名法官事迹被《人民法院报》报道，涌现“全国法院先进集体”行政科等一批先进典型。

落实司法责任制改革。实行法官员额制，基本完成全市首批员额制法官入额遴选工作；改革裁判文书签署机制，推行主审法官、合议庭办案责任制，明确各类司法人员在审判活动中的职责权限，推动实现“让审理者裁判，由裁判者负责”；在全市法院开展院长、庭长办案季活动，市中级人民法院院庭领导及基层法院院领导带头办案1307件，湘阴县法院庭长办案数占到全院办案数的58.92%。实行办案质量终身负责制，明确免责和追责事由，实现依法追责与履职保障相统一；优化案件质量保障体系，开展案件评查、庭审评议和文书评选“三评”活动，对存在的问题公开讲评，并将此作为考核的重要依据。

实行审判管理科技化，加快建设岳阳法院信息化3.0版，全市建成数字法庭32个，可实现庭审全程同步录音录像；完善数字法院管理系统，办案人员同步录入案件信息，审判管理部门及时掌握审判流程动态，建立审限预警机制，提高审判效率，防止超审限；编辑《审判管理工作手册》，全市法院干警和人民陪审员人手一册，明确审判流程、案件质量、数字法院操作等具体要求。市中级人民法院审判管理办公室被省高级法院记集体三等功。

健全基层指导机制。加强对基层法院领导班子的协管力度，协助党委完成对6位基层法院院长人选的推荐和考察。完善市中级人民法院领导定点联系基层制度，通过二审案件审查、制定规范性文件、组织培训、年度综合考评等方式强化监督指导，统一法律适用。制定并推动落实《关于人民法庭若干问题的规定（试行）》，加大对人民法庭的建设和改造力度，新建和重新装修部分法庭，完善人民法庭驻庭制度和运行机制，夯实司法前沿阵地。岳阳楼区法院被确定为全省法院裁判文书改革试点法院，探索“三分式”审判方式改革，庭审时间和案件审理周期大幅缩短，结案数量成倍增加。屈原管理区法院民调保持全省基层法院前列。君山区法院获评全国文明单位、全国优秀法院。

（许　辉）

检察工作

【概况】 2016年，岳阳市检察机关围绕全市工作大局，履行宪法和法律赋予的职责，检察改革取得进展，检察业务工作得到发展、队伍素质逐步提高、基层基础建设加快推进。全省检察机关服务大局、检察改革、检察队伍建设工作现场会在岳阳市召开。市检察院在第十四次全省检察工作会议上作典型发言，被评为全省先进市州检察院。市检察院扶贫干警张雄兵被省委组织部推选参评全国驻村帮扶优秀党组织第一书记。10月，市检察院出台《岳阳市院机关推选员额检察官人选的实施方案》，全市各基层院均出台实施方案。经过个人申报、考核考试、民主测评、分管院领导评价、党组评议、省检察院复核等环节，全市有314名检察官入选首批员额制检察官。

【服务经济社会发展】 2016年，市检察院贯彻市委、市政府关于“一极三宜”江湖名城建设等决策部署，落实市检察院制定的服务企业发展优化经济环境20条意见和服务“一极三宜”江湖名城建设10条意见。服务全市重点工程项目，部署开展优化经济环境专项侦查监督活动，惩治重大项目建设中的“三强三堵”问题，依法起诉强迫交易、寻衅滋事等扰乱市场秩序犯罪216人。突出惩治侵害民营企业创新创业犯罪行为，依法起诉侵犯知识产权、制售假冒伪劣商品等犯罪37人。突出惩治国家机关工作人员利用职权索拿卡要、插手经济纠纷等破坏经济活动的职务犯罪19人。突出惩治“围猎”干部、围标串标、破坏不公平竞争的行贿犯罪34人。改进办案方式方法，恪守“既不因司法办案影响经济发展，也不因服务发展牺牲履职底线”的原则，在办理涉企案件时进行经济影响评估，依法维护守法企业和企业家的合法权益，为缓解经济下行压力、提振企业发展信心贡献力量。对17名犯罪情节轻微、处在关键岗位的管理人员慎用强制措施。10月，鄂湘赣三省检察机关服务长江中游城市群建设工作会议在岳阳市召开，形成保障和促进非公经济发展的九项“岳阳共识”。11月，全国人大常委会办公厅、最高人民检察院组织19名全国人大代表到岳阳市视察调研，全市检察机关服务非公经济发展工作得到代表们的肯定。

【推进平安岳阳建设】　2016年，岳阳市检察机关批准逮捕各类刑事犯罪2286人，提起公诉4309人。

依法严惩严重暴力犯罪、多发性侵财犯罪、毒品犯罪，批准逮捕1545人，提起公诉2096人，敖宇军等人特大制造毒品案被列入“6・26”国际禁毒日全国禁毒成果展的典型案例。依法严惩危害食品药品安全犯罪，批准逮捕9人，提起公诉10人。依法严惩对岳阳经济和群众财产“吸血”严重的集资诈骗、非法吸收公众存款、网络赌博等涉众型犯罪，批准逮捕71人，提起公诉217人。依法严惩破坏生态环境资源犯罪，批准逮捕非法捕捞、非法排污、非法猎杀濒危野生保护动物等犯罪33人，提起公诉51人。湘阴县人民法院办理的涉及三省五地特大环境污染案被评为湖南省最具影响力法治事件。

坚持把防控风险、化解矛盾贯穿司法办案始终，对社会危害性不大的轻微刑事犯罪依法不批准逮捕424人，不起诉200人。完善公开听证、检调对接、律师参与化解和代理涉法涉诉信访等制度，办结涉法涉诉信访案件40件，国家赔偿案件6件，发放国家司法救助金9万元。全市两级检察院有4个控申接待窗口被评为全国文明接待室。

参与和推进社会治安防控体系建设，配合加强对重点人群的帮教管理，纠正社区服刑人员脱管漏管16件，对6名依法不负刑事责任的精神病人申请强制医疗。加强对未成年人的司法保护，对20名未成年犯罪嫌疑人附条件不起诉，市检察院被评为全国青少年维权岗。

【查办和预防职务犯罪】　2016年，岳阳市检察机关坚持“老虎”“苍蝇”一起打，惩治、预防两手抓，立案查办各类职务犯罪案件80件，其中大要案件74件，办案力度和办案规模扩大。完成上级交办案件。查办省院交办的娄底国土系列案、郴州市人大常委会副主任李向阳涉嫌滥用职权、受贿系列案等，立案15起15人。坚持守土有责，围绕事关群众切身利益、举报线索反映集中、社会关注度高的重点行业领域开展专项行动。指挥岳阳县、君山区、临湘市检察院对市公安局交警系统驾管部门腐败窝案进行查办，立案16件16人；查办砂石办领域职务犯罪案件4件4人；查办教育系统职务犯罪案件7件7人。坚持预防在前，结合办案在国土、公安、房产、教育、银行、医疗卫生等系统开展重大专项预防调查，就办案中发现的管理制度漏洞，提出对策建议，完成预防调查报告9份、犯罪分析报告11份、检察建议书9份，开展警示教育活动40次，开展预防宣传20次。在招投标、政府采购、国有资金投资等领域全面推行行贿犯罪记录查询，受理行贿犯罪档案查询4330次。

【强化诉讼监督】　2016年，岳阳市检察机关加强立案和侦查活动监督，对公安机关应立案而未立案的监督立案29件，不应立案而立案的监督撤案14件，纠正漏捕80人，纠正漏诉62人，对122名需要继续羁押的犯罪嫌疑人变更强制措施，对143件次侦查活动违法行为提出纠正意见。加强审判活动监督，对刑事判决、裁定提出抗诉7件，法院审结5件，发回重审5件；对民事行政裁判、调解书提出和提请抗诉12件，督促履职28件，执行监督1件。加强执行活动监督，纠正减刑、假释、暂予监外执行不当182人次，纠正监管改造场所违法211人次。惩治政法队伍中的“害群之马”，查办司法人员职务犯罪11人。

【召开鄂湘赣检察机关第二次工作联席会议】　2016年10月13—14日，省检察院在岳阳举办以“依法保障和促进非公有制经济发展”为主题的鄂湘赣三省检察机关服务长江中游城市群建设第二次工作联席会议。省委常委、省委政法委书记、副省长、省公安厅厅长黄关春出席活动，湖北省检察院党组书记、检察长王晋，湖南省检察院党组书记、检察长游劝荣，江西省检察院党组书记、检察长刘铁流出席会议。三省检察院检察长联合签署《湖北省人民检察院、湖南省人民检察院、江西省人民检察院关于依法保障和促进长江中游城市群非公有制经济健康发展的若干意见》，达成九项重要共识。

【平江县检察院内设机构改革】

2015年7月，平江县检察院被省检察院确定为全省15个内设机构整合改革试点单位之一。2016年3月，该院内设机构整合改革的新机构正式挂牌。该院依靠县委的领导和各方面的支持，发扬基层首创精神，以内设机构整合为突破口，配套完善检察人员权力清单，18个内设机构整合为7个，即反贪污贿赂局、刑事检察局、诉讼监督局、案件管理监督局、检务保障局、政治部、办公室。74%的干警向办案一线聚集，有效整合碎片化职能、提高办案效率、激发检察队伍内生动力，为全省基层检察院内设机构整合改革提供有益的实践经验。平江县检察院的做法得到中央政法委、最高人民检察院和湖南省委的肯定和推介。

（万佳妮）

公安工作

【概况】　2016年，岳阳市公安机关强化维稳保安、打击整治、规范执法和公安队伍建设，确保全市政治大局和治安大局持续稳定。

维护政治大局稳定。全市公安机关抓住春节、“两会”“六四”“9・3”等特殊敏感期，按照“五个坚决防止”（即坚决防止发生危害国家安全和社会稳定的重大政治事件，坚决防止发生严重暴力恐怖事件、重大个人极端事件、严重刑事犯罪等重大恶性事件，坚决防止发生大规模群体性事件和重大网络安全事件，坚决防止发生大规模进京上访事件，坚决防止发生重大公共安全事件）要求，坚持情报主导警务，分层分级分类稳控住涉稳重点人员，确保特殊敏感时期政治大局稳定。特别是全国“两会”期间，岳阳和驻京两套班子同时展开工作，既抓源头又管现行，收到良好效果，实现“五零”（国保重点人员零失控、非访人员零进京、诉求群体零聚集、邪教对象零发声、风险人物零滋事）工作目标。12月8—14日，长沙、株洲、湘潭等地出租车群体3次进京集访，岳阳公安机关将其稳控在临湘羊楼司收费站，配合各地接访人员将其成功劝返。

情报主导警务工作。将涉及社会面巡防、重点人控制、重要物品管控、核心部位安防等关键环节情报信息收集任务分解落实到责任单位、责任人，掌握深层次、内幕性、预警性和行动性情报信息。10月，在市公安局合成作战中心成立情报服务站，与全市240个一线执法单位直接对接，全天候提供情报研判服务。情报研判服务站启动以来，接到基层实战单位服务申请2600起，为基层实战单位串并案件9起，破案161起，抓获各类违法犯罪嫌疑人263人。

重点人员在控登记。以重点人员在控登记为切入点，以点带面进行突破。全市重点人员3.58万人，在控登记2.83万人，在控率78.9%；照片上传2.75万张，照片上传率76.7%。4月，公安部情报中心与省公安厅情报中心到市公安局专题调研重点人员管控工作。

【打击刑事犯罪】　2016年，全市公安机关对各类刑事案件立案1.89万起，破案4323起，破案率为22.9%，刑事拘留4004人，执行逮捕2382人，移送起诉4514人。命案发18起、破18起，破案率100%。恶势力犯罪团伙34个，抓获涉恶团伙成员250人，判决267人，破获各类刑事案件97起。破获各类侵财案件2322起，打掉侵财犯罪团伙21个，刑拘侵财类嫌疑人1332人，执行逮捕938人，移送起诉1473人。侦破毒品刑事案件629起，其中，公安部督目标案件8起，万克以上案件4起，抓获涉毒犯罪嫌疑人1355人，执行逮捕387人，强戒735人，缴获毒品（折合海洛因）112千克。查处涉赌案件935起，抓获人员1934人，刑事拘留336人，执行逮捕227人，起诉314人，治安拘留1278人。查处“黄赌”案件1035起，抓获人员2213人，刑事拘留401人，执行逮捕277人，起诉333人，行政拘留1435人。1月11日，市公安局立案侦查破获一起虚开金额100亿元的增值税专用发票案，该案系湖南省涉案金额最大的虚开增值税专用发票案，主要涉案犯罪嫌疑人均到案。抽调警力组成专案组，对“3·19”车辆爆燃事故进行侦查，协调相关部门做好遇难者救济补助谈判工作、伤员救治伤情鉴定及家属接待工作、财产损失核查工作。

2016年11月5日，中纪委驻公安部纪检组组长、公安部党委委员、督察长邓卫平，省委常委、省委政法委书记、副省长、省公安厅厅长黄关春观摩岳阳市“12345”公众服务热线中心　（范向辉　摄）

【“五打五整治”行动】　2016年，全市公安机关开展“五打五整治”［即打击黑恶势力犯罪、打击侵财性犯罪、打击毒品犯罪、打击聚众赌博及地下“六合彩”犯罪、打击暴力恐怖犯罪，整治“三堵”（堵门、堵路、堵桥）问题、整治“三强”（强揽工程、强行阻工、强买强卖）问题、整治涉众型经济犯罪、整治交通秩序、整治安全生产隐患］专项行动，确保全市社会治安稳定，综治民调全省排名第二。打掉恶势力犯罪团伙34个，一审判决恶势力犯罪267人。打击侵财性犯罪决定起诉盗窃、抢劫、抢夺、诈骗、敲诈勒索等5类犯罪嫌疑人1216人。打击毒品犯罪破部督案件10起，起诉毒品犯罪嫌疑人626人，缴获毒品160.09千克。

精心组织，强力推进。市公安局成立以副市长、公安局长唐文发任组长的领导小组。县市区（分）局成立以局长为组长的领导小组。市委常委会先后专题研究处置非法集资、禁毒、反恐等工作，召开全市大会安排部署。市公安局将打击处理任务分解到单位，明确打击整治的目标、任务。县市区（分）局将“五打五整治”纳入年度业务工作绩效考核，责任到所队，任务到民警，明确规定各执法单位“一把手”为第一责任人，分管局领导为连带责任人，实行局领导包片，所队长包案，形成全警参与、警种联动、一级抓一级、层层抓落实的工作格局。市公安局将“五打五整治”专项行动纳入中心工作评估范畴，对行动得力、效果显著的单位给予奖励，对全市11个县市区（分）局每周一排名、一通报。明确要求排名后两位的县市区（分）局局长作表态发言，前两名的作经验介绍。大部分县市区（分）局制定奖惩措施，实行办案经费“以奖代拨”，在公安内网设置弹出窗口，每天更新、通报各单位任务完成情况。

突出重点，着力打击。2016年，全市公安机关破要案、端窝点、打团伙。一是突出打击重点。

以打黑除恶为龙头，突出打击侵财性犯罪、打击毒品犯罪、打击聚众赌博和整治“三堵”问题。全市公安机关应用各类信息资源和专业手段，开展线索排摸，获取一批深层次的涉恶犯罪情报线索，破部督案件10起。二是突破打击难点。全市发命案20起，均告破，破案率100%，抓获暴恐犯罪嫌疑人6人。三是紧抓打击热点。全市公安机关保持对“两抢一盗”、诈骗、敲诈勒索等侵财性犯罪的严打高压态势，打掉侵财犯罪团伙21个，刑拘侵财类嫌疑人1332人，执行逮捕938人，移送起诉1473人，较2015年同期相比执行逮捕、移送起诉分别上升5.4%、14.66%。四是利用技术支点。全市公安机关以“四项建设”为契机，建好建强刑侦重案、打黑、侵财、技术、情报信息中队，推进打击侵财犯罪、打击街面犯罪、图侦等专业侦查队建设，提高运用专业手段破案的水平和效能，以系列性、团伙性、跨区域流窜犯罪为主攻方向，侦破一大批重大系列性案件。

强化举措，有效整治。一是整治重点问题。对“三堵”事件的操纵者、参与者等首要分子“零容忍”，依法打击到位，处置“三堵”案（事）152起，刑拘53人，行政拘留146人。“三堵”事件明显减少，社会秩序明显好转。整治非法集资中，帮扶52家企业渡过难关，善后处置51家，立非法集资案45起，涉及金额10亿元，涉及3000人。对已办理的涉毒案件“回头看”，对涉及的涉毒人员逐人摸排疏理，弄清分布去向和活动情况，对所有吸毒违法案底人员再次见面，进行尿检。二是整治重点部位。结合上半年综治民调工作，整治一批治安乱点，加强对特种行业、休闲娱乐场所、公共复杂场所的治安管理。治安、消防联合安监、教育、文化、卫计等部门对中小学、幼儿园、娱乐场所进行安全大检查。三是盯防重点地段。合理调整警力布局，科学安排勤务方式，将警力最大限度摆在街面。城区建成全天候24小时巡逻防控工作格局，巡特警、武警和城区公安分局实现巡逻无缝对接。城区派出所将流动警务车摆放在辖区的重点部位执勤，有效挤压违法犯罪分子的犯罪空间。

【执法规范化建设】　2016年，全市公安机关一是加强制度建设。出台《岳阳市公安机关执法责任追究制度（试行）》《岳阳市公安机关对领导干部插手具体案件、干预司法活动进行记录、通报和责任追究实施办法》《岳阳市公安机关执法档案管理工作暂行办法（讨论稿）》等文件，为规范执法提供保障。二是加强案件质量考评和监督力度。全年进行三次以上集中执法质量考评，每月对县市区（分）局办理的刑事、行政案件进行巡查，将巡查情况不定期向全市通报。4月19—23日，组织全市公安机关2016年度第一次执法质量集中考评，通报相关情况。对县市区（分）局和巡特警、治安、禁毒支队经办的143起案件进行评查，发现整改问题67处。三是加强网上执法巡查。指导应用推广阳光警务系统、执法办案系统和涉案财物系统，做到每周、每月、每季度在法制支队网站进行系统应用情况通报，加强日常巡查，促使基层办案单位抓好系统应用工作。

【110接处警工作】　2016年，岳阳公安机关按照公安部、省公安厅推行警务机制改革要求，秉承“以人民为中心，以问题为导向，以改革创新为突破口”的指导原则，坚持为民惠警归位，完善贴近民心、服务民生、关爱民警的新机制，在融合“12345”平台和110平台、规范110接处警工作方面进行有益探索和尝试，取得明显成效。11月5日，全国公安机关规范基层警务工作暨110接处警工作在岳阳市召开现场会议，向全国推介岳阳经验。

制定科学流程。制定《岳阳市公安局指挥调度工作流程图》《110受理报警、求助、投诉范围》《岳阳市公安局扁平化指挥机制》等制度，对110的工作职责、操作流程、规范用语等方面进行明确规定，确保接处警有据可依，有章可循。

理顺管理机制。探索研究规范110接处警工作，提出“12345，服务找政府”“公安110，为民保安宁”的新理念，明确将非警务活动借助政府“12345”热线平台分流至各职能部门，确保公安机关集中精力做好分内之事，精准服务民生。

加大宣传力度。以“12345，服务找政府”“公安110，为民保安宁”为宣传口号，上媒体、上网格、上街头，进社区、进市场、进校园，宣传规范使用110理念。以街道社区（乡、镇）为单位组建志愿者和谐宣讲团，宣传法律知识，教育引导民众遵纪守法，告知百姓正确拨打110。

行动效果明显。“110减负”专项行动期间，全市110报警台接警15万起，比2015年下降30.1%；非警务求助1.87万起，同比下降24.9%，其中7966起非警务类警情通过“12345”热线得到分流。查处恶意报警、扰警案件12起，行政拘留11人；查破妨害执行公务案4起，刑事拘留5人；核查恶意投诉33起，警告训诫33人。

【优化非公经济发展法治环境】

2016年，岳阳公安机关将优化经济环境作为公安工作重要内容，出台一系列措施。向社会公布《岳阳市公安局优化经济发展环境十项承诺》，制定《关于全市公安机关服务非公有制经济优化发展环境的若干规定》，开展“门难进、脸难看、事难办”专项整治、“五打五整治”专项行动。执行落实《湖南省优化经济发展环境十条禁止性规定》《湖南省公安机关服务经济建设30条措施》等规定。

打击涉企违法犯罪。打击扰乱市场秩序的违法犯罪活动，维护企业正常生产经营秩序。组织开展打黑除恶、打击侵财犯罪、打击“盗抢骗”犯罪、整治非法集资、整治“三堵三强”“三违三强”等专项行动。全市摧毁恶势力犯罪团伙34个，判决267人。破获侵财案件2929起，执行逮捕972人，移送起诉1517人，比2015年分别上升6.23%、13.29%、31.18%。破获跨区域系列团伙案件29起，其中，跨省系列团伙案件11起，跨市系列团伙案件6起，跨县系列团伙案件12起。对工程建设领域招投标犯罪立案4起，打击处理8人。“三强”领域破刑案2起，查处治安案件15起，刑事拘留2人，治安拘留29人。

规范执法行为。全市公安机关在执法办案中，坚持宽严相济刑事政策，慎办影响企业经营和稳定案件。侦办涉企案件慎用查封、扣押、冻结、罚款、没收等措施，严禁乱收费、乱罚款、乱摊派，严禁超范围查封、扣押、冻结。在不影响侦查前提下，慎用羁押性人身强制措施。执法公开中，建立阳光警务执法公开系统网，将行政处罚决定书、涉案财物照片等上传网上，报警人可在互联网查询案件进展和结果，同时配套网上投诉并反馈机制。全市公安机关受理投诉873起，投诉处理率100%。

优化行政管理。深化公安改革，拓展服务理念，推出系列便民利民措施。制定《全市公安机关深化改革推进便民利民十项服务举措》。户籍制度方面，省内迁移户口免迁出手续，身份证开通异地受理挂失申报和丢失招领，可受理全国22个省（市）的跨省异地办证。流动人口居住证实行“一证通”，凭证可以办理驾考、出国境证照等业务。出入境管理方面，提供出国境证件自助服务、网上预约办理服务、办理加急服务，所有受理点均可受理省内居民出国境证件办理服务。交通管理方面，推广应用交通安全综合服务管理平台，开通“96588”邮政、互联网、手机短信三个平台，为群众提供导办咨询、业务办理等服务，推行车管业务自助式服务，互联网自主预约率达100%，在8个4S站开展国产小车牌证代办业务，全市设立快处快赔服务点10个，将保险、法庭延伸至交通事故调处中心。消防管理方面，消防行政许可审批时限由法定的20个工作日减少至13个工作日，为南翔万商、现代装备产业园等市级重点项目提供登门服务。

（李利平）

司法行政工作

【概况】　2016年，岳阳市司法局做到常态化服务，主动性作为，创造性发展。市湘北公证处获得湖南省文明窗口单位，君山区司法局、市湘北公证处获评湖南省司法行政工作先进集体，张韬被评为全国法治宣传教育先进个人。

【提高普法与依法治理水平】

2016年，岳阳市司法局部署安排“七五”普法工作。

组织开展2015年度岳阳市“十大法治人物”和“十大法治事件”评选活动。评选活动盘点2015年法治岳阳建设取得的成就，宣传具有法治意义的典型人物和事件，营造法治宣传教育氛围，推动依法治市进程，建设法治岳阳。8月25日，为获得表彰的单位和个人举行颁证仪式。其中湘阴县检察院督办一起特大环境污染案被评为全省最具影响力法治事件。

在全国首创公益法律事务工作站。市委政法委牵头，市司法局联合市公安局、市中级人民法院、市检察院、市法制办、市信访局、市财政局等七家单位出台岳市政法发〔2016〕6号文件，决定在部分律师事务所设立公益法律事务工作站。8月5日，举行全市公益法律事务工作站授牌仪式，工作站由各律师事务所选派3~5名优秀律师参与，完成党委、政府和市委政法委交办的各项公益性法律事务。工作站发挥律师在参与化解群体性纠纷的作用，对符合法律援助的当事人，特别是对妇女、残疾人、未成年人、老年人、患有严重疾病的和外来务工人员等弱势群体给予法律援助。工作站70名律师参与“法润三湘”公共法律服务志愿者行动，为500名群众提供法律咨询，为70名群众提供代书服务，免费发放《法律明白人》500本，《婚姻法》300本；组织讲师团到22个社区进行22场法律讲座及法律咨询，听课居民人数2000人次。湖南卫视对此进行推介报道。

开展“四公开、四整治”活动。下发《关于持续深入开展2016年度法治岳阳建设“四公开、四整治”专项活动的意见》，对整改没有到位的12个问题进行督查整改，对新发现的问题列出问题清单，逐步进行整改。

开展法制宣传活动。下发《关于印发〈2016全市法治宣传教育工作要点〉的通知》，发放《做法律明白人》读本2万册，组织全市开展农村法制宣传月活动、“三八”妇女维权周，青少年法制宣传周，“3·15”消费者权益保护日，“6·26”国际禁毒日等专项法制宣传活动。平江县举行《与法同行》电视法律知识抢答赛活动、临湘电视台开辟“六五”普法之窗专栏。

全面推行国家机关工作人员网上学法考法。2016年，组织国家工作人员4万余人网上学法用法考试，学时完成率达97%，参考率达93%，合格率达94%。组织市民政局等6家单位770名执法人员进行学法用法考试。落实“谁执法、谁普法”工作责任制，要求市直53家单位提交普法清单，分解责任，落实到人。

【完善矛盾排查化解机制】　2016年，全市排查各类矛盾纠纷2.22万起，化解2.15万起，涉及金额4.6亿元，防止群体性械斗113起，防止群体性上访392起，防止民转刑案件243起，全年无重大民转刑命案。

推进人民调解组织建设。按照“八有、六统一”（有领导、有机构、有人员、有场地、有经费、有制度、有考核、有奖惩，标牌、印章、标识、程序、制度、文书统一）标准，调整村居基层人民调委会，对全市1万名人民调解员的选任、聘用进行完善、规范。截至年底，全市成立各类调委会3686个，基本实现人民调解组织网络全覆盖的目标。人民调解员实行专兼聘相结合的选任方式，全市有人民调解员1.26万名，其中政府购买专职人民调解员684人。10个县市区均建立婚姻家庭纠纷人民调解委员会，相继在道路交通、劳动争议、环境保护、消费者权益保护、商业、婚姻、保险等领域建立市县两级行业性、专业性人民调委会85个，各调委会配备2名以上的专职人民调解员。岳阳楼区成立商业纠纷调解中心，化解民间金融借贷15起，涉及金额1亿元。岳阳市分别与江西省九江市、宜春市，湖北省咸宁市、荆州市签订《边界矛盾纠纷联防联调协作协议书》，平江县、临湘市、君山区等6个县市区分别与修水县、通城县、石首县等8个接边县市区签订边界联防联调协议。制定《“环岳”五市省际边界联防联调工作规则》《“环岳”省际边界重大矛盾纠纷突发事件应急预案》，建立省际边界联防联调工作机制，拍摄岳阳市省际边界工作宣传片。

开展“三调联动”（人民调解、司法调解、行政调解）工作。在全市部署开展“三调联动解纠纷、防控风险促发展”专项调解活动，成立专项活动领导小组，市综治委、市中级人民法院、市公安局、市司法局、市信访局等5家部门联合制定《全市“三调联动解纠纷、防控风险促发展”专项调解活动实施方案》，以市综治委名义下发《关于调整市“三调联动”工作领导小组组成人员及职责分工的通知》。排查化解各类矛盾纠纷1858件，全市基本形成以“一中心、三室、一庭”（矛盾纠纷调解中心，在派出所、法院、检察院设立调解室，流动调解庭）为骨架的“三调联动”组织网络。其中，各县市区司法行政系统均建立社会矛盾纠纷调处中心，在基层人民法院建立人民调解工作室14个，在基层派出所建立人民调解工作室92个，信访部门建立调解室25个，交通事故调解室36个，医疗纠纷调解室32个，婚姻纠纷调解室10个，劳动争议调解室6个，其他纠纷调解室15个，流动调解庭10个。

推进司法所规范化建设。成立司法所规范化建设领导小组，出台《全市司法所规范管理实施方案》。县市区全额落实司法所人均公用经费。加强司法所收编管理，全市128个司法所完成收编工作，清理借调抽调人员，保证专编专用。全市司法所工作人员347人，有政法专项编制的司法助理员300人，通过政府购买，各司法所均达到三人以上，岳阳县荣家湾镇司法所有政法专项编制9个。

【规范特殊人群服务管理】　2016年，市司法局规范特殊人群服务管理工作。

强戒所重点工作。市强制隔离戒毒所更新25项安全管理制度，提高执法质量。收治戒毒人员338人，诊断评估解戒229人，实现连续15年“六无”（无逃跑、无所内发案、无重大安全事故、无非正常死亡、无所内吸毒、无重大疫情）和连续21年安全生产无事故。公租房建设竣工，增容扩建工程确定选址，已向市发改委申报立项，建成后收治规模可达1500人。

强化监管措施。开展社区矫正“防脱管”专项活动、社区矫正监管安全隐患排查整治专项活动和集中清理判处实刑罪犯未执行刑罚专项活动，成立领导小组，制定专项活动工作方案，建立司法、检察、法院和公安等部门联动机制。全面排查社区服刑人员的基本情况，进行清查比对，对排查出的问题进行整改。将政府购买社区矫正服务纳入岳阳市全面深化改革工作任务，协调市财政部门，将政府购买社区矫正服务纳入岳阳市政府购买服务指导目录（第一批）。各县市区均制定政府购买社区矫正服务的工作方案，签订相关协议。全市接收社区矫正人员9125人，解除矫正6670人，在册2455人，没有出现脱管、漏管和因脱管造成重新犯罪的现象；接收刑满释放人员1792名，其中重点帮教人员136人，服刑人员基本信息录入率、核实率和网上衔接率达99%，刑释人员重点帮教对象接回（送）率达100%。

推进社区矫正中心建设。确定岳阳县、华容县、湘阴县、临湘市、岳阳楼区和云溪区等6个县市区落实社区矫正中心建设，均建设完成并投入使用。

推进刑满释放人员过渡性安置基地建设。争取湖南省鹊福体育用品有限公司支持，依托企业建立岳阳市刑满释放人员过渡性安置帮教基地——岳阳市温馨家园。基地集食宿、教育、培训等设施于一体，年接纳刑满释放人员100名。

【公共法律服务体系建设】　2016年，市司法局推进公共法律服务体系建设，提升法律服务水平。

推进信息化建设。市司法局利用如法网“互联网+司法行政”的宣传新模式，实现各级司法行政机关和基层社区、农村网络全覆盖，形成纵向到底、横向到边的公共法律服务体系，让群众享受便捷的法律服务。

推动专项法律服务活动。组织律师开展对接“一带一路”战略法律服务专项活动、“万名律师乡村行”专项法律服务活动、万家中小微企业法律体验活动三项专项活动。围绕将岳阳打造成湖南开放型经济新增长极的目标，建立涉外律师人才库，完善市司法局、市商务粮食局、有关涉外经济部门和律师协会的信息互通、协调配合机制。鼓励和引导广大律师到基层“以案释法”，特别是在征地拆迁、土地权属、婚姻家庭、环境保护等方面提供法律意见。全市律师办理刑事诉讼代理955件、民事诉讼代理2935件、行政诉讼166件、非诉讼代理325件，仲裁业务133件，为663家政府，企业、事业单位，社会团体和公民个人担任法律顾问，咨询和代写法律文书1.19万件。

提升法律援助数量和质量。全市办理法律援助案件2500件，登记来访咨询2.47万人次，市中心接待来访咨询2400人次。“12348”法律援助热线接听解答咨询电话3278人次。健全法律援助监督管理机制，规范法律援助申请、受理、审查、指派、承办等事项办理流程，综合运用案件回访、庭审旁听、案卷检查等方式强化案件质量监管。对县市区法律援助案件，回访抽查比例达40%。

启动公证事业改革工作。全市办理公证1.48万件，为困难群众和企业提供法律援助30件，减免公证费20万元。召开专题会议研讨公证事业改革工作。

开展司法鉴定援助工作。全市各司法鉴定机构办理司法鉴定援助案件140件，减免司法鉴定费用16万元。特别是协助市政府应急办处理“3·19”京港澳高速大荆段车辆燃爆事故，出具司法鉴定意见书10份，减免费用2万元。

【提升行政执法工作质量】　2016年，市司法局在行政执法工作中突出质量提升，强化工作措施。

夯实执法基础工作，规范行政执法行为。加强行政执法队伍的教育学习培训，选派专人参加各级行政执法培训班，经考核合格获取上岗执法资格。各业务部门参与省厅专业培训200人次，组织开展各类专业培训800人次。健全机关工作制度，落实办事办文程序，推行政务公开、首问责任制、限时办结、服务承诺、一次性告知等工作制度；规范执法基础台账，做到填写完整、及时、规范；开展规范性文件廉洁性评估和合法性审查；严格行政审批条件程序，排查执法领域存在的问题并进行认真整改。严格司法考试考风考纪，健全监督机制，无替考作弊人员。

畅通信访投诉渠道，规范信访投诉处理。完善涉法涉诉信访、领导包案、领导干部定期接访和领导干部下访等四项制度，加大信访和举报调查调处息访力度。接待群众来信来访29次176人次，未发生因工作不力而引发的到省进京上访事件。

健全行政执法机制，规范行政执法管理。严格把好行政审批关，做到依法、按程序办理。审核批准基层法律服务工作者6人，考核基层法律服务所38家，基层法律服务工作者294人；审核转报批准律师47人，考核律师事务所40家，律师508人；完成全市19家司法鉴定机构和220名司法鉴定人的名册登录审核工作。

开展法律体检，消除法律风险和隐患。在司法行政系统开展法律体检工作，制定《岳阳市司法行政系统法治状况检查工作方案》，召开动员部署会议和专题推进会。县市区司法局、局机关各科室和局直各单位均按要求开展自查，查出11个方面的法律问题、34个法律风险点，针对问题制定整改措施，明确责任部门和责任人，确定整改期限。

选任人民监督员，发挥社会监督作用。与市检察院衔接，制定工作方案，在报纸、网络等媒体发布选任公告。报名人数122人，通过资格审查，候选人考察，确定人民监督员82名。12月8日，举办全市人民监督员颁证宣誓仪式暨初任培训班，岳阳市司法行政系统正式行使人民监督员选任管理职责。

（马驰杭）

岳阳监狱

【概况】 2016年，湖南省岳阳监狱突出“一个引领”（党建工作），确保“两个安全”（监管安全、生产安全），提升“三个质量”（教育改造、监狱执法、企业经济），抓好“四项建设”（第一押犯点、市区住宅小区、监狱文化、班子队伍），工作平稳健康发展。截至年底，岳阳监狱连续16年7个月实现“四无”（无罪犯脱逃、无重特大狱内案件、无重大疫情、无重大安全生产事故）目标。

【出台发展规划】 2016年，岳阳监狱形成《岳阳监狱“十三五”发展规划纲要》。规划纲要阐明“十二五”规划发展基础，分析“十三五”期间发展形势，明确发展指导思想、基本原则、重点目标及主要任务和措施。规划纲要提出，“十三五”时期，将实施“四化三型两创一区”（监狱工作制度标准化、管理法治化、队伍职业化、发展社会化，建设法治、生态、智能型监狱，创建部级现代化文明监狱和省直文明单位，打造湖南监狱工作样板区）战略，建设社会主义现代化监狱。规划纲要明确要重点打造“三区一基地”，即打造以第一押犯点和规划中的第二押犯点为核心的高效行政办公区，以原监狱机关为核心的特色传统教育和社区养老区，以市区金泰滨城小区为核心的高品质居住生活区，以在建的农业公园为核心的现代生态农业产业化基地，使监狱更好地融入和服务地方经济社会发展。

【防汛抗洪有序开展】 2016年6月下旬至7月底，受超强厄尔尼诺现象影响，长江中上游和洞庭湖流域遭遇持续强降雨，岳阳监狱所辖22.3千米长江干堤、洞庭湖大堤和华洪运河渍堤水位迅猛上涨。7月初，长江、洞庭湖水位相继超警戒水位，7月6日，洞庭湖水位超保证水位，辖区及周边人民群众及服刑人员生命财产安全面临严峻威胁。岳阳监狱700名警察职工赶赴防汛一线查险排险。省厅局工作组、市防汛督导组进驻岳阳监狱，指挥协调、督查指导。7月5日，国务院总理李克强、副总理汪洋、国务委员杨晶亲临监狱所辖长江荆江门堤段和洞庭湖柳叶湖堤段，视察指导防汛抗洪，慰问抗洪一线警察职工。

【开展专项整治】 2016年，国家司法部在全国监狱戒毒系统部署开展安全隐患排查整治活动，省监狱管理局在全省监狱系统部署开展“严肃法纪规定、整顿监管秩序”专项活动。岳阳监狱严格按照上级部署，坚持问题导向，以专项整治活动为载体，以确保“四无”（无罪犯脱逃、无狱内重特大案件、无重大疫情、无重大安全生产事故）和“十个不发生”为目标，抓好安全稳定工作。全面排查制度落实、警察执法、罪犯改造和监管设施等方面存在的问题与不足，针对最高人民检察院巡视检察组、司法部安全检查组、省厅局督察检查组织反馈问题和省局专项活动会议上提出的“九个方面”进行重点排查整治。通过专项整治活动的开展，解决影响监狱安全稳定的系列问题和隐患，提升监狱整体管理水平，被省监狱管理局评为狱政管理、狱内侦查工作优秀单位。

【第一押犯点建成启用】 2016年，岳阳监狱加快第一押犯点建设，8月，项目通过五方责任主体验收；10月，通过省监狱管理局和省武警总队业务功能性验收；11月11日，岳阳监狱第一押犯点完成搬迁启用，全狱大多数监区实现集中关押，监狱硬件条件和安全保障水平得到显著提升。岳阳监狱探索建立集中关押模式下的监狱工作制度体系，推进监狱内设机构改革和人员“三定”工作，加强警察职工教育培训和岗位练兵，打造“五个过硬”（政治过硬、作风过硬、责任过硬、业务过硬、纪律过硬）警察职工队伍。监狱管理模式实现顺利对接，集中关押和分散管理并行的监狱工作模式基本形成。

（赵　辉）

国防建设

责任编辑　刘兴汉

岳阳军分区

【概况】 2016年，岳阳军分区贯彻军委国防动员部、省军区党委和岳阳市委决策部署，着眼有效发挥“五部”职能，理清抓建思路，突出发力重点，做实基础工作，军分区部队和国防后备力量建设稳步发展。

一、思想政治建设在看齐追随中坚定推进。牢牢把握“抓军队建设首先要从政治上看”的根本要求，学习贯彻军委主席习近平系列重要讲话精神，抓好党的十八届六中全会精神的学习宣传贯彻，强化维护核心、看齐追随的思想和行动自觉。精心组织4个专题党委中心组带机关专题理论学习，深入开展改革强军主题教育活动和“两学一做”学习教育，领导干部带头讲党课22堂，组织观看讲座录像、手抄党章100天、开辟4期专栏交流等配合活动，人人进行承诺践诺；召开“两学一做”推进会，组织党支部书记培训，3次督导检查，确保教育实效，做法在省军区简报刊发。按照“五步法”要求抓实人武部理论学习，广泛开展纪念红军长征胜利80周年教育活动，加大“四反”教育和要害部位人员政治考核力度，做好军队改革调整期间一人一事的思想教育工作。严格依据《准则》和《条例》加强党的建设和干部队伍建设，以民主集中制为重点，规范两级党委班子和各级党支部组织生活，指导各团级单位党委以“三严三实”为主题召开民主生活会，抓好团级党委班子的逐个帮带；着眼打造“四铁”机关干部队伍，组织各类集训培训13期，采取以工代训等方式提升业务技能；坚持从严从紧正风肃纪，彻底肃清郭徐流毒影响，抓实做好明察暗访和纪律监察工作，坚决纠治涉及基层敏感事务的问题倾向，部队风气进一步纯正。

二、动员准备在创新抓建中成效明显。始终坚持党委议训、按纲施训，围绕备战打仗抓建设。贯彻战备制度要求，完成师团两级战备方案修订和任务对接，突出抓好节日和关键敏感时期战备防护工作，常态化组织反恐应急训练演练，圆满完成“神十一”应急搜救备勤任务，投入7万元完成军分区机要室改造，高标准做好日遗化武鉴别包装作业、弹药运输保障和国防科技大学“联合—2016”实兵演习保障工作。抓好部队和民兵军事训练，制定下发《军分区落实〈军人体能标准〉实施细则》，全年完成首长机关在职训练4期，民兵军事训练50期，采取现场检查、视频抽点、电话抽问等方式抽查训练36次，确保训练“四落实”；同步组织2名人武部主官参加省军区整组备案考核，全市36名新任职专武干部参加省军区集训，4所高校党委书记、武装部长参加全省集训，指导抓好市人防办在编人员准军事化集训和全市学生军训工作，全年投入80万元购置补充训练器材1200件套，战备能力和训练水平不断提升。按照“两个转变”的要求，围绕民兵力量布局和编组模式调整总体规划，把组织建设放在首位，认真搞好民兵整组备案和兵役登记，落实兵员征集“五率”考评指标体系，扭住大学生征集重点，召开大学生征兵协调会，组织四所高校1100名学生举行预征启动仪式，圆满完成新兵、士官征集任务。

三、党管武装在合力共为中拓展深化。不断强化军分区系统军民融合属性的认知把握，军地依法履职合力抓建，党管武装根本制度深化落实。市委把支持国防和军队建设纳入市委年度工作要点，市委常委会专题研究抓建基层工作，部署明确乡镇党委换届武装部长进班子，邀请国防大学教授在市委中心组集中扩大学习中作国防知识讲座，启动建成市国防教育网站和微信公众号，指导召开全市“双带双促”活动经验交流暨阶段性总结表彰大会，军分区发挥党管武装协助作用，宣布6名县市区人武部党委第一书记任职，组织民兵1.5万人次参加华容县新华垸内溃抢险和辖区抢险救灾任务，处理大小险情80余处；参加全市综治维稳、平安创建、文明城市复查复审，协调处理涉军纠纷52起、协助化解退役老兵上访集访600余人次，参建参治作用发挥明显。

四、安全稳定在依法依规中巩固提高。坚持以落实条令条例和制度规定为根本，积极适应能级管理新模式，贯彻军委国防动员部6项安全管理文件规定，抓实抓细日常管控。加强安全教育，集中传达学习上级通报，组织2期消防培训和交通安全知识讲座。落实安全责任，层层签订安全管理承诺书、转业干部签订安全管理责任状。强化安全防范，集中开展私家车清理、登记备案54台，投入近50万元对市民兵武器装备仓库安防系统和设施进行升级改造，定期对周边租赁场所、院内安全设备和团级单位安全工作落实情况进行检查。严格正规“四个秩序”，落实点名、请销假、交班、车场日等制度，定期组织安全形势分析，扎实开展条令条例学习月、军车交通安全月、“百日安全活动”和安全工作大检查，排查消除6类34项安全隐患，部队安全稳定局面得到巩固加强。

五、保障效益在不断改进中持续显现。以财经秩序专项整治为牵引，严格规范财经运行。采取核对账目、实地调查、比对分析等手段，全面清查财务凭证3450本，纠治问题486个，退款100多万元；坚持党委集体理财，维护经费预算“法”的权威，严把预算编制、审核、执行和经费开支关口，每月首长办公会专题审议经费开支计划和预算执行情况，稳妥推进全面停止有偿服务工作，首批关停有偿服务项目6个，全面实行油料保障社会化，专车专卡、限额使用，提高油料正规化管理水平，加大工程建设和大项物资采购管控力度，严格按规定组织招标，按程序和权限审查报批，坚决防止违规问题发生。

【召开全市民兵整组工作会议】 2016年1月29日，全市军事训练总结暨民兵整组任务部署会在岳阳军分区召开。市委常委、常务副市长唐道明，市人防办、市民兵应急营组建任务单位、预备役三团、岳阳军分区部门以上领导和机关干部在主会场与会。军分区司令员黄大军对2015年军事训练情况进行总结，对新年度军事训练和全市民兵整组工作作全面部署；唐道明着重从认清形势任务、加大工作力度、加强组织领导等三个方面，对抓好

2016年的民兵整组工作进行强调，提出具体要求。市委常委、军分区政委张作坤强调：一是要加强党委统揽，坚持军事训练的中心地位，二是要强化责任担当，确保各项任务落到实处，三是要提高工作标准，努力提升军事训练和民兵整组水平。

【落实停止对外有偿服务】 2016年2月下旬，根据省军区通知要求，军分区组织力量对全区开展对外有偿服务情况进行全面调查摸底，组织本级部分租赁户代表进行座谈，了解租赁户对军队全面停止有偿服务的态度、经营状况、装修投入、货物囤积等情况，并上报书面调研报告。4月15日，在省军区召开全面停止有偿服务活动动员部署会后，军分区按照上级要求关停任务及步骤，专题召开全面停止有偿服务活动党委常委会，成立军分区全面停止有偿服务工作领导小组。4月20日，军分区向列入第一批关停项目的租赁户下达《全面停止对外有偿服务的通知》，其间，军分区多次采取与租赁户面对面对话、召开座谈会等形式，宣讲政策法规，深入了解租赁户的想法，认真听取诉求，努力做好关停工作中租赁双方矛盾化解工作，并书面向市委、市政府汇报有关情况。5月18日，市委常委、常务副市长唐道明在军分区主持召开军地协调会，对关停工作存在的矛盾问题进行分析研究，成立驻岳部队全面停止有偿服务活动军地协调领导小组，建立军地协调联动机制。截至6月，按上级要求列入第一批关停计划的8个项目，除军分区本级长城建材市场一区和东茅岭路临街门面未全面关停外，其余6个项目全部关停完毕。

【组织学生军训工作】 岳阳市学生军训工作自2016年3月开始至12月结束，全市24所学校（高校4所，高级中学20所）组织学生军训，参训人数27860人，帮训力量277人。截至10月25日，全市军训学生合格率达到97.3%，优秀率15%，单位评比合格率100%，训练成效明显。湖南理工学院、岳阳市学生军校被省军区评为学生军训工作先进单位，湖南理工学院武装部副部长刘立刚、湖南民族职业学院武装部长余敬斌、岳阳市学生军校训练处主任彭云被省军区评为学生军训工作先进个人。

【启动大学生预征仪式】 2016年5月22日，大学生预征仪式正式启动。市征兵领导小组组长、市人民政府常务副市长陈奇达，市征兵领导小组副组长、市征兵办主任、岳阳军分区参谋长袁建华，市征兵办和岳阳楼区、云溪区征兵办的领导及工作人员，4所高校的武装部长和1000名大学生代表参加仪式。通过启动预征仪式，激发广大应征大学生参军入伍的热情，为完成年度征兵任务奠定基础。

【组织报考军队院校考生军检】

2016年6月30日至7月3日，军分区及所属单位协调辖区内中学组织报考军队院校考生到武警湖南省总队医院进行军检，主要包括体格检查、面试、心理检测三个方面的内容。此次军检主要有四个方面的特点：一是布设军检场地。军检场地分为报名点、面试区、体检区、候检区、体检结果公示区等各类场地，各区域设置大小合适、位置合理，确保既能满足进站考生体检需要，又能在各个场地之间流动顺畅，不影响体检效率。二是严格管理各类人员。军分区专门指派政治素质强、作风纪律好、有军检工作经验的干部参加本次军检及相关协调保卫工作，确保安全稳定。三是严密组织军检工作。此次军检采取人员混编、打乱次序、双重编号等措施，确保不发生因考生信息泄露造成的舞弊隐患。四是加大信息公开力度。依托中学、当地电视台、广播电台、报刊及微信、手机短信等平台，全面发布军检信息，公布军检安排、预告军检流程，切实加大军检信息公开力度，确保所有成绩在军检控制线以上的考生按计划参加军检。军检期间，采取邀请新闻媒体介入、设置举报箱、公布举报电话等形式向社会公开招生体检面试情况，每日军检结束后，军检情况都于当日汇总完毕，次日组织公示，做到随时接受群众监督。

【参加抢险救灾行动】 2016年6月下旬以来，受超强“厄尔尼诺”事件影响，长江中下游地区发生连续强降雨的“叠加效应”，全线告急。受持续强降雨和湖区高洪水位影响，各地险情频发，全市发生大小险情270多处，造成全市86.4万人受灾。岳阳楼区内涝严重，云溪区撇洪渠溃口，平江县暴雨山洪灾害，汨罗市弼时镇泥石流灾害，君山区建新垸、岳阳县小毛家垸、湘阴县镜明河，临湘市黄盖湖、冶湖等堤垸闸险情频发。7月10日，华容县新华蓄洪垸发生内溃，垸内2.7万名群众生命安全受到威胁，经过军民45小时连续奋战，实现溃口合龙。在防汛抗灾的关键时刻，岳阳军分区官兵主动做好支援地方抢险救灾工作，组织出动民兵预备役人员1.5万余人次，冲锋舟378艘次投入抢险救灾，转移群众7000余人，处理大小险情80余处，为确保群众生命安全和减轻财产损失作出突出贡献。

【抓好“神十一”任务搜救备勤】

2016年10月上旬，根据省军区指示精神，军分区拟制《参加天宫二号与神舟十一号载人飞行陆上应急搜救任务方案》，成立以军分区指挥小组8人，民兵运输勤务分队40人，平江县、岳阳县、华容县、湘阴县、临湘市、汨罗市、岳阳楼区、云溪区、君山区等9个人武部各1个100人的民兵搜索警戒分队参与值班备勤。值班备勤期间，一是各相关任务单位进行民兵针对性训练，提高遂行任务能力，二是利用移动3G视频系统或指派人员对任务单位针对性训练和备勤准备情况进行检查，三是组织各任务单位对通信设备进行沟通联络。

【抓好财经秩序专项整治】 2016年，岳阳军区分根据省军区财经秩序整治专项活动的统一安排部署，成立财经秩序整治工作领导小组，全面负责军分区财经秩序专项整治工作。10月27日，军分区党委常委专题会听取省军区财经秩序专项整治业务培训情况汇报，确定《军分区财经秩序整治方案》。10月31日，组织召开军分区财经秩序整治部署动员大会，进行动员部署。同时，由军分区财经秩序专项整治办公室组织各团级单位后勤科长、机关各事业部门报账员集中学习，对重点需要整改和注意的问题及纠治办法进行统一规范。

【组织年度军事训练考评】　2016年11月下旬，根据省军区、军分区统一安排，采取省军区抽考军分区本级团级单位，军分区普考所属团级单位进行年度军事训练检查、考核。此次考核分两部分，一是训练检查。采取听取汇报、查阅资料、随机抽检、现地查看等方法，重点检查8个方面内容：贯彻《省军区系统军事训练问责暂行办法》情况，党委首长议训、抓训、组织指导训练情况，训练计划、检查、考核、登记统计、总结等制度执行情况，训练人员、时间、内容、质量落实情况，训风演风考风和教导（训练）机构整治情况，训练基地停止有偿服务和建设情况，训练经费、弹药、器材管理使用情况，新的《预备役部队军事训练与考核大纲》试训情况。二是训练考核。主要考核基础体能、军事理论、识图用图与要图调制、整组备案研究作业、战备值班系统操作使用5项内容。此次考评，军分区及所属单位认真筹划、认真组织、积极参与，确保考核人人有成绩，考核成绩良好，得到省军区首长肯定。

（杨志清）

预备役三团

【概况】　2016年，湖南陆军预备役步兵师第三团（简称预备役三团）在上级党委和岳阳市委、市政府的领导下，贯彻落实上级党委指示精神，顺应改革大势，聚焦强军目标，全面从严治党，自觉担当作为，持续夯实基础，整体建设水平全面提升，各项工作完成较好。

一、主动应对改革形势，加强思想政治建设。全面贯彻思想建党、政治建军方略，发挥政治工作生命线作用，为改革调整和各项任务完成提供坚强政治保证。抓理论学习。结合党委中心组理论学习，采取领导解读、传达文件、收看新闻、制作板报等多种方式，组织官兵学习军委主席习近平系列重要讲话，重点领悟“军事篇”战略思想，牢固树立“四个意识”。抓重大教育。认真组织改革强军主题教育，教育官兵稳心定神、安心作为，不乱评乱议乱传改革决策指示，严格执行组织、干部、财经和保密等纪律，坚决服从改革大局，促进改革在基层末端落实。抓党委班子和干部队伍建设。加强党委班子建设，学习贯彻《党委会的工作方法》，实践运用好民主集中制，在工程建设、大宗物资采购、干部选用等重大问题上，坚持按职责分工、程序规矩办，班子内部团结协作意识好，谋事干事劲头足。

二、顺应改革转型要求，抓好战备训练落实。适应领导指挥体制新调整理顺关系，准确把握预备役部队职能使命，找准定位、严格标准，抓好战备训练工作。开展作战问题研究。针对应急救援需求，结合整组展开驻地重要目标和社民情信息调查收集和分析研究，确定各编组地域非战争军事行动重点需求方向。抓好战备工作常态落实。结合重大节日和重要敏感时段，按照战备工作制度严格落实各类值班，组织防暴恐袭击演练，提升营院防护等级和应急处突能力。推进实战化训练发展。组织和参加各类集训42期，紧贴省军区基层干部新“四会”能力需求，突出理论、教学、指挥、技能、管理等内容，重点抓分队战术训练组织实施、军官编组作业等指挥训练和轻武器、40火箭筒实弹射击等“三实”训练。通过高强度、高密度的集训，打牢部队战备训练基础，有效提升官兵特别是预备役官兵的军事素质，部队成建制遂行任务能力不断增强。

三、紧跟形势任务发展，不断巩固基层建设基础。按照省军区“一季度抓整组备案”工作部署，落实“双应”分离要求，结合建设规律抓基层谋发展，推动基层全面建设。着眼实战实用需求优化结构布局。探索求益性编组、扶持性抓建思路，协调纳编各县市区水利、林业、森林公安等职能部门兵员，建立常备应急应战分队。着眼编精编实目标提高整组质量。团常委联点分工挂钩到各营（直属队），机关股长全程挂钩缺编连队，首长机关深入一线指导基层常态化，团主官下基层32次，较好地掌握真实情况，督促基层工作落实。采取营连长汇报、值班室抽查、交班会讲评的方式，检查基层作风和工作落实情况，基层队伍进一步编精编实，作战与编组脱节等问题有较大改善。着眼阵地作用发挥开展活动。借力组建单位地域优势，在营连部设立宣传橱窗，开展经常性战备教育，夯实国防教育群众基础，规范预建党组织建设标准，一营教导员

2016年6月15日，预备役三团在南湖水域举行抗洪抢险演练

（荣焱军　摄）

在师预建党委（支部）书记集训中进行经验交流介绍，为师团部队抓建基层提供有益参考，试点成果得到上级肯定。

四、依法治军从严治军，确保部队安全稳定。按照“五种管理方式”，紧盯“二十字”安全重点，严格部队“四个秩序”，部队管理正规有序。抓分析研判，注重防范重点。常委会、首长办公会定期分析安全工作形势，研究安全事故防范重点，注意把握重点人员、重要场所、重点时间安全管理，切实把安全隐患降到最低限度。抓制度执行，注重按章促管。以学习落实国防动员部“六项规定”为契机，加强制度刚性化约束，确保遵章守纪意识入脑入心。修订完善团《车辆管理规定》《手机网络使用管理规定》《安全管理检查考评实施细则》等法规文件，确保规章制度符合政策规定、紧贴官兵实际。抓隐患整治，注重末端落实。以迎接国防动员部安全工作大检查为抓手，对照上级安全管理评分细则，先后组织4个回合的安全隐患整治行动，接受师以上单位检查5次，安全管理工作落实到位。

五、按章抓建规范运作，增强综合保障质效。依照新政新规，规范后装保障秩序，聚焦服务保障中心，确保后装保障高效稳定。抓财经秩序规范。严格执行财经管理新规定，在继续抓好关键少数的同时，出台《经费规范化管理实施细则》，注重官兵身边“微腐败”问题查处纠治，严防“四风”问题反弹回潮。抓后勤保障服务。年度经费投向优先保障基层基础和战备训练工作，投入经费50万元，重点加强营连部建设，基层建设水平更加均衡。投入60万元，补充完善营连战备器材和野战给养物资，购置森林灭火、抗洪救灾、应急维稳等常备应急应战分队配套器材装备，基础战备保障能力有效提高。抓装备保障管理。抓好请领、交接、回收与保养四个环节，提升武器装备管理正规化水平，配合军事训练活动，车辆动用、弹药保障，未发生任何差错，后装保障能力得到检验。

【战备拉动】　2016年2月5日，预备役三团组织团首长机关现役人员及现役营连长带节日战备值班分队进行节前战备拉动训练，坚持从严从难要求，摔打锻炼部队，团队战斗力得到检验、凝聚力得到增强。

【入队训练】　2016年3月8—15日，预备役三团在岳阳市少年军校组织255人入队训练。通过训练，使新入队士兵掌握预备役部队基本常识和军事技能，培养良好的军政素质和军人作风。

【营连长集训】　2016年4月26日至6月5日，预备役三团组织全体营连长进行为期42天的现役营连长集训。通过理论辅导、观摩示范、分组训练、考核验收等形式，对军事理论、“四会”教学、编制装备、分队战术指挥等内容进行训练，现役营连长综合素质明显提升。

【非战争军事行动训练】　2016年6月、11月，预备役三团分别组织120人的舟桥骨干集训和团营两级340人的应急分队训练，两期集训有针对性的展开抗洪抢险、森林扑火，反恐维稳、应急救援等非战争军事行动训练，团队执行非战争军事行动能力得到大幅提升。

【预任军官集训】　2016年7—8月，预备役三团组织预备军官分两期进行预任军官集训。集训重点突出预备役部队使命任务理解和业务基础技能训练，使预任军官弄清国家安全环境现状和自身职责使命、熟悉预备役部队基本常识和政策法规、了解军兵种知识、战时政治工作等部队常识，进一步提高预任军官的军事素质和组织指挥能力，增强团队预任军官队伍整体凝聚力和战斗力。

（秦　亮）

武装警察

【思想政治建设】　2016年，武警岳阳市支队通过学习贯彻党的十八届六中全会精神，以军委主席习近平系列重要讲话精神为统领，聚焦强军目标，按照“四个坚持”“四个突出”“两个确保”的目标思路，奋力前行，部队作风建设进步明显、亮点纷呈。通过精心组织改革强军主题教育，开展“日练百字、月写一文、季读一书”和“强军风采”系列文化活动，用活经常性思想工作载体，落实政治工作“八个到现场”，官兵思想纯洁可靠，政工干部队伍能力明显提升。参加武警湖南省总队（简称总队）政法干部“我为部队讲一课”获得三等奖，参加总队“强军杯”足球赛获得第三名，71个单位和个人立功受奖，2人火线入党，任务中政治工作经验被武警总部、总队转发，支队被评为人民武警报新闻报道优胜单位、总队新闻宣传工作先进单位。

【执勤训练与安全保卫】　2016年，武警岳阳市支队深入贯彻“两个会议”精神，扎实开展“抓规范、打基础、治隐患、保安全”教育整顿活动。创新落实“三位一体”查勤和“日、周、月”管勤制度。投入55万元在全支队率先完成犬防建设任务，固定勤务万无一失，出色完成党和国家领导人到岳阳市视察安全警卫、国际龙舟节安全保卫等140起临时勤务。全面规范联合作战值班，常态组织战备演练，有效实现“两个不经、一个保持”。出色完成“1·13”专案抓捕、“6·21”沉船救援和抗洪抢险等重大任务，受到武警总部首长表扬。精心组织3期“魔鬼周”极限训练、4批勤训轮换和片区预提指挥士官培训，投入143万元完善训练场地建设，参加总队教练员评比竞赛获团体第四名，3人获得“三湘勇士”勋章，3人被总队评为“训练标兵”，26名训练尖子受到立功嘉奖。

【依法从严治警】　2016年，武警岳阳市支队坚持从严治军铁律，贯注法治思维理念，深入开展“学法规、用法规、守法规”“条令法规学习月”活动，党委依法决策、机关依法指导、部队依法行动、官兵依法履职的局面基本形成。精心组织“事故案件警示月”活动，开展“三库”清理、自杀问题专项整治、武器弹药清查整顿和装备大点验，严格落实安全工作“八个规范”，注重发挥安全委员会、安全工作领导小组、安全员作用，投入40万元建设安防设施、制作手机存放柜，紧盯“人车枪弹酒”等重点问题和薄弱环节，突出全国“两会”“3·14”等敏感时段，先后组织10个波次安全工作检查，排查安全隐患176处。成功救治1名患热射病战士，移交3名“个别人”。

【后勤综合保障】　2016年，武警岳阳市支队贯彻“后勤变前勤”指示要求，完善应急保障计划，严密组织3批驾驶员复训、2期炊事员培训、4次“一组五队”战备演练。参加总队后勤专业兵“一专多能”比武竞赛，2个专业分别排名第二、第三。抗洪抢险、事故救援、新兵拉练、“卫士—16”演习等保障任务完成出色。推动机关、教导队、六中队整体搬迁选址论证，平江县中队营房新建、船艇大队码头改建工程，岳阳县中队新营房设施建设，为教导队、六中队安装空气能热水器，解决官兵洗澡难的问题。精心组织“伙食管理精细年”活动，刚性落实“1126”“6211”饮食保障模式，提高伙食管理水平，4个单位和个人受到总队表彰。

【春运执勤】　2016年2月4日至3月15日，武警岳阳市支队根据总队春运执勤工作指示和岳阳市春运工作办公室统一部署，历时40天，圆满完成岳阳市火车站南站、岳阳东站、汨罗东站春运执勤和城市武装巡逻任务。

【处突维稳】　2016年1月16日，武警岳阳市六中队、岳阳楼区中队、教导队尖子集训队出动多名兵力，协同公安民警，成功抓捕新疆宗教极端团伙成员及涉案人员25人，缴获砍刀4把，参战官兵无一伤亡，受到武警总部、武警湖南总队首长和岳阳市党政领导的肯定。

【抢险救援】　2016年2月7日，临湘市东北郊金河小区后山林，因当地村民扫墓燃放鞭炮导致发生森林大火，武警岳阳支队临湘市中队紧急出动，携带森林灭火器材、湿毛巾、水壶等灭火工具，成功将山火扑灭，确保附近居民和林区的安全。6月21日，洞庭湖渔都码头附近水域发生一起渔船翻沉事件，船上11名船员落水。根据市公安局统一部署，经请示武警湖南省总队，岳阳市支队出动20名兵力、4艘船艇，担负救援任务，成功救助落水儿童1名。7月9日9时，一艘安徽方向驶来的5000吨级货轮，因机舱高温电路短路在洞庭湖楼西湾附近水域起火。如不及时灭火，极有可能引燃燃油和生活物品，危及抛锚区其他船只，经报请总队，岳阳支队船艇大队出动兵力、船艇，火速赶赴事发地点进行抢险救援。此次救援行动支队船艇大队官兵出动迅速，处置科学得力，将火灾损失控制在最低限度，未造成人员伤亡，得到各级领导和地方海事部门一致好评。7月10日，岳阳市华容县新华垸治河渡镇南堤红旗闸发生溃堤。根据省防指和总队命令，市武警支队出动若干兵力，车辆15台，冲锋舟4艘，携带救援救生器材300余套（件），迅速赶赴现场，参与抢险救援。转移受灾群众370人，抢运灾民物资60车，清堤除障3.5千米，装填沙袋3.3万袋，协助交通部队装卸大立方封堵石块80车次，搬运沙袋2.7万袋。为封堵溃口、抢救人民群众生命财产作出重大贡献。7月14日，受连续暴雨影响，临湘市黄盖湖水位持续上涨，其内湖水位超警戒水位运行10余天。因黄盖湖内院堤身单薄，垸内大堤险情频发。根据市防指统一部署，市武警支队出动兵力，车辆17台，冲锋舟4艘，携带救援救生器材300余套（件），火速驰援黄盖湖地区，参与防汛抢险任务。截至7月21日，清堤除障5.5千米、挖排水沟300米、加固大堤8.7千米、装填搬运沙袋5.68万袋、搬运挡浪板2600块、搬运木桩3000根、铺设彩条布1.2千米。为确保黄盖湖地区安全度汛发挥主力军作用。

【安全保卫任务】　2016年6月9日，以“湘风楚韵汨罗江”为主题的第十二届中国汨罗江国际龙舟节暨2016中国汨罗江民间龙舟邀请赛在汨罗市开幕。根据市委、市政府和市公安局统一部署，并报请总队同意，岳阳支队出动兵力，携带95式自动步枪、防暴器材，圆满完成龙舟节安全保卫任务。6月24日，市禁毒委在市南湖广场举行毒品公开销毁活动仪式。根据市委、市政府通知要求，报请总队同意后，岳阳支队出动官兵，圆满完成毒品武装押运及销毁现场安全警戒任务。7月7日，受持续暴雨影响，洞庭湖水位严重超出警戒线，根据省监狱管理局统一部署，岳阳监狱启动二级响应，安排第一、第七、第八、第十监区犯人千余人向长沙市、株洲市、衡阳市等地监狱转移。应目标单位请求，报经总队批准，岳阳支队出动兵力，圆满完成千名犯人转移的现场警戒任务。

【新兵野营拉练】　2016年12月20—22日，武警岳阳市支队前指率机动中队、新训大队官兵进行为期3天的野营拉练，徒步行军93千米。行军途中，率先垂范，全程跟进，深入班、排与新战友同行、同练、同吃、同住、同娱乐，实时对官兵身体、宣传鼓动、警戒调整、卫勤及伙食保障等情况进行指导，极大地鼓舞士气。各级领导以身作则、率先垂范，极大激励新兵参训热情。其间，开展紧急集合、战术基础动作、卫生与救护、战备基础、紧急避险、战斗警戒、防暴弹投掷等课目训练，组织宣传鼓动、文艺晚会、爱民助民等活动。休整间隙，在岳阳市公安训练基地举办文艺晚会、组织拉练官兵观看红色影片，举办“投身改革强军，做新一代革命军人”签名宣誓活动，丰富拉练途中官兵精神文化生活。

（夏　超）

公安消防

2016年，岳阳市公安消防支队（简称市消防支队）深入贯彻党的十八大和总书记习近平系列讲话精神，以举旗筑魂为引领，以创新发展为目标，全市消防工作和队伍建设实现提档升级、跨越发展，确保火灾形势和部队管理“双稳定”。全市有1个集体、502人次立功受奖，1人被评为全省“训练标兵”。市消防支队被评为“全国消防部队抗洪抢险先进单位”“全省公安现役部队党风廉政建设先进单位”“全省拥政爱民模范单位”“全省依法办事示范窗口单位”“全省夏季消防检查优秀单位”，临湘市消防大队被省公安厅纪委评为“全省公安现役部队廉政文化建设示范单位”、岳阳楼区消防中队获得“省级青年文明号”称号、湘阴县消防大队荣立集体三等功，涌现出“全国消防部队抗洪抢险先进个人”文旭荣、湖南省2016年“最美青年卫士”姚华锋、全省公安机关“湘警之星”刘达京等一批优秀典型和先进集体。

【消防安全环境持续改善】 2016年，市消防支队坚持主动作为，当好“推手”。消防工作纳入市人民政府综合绩效考核、安全生产和综治考评范畴，在全省率先启动岳阳未来十五年城市消防规划编制。建立领导带队检查、警示约谈等工作机制，组织召开全市易燃易爆重点企业约谈会，对全市389家易燃易爆企业负责人同步进行约谈。深入开展夏季消防安全、“畅通生命通道”住宅消防安全、易燃易爆危化品企业等重大消防安全专项整治，持续保持火灾隐患整治高压态势，全年检查社会单位1.7万家，督促整改火灾隐患1.6万处，查封167家，“三停”176家，行政拘留37人，9处重大火灾隐患整改销案。全市火灾四项指标同比全面下降。深化行业“标准化”、单位“户籍化”、乡镇“网格化”和消控室达标创建，建成微型消防站572个。持续深化消防宣传“七进”活动，培训各类人员20万人，积极打造“亮屏工程”和“双微消防”宣传品牌，支队微信公众号和微博连续三个月位列全国百强。

【打赢制胜能力持续提升】 2016年，市消防支队坚持聚焦实战，锤炼精兵。强化基础训练、整建制合成训练和跨区域无预案拉动演练，举行跨区域无预案实战拉动演练98次，修订数字化灭火救援预案176份，建立重点单位信息卡721张。建立全员普训普考制度，举办全市部队第二届装备实战化比武竞赛，组建搜救犬训练基地。全面规范作战秩序，建立官兵灭火救援档案、灭火救援指挥长等制度，部队打赢制胜能力显著增强。圆满完成“N102”一级加强保卫、G20峰会消防安保等重点难点工作，成功处置“3·19”京港澳高速货车爆炸、“4·2”泰格林纸芦苇堆垛火灾和“7·10”新华垸大堤重大溃口险情等急难险重任务，全市出警2308起，疏散和抢救被困群众8000余人，抢救财产近3亿元，受到公安部、省政法委、省军区领导的高度赞誉。

【基层基础建设持续推进】 2016年，市消防支队坚持围绕中心，服务主业。加快消防队站建设，湘阴县杨沙湖消防站驻兵执勤，平江县消防二站、屈原管理区消防新站、市消防培训基地、市消防支队公寓房建设稳步实施。加快装备器材转型优化，投入1000万元，购置消防机器人、消防摩托等高精尖设备，采购各类装备2600余件（套）。部队装备保障能力大幅提升。加快科技强警步伐，创新APP联勤联动系统、智能营区管理平台、装备物流管理系统，高科技战力发挥更加充分。自主研发的“消防警务通”获得全省首届“平安湖南杯”微改革微创新大赛金奖和全国公安消防部队改革创新大赛“最佳警务改革奖”、公安部改革创新大赛“优秀奖”。

（黄伟光）

人民防空

【概况】 2016年，岳阳市人民防空办公室（简称市人防办）以总书记习近平系列重要讲话和党的十八届五中、六中全会精神为指导，按照岳阳“一极三宜”江湖名城建设战略部署，围绕“一个中心”深入开展“三项活动”，聚焦中心、突出重点，扎实推动全市人防事业发展。被评为全国人防工作先进单位，岳阳市被评为全省人防工作先进城市，并通过省级文明标兵单位验收。

【人防工程建设】 2016年，市人防办疏散基地（1506工程）建设完成主体验收，“地一大道”人防工程通过省级竣工验收。市中心城区报建项目56个，审批结建防空地下室项目15个、独立开发地下空间项目1个，总修建防空地下室面积54484平方米，竣工项目14个、43469平方米，圆满完成省人防办下达的建设任务。严格执行市政府关于中心城区早期人防工程隐患排查整治的文件精神，全年没有出现任何安全责任事故。

【人防行政执法】 2016年，市人防办落实省政府第270号令和湘价费〔2014〕60号文件的贯彻执行，全年审批易地建设项目51个，市本级

2016年5月4日，市人防办到韶山开展“五四”活动 （徐 亮 摄）

没有出现违规减免缓降情况。加强行政执法人员业务培训，并通过执法资格考试。指导县级人防办对执法文书和案卷进行规范性填写、整理和归档，7个县市区杜绝减免缓降现象。

【人防宣传教育】 2016年，市人防办抓好第七次全国人防工作会议精神的学习宣传贯彻。办党组专题向市委、市政府和军分区主要领导作汇报，召开全办干部职工大会集中学习和讨论交流。抓住重要节日集中宣传，在市商业步行街康星百货广场设置宣传点，向市民发放防灾减灾宣传资料1000册，现场接受群众咨询150人次。推进人防宣传阵地建设，启动人防主题公园建设，全市完成12个社区人防宣传普及任务。

【人防指挥通信】 2016年7月，市人防办组织市县两级机动指挥通信系统跨区训练，出动市、县9台机动指挥通信车、33名通信指挥专业人员从市人防办集结出发，途径常德市、怀化市、娄底市、湘潭市、君山区、麻阳县、新化县，行程1100千米。先后组织野外生存训练和以防汛救援为背景的应急支援演练，参加“湘防—2016”人防机动指挥通信系统长沙片区训练，提高人防机动指挥和应急救援能力。成功组织防空警报试鸣活动，鸣响率达100%。

（李铭玮）

边防检查

【概况】 2016年，岳阳边防检查站（简称岳阳边检站）围绕服务岳阳口岸扩大开放，助推岳阳“一极三宜”江湖名城发展战略，以增强驻地人民群众安全感和满意度为着力点，不断加强班子自身建设和队伍整体素质，不断提升部队正规化管理水平，全面履行边防职能，牢牢把握维护稳定服务发展这根主线不动摇，不断强化职能作用，基础业务建设取得新突破，边检服务水平大幅度提高，全力维护口岸地区的安全稳定，服务对象的满意度明显提升，圆满完成G20峰会、“两会”等重大安全保卫任务。

【坚持特色引领】 2016年，岳阳边检站在深化拓展“驻岳公安现役部队党建联合体”“‘军民团结求索，共建秀美岳阳’团组织共建带”联创联建工作的同时，牵头打造“发展岳阳口岸，服务‘一极三宜’口岸党建群”，形成警种、警地、警政全方位、多层次的“大党建”“大团建”格局。认真总结培训基地建设的经验和不足，加大对师资力量配备、基础设施建设、内外资源整合、承训能力拓展等方面研究和投入，初步建成“教学训练能力突出、师资队伍量足质优、服务保障坚强有力、部队建设安全稳定”的“总队培训及人才储备基地”，先后承办警务实战教练员培训、条令条例暨支部书记培训、岗前培训、法制骨干培训等各类培训班5期100人次，为全省边防部队输送法制骨干生力军25人次。大力实施文化育警、文化强警和文化砺警工程，先后投入20万元，修建廉政文化长廊、清廉池，提质改造军警影像模拟射击馆、警营网吧、文体活动室，全力打造集品牌文化、军旅文化、廉政文化、法治文化和人文文化五位一体的岳阳边检文化，以高度的文化自觉和文化自信引领思想、激发热情、推动工作。

【坚持服务中心】 2016年，岳阳边检站树立问题导向，从创新工作举措、提升管控效能、优化执法服务3个方面入手，利用市政协委员、市政法委员两个平台，向省、市两级政府发展口岸经济决策献言献策，制定出台《执勤操作流程规范》等5项制度，勤务保障和执法执勤机制进一步健全，选派骨干到广东省、江苏省、安徽省等地学习借鉴电子口岸及单一窗口建设、微信智能报检系统、海港勤务模式创新等先进经验做法，开展反恐隐患排查整改活动和执法执勤安全教育整顿活动，召开专题研究会议8次，排查整改问题6个，消除安全隐患2个，有效维护口岸出入境通关秩序，部队服务经济社会发展大局的能力明显增强。按照“仗怎么打，兵就怎么练”的要求，建立完善训练、考核、奖惩机制，常态化开展警务实战技能培训、应急处突专项训练、营区反恐实战演练，坚持“每日一练习、每周一测试、每月一考核”的练兵模式，落实基础体能与晋职晋衔、评功授奖、量化考核相挂钩。年内组织官兵开展单警装备使用、擒拿格斗、哨兵遇袭等实战训练30余课时，处突演练6次，实弹射击3次，确保实战化练兵向打仗聚焦、向打赢用力，极大催生战斗力。提升官兵“愿为”的思想境界，进一步筑牢官兵拒腐防变的意识。

【服务经济发展大局】 2016年，岳阳边检站主动对接“一区一港四口岸”建设，主动服务“一极三宜”江湖名城战略大局，边检中心工作实现新的跨越。检查直航船舶8艘次，员工104人次，累计出动警力80人次，圆满完成249辆汽车整车进口、40吨固废及160吨肉类进口的直航边防检查保障任务。通过走访汇报，争取市政府支持，将监护中队建设列入岳阳市“十三五”规划整体部署，投入100万元用于执勤现场设施设备建设，进一步改善口岸通关环境。市委副书记李志坚、副市长宋爱华，副市长、市公安局局长唐文发等领导先后多次专题听取工作汇报，对边检工作给予高度肯定。

【打造和谐警民关系】 2016年，岳阳边检站始终坚持以提高边检服务水平工作为抓手，继续深化边检服务品牌推介和爱民固边战略，全面推进边检服务管理常态化，为地方经济社会发展提供政策支持和服务保障。班子成员先后走访市委、市政府、市公安局、市财政局等职能部门以及口岸联检单位10余次，走访服务对象40余人次，组织官兵发放宣传单和调查问卷100份，听取对边检工作的意见和建议20条，真正做到以有为争有位，在不断强化公共关系长效机制建设，推进和谐警民关系建设的同时，边检机关的整体形象、社会地位和影响力实现新的提升。

（杨　明）

岳阳市中级人民法院

中共中央政治局委员、中央政法委书记孟建柱到岳阳中院视察，省委书记杜家毫，中央政法委副秘书长、中央综治办主任陈训秋，省委常委、政法委书记黄关春等省市领导陪同视察

3月，新设土地房屋征收审判庭

6月2日，企业清算与破产神判合议庭成立

6月17日，岳阳法院诉讼服务热线12368开通

6月22日，打击毒品犯罪新闻发布会进社区

8月，岳阳中院自编自导自演公益广告《在一起》，获全国首届平安中国微电影微视频大赛微视频类三等奖

10月15日，岳阳市首批法官入额遴选考试开考

中共岳阳市委党校

市委副书记、市委党校校长李爱武为主体班作专题报告

省委组织部副部长胡奇到市委党校调研

校领导到湘阴县扶贫点调研

全市党校系统第十五次教学竞赛

2016年秋季处干班模拟新闻发布会

庆祝建党95周年活动暨“两学一做”专题学习

岳阳市总工会

六届四次全委（扩大）会

“创新创业·工匠岳家军行动”启动仪式

“十行百优”巴陵工匠职业技能大赛动员部署大会

“守护生命”安全生产知识竞赛

全省女职工维权服务工作现场经验交流会

获评司法部“十二五”期间国家彩票公益金法律援助项目示范单位

湖南陆军预备役步兵师第三团

省军区司令员黄跃进到团检查工作

预任军官集训

新入队训练

参加植树节活动

春节战备拉动

中国人民武装警察部队岳阳市消防支队

2016年11月，公安部纪检组组长、党委委员、督查长邓卫平到支队调研

2016年11月，公安部消防局政委王沁林到支队指导工作

2017年1月，市委书记胡忠雄慰问消防官兵

2016年2月，市长刘和生率队检查消防工作

2016年4月8日，扑灭岳阳经开发区阿军仓储火灾

2016年11月9日，举行消防安全宣传月暨石油化工企业消防宣传“橙色通道”启动仪式

2016年11月29日，支队自主研发的“消防警务通—消防移动作战指挥管理APP”获省公安厅首届“平安湖南杯”微改革微创新大赛金奖

岳阳市发展和改革委员会

省委常委、常务副省长陈向群参加长江经济带洞庭湖水环境综合治理五大专项行动现场推进会

市委书记胡忠雄到市发改委检查指导工作

主任刘晓英到平江县松山村开展精准扶贫工作

市价格监督检查局到步步高超市检查

岳阳市经济和信息化委员会

市长刘和生到际华三五一七新材料产业园调研

副市长熊炜到东方雨虹公司调研

岳阳市石化产业招商推介会暨巴陵石化公司客户座谈会

党委“三严三实”民主生活会

全市加速推进新型工业化工作会议

经信委系统第二次党员代表大会

第二期浙江大学—岳阳市企业家高级研修班开班

岳阳市人力资源和社会保障局

人社部副部长张义珍调研岳阳人社工作

市长刘和生出席外国专家圣诞和新年招待会

2016年，市人社局落实市委、市政府和省人社厅工作部署，围绕“民生为本、人才优先”工作主线，开展“强基础、保安全”主题活动，服务“一极三宜”江湖名城建设，各项目标任务全面超额完成，多项工作在全省乃至全国产生较大影响，“十三五”人社事业发展规划顺利开局。就业创业工作稳中有进，全年帮扶28.92万人实现就业再就业，城镇登记失业率为3.65%；“五险”参保总人数稳步增长，征缴基金64.34亿元，城乡居民医保实现整合；人才高地建设优势凸显，“巴陵人才工程”顺利推进，建成岳阳人才信息库，构建“互联网＋”人才服务模式；劳动关系更加和谐，基本实现农民工工资零拖欠目标。

全市整合城乡居民基本医疗保险制度工作会

到平江县梅仙镇张韩村开展扶贫工作

人才信息库运行开通仪式

城乡居民大病保险服务合同签约仪式

人社政策宣传日活动

岳阳市民政局

省军区司令员黄跃进到岳阳县调研“双带双促”工作

市长刘和生重阳节看望慰问老人

局长任焱辉陪同市委常委、常务副市长唐道明到华容县注滋口镇汀头村督导脱贫攻坚工作

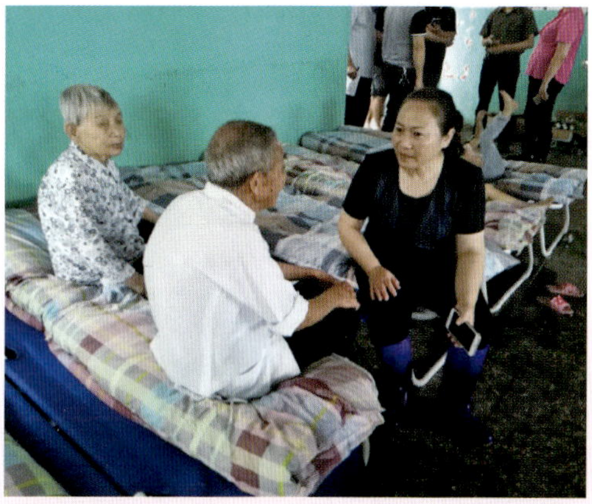

局长任焱辉到灾民临时安置点慰问灾民

全省婚姻登记机构标准化建设推进会在岳阳召开

岳阳市人民防空办公室

党组书记、主任卢志平（中）走访慰问贫困家庭

“弘扬五四精神、打造活力人防” 主题实践活动

机动演习

职工篮球赛

学雷锋志愿者活动

道德讲堂

演讲比赛颁奖

岳阳市安全生产监督管理局

市委书记胡忠雄检查企业安全生产工作

市长刘和生带队检查安全生产工作

岳阳市安全生产知识抢答赛决赛现场

云溪区安监局获得全国安全监察系统先进集体

岳阳市地方税务局

党组书记、局长龙晓红到扶贫点调研

参观任弼时纪念馆

“两学一做”专题教育动员大会

市国地税融合办税启动仪式

全市地方税收工作会议

岳阳市国土资源局

1月14日，省委常委、常务副省长陈向群调研城陵矶新港区建设

7月19日，党组书记、局长胡辉到华容县新华垸检查指导防汛抗灾工作

8月22日，国土资源系统2016年第二期培训班开班

11月24日，市局阅览室正式开馆

7月1日，举办“七月颂歌·筑梦国土”配乐诗朗诵比赛

8月26日，市地理信息展厅揭牌开放

岳阳市教育体育局

市委书记胡忠雄到湖南理工学院调研

市委副书记、市长刘和生视察教育阳光服务

2016年，市教育体育局以“两学一做”、勤政廉政为两翼，抓改革、提质量、补短板、促公平。开展百校结对、千师援教、万家走访，推进中考改革、招生改革、课程改革，建设平安校园、清洁校园、书香校园，发展群众体育、竞技体育、学校体育。城乡教育均衡发展，市十四中新校园启用，建成合格校、普惠园137所，推进城区“六建六扩”、市十六中建设。

彭林、熊敦瀚所在的女子水球队获里约奥运第七名，举办首届环洞庭湖新能源汽车拉力赛、2016国际男篮亚特拉斯系列赛、全民健身挑战日、全省业余乒乓球俱乐部联赛、教育系统机关干部乒乓球比赛等。在全省市州教育行政部门年度综合考核、全市“一极三宜”综合绩效考评中，市教育体育局均获评先进单位。汨罗市、临湘市、君山区通过国家义务教育均衡发展验收。

展望未来，民生、民福、质量、公平，依然是办人民满意教育体育的主旋律。协同推进三园攻坚、质量提升和队伍建设，推进课堂教学改革、核心素养培育和办学模式改革，加强教师交流、精准扶贫、全民健身。公平正义，将成为教育体育这个行业的坚守！

精准扶贫

2016环洞庭湖国际新能源汽车拉力赛开幕式

书香校园建设

党组书记、局长陈峰到平江黄金洞茶锻村扶贫点调研

组织学习市委七届四次全体（扩大）会和市政府全体（扩大）会议精神

拆除梅溪乡花果畈村违法建设

拆除王家河违法建设

岳阳市棚户（旧城）区改造暨禁违拆违治违、土地依法征收工作大会

岳阳市审计局

局领导到平江县余坪镇万洞村开展扶贫工作

审计人员到棚改区实地核对工程量

市内审协会、市审计学会第五届第二次会议

“两学一做、创先争优”动员大会

1. 审计干部参加防汛值守

2. 开展志愿者无偿献血活动

3. 参加“两学一做”知识竞赛活动获第二名

4. 市本级预算执行审计现场

岳阳市司法局

省人大常委会副主任谢勇到岳阳调研基层司法所建设

市委常委、政法委书记王小中出席市强制隔离戒毒所迁建会议

局领导到临湘市聂市镇调研扶贫工作

全市社区矫正服刑人员行为规范教育活动

岳阳市供销合作联社

中华全国供销合作总社监事会副主任王韩民考察调研汨罗市弼时供销合作社“新农商业街”建设项目

中国茶叶协会专家考察岳阳黄茶

全省供销合作社工作会议在岳阳召开

全市供销合作社工作会议

农村淘宝旗舰店

平江县瓮江镇供销社

到青海省西宁市村级综合服务社考察

岳阳市烟草专卖局

市政府副巡视员苏耀辉考察物流中心施工现场

局领导到扶贫点慰问

局长吴奇林走访经营户

局领导到岳阳县局调研

全市烟草工作会议

全市系统GIS/GPS公共服务系统扩大试点应用推广会议

青年员工“先锋”论坛

岳阳市房地产管理局

住建部住房保障司副司长刘霞视察保障房小区

市委常委、常务副市长唐道明参加2016年房交会

局长焦铎辉到新站社区慰问困难群众

廉洁承诺大会

巡察工作动员大会

职工体育文化活动

岳阳市国有资产监督管理委员会

市委常委、常务副市长唐道明到国企调研

党委书记、主任陈琪钢到汨罗八景村开展扶贫工作

党委书记、主任陈琪钢出席金叶公司新产品发布会

中国航发长江改制投资协议签约仪式

党委（扩大）会议

国企改革暨国资监管工作会议

“三供一业”分离移交工作会议

岳阳市城市建设投资集团有限公司

市委书记、市人大常委会主任胡忠雄，市委副书记、市长刘和生考察芭蕉湖南湖“两湖连通”工程项目

党委书记、董事长游志坚讲党课

王家河水系综合治理一期工程

市城投集团投资建设运营的君山君澜酒店

市城投集团与云溪区政府合作开发清溪河旅游项目

岳阳市住房公积金管理中心

建党95周年庆祝大会

总支书记讲党课

创建省级文明标兵单位动员大会

环南湖健步行活动

参加政府办系统“两学一做”知识竞赛

道德讲堂

向华容灾区捐款

岳阳市公路局

1. 市委书记胡忠雄考察市政重点项目
2. 市长刘和生考察学院路综合提质改造工程
3. 改造中的学院路
4. 建设中的皇姑塘立交桥
5. 治超执法

岳阳市公路桥梁基建总公司

团结务实的领导班子

承建的四川雅泸高速公路

承建的重庆武合高速获“巴渝杯”优质工程奖

参建的邵怀高速公路获第十四届中国土木工程詹天佑奖

中国石油化工股份有限公司巴陵分公司

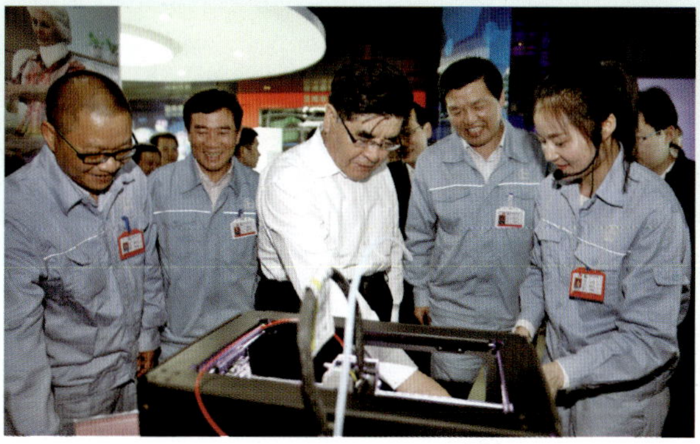

中国石化集团公司党组书记、董事长王玉普到公司调研

湖南省委常委、常务副省长陈向群到公司调研

党委书记李德刚

总经理李大为

职工代表年度质询活动

6万吨特种锂系聚合物装置控制室

第三届第四次职代会

2万吨SEBS装置聚（局部）

中国移动通信集团湖南有限公司岳阳分公司

湖南移动公司领导到岳阳调研

党委书记、总经理武樵上党课

开展“两学一做”党委中心组学习

业务人员引导客户进行业务操作

技术人员到华容县新华垸安装调试卫星通信车

移动改变生活

“五四”青年节员工素质拓展现场

中国邮政集团公司岳阳市分公司

省分公司总经理徐茂君到八字门营业所调研

党委书记、总经理李胜军

举办“‘驿路同行，感恩有您’中国邮政开办120周年客户答谢暨集藏博览会”

召开第十八次全市邮政工作会议暨一届三次职代会

《丙申年》特种邮票在岳阳首发

丰富多彩的文娱活动

区内4条二频邮路开通运营

岳阳市第一人民医院

市一医院被国家卫计委授予卒中一级预防先进单位

首届楚医消化高峰论坛

第十届三次职工代表大会

生殖中心评审汇报会

第十二届健康杯男子篮球赛

合唱队成立

岳阳市中医院

省、市残联领导到医院指导工作

向市老年大学捐书

“湖湘文化进万家”活动

首届护理工作科技大会

“合理膳食，健康生活”系列讲座现场

岳阳市中心血站

2016年10月19日，中国红十字会副会长兼秘书长王平到血站调研并和志愿者合影

2016年10月29日，“传递爱心、健步同行”健步走爱心宣传活动

“6·14”世界献血日活动现场

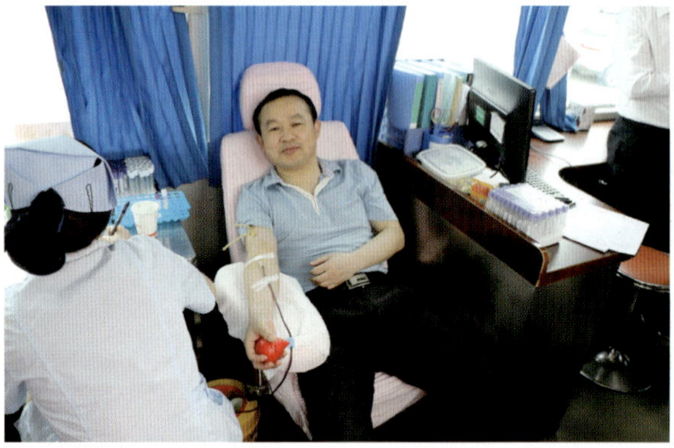

市卫计委党组书记、主任彭纲要参加无偿献血

2016年10月19日，中国红十字会副会长兼秘书长王平与全国第6000例造血干细胞捐献者熊军合影

2016年10月19日，中国红十字会中华骨髓库造血干细胞捐献第6000例大型公益宣传活动现场

岳阳市公共交通总公司

总公司经理户平参与志愿者活动

善待老人、温馨服务

总结表彰暨第三届“太平洋保险杯”劳动竞赛动员大会

慰问社区困难户

“冬日暖阳、奉献爱心”青年志愿者活动

保护湿地环境

华融湘江银行岳阳分行

“开门红”誓师大会

湖湾村结对帮扶现场会

第四届银企信贷洽谈会签约现场

“两学一做”道德讲堂

“小信诚则大信立”宣传活动现场

技能竞赛

普及金融知识万里行活动

演讲比赛

经济管理与监督

责任编辑 屈胜龙

宏观经济管理

【概况】　2016年，岳阳市发展和改革委员会（简称市发改委）探索创新、主动作为、务实履职，为推进“一极三宜”江湖名城建设和加快全面建成小康社会进程作出积极贡献，取得较好成效。全年完成地区生产总值3100.87亿元，同比增长7.8%；完成固定资产投资2317.37亿元，同比增长14.5%。

宏观谋划有成果。围绕供给侧结构性改革、石化产业链延伸、物流创新发展、军民融合发展、商品价格管理、农村经济发展、易地扶贫搬迁等方面开展调研，推出一批有价值的调研成果。统筹推进长江经济带、洞庭湖生态经济区、新增长极建设和“学赶超”活动，制定新增长极建设、洞庭湖生态经济区建设和“学赶超”活动考评方案，建立《洞庭湖生态经济区建设2016年重大项目库》，印发《洞庭湖生态经济区水环境综合治理近期重点工作与责任分工方案》，出台“沟渠塘坝清淤增蓄”等5个专项行动方案和具体实施举措。

项目建设有进展。以项目建设“三个一批”和“双百工程”为抓手，推行重大项目限时开工派单制，举办四次重大项目限时开工和集中开工竣工，开工项目124个，竣工项目51个，涉及总投资665.6亿元。107个“双百工程”重大建设项目完成投资489.8亿元，占年计划的108.7%；103个重大前期项目有24个开工，9个具备开工条件。全市5000万元以上投资项目746个，完成投资828.5亿元，占全部投资比重的35.8%。三荷机场、临湖公路、蒙华铁路岳阳段等一批重大项目进展顺利。建立岳阳市易地扶贫搬迁联席会议制度，制订2016年易地扶贫搬迁实施方案，协调推进搬迁安置项目76个，总投资6.15亿元，累计完成投资5.84亿元，占年度计划的95%，搬迁入住8949人，入住率87%。

争资争项有突破。争取各类项目347个，获批资金92.9亿元。其中，争取中央和省预算内投资项目262个、资金18.3亿元，三批国家专项建设基金项目83个、基金安排额度55.6亿元，企业债券2支计19亿元。争取洋利农林科技公司获批洞庭湖区湿地林木良种创制国家地方联合工程实验室，海凌科技孵化园列入全省首批双创示范基地，成功申报省级工程实验室、工程研究中心、企业技术中心等创新平台5个。

项目监管有加强。牵头起草《关于岳阳市中心城区公益类建设项目规范收费有关事项的通知》《关于岳阳楼区、南湖新区建设项目分级管理的通知》《岳阳市中心城区公益类建设项目收费优惠政策目录》等政策文件，全面完成清理规范行政审批中介服务工作，研究起草岳阳市第一批清理规范的市政府部门行政审批中介服务事项目录。加强招投标监管，全年备案政府投资招标项目280个，立案调查17个规避招投标案件，对29个违规招投标问题进行整改落实。加强项目稽查，开展专项建设基金项目和财贸服务业项目专项稽查，稽查项目55个，配合国家和省发改委稽查办、国家审计署驻长沙特派办对岳阳市开展稽查和检查5批次、检查项目28个，针对稽查和检查发现的问题，认真研究整改措施，促进项目资金规范有效使用。

【全国现代物流创新发展试点城市】　2016年5月23日，国家发改委发文明确岳阳等20个城市为全国现代物流创新发展试点城市，岳阳系全省唯一入围城市。为推进试点工作，市发改委牵头制定《岳阳市现代物流创新发展城市试点工作方案》，主要从推动港口物流与临港产业联动发展、构建基于供应链管理模式的危化品智慧物流服务体系、提高物流运行效率和管理水平等三个方面进行探索创新，力争用3年左右时间完成试点工作任务，将现代物流业打造成千亿产业，建成全国现代物流创新发展示范城市和湖南省现代港口物流产业大基地。

【企业减负】　2016年，市发改委制订出台《关于降低实体经济企业成本的实施意见》，停征价格调节基金，取消和暂停一批行政事业性收费，降低四批涉企行政事业性收费，减少企业经营成本9000多万元。实行涉企收费公示制度，编制《岳阳市行政事业单位收费目录清单》《岳阳市涉企行政事业收费目录清单》。及时调整降低工业用电价格，累计减少企业用电成本7000多万元。落实涉企检查备案制度，对35个市直部门800多次涉企检查进行备案登记，协调办理企业投诉70多件。组织开展减轻企业负担收费措施落实情况专项检查，对存在违价行为的12家市直行政事业单位进行立案查处，实施经济制裁99万元。

【加快园区发展】　2016年，市发改委落实“园区十条”，制订出台《岳阳市产业园区绩效考核暂行办法》，组织召开三次全市产业园区发展工作会议，编印下发园区简报5期。加大简政放权力度，向岳阳经开区、城陵矶新港区下放行政审批权89项。推进创新创业园区发展“135”工程，竣工标准厂房面积270万平方米，占计划任务的104%。省“135”工程联席会议办公室认定岳阳市8个省级创新创业园区标准厂房开工面积218.85万平方米，竣工面积172.05万平方米，核定奖补资金1.56亿元。

【完善基本公共服务】　2016年，市发改委谋划建立“十三五”规划社会事业发展储备项目库，推动实施一批教育体育、医疗卫生、文化旅游、健康养老等领域项目，组织编制岳阳市足球发展实施方案，参与国家公共文化服务体系示范区创建工作，进一步完善公共服务体系。结合新一轮乡镇区划调整和并村改革精神，联合市委组织部和国家开发银行湖南省分行，围绕加强基层政权建设、提高农村公共服务水平，编制全市农村综合服务平台建设实施方案，5年内拟新建和改扩建全市1000个乡镇和建制村农村综合服务平台，启动平江县、华容县、临湘市、汨罗市、湘阴县等地245个农村综合服务平台建设，争取省预算内资金2450万元，协助7个县市区争取国家开发银行贷款11.7亿元；按照“两不愁、三保障”的原则要求，编制《岳阳市解决贫困村基础设施和公共服务设施突出问题三年行动计划》，收集汇总全市319个贫困村农村公路、饮水安全、危房改造等方面项目1.79万个，涉及总投资62.7亿元，申报纳入省三年行动计划。

（姜　华）

工商行政管理

【概况】　2016年是工商体制回归地方管理的第一年，岳阳市工商系统简政放权，服务全民创新创业，深化商事制度改革，按照简政放权、放管结合、优化服务的改革精神，把商事制度改革作为供给侧结构性改革的重要举措，全面落实注册资本登记制度改革、“先照后证”、企业“五证合一”和个体工商户“两证整合”登记制度改革等，释放改革红利，优化营商环境，激发市场活力。

开展“放管服”改革试点。从2016年起，省商事制度改革领导小组在岳阳开展商事制度“放、管、服”综合配套改革试点工作，并作为全省唯一试点单位，试点时间为三年。市委市政府出台实施意见，岳阳市工商行政管理局（简称市工商局）在放宽市场准入、加强事中事后监管、搭建帮扶平台等方面提出具体改革措施15条，做好“放、管、服”结合文章，扶持各类市场主体创新创业。

推进工商注册便利化。将岳阳经开区范围内的企业登记权限授权给岳阳经开区工商分局，不受注册资本的限制。实行企业名称登记全程电子化，改革登记审批流程，一般性事项实行“审核合一”，有效提高审批效率，实现一般事项5个工作日内办结领照，比法定的15天提速2/3以上。探索依法依规放宽住所登记条件、对未开业和无债权债务企业实行简易注销登记，在部分园区试点开展企业集群登记，促进市场活力持续释放。截至年底，全市新登记注册市场主体3.51万户，其中各类企业8911户，同比分别增长7.8%、17.93%，新增就业人员7万人，岳阳成为首批省级创业型城市。6月23日，国家工商总局副局长马正其到岳阳市调研，对岳阳改革试点工作给予高度评价。

【提高市场监管效能】　2016年，市工商局创新监管方式，提高市场监管效能。

开发监管平台。投资300万元开发建成市场主体许可审批监管信息共享交换平台，实现市场主体信息在部门间互联互通、有序共享和综合应用，进一步明确市场监管责任，提升市场监管效能。开发启用岳阳市商事登记经营范围自助服务系统，有效履行“双告知”职责，方便群众查询。开发建设事中事后监管服务平台、小微企业公众服务平台、移动执法终端，探索“放管服”改革的新路径。

推行信用监管。实施市场主体信息公示工作。实行“双随机、一公开”，加强对企业公示信息的抽查，清理僵尸企业976户。建立企业“红黑榜”，以信用促监管，通过湖南省企业信用信息公示系统公示案件信息3320起，有6025户企业被列入经营异常名录，在政府采购、工程招投标、授予荣誉称号、“两代表一委员”等方面受到禁止或限制。

开展专项整治。全市工商和市场监管系统开展整治公用企业限制竞争和垄断行为、打击假冒伪劣、“红盾护农”、整治虚假广告、打击传销、打击商标侵权、查处无照经营及“红盾网剑”等重点领域的专项执法行动，查办各类经济违法案件1492件，涉案金额3000万元。其中，查处反垄断与反不正当竞争案件60件、商标侵权案件246件、广告违法案件142件、网络违法案件92件，取缔传销窝点17个，点评“霸王条款”20条。受理消费者申诉、举报和咨询2万件，“12345”热线转办件1346件，为消费者挽回直接经济损失600余万元。

【服务经济转型升级】　2016年，市工商局搭建平台，服务经济转型升级。

为创新创业搭平台。建立帮扶联络员制度，为小微企业在登记、商标、融资、维权、党建等方面提供服务。建立创新创业入库培育机制，实施“双百”工程，即百优资助、百家扶持，每个项目资助或扶持3万~5万元。设立创新创业专项扶持资金，主要用于财政贴息、创业补助、以奖代投等。与银行联手帮扶，为创新创业主体提供5000万元贷款支持，办理企业动产抵押登记73起，抵押贷款5.28亿元，登记出质股权数额25.3亿元，被担保债权数额38亿元，帮助初创企业破解融资难题。开展创新创业进校园活动，举办初创企业创新创业大赛，发掘先进典型，激励创新创业。

为园区发展搭平台。开设绿色

2016年6月23日，国家工商总局副局长马正其到岳阳市调研商事制度“放管服”改革试点工作

（曾岳林　摄）

通道，为政府招商引资的企业，特别是入驻工业园区的企业，实行无障碍直通服务，支持重点项目建设。全年登记城陵矶综合保税区从事进出口贸易的企业67户，企业注册资本总额9.24亿元。培育创客空间、创客咖啡、创业园等创业基地，全市首家创新创业指导基地在湖南海陵科技园挂牌成立。

为品牌战略搭平台。推进商标品牌战略，全年指导企业申报国内商标2850件、国际商标15件、地理标志商标2件，组织90家企业申报认定驰（著）名商标，新认定中国驰名商标1件。截至年底，全市有效注册商标1.52万件、中国驰名商标44件、省著名商标243件、马德里国际商标70件、地理标志商标13件，商标综合实力居全省第二位。

为电子商务搭平台。出台促进网络商品市场发展的举措20条，部署开展走访1万家电子商务企业、培训2000名网商活动，宣传和培育发展电子商务，推进农村电商精准扶贫。全市新增电商1.06万户，总数达4.95万户，电商发展数全省排名第一位。

（姜　滔）

统计管理

【概况】　2016年，全市统计系统坚持以业务为基础、以服务为根本、以改革为引领、以创新为先导，扎实工作，统计服务水平迈上台阶。

预警及时。发挥统计职能，准确把脉经济运行情况，加强对全市主要经济指标的监测预警，抓好全面小康、政府绩效评估、新型工业化、重点民生实事、节能降耗、县域经济等统计监测考核工作，为服务全市加快转型升级、推进供给侧结构性改革、“三去一降一补”、脱贫攻坚等重点工作提供有力支撑。

服务优质。定期召开经济形势新闻发布会和通报会，出版《岳阳统计年鉴2016》《统计月报》《统计公报》等统计资料，编印《统计知识小读本》，提升统计宣传效果，扩大统计影响力。

分析精准。逐月进行统计形势分析，撰写100余篇社会关注度高、企业反响大、分析建议实的材料。《供给侧改革背景下岳阳市工业发展研究》和《岳阳市推进供给侧结构性改革发展战略研究》均立项为省统计局课题。《2016年一季度岳阳经济强势开局》《一季度全市GDP预警》等统计分析得到市领导批示。

【农业普查有序开展】　2016年，岳阳市“三农普”工作有序推进。一是组织保障到位。成立以分管农业的副市长为组长的普查领导小组，进行全面动员，层层签订责任状，落实机构、人员、经费、职责。二是物资设备到位。市农普办投入经费，印制普查物资100万份，完成数据处理平台搭建，购置配发PDA数据采集设备1119台。三是培训试点准备到位。围绕农普方案、PDA操作、数据处理进行多轮次培训，在岳阳县新墙镇和岳阳经开区西塘镇开展综合试点工作。完成全市99.93万家农户、1.28万个规模户和4393个单位的清查摸底。四是宣传发动到位。召开全市第三次农业普查宣传工作会议，开辟“三农普”网站专栏，开通微信公众号，《岳阳日报》、岳阳电视台、岳阳广播电台等主流媒体在重要版面、黄金时段连续刊登或播放农业普查专访、答记者问、宣传标语、公益广告，为农业普查顺利开展营造良好氛围。

【加强统计基层基础工作】　2016年，全市统计系统推进统计基层基础工作。

加强统计基本单位名录库建设。加强“四上”申报，做好统计基本单位名录库更新维护节点延伸工作，保证基本单位名录库更新维护质量。加强部门协调，完善单位名录信息共享平台建设。

加强基层统计规范化建设。各县市区以《关于进一步加强统计基层基础工作的通知》为抓手，加大基层基础工作规范化建设力度。华容县列支4万元奖励基层统计工作。云溪区督查乡镇统计工作3次，指导乡镇统计规范化建设。

加强统计信息化建设。巩固“四上企业”联网直报成果，保障联网直报平台平稳运行。完成普查数据采集设备配发及技术培训工作任务，为普查数据采集处理工作提供全方位技术保障。完成岳阳统计信息网站全新改版升级，与政府门户网站实现无缝衔接。

加强部门统计建设。定期召开部门联席会，规范部门统计报表工作，加强业务跟踪指导，理顺部门统计与政府统计关系，推动整体统计工作效能。汨罗市每季度重点部门统计协调会常态化。屈原管理区、南湖新区、岳阳经开区制定完善部门统计责任制度，落实部门统计工作职责。

【依法治统】　2016年，全市依法治统工作迈出新步伐。一是推进法治宣传。以宪法日、“12·8”统计法颁布纪念日为契机，开展“依法统计、真实可信”为主题的统计法宣传活动，为依法统计创造良好的社会环境。组织机关干部参加“网上学法考法”活动，市统计局18人取得全省行政执法人员行政执法资格证书。二是规范执法检查。全年对200余家企事业单位进行执法检查，查处办理违法案件33起。配合省统计局法规处对岳阳市5家企业和1个园区开展执法检查，推动统计工作更加依法依规。三是推进专项治理。开展打击“数据造假、以数谋私”专项治理工作，全面废止和取消将统计局作为完成经济增长指标牵头单位和责任单位的机关文件。岳阳楼区、岳阳经开区、南湖新区配合市统计局开展执法检查，做到同宣传、同部署、同检查。

【民意调查】　2016年，全市统计系统开展县市区“一极三宜”江湖名城建设2016年度综合绩效考评民意调查、乡镇群众满意度民意调查、2016年度县市区委书记履行基层党建工作责任情况民意调查、市直及中央、省驻岳单位群众满意度民意调查等五大类7个子项目调查，撰写民意调查报告11期，计10万余字。

【推进统计改革】　2016年，全市统计改革工作取得新突破。一是做好“三新”统计工作。做好“新产业、新业态、新商品模式”专项统计，组织城市商业综合体、台商投资企业、旅游相关产业消费结构调查，做好旅游增加值核算工作。二是推进能源统计改革。做好绿色发展考核、环境统计、GDP能耗计算等能源统计改革工作。推进绿色发展综合评价指标体系试点工作，收集整理2013—2015年全市主要绿色发展评价指标，实现能源统计向能源统计与能源核算、评价考核“三位一体”转变。三是做好投资统计改革双轨运行。开展5000万元及以上项目数据核查，正式实施5000万元及以上项目联网直报。四是跟进“五证合一、一照一码”登记制度改革。加强与工商部门协作，实现对工商部门登记、变更、注销等信息数据的实时共享，完成“五证合一、一照一码”统计改革年度任务。

（谢　亢）

国家统计调查

【概况】 2016年，国家统计局岳阳调查队（简称岳阳国调队）夯实统计基础，确保数据质量，提升统计服务水平，抓好干部队伍建设，加强法治统计建设和党风廉政建设等重点工作，完成各项目标任务。

【提升基础工作水平】 2016年5月，岳阳国调队成立基层基础工作检查领导小组，下发《关于开展主要调查数据基层基础工作检查的通知》，在县市区统计调查系统开展主要调查数据基层基础工作检查。根据统计业务工作规范化标准要求，对业务工作制度、样本管理、数据采集方法、数据操作流程、资料整理和数据台账、数据上报审核程序及数据评估开展检查。坚持“调查网点保稳、原始数据保真、评估结果保明、统计台账保实”原则，检查以提升数据质量为最终目的，以查看基础台账、网点抽样核实、回访调查点等方式进行。及时总结检查情况，提出整改方案，点对点通报并提出整改意见。通过检查整改，基层统计调查基础得到夯实，实现网点分布科学稳定、原始数据台账完整、调查对象联系畅通。

【规范调查基础工作】 2016年，岳阳国调队坚持独立调查、直接调查，推进统计基础工作规范化、制度化、常态化。

践行《统计业务流程管理相关规定》《国家调查队统计流程规范》《湖南统计调查业务规范化标准》，对调查基础提出六个规范化：调查网点管理记录规范化，调查对象管理记录规范化，辅助调查员管理记录规范化，数据采集、上报、评估管理规范化，数据质量管理规范化，统计资料管理规范化。

城乡住户调查。全年调查点回访60次，记账户访户300次，开展业务培训150人次，结合辅调员科学配置、数据科学评估、数据自查检查、保证基层辅调员和记账员基本待遇等方式，有效夯实基础，提升数据质量。

消费价格调查。通过清查网点和规格品、规范采价行为、多人联审数据、实时掌握市场信息等方式确保采取真实价格，采用百分制，根据《采价员管理制度》等八项制度量化采价员工作成效，真实反映消费市场价格信息。

【“三农普”农作物面积遥感测量工作】 2016年，岳阳调查队精心部署，开展“三农普”遥感测量调查。一是争取支持。成立“三农普”领导小组，制定调查方案。召开部门协调会，明确部门职责，向市政府汇报并获“三农普”农作物对地调查硬件设备和工作经费的支持。二是协调推进。遵守“三农普”调查制度方案，与各粮食大县对接，收集汇报各粮食大县下发调查制度包缺少样方、样方不全和样方被云层覆盖等问题，上报粮食大县无人机购买情况、无人机驾驶人员培训等工作的意见征求、电话联络、资料收集及结果上报工作。三是数据把关。多次到粮食大县进行中稻的实割实测质量抽查。5月，总队农业处到湘阴县、汨罗市开展为期2天的实地遥感测量工作指导和督查，保证数据质量。

【提供决策服务】 2016年，岳阳国调队打造优质统计服务，开展专项调查，组织调研材料撰写，服务宏观决策和地方政府工作。

服务宏观决策。按照总队每月下发的《重要信息要点》，统一分配任务开展调查。通过“四严四促”，对数据来源、信息要素层层把关，确保数据准确。全年撰写重要信息40篇、调研分析14篇，按时完成季度、半年经济形势分析工作任务，超额完成总队下发的重要信息上报和采用基本任务，多篇经济形势分析文章被总队内网采用。

服务地方政府。结合市委、市政府提出的建设“一极三宜”江湖名城战略目标，发挥抽样调查针对性和时效性强的优势，选择适合本地实际的问题开展调查。全年印刷《岳阳调查》38期、《领导参阅》12期，上报并被采用的调查分析报告居市直单位前列。

提高科研能力。召开专题会议研究参与总队2016年度重点课题招标工作，对题目拟定、提纲写作和课题申报进行讨论，开展课题前期申报工作，向总队申报《湖南消费升级引领供给侧改革研究》中标并顺利结题。参加民盟湖南省委2016年参政议政招标课题中标并通过评审。

加强统计宣传。按时发布相关数据和分析，服务于统计系统和社会。在防控风险前提下，尽可能通过当地媒介对外发布，全年在《岳阳日报》、岳阳网等发布调查资料30次。挖掘“十二五”规划时期调查资料，通过系列文章展示过去五年岳阳取得的成就。

（陈艳飞）

国土资源管理

【概况】 2016年，岳阳市国土资源局（简称市国土局）做好报地、供地工作，盘活存量土地。

向上争取报地。向上争取用地计划1640公顷，其中，省政府下达岳阳市用地计划687公顷、低丘缓坡用地计划953公顷。拓宽思路，采取批次用地方式报批，优化环节，节省成本，压缩时间，全年审批项目202个、面积1041.43公顷。至年底，市本级土地储备库储有建设用地1123.73公顷。

保障项目供地。全市供应建设用地539宗1350.12公顷，实现土地价款77.81亿元，其中，市级财政成交价款38.15亿元，出让金入库32.57亿元，创历史新高，较好保障三荷机场、蒙华铁路（岳阳段）、临湖公路扩建、静脉产业园垃圾焚烧发电项目、市一人民医院、赶山东路等一批重点项目落地开工。

盘活存量土地。开展去存量土地专项行动，完成闲置土地处置140宗421.79公顷，处置到位率96.3%。完成批而未供土地供应767.48公顷，批而未供土地降至合理水平，前5年全市平均供地率77.49%，达到省定标准。市本级供地率居全省前列，岳阳市在全省去存量土地电视电话会议上作典型发言。推进市城区土地依法征收攻坚行动，依法签约或拆迁房屋1.36万户241.9万平方米，清零项目87个，腾地1211.09公顷，全面完成目标任务。

【加强资源保护】 2016年，市国土局加强国土资源保护工作。

压实耕地保护责任。落实最严格的耕地保护政策，市政府将耕地保护作为全市综合绩效考核重要内容，市县乡村逐级签订责任书，层层压实责任。在“4·22”地球日、“6·25”土地日、“8·29”测绘法宣传日等国土主题日宣传耕地保护政策法规。永久性基本农田划定稳步推进，城镇周边基本农田划定工作位居全省前列。

严格实行占补平衡。推进耕地数量、质量、生态“三位一体”保护，落实“占一补一，先补后占”“占水田补水田”政策，争取市政府出台《关于进一步做好市本级耕地占补平衡工作的通知》和《关于下达2017年度市本级耕地占补平衡指标收购计划的通知》。通过规划计划管控、严格用地审批、科学优化选址，全年因建设占用耕地749.93公顷，比2015年减少135.7公顷，全部实现“先补后占、占补平衡”。截至年底，全市耕地保有量35.36万公顷、基本农田面积29.01万公顷，均高于省政府下达的控制数。

2016年7月1日，市国土局开展“七月颂歌·筑梦国土”配乐诗朗诵比赛
（市国土局供稿）

规范整顿矿产资源。强化矿业权监管，严格落实巡查制度，对矿山定期巡查监管，完成部、省级督察矿山20个。坚持规划引领，科学调整矿山布局，有序推进第三轮矿规编制，妥善处理好生态红线划定与国土资源开发利用关系。引导矿山整合，矿山布局趋于合理。建立矿业权信息发布平台，组建矿业权评估机构备选库，首批选定8家评估机构。妥善处理一批遗留问题，追缴欠缴矿业权价款236.2万元。

【民生实事办理】 2016年，市国土局以人为本，办好民生实事。

推进土地整治。以农田综合整治为重点，实施土地开发整理，完成耕地开发项目验收1057.48公顷。全面推行农村土地整治“四自”模式试点，投资3.16亿元，建成高标准农田1.09万公顷，耕地质量明显提高，农业生产条件和生态环境得到改善。

开展地灾防治。建立和实施地质灾害防灾预案编制、险情巡查、灾害应急调查和灾情速报制度，成立“金地源”地质灾害应急救援志愿服务队，组织市、县突发性地质灾害避险应急演练15次，核实威胁100人以上隐患点33个，持续保持隐患点“零死亡”。汨罗川山坪镇特大山洪泥石流，500余名村民全部安全转移。加强矿山地质环境恢复治理，推进矿山复绿，全面落实湘江保护和治理省“一号重点工程”任务。

推进脱贫攻坚。完成易地扶贫搬迁3123户，投入资金8500万元，完成涉及贫困地区土地平整、灌溉排水、田间道路、农田防护和生态环境保持等工程5个，建设规模2700公顷。向扶贫联点村投入资金130多万元，解决一批实际困难和问题，帮助全村12户贫困户摘掉贫困帽子。

处置涉地信访。按照打造“法治信访”“阳光信访”的思路，开展“基层基础强化年”活动和“千案攻坚”行动，接待群众来信来访来电468件512人次，处理“12345”热线、市长信箱370人次，办理行政复议、应复案件5件，所有事项均在规定时限内办理。

【国土资源领域改革】 2016年，市国土局推进国土资源领域改革工作。

不动产统一登记改革全面落地。按照“政府主导，统筹规划”的思路推进不动产统一登记制度改革。2016年8月23日，岳阳市不动产登记中心挂牌成立并颁发首证，各县市区相继整合组建不动产登记机构，均按时实现“颁发新证、停发旧证”的目标。至年底，全市颁发不动产权证书5153本、证明9873份。

“四全”服务模式全面建成运行。借鉴无锡等地成功经验，启动岳阳国土资源“四全”服务模式建设，打造全流程优化审批、全区域便民服务、全业务网上办理、全节点效能监管的新模式，完成历史数据整理迁移11万条，整合迁移历史案卷11.39万条，建立全市统一管理的大数据中心，实现市、县（市区）电子政务平台、“一张图”平台、数字档案系统一体化管理。

深化行政审批制度改革。做好省、市关于开展“三清单一目录”和取消下放行政审批事项落实情况“回头看”各项工作，进一步简政放权，依法精简清理集体建设用地许可、农用地转用审批、采矿权评估委托等审批事项、办事流程48项。推进市局机构改革，将信访科并入办公室组建大办公室系统。在全省系统内首家单独设立审计科，进一步强化内部财务审计监管。

地理测绘信息事业转型升级。全市测绘地理信息“十三五”规划发布实施。“数字岳阳”建设加快推进，地理空间框架推广应用有序铺开，为市棚户区改造、城市总体规划修编、海绵城市规划等重点工作提供高效服务。探索启动地理国情监测，争取市政府同意开展城区禁拆治违大飞机高清航摄监测。加强地理国情普查成果的开发利用，启动市、县两级地理市（县）情图集编制。地理信息展厅建成投入使用，为全市中小学生地理信息科普教育基地。加强测绘行业和市场管理，严格资质管理，开展测绘地理信息行业信用征集和发布工作。推进汨罗市测绘地理信息示范县试点工作。

【抓实基础工作】 2016年，市国土局抓实各项基础工作。

强化执法监管。通过动态巡查等手段，制止土地矿产违法行为360起，立案查处土地违法126宗、矿产违法23宗，收缴罚款和滞纳金1400万元，移送司法机关2人，移送纪检监察机关5人。开展矿产资源领域打非治违专项整治行动，组织集中执法18次，检查生产经营单位30家，排查隐患12处，责令停产整顿4家，打击、纠正违法违规行为21起。土地、矿产卫片执法监察检查通过省检验收，继续保持“零警示、零约谈”，全省域土地督察发现的281个问题基本整改到位。

推进地籍管理。全市农村集体土地所有权确权登记发证建库顺利推进。完成2015年度土地变更调查，经省政府审定，与统计部门联合发布《关于岳阳市2015年度土地变更调查主要数据成果的通告》。

树好国土形象。讲好国土资源故事，拓展宣传广度和深度，在《国土资源报》《湖南日报》《岳阳日报》、岳阳电视台以及省、市门户网站发布新闻稿件1000余条，“4·22”地球日、“5·12”防灾减灾宣传周、“6·25”土地日和“8·29”测绘法宣传日均有专题报道。市国土局测绘地理信息科被省总工会授予湖南省工人先锋号。

（廖涛涛）

质量技术监督管理

【概况】 2016年，岳阳市质量技术监督系统抓质量、保安全、强质监、促发展、惠民生，完成各项工作任务。突出质量提升，推进质量强市战略，质量工作推进机制不断完善、质量诚信体系建设进一步加强，推进形成大质量工作格局；突出质量安全保障，特种设备保持职能划转以来连续17年无大的安全事件，重要消费品监督抽查合格率99.01%；质量基础更加夯实，质监服务更加有效。岳阳市质量技术监督局（简称市质监局）党风廉政建设、安全生产和信访工作被市委、市政府评为先进单位，保持省级文明单位称号。

【加强质量管理】 2016年，岳阳市成立质量强市领导小组，建立23个部门参与的质量联席会议制度，制订质量强市行动计划，召开质量工作会议4次，明确质量发展目标，凝聚质量强市共识，形成政府主导、部门推动、行业配合、社会参与的大质量工作机制。争取国家标准立项、申报省地方标准、申报湖南名牌产品、开展服务业标准化试点、加强重点消费品监督抽查等五项工作进入市政府笼子推进。市质监局协调23个职能部门，迎接省政府质量工作考核，报送的审查资料综合评价全省排名第二，政府质量考核工作进入全省前列。启动市长质量奖评选，全市18家企业申报，经材料审查、资质筛选、现场核查、公开投票、媒体公示和市政府决定，评选出市长质量奖企业3家、市长质量提名奖企业2家和市长质量个人奖2名。完善质量诚信评价机制，开展工业产品生产许可获证企业质量信用等级评定和分类监管，完成信用等级评定企业29家，获得质量信用A级以上企业18家。建立质量诚信“红黑榜”公示制，联合市文明办在《岳阳日报》、红网等媒体向社会公布企业质量诚信“红黑榜”，公开曝光7家质量失信企业，形成失信受惩戒、守信受激励的良好导向。

【保障质量安全】 2016年，市质监局按照“监管执法年”工作部署，突出落实特种设备监管责任、加强日常监督检查和应急演练，组织开展电梯安全、油气管道隐患和燃煤锅炉节能减排三大攻坚战，全市检查特种设备生产单位、使用单位、维保单位366家，发现事故隐患573处，下达安全监察指令162份，整改到位率99%。重要消费品质量安全监管进一步加强，在“两节”“两会”等重要节会期间，全市质监系统集中开展“质监利剑”和“百姓安康”执法打假行动，出动执法人员1000人次，检查生产、经营企业3500家，查处质量技术监督违法案件150件，查处大要案件4起。组织对建筑材料、家用电器等11大类重点工业产品进行监督抽查，抽查产品305批次，合格302批次，批次合格率99.01%。强化企业质量安全主体责任，对所有获证企业进行不定期巡查，下达整改意见68条，排除安全隐患75起。组织开展“黑心棉”专项整治行动，加强学生服生产企业和集团采购单位的监督检查，开展阳光纤检进学校进幼儿园活动。加强车辆安检机构监管，召开安检机构约谈及监管工作会议，13家安检机构负责人签订《机动车安全技术检验机构公开承诺书》，督促安检机构落实主体责任，加强车辆安检机构巡查力度，责令3家安检机构进行限期整改，有效防范安全隐患。

【严格计量管理】 2016年，市质监局突出法制计量、民生计量监管，按照国家质检总局部署，取消计量检定员资格许可，全年复查、新建计量标准和社会公用计量标准12项，计量授权1家，扩项考核2家计量授权机构。部署开展“质监利剑”民生计量专项执法行动，全市出动检查人员600人次，组织开展农贸市场计量专项整治、定量包装商品专项监管，检查经营单位210家，责令整改53起，立案查处14起。与市文广新局联合，对新闻、出版、电视等大众媒体使用法定计量单位情况进行监督检查，出动100人次，检查报社1家、电视台7家，抽查报纸55份、电视广告73条、电视新闻报道86条，规范法定计量单位。加强计量检定，市区首轮强制检定电能表1.16万块、水表1.77万块、煤气表3.2万块，综合受检率提高到95.7%，合格率100%；周期强制检定电能表6842块、水表3197块、加油机538枪、加气机88枪、衡器7.32万台/件、出租车计价器1710台，综合受检率提高到90.2%，合格率91.8%。加强涉及公共安全的食品检测、医用以及锅炉、压力容器类计量器具的强制检定，强检计量标准器具369台/件，强检用于安全防护、医疗卫生、环境监测的工作计量器具1.78万台/件。

【标准化工作】 2016年，全市质监系统推行标准化工作改革，企业自主申明标准55项。申报国家标准制修订项目2项、地方标准制修订项目3项，新申报省级服务业标准化试点项目2个，其中，物流标准化试点项目1个、家政服务标准化试点项目1个，新申报战略性新兴产业标准化试点项目1个。联合市商务部门申报国家物流标准化试点城市。

【认证认可工作】 2016年，全市质监系统落实国家质检总局和认监委检验检测统计报表制度，组织相关机构在中编办网上信息系统进行数据填报，99家检验检测机构进入国家认监委网上直报系统。按照新颁布的《检验检测机构资质认定评审准则》，对通过认证的检验检测机构管理体系文件进行转版更新，并按照新的体系进行内部管理。提高认证认可工作效率，认证认可资质申报、受理、审查实现网上办理，初步实现信息化和公开化。加强认证认可帮扶，复查换证7家认证机构，帮扶第三方检测市场，为3家社会办检验检测机构进行指导服务，组织开展“世界认可日”宣传活动。

【检验检测服务】 2016年，市质监局在新疆等地7个仓库开展国储棉轮出公检，完成出库棉公检3.2万吨，实验室公检2.8万吨，检验数量在全省纤检机构中排列第一。质监系统各技术机构强化基础管理，加强能力建设，及时准确开展检验检测工作。开展集贸市场、医用器具、加油站、民用三表、出租车计价器专项计量检定，强检计量器具6万台/件，综合受检率95.7%，合格率91.8%。完成产品质量检验2407批次，其中监督检验305批次、委检2102批次。完成磁力设备监检50批次，委检25批次。

【质监服务】 2016年，全市质监系统通过发挥职能作用服务经济社会发展。服务品牌经济发展，培育湖南名牌产品42个，长乐甜酒被国家质检总局认定为国家地理标志保护产品，临湘浮标纳入国家地标培育规划。服务产业转型升级，为企业提供标准审查、培训和标准信息服务，联合企业开展科研工作，报批的2项国家标准即将实施，新起草申报2项国家标准和2项省地方标准，申报4项技改项目。11月16日，省质监局、省农业厅专家考核验收组，对屈原管理区国家级现代农业综合标准化示范县（区）项目进行考核并验收。服务企业帮扶，到湖南奇思环保设备制造有限公司、湖南晨威高科有限公司和湖南凯美特股份有限公司调研，帮助企业解决技术难题15个。对定点帮扶企业岳阳东方雨虹防水技术有限责任公司推出“绿色通道”等帮扶举措，为企业开展特种设备、计量器具免费检定，帮助全面加强质量管理，推行卓越绩效管理办法，企业获得第三届市长质量奖，帮助企业申报的3个产品获得2016年度湖南名牌产品称号。服务精准扶贫，安排专人担任定点扶贫村第一书记，对40户特困户建立档案，明确班子成员和驻村干部实行一对一结对帮扶，解决扶贫帮困资金15万元。

（周志勇）

食品药品监督管理

【概况】 2016年，岳阳市食品药品监督管理局（简称市食品药品监管局）夯实工作基础，全面履行监管职责，保障公众饮食用药安全，实现全市食品药品安全零事故，食品药品安全形势稳中向好。

【基层站所建设】 2016年，全市食药监管部门着力基层基础建设，设置108个乡镇（街道）食品药品监管所，到岗人数653人，打通食品药品安全保障“最后一公里”。岳阳楼区投入专项经费300万元，建成16个站所，将食品药品监管工作纳入全区652个社区的网格管理。华容县划拨乡镇食安经费100万元，乡镇再按总人口人均1元标准配套专项经费，全县16个所均实行“政府牵头、责任明确、分级负责、全面覆盖”的网格化监管模式。岳阳市基层站所建设典型经验被《中国食品安全报》头版报道推广。

【开展“四查行动”】 2016年9月，岳阳市率先在全省完成食品药品“四查”工作任务，普查工作开展率和普查数据录入率均达100%，对全市5.38万户“四品一械”的持证市场主体，均建立详细的信息档案。4月，市食品药品监管局在全省食品药品“四查”工作推进会上作典型经验介绍，省局三次以简报专刊形式在全省推介岳阳市的工作做法和成效。

【创新监管手段】 2016年，市食品药品监管局首次组织开展市本级的药品和器械经营环节随机检查，引入“双随机”（随机确定检查人员，随机确定检查对象）机制，不打招呼、不听汇报，直奔受检单位，对2家药品批发企业、2家药品零售连锁总部、38家药品零售企业和14家医疗器械批发经营企业进行严格检查，查找并责令整改问题82个，约谈企业35家，撤证3家、收证22家，立案处罚15起，检查和处罚结果均在局网站进行公示。

【强化技术支撑】 2016年，市食品药品监管局加强技术支撑。一是快检车发力。率先启用全省首台食品药品快速检测车，现场开展农药残留、二氧化硫、亚硝酸盐、吊白块、过氧化值等20多个项目的快检，食品安全保障的快速反应能力得到提升。在学校食堂、农贸市场、超市、食品生产企业等46家单位，流动开展850批次快速检测，筛查出不合格产品17批次。二是检验检测工作取得实效。全年监督抽检食品药品3228批，食品抽检合格率达98.31%，药品监督抽检合格率达93%，化妆品抽检合格率达100%，发现违法线索213条。三是市局食检中心新检验大楼建设有序推进。争取国家专项资金1300万元，市政府划拨建设用地1.47公顷，配套资金1100万元。

【食品安全检查】 2016年，市食品药品监管局在食品生产环节，新办、换发食品生产许可证249家，对全市758家食品生产企业，开展平均不低于2次的日常监管检查，下达整改通知195份，着重巩固平江“辣条”整治成果，扶持“辣条”龙头企业开展科研开发和产业升级。在食品流通环节，落实网格监管责任，检查经营企业、食品市场、超市4.38万家次。中心城区市区两级与农业、畜牧部门开展肉品市场联合执法，检查市区农贸市场、大型冷库和超市39家次，没收不合格猪肉猪肚1152千克。在餐饮食品环节，着力重大活动餐饮食品安全保障、餐饮服务单位量化分级和“明厨亮灶”工程等重点工作，保障国务院总理李克强到岳阳视察等36场次重大活动餐饮安全，被市政府评为重大活动保障工作先进单位。全市评定优秀餐饮服务单位837家、良好餐饮服务单位1726家、合格餐饮服务单位9567家，督促1345家餐饮服务单位开展“明厨亮灶”工程。在保健食品化妆品环节，强化对减肥、通便、辅助降血脂等8类保健食品和美白祛斑、祛痘除螨等4类化妆品非法添加化学药物成分的监督，检查生产经营企业317家次，立案查处25起。

【药械日常监管】 2016年，市食品药品监管局在药品生产环节，开展中药提取物、中药饮片专项检查，检查药品生产单位78家次，下达责令整改26份，立案11起。在药品流通环节，检查药品经营企业1461家次，发现缺陷项104条，责令整改596家，立案165起，收回药品GSP证书8家，撤销药品GSP证书1家，查处“两非”案件12件。在医疗器械监管环节，落实市场退出机制，注销医疗器械经营许可证19个，推动行业自治，评定诚实守信质量信用A级企业81家、基本守信质量信用B级企业2家。

华容县插旗芥菜生产车间 （范向辉 摄）

【汛期食药安全】 2016年7月，岳阳市洪涝灾害期间，市食品药品监管局派出工作组6个，9次到华容县新华垸、湘阴县南湖洲镇巡查排险，为灾区群众送去13万元救助款和8万元救灾物资。通过开展重点品种和重点区域监管，强化检验检测技术指导，落实舆情监测和应急值守等措施，检查食品、药品企业1370家次，开展快速检测409批次，收缴不合格食品238千克、劣药100余盒，确保岳阳市防汛抗灾期间不发生食品药品安全事故。

【阳光行政惠民】 2016年，市食品药品监管局落实国务院行政审批改革工作部署，下放行政审批权限，将药品连锁经营加盟店、单体店和二类医疗器械经营许可等行政审批权限，全面下放到县市区局。将市局所有行政审批权限下放至省直管县平江县局，帮助平江县局做好承接行政审批工作，指导平江县启动食品生产许可“SC”证发放工作。全年受理办理许可事项2762件，发放“一次性告知单”3200份，按期办结率、满意率均为100%。

【开展专项整治】 2016年，市食品药品监管局围绕民众关注的焦点、消费的热点开展专项整治。在食品安全领域，开展夏季桶装水、湿米粉、食品添加剂、食用植物油、平江“辣条”、名优特酒、华容君山酱腌菜等重点品种整治，开展农村食品市场、旅游景区、校园周边等重点区域整治，开展“两会”、端午、中秋、国庆等重点时段专项整治，收缴“三无”、过期、不合格等问题食品7098千克，查扣问题冷冻鸡爪1.2吨，假冒茅台、五粮液等“名优特酒”400余瓶，端掉米粉面条无证生产等“黑窝点”15个，取缔无证经营食品店145户，查办案件388起。在药品安全领域，突出中药材、中药饮片、药品生产和经营质量规范的整治，强化药品溯源体系，对科伦、金寿等药品生产企业开展多组分生化制剂、原料药、胶囊剂产品等5次专项检查，监督抽验药品76批，责令整改5家，约谈企业负责人5家，查处违法案件8起。在医疗器械监管领域，开展在医用分子筛制氧设备、定制式义齿、高风险医疗器械等重点品种和经营使用关键环节的专项整治，下达整改通知书27份，查处违法经营行为13起。

【打击食药违法行为】　2016年，全市稽查打假工作查办各类食品药品违法案件2803起，其中，一般程序行政处罚案件1089起，移送涉刑案件10起，刑事拘留41人、批捕10人，保持从严打击食药违法行为的高压态势。稽查打假工作得到上级肯定，岳阳楼区陈某生产销售病死猪肉系列案、岳阳经开区谢某销售假药“万艾可”案被省食药监管局挂牌督办，湘阴县宋某销售假药案涉及广西、云南、新疆、海南等地，涉案金额1000万元，被公安部、国家食品药品监督管理总局挂牌督办，达到查处一案，震慑一片，警示一方的良好效果。

【生物医药产业帮扶】　2016年，市食品药品监管局加大生物医药产业帮扶力度，提升规模产值。一是实行精准帮扶。采取问卷调查、座谈走访等方式，到湖南科伦制药有限公司、湖南康普图医疗电子科技有限公司等24家医药企业调研，收集企业反映突出的问题112个，列出清单，逐个研究制定解决方案和措施136条。联合市卫计委、市科技局、市环保局等部门召开帮扶协调联席会6次，配合市领导到企业现场办公4次，为湖南科伦制药有限公司、岳阳新华达制药有限公司等6家重点企业解决问题75个。二是开展产销对接。11月，举办全市生物医药重点民营企业产销对接会。湖南科伦制药有限公司等6家民营药企与全市46家医疗机构，达成采购意向5亿元。三是抓好项目建设。争取湖南兴蒙制药中药产业化项目等6个新项目落户岳阳，总投资达16亿元。全市生物医药产业年值达184亿元，产业规模和年产值稳步上升。

【食品产业帮扶】　2016年，市食品药品监管局开展食品产业帮扶，提质传统产业。以平江面粉熟食、华容酱腌菜及风味鱼制品等传统优势食品产业为帮扶重点，加大上门服务频次，帮助企业完善生产工艺13处、改进经营管理112处，推动“湘式挤压糕点”等标准修订，促进传统食品产业提质升级。全市食品产业发展态势良好，实现产值破1000亿元目标，居全省第二位。

（康云华）

安全生产监督管理

【概况】　2016年，岳阳市有危险化学品生产企业66家、储存企业7家、使用企业25家、贸易企业532家、各类加油站359家，油气输送管线1020.99千米。道路危险货物运输企业47家。烟花爆竹生产企业36家、批发企业25家、经营门店9005家，非煤矿山295座，其中尾矿库77座。建筑施工企业378家，民爆物品生产企业3家。公路总里程2.03万千米，管辖东洞庭湖64%的水域和长江163千米航道，渡口231道、渡船284艘。机动车保有量53.7万辆，特种设备2.01万台，消防安全管理重点单位1028家。岳阳市安全生产监督管理局（简称市安监局）以遏制较大事故、杜绝重特大事故为目标，以开展安全监管执法年活动为抓手，紧盯重点行业领域，严把重要节点和风险时段，推进非煤矿山、烟花爆竹、油气管道等高危行业整顿关闭攻坚，开展大排查大管控大整治“三大行动”，全市安全生产形势总体稳定。全年发生生产经营性安全事故142起，死亡117人，按可比口径与2015年同比均有下降。岳阳市被国务院安委会评为“全国安全生产月”活动先进单位，获得全省安全生产先进市。代表湖南省参加在黑龙江省大庆市举行的全国危化品救援技术竞赛，获得团体优秀奖、精神文明奖。云溪区安监局受到全国安全生产监管监察系统表彰大会表彰，是全省唯一受到表彰的单位。

【突出“四个执法”】　2016年，市安监局开展“监管执法年”活动，开展“四个执法”（计划执法、规范执法、软件执法、廉洁执法）。推行计划执法，按照“分层级、分类别、全对接”的要求，有计划开展安全生产执法活动。严格规范执法，出台安全生产重大行政处罚听证、“四不两直”和“双随机”抽查等制度，从制度层面保证行政处罚的规范性。制定《安全生产监督检查指南》，做到照单检查、照单复核、照单处罚，落实

2016年6月22日，岳阳市举办“守护生命”安全知识抢答赛

（王柯淇　摄）

“谁检查谁负责”的要求。实行软件执法，在烟花爆竹、危险化学品、非煤矿山等直管行业全面推行执法软件。落实廉洁执法，出台《岳阳市安全生产廉洁执法“十个严禁”工作纪律》，要求安监执法人员在开展安全生产行政许可、执法监管、事故调查等公务活动中，严格遵守“十个严禁”工作纪律。

【抓好“三大行动”】 2016年，市安监局吸取郴州宜凤高速“6·26”特大交通事故教训，开展大排查、大管控、大整治“三大行动”，分别成立赴县市区督查组、赴市直部门督查组、联合执法组、监管职责梳理组等17个小组开展督促检查。推行隐患自查自改月报告工作，实现隐患动态化管控。开展“百名专家查隐患”集中行动，采取政府购买服务的方式组织专家到企业参与隐患排查、整改、验收全过程。

【推进治本攻坚】 2016年，岳阳市退出烟花爆竹生产企业36家，超额完成省定28家的任务。推进油气管道重大隐患整治攻坚，完成6条管线498处的隐患整改，其中13处重大隐患完成销项。关闭非金属矿山56家，超额完成省定10家的任务，关闭数量和任务完成额位居全省第一。推进危化品道路运输、危化品储存场所、危化品特殊作业等专项整治和液氨制冷、有限空间、陶瓷制造和耐火材料生产企业粉尘专项治理。

【夯实基层基础】 2016年，市安监局在《岳阳日报》、岳阳电视台开设“安全生产事故警示”“安全生产执法进行时”等专栏。会同各部门联合编印《视界·岳阳安监（特刊）》。开通岳阳安监微信公众号、安全生产宣传短信平台，获得全国“安全生产月”活动先进单位。推进安全生产示范乡镇创建向示范县、示范企业、示范园区、示范村、平安校园、平安农机创建延伸。分三批次选送125名安监人员到湖南安全技术职业学院脱产学习。举办或承办各类演练535次。

（王炎坤）

国有资产监督管理

【概况】 2016年，岳阳市人民政府国有资产监督管理委员会（简称市国资委）加大改革力度，提升监管水平，优化资本运营，各项工作进展顺利。市属国有企业实现营业收入10.1亿元，资产总额850亿元，净资产总额333亿元。

【理顺市管国有企业管理体制】 2016年，市国资委配合市委、市政府出台《关于进一步明确市管国有企业管理体制的通知》，按照建立现代企业制度与规范管理并重的要求，坚持党管干部与依法办事相结合的原则，为进一步管理市管国有企业指明方向。该文件明确，实行市管国有企业分类动态管理。市国资委监管的一类企业有4家：市城市建设投资集团有限公司、岳阳三荷机场建设投资管理有限公司、湖南城陵矶国际港务集团有限公司、市洞庭新城投资建设开发有限公司；二类企业6家：市国有资产经营有限公司、市交通建设投资有限公司、市教育建设投资有限公司、湖南城陵矶新港区开发投资有限公司、市公共交通总公司、市自来水公司。

【市管国有企业党的建设】 2016年，市国资委抓好国资系统党的建设工作。

学教并举，着眼思想上建党。组织18次“两学一做”专题学习教育、四个专题讨论和组织生活会，制定《2016年党建工作计划》，出台“思想、组织、作风、制度建设”四类26项国有企业党建目标责任制，层层签订责任状，抓落实。

建整并重，着手组织上立党。组织理顺企业管理体制会议，岳阳三荷机场建设投资管理有限公司、湖南城陵矶国际港务集团有限公司等争取批复成立党委，完成市水利建设投资有限公司、市旅游发展有限公司党组织整体划转工作。完善党建考评体系，在业绩考核中加大党建权重，与薪酬挂钩。开展党员组织关系等七项重点任务排查。

督管并用，着重作风上强党。定期与企业党组织负责人约谈党建，就落实两个责任、“纠‘四风’、治陋习”等进行一对一谈话。推行监事会主席兼任纪委书记制度，外派4名监事会主席到企业兼任纪委书记。组织两次党建工作专项督查，进行书面通报。

严实并措，着力形象上优党。注重发挥企业党组织把方向、管大局、保落实作用，支持企业党组织在生产经营中发挥作用。涉及市国资委的岳阳市6个棚改项目，均有一名班子成员负责，抽调16名党员参与。结合“三个服务”（服务企业促发展、服务群众解民忧、服务

2016年11月1日，驻岳央企、省企“三供一业”分离移交工作会议在市会展中心召开 （孙 熬 摄）

基层办实事），开展“巴陵先锋先行”主题活动，参与防汛、联点帮扶社区等。筹措资金123万元，成立临湘市西港山种养协会。

【完成上一轮国企改革工作】 2016年，市国资委筹措资金8489万元，其中，做实社保个人账户资金3289万元、医保资金200万元、处理遗留问题5000万元，除正大中方管委会外，岳阳市市属149家国有改制企业职工养老保险和医保资金全部缴清。下发《关于市属国有改制企业剩余资产尽快移交市国资公司统一管理的通知》，督促做好机床厂、食杂果品公司等4家改制企业剩余资产向国资公司移交工作。协调韶峰岳建、天润发展等4家企业的社区移交。

【组织央企对接会】 2016年5月27日，由市委市政府主办，市国资委和城陵矶新港区承办的“加强产融学合作、推进湖南‘十三五’发展岳阳专场对接会”在长沙召开。省市领导何报翔、盛荣华、樊建军及30多家央企、金融机构和科研院所负责人140余人出席会议。签约项目22个，投资625.5亿元，意向投资1100亿元，落地项目9个，完成投资28亿元。

【重点项目建设】 2016年，市国资委监管企业市城市建设投资集团有限公司、岳阳三荷机场建设投资管理有限公司、市洞庭新城投资建设开发有限公司、市交通建设投资有限公司等均承担岳阳市新增长极重点项目和省市重点工程项目建设，主要项目有：三荷机场、临湖公路、巴陵东路王家河大桥、洞庭湖博览园、东客运枢纽等。市国资委将项目建设纳入企业的业绩考核，重点予以督导，确保项目如期完成。其中，三荷机场建设完成投资6.9亿元，巴陵东路王家河大桥完成投资6600万元，临湖公路完成投资4.9亿元。

【服务企业融资发债】 2016年，市国资委协调全市国有企业加大融资力度，拓展融资渠道，为岳阳开放崛起提供金融支撑。通过银行贷款、信托产品、融资租赁等多种融资方式，融资370.71亿元，争取政府项目资金300亿元，全年到位资金667亿元。其中，市城投集团、市交建投、市港建投分别到位资金167.62亿元、37.98亿元、42.35亿元。市国资委支持县域经济建设，完成君山城建投、华容城建投升级为市级平台，支持君山城建投、华容城建投分别发行非公开私募债券13亿元、20亿元，临湘市惠临公司发行非公开定向债务50亿元。

【“三供一业”分离移交】 2016年，岳阳市成立以市长刘和生为组长的专门工作组，重点推进长岭炼化、巴陵石化的“三供一业”分离移交工作。全市有“三供一业”（供水、供电、供气，物业管理）分离移交企业19家，其中，驻岳央企12家、省企5家、中央政策性破产下放企业2家，需水改户数6.8万户，电改6.6万户，气改5.4万户，需移交社区15万人。驻岳央企、省企“三供一业”分离移交工作有序推进，企业职工家属区签订水改协议户数1.9万户，占水改总户数的29%；签订电改协议户数2万户，占电改总户数的32%；签订气改协议户数2.2万户，占气改总户数的41%。

（孙 熬）

财政·税务·审计

责任编辑　屈胜龙

财 政

【概况】 2016年，市财政局紧扣“收入提质、支出提效、改革提速、管理提升”目标，较好完成各项工作任务，获得全省财政工作先进集体。

收支规模迈上新台阶。一是财政收入规模扩大，增幅实现预期目标。全市完成公共财政预算收入330.8亿元，比2015年增长9.2%，总量居全省第二，增幅高于全省平均水平3.2%。二是财政支出430.6亿元，同比增长14.6%，支出规模较“十二五”末翻一番。三是民生支出增长。全市财政民生支出322.3亿元，增长16.8%。四是争资成效显著。全市争取中央、省级财政转移支付资金271.8亿元，新增政府债券资金23.2亿元。五是债务风险得到控制。推进存量债务置换，扩大融资平台资金“双控”管理，争取置换债券额度193.67亿元，全市综合债务率从2015年的204.9%下降到110.7%，下降94.2%，政府性债务风险预警由红色降为橙色。

服务大局取得新成效。落实积极的财政政策，坚持精准发力、定向施策、政策联动，推动全市经济平稳健康发展。支持供给侧结构性改革，落实结构性减税和普遍性降费政策，支持房地产去库存，支持烟花爆竹企业关闭退出工作，支持补短板工作。加大财政投入力度，改善基础设施建设，支持“一区一港四口岸”建设和运营、国企改制、新型工业化、农业产业化、科技发展和创新创业。创新城市融资方式，设立100亿元城市建设发展基金。成功申报省级海绵城市建设试点，获得财政专项补助资金1.5亿元。21个PPP项目入选国家或省级示范项目，PPP项目数量和投资额均居全省前列，为城陵矶新港区投资建设PPP项目争取奖补资金800万元。4项财政小康指标达到验收考核标准。大幅提高市级财政扶贫经费预算，加大涉农领域扶贫资金统筹整合。通过年初预算安排、争取上级支持、整合专项资金、盘活存量资金等途径，加大对村民规范建房、铁山水资源保护、市十四中整体搬迁、中心城区棚户区改造、农村妇女“两癌”免费检查等实事项目投入力度，让广大群众共享改革发展成果。

财政改革呈现新进展。完成市委、市政府确定的17项牵头改革任务、63项参与任务。出台规范性文件20个，其中以市委、市政府名义印发的有9个，涉及改革总体方案、专项资金管理、政府投资项目融资管理、土地出让收支管理、政府购买服务、政府债券还本付息管理、统筹整合使用涉农资金等方面。强化重点攻坚，“营改增”、资源税改革基本完成，稳步推进其他税制改革；加强全口径预算管理，实现四部预算“统筹、统编、统批、统管”；出台《市本级国有资本经营预算试行办法》，召开国有企业资本经营预算编制工作会议，将31家市属国有独资企业纳入国有资本经营预算范围，将国有资本收益上缴一般公共预算的比例提高到19%；推进财政存量资金盘活，加强结转结余资金管理；推进财政信息公开，加大市直单位、县市区的预决算和“三公”经费公开力度；推进国库集中支付改革，新增9家支付单位。财政落实供给侧结构性改革做法被财政部推介。财政改革调研工作被评为全省财政系统一等奖。

监督管理开创新局面。强化财政监督检查，开展“雁过拔毛”式腐败问题、“纠四风、治陋习”、机关运行经费使用管理情况“三项整治”。严控行政支出，市级“三公”经费支出下降13.4%，公务卡刷卡率达65.7%。加强预算绩效管理，266家市直单位、1209个项目全部申报支出绩效目标，实现“全覆盖、全公开”。全市行政事业单位内部控制建立与实施工作基本完成。加强政府采购管理，开展政府采购工作执法检查，进一步规范政府采购工作。加强财政投资评审，提升评审效率。规范农业综合开发项目管理，加大高标准农田建设力度。加强资产管理，摸清行政事业单位国有资产家底，全市行政事业单位资产438.4亿元。加强会计管理工作，会计、注会考试平稳无事故。

【财政收支实现“十三五”良好开局】 2016年，全市完成公共财政预算收入330.8亿元，为预算的100%，比2015年增长9.2%。其中地方公共财政预算收入完成152.1亿元，为预算的113.6%，增长18.8%；上划中央收入完成162.3亿元，为预算的89.6%，增长1.2%；上划省级收入完成16.4亿元，为预算的103.5%，增长13.9%。市级完成公共财政预算收入184.9亿元，为预算的99.7%，同比增长9.7%。全市一般公共预算支出突破400亿元，为430.6亿元，增长14.6%，增加54.8亿元。市级完成99.9亿元，同比增长25.5%，增加20.3亿元。

【摸清行政事业单位国有资产“家底”】 2016年，开展全市行政事业单位国有资产清查，摸清全市4317家（市本级429家）行政事业单位资产、负债情况，全市行政事业单位资产438.4亿元。开展行业协会商会脱钩资产清查，出台《关于推进行业协会商会与行政机关脱钩的实施方案》《岳阳市行业协会商会脱钩改革有关行政办公用房管理实施办法》，首批20家试点单位国有资产清理和行政办公用房清理腾退工作全面完成。对土地、房屋等国有资产（资源）处置严格执行收支两条线，实现收支脱钩，实现资产从“入口”到“出口”的日常管理。

【预算绩效管理】 2016年，岳阳市财政预算绩效管理实现全覆盖、全公开。一是扩大绩效目标管理覆盖面。绩效目标与部门预算“同上报、同审核、同批复”，实现“三同步”常态化。全市266家市直单位（含二级单位）全部申报部门整体支出绩效目标，1209个项目全部申报项目支出绩效目标。绩效目标管理覆盖所有预算单位的所有财政支出。二是扩大绩效监控管理覆盖面。市直部门单位针对本年度预算资金绩效运行情况进行自行跟踪监控。首次受托第三方中介机构对资金规模较大、社会关注度高、市委市政府高度重视并纳入为民办实事内容的专项资金实施财政重点监控。三是扩大绩效评价覆盖面。将

2015年度预算单位使用的全部财政性资金，包括市本级安排和上级转移支付的资金全部纳入绩效自评范围。83家市直单位开展部门整体支出绩效自评；40家市直一级及二级预算单位60个专项开展项目支出绩效自评。在自评的基础上，择选16个项目支出和2个部门整体支出进行重点绩效评价，重点绩效评价数量和金额较2015年大幅度增长。四是建立绩效评价信息公开机制。除涉及保密工作性质范围的单位外，应公开87个部门的整体和专项绩效评价报告全部公开到位，公开率达100%。

【设立城市建设发展基金】 2016年6月28日，岳阳市城市建设发展基金签约仪式在南湖宾馆举行。岳阳市城市建设发展基金按照“基金方式投入、长期贷款支持、政府付费偿还”的模式运作，市城投集团、市交建投等平台公司为基金合伙人，设立总额为100亿元的基金，通过有限合伙制与银行合作，可撬动300亿元的配套建设贷款资金。城市建设发展基金将重点投向城市建设和交通建设领域，主要作为城市棚改项目、大型基础设施建设项目、交通建设项目以及PPP示范项目的资本金。

【政府购买棚改服务】 2016年，市财政局推进政府购买棚改服务。一是出台《岳阳市政府购买服务管理暂行办法》和《岳阳市市本级政府购买服务指导性目录》，下发《关于认真做好政府购买棚改服务工作的通知》，以政府购买服务推动棚改模式创新。二是举办全市政府购买棚改服务培训班，召开政府购买棚改服务座谈会，交流意见，理顺操作流程，规范购买棚改服务的主要步骤和操作要求，确保政府购买棚改服务各项工作落地。三是出台《岳阳市棚户区改造国家开发银行专项贷款资金管理办法》资金管理办法，严格资金管理，从贷款资金的还款承诺、资金使用、资金偿还、资金管理等方面作出相应规定。四是加强对县市区和市直融资平台公司的督促指导，主动与国家开发银行、农业发展银行进行项目融资对接，推进政府购买棚改服务和贷款申报评审等工作。

【非税收入征收管理】 2016年，市财政局加强非税收入征收管理。一是考评常态化。制定《岳阳市非税收入执收工作责任制》《岳阳市市直单位非税收入执收工作考核办法》《岳阳市县市区非税收入考核管理办法》《岳阳市政务中心非税窗口考核制度》《岳阳市市本级非税收入收缴银行代理业务年度综合考评办法》，通过量化考核，坚持日常考核与年度考评相结合，严格奖惩措施，使收入计划落到实处，确保全年非税收入任务应收尽收。二是成本制度化。对全市的非税收入征收管理情况进行调研，摸清收入底子，对政府性基金收入、专项收入、行政事业性收费、国有资源有偿使用收入、其他收入等5大类92项，重新制定新的成本率。下发“市直预算单位非税收入成本率明细表”，让各执收单位做到心中有数。建立定位清晰、分工明确的财政预算体系，将政府的收入和支出全部纳入预算管理。三是票据电子化。对非税收入征收管理系统服务器进行改造，将非税数据库迁移到金财工程大平台，安装调试单位电脑终端288台，利用国库集中支付专用线174条，新增数据专用光纤91条，新配备电脑261台，安装POS机65台，覆盖市本级所有一般缴款书三级用票单位265家，全面实现市本级非税收入一般缴款书电子化，达到“电子开票、自动核销、全程跟踪、信息共享、高效便民”的要求，发挥非税收入票据“以票管收”的作用。

【推广PPP模式】 2016年，市财政局推广政府和社会资本合作（PPP）模式，申报PPP示范项目。新增省级示范项目21个，总投资271.68亿元，数量、投资额均为全省第一；新增财政部联合20部委发布的第三批示范项目2个，分别是海绵城市之中心城区湖泊河道综合整治系列工程和华容县污水处理设施厂网一体PPP项目，投资总额96.86亿元，占全省总投资的20.1%。加大PPP示范项目推介力度，11个项目参加湖南对接“一带一路”海外融资（香港）洽谈会，30个项目在北京科博会上推介。

【政府性债务管理】 2016年，市财政局按照“转型整合、去平台化、去行政化”思路，将市直10家融资平台整合转型为6家，进一步加强政府性债务管理。一是规范政府举债融资机制，出台《岳阳市市本级政府性债务管理办法》《岳阳市政府性债务举借申报和审批办法》等制度，控制融资成本，将各融资平台融资综合成本控制在7%以下，扩大对融资平台公司资金账户的“双控”管理。二是出台《岳阳市市本级及所辖区政府债券还本付息管理暂行办法》，对政府债务实行规模控制和预算管理，制定存量债务化解方案，控制新增政府债务规模。三是加大偿债力度，建立偿债准备金，完成对政府存量债务的清理甄别和锁定工作，争取地方政府债券置换存量债务额度193.7亿元，综合债务率明显下降，财政风险得到控制。

【推进税制改革】 2016年，根据中央、省、市统一部署，全市全面推开营改增（营业税改增值税）和资源税改革。5月1日起，全市将建筑业、房地产业、金融业、生活服务业等全部营业税纳税人纳入试点范围，由缴纳营业税改为缴纳增值税。通过全面推进开营改增改革，实现税制转换平稳过渡，打通生产与服务领域的增值税抵扣链条，降低经济社会各个行业的税负。全市90%以上企业税负不同程度降低，其中小规模纳税人降幅在40%以上，确保所有行业的税负只减不增。7月1日起，全市全面推开资源税改革，资源税从价计征，解决计税依据缺乏弹性、不能合理有效调节资源效益，征税范围偏窄、许多自然资源未纳入征收范围，税费重叠、企业负担不合理，税权集中、不利于调动地方积极性等问题。通过建立税收自动调节机制，实现资源税收入与矿价直接挂钩，规范资源领域税费关系，增加地方税收收入，促进资源节约利用，全市95%以上的资源开采企业税负下降或持平。

【预决算信息公开】　2016年，市本级及各部门按照公开透明的要求，将一般公共预算、政府性基金预算、国有资本经营预算、社会保险基金预算、转移支付情况、举借债务情况、“三公”经费情况、各类财税制度等各项内容在市政府门户网站、市财政局网站和本部门网站全方位公开。一是公开时限严，所有部门在预决算批复后20日内按要求公开。二是公开内容细，支出细化公开到功能分类最末一级的“项”级科目。三是公开范围广，除纳入涉密清单的事项外，财政安排的其他所有资金都向社会公开，做到“非涉密、全公开”。四是公开环节多，专项资金实行“五环节”全过程公开。

【农业综合开发】　2016年，岳阳市农业综合开发工作落实稳粮增收、提质增效、创新驱动的总要求，完成各项工作任务。全市争取农业综合开发财政资金投资2.21亿元，其中，争取土地治理项目财政资金投资1.61亿元，立项1个优势特色产业园项目，财政资金投资1000万元、自筹资金投资1490万元，产业化经营财政补助项目33个，财政资金投资2842万元、自筹资金投资4851.18万元，产业化经营贷款贴息项目2个，涉及贷款1.2亿元、贴息350万元，部门项目2个，财政资金投资1736万元。

（李　云）

税　务

国家税务

【概况】　2016年，岳阳市国家税务局（简称市国税局）围绕“聚焦主业、推进改革、强化能力、争创一流”的工作主题，完成各项工作任务，被省国税局评为绩效考核先进单位。全市国税系统入库各税191.62亿元，比2015年增收21.12亿元，增长12.38%，收入规模居全省第二。其中，国内增值税入库74.86亿元，同比增收17.33亿元，增长30.12%；国内消费税入库98.73亿元，同比增收1.18亿元，增长1.21%；企业所得税入库10.69亿元，同比增收1.86亿元，增长20.97%；车辆购置税入库6.55亿元，同比增收0.4亿元，增长6.4%。地方税费中，个人所得税入库6026万元，同比增收2832万元，增长88.67%；城市维护建设税入库1070万元，同比增收512万元，增长91.76%；教育费附加入库455万元，同比增收198万元，增长77.04%；地方教育附加入库304万元，同比增收133万元，增长77.78%；文化事业建设费入库312万元，同比增收79万元，增长33.91%。

【税收收入量质齐升】　2016年，市国税局构建新型税收收入管理体系，强化税收分析、预测、监控和调度，落实组织收入“30条”措施。入库国税收入191.62亿元，不含车购税入库185.06亿元，比2015年增收20.72亿元，增长12.61%。落实各类税收优惠政策减免退税31.05亿元，其中，办理出口产品退税0.58亿元，减免高新技术企业所得税1.18亿元，落实小微企业税收优惠政策减免1.26亿元，促进节能环保减免6.06亿元，支持三农减免8.02亿元。

【提高治税水平】　2016年，市国税局实施税收执法权力和责任清单管理，推广重大税务案件网络审理平台，在全省国税系统率先建立公职律师管理制度，开展税收执法案卷评查，建成全省依法办事示范窗口单位3个。全面运行电子税务局，推行“二维码”一次性告知，实现市域通办和县域通办。落实税收管理员日常巡查和税收风险初步识别制度。制定税务登记注销实施办法，规范注销登记管理。完善风险管理机制，综合运用税法遵从状况分析、税源征管状况监控分析、纳税评估、税务稽查等手段，提升税收风险识别和应对水平，入库税款4.05亿元，其中稽查入库1.62亿元、评估入库0.41亿元。开展打击虚开虚抵专项行动，立案查处涉嫌虚开虚抵案件47起，打掉虚开发票犯罪团伙7个，公安抓捕涉案人员28人，挽回税款1.35亿元，冻结非法所得1.27亿元。推进信息管税，应用税收风险管理系统、增值税发票电子底账系统、金融企业呆账损失税前扣除管理系统和第三方涉税信息。完善车购税委托代征工作，加强反避税、非居民税收、“走出去”企业管理，加快出口退税进度。

【实施营改增试点】　2016年，市国税局推进全面营改增改革试点，实现税制顺利转换、行业有效管理。加强户籍交接和清理核实，接收户籍2.29万户，纳入管理1.28万户。开展“需求大征集、服务大走访”活动，走访纳税人1.98万户。

2016年3月31日，市国税局、市地税局联合举办第25个税收宣传月活动

（王　实　摄）

组织两轮政策培训22期，培训纳税人7600户次、干部1500人次。新增国、地税办税窗口61个，设立不动产交易办税窗口26个。完成1360户税控收款机转换工作，发行增值税发票管理新系统1583套。开展金融企业税负分析，加强建筑、房地产行业管理。至年底，全市有“四大行业”（建筑业、房地产业、金融业、生活服务业）营改增纳税人1.38万户，入库税款9.95亿元，为纳税人减轻税收负担3.5亿元，改革试点取得明显成效。

【国地合作工作】　2016年，市国税局落实《国地合作工作规范》，建立组织保障、责任分解、联系沟通、联合督导、绩效考核五大合作机制，推动服务深度融合、执法适度整合、信息高度聚合。以“共建”“互派”“共驻政务中心”等形式建设综合办税服务厅，推行国地税“一窗一人办税”模式。联合办理设立、变更、注销登记1.71万户、认定非正常户310户、核定定额1.6万户、风险应对入库5193.71万元。开展个体纳税人联合征管，实行国地税税（费）同步征收。探索大企业、国际税收联合征管办法。建立“政府领导、国地联动、部门参与、定期巡查、征缴同步”的建安房地产行业税收联合控管模式。加强合作成果推介，市国税局国地合作的做法被国家税务总局简报刊发，云溪区被评为全国百佳国地税合作县级示范区。

（尹良军）

地方税务

【概况】　2016年，岳阳市地方税务局（简称市地税局）入库各项收入76.3亿元，剔除“营改增”因素增长14%，其中入库规费收入10.9亿元，增长10.3%。中央、省、市和县区4个级次全部增收，省、市级收入增幅均超过20%；14个征收单位有13个实现增长，10个单位实现两位数增长；12个税种有6个实现正增长，6项规费有4项实现正增长。

【征管工作】　2016年，市地税局向市国税局移交“营改增”纳税人信息1.93万户，全年清理入库营业税17.5亿元。针对“营改增”后大税种缺位、“以票控税”缺失的现状，坚持“四为主”（以自行征收为主、以地方税种为主、以基层自行解决问题为主、以税收法律法规为主）原则，出台征管转型7条措施，重点加强税种挖潜、评估增收、风险堵漏、稽查促管、合作联控，在全省系统率先打开征管转型局面。全市系统通过评估补缴税款2.12亿元，风险比对增收7000万元，国地税合作互征税款1.09亿元。全市系统立案检查102户，查补各项收入1.7亿元，其中千万元以上案件3起。

【落实或出台相关政策】　2016年，市地税局落实资源税改革政策。开展资源税品目实行从价计征的调查测算，加强资源税纳税申报质量管理，确保资源税从价计征实施，全年入库资源税5650万元。落实房地产税收新政策。出台房地产交易税收服务和管理工作实施意见，确保房地产交易环节税收新政落地平稳有序，全年减免房地产交易环节营业税902万元、契税1.07亿元。同时加强与工商、质检等部门的配合，落实“五证合一”登记制度改革。帮扶困难企业。为生产经营困难企业和受灾企业办理核准类困难性减免税364户次，减免税款5696.3万元。其中为161户次纳税人减免房产税2051.6万元，为203户次企业减免城镇土地使用税3644.7万元。支持重点群体创业就业。全年办理下岗再就业、大学生就业、安置军转择业等税收优惠159户，减免税费184.8万元；办理安置残疾人就业税收优惠96户，减免税收1437.3万元；办理残疾人员工资加计扣除210万元。支持小型微利企业发展。全年为全市4553户企业和非企业性单位减免营业税492万元；对全市293户小型微利企业减免税企业所得税377万元。支持企业转型升级。落实高新技术企业税收优惠，对全市20户高新技术企业减免企业所得税2860万元；落实固定资产加速折旧政策，为全市4户企业减免企业所得税52万元。

【优化纳税服务】　2016年，市地税局落实《国地税合作规范》《纳税服务规范》，融合服务、整合资源、聚合管理，推进“一窗一人”通办业务，初步实现纳税人“到一个窗、办两家事”，被国家税务总局专刊推介，云溪区被评为全国百佳国地税合作县级示范区。落实税收优惠，全年依法减免地方税收8900万元。开展便民办税春风行动，制定出台办税服务行为规范，深化“六个一”便民举措，推广应用办税服务综合管理系统，联合开展纳税信用等级评定，扩大“免填单”“同城通办”业务范围，抓好服务热线的回复转办，提升服务质效。

（刘　哲）

审　计

【概况】　2016年，岳阳市审计局完成审计项目70个，查出违规问题金额6.3亿元，管理不规范金额53.14亿元，移送案件线索32起，提出审计建议119条。促进整改落实有关问题资金1.3亿元，其中，增收节支4097万元，调账处理1361万元，挽回损失1179万元。出具审计和专项审计调查报告40篇，向社会发布审计公告2期，编写《审计要情》和《审计专报》25期，得到市主要领导批示8篇，在各级媒体报刊发表审计信息222篇。

【财政预算执行审计】　2016年，市审计局树立财政审计“一体化”的理念，坚持从构建财政审计的大格局、审计项目的绩效分析、财政体制机制制度的建立完善、问题整改的效果“四着眼”入手，提升预算执行审计质量。重点审计市人大机关等9部门和岳阳经开区等4区预算执行情况，查出问题248个，查出问题金额145.14亿元，提出建议54条，“两个报告”得到市人大常委会的肯定。审计中创新建立现场巡视制度和“三会一巡”制度，在全国范围内得到宣传推广，以“五联机制”和“约谈模式”推动审计整改落实。

【领导干部经济责任审计】 2016年，市审计局完成经责项目11个，查出问题金额9.8亿元，其中，领导干部负直接责任804万元、主管责任4.6亿元、领导责任5.1亿元。向有关部门移送案件线索6起，2人受到党内警告处分。以“国有资产管理亟待加强”“建设项目管理亟待加强”为题呈报《审计专报》2期，得到市委、市政府主要领导好评。审计在完善干部监督管理机制、客观公正评价干部业绩、促进领导依法行政和廉洁自律等方面发挥重要作用，为市委、市政府考察任用干部提供科学依据。

【政府投资资金审计】 2016年，市审计局对岳阳三荷机场、岳阳城陵矶综合保税区和岳阳市中心城区小街小巷提质改造等3个重点项目政策措施贯彻落实情况进行审计，查出建设项目管理混乱、项目计划滞后且部分项目未按计划实施、未履行招投标等问题。出台《岳阳市国家建设项目审计监督办法》，防范审计风险。完成滨湖路道路工程、市二医院科技楼装饰工程等129个工程结算审计，工程项目经过建设单位初审、市财政评审办或社会中介机构复审，核减不合理工程造价2519万元。完成征地拆迁补偿个案审计项目30个，审定土地成本和个案补偿金额7360万元，核减补偿金额1188万元。

【保障民生资金审计】 2016年，市审计局对全市城镇保障性安居工程及配套基础设施的计划、投资、建设、分配、运营等情况进行审计，完成190个安居工程项目，补充安排专项资金450.23万元，退回多收取税费39.89万元，促进闲置住房投入使用553套，移送案件线索3条。部署对全市医保基金开展审计，揭示和反映看病难、看病贵以及影响医保基金安全性和效益性的突出问题，查出违纪违规问题金额7.51亿元，移送案件线索6起。对防空地下室易地建设费和房屋维修基金征收管理使用情况实施专项审计，重点关注专项资金的分配、管理和使用情况，促进改善民生，保障群众利益。

【政策措施落实情况审计】 2016年，市审计局落实稳增长等政策措施，跟踪审计8个，审计资金总额100亿元，重点审计简政放权政策执行情况、涉企优惠政策执行情况、重大项目建设情况、重点资金保障情况。审计发现部分重点工程建设进展缓慢、部分节能减排措施未得到有效落实等6类问题。发送整改清单，划分责任主体，提出整改要求，对整改情况进行督查，将整改结果上报省审计厅。向市政府呈报《审计要情》和《审计专报》各1期，移送案件线索2起，处分2人，追回专项资金111万元，出台洞庭湖生态经济区水环境综合治理专项行动方案5个。

【交办事项审计】 2016年，市审计局组织15人，历时两个月完成省审计厅交办的国外贷援款公证项目4个，攸县书记县长经责项目1个。省委抽调2人参加全省巡视，省委组织部抽调1人参加衡阳党建工作检查，市纪委抽调5人次参加各类案件办理，发挥审计的职能作用。落实市委、市政府交办信访事件1件，回复政协提案2个，完成岳阳市中心城区棚户（旧城）区改造跟踪审计等投资项目6个，提交审计报告，为领导正确决策、化解矛盾提供可靠依据。

【提升审计能力】 2016年，市审计局多次召开专题会议，按照“强基础、补短板”的工作思路，加强审计队伍建设，提升审计质量，推动审计事业发展。制定完善《关于加强审计项目质量管理实施办法》《2016年度审计信息化工作实施办法》《2016年度岳阳市审计信息宣传实施办法》等制度，强化刚性约束，狠抓措施落实。强化完善审计信息宣传考核激励机制，要求每个审计项目必须提交1篇审计信息，引导审计干部总结提炼审计成果。审计信息被省以上媒体采用42篇，被省审计厅网站采用95篇，3篇案例入选审计署培训案例库，4门网络课件入选审计署作为全国审计机关网络培训课件。上报各类信息中涉及审计发现问题和情况，审计意见建议类明显增长，提升审计成效。1个审计项目被省审计厅评为优秀项目，2个审计项目被评为表彰项目。

（戴　龙）

金融

责任编辑　屈胜龙

综 述

【概况】 2016年，岳阳金融业保持平稳健康发展。截至年末，全市银行业机构各项存款余额2178.35亿元，比年初增加444.88亿元，同比增长25.7%。各项贷款余额1024.01亿元，比年初增加129.53亿元，同比增长14.48%。保险机构39家，实现保费收入56.4亿元，同比增长22.4%。证券期货营业部24家，完成A、B股交易额2767.9亿元，同比减少50.5%。融资性担保公司9家，担保金额22.2亿元。小额贷款公司18家，放贷23.4亿元。

【拓展融资平台】 2016年5月，组织举办全市银企信贷洽谈会，有354个项目与银行签订贷款协议339.2亿元。筹建浦发银行、长沙银行岳阳营业部开业，广发银行岳阳分行。岳阳市企业从资本市场直接融资136.2亿元；30家企业列入省重点上市后备企业，境内上市企业10家；金联星、千盟电子、盈田农业、利尔康等4家企业在新三板挂牌。

【助力农村发展】 2016年，设立华容县星龙村镇银行、岳阳县湘江村镇银行。推动农村信用社改革，整合岳阳楼区、云溪区、君山区三区信用社组建岳阳农商银行；改革组建湘阴县农商行、汨罗市农商行，推进组建岳阳县农商行、临湘市农商行。全市承保种植业面积49.85万公顷、牲畜100.4万头，农保品种8个，为110万农户提供保险保障。

【打击和处置非法集资】 2016年，将处置非法集资工作纳入岳阳市委“三项行动”（“增强四个意识、做到三个看齐”行动，医患矛盾纠纷整治行动，防范和处置非法集资行动）。市金融办组织召开处非专题会议23次。加强处非宣传教育，4—5月，开展处非宣传月活动2次，发送宣传短信80万条，在《岳阳日报》等媒体开辟专栏，利用城区600个银行网点、180台公交车进行宣传。开展涉非广告资讯排查，排查经营主体1701户（次），中心城区排查各类企业300家。监测各类平面媒体广告5323条次，户外广告103条次，印刷品广告2万份。

【开展互联网金融风险整治】

2016年，市金融办成立专项整治领导小组，制定整治方案7个，全市排查互联网资产管理和跨界经营企业643家，非银行支付机构37家，可疑个人银行结算账户30万个，P2P网络借贷机构5家，商品现货交易场所4家，典当行18家，股权众筹企业38家。其中，对2家非银行支付机构进行整顿，对2家涉嫌非法集资的企业予以立案，吊销1家企业的营业执照、将1家企业列入工商部门黑名单。

（袁彦文）

银行业

中国人民银行岳阳市中心支行

【概况】 2016年，中国人民银行岳阳市中心支行（以下简称人行岳阳市中支）发挥央行职能作用，贯彻执行稳健货币政策，改善金融服务，加强金融管理，维护区域金融稳定，推进外汇管理与服务，支持地方经济快速发展。截至年末，全市银行业金融机构存款余额2178.35亿元，比2015年年末增长25.7%，年内新增444.88亿元；贷款余额1024.01亿元，比2015年年末增长14.48%，年内新增129.53亿元。人行系统获得上级授予的各类荣誉22项，政银合力推动金融精准扶贫、探索构建会计业务风险共同防御与评估体系、外汇对接国家“一带一路”战略支持企业有序“走出去”、探索开展村级惠农现金服务示范点标准化建设、推动洗钱入罪等40项重点工作取得实效。33项亮点工作获上级行领导批示、会议交流或刊物推介。18人次得到上级行表彰或在各类业务竞赛中获奖。

【落实稳健货币政策】 2016年，人行岳阳市中支对接市委、市政府建设“一极三宜”江湖名城的战略部署，出台2016年信贷工作指导意见，引导金融机构加强与全市重点行业、重点领域、重点产业的信贷对接，实现信贷总量增长与经济增长的共赢。全年新增贷款129.53亿元，同比多增16.74亿元。出台《岳阳市金融支持精准扶贫“十三五”（2016—2020年）工作规划》《2016年金融扶贫实施方案》《岳阳市贫困村金融扶贫服务站建设工作实施方案》《岳阳市金融精准扶贫联席会议制度》，明确工作目标和步骤，强化市、县两级金融扶贫工作机制，协调出台风险补偿等配套政策，推动金融扶贫工作开展。建成金融扶贫服务站280个，发放产业扶贫贷款3.83亿元。用活再贷款、再贴现等货币政策工具，开展小微企业信贷政策导向效果评估、涉农信贷政策导向效果评估，重点支持小微企业和“三农”发展。发放再贷款1.5亿元，再贴现4.09亿元，同比分别增长15.59%、36.38%，涉农、小微企业贷款余额分别比年初新增55.08亿元、43.09亿元。推进跨境人民币业务，辖内跨境人民币业务量居全省前列。

【强化辖区金融稳定】 2016年，人行岳阳市中支强化“两综合两管理”（综合执法检查、综合评价，开业管理、营业管理），开展各类检查21次，依法实施处罚26.7万元，受理重大事项报告12件，开业申请8件，监督与合规辅导相结合，促进金融机构合规经营。

做好区域金融消费权益保护环境评估和金融消费咨询投诉处置，保障金融消费者合法权益。全年受理各类咨询投诉679件，满意率99%。关注民间融资、房地产、中小法人机构流动性状况等重点行业领域的风险，加强监测分析、排查与应对，撰写的《金融稳定报告》获全省评比二等奖。

加强对农信社改制的指导，推动湘阴农信社、城市“三区”农信社完成农商行的组建工作。做好存款保险制度实施的各项工作，完成辖内11家地方法人机构投保任务。配合市政府加大打击非法集资力度，维护辖内金融秩序稳定。推广应用“两类公司”信用评级和应收

2016年8月1日，人行岳阳市中支召开上半年经济金融形势分析会

（黄　佳　摄）

账款融资服务平台。依托“三湘征信”微信平台，突出宣传特色，营造“学征信、懂征信、用征信”的氛围。

强化公检法司联动协作，构建定期通报、案件分析、信息共享、联合打击“四位一体”反洗钱联动机制，增强工作合力，推动洗钱入罪取得新突破。破获特大虚开增值税发票案和华容曾某洗钱案，涉案金额80亿元。在全国反洗钱培训班上介绍反洗钱工作经验。

【提升金融服务水平】 2016年，人行岳阳市中支强化整体联动，开展支付市场专项整治、互联网金融风险整治、电信新型犯罪防范打击等活动，自查、专项核查、联合惩处相结合，净化支付环境。

深化农村支付环境建设，推进农村支付综合服务平台建设，岳阳助农取款商户巡检数居全省前列。开展个人银行账户风险排查和人民币结算账户专项检查，规范账户行为。开展海关税收入库专项检查，增强国库监管针对性和有效性。加强与税收征缴机关的协调，确保“营改增”政策顺利实施。

协调平江县开展乡财政推广国库集中支付电子化系统，做法获《金融时报》推介。开展“过新年、换新钱”活动以及系列反假货币宣传活动，中支反假工作经验在总行闽浙赣粤湘五省反假货币协作会议上作交流。选取临湘市开展村级惠农现金服务示范点标准化建设工作，解决农村地区现金服务稀缺现状，被中央、省级媒体广泛报道。

自行开发的《计算机设备信息管理系统》，获准在省内4个市州推广应用。组织开展各类金融宣传15次、各类调研活动60项，30篇课题报告或论文在上级行获奖或被省部级以上刊物采用，其中，《三四线城市房地产去库存的调查与分析》获得全省调研评比一等奖，《涉农贷款专项统计制度存在的问题及改进建议》获得三等奖。加大政务信息报送力度，32篇信息获总行和省委、省政府采用，其中3篇获总行领导批示。

【外汇管理与服务便利化】 2016年，人行岳阳市中支推进货物贸易企业自主管理新政实施，开展多层次多批次专题培训学习，为123家进出口企业落实新政提供指导。加强对重点企业、银行机构的专项核查和重点监测，加大分类处置力度，合理引导和稳定市场预期。主动对接“一带一路”战略，外汇支持优势企业“走出去”取得成效。通过编印专题外汇服务手册、举办业务培训班、开展主题研讨、新政宣传等手段，加强引导，靠前服务。培育特色优势境外直接投资企业10家，办理首笔中资企业跨境融资业务，促成3家企业“走出去”、12家企业在境外投资。开展“访银行、走企业、下基层”活动和外汇政策帮扶，配合做好城陵矶综合保税区的外汇对接服务，为银行和企业提供外汇服务便利，推进境内企业跨境融资新政在岳阳实施。

（向　平　张　弛）

中国银行业监督管理委员会岳阳监管分局

【概况】 2016年，中国银行业监督管理委员会岳阳监管分局（简称岳阳银监分局）依法履行监管职责，确保辖内银行业安全稳健运行和经济平稳较快发展。截至年末，全市银行业总资产2262.63亿元、总负债2228.33亿元，同比分别增长25.71%、25.22%；各项存款余额2178.35亿元、各项贷款余额1024.01亿元，同比分别增长25.66%、14.48%；不良贷款实现“双降”（不良贷款率下降、不良贷款余额下降）；实现利润21.01亿元，同比增长37.14%。

【推进银行业改革】 2016年，岳阳银监分局贯彻省委、省政府“一县两行”（在每个县改制组建一家农村商业银行，设立一家村镇银行）建设目标，引进银行业机构，丰富银行业机构体系。一是推进农村中小金融机构改革。至年末，全市9家农村信用联社完成改制8家、组建农商行6家，岳阳县联社引进战略投资者并签订农信社改革合作协议。通过农信社改革，全年消化不良资产和亏损挂账等23.37亿元。二是推动村镇银行组建。辖内有3家村镇银行挂牌营业，岳阳湘江村镇银行批准开业，湘阴星龙村镇银行申筹。三是完善组织体系。引进股份制银行取得成效，浦发银行岳阳分行开业，广发银行岳阳分行、长沙银行岳阳分行完成批筹。

【服务实体经济】 2016年，岳阳银监分局把国家金融方针政策与地方实际有机结合，督促银行业机构提升服务实体经济质效。

服务重点产业。银行业机构对接市委、市政府提出的“一极

岳阳银监分局领导到华容农村商业银行指导工作　（杨　燕　摄）

三宜”江湖名城战略，通过多渠道授信，对城陵矶新港区、全市重点基础设施建设、民生工程等重点领域、重大项目、重点企业进行综合金融支持。至年末，全市银行业机构交通、水利、电力等基础设施行业贷款余额303亿元，较年初增加27亿元，增长10%；战略性新兴产业贷款余额21亿元，较年初增加5亿元，增长31%；保障性安居工程贷款余额17亿元，较年初增加9亿元，增长108%。

支持供给侧结构性改革。按照分类实施原则，分别采取增贷、稳贷、减贷、重组等处置措施，支持实体经济“去产能、去库存、去杠杆”。至年末，水泥、平板玻璃、电解铝、船舶等产能严重过剩行业贷款余额77亿元，比年初减少103亿元。

加强薄弱环节金融服务。实现小微企业贷款“三个不低于”（小微企业贷款增速不低于各项贷款平均增速、贷款户数不低于上年同期户数、申贷获得率不低于上年同期水平）、涉农贷款“一个不低于”（增速不低于全部贷款平均水平）目标，农村金融服务实现全覆盖。截至年末，全市小微企业贷款余额284.23亿元，比年初增加60.03亿元，增长26.77%，申贷获得率94.53%，贷款户数达到2.36万户；涉农贷款余额461.34亿元，较年初增加71.71亿元，增长18.41%。落实金融扶贫政策，全市金融机构发放扶贫小额信贷9698户4亿元。

加大金融消费者权益保护力度。全年接待群众来访3次、电话投诉12起，办理银监会信访投诉系统转办3起、“12345”服务热线转办投诉166起，“12345”服务热线回访满意率达100%。

【防范金融风险】 2016年，岳阳银监分局加强风险监管，守住不发生区域性、系统性风险的底线，全年没有发生大的风险事件，实现零发案。

法人机构监管。通过11次监管谈话、5次风险提示、5次现场检查等方式，将风险防控主体责任传导到法人机构董事会与高管层，运用多种监管手段，规范经营行为。针对辖内法人机构同业投资业务存在超资质红线开展业务等5类问题，及时采取监管措施，重拳整治，受到湖南银监局主要负责人批示表扬。

重点领域风险监管。定期监测分析、通报辖内房地产、平台贷款等信贷运行情况，提出政策建议，严防信用风险。开展“两个加强、两个遏制”（加强内部管控、加强外部监管，遏制违规经营、遏制违法犯罪）“回头看”检查，排查风险隐患495个。开展舆情监测和声誉风险防范工作，建立网络评论员队伍，及时处置负面舆情，全年组织跟帖13次，上报跟帖7300条，严防声誉风险。全年督促辖内银行业机构建立风险处置预案7个，确保及时有效处置流动性风险。

案件风险防控。落实《银行业金融机构案防工作考核办法》，督促农村中小金融机构开展案件防控自我评价，加大督促整改力度。强化对发案机构风险问题整改，针对农行岳阳分行发生的余辉票据案件，暂停该行票据业务半年。对岳阳县联社李勇案件风险事件相关责任人进行问责。

外部转移风险防范。履行处非联席会成员职责，配合公安机关立案取证非法集资案件10余起。协同公安机关督导辖内银行业机构堵截电信网络诈骗案件231起，为人民群众挽回损失365万元。印发《岳阳市P2P网络借贷风险专项整治工作实施方案》，对辖内7家从事P2P业务的公司进行清理整顿。

现场检查质效。抓好现场检查前培训、检查期间流程跟踪、检查后的质量把控，召开局长办公会专题两次，听取检查期间情况汇报和检查汇总情况报告，及时指导分析问题，统一定性，统一处罚尺度，确保检查工作效率。全年检查银行业机构41个，发现违规机构22个，查出违规金额41亿元，下发检查意见书11份，提出监管意见73条，责令机构内部问责142人，对3家机构进行行政处罚。现场检查成果在湖南银监局组织的专项评比中获奖。

（余佳琳）

中国农业发展银行岳阳市分行

【概况】 2016年，中国农业发展银行岳阳市分行（简称农发行岳阳市分行）以服务农业供给侧结构性改革为主线，以风险防控化解为重点，为岳阳市经济发展和新农村建设做贡献。全年各项贷款累放48.47亿元，同比增加17亿元；年末贷款余额117.32亿元，比年初增加22.01亿元；各项存款余额42.26亿元，比年初增加15.72亿元。不良贷款实现“双降”，余额较年初减少3.34亿元，不良贷款率下降4.66%。

【信贷支农】 2016年，农发行岳阳市分行信贷重点支持“三农”项目建设。向国定贫困县平江县投放棚改、水利建设贷款6亿元，投放农发重点项目建设基金5笔1.01亿元；发放扶贫类贷款8.25亿元，年末扶贫类贷款余额11.6亿元，较2015年增加6.77亿元。全年营销中长期贷款项目20个、贷款金额110亿元，审批项目17个、贷款金额86.9亿元，贷款审批额度位居全省前列，项目数量和贷款金额均创历史新高。发放早、中晚稻购销储贷款7.6亿元，支持企业收购稻谷18万吨。落实轮换和保管费用、贷款利息和价差亏损补贴等政策，支持地方储备粮增储工作。

【风险防控】　2016年，农发行岳阳市分行制定《风险化解和不良贷款清降系统性方案和专项考核方案》，加快诉讼清收进程，推动8家不良贷款企业进入执行程序。通过批量转让、呆账核销、现金清收、第三方代偿等多种方式，化解清收8家企业部分或全部不良贷款，金额3.34亿元。2016年新增风险贷款均全额收回。

（兰　丹）

中国工商银行股份有限公司岳阳分行

【概况】　2016年，中国工商银行股份有限公司岳阳分行（简称工行岳阳分行）本外币存款余额243.58亿元，其中，储蓄存款154.39亿元、对公存款89.19亿元，全部存款较年初增加35.24亿元，增幅16.91%。本外币各项贷款余额160.96亿元，比年初增加3.06亿元，增幅1.94%。加强城区重点项目贷款营销，拓展县域经济贷款，发放各类贷款31亿元。对城陵矶新港区七户优质企业发放贷款21亿元，对岳阳市重点项目发放贷款7亿元，对县域经济发放贷款8亿元。不良贷款余额1.79亿元，较年初下降400万元，不良率1.11%，较年初下降0.05%。实现净利润2.48亿元。

【业务转型发展】　2016年，工行岳阳分行实现票据业务贴现利息收入2899万元，同比增加1405万元。净增企业网上银行证书客户1024户，净增融e行客户8.9万户，净增工银e支付客户6.8万户，完成融e购B2B非金融交易额13.5亿元。信用卡净增发卡1.6万张，消费额89亿元；收单额47.2亿元，较2015年同期增加8.49亿元；特约商户数5193户，较年初增长3559户；开通二维码支付商户2283户，二维码有交易商户1144户。分期付款交易额8.75亿元，较2015年同期增长6401万元，余额5.2亿元，较2015年年末增加3470万元。累计销售个人理财产品20.98亿元，余额8.38亿元，较年初增加2.14亿元；销售大吉年红包1414套；财智账户卡973张，完成全年任务的138%。新增有效现金管理客户37户。获得全省系统大零售创新业务推动二等奖。

（汪枫林）

中国农业银行股份有限公司岳阳分行

【概况】　2016年，中国农业银行股份有限公司岳阳分行（简称农行岳阳分行）各项贷款新增10.5亿元，同比多增10亿元。一是支持重大项目。采取内部银团贷款形式，向蒙华铁路等项目投放贷款18亿元；在同业率先推出政府购买服务信用业务产品，完成平江城区防洪堤垸建设、岳阳县G240公路改建工程等7个项目14.78亿元贷款审批，投放3.74亿元。二是支持实体经济。推出“创业贷”等新业务，实现小微企业贷款净增4.24亿元，贷款增速高出各项贷款增速4.28%，小微企业贷款获得率达87.19%，实现“三个不低于”监管要求。三是支持消费升级。净增个人住房贷款4.17亿元，完成省行年度计划的116%，其中发放农民“安家贷”2.4亿元，圆1100名农民进城梦。推出随薪贷、网捷贷、养老贷、现金分期等个人消费新产品。

【服务“三农”】　2016年，农行岳阳分行代理涉农财政直补资金1.94亿元。新型农业经营主体贷款净增1.13亿元，完成省行计划的222%。推出“财银保”“财银担”“N+1”等政府增信机制，完成省行“万社促进计划”。扶贫重点县贷款净增4.45亿元，计划完成率318%。华容、汨罗和平江支行贷存比达标，平江、湘阴支行符合中国人民银行“三农”事业部达标条件。中央电视台、湖南卫视等媒体对农行岳阳分行服务“三农”工作进行采访报道。

【“双基”管理】　2016年，农行岳阳分行加强“双基”（基础管理、基层管理）管理，降低成本，车船使用费、会议费、业务招待费分别压降31.2%、12.89%、7.62%。完成中央巡视反馈问题整改，处理违规违纪人员304人次，保持案防高压态势。规范运营操作管理，堵截47起外部诈骗案，为客户挽回经济损失88万元。组织“两加强、两遏制”（加强内部管控、加强外部监管，遏制违规经营、遏制违法犯罪）安保运维管理。通过核销、清收、回调等措施，使不良贷款余额控制在省行计划内。完成委托资产“清零”任务，化解正达合同纠纷，做好洞庭国际公馆业主上访事件等重大信访维稳工作。开展辖内支行、网点、中心金库制“回头看”工作，加强问题整改，增强员工合规意识。农行岳阳分行被评为市直金融系统内保工作先进单位、综合治理工作先进单位、金融宣传先进单位。

（丰国香）

中国银行股份有限公司岳阳分行

【概况】　2016年，中国银行股份有限公司岳阳分行（简称中国银行岳阳分行）贯彻“深化转型、稳中求进”经营方针，加强风险管理和党的建设，各项工作稳中有进。截至年末，中国银行岳阳分行本外币各项存款余额159.92亿元，较年初新增21.96亿元，增幅15.97%；本外币各项贷款余额85.05亿元，较年初新增7.01亿元，增幅8.98%；不良贷款余额3835万元，较年初下降1948万元，不良率0.45%，较年初下降0.29%。

【存贷款业务发展】　2016年，中国银行岳阳分行推动存、贷款业务发展。

存款较快增长。以“系统性营销”为牵引，从源头性、基础性存款项目上发力，坚持时点、日均存款同发力，在扩大存款规模的同时提升市场份额。公司存款以行政事业存款和重点项目资金为抓手，强化“名单式”营销和资金进出管控，突出上下联动、公私联动；个人存款以代发薪和产品营销为重点，结合全员揽储、专项竞赛和时点冲刺，推动各类产品有效覆盖。全年本外币时点存款净增21.96亿元，日均存款净增16.11亿元；其中人民币公司存款时点余额49.5亿元，较年初新增10.65亿元；人民币储蓄存款时点余额104.98亿元，较年初新增10.27亿元；人民币金融机构存款余额8192万元，较年初减少214万元。外币存款余额5650万美元，较年初新增1460万美元。

扩大贷款投放。贯彻国家金融信贷政策和监管部门工作要求，进行授信结构调整，加强对实体经济信贷投放，全年人民币各类融资累计叙做45.11亿元。加大对重大项目和骨干企业贷款投放，支持重点工程和大型企业资金周转。为蒙西华中铁路、中石化长岭分公司、城陵矶兴港物流、长康实业等发放贷款10.6亿元。发挥外汇外贸专业优势，服务全市进出口企业。以信用证、保函、保理等业务为重点，提供贸易金融结算服务，全年叙做各类表内融资折人民币7.70亿元，同比增加1.03亿元，其中进口押汇融资净增2330万美元；在跨境人民币、结售汇、国际结算等市场份额领先同业。对接市内各大产业园和县域工业区，为中小微企业提供授信支持。全年在“中银信贷工厂”模式下发放各类中小企业贷款2.22亿元，服务特色制造、水利基础设施、批发零售类、涉农企业34家。联合税务部门开发授信新品种“税融贷”，为纳税良好的中小企业提供授信。满足市民个人消费信贷需求，以住房按揭贷款为重点扩大投放。全年发放个人贷款9.73亿元，同比增加5960万元，全年净增4.76亿元；推动以“爱家分期”为重点的分期业务，为市民提供买车、装修等消费类授信，全年叙做3.33亿元，其中专项爱家分期1.4亿元，同比增长71%。

【加强风险控制】　2016年，中国银行岳阳分行应对经济下行压力，通过抓源头、抓全过程管理，保障资产质量平稳有序，把不良管控作为风险管理的重中之重。

保资产质量。加强内部传导，统一授信偏好、提高授信准入门槛，加大风险事件排查和预警，及时处置潜在风险隐患，从总体上管住大额不良新增。运用多重手段开展全方位不良压降和清收，针对大公司类不良实施一户一策，对个贷和信用卡不良加大清收进程推动，出台不良贷款压降激励办法，落实挂点督办。全年不良贷款保持“双降”，表内不良贷款余额处于管控范围内，表外清收现金本息470万元。

抓内控合规。严管理，营造“言发展必言合规”氛围，明确监察部门、风控部门、业务部门各自职责，完善三道防线信息沟通与共享，填补管理真空、织密管理体系。加大绩效考核，对辖属机构考核中加大风控指标权重，针对内审外查发现的风险敞口、监管处罚与机构评先评优直接挂钩。对重点问题进行挂牌督办，明确整改责任，规范工作流程，确保整改效果。加大常规检查、专项排查频率，强化考核评价与问责，通过正面激励、负面约束，增强全行干部职工的依法合规经营意识。

增服务效能。通过流程优化、渠道建设、网点建设等方面，给客户提供优质、高效、便捷的综合金融服务。推动网点智能化，建设“智慧网点”，加大硬件设施改造，标准化配置网点智能终端。推广中银易商、中银手机银行、网上银行等，为客户提供良好电子金融体验。优化网点服务，按照标准化销售流程导入。加强网点一线员工技能训练，提高业务办理效率，提升客户满意度。

【履行社会责任】　2016年，中国银行岳阳分行搭建平台，履行社会责任。

助力企业发展。发挥国际化优势，助力外向型经济发展。6月，中国银行岳阳分行组织四化建、岳阳路桥等6家企业参加湖南省政府与中国银行总行联合举办的“中非产能对接与跨境撮合”活动，现场与非洲特色企业及相关项目进行“一对一”洽谈、磋商，为市内优势企业“走出去”提供新平台、新渠道。9月，中国银行岳阳分行联动市商务粮食局、财政局、税务局、农信社等组织召开中小外贸企业出口业务融资对接会，邀请市内50家中小特色外贸企业参加，为其融资搭建平台。

打造惠民金融。着眼客户金融需求，加大产品研发与创新，推动“惠民金融”系列产品覆盖落地。围绕与百姓日常生活相关的民生服务领域，推出“惠保障”“惠健康”“惠教育”“惠缴费”“惠消费”“惠助农”服务方案。满足农村客户基本金融需求，推出固话POS助农取款以及手机取款业务，让其享受转账、水电煤、新农合、新农保缴费、信用卡还款等延伸服务。截至年末，发行富农卡5.18万张、建立惠富通便民取款点45个。开发上线公共资源交易平台、物业维修基金代收、预售房资金监管系统、非税缴纳系统、ETC系统等，服务公共金融需求。

开展金融扶贫。多次到扶贫联系点汨罗市三江镇智丰村走访，派驻专人长年参与定点扶贫，争取扶贫资金10万元用于扶贫点建设与发展。对国家级贫困县平江县开展产业扶贫，对平江县中小特色企业予以授信优先支持，助力企业做强做大，带动当地就业和经济发展。动员辖属员工开展“一对一”帮扶和捐赠。

（徐　斌）

中国建设银行股份有限公司岳阳市分行

【概况】　2016年，中国建设银行股份有限公司岳阳市分行（简称建行岳阳市分行）截至年末存款总额290.69亿元，年新增36.72亿元，增幅14.46%。贷款总额161.74亿元，较年初增长27.72亿元，增幅20.69%，贷款余额及新增同业第一。实现中间业务净收入2.22亿元，增幅23.28%，实现账面利润6.54亿元，增幅31.6%，均排名岳阳市同业第一。实现无重大违规、无重大安全责任事故、无案件的管理目标，连续12年零发案。

【支持项目建设】 2016年，建行岳阳市分行对接中央对湖南提出"一带一部"（东部沿海地区和中西部地区过渡带、长江开放经济带和沿海开放经济带结合部）的新定位、省委提出将岳阳发展成为湖南通江达海的新增长极、市委确定建设"一极三宜"江湖名城的发展战略，被总行列为国家重大战略信贷支持重点分行，进入信贷审批绿色通道，为岳阳市交通、能源、水利、信息、现代物流、旅游"六张网"建设解决贷款规模15.36亿元。服务蒙华铁路、华电平江电厂等区域基础设施建设重点项目。6月28日，与岳阳市政府签署总额40亿元的城市建设发展基金合作协议。

【支持实体经济】 2016年，建行岳阳市分行参与地方投融资体制改革，贷款置换地方一类债务18.17亿元，投放政府购买服务贷款2.6亿元。促进民生改善，为岳阳市土地储备中心、岳阳经开区土地储备中心提供信贷支持7.2亿元，为文化、教育、卫生建设放贷6.76亿元，与岳阳职业技术学院、岳阳市一医院、广济医院等签订战略合作协议，拟投入资金1180万元。紧跟国际业务新动向，以"一区一港四口岸"建设为重点，办理首笔跨境受托代付业务3.5亿元人民币、首笔跨境融资风参业务4000万美元，支持涉外企业"走出去"。

【扶持"双创""小微"】 2016年，建行岳阳市分行扶持"双创"（大众创业、万众创新）和小微企业发展。执行银行服务收费政策，降低企业贷款周转成本，缓解小微企业"融资难""融资贵"等难题。与市工商联签署30亿元合作协议，新搭建湘阴、临湘、云溪三个助保贷平台，与辖内9个园区建立合作关系，小微企业申贷通过率90%，园区企业贷款占全行贷款总额的10%。推动消费金融，投放个人消费贷款、住房按揭、助业贷款、信用卡分期等26.85亿元。

【推进服务转型】 2016年，建行岳阳市分行在岳阳市布放智慧柜员机146台，新设自助银行7家，加快开发搭建水费、电费、话费、收视费、党费、报名报考费等领域公共收费平台。10月，在市一医院率先上线"移动互联网医院"金融生态圈，布放诊疗机35台，服务患者7万人次，有效缓解"挂号难""看病难"等问题。

（李昊鸿）

交通银行股份有限公司岳阳分行

【概况】 2016年，交通银行股份有限公司岳阳分行（简称交行岳阳分行）推进精细化管理落地，实现质效全面发展，经营管理呈现有序局面。截至年末，人民币存款时点余额106.33亿元，突破百亿大关，较年初增长18.76亿元，增幅21.42%；贷款总余额48.64亿元，较年初增长7.47亿元，增幅18.13%。信贷资产质量保持良好，不良贷款率0.28%，对公贷款不良率为零，无关注、次级类贷款。全融资投放27.3亿元。实现增收4532万元。

【加强经营管理】 2016年，交行岳阳分行科学经营，加强管理。

丰富项目储备。获上级行审批通过的授信项目10个，授信总额104.53亿元，提款12亿元。投行非信创新业务中，城陵矶新港区20亿元私募债获批，洞庭新城8亿元债券融资过桥项目获批并实现提款。

加强渠道建设。围绕"政府事业、医疗卫生、学校教育"三大板块推进重点银政合作项目。拓展同业客户群体，密切同国开行、湘阴农商行和岳阳县信用社的同业合作，同业理财日均存款快速增长。

推进客户工程。新增社保卡23.27万张，激活13.29万张，激活率57.11%，新增代发2.02万人，实现代发金额3.2亿元。做大做强理财业务、交易型业务、创新型业务、代销业务。组织开展卡消费活动48场，活动天数298天；组织开展品牌客户活动11场，品牌客户参与人数483人。

加强风险管控。实现全面风险管理常态化，加强授信管理工作和内控管理力度，落实安全保卫工作，案防工作取得新成效，全年没有发生恶性金融风险案件。

提升服务质量。强化服务管理，落实消费者权益保护工作，提升客户服务体验。交行岳阳分行营业部获得中国银行业协会千佳网点称号。

【推进改革转型】 2016年，交行岳阳分行推进改革转型工作。一是推进绩效考核改革。以市场化为导向改革绩效考核制度，优化绩效考核办法，加强经营结果考核与经营过程考核的精细化程度，加强对员工的工作过程考核，建立与经营效益挂钩的薪酬决定机制和增长机制。二是深化网点转型发展。布局"6+6"（即6家综合型网点+6家普惠型网点）网点服务模式转型，做好压柜减面、网点面积压降、费用压降、人员压降工作。推进渠道转型，将实体网点、社区银行、自助银行、手机银行、远程银行相结合，发挥各自特色，大幅提升柜面替代率和电子分流率。三是改革创新人才培养模式。建立后备人才库，优化员工发展通道。坚持以人为本，推行人才双向选择机制，实现人尽其才、合理交流。

【服务地方发展】 2016年，交行岳阳分行抢抓长江经济带、洞庭湖生态经济区、长江中游城市群建设等战略机遇，支持供给侧结构性改革，重点支持基础设施建设、民生保障、战略性新兴产业、国企改革等。发展普惠金融，支持小微企业、"三农"和精准扶贫等，完善和推广应用小微企业"快捷抵押贷""POS"贷、政府采购贷等特色产品。加强金融创新，统筹表内外资源，拓宽全口径融资渠道，加大直投、表外理财对接非标资产等信贷业务对传统信贷业务的补充，多渠道解决客户融资需求，为实体经济发展减费让利。

（何文鹏）

华融湘江银行股份有限公司岳阳分行

【概况】　2016年，华融湘江银行股份有限公司岳阳分行（简称华融湘江银行岳阳分行）各项存款160亿元，较年初增长33%，各项贷款余额80亿元，较年初增长31%。实现净利润2亿元。全年没有发生重大安全责任事故。

【支持地方发展】　2016年，华融湘江银行岳阳分行一是支持重大项目建设。支持岳阳三荷机场、城陵矶综合保税区、环南湖旅游交通三圈、岳阳大酒店等项目，对学院路提质改造、木里港片区建设等重点基础建设项目给予授信支持。二是推动县域项目融资。对平江水厂提质改扩建及管网工程、G240改扩建工程、湘阴县城市排水管网改造及人民医院改扩建项目、云溪绿色化工产业园截污管网及配套设施工程、临湘市桃林河水环境综合治理工程项目等进行授信投放。三是支持实体经济发展。对有效益、有市场、有竞争力的中小企业给予信贷支持，完成中南批发大市场和太阳桥建材市场商会模式化、岳阳市医疗保险模式化方案、汨罗市退税权质押模式化业务、汽配商会互助联保贷模式化业务。

（文传刚）

中国邮政储蓄银行股份有限公司岳阳市分行

【概况】　2016年，中国邮政储蓄银行股份有限公司岳阳市分行（简称岳阳邮储银行）加强服务创新、产品创新，收入利润实现双超。各项存款余额269.05亿元，各项贷款余额50.45亿元。

【转变营销服务方式】　2016年，岳阳邮储银行个人存款业务实现规模进位，特别是自营净增规模居全省第二位，较2015年同期前进6个名次，提前5个月完成全年储蓄发展目标。深化存款业务渠道挖潜，实现全面效益增长，取得多个重大营销项目的代理资格。强化营销方式，实现资产业务发展项目和资源有效整合，推进零售和“三农”贷款业务，“邮青时贷”专属金融产品支持岳阳市“双创”工作。与岳阳市多个重点楼盘达成合作机制，实现项目价值的进增递延，形成“以项目为依托，零售信贷业务批量做”的效果。岳阳邮储银行连续两个季度取得全省平台建设综合测评第一名，并获得全年综合测评全省第二名。

【完善风控体系】　2016年，岳阳邮储银行规范风险与内控委员会及成员部门的工作职责。一是健全风险管理制度。修订完善制度11项，组建合规联络员队伍，制定工作职责、考核措施等。召开风险与内控委员会5次，研究解决风险管理关键问题6个。组织开展风险监测、预警和调研工作，对各类贷款新业务风险进行风险调研评估，印发各类风险预警6篇，撰写调研报告4篇。二是将内控合规建设融入行为内核。组织开展“三项清单”制度的落实。按照“谁立项、谁组织、谁负责”的原则，发挥案防工作“第一道防线”作用。完善邮银联席协调小组、邮银案防工作领导小组和代理金融风险合规管理委员会。开展“两加强、两遏制”“回头看”自查工作和内控达标年活动。

（吴　霄）

湖南省农村信用社联合社岳阳办事处

【概况】　2016年，湖南省农村信用社联合社岳阳办事处（简称省联社岳阳办事处）各项存款375.2亿元，较年初增加85亿元，市场占有率18.08%，总量居岳阳市金融机构第一位。各项贷款155.6亿元，比年初减少1.7亿元（剔除置换核销及改革因素转入表外19.31亿元，实际比年初增加17.6亿元）。实现各项财务收入20.09亿元，经营利润7亿元。

【推进产权改革】　2016年，省联社岳阳办事处建立督导机制，派员驻点指导困难联社的产权改革工作，定期进行调度。会商问题症结，实行工作倒逼，推动产权改革取得成效。6月28日，湘阴农商银行挂牌开业；9月13日，岳阳农商银行挂牌开业；12月23日，汨罗农商银行召开创立大会。临湘农商银行筹建申请获得省银监局批准。岳阳县联社基本完成清产核资工作。已组建成功的农商银行在完善公司治理结构、推动经营机制转型、构建全面风险管理体系、建立现代农村金融企业制度等方面均取得初步成效。

【加快业务发展】　2016年，省联社岳阳办事处一是抓存款组织。开展存款总量爬坡升位和抓市场争份额竞赛，岳阳市农信社存款增量、增速及市场份额均取得历史最好成绩。二是抓基础客户拓展。开展基础客户拓展竞赛活动，举办外拓营销培训，推进“两扫五进”（扫楼、扫街，进村组、进社区、进门店、进园区、进楼宇）活动，启动客户电子信息档案建设。三是抓金融产业扶贫。全市农信社对11.55万户建档立卡贫困户进行评级，授信6.47万户，金额15.97亿元，风险补偿金到位4630万元，扶贫贷款余额4.06亿元，完成全年任务的107.86%，建成金融扶贫服务站264个，完成三年建站任务的89.5%。四是抓电子银行产品营销。印发《电子银行业务营销竞赛方案》，成立专门营销机构，开展地毯式、合作式、代理式等各类营销。加快自助设备、社区银行、金融便民店的布放和建设，开展金融服务上门走访等活动，推进“金融惠民活动”村村通工作。五是抓不良贷款清收。实行“一把手”负责制，以产权改革为契机，借助行政、司法之力清收不良贷款，利用优质资产置换不良资产。对接资产管理公司，推广打包处置、托管清收、债权转让、竞标清收等市场化、商业化处置方式。六是抓资金运营管理。各法人行社应对金融市场化改革的挑战，搭建资金运营平台，选配专业人才，拓展营运渠道，完善风控制度和业务操作流程，资金收益水平得到提高。全年资金业务收入5.83亿元，同比增加2.13亿元，占营业收

2016年9月13日，岳阳市农村商业银行挂牌营业　（范向辉　摄）

入比重的29%，同比增加9%。

【夯实管理基础】　2016年，省联社岳阳办事处一是推进重点工作。明确推进产权制度改革、推动全员绩效考核、建立市场营销机制、拓展基础客户等七项重点工作，制定并完善考核办法，逐季度进行督查督办。二是规范会计基础管理。出台委派会计管理办法和会计达标升级实施方案，落实会计委派制，夯实会计基础工作。三是完善工作调度机制。建立业务进度“微快报”，定期对应收未收利息、到逾期贷款等进行针对性提示，月末进行分析，逐季召开讲评会，促进平衡发展。

【强化内控管理】　2016年，省联社岳阳办事处一是强化案防基础。召开岳阳市农信社案防工作大会两次，明确案防工作目标任务及工作措施。组织开展“雁过拔毛”式腐败问题和“纠‘四风’、治陋习”专项治理，认真排查和整改问题。二是强化安全保卫。对照公安部安防新标准，加大营业场所安防设施的改造力度和达标验收，推动视频监控中心升级改造。开展安全保卫夜间突击大检查，对发现的问题从严查处、从重问责。三是强化稽核检查。建立办事处稽核大队稽核员派驻制度，转变稽核监督方式，开展“两加强、两遏制”回头看检查和13个项目的现场稽核检查，下达稽核整改通知书61份，提出整改意见568条，落实整改418条。落实经济处罚257人次，罚款24.9万元，行政处分和组织处理27人次。

（刘凤波　周　婵）

中信银行股份有限公司岳阳分行

【概况】　2016年，中信银行股份有限公司岳阳分行（简称中信银行岳阳分行）以打造“最佳综合融资服务银行”为愿景，利用中信集团全金融牌照的优势，建立以直接融资为主，债权融资与股权融资相结合，运用“商行+投行”“表内+表外”融资模式引入资金支持地方经济建设。运用贷款、保理、中期票据、理财计划、金融租赁、信托计划和委托贷款等多种金融产品，发挥自身优势，服务岳阳实体经济。各项存款日均余额36.3亿元，存款时点余额49.91亿。

【服务经济建设】　2016年，中信银行岳阳分行服务岳阳经济发展。一是加强项目库建设。服务核心客户和个人客户。在公司信贷与零售信贷两大板块，组织开展项目储备活动，为资产业务快速发展奠定基础。二是多渠道引资金。利用同业、投行、国际等平台优势，多渠道引进行信托、理财等资金，支持项目4个，金额20亿元，解决地方建设资金需求。三是找准信贷投放重点。将重点工程和民生项目作为信贷投放的重点，把岳阳市国计民生以及基础设施建设的项目作为授信申报重点。重点投向岳阳市政府支持的重点项目建设，重点支持支柱产业及优势产业。与多家单位展开合作，支持水电气公共事业项目，重大基础设施、棚改、城市地下管网等民生项目。四是实现普惠金融政策。创新金融产品，利用大数据开发金融信贷产品，如推出公积金网贷产品。至年底，公积金网贷发放金额4.4亿元。支持优质楼盘按揭，惠及岳阳市1万名普通消费者，获得湖南普惠金融工作先进单位。

【抓好风险防控】　2016年，中信银行岳阳分行一是完善风险防控机制。建立规章制度、管理办法、操作流程和考核办法，设立信审小组，出台风控合规制度，实行贷前、中、后期全过程覆盖。二是开展内控合规学习教育。开展为期4个月的“遵章守纪、内控合规”学习教育活动，安排行内业务骨干进行业务培训，学习各项规章制度，培训学习人民银行和银监局等监管部门的制度与管理办法。三是开展风险案例分析。以省分行辖内的风险案例教育全行员工，加强信贷管理，严控信贷风险。多举措控制不良贷款率和贷款逾期率。

【创新服务品牌】　2016年，中信银行岳阳分行通过创新创品牌，打造最佳综合融资服务银行。一是推出新的金融服务产品。主动融入互联网金融，利用大数据开发新的金融信贷产品。为满足行政机关、企事业单位职工的金融消费需求，适应“互联网+金融”发展趋势，在全省所有金融机构中率先开发住房公积金网络信用消费贷款新产品。二是创建最佳综合金融服务品牌。坚持创新驱动，依托中信集团金融与实业并举的独特竞争优势，构建综合金融服务平台，培育为客户提供综合化融资服务的能力，全方位满足客户多元化、综合化的金融需求。

（陈桑桑）

中国光大银行股份有限公司岳阳分行

【概况】 2016年，中国光大银行股份有限公司岳阳分行（简称光大银行岳阳分行）坚持“以客户为中心，以市场为导向”的经营理念，支持岳阳经济发展，逐步形成自身特色品牌业务，完成各项经营指标和工作任务。年末各项存款余额63亿元，较年初增加47亿元，增长74%，融资总量26亿元，较年初增加20亿元，增长76%。下辖岳阳分行营业部、汨罗支行、市区青年路支行，各支行在拓展自身业务的同时，扶持小微企业，支持地方基础建设。光大银行岳阳分行开通岳阳市电费归缴平台、二手房交易资金托管平台以及商品房预售资金监管系统，为各机构与客户提供便利。推进全面风险管理体系建设，秉承合规经营理念，紧跟市场变化，加强重点领域和关键环节的精细化管理，未发生重大投诉以及重大金融案件问题。抓贷款风险防控，加强贷后管理，不良贷款率为零。

（徐培芳）

兴业银行股份有限公司岳阳分行

【概况】 2016年，兴业银行股份有限公司岳阳分行（简称兴业银行岳阳分行）围绕“稳发展、调结构、促转型、控风险、强基础”的基本主线，坚持稳健经营、合规经营、科学经营，实现各项业务发展。各项存款金额43.85亿元，较年初增加17.25亿元，其中单位存款41.69亿元、储蓄存款2.11亿元；融资余额41.34亿元，较年初增加26.4亿元，其中表内（贷款）15.06亿元，余额较年初增加4.3亿元，表外26.28亿元（含银票、国际国内信用证、出口押汇、PPN等），余额较年初增加22.1亿元。存款、贷款规模稳定增长。

【发展企金业务】 2016年，兴业银行岳阳分行研判岳阳市各产业、各行业要素分布及发展情况，制定信贷投放规划，将投放重心向“五生”（生产、生活、生命、生态、生意）领域倾斜，向符合国家长期政策导向、具有发展空间的高新技术类、城镇化建设类、节能环保类行业倾斜，全面扩大信贷支持力度，促进重点行业发展。开发平台，围绕城镇化、民生消费、节能减排、高新技术及特色产业，提升中小微企业客户拓展，确保中小微企业信贷投放规模。至年末，小微企业贷款余额4.95亿元。

【扩展零售业务】 2016年，兴业银行岳阳分行坚持大财富、大消费、网络化经营思路，依托先进的科技平台和丰富的零售产品，全面推动零售业务发展。扩大财富类产品的营销力度，发行行内产品，代销基金、证券、保险等各类金融财富产品，丰富客户选择范围。紧跟互联网金融发展形势，推广直销银行、电子银行、手机银行、微信银行等支付结算渠道，在岳阳市率先推出兴业“兴E付”扫码支付、POS机二维码支付等新型支付产品。扩大个人客户贷款规模，加大个人按揭贷款、信用卡汽车分期、车位分期、个人经营类、消费类贷款等方面的投放力度，支持经济社会发展。

【提升品牌形象】 2016年，兴业银行岳阳分行践行“真诚服务，相伴成长”的理念，提升服务质量，开展一线员工文明服务培训，参与创建“美丽厅堂”等措施，提升兴业银行的品牌形象和大众口碑，为市民提供高效、快捷的金融服务，扩大品牌影响力。履行金融单位的社会责任，组织开展多次金融知识普及宣传、新版人民币宣传、金融消费者权益宣传等活动，为推广金融知识在群众中的普及宣传做贡献。

（李鸣名）

保　险

【概况】 2016年，岳阳市保险行业贯彻“新国十条”“省七条”和“市八条”文件精神，以促进行业发展为中心，以规范市场秩序为重点，以提升行业地位为价值，以服务社会为责任，得到较好发展。

发展市场主体。全市有市级保险机构39家，其中财险19家、寿险20家，净增市级机构1家；四级机构121家，其中财险62家、寿险59家，较2015年同期净增8家。

增加保险收入。全年行业实现保费收入58.22亿元，同比2015年增长26.24%。其中，财产保险19.69亿元，人身保险38.53亿元。全市寿险公司未计入保险合同核算的保户投资款和独立账户本年新增交费9.78亿元。保险深度为1.87%，保险密度1025元/人，低于全国、全省平均指标，规模排全省第六位。

改善理赔服务。全市赔、给付支出24.4亿元，同比增长33.33%。其中，财产险赔款支出11.22亿元，较2015年增加1.63亿元；人身险赔、给付支出13.18亿元，较2015年增加4.48亿元。

加强诚信建设。全市保险行业加强诚信建设，召开全市保险消费者权益保护大会。组织保险从业人员进行“诚信服务”万人签名活动，组织开展“十佳百优”诚信典型评选表彰活动。积极处理保险信访投诉，开展治理寿险销售误导和车险理赔难，维护保险消费者权益。

【履行社会责任】 2016年，岳阳市保险行业一是服务重点工作。年末，全市保险从业人员2.38万人，新增就业5000人。组织人员583人、车辆268台次参与抗洪救灾工作，行业捐款、捐物计103万元，以农险为主理赔1.1亿元。部分保险机构出资300万元，参与精准扶贫和新农村建设，出资90万元开展公益活动。二是服务经济发展。全行业缴纳税费3.1亿元（含代收车船税1.07亿元）。平安普惠投资咨询岳阳分公司向社会提供贷款1.1亿元，寿险公司为客户提供保单质押贷款6646万元。多家保险公司开办信用保证保险。三是参与公共服务。参与交通事故快处快赔服务，在平江县长寿镇新设农村及公路快处快赔点1个，全市交通事故快处快赔点达10个，全年处理交通事故2万起。参与政府委托服务，全市有4家机构承接政府委托新农合意外、大病医疗等服务，得到政府部门及受益人的肯定。积极参政议政，全市保险行业有10人当选为人大代表和政协委员。

（杨丹丹）

中国人民财产保险股份有限公司岳阳市分公司

【概况】 2016年，中国人民财产保险股份有限公司岳阳市分公司（简称人保财险岳阳市分公司）围绕“转变观念、改进作风、强化执行、超越市场”十六字经营方针，树立“效益优先、依法合规”经营理念，通过对标市场、狠抓落实、攻坚克难，推进各项工作，公司经营取得成效。全年实现保费收入6.04亿元，提供各类保险保障7600亿元，支付各类保险赔款3.88亿元，上缴各类税金6800.37万元（含代收车船使用税）。

【强化服务引领】 2016年，人保财险岳阳市分公司将“做人民满意的保险公司”作为共同愿景，完善管理机制、优化服务流程、创新工作方式，推进以“优质的标准化服务、高效的后援保障服务、丰富的差异化服务”为目标的客户服务体系建设。重视客户服务工作，狠抓出单、理赔环节服务流程，根据不同客户群需求，深化针对性强的分类服务体系建设，提升个性化客户服务能力。重视人才培养和素质提升，围绕客户服务和专业技能的培养，提升出单和理赔人员的服务水平与工作效率，树立“以客户为先，以人民为本”的服务理念，得到客户的认可与信赖。

【支持地方发展】 2016年，人保财险岳阳市分公司服务岳阳经济社会发展大局，在经济建设、民生保障、社会和谐等方面发挥作用。中国人保集团旗下的人保资本投资管理有限公司响应“险资入岳，支持地方经济建设”的号召，在城陵矶新港区投资10亿元，用于新港区综合物流（一期）工程项目建设。参与各级政府主导的精准扶贫项目，率先在平江县和岳阳县开展油茶特色农业保险服务工作，帮助从事油茶产业的农户早日脱贫致富提供保险保障。9月30日，人保财险岳阳市分公司与岳阳市人力资源和社会保障局签订《岳阳市城乡居民大病医疗保险服务合同》，为华容县、临湘市、汨罗市、岳阳楼区、君山区和岳阳经开区的230.12万名居民承担4602.5亿元的大病医疗保险保障。特大暴雨洪涝灾害期间，按照“应赔尽赔，应赔快赔”原则，开展抢险救灾和现场查勘理赔服务工作；向华容县新华垸受灾群众捐款20万元，向临湘市受灾群众捐款10万元。

（余正南）

中国人寿保险股份有限公司岳阳分公司

【概况】 2016年，中国人寿保险股份有限公司岳阳分公司（简称中国人寿岳阳分公司）完成保费收入10.87亿元，达成率121.1%，同比增长26.97%，全省排名第五位。长期险首年新单标准保费1.26亿元，达成率132.95%，同比增长82.56%；长险新单保费4852万元，达成率120.68%，同比增长27.56%；首年期交保费2.96亿元，完成率132.19%，同比增长109.60%；10年期及以上首年期交1.73亿元，达成率136.93%，同比增长120.08%；短期险保费8067万元，达成率106.92%，同比增长27.01%。赔付支出5468.12万元，缴纳税金1718.01万元，捐资助学、扶贫助残等29万元。落实监管要求，强化风险排查，做好非法集资专项治理工作。组织开展“两个加强、两个遏制”回头看工作，对7家综合性支公司进行现场督导抽查。强化反洗钱日常工作，提升反洗钱风险防范能力。

【加强队伍建设】 2016年，中国人寿岳阳分公司个险新增人力4298人，净增1843人。银保渠道年度人力达成899人，月均增员率11.54%。月均长险举绩达成188人，达成率63.33%。季均有效人力达成217人，渠道人力指标考核得分达满分，居全省第一。在各支公司均配置团险职场，达成专业化标准团队15个，拥有团队主管25人，主管配置率达70.1%，较2015年上升52%。新增人力156人，新人留存率达99.5%。全年开展新员入司培训、职场标准化建设331培训、四级导师培训、新员工入司等培训90期，培训5000人次，个险月均三晋率达55.80%，全省排名第三位。

【提升服务树形象】 2016年，中国人寿岳阳分公司两级客服中心为销售渠道提供后援支持保障服务，加快理赔时效，加强过程管控。移动柜面服务延伸到农网，柜员不定期到网点为农村客户提供服务。推广移动理赔服务与微信理赔服务，加快理赔服务前移，提升客户与业务员对公司理赔服务的满意度。开展“3·15”消费者权益保护日万人诚信签名、“6·16”公司客户节、“7·8”全国保险公众宣传日、文化上墙、“知安全风险，会紧急避险”交通安全新童谣、小画家评选等宣传活动。

（张 雨）

中国平安财产保险股份有限公司岳阳中心支公司

【概况】 2016年，中国平安财产保险股份有限公司岳阳中心支公司（简称平安产险岳阳中心支公司）秉承稳品质、促增长、持续双优的经营策略，强化成本管控，狠抓合规经营。全年保费收入4.1亿元，同比增长17%，市场份额提升0.3%，缴纳税费5000万元。全年主要开展以下工作：加强平台建设，推动业务快速稳定发展；抓业务、拓市场，实现各渠道快速发展；多渠道探索发展空间，改善经营状况；坚持依法合规经营见成效；加强队伍建设，提高机构产能；提升客户满意度，促进业务发展；发展企业文化，内强素质，外树形象。举办公益宣传、险种推荐和“平安客服节”等宣传活动。获得岳阳市保险行业十佳优质服务窗口；践行平安承诺，服务地方经济建设。在7月华容县新华垸溃口后，向受灾群众捐赠8万元；投入扶贫资金10万元。安排1000名营销员就业。

（罗玲燕）

中国平安人寿保险股份有限公司岳阳中心支公司

【概况】 2016年，中国平安人寿保险股份有限公司岳阳中心支公司（简称平安人寿岳阳中心支公司）提升服务水平，加强行业自律，维护保险双方权益，搭建交流平台，加强保险宣传，促进行业健康平稳发展。全年保费收入4.5亿元，个人客户26万名，代理人队伍3000人。下设5个管理部门，市区有18个营业部（课），下辖有平江、华容、湘阴、临湘、汨罗等五个网点。管理人员76人，其中总经理1人，区经理2人，营销管理部经理1人，部门经理20人，内勤员工60人。

【加强风险防控】 2016年，平安人寿岳阳中心支公司在关注非正常退保的同时，注意防范非法集资。全年满期给付与退保金额5070.85万元。组织员工开展案件风险警示宣传教育活动，发放宣传单5000份。开展员工行为和案件风险自查工作，将风险防范与宣传教育相结合，将风险处置与惩治警示相结合。

【抓好基础管理】 2016年，平安人寿岳阳中心支公司立足城区，逐步开发县域市场。城区代理人数由2000人发展到2700人，营业部由16个发展到20个。创新金融理财平台，实现国际化管理经验和本土实际有机契合，保持和增强公司的优势地位。抓好“新国十条”和“省七条”宣传。

（黎艳萍）

中国太平洋财产保险股份有限公司岳阳中心支公司

【概况】 2016年，中国太平洋财产保险股份有限公司岳阳中心支公司（简称太平洋财险岳阳中心支公司）围绕“控品质，强基础，增后劲”工作方针和“聚焦、持续、执行、导向”工作要求，应对经济下行压力，严格调控业务品质，突出价值管理，聚焦能力提升，实践创新发展，完成年度目标任务。全年实现保费收入2.19亿元，同比增长9.1%，市场份额11.14%，市场排名保持第四。提供保险保障1000亿元，受理理赔案件2.12万件，理赔金额1.23亿元，上缴税费3000万元。建成云溪区、君山区支公司，筹建岳阳楼区支公司。被中国质量协会授予四星服务门店。获得全国企业文化建设“十三五”规划开局企业文化先进单位。

【业务发展和合规管理】 2016年，太平洋财险岳阳中心支公司巩固和加强车险、非车险和农险三大核心渠道，开拓地方民生险种，推动环境污染责任险、食品安全责任险、诉讼财产责任险等各类责任险项目。首次入围全市学平险项目。开展全市电梯安全责任险承保工作。获得诉讼财产责任险承办资质。推出以手机、平板电脑等为载体的服务平台，进行移动展业、查勘理赔。发挥移动互联网的便利性、即时性优势，推动一系列新软件的应用。加大对合规的督导和检查力度，变事后检查为事前管控，提高合规率。通过公司“回头看”自查自纠、农险自查、湖南保监局专项检查、“五反一加强”8次自查自纠和集团公司华中审计署检查。健全完善相关内控制度和流程，确保内控合规管理不留死角。被岳阳市保险行业协会和岳阳市消费者协会评为十佳优质服务窗口，成为岳阳首家“环境一流、管理一流、品牌一流、服务一流”保险门店。

（湛应根）

中国太平洋人寿保险股份有限公司岳阳中心支公司

【概况】 2016年，中国太平洋人寿保险股份有限公司岳阳中心支公司（简称太平洋人寿岳阳中心支公司）围绕“放大格局、把握规律、抓住重点、迎难而上”工作思路，夯实基础管理，以客户需求为导向，以机构建设为重点，一手抓业务、一手抓合规，提升服务能力。全年实现保费收入3.79亿元，达成率150.38%，达成率在湖南分公司系统内排名第一。安排就业人员3700，缴纳税费757.37万元。

【严管理促发展】 2016年，太平洋人寿岳阳中心支公司一是加强基础管理。完善管理制度，加强执行力考核，畅通沟通渠道。落实周例会、月度经营分析会及季度民主生活会。加强培训体系建设，将集中培训、视频培训和网络培训相结合，提升员工存在感和幸福感。二是创新工作思路。结合中国保监会下发的《保险公司服务评价管理办法》，创新思路，制订保单15日送达率、犹豫期内电话回访成功率、投诉件办理及时率的考核政策，做实保险基本服务，服务评价指标达成获得AA级。推广神太设备自购、官微绑定、移动保全等创新服务模式，为客户提供优质服务。三是提升行业形象。提升风险防范能力，加强合规经营主战场地位，强化合规人员权责利对等机制，维护消费者合法权益。做好售后和理赔服务，优化审批流程，提升市场竞争力。优化人员结构，加强新技术应用推广，提升内外勤团队的综合服务能力。

（甘爱军）

中国大地财产保险股份有限公司岳阳中心支公司

【概况】 2016年，中国大地保险股份有限公司岳阳中心支公司（简称大地保险岳阳中心支公司）围绕“以简政提升效益，以创新驱动发展”主基调，到一线抓推动，实现“十三五”规划良好开局，基本达成“双优”于市场的目标。一是业务发展健康平稳。实现保费收入8448万元，完成年度考核指标的105.6%，同比增加1615万元，增长率23.6%，高于行业增速9.55个百分点，市场份额同比增加0.34个百分点。二是加强和完善客户服务平台建设。优化理赔服务，树立理赔品

牌。三是推进渠道专业化。推动多渠道业务发展，加强队伍建设，实现渠道专业化。（徐　美）

中华联合财产保险股份有限公司岳阳中心支公司

【概况】　2016年，中华联合财产保险股份有限公司岳阳中心支公司（简称中华保险岳阳中心支公司）下辖县市区经营机构10个。坚持“服务至上、信守承诺、回报社会”服务宗旨，以“团结、负责、勤奋、进取”企业精神，公司得到发展。全年实现保费收入2.5亿元，支付赔款1.86亿元，缴纳税金1964.4万元（含代扣代缴）。中华保险岳阳中心支公司加强经营工作，狠抓依法合规、业务发展、队伍建设、服务改进和综合提质，强化风险管控，规范业务经营，提升整体素质，促进基础管理。参与抗灾救灾和政府中心工作，组织开展“关爱贫困儿童，中华与你同行”、特困募捐、志愿者慰问残疾儿童等公益活动。参与地方经济建设，支持扶贫帮困和美丽乡村建设点7个，各类公益性款项46.4万元。（黄惠平）

中国人民人寿保险股份有限公司岳阳中心支公司

【概况】　2016年，中国人民人寿保险股份有限公司岳阳中心支公司（简称人保寿险岳阳中心支公司）贯彻总公司“稳增长、重价值、强基础”经营方针，业务稳健增长，结构得到改善，经营效益获得提升，转型发展取得成效。全年实现规模保费4.88亿元，全省系统排名第一，达成年度计划121.92%，同比增长23.77%，其中期缴保费收入7147.96万元，全省系统排名第三，达成年度计划174.34%，同比增长252.44%。承保保单4.28万件，赔付1.32万件，赔付金额3680.34万元，平均结案时效3天。平江县、岳阳县、华容县、湘阴县等4家支公司参与新农合意外伤害医疗保险的经办服务工作，为190万农民提供保险服务。重视行业诚信建设和窗口服务建设，被岳阳市保险行业协会评为十佳优质服务窗口。（邓爱平）

合众人寿保险股份有限公司岳阳中心支公司

【概况】　2016年，合众人寿保险股份有限公司岳阳中心支公司（简称合众人寿岳阳中心支公司）实现保费收入8845.92万元，个险保费收入1035万元，银代业务收入6295万元，续收业务1515.92万元，各项指标位居全省前列。理赔总额31.49万元，缴纳税款65.84万元。为422人提供就业机会。

【加强管理促发展】　2016年，合众人寿岳阳中心支公司深化员工发展观念。制定管理制度，搭建管理平台，树立“管理无小事，管理就是生产力”的思想。狠抓市场发展、开拓，做好员工的队伍建设、管理和培训工作。加强内勤员工的服务意识，确立公司良好的社会形象，对外勤队伍进行文化整合，树立正确的从业观念。要求员工树立“业务要发展、服务要先行”的理念，以“合众保险、理赔不难”保险品牌，以公司中外股东实力背景为依托，以高品质、个性化、人性化的保前、保中、保后服务赢得客户和市场。坚持“主动、迅速、准确、合理”的原则，按照岗位职责和业务操作实务流程的规定作好接、报案，查勘定损，条件解释，理赔投诉等工作。实践“以市场为导向，以客户为中心”的经营理念。全年所有意外医疗案件做到当天结案，体现“合众保险、理赔不难”的服务特色。

（王　剑）

太平人寿保险有限公司岳阳中心支公司

【概况】　2016年，太平人寿保险有限公司岳阳中心支公司（简称太平人寿岳阳中心支公司）围绕“打造最具特色和潜力的精品保险公司”目标，坚持外延式发展与内涵式增长相结合，实现快速发展。实现总保费收入1.01亿元，个险规模保费1900万元，银保期交保费720万元，续期保费7500万元，其中银保提前半年达成年度目标，被分公司银保条线评为“期交达成前三”优秀机构，个银继续率四项指标提前59天达成“380”，保费部被分公司评为“卓越五星”等荣誉。受理理赔案件234件，赔付总金额107.4万元，安排130名人员就业，缴纳税收174万元。

【重视合规管理】　2016年，太平人寿岳阳中心支公司重视合规管理，有效化解经营风险。狠抓内控管理，通过开展合规培训，理顺合规管理框架，梳理内控合规制度，建设合规工作队伍，创建合规工作平台等举措，强化合规文化建设。通过建立风险排查、风险评估和风险提示工作体系，加强风险管控，开展风险数据管理，使风险管理常态化。建立法务管理体系，落实稽核整改工作，加强反洗钱工作。

（胡辉军）

中国人寿财产保险股份有限公司岳阳市中心支公司

【概况】　2016年，中国人寿财产保险股份有限公司岳阳市中心支公司（简称国寿财险岳阳中心支公司）实现保费收入1.97亿元，同比增长39.12%。其中非车险保费3698万元（含农险保费1932万元），同比增长89.10%。截至年末，市场份额为9.98%，同比提高1.98个百分点；实现净利润637万元。发生理赔案件1.84万件，赔款金额9086万元。加强业务管控，提升盈利能力；充实中层骨干队伍，提升管理能力。公司业务发展、效益经营、综合管理等方面呈现良好态势。

（吴晓霞）

中英人寿保险有限公司湖南分公司岳阳中心支公司

【概况】　2016年，中英人寿保险有限公司湖南分公司岳阳中心支公司（简称中英人寿岳阳中心支公司）秉承“以诚信求发展、以质量保生存、以服务赢市场”的服务宗旨，倡导“内争贡献、外树形象”的竞争文化，推进工作开展。全年实现保费收入8345.5万元，同比增长215.3%，其中新单保费3883万元，同比增长444%，续期保费4463万元，同比增长148.7%。发展业务队伍和市场份额，至年末，业务队伍发展到300人。严抓合规教育，严把品质关口，对业务队伍进行“新国十条”“省七条”、非法集资、反洗钱等方面的合规教育。利用“3·15”消费者权益保护日和“7·8”全国保险公众宣传日等活动平台，推进保险宣传工作。

（熊芝灵）

吉祥人寿保险股份有限公司岳阳中心支公司

【概况】 2016年，吉祥人寿保险股份有限公司岳阳中心支公司（简称吉祥寿险岳阳中心支公司）贯彻总公司“服务优先、诚信合规、专业专注、创新价值”的企业经营理念，建立“亲和、便捷、高效”的运营服务理念，坚持“简单、务实、高效”的工作作风，满足消费者的各类需求。全年实现规模保费3.83亿元，较2015年规模保费增长41.28%，在系统排名第二；实现价值标保2663万元，较2015年价值保费增长806万元，增长率43.45%，在系统排名第三，中支被总公司评为卓越机构。（方庆华）

证　券

湘财证券股份有限公司岳阳营业部

【概况】 2016年，湘财证券股份有限公司岳阳营业部（简称湘财证券岳阳营业部）严抓业务合规，严控运营风险，保障各项工作开展。强化投资者的风险防范意识、提升营业部全员的专业知识和服务水平，解决投资者的各类投融资需求，做到管理规范、服务优良、市民认可。重点工作方面，一是贯彻中国证券监督管理委员会“依法监管、从严监管、全面监管”的监管思路，落实“合规先行”；二是做大创新业务规模，减小传统经纪业务收入巨幅下滑带来的冲击；三是推高营业部金融产品销售业绩；四是优化营销和管理团队，通过引入新员工储备后续营销精英、增加优秀员工和营销骨干培训投入等方式，保持团队平衡和流动。至年末，营业部有效客户数5.7万户，托管市值46.7亿元（不含限售股），全年A股基金交易量495.5亿元（不含货币基金）。（李杨丽）

首创证券岳阳营业部

【概况】 2016年，首创证券岳阳营业部完成股票基金交易量215亿元，代销基金2404万元，新增开户资产8188万元，新开股票账户943户。发布集投资、理财、朋友社交、咨询服务、生活缴费、线上业务办理等功能为一体的一站式综合金融服务平台番茄财富APP，推广新增注册番茄财富用户2.44万户。

（黄健民）

方正证券岳阳营业部

【概况】 2016年，方正证券股份有限公司岳阳巴陵东路营业部（简称方正证券岳阳营业部）依托公司金融全牌照优势，致力为岳阳地区投资者提供交易、投融资、财富管理等全方位金融服务。坚持调整和改善收入结构、寻求多业务发力点为主的战略思路，引进人才，建立高度市场化的激励机制，推动各项业务均衡发展。至年末，总客户数5.29万户，客户总资产11.23亿，全年实现交易量261.51亿元。

（许　波）

华泰证券岳阳营业部

【概况】 2016年，华泰证券岳阳营业部重视合规和风险管理工作，推动合规职责回归业务本源，聚焦合规制度和流程建设、合规法律风险的分析预警，提升合规管理能力，强化合规管理的主体责任。一是加强合规宣导，完善内控建设。组织员工学习各类合规文件、监管要求及公司制度，开展合规培训20次，建立培训档案。开展应急演练和突发群体事件演练各2次，组织消防知识讲座2次，增强员工的风险防范意识，提高应对突发事件的能力。二是加强业务监控，严把合规风控关。定期对各部门业务进行合规检查，控制相关风险。通过定期与营销人员谈话，了解营销人员最新展业情况，对可能存在的风险隐患进行提示并提出相关建议。

（陈　华）

工业

责任编辑　屈胜龙

综　述

【概况】　2016年，岳阳市经信系统着力化解宏观经济下行压力，稳增长、调结构，促转型，全市工业经济运行保持在合理区间。

工业经济运行平稳。通过实施重点企业直调，月度、季度、年度经济分析调度，工业经济运行监测督导等措施，确保规模工业平稳增长。岳阳工业增速保持平稳的发展趋势，全市完成规模工业增加值1105.8亿元，比2015年增长7.1%，总量和增速均全省排名第二。实现工业用电总量78.28亿千瓦时，同比增长3.7%。全市完成工业实缴税金167.5亿元，同比增长6.25%。全市新增规模企业102家，超额完成省定目标。

项目建设扎实推进。制定《岳阳市重大工业项目库管理办法》，在全市范围内开展调研行动，组织电子信息、装备制造、生物医药、北斗导航等一批重点项目，在“沪洽周”“产融学合作”专场对接会等活动中进行宣传推介，签约重点招商项目17个，总投资129亿元。举办岳阳市石化产业招商推介活动，签约项目3个，总投资20亿元。加强项目调度，及时解决困难问题，际华3517新材料产业园等42个市“双百工程”重大产业项目进展顺利，累计完成投资148.7亿元，占年计划的87.9%。全市工业招商引资实际到位资金337.7亿元，同比增长14.2%，全市完成工业投资915.7亿元，同比增长13.2%。

产业升级步伐加快。印发《岳阳市2016年重点产业和重点民营企业帮扶行动方案》，重点帮扶现代物流（含商贸流通）、文化旅游、石油化工、装备制造、清洁能源、节能环保、食品加工、生物医药、军民融合（含电子信息）九大产业。引导各县市区、各工业园区按照全市“十三五”规划工业发展规划来发展特色产业，构建现代产业体系，实现错位发展、协同发展。各产业帮扶牵头部门结合《方案》要求，细化目标，落实责任，明确措施，营造氛围，开展“院士专家岳阳行”等系列主题活动。全市重点帮扶的九大产业实现产值6399.1亿元，同比增长11.2%。全市重点帮扶的40家民营企业实缴税金5.8亿元，同比增长11.1%。

园区发展提质升级。树立“实力看工业，工业看园区”的理念，出台《岳阳市产业园区绩效考核暂行办法》，对园区工作实行月调度、季通报、半年讲评，发挥绩效考核较真碰硬、奖优罚劣的导向作用和激励作用。全市园区新建标准化厂房268万平方米，完成招商引资项目183个，总引资额525.6亿元，其中亿元以上项目93个。全市省级以上园区规模工业增加值增长8.6%，园区增加值占全部规模工业69.8%，同比提升9.7个百分点，平江工业园等3个园区规模工业增速居全省园区前十位。

发展环境持续优化。开展“送政策进企业”活动，收集整理全市各部门扶持企业发展政策和市本级涉企收费清单，利用政府网络平台向社会发布，并编印成册发送全市规模以上企业，促进涉企政策落实。开展“管理提升年”活动，加大企业人才培训力度，举办浙江大学—岳阳市企业家高级研修班。开展涉企保证金清理及规范涉企收费专项行动，全市行政事业性收费项目降标34项、取消3项、暂停6项。全市非公有制企业规模工业增加值同比增长8.8%，超过全市平均水平1.7个百分点。

两化融合成效明显。加强信息化建设顶层设计，制定《智慧岳阳建设总体规划（2016—2020年）》，通过专家评审并进行网上公示征求意见。岳阳市入选全国第二批电信普遍服务试点城市，争取到宽带网络建设财政补贴资金5000万元。推进三网融合，协调推进“光纤到户”工作，互联网宽带接入用户达83.03万户，互联网普及率49.38%。组织开展信息化“登高计划”和“数字企业”创建行动，推进全市企业信息化建设。加强信息基础设施建设，拓展信息应用及消费领域，推进岳阳市电子口岸信息系统、突发事件预警信息发布系统、中心城区道路智慧停车系统、汽车专用电子标识项目、城陵矶新港大数据中心等一批信息化应用项目。获评“宽带中国”示范城市最佳实践奖。

【两工业园区获批省级新型工业化产业示范基地】　2016年，湖南城陵矶新港区、岳阳县工业集中区分别被认定为军民融合卫星应用产业、生物医药产业省级新型工业化产业示范基地（培育发展战略性新兴产业类型）。除上述2个产业示范基地外，岳阳市有国家级新型工业化产业示范基地2个，分别是湖南岳阳绿色化工园化工新材料产业示范基地、平江工业园军民融合产业示范基地。省级新型工业化产业示范

2016年1月28日，岳阳市加速推进新型工业化工作会议在南湖宾馆召开
（罗　平　摄）

基地4个，分别是湘阴工业园电子信息、汨罗工业园资源循环利用、华容工业园纺织、临湘工业园化工新材料新型工业化产业示范基地。

【岳阳市“十三五”工业发展思路和目标确定】　2016年，《岳阳市“十三五”工业发展规划》明确：“十三五”期间，全市工业发展按照“稳增长、调结构、转方式、促创新”的总体要求，坚定“一极三宜江湖名城”建设的总体目标，坚持新型工业化第一推动力不动摇，坚持稳增长与转方式并举、扩总量与提质量并重、调结构与促创新并进，以传统产业转型升级和培育壮大新兴产业为重点，以特色专业园区发展壮大为突破，以重大项目推进为抓手，全面提质改造生产工艺，全面提升自主创新能力，全面对接《中国制造2025》，打造一批有影响力的优势产业，建设一批具有竞争力的产业集群，构筑一批特色专业园区，提高岳阳市工业的整体素质和竞争力，构筑新增长极建设强有力的实体支撑，实现全市工业经济平稳、持续、较快发展。预计到2020年，全市规模工业总产值达到8270亿元，年均增长9%，规模工业增加值达到2085亿元，年均增长9%。“十三五”期间工业投资年均增长9%，工业对财政的贡献率达到60%，较2015年提高9%。

【巴陵石化等5家工业企业纳入“直购电”名单】　2016年，省经信委发出《关于公布2016电力用户与发电企业直接交易试点准入用电企业名单的通知》，中国石化集团资产经营管理有限公司巴陵石化分公司、中国石油化工股份有限公司长岭分公司、临湘海螺水泥有限公司、湖南鑫光铸造有限公司、湖南弘元新港实业发展有限公司5家企业入选名单。符合准入条件的电力用户与发电企业按照自愿参与、自主协商的原则直接进行购售电交易。电网企业按规定提供输配电服务，有利于发挥市场在资源配置中的决定性作用，放开用户电力采购和发电企业电力销售的自主权，完善电价形成机制。

【举办民营企业帮扶与创新发展培训班】　2016年3月16日，市委组织部、市经信委组织全市近100名民营企业负责人、派驻企业挂职干部、专家到深圳市南山区科技创业服务中心学习。该中心由深圳市南山区政府主办、南山区科技局主管，是深圳市首批国家级孵化器之一，也是深圳市孵化基地最多、孵化面积最大和孵化企业数量最多的科技企业孵化器。培训班围绕建设专业孵化器、创新活动开展、创业人才培养、投融资服务等先进理念及政府如何搭建服务平台、推动创新创业等进行重点交流学习。

【厂地合作推动石化产业发展】

2016年4月19日，中石化集团公司董事长、党组书记王玉普，股份公司总裁李春光，股份公司高级副总裁戴厚良，集团公司副总经理、股份公司高级副总裁张海潮一行到岳阳市调研。副省长张剑飞，市委书记盛荣华，市委副书记、市长刘和生，市委常委、市委秘书长樊进军，副市长陈恢清陪同调研。调研中，王玉普对市委、市政府长期以来对长岭炼化和巴陵石化企业发展的大力支持表示感谢，希望市委、市政府进一步为两厂提供更加优质的服务；同时要求企业扎根地方，充分融入地方发展，厂地携手，推动石化产业做大做强。

【8项新产品纳入全省工业领域“百项重点新产品推进计划”】　2016年，经各相关企业申报、市推荐、专家评审和省经信委审核，岳阳市8项新产品跻身2016年度全省工业领域“百项重点新产品推进计划”重点新产品研发项目行列。8项新产品涉及工程机械、节能环保、新材料三大领域，分别是岳阳巅峰电子科技有限责任公司“高精度双喷头3D打印装备D.ThinkeIII”、岳阳强力电磁设备有限公司“逻辑无环流四象限无触点控制系统”、湖南桑乐数字化太阳能有限公司“SuperPad超能板——全流道超纯不锈钢平板太阳能集热器”、湖南海润电气有限公司“岸基及船基供电系统”、岳阳新一步科技有限公司“聚醚砜包履铜扁线”、岳阳天河环保科技有限公司“三氯化铝废液转化为高纯度聚氯化铝”、湖南省金海科技有限公司“高耐磨耐刮耐污紫外光固化涂料涂装体系”、华容县恒兴建材有限公司“绿色低VOC高性能水性光固化涂料”。

【岳阳市8家新材料企业获认定】

2016年，省经信委和省统计局根据《湖南省新材料企业认定管理办法》等，经评审和公示，认定岳阳市的湖南省金海科技有限公司、湖南车瑞科技股份有限公司、湖南志明高新材料有限公司、岳阳宇翔科技有限公司、湖南新岭化工股份有限公司、湖南尤特尔生化有限公司、岳阳瑞森达橡塑工业有限公司、平江县兴科云母制品有限公司等8家企业为湖南省新材料企业（第四批）。截至年底，岳阳市有新材料企业48家，初步形成以石油化工、精细化工等为代表的高性能石化新材料；以有机氟、有机硅、高性能纤维、特种涂料为代表的先进高分子新材料；以生物降解包装物、可再生聚合物、再生金属材料为代表的先进环保材料；以新型药物中间体、生物酶制品、医用材料为代表的生物医用高分子材料；以新型保温隔热材料、新型墙体材料、摩擦材料、特种玻璃和陶瓷等为代表的新型无机非金属材料等比较完整的新材料产业体系。

【岳阳造汽车在永利科工下线】

2016年8月20日，岳阳市首获国家工信部批准汽车生产企业——湖南新永利交通科工贸有限公司（简称永利科工）生产的“永利科工专用汽车”的两台样车在湖南城陵矶新港区下线，标志着岳阳汽车制造产业开启新里程。永利科工是一家主要从事公路养护机械与专用作业车辆、特种作业车辆设计、生产、销售业务的民营股份企业。4月1日，永利科工成为岳阳首家获工信部批准的专用汽车生产企业。6月29日，公司及汽车产品通过中国质量认证中心国家强制性产品3C认证。7月7日，工信部批予永利科工品牌产品公告，产品拥有自主知识产权。8月12日，公司通过ISO9001：2008、ISO14001：2004、OHSAS18001：2007标准体系认证，标志着岳阳市首家汽车生产企业正式投入生产销售。

（罗 平）

石化产业

【概况】 石化产业是岳阳市第一个千亿产业，2016年完成产值1278.4亿元，比2015年增长2.3%；完成规模工业增加值264.1亿元，同比增长3.7%。形成以长岭炼化和巴陵石化2个百亿企业为龙头，以中创化工、瑞源石化等化工和配套企业为集群的产业体系，其锂系聚合物、己内酰胺等产品产量全国第一。

（罗 平）

【岳阳市石化产业招商推介会暨巴陵石化公司客户座谈会】 10月27—28日，2016年岳阳市石化产业招商推介会暨巴陵石化公司客户座谈会举行，活动全方位展示岳阳市石化产业发展的优势和前景，促进产业对接、交流与合作。市委书记盛荣华讲话，市委副书记、市长刘和生致辞，市委常委、统战部部长、副市长熊炜作招商推介，市委常委、市委秘书长谈正红出席，中石化销售公司华中分公司总经理孔全、中石化销售公司江苏分公司总经理徐哲农、巴陵石化公司总经理李大为、长岭炼化公司总经理李华等来自全国100余家石化企业的负责人参会。招商推介会上，山东威高集团与市政府签订战略合作项目，投资金额5亿元；柳州化学工业集团与临湘市政府签订柳化集团湖南基地绿色搬迁与产业转型升级项目，投资金额10亿元；佛山巴德富实业有限公司与云溪区政府签订巴德富华中产业园建设项目，投资金额5亿元。

（罗 平）

【催化剂长岭分公司云溪基地新上5万吨催化剂装置项目】 2016年5月19日，催化剂长岭分公司云溪基地5万吨/年催化裂化催化剂联合生产装置建设项目开工统筹会在岳阳绿色化工产业园举行。该项目总投资7.2亿元，预计将于2017年7月建成投产。达标达产后，年产值约11.21亿元，年利税约1.16亿元。项目采用先进成熟的工艺、装备技术及配套的环保设施，旨在实现设备大型化、过程连续化、控制自动化、生产清洁化、单元模块化。催化剂制备在成本、物耗、能耗、产品收率及环保方面可达到国内先进水平，在国内外同行业中具有核心竞争力。（罗 平）

【长岭炼化经营业绩创新高】

2016年，长岭炼化完成2＃S-zorb装置中交投产、国V车用汽柴油质量升级等任务，主要技术经济指标全面达标，实现安稳生产、优化生产。全年加工原料油804万吨，其中，加工原油660万吨，超计划安排85万吨，高附加值产品产率达到87%，航煤、车柴、高标号汽油等高价值产品产量创历史新高。全年实现营业收入330亿元，上缴税金100.5亿元，实现盈利13.33亿元，生产经营创建厂45年来最好业绩。

（王毅平 李 星）

【长岭炼化科技进步取得新成果】

2016年，长岭炼化建设完善科技创新的平台，推进科技创新与技术进步，获得各级科技进步奖项23项，117人成为国家一级创新工程师。在首届全国企业科技创新方法大赛中，作为中国石化唯一代表，长岭炼化获得单项全国第三并获优秀组织奖。

第二套S-Zorb装置建成投产。9月9日，长岭炼化第二套S-Zorb装置项目建成投产，开车一次成功。项目投资1.7亿元，设计能力120万吨/年，主要包括进料与脱硫反应、吸附剂再生、吸附剂循环和产品稳定四个部分，项目建成投产使长岭炼化汽油深度脱硫精制能力得到提升，为汽油质量升级打下基础。

完成国V车用汽柴油质量升级。2016年，长岭炼化制定国V车用汽柴油质量升级总体方案，完成240万吨/年汽柴油加氢装置提前换剂和关键流程改造，完成国V车用汽柴油质量升级。9月，装置馏出口全面达到国V标准。10月1日，首批国V汽油产品出厂。

100万吨/年催化柴油加氢转化项目。3月15日，长岭炼化100万吨/年催化柴油加氢转化项目开工建设。项目投资8亿元，建成投产后将在公司油品质量升级、清洁生产、经济效益提升方面发挥重要作用。

（王毅平 李 星）

【长岭炼化安全环保实现“四无”目标】 2016年，长岭炼化成立7个专业HSE分委员会，分层级修订完善1596个岗位HSE职责，识别10项重大安全风险，开展5个专项治理，完成20项重大隐患治理，推行避免事故嘉奖令机制，全年未发生上报集团公司安全生产事故。开展环保专项行动，强化环保源头管控，推进环保提标改造和VOC治理，完成炼油改扩建项目竣工环保验收，

2016年10月27日，岳阳市石化产业招商推介会暨巴陵石化公司客户座谈会举行

（罗 平 摄）

烟气脱硫脱硝除尘等环保项目全面建成投用，全年未发生环境污染事件，实现安全环保“四无”目标。

（王毅平 李 星）

【长岭炼化支援事故处置】 2016年，长岭炼化履行社会责任，支援地方事故处置。

蓝山县丙烷槽车侧翻泄漏事故处置。1月21日，湖南省永州市蓝山县S216线161千米处发生一起载有23.5吨的丙烷槽车侧翻泄漏事故。22日，应湖南省政府请求，长岭炼化派出4名专业技术人员，支援事故处置。指挥部采用冰冻、转运、注水处理方案，成立11人的抢险队。23日晚，抢险队通过13小时不间断工作，圆满完成危险源处置任务。蓝山县政府给予公司救援专家高度评价，授予长岭炼化救援队“千里驰援技术精湛，有勇有谋敢于担当”的锦旗。

支援京港澳高速油罐车侧翻爆炸事故抢险。3月19日，京港澳高速1414千米处发生一起油罐车侧翻爆炸事故，造成5人死亡，20多人受伤。接湖南省应急办通知，长岭炼化组织11名消防队员、2台消防车紧急赶赴事故现场，通过6个多小时的努力，顺利完成抢险救援任务。

支援华容县新华垸溃口抢险。7月10日上午11时，华容县新华垸溃口。当日，长岭炼化紧急调配900条催化剂吨包装编织袋运送到抢险现场。11日上午，紧急调配5万只抢险编织袋运送到长江干堤象骨港和新港防汛仓库。 （王毅平 李 星）

【王玉普到长岭炼化调研】 2016年4月19日，中国石油化工集团公司董事长、党组书记王玉普，股份公司总裁李春光、股份公司高级副总裁戴厚良、集团公司副总经理、股份公司高级副总裁张海潮一行到长岭炼化调研，先后到炼油二部、环氧丙烷、科技开发公司了解相关情况，看望一线员工。副省长张剑飞、岳阳市委书记盛荣华、市长刘和生陪同调研。4月19—20日，在巴陵石化召开长岭、巴陵两家企业工作汇报会，王玉普肯定长岭炼化的光荣传统和取得的成绩，指出当前存在的突出问题和不足，希望长岭炼化发扬“先忧后乐”的岳阳精神，坚定信心，坚定决心，传承光荣史，再创新辉煌。

（王毅平 李 星）

【巴陵石化科技创新成果丰硕】

截至2016年底，巴陵石化获得国家、省部级科技进步奖134项。“1万吨SBS工业技术开发”项目获得国家科技进步一等奖，“非晶态合金催化剂和磁稳定床反应工艺的创新与集成”项目获得国家技术发明一等奖，“新一代高性能苯乙烯类热塑性弹性体成套技术”等3项成果获得国家科技进步二等奖，SEBS成套技术开发、仿生催化氧化制环己酮等项目被列入“863”计划，一批新特产品填补国内空白，SIS、SEBS被评为国家重点新产品，SBS、己内酰胺、环氧树脂等一批产品被评为国家级新产品，拥有授权专利337项。

锂系橡胶综合技术处于世界先进水平，品种牌号国内最全，质量最好；己内酰胺生产技术国内领先，第三代、第四代生产技术处于世界领先水平，具备工业化条件；环氧树脂具备成龙配套优势，特种环氧树脂成套技术国内领先；化工型炼油形成一般炼化企业所不具备的油化结合优势；煤化工生产技术居国内同类装置前列。

2016年，巴陵石化完成第一轮主要经济技术指标创行业标杆三年行动计划，114项能耗物耗指标有66项创历史最优，30项创行业标杆，全年节能降耗提质降本6370万元。全年生产炼化产品470万吨，实现营业收入204亿元，实现各项税费28.7亿元。巴陵石化先后获得全国文明单位、全国五一劳动奖状、全国先进基层党组织等称号。

（贺致富 陈 搏）

【巴陵石化科研工作取得突破】

2016年，巴陵石化强化科技创新，支撑企业发展的7个重大科研项目均取得突破，其中医用SEBS、2万吨/年SEPS、2万吨/年浆态床蒽醌法制双氧水等3个项目进行工业化装置建设。环己酮肟气相贝克曼重排、苯部分加氢制环己酮2个项目具备工业化条件。环保型环氧氯丙烷新工艺项目启动工艺包编制，轻石脑油多产苯技术中试方案通过总部审查。钼系橡胶、医用SEBS、浆态床蒽醌法制双氧水3个项目进入总部“十条龙”攻关计划。开发新产品、新牌号15个，热塑橡胶弹性体、聚酰胺3D打印耗材实现稳定打印。获得授权专利24件。获得集团公司科技进步二等奖1项。

（贺致富）

【巴陵石化筑牢安全环保基础】

2016年，巴陵石化完善HSE管理体系，突出直接作业环节、“三商”管理等重点领域，强化“三违”整治，严格责任追究。坚持源头管控与排污治理并举，COD、氨氮、二氧化硫、氮氧化物等4项污染物外排总量同比减少21.5%，固废有效处置率100%。实现连续53个月未发生上报集团公司事故，安全业绩创历史最优。获得中国石化集团公司安全生产先进单位和湖南省安全生产先进单位。 （陈 搏）

【巴陵石化与地方合作谋发展】

2016年10月27—28日，巴陵石化与岳阳市联合组织客户座谈暨岳阳石化产业招商推介会，140家客户代表参加。巴陵石化客户山东威高集团、柳州化学工业集团、佛山巴德富实业有限公司分别与岳阳市政府、临湘市政府、云溪区政府签订投资协议，计划投资额20亿元。9月24日，巴陵石化与汨罗市政府签署战略合作协议，共同推进长沙经开区汨罗“飞地”产业园的发展建设。协议明确：巴陵石化利用原材料、人才、技术等优势，参与汨罗“飞地”产业园高分子材料园的规划；汨罗市成立高分子材料园，入园项目优先使用公司的产品或原料，协助公司科研转化项目落户园区，享受园区各种优惠政策支持。

（贺致富 陈 搏）

【巴陵石化获多项荣誉】 2016年，巴陵石化合成橡胶事业部职工梁红文获评全国优秀科技工作者和中国石化集团公司科技创新领军人才。炼油事业部一联合车间操作三班被评为全国安康杯优胜班组。公司《基于橡塑设备长周期运行的设备综合效能管理》成果，获得第二届全国设备管理创新成果一等奖。炼油事业部党委、合成橡胶事业部SBS车间党支部、热电事业部锅炉车间党支部被评为中国石化集团公司先进基层党组织。己内酰胺事业部联合主控室被评为湖南省工人先锋号。炼油事业部苯乙烯车间主控岗位被评为第五届湖南青年安全生产示范岗。安居园社区、鹰山社区分别成功创建中国石化集团公司AAAAA级、AAAA级文明和谐示范小区。公司职工周治平被评为中国石化集团公司精神文明建设标兵，郑李志被评为集团公司精神文明建设先进个人。3月31日至4月1日，中共中央政治局常委、国务院副总理张高丽到湖南省调研，在长沙市主持召开经济形势座谈会，听取巴陵石化相关情况汇报。

（贺致富）

【四化建公司建设与发展】 2016年1月7日，中国化学工程第四建设有限责任公司（简称四化建公司）获评2015年度全国建筑业AAA级信用企业。5月15日，获评湖南省AAA级信用企业。2月25日，中国化学四化大厦项目复工建设。推进四化新城住宅区工程建设一期建设。公司成立湖南中化四建环保科技工程有限公司、湖南中化环境科技有限公司两家合资公司。4月，集团公司总经理、股份公司董事长陆红星到公司调研指导工作。5月，国务院国资委监事会22办副主任杨亦工到公司检查指导工作。同月，集团公司党委常委、股份公司副总经理施志勇率集团第五调研组到公司开展“一岗双责”调研。9月，四化建公司技术中心正式挂牌投入运营，标志着公司“十三五”战略规划的首个任务目标成功落地。9月26日，四化建公司董事长、党委书记刘德辉获评2016年全国优秀施工企业家。11月25日，新疆分公司获评神华新疆68万吨/年煤基新材料项目施工建设单位银奖。

（蔡亚玲）

【四化建公司队伍建设】 2016年5月4日，四化建公司团委在岳阳基地召开“五四”青年表彰会。5月12—13日，由中国建筑业协会主办的2015年度鲁班奖工程项目经理暨全国建筑业企业优秀项目经理高级研修班在安徽省合肥市举办，华南分公司参建的路博润添加剂（珠海）有限公司一期、二期润滑油添加剂项目荣获2014—2015年度中国建设工程鲁班奖（国家优质工程），路博润项目经理谭玲书获评鲁班奖工程项目经理。7月11—15日，公司在岳阳基地举办新员工入职学习培训活动，54名员工参训。

（蔡亚玲）

【四化建公司对外合作】 2016年9月10日，四化建公司与中国化学工程第十六建设有限公司、中国能源建设集团黑龙江省火电第三工程有限公司、四川省化工建设总公司第八安装公司在岳阳签署俄语区国家工程项目四方战略合作协议。公司董事长、党委书记刘德辉，十六化建公司董事长、党委书记刘佑锟，火电三公司总经理郭江滨，川化建八公司董事长任明，分别代表各自公司签署战略合作协议书。这是公司首次同时与3家单位签署区域战略合作协议。鉴于俄语区市场的巨大潜力及俄罗斯与中国良好的外交关系，4家企业高层对共同开拓俄语区市场充满信心，此为合作开拓俄语区市场的一大机遇。4家企业各具优势，在俄语区市场开拓方面有共同的愿景，有望在前瞻性领域和其他市场开展广泛合作。

（蔡亚玲）

【四化建公司五项工程获奖】

2016年9月，四化建公司承建的5个工程项目获评由全国化工工程建设质量奖审定委员会组织评选的2016年度全国化学工业建设优质工程奖。5个工程项目分别是：由西北分公司承建的包钢西区20万吨/年焦炉煤气制甲醇工程，西南分公司承建的沙伯基础创新塑料（重庆）有限公司热塑料生产加工项目，第五直属分公司承建的兖矿榆林100万吨/年煤间接液化示范项目，东北分公司承建的中海石油华鹤煤化有限公司3052大颗粒尿素项目和云南磷化集团有限公司50万吨/年MDCP项目30万吨/年磷酸装置。东北分公司经理彭中良、第五直属分公司经理汪溪获评2016年度全国化学工业建设工程奖突出贡献者。

（蔡亚玲）

【三五一七公司对外合作与产品研发】 2016年4月12日，德国Woco集团董事长Franz Wolf及其子公司PTE公司总经理Keil到际华三五一七橡胶制品有限公司（简称三五一七公司）考察，洽谈业务。至年底，三五一七公司与德国PTE公司的城陵矶综保区混炼中心项目进行10个轮回的交流，签订混炼胶项目合作意向书，项目有望落户城陵矶综合保税区。

12月10日，经过国家橡胶密封制品质量监督检验中心的试验检验，确认三五一七公司研发的球墨铸管用三元乙丙橡胶密封件使用寿命可达139.5年，技术水平进入世界

2016年9月10日，四化建公司与三家单位签署俄语区国家项目战略合作协议

（蔡亚玲 摄）

先进行列，填补国内空白，开创中国“百年胶圈”的历史。研发与新兴铸管公司配套的直径大2600毫米的三元乙丙橡胶密封件，应用于杭州千岛湖新安江水库饮用水输水工程等多个重点工程。该项目由公司执行董事容三友亲自主抓。

（徐应运）

【三五一七公司被认定为高新技术企业】 2016年12月，三五一七公司通过湖南省科学技术厅、省财政厅、省国税局、省地税局联合审批，被认定为高新技术企业。将从2017年开始，连续三年享受高新技术企业所得税税率按减15%缴纳、技术研发费加计扣除等优惠政策。公司把以技术升级为核心的转型升级作为中长期战略规划，加大技术研发、升级投入力度，累计引进科研人才20人，投入7000万元，升级更新各类自动化、智能化橡胶专业加工设备，在新园区智能制造车间初步建成试产。至年底，面积达1万平方米的综合性技术大楼封顶。岳阳市首家“湖南省工业设计中心”落户。（徐应运）

造纸产业

【概况】 2016年，岳阳市造纸产业完成产值192.3亿元，同比增长0.6%；完成规模工业增加值35.7亿元，同比增长-7.4%。全市有造纸工业规模企业50余家，主要集中在岳阳县、汨罗市、湘阴县和君山区等地，主要产品有精品文化用纸、复印用纸、包装和生活用纸等。

（罗　平）

【岳阳林纸提升运营质量】 2016年，岳阳林纸股份有限公司岳阳分公司（简称岳阳林纸）通过改革、创新与提质增效，实现运营质量改善。年纸品产量84.22万吨，实现营业收入38.18亿元，上缴税金2.3亿元。

提升销售能力。改革公司营销系统，外勤方面，构建起销售公司、区域分公司、办事处三个层级的销售管理体系，优化管理层级，提升管理效率，实现快速响应市场。后勤方面，健全和强化“大数

岳阳林纸具有国际先进装备的生产车间　（冯冰辉　摄）

据”分析、绩效考核、客户及分公司服务、组织计划和物流管理等职能，提升后台对销售一线的支持力度。产品及市场方面实现潜在客户及高端市场的突破，开发党史专用纸、中信文艺书纸和学习社专用纸等高端品种。

优化库存结构。强化执行落地，实现库存结构优化。加大成品纸老不良品的管控及处理进度，重点关注尾纸。加强仓储管理，提升物流发货效率。至年底，岳阳分公司纸品库存较年初下降7.58万吨。加强产供销联动，实施原材物料精益管理，实现库存结构优化及库存量的降低。煤炭月均库存仅15天，浆板月均库存25天，化学品、工艺备品、设备备品备件库存总金额分别较2015年同期下降。

改善运营质量。全面运用与推广麦肯锡咨询公司的新理念、新工具与新方法，从15个工作流对分公司内部运营管理进行诊断，识别出71个改善项目，并以PMO（项目管理办公室）工作模式对项目进行管理，确保每个改善项目落地，取得实效。截至年底，运营改善项目取得落袋收益5065万元，运营改善初见成效。

节降生产成本。对生产系统实施调整管理模式和强化过程管控，实现生产稳态运行，生产成本较2015年同期下降。一是发挥系统低价浆的使用，减少系统阔叶木高价浆的消耗，通过调整浆料结构降低生产成本；二是优化化学品使用，降低成本；三是产供联手，推进备品备件国产化和引进替代品，全年创效60万元。

提升运营效率。通过同时提升生产运行效率、管理与服务效率和资金周转效率，不断优化信息共享机制及流程与制度执行体系，密切产、供、销衔接，实现运营效率提升。（陈　焕）

【岳阳林纸签订合作协议】 2016年4月22日，岳阳林纸与宁波国际海洋生态科技城管理委员会签订战略合作框架协议，双方拟通过PPP合作模式，针对科技城部分市政基础设施、生态环境工程等项目的投资、建设、运营和养护服务等内容展开合作，项目建设投资总额不低于120亿元。5月31日，岳阳林纸与华能岳阳发电公司签署战略框架协议，确定战略合作框架协议条款，就煤炭采购、“三供一业”推进、热电设备维修等内容展开交流合作。

（陈　焕）

【岳阳林纸生产经典书籍用纸】

2016年6月26日，《中国共产党的九十年》正式出版发行，该书经党中央批准，由中共中央党史研究室编写，内印有“此书内文纸由岳阳林纸股份有限公司专供”，系采用岳阳林纸泰格颂·象牙白纯质纸印制的图书。2016年9月20日，《胡锦涛文选》面向全国发行，该书由中共中央文献编辑委员会编辑、人

民出版社出版。该书内页采用岳阳林纸“党建文献专用纸”印刷。岳阳林纸“泰格雅”牌全木浆胶版纸具有表面平滑细腻、匀度好、色泽纯净、挺度好、套印准确、印刷网点清晰、色彩还原度高、适用高速轮转与平版印刷等品质特点。

（陈　焕）

电力工业

【农网改造】 2016年，国网岳阳供电公司编制完成公司“十三五”发展规划和新一轮农网改造升级规划，争取中心村电网改造资金2.68亿元。实施“阳光扶贫六大行动”，将岳阳市412个贫困村纳入农网改造项目。完成259个中心村、56个贫困村、90个村农网改造项目。专项整治末端用电瓶颈，完成2.48万户“低电压”整治任务。

（楚心越）

【提供用电保障】 2016年防汛期间，国网岳阳供电公司出动“电骆驼”共产党员服务队96支、抢修人员9437人次，架设抗洪照明线路1130千米，抢修台区供电7315个，涉及57.93万户，保障全市346个排渍机埠、抗洪照明和华容新华垸溃堤抢险救援供电。完成“两会”、高考等特殊任务期间的保电工作，实现春节期间220千伏线路“零跳闸”、服务“零投诉”。“电骆驼”被中央组织部表扬和中央、省级媒体报道。

（楚心越）

【服务重大项目】 2016年防汛期间，国网岳阳供电公司配合岳阳市“一区一港四口岸”（城陵矶综合保税区，启运港退税政策试点港，汽车整车进口口岸、进口肉类指定口岸、进口粮食指定口岸和固废进口指定口岸）建设，完成8条110千伏及以上线路的迁改，为城陵矶新港区发展腾挪用地空间。服务蒙华铁路等重点工程建设，完成37条110千伏及以上线路杆迁。配合城市道路提质改造，完成洞庭大道、望岳路主干道配网电缆入地改造工作。与全市20家用电大户签订共建和谐关系协议书，对全市62家高危企业实行“一对一”安全用电服务，帮助转型企业加快技术改造、优化节能降耗措施。落实国家“三去一降一补”（去产能、去库存、去杠杆，降成本，补短板）政策，全年三次下调工业电价，为企业节省电费支出6316万元。开辟港区配网建设“绿色通道”，在港区设立驻点服务窗口，提供全过程“管家式”服务，为企业落地提供电力保障。

（楚心越）

【改革创新增活力】 2016年，国网岳阳供电公司推广“掌上电力”APP用户28万户，实现电费月月结零。加强电能表统一调配管理，完成34.98万户低压客户集抄改造任务。临湘市忠防等4个供电所被省公司命名为“四星级供电所”。在湖南省率先完成配电抢修（供电服务）指挥中心挂牌运作，大幅提高抢修效率。选定供电服务等5个课题实施绩效改进攻关，1个项目获得国际杰出绩效干预奖，在第六届中国绩效改进论坛上作经验交流。出台《新进大学生培训培养工作方案》，与长沙理工大学开启校企联合育人新模式。物资质量监督课题获得湖南省企业管理现代化创新成果二等奖，营销“青创赛”成果获得国网公司银奖、省公司金奖。

（楚心越）

【华能岳阳电厂确保安全生产】

2016年，华能湖南岳阳发电有限责任公司（简称华能岳阳电厂）设备可靠性水平得到提升，3号机组创造400天长周期运行历史最高纪录，未发生人身轻伤及以上事故、未发生火灾事故、未发生设备损坏事故、未发生环境污染及破坏事件、未发生影响经营安全的事件、未发生影响政治形象安全的事件，实现安全生产零目标，获得华能集团公司安全生产先进单位、华能股份公司安全生产标兵单位、湖南省安全文化建设示范企业、岳阳市安全生产工作考评优胜单位。

（唐　勇）

【华能岳阳电厂推进节能减排】

2016年，华能岳阳电厂供电煤耗、厂用电率同比均实现下降，完成“十二五”规划节能量核查。环保设备投入率、环保效率得到提高，全厂SO_2、NO_x、粉尘排放值均低于环保排放目标值，全年未发生超排情况。完成两台60万千瓦机组的超低排放改造，通过省环保厅验收，机组环保竞争力得到增强。全厂主要能耗指标、主力机型能耗指标、污染物排放指标保持区域领先。获评湖南省“十二五”规划节能减排先进单位。

（唐　勇）

【华能岳阳电厂拓展热力市场】

2016年，华能岳阳电厂以实现热电联产为目标，加大供热改造力度，加快管网建设，加大热力用户开拓力度，完成向益海嘉里老厂区、岳阳林纸、新港保税区三条主干（支线）供热管线建设并实现正式供气，实现全厂机组供热互通。全年供汽量达23万吨，全厂供热能力可达340吨/小时，最高日用汽量达1614吨，最高日平均流量67.25吨/小时，最高瞬时流量达87吨/小时。至年底，建成主支管网30余千米，入网企业48家，促使关停小锅炉32台。

（唐　勇）

【华能岳阳电厂推进新能源项目】

2016年，华能岳阳电厂贯彻五大发展理念，坚持走绿色发展道路，发展清洁、低碳、高效能源，加大风电、光伏等新能源发电项目的开发力度。获得华能岳阳新港屋顶（1万千瓦）分布式光伏项目开发权，并开工建设；华能岳阳擂鼓台（2万千瓦）地面分布式光伏项目被列入湖南省2016年光伏发电追加建设规模实施方案。2个项目均纳入华能集团公司2017年“6·30”投产计划。

（唐　勇）

饲料工业

【概况】 2016年，岳阳市有饲料和饲料添加剂企业78家。全市饲料总产量357万吨，同比下降2.19%，饲料工业总产值131亿元，同比下降0.76%。猪饲料302.87万吨，同比下降0.01%，水产料41万吨，同比持平。6月28日，农业部饲料行业管理督导检查组到岳阳考察湖南普爱生物饲料有限公司、湖南正虹科技发展股份有限公司等企业。

开发新品种。岳阳骆驼饲料有限公司、岳阳正昌饲料有限公司发展特种水产龙虾、河蟹、黄颡鱼、美国青蛙饲料新品种。开发生产的美国黑斑青蛙膨化饲料，年生产1.2万吨。

产业融合发展。全市大型饲料企业深化“公司+农户”利益联结机制，其中湖南安佑饲料有限公司和湖南正虹科技发展股份有限公司等5家企业发展生猪“公司+农户”，养殖户达120户，年出栏生猪6.5万头；岳阳湘佳饲料有限公司发展“公司+农户”模式，合作农户达500户，年出笼鸡800多万羽；岳阳新宏饲料有限公司、岳阳展翔生物科技有限公司以“公司+农户”模式养殖特种龙虾、黄颡鱼，合作农户达210户，养殖范围2666.67公顷，产量2000吨。

调结构，优产能。全市新办海益通、平江奇壮、义群同创、中农联成、富民、湖南安佑等6家企业，确保行业400万吨有效产能稳定均衡。正虹、正大、九鼎、安佑、新宏、宏岳等饲料自用、订单供货占饲料销售总量的20%。

保障质量安全。实施《饲料质量安全管理规范》，强化原料采购、生产加工、产品检测、流通销售环节的管理控制，规范企业管理，增强质量安全责任，提升产品质量。全年部、省、市三级饲料主管部门监测抽样207批次，合格产品206个，合格率达99.52%，比2015年提高0.42个百分点。全市饲料生产企业免税检测抽样316个，合格产品316个，合格率100%。全年没有出现重大质量安全事件。

（周　裕）

【饲料行业监管】　2016年，全市饲料行业管理部门加强行业监管，确保行业有序发展。

抓行政许可，保合法生产。对全市78家饲料企业，87个饲料、饲料添加剂生产许可证进行生产条件现场审核检查。72家企业81个生产许可证通过年审备案，4家企业未通过年审备案，2家企业因停产一年以上被注销生产许可证。新申报办理海益通、奇壮、义君同创、中农联诚、富民、湖南安佑等6家企业饲料生产许可证。全面启动饲料质量安全管理规范实施工作。全年有4家申报部、省饲料质量安全管理规范示范企业，湖南中农联成获评部示范企业。新宏、骆驼2家获评省示范企业。

强化日常监管，落实监管责任。饲料管理部门重点清查经营“三无”产品等违法行为，采取县市区属地检查日常监管与市级两次拉网式定期检查监管相结合的方式开展工作，全年出动执法人员478人次，检查生产企业165个次，检查饲料经销门店637个次，检查养殖场（户）548个次，结合检查抽取饲料样12个，下达整改通知书48份，查处违法违规案件5起，查处违法违规饲料16.4吨，涉案金额4.8万元，结案率100%。做好企业安全生产监管，11月，开展为期一个月的饲料安全生产大检查，检查饲料企业68家，下发书面整改通知书，约谈企业安全生产相关负责人。5月，开展“瘦肉精”专项整治行动。每个县抽查1个乡镇兽医站，1个生猪养殖场，1个生猪屠宰场，2个兽药店，1个饲料店。对生猪屠宰场、生猪养殖场现场采集尿样进行检测。对乡镇兽医站“瘦肉精”同步检测记录进行检查。对生猪养殖场、饲料店的饲料进行抽样检测，未发现“瘦肉精”检测结果阳性。对兽药店、生猪养殖场进行检查，未发现有经营使用“瘦肉精”等违禁药物的现象。　（周　裕）

【尤特尔生化参加国际展览】　2016年1月26—28日，湖南尤特尔生化有限公司到美国乔治亚州亚特山大参加美国国际家禽饲料及工业设备展。2月24—26日，到菲律宾帕赛国际会展中心参加2016年菲律宾国际畜牧业展览会。11月15—18日，到德国汉诺威展览馆参加德国国际畜牧展。展会中，公司将酶制剂产品和先进的技术予以展示，让国外客户直观了解尤特尔的产品和技术优势。　（周　裕）

【湖南九鼎公司产销两旺】　湖南九鼎科技（集团）有限公司（简称湖南九鼎公司）成立于1994年，注册资本3.6亿元，是一家集饲料、兽药、生猪养殖和生猪智能化养殖设备研发、产销于一体的大型农牧集团。集团在全国分布50家分（子）公司，员工总数4000人，集团饲料产品销往全国30多个省、市。2016年，集团饲料销量236万吨，完成工业生产总值85亿元。其中岳阳基地工厂饲料销量28万吨，产值16亿元，上缴税收1120万元。湖南九鼎公司系“农业产业化国家重点龙点企业”“高新技术企业”“全国饲料三十强企业”“湖南省民营企业100强”，拥有“企业博士后科研工作站”“国家CNAS实验室”“省级企业技术中心”和2项“中国驰名商标”。　（罗　平）

【湖南最大的肥料生产企业竣工投产】　2016年12月28日，湖南金叶众望科技股份有限公司（简称金叶众望公司）在岳阳临湘竣工投产，系湖南最大的肥料生产企业。项目总投资5.03亿元、用地25.2公顷，建设年产能100万吨经济作物专用肥生产基地以及仓储物流、研发中心、实验示范、产品展示、办公生产区等配套设施。项目使用国内先进的新技术、新工艺、新设备。复合肥生产线采用氨酸法工艺，生物有机肥、有机无机复混肥生产融合双模造粒、转鼓造粒、圆盘造粒等技术，缓控释肥生产线使用北京农林科学院树脂包膜缓控释专利技术，水溶性肥生产线采用营养元素螯合技术，实现产品全水溶。投产后，公司产品体系更加齐全，产品种类涵盖有机—无机复混肥料、生物有机肥料和有机肥料、复合（混）肥料、缓控释肥料和BB肥料、水溶性肥料和土壤调理剂五大产品板块，能满足各种作物生长全过程的营养需求。　（李忧靖）

食品工业

【概况】　食品产业系岳阳市第二个千亿产业，工业总量居全省食品工业（不含烟草）第一位。2016年完成产值1276.5亿元，同比增长8.4%；完成规模工业增加值242.7亿元，同比增长37.3%。拥有正虹科技、九鼎科技、道道全粮油、君山银针等22个中国驰名商标，正虹科技等4家企业被评为国家级龙头企业，插旗菜业等32家企业被评为省级龙头企业。

【道道全公司发展势头好】 道道全粮油股份有限公司（简称道道全公司）是一家以油菜籽为主要原料，以菜籽油为主要产品的专业化食用油加工企业，年产值近30亿元，拥有国际先进的年加工19万吨油菜籽、棉籽预榨生产装置与年加工15万吨的油脂精炼深加工生产装置以及年灌装30万吨的9条中小包装自动化生产流水线。2016年，公司营业收入26.91亿元，净利润2.06亿元，上缴税金9699万元。

【湖南长康公司加快发展】 湖南长康实业有限公司（简称湖南长康公司）拥有长康福海油脂、长康兰岭绿态茶业和长康调味品基地三个子公司，系湖南省农业产业化龙头企业。年加工食用植物油10万吨，芝麻油、食醋、酱油、料酒、鸡精等调味品6万吨，茶叶4500吨，总资产规模达3亿元。产品涵盖芝麻油、食用植物油、调味品、风味辣椒食品、茶叶五大系列40多个品种100多种规格，拥有三项“中国驰名商标”、12个“国家绿色食品认证”。2016年完成产值9.3亿元，同比增长17.4%，实现税收690万元，同比增长34%。

【山润公司形成品牌效应】 湖南山润油茶科技发展有限公司（简称湖南山润油茶）创立于2006年3月，公司注册资金4000万元，是一家以“公司连农户建基地”模式运作的集油茶栽培、油茶林基地建设、食用和医药化妆品用茶油、油茶籽低温冷榨及精深加工、产品研发、生产销售于一体的专业化民营高新技术企业。公司通过ISO9001质量管理体系认证，是首批国家林业重点龙头企业、全国油茶行业10强企业、全国油茶产业重点企业、湖南省农业产业化龙头企业、全国放心粮油示范企业、湖南省科技示范企业。山润品牌获得中国驰名商标、有机食品、绿色食品、第十届中国国际农博会金奖等系列权威认证和荣誉。2016年，企业实现产值8亿元，税收800万元。启动二期食品安全体系建设及配套工程项目建设，总投资1.1亿元。

（罗 平）

生物医药工业

【概况】 2016年，岳阳市生物医药产业完成产值185亿元，同比增长24.5%；完成规模工业增加值45亿元，同比增长8.5%。形成集原料、制剂、药用辅料、医用卫材、医疗器械、保健食品等共同发展的医药工业体系，现有药品生产企业数量和药品品种数量全省排名第二，湖南科伦药业是中南地区最大的输液制品生产企业。

【科伦制药销售业绩好】 2016年，湖南科伦制药有限公司（简称科伦制药）实现主营业收入31亿元，上缴税收1.66亿元，实现利润1.3亿元。公司拥有148项专利、3个省级创新平台，是湖南省智能制造示范企业。有11大剂型、131个品种、252个品规的中西药产品，是中南地区药品剂型、品种最为齐全的综合性制药企业。其中，大容量注射剂及抗生素等的生产、销售规模处于全国第一方阵，位居全省第一；中药产品的重点战略品种——康复新液是湖南省销售过亿的中药品种之一，年销售收入超2亿元。至年底，湖南科伦单品销售过亿的品种有4个。

（罗 平）

湖南省医药领头企业——湖南科伦制药有限公司

建材工业

【概况】 2016年，岳阳市建材产业完成产值429.8亿元；完成规模工业增加值97.9亿元，同比增长1.9%。岳阳市建材产业处于关闭小建材、黏土砖厂阶段，致力发展新型建材工业，对现有2个建筑陶瓷工业园进行产品升级换代。以远大住工和远大可建为代表的住宅产业化企业，成为全国住宅工业化领军企业，其工业化PC（指用工厂化预制构件拼装）构件产能达800万平方米。（罗 平）

装备制造工业

【概况】 2016年，岳阳市装备制造产业实现产值706.4亿元，同比增长13.4%；完成规模工业增加值161亿元，同比增长10.6%。拥有通用机械设备制造、专用机械设备制造、交通运输机械设备制造，电气、电磁设备制造，办公设备制造等7个大类，其中通用机械设备、电气机械设备、专用机械设备等3类成为产业支柱，产值均在30亿元以上。岳阳建有首个国家磁力设备标准化技术委员会和国家磁力设备质量监督检验中心，被誉为中国磁力设备产业化基地和起重电磁铁之都。

（罗 平）

【金秋红日公司扭亏为盈】 2016年，岳阳金秋红日工业有限公司（简称金秋红日公司）抢抓国家军改带来的机遇，努力适应产能扩张新形势，外抓市场、内抓管理，完成各类产品78万发，实现营业收入4028万元，同比增长43.55%。实现营业利润128万元，同比增长420%。完成工业销售产值4035万元，同比增长47.9%。结束连续15年的亏损局面，经营成绩迈上新台阶。

（康苏高）

【金秋红日公司举办厂庆活动】

2016年10—12月，金秋红日公司举办建厂50周年系列庆典活动。开展“知我红日”征文活动，编印《红日之歌——建厂50周年回顾》一书；举办“爱我红日”展览活动，展示“历史回顾”“历届领导”“职工风采”“主要产品”“精神文明”等5个方面的内容；主办“祝福红日”大型文艺演出；召开“振兴红日”座谈会。

（康苏高）

有色及循环工业

【概况】 2016年，岳阳市有色及循环产业完成产值366.4亿元，同比增长15.7%；完成规模工业增加值56.4亿元，同比增长9.9%。产业主要集中在汨罗市、平江县、屈原管理区等地，其中汨罗循环经济工业园是国家首批循环经济试点、全国首批“城市矿产”示范基地和中南五省最大的再生资源交易市场。

【汨罗循环经济产业园区发展加快】

2016年，湖南汨罗循环经济产业园区新增规模工业企业10家，规模工业企业总数达84家，全年实现工业总产值442亿元，同比增长26%，实现规模工业增加值85.9亿元，同比增长15%，小康指数实现程度达到55%，同比增长14%，全年完成税收6.2亿元，其中国税5亿元，地税1.2亿元，同比增长24%。

招商引资有进展。全年新签约项目19个，合同引资30亿元。双华铝业的铝锭生产与压铸、兆富铜业、金田铜业的废铜加工和锦胜有色的铅提纯入驻园区。给力光电、欧翔科技、罗丹莫纳、华祺环境等项目进驻。汨水循环网络协同服务平台、公路口岸和固废物进口后续监管区、再生材料产业园基础工程项目均签约开工。园区分别与工商银行、国开行、富康公司和平安公司开展银企合作，融资4.5亿元。

项目建设有成效。完成挖运土石方20万立方米，平整土地13.33公顷，启动双华铝业项目建设，完成迅刻科技二期2000平方米厂房建设，建成振纲铝材二期3万平方米喷涂车间、挤压车间及五层办公大楼主体工程，基本建成城陵矶固废进口口岸汨罗后续监管区项目的卡口、围栏、查验平台、监管仓库等主体工程。总投资5000万元、建筑面积2.4万平方米的标准化厂房二期工程主体基本竣工。呈报7平方千米的总体规划、200公顷核心区的控制性规划，编制完成22公顷塑料城的修建性详规。

（罗 平 李海波）

纺织产业

【概况】 2016年，岳阳市纺织产业完成产值207.8亿元，同比增长10.4%；完成规模工业增加值47.7亿元，同比增长8.3%。全市有华容县、湘阴县、君山区、屈原管理区、岳阳县等5个棉纺织产业集群，其中华容县是湖南省纺织基地县。岳阳市初步形成以纺纱为主，织造、印染、服装互为补充的纺织工业生产新格局。湖南科创纺织、科力嘉纺织等重大项目建成投产。

（罗 平）

【洞庭麻业公司谋求新发展】

2016年，湖南华升洞庭麻业有限公司（简称洞庭麻业公司）做精做新纺织主业，加大新产品开发力度，拓展市场，探索多元发展之路，寻找新的利润增长点，确保企业生产经营正常运行。全年开发新产品201个，多个产品投入批量生产，其中“田原风光”“粗犷风”2个新品种入围中国流行面料。针对国内市场，开发麻毛巾、围巾、抱枕、窗帘、服装等麻类成品，探索新的营销模式，延伸产业链。公司参与华升集团、东华大学等科研院所及院士工作站研发的苎麻生态高效纺织加工关键技术及产业化项目获得2016年度国家科技进步二等奖。拓展营销渠道，成立上海洞麻进出口公司，利用上海优越的地理位置和自贸区优惠政策，改变只做单一苎麻产品的模式，将业务范围扩大到亚麻及含麻混纺产品、其他类纺织品。6月8日，洞庭麻业公司开通洞庭淘宝店。9月26日，开通洞庭女装天猫店。11月18日，洞庭麻生活体验馆对外营业。 （覃春琳）

电子信息工业

【概况】 2016年，岳阳市电子信息产业完成产值197亿元，同比增长17%；完成规模工业增加值46.9亿元，同比增长10.7%。全市电子信息产业主要规模企业集中在岳阳经开区和华容县、湘阴县、汨罗市等县市区，依托国信军创6906、千盟电子、汇创信息等重点企业加快发展北斗卫星导航应用、集成电路、电子元器件、平板显示、软件和信息等新兴产业，引导企业向软件制造及服务、数字视听产品、通信设备和电子材料等领域拓展，形成软件产业、电子元器件制造业等电子信息产业集群。城陵矶新港区加快建设“两基地、两中心”（北斗卫星导航终端产品生产制造基地、应用示范基地，区域运营中心、技术研发中心），围绕军民融合卫星应用产业园，打造卫星导航应用产业集群，组建北斗卫星导航应用院士工作站，军民融合北斗卫星导航产业纳入省政府与中国航天科技集团战略合作框架协议中的核心内容。12月30日，6906公司城陵矶新港区北斗产业园主体建设完成，生产区面积5.2万平方米。 （罗 平）

【北斗应用教育信息化项目启动】

2016年5月17日，岳阳市正式启动北斗应用教育信息化——“平安校园”建设项目。湖南省智兴北斗电子科技有限公司与湖南民院附小签订“平安校园”项目试点协议，并与国家级孵化器海凌科技园签订入驻合约。“平安校园”项目是北斗导航技术在教育系统的一次应用示范，项目的推广应用，将助力学校信息化建设和智能化管理，搭建学校与家长沟通之桥，为学生安全成长保驾护航，同时进一步促进岳阳北斗导航产业的发展。

（罗　平）

【北斗“神器”助力防汛抗灾】

2016年入汛后，岳阳市多地受灾，山体滑坡、水库遇险、河流湖泊水位超警戒。北斗防汛系统作为环洞庭湖北斗示范应用工程的一部分，在抗洪抢险中主要发挥两方面作用，一是事前预防、预警与监测：通过采用北斗定位监测，对山体、水库、河流的形变进行24小时实时监测，通过变形值对其安全状况进行智能评估，并对可能的滑坡、水库遇险、河流水位暴涨等险情进行提前预警；二是事中处置与救援，在大灾害时通信线路中断的情况下，能通过北斗系统使搜救工作顺利开展，精准定位到遇险地点，并向指挥中心发回灾情信息。

（罗　平）

【6906公司参加学术年会】 2016年5月18日，第七届中国卫星导航学术年会在长沙召开。此次年会，国信军创（岳阳）六九零六科技有限公司（简称6906公司）展示北斗地面应用终端、北斗卫星导航抗干扰系统、北斗高动态抗干扰接收机系统、北斗时频设备等北斗设备及车联网等多行业应用方案。进一步深化“北斗+”概念，着重推出3D·GIS平台、二三维地理信息一体化平台、无人机应用平台、探地雷达、高灵敏度磁场传感器、红外探测等“北斗+”系列产品。中国卫星导航系统委员会主席王力、北斗卫星导航系统总设计师杨长风、中国卫星导航系统管理办公室主任冉承其、中央网信办信息化发展局副局长董宝青等专家、领导莅临6906展区参观，听取6906公司在北斗领域及军民融合相关项目的情况介绍，肯定公司在北斗导航领域取得的成绩，对公司推广的“北斗+”系列产品寄予期望。

（赵新星）

【6906公司有关技术通过审查】

2016年8月31日，6906公司北斗时频设备定型试验总结、资料及工艺审查会举行，驻北京地区军事局、驻北京地区专装军代室、驻广州地区军事代表室、装备研究院四所、中国电子科技集团第十五所研究所、中国电子科技集团第七研究所组成的专家组参加评审。评审会听取6906公司技术部、质检部、北斗事业部等部门作的BBGK01、BBJZ01、BBTJ01等型号产品在管控设备、应用终端、车载专用等应用中的设计鉴定试验报告和工艺考核等10多个报告，专家组作出审查，现场讨论答疑，一致同意6906公司通过审查。

（赵新星）

北斗卫星导航示范城市
对接会议暨项目签约仪式
承办单位：岳阳市经济和信息化委员会
岳阳市招商局
签约三台
签约二台

信息产业

责任编辑　李　幸

综　述

【概况】　2016年，岳阳市电子信息产业完成产值197亿元，比2015年增长17%，完成规模工业增加值46.9亿元，同比增长10.7%。其中，全市电子信息产业主要规模企业集中在岳阳经开区和汨罗市、华容县、湘阴县等县市区，形成软件产业、电子元器件制造业等电子信息产业集群，城陵矶新港区围绕军民融合卫星应用产业园打造卫星导航应用产业集群，组建北斗卫星导航应用院士工作站，军民融合北斗卫星导航产业纳入省政府与中国航天科技集团战略合作框架协议核心内容。

（罗　平）

【智慧岳阳建设总体规划通过专家评审】　2016年11月11日，市经信委组织召开《智慧岳阳建设总体规划（2016—2020年）》（以下简称《规划》）专家评审会，邀请国防科技大学、湖南理工学院、市电子政务办等国内相关领域6名专家对总体规划进行评审。评审会审查《智慧岳阳建设总体规划（2016—2020年）》《智慧岳阳建设实施方案（2016—2020年）》，经咨询、交流、论证，专家组一致同意通过规划评审。该《规划》以信息化驱动城市现代化，以打通信息流、提升软实力为主线，以体系化技术整合、数据整合、业务整合、服务整合为着力点，全面推进云上岳阳、数据岳阳、宜居岳阳、秀美岳阳、活力岳阳等5大主要任务32项重点工程。根据《规划》，智慧岳阳建设总体分为顶层设计、重点建设、完善提升三个阶段实施。到2020年，信息化整体水平在全国同类城市中处于上游水平、省内处于领先地位，打造成全国新型智慧城市标杆市和长江中游区域性智慧之都。

（罗　平）

【推进两化融合】　2016年，市经信委推进企业两化融合，组织全市规模以上工业企业及优势和支柱产业80多家重点企业，开展企业两化融合（信息化和工业化的高层次深度融合）评估诊断和对标引导工作。通过开展评估工作，为参评企业提供基于全国企业数据对比分析的两化融合评估诊断报告，全面了解辖区内各行业企业两化融合总体发展现状，指导企业明确两化融合发展重点和定量目标，探索科学、分类、定量、持续推进区域两化融合的新模式，更好地支撑服务工业转型升级，提升企业核心竞争力。

（汪　帆）

【岳阳市入围国家首批电信普遍服务试点城市】　2016年，工信部公布的2016年度第二批89个电信普遍服务试点地市名单，岳阳市成功入围国家首批电信普遍服务试点城市。为贯彻落实国务院“宽带中国”战略，财政部和工信部联合印发《关于开展电信普遍服务补偿试点工作的通知》，国家开展的电信普遍服务试点，主要是支持农村及偏远地区加快宽带发展，促进城乡基本公共服务均等化，带动农村经济社会发展和信息化水平不断提升，缩小城乡数字鸿沟。中央财政将对东、中、西和自治区分别按照投资的15%、20%、30%、35%予以补助，重点保障农村宽带建设和运行维护费用补偿。涉及全市3000多个村的宽带改造升级，实现农村地区宽带“村村通”，农村共享远程教育、智慧医疗、互联网金融等信息化发展成果，促进农业现代化。

（罗　平）

【信息扶贫摸底】　2016年，市经信委组织对全市11个县市区的409个贫困村信息基础设施情况进行全覆盖摸底调查，调查内容涵盖贫困村的基本情况、看电视情况、通电话情况、装宽带情况四个方面，全面准确反映贫困村信息基础设施建设情况，为精准扶贫打下坚实信息基础。（汪　帆）

无线电管理

【概况】　2016年3月，岳阳市政府办和市经信委完成无线电管理机构改革交接工作。市经信委受省经信委委托行使无线电管理行政职权，按照“三管理、三服务、一突出”的总体要求，加强频谱资源事中事后监管、切实保护频谱资源，严格依法行政、维护空中电波秩序，突出无线电安全保障、提升无线电管理社会效益。开展无线电频谱使用评估工作，采集188.8G频谱监测数据，掌握公众移动通信频段频谱资源在全市的使用情况。打击治理“黑广播”和“伪基站”违法犯罪活动，与市文广新局、市公安局和新闻媒体等单位紧密合作，建立部门协调、信息共享、快速反应和传媒报道机制。成功查处首例“黑广播”案件，排查和追击“伪基站”可疑信号8起，鉴定“伪基站”设备2套，处理“12345”热线疑似“黑广播”和“伪基站”15起。受理无线电频率使用申请3起，指配频率5个（组）。审核4G网络基站申报4756个，备案船舶电台800个，核定行政事业性收费项目20项，征收无线电频率占用费10.6万元。查处无线电干扰8例。无线电日常监测10338小时，比2015年增长16%，其中，指定频段监测7882小时，铁路列车调度频率、高铁的GSM-R和民用航空等专项监测1450小时。完成运营商基站发射设备检测52个，完成岳阳人民广播电台等单位涉频率使用的电磁环境测试4起。完成研究生考试、高考、省公务员录用考试等无线电保障工作15次，出动人员90人次，查获作弊用无线电发射设备2套。

【查处1.4GHz频段违规发射源】

2016年3月2日，市无线电管理部门收到省无线电管理委员会办公室（简称省无委办）《关于立即查处1400~1427MHz频段违规发射的紧急通知》，指出在1.4GHz频段的欧洲空间局土壤湿度与海水盐度卫星受到岳阳方干扰，要求立即组织排查。市经信委立即组织无线电管理科和市无线电监测站启动干扰排查工作，经过实地监测排查，在汨罗市古培镇大同村，查明违规发射源来自于该地电视转播台机房微波发射设备。根据国际电信联盟《无线电规则》和《中华人民共和国无线电频率划分规定》，1400~1427MHz频段是划分给卫星地球探测（无源）、射电天文和空间研究（无源）业务使用的频段，同时禁止在此频段内其他一切无线电发射。无线电管理执法人员要求相关责任单位立即关闭该微波链路，不得再次使用，并书面作出相关情况说明，接受进一步处理。

【查处“黑广播”101.3MHz】 2016年5月27日，接到市民投诉调频广播电台101.3MHz24小时滚动播出低俗淫秽内容，有“黑广播”重大嫌疑。市经信委无线电管理机构即刻启动打击“黑广播”专项行动应急预案，于当日下午紧急进行台站数据库比对核查，发现101.3MHz在台站数据库没有登记，立即启动政务中心固定监测站、城陵矶港龙大厦监测站等监听设备，技术人员轮流对该频点进行监听，通过监听情况汇总分析，确定101.3MHz为“黑广播”。5月30日，无线电管理机构技术人员进行汇总分析，开动移动监测车，携带便携式PR100测向设备，对城区14个楼顶定向定位，锁定黑广播源在岳阳市区青年东路缤纷年华小区的某房间。在物业、公安和业主的配合下，依法取缔该“黑广播电台”。

【打击治理“黑广播”专项行动协调会议】 2016年6月3日，岳阳市联合开展打击治理“黑广播”违法犯罪专项行动协调会议在市文广新局召开，市经信委、市文广新局、市公安局、市文化市场综合执法局、岳阳日报社、市广播电视台等单位参加会议。会议讨论《联合开展打击治理“黑广播”违法犯罪专项行动工作方案》，通报无线电管理部门“5·31”查处101.3MHz黑广播行动情况，就切实履行各自工作职责、相互协调配合、建立快速反应机制达成共识，共同打击治理“黑广播”，有效遏制“黑广播”在全市蔓延。

【无线电监督检查】 2016年4月7日，鉴于全市频繁出现的“黑广播”现象，市经信委无线电管理机构在各县市区广播电视台开展为期2个月无线电监督检查，对辖区内广播电视台各个无线电发射信号进行全面监测。对各县市区广播电视台无线电发射设备做到人机见面，保存频谱图18份，使用GPS定位系统对所有的无线电发射设备经纬度进行精准定位，对所有的无线电发射设备照相存档，逐一核查频率使用批文或无线电频率使用执照。对不具备频率使用批文或无线电频率使用执照的无线电台（站），要求设台单位进行整改，停止相关无线电台（站）的无线电发射，直至获得频率使用批文或无线电频率使用执照，办理无线电台（站）设置许可，领取无线电台执照，方可启动该无线电发射。此次开展的无线电监督检查，准确掌握各县市区广播电视台用频情况，为用频单位服务打下坚实基础，为迅速查处“黑广播”提供数据比对和参考。

2016年9月13日，长江水上无线电管理宣传暨联合执法活动在城陵矶三江口海事搜救基地举行 （陈 华 摄）

【云溪区广播电台FM101.1MHz整改】 2016年6月14日，市经信委与市文广新局联合检查组前往云溪区文旅广新局，听取云溪区广播电台负责人关于FM101.1MHz整改落实情况的报告。云溪区广播电台按照省新闻出版广电局的整改处理意见进行整改，停止使用“长江之声”呼号，拆除定向天线，更换发射设备，将广播电台发射功率控制在100W内。检查组工作人员在现场检查发射设备，核实发射设备的生产许可证、入网证和无线电发射设备型号核准证。

【打击“伪基站”行动】 2016年，针对岳阳市“伪基站”活动抬头迹象，部分用户反映收到大量诈骗、广告推销等垃圾短信，公众通信受到严重干扰。市经信委无线电管理部门对情况进行分析，利用多种技术手段，和岳阳移动分公司联合开展打击“伪基站”行动。8月17日，无线电管理工作人员和岳阳移动分公司技术人员在岳阳楼区、岳阳县城区主要街道对一“伪基站”信号进行跟踪追查，该“伪基站”违法活动给移动公司的57个基站和8152个用户造成不良影响。通过打击行动，起到震慑作用，消除对公众通信的危害。

【无线电频谱使用评估路测工作完成】 2016年，岳阳市无线电频谱使用评估专项活动历时两个多月，对城市快车道、主干道、次干道和部分关键路段的2车道街道进行测试，对白天忙时和夜间闲时（21点半至次日凌晨1点）的无线电频谱使用数据进行监测采集。固定监测选择在市政府大院内，进行72小时不间断频段扫描监测。本次无线电频谱使用评估专项活动，出动移动监测车22天次，人员68人次，行程2300余千米，采集频谱监测数据188.8G，路侧覆盖的城市建成区面积95%以上。

【开展长江水上无线电管理宣传暨联合执法活动】 2016年9月13日，市经信委联合岳阳海事局、长航公安分局启动为期1个月的2016年长江水上无线电管理宣传暨联合执法活动。活动以“加强无线电管理，维护水上无线电通信秩序”为主题，旨在通过无线电管理宣传及联合执法活动，强化船舶电台用户的无线电频率资源和安全通信意识，维护水上电波秩序，促进水上无线电通信业务健康发展，为长江航运安全提供保障。专项联合执法活动重点检查城陵矶至道仁矶（临湘市）水域进出长江船舶的水上无线电安全业务，对船舶（制式）电台执照、船舶安全通信进网登记实施严格检查，引导船舶正确使用无线电通信频道，清理长江AIS电台标识码，取缔大功率甚高频电台，加强无线电监测，警示无线电干扰的产生和危害，及时纠正船舶违法违规行为。

【无线电技术联合演练活动】

2016年12月14—16日，市经信委无线电管理机构和岳阳海事局通信信息中心无线电管理队伍在岳阳县进行为期3天的技术演练。参练队员分成3个小组，分别进行野外徒步查找信号源、车载无线电设备测向，跳频信号、“黑广播”查找分析、作弊无线电信号识别和安全保障等科目。通过联合演练活动，充分展示无线电管理队伍的精神风貌，加强单位间沟通交流，提升凝聚力和战斗力。

（陈 华）

电 信

【概况】 2016年，中国电信股份有限公司岳阳分公司（简称中国电信岳阳分公司）推进“大视频、大流量、大数据”三大业务发展战略，完成收入预算率100.11%，新建实体门店188个，移动净增用户全省排名第一位，4G用户占移动用户比全省排名第三位，净增宽带用户全省排名第六位，ITV净增用户全省排名第八位。推进“智慧岳阳”项目建设，成功中标岳阳市政府“政务云”项目，系全省第一单，完成岳阳楼区教育信息化、自行车二期、市教育信息化、岳阳经开区电子政务网、白石岭公安分局视频监控、数字城管等项目，提升企业信息化管理水平。

【“宽带中国”示范城市建设】

2016年，中国电信岳阳分公司落实“宽带中国”战略，7月，实现全光网市，城区、集镇光网全覆盖。完成615个行政村光网改造，行政村光网覆盖率86%，光网端口利用率提升10.68%。新开通LTE1.8G基站172个，新建农村LTE800M基站614个，农村4G网络全覆盖。端局退网9个，大型模块局退网2个，模块局退网399个，干线光缆维护全省综合排名第一位。承接建设岳阳市电信普遍服务试点项目，项目投资3.543亿元，其中国家补助资金4252万元，涉及岳阳市1181个行政村宽带网络覆盖。

【电信客户服务】 2016年，中国电信岳阳分公司客户服务工作以优质服务工程、精品窗口创建为抓手，客服类关键业绩指标全面达标，客户服务标准与服务规范执行情况比2015年明显改善，客户感知与满意度稳步提升。7月，率先启动城区光纤宽带/iTV六项服务承诺，服务标准和质量同城同行业领先，开展星级客户权益大知晓活动，杜绝强关网络、强售终端、强售套餐的“三强”行为。

【电信改革创新】 2016年，中国电信岳阳分公司全面深化改革，加强基础管理，优化划小承包，完成一线认可度较高的渠道、支局营业部、城市营业部、政企、商客等前端划小单元承包机制优化方案。坚持发展创新，LTE主设备融合组网效率提升应用项目（无线网络维护中心与省电信公司合作）获得省公司特等奖，其成果在全集团推广。

【“智慧平江·美丽乡村”战略合作】 2016年3月29日，中国电信岳阳分公司与平江县人民政府签署“智慧平江·美丽乡村”战略合作协议，双方就智慧城市、美丽乡村基础网络建设、信息平台建设等信息化服务项目达成战略合作。“智慧平江·美丽乡村”建设实施与全面建成小康社会有关指标任务相结合，以光纤宽带覆盖为工程重点，按照先行先试、乡镇推动、村组主抓的方法，推动光纤信息宽带服务入户，逐步缩小城乡信息基础差距，促进城乡信息化水平全面提升和信息消费需求释放。

【电信云计算中心项目落户】

2016年6月28日，全光网城市建设暨岳阳大数据云中心机房在中国电信岳阳分公司正式落成，标志着中国电信云计算中心项目正式落户

2016年6月28日，岳阳云大数据中心在中国电信岳阳分公司揭牌

（刘 文 摄）

岳阳市，市政府副市长熊炜等领导及各行业200多人出席仪式。公司围绕市委、市政府“智慧岳阳”发展战略目标，投资16亿元，率先建成高速、稳定、便捷、覆盖城乡的有线、无线网络。岳阳6县市3区成为“全光网城市”，迈入“千兆到企业、百兆入家庭”新时代，建成岳阳云数据中心，标志岳阳市信息化能力迈上新台阶。

（刘　文）

移　动

【概况】　中国移动通信集团湖南有限公司岳阳分公司（简称岳阳移动分公司）下辖城区、云溪区、君山区3个区营销中心，平江县、汨罗市、湘阴县、华容县、临湘市、岳阳县6个分公司。2016年，岳阳移动加快转型升级，深化价值经营，4G发展和4G应用呈规模发展态势，至年底，拥有客户275万户，其中，4G客户158万户，VoLTE用户12万户，实现利税1.9亿元。

【移动网络建设】　2016年，岳阳移动分公司持续加大网络建设投入，形成以交换网、无线网、传输网、IP城域网为核心的全业务网络运营能力。至年底，岳阳移动核心网承载用户能力555万户，在网基站数7630个（其中4G站点4824个），在网基站控制设备38台。传输网方面，按照承载能力与业务类型分为SDH、PTN、波分三大部分，涉及6个传输平面，在网传输设备5571端。建成传输网汇聚机房220个，投入运营光缆里程3万皮长千米，建成覆盖全市所有乡镇、行政村的传输网络，提供100M以上的接入能力。城域网方面，有线网络出口带宽200GB，网络电视出口带宽200GB，覆盖家客小区4400个。

【服务水平优化】　2016年，岳阳移动分公司加强移动质量保障能力，优化服务水平，实现主城区、城郊、县城、全部乡镇以及AAA以上景区4G全覆盖，完成农村热点、高铁高速、重要国道省道及城市联络线的连续覆盖，4G综合覆盖率从98.42%提升至99.42%，路测下载速率43Mbps，高铁、高速4G覆盖率均超过95%。为保证用户语音体验，率先推出“4G+”升级和VoLTE商用，聚焦VoLTE语音业务，开展VoLTE网络优化，VoLTE全程呼叫成功率保持98%以上，VoLTE用户体验明显改善。

2016年6月，岳阳移动开展“两学一做”党委中心组学习

（钟艳波　摄）

【移动应急管理】　2016年，岳阳移动分公司严格管控、加强督导、细化整改，落实手机实名制工作，全市移动电话用户实现实名登记100%。做好应急通信保障，完成各类应急通信任务11次，出动大型应急通信车9次，出动大型应急电源车3次，出动应急保障车辆441车次，出动应急抢修人员513人次，保障京港澳高速爆炸、华容新华垸决堤等事故现场及全市大型活动现场的通信畅通。

【宽带网络建设】　2016年，岳阳移动分公司贯彻落实“宽带中国”建设，推进“光纤到户”工程，建设高速光纤宽带网络，优化网络结构，提升支撑能力。投入专项补贴资金，加大对农村及偏远地区宽带网络建设，确保农村、乡镇住户宽带网络覆盖率100%，让城乡居民共享数字化服务。

【“智慧城市”建设】　2016年，岳阳移动分公司推动全市“智慧城市”建设，作为通信运营商唯一代表参与《“十三五”智慧岳阳建设规划》的设计与规划，参与“城市治安防控”“电子政务云”“教育信息化”“电子政务”“智慧旅游”“智慧园区”“智慧小镇”等信息化项目建设，投资1500万元承建岳阳市电子政务基础设施云平台机房及岳阳市应急指挥中心建设，承建岳阳市治安防控系统、教育信息化等一批重点民生项目或应用，为6000家单位提供光纤专线专属服务。

（钟艳波）

联通通信

【概况】　2016年，中国联合网络通信有限公司岳阳市分公司（简称岳阳联通）深化管理模式和业务发展模式转型，充分发挥信息时代3G、4G及融合业务等全业务经营优势和网络优势，以“互联网+”为抓手，企业综合实力得到提升。

【“互联网+”云数据新型业务拓展】　2016年，岳阳联通聚焦4G，以4G突规模、宽带跨越增长为抓手，推进营销模式创新转型，市场占有率明显提升。“沃4G+”网络覆盖全市所有城区及乡镇、旅游景点、重点企事业单位和学校，推动“互联网+能源”“互联网+制

2016年6月28日，岳阳联通与湖南华电平江分公司签订战略合作协议

（刘晓娴　摄）

造”“互联网+农业”“互联网+旅游业”“互联网+环保”“互联网+金融”“互联网+医疗”“互联网+教育”及电子商务等产业发展，以4G应用为基础开发医保中心移动办公、“12345”热线政府执法、中石化长岭移动OA、巴陵石化知慧厂区、智慧楼区以及数字校园监测监控等信息化合作项目，实现经济效益和社会效益共赢。

【岳阳“宽带中国”示范城市创建】　2016年，岳阳联通制定岳阳“宽带中国”示范城市创建目标，围绕“提升用户感知，推动移固网络质量与服务流程优化；深化效益经营，推动资源清查与利用；支撑市场发展需求，提升乡镇业务承载能力；推动运维集约转型，实施运维技术创新”四条主线开展网络运维工作，打造岳阳联通“匠心”网络。提升网络品质，解决“热点投诉、重点城镇和武广高铁”等网络覆盖，结合市场网络建设需求进行分析，科学规划网络建设。

【服务地方发展】　2016年，岳阳联通履行责任，助力地方建设，落实岳阳联通与岳阳市人民政府关于推进“智慧岳阳”建设的战略合作协议，推出医保中心移动办公、家校通、农信通、中石化长岭移动OA、“12345”热线政府执法等服务，加速岳阳信息化与工业化融合，满足消费者信息生活。回馈社会大众，在高考期间，组织设立“爱心服务站”，开展高校“大学生带薪实习计划”，扶贫工作到户到人，推进教育、管理、医疗、科技、文化“五进村”，完成帮扶任务。

（刘晓娴）

农业

责任编辑　刘兴汉

综　述

【概况】　2016年，岳阳市农业委员会（简称市农委）围绕市委、市政府工作部署，以中央、省、市农村工作会议和文件精神为指导，加快发展现代农业、全面深化农村改革、建设美丽乡村、努力促进农民增收，全市农村经济社会稳步发展，安全生产年度目标任务全面完成，计划生育工作有效落实，综治工作成效突出。奋力助推“一极三宜”江湖名城建设。

一、主宗农产品稳步生产。除因灾害气候等原因粮食略减、产业政策调整棉花转型面积、产量略减外，全市油菜、蔬菜、茶叶和畜禽、水产品产量不同程度增产，有效确保“米袋子”和“菜篮子”的供应。

二、农业效益持续增加。全市农林牧渔业总产值534.2亿元，农业增加值350.7亿元，比2015年增长3.2%以上，农村居民人均可支配收入13119元，增长8.5%。

三、农村大局和谐稳定。针对汛期异常严峻的防汛抗灾形势，全市各级农业部门全力投入抗洪抢险，组织受灾农民开展生产自救，取得明显成效。全市没有发生重大动植物流行疫情和重大农产品质量安全事故，也没有发生涉农群体性上访事件和涉农恶性案件，保持农村经济社会大局和谐稳定。

【美丽乡村建设进程加快】　2016年，市委、市政府继续深化推进农村环境综合整治，实行两月一暗访、半年一明查机制，半年通报兑现奖惩。投入资金1.77亿元，其中，社会投入和农民自筹7200万元，新建、购置一批垃圾集中处理设施设备。岳阳县、华容县、云溪区等县区实现农村保洁常态化，农村环境整治从清洁层面向整洁层面转变提升。全面完成12个省定重点民生实事美丽乡村示范村建设任务，临湘市双港村等6个村被授牌为“全省美丽乡村示范村”。省委副书记孙金龙联系的湘阴县金龙镇新光村示范片进展顺利，市级领导联系的6个美丽乡村建设示范片全面启动。继续开展“美丽系列”评选活动，评选美丽县城1个（华容县）、美丽乡镇10个、美丽村庄20个、农村文明家庭50户，市财政安排奖励资金260万元。

【规范农村村民建房初见成效】

全市农业部门引导农村村民规范建房工作自2015年8月从零起步，由点到面，在第一轮1区10乡镇试点基础上，第二轮试点扩大到1县3区22镇。截至2016年年底，全市规划集中建房点255个，开工82个，审批建房10978户，开工6333户，集约节约土地153.6公顷，带动民间投资20.7亿元。受到省领导的充分肯定，省委办公厅《工作情况交流》第8期进行专题推介，被市民评为“岳阳市2016年百姓最期盼的十大民生实事”之一。

【农村改革稳步推进】　2016年，市农办牵头承担市委农村改革工作，5大类17项改革目标任务中，除2项改革任务因省委、省政府尚未出台具体实施意见，仍停留在调研阶段外，其余15项改革任务均按计划顺利推进，进度位居全市前列。自身承担的农村土地确权登记颁证工作强力推进，进度全省排名靠前。贯彻落实土地流转市场运行规范，全市耕地流转面积12.17万公顷，流转率40.2%。农村土地承包经营权抵押贷款试点扩面，试点乡镇增加至4个，累计发放贷款3761万元，贷款余额1272万元，无不良贷款。制定促进农业保险规范发展的意见，开展农产品目标价格保险试点，确定临湘市、岳阳县为生猪价格指数保险试点县市，岳阳县为杂交水稻制种保险试点县。深化供销合作社系统综合改革全面启动，出台实施意见和实施方案。强力推进屈原农村改革集中示范区（城乡统筹示范区）建设，出台《关于全力支持屈原管理区创建农村改革集中区的意见》和《支持屈原管理区创建农村改革集中区的工作方案》。

【农业招商引资成效明显】　2016年，全市农业部门开展农业招商引资工作，完成内联引资2.62亿元，超额完成市政府下达的3000万元的目标任务。向市发改委、市政府驻上海办事处和省农委推荐农业招商引资项目80个。岳阳海吉星农产品物流产业园建设顺利，项目总投资3.6亿元。

【农村生态能源建设】　2016年，全市农业部门加快推进农村能源转型升级，建设高标准大型沼气工程8处，新建联户沼气工程310处，推广太阳能热水器4800台、太阳能路灯2500盏，全省农村能源统计工作培训班暨市州农村能源工作座谈会在岳阳市召开，市农业委员会被评为全省农村能源建设先进单位。

【开展腐败问题专项整治】　2016年，岳阳市强力推进“雁过拔毛”式腐败问题专项整治行动，全市农委系统和农村基层发现案件线索378起，受理165起，立案173起，党纪政纪处分73人，移送司法21人，追缴资金206.39万元。

【落实惠农减负政策】　2016年，全市农业部门结合“雁过拔毛”式腐败问题专项整治，抓好农民权益保护和农民负担监管工作。加强规范农民维权信访工作，接待电话、信息、网络政策法规咨询、投诉和农民信访120起，直接答复114起、立案6起转交相关县市区进行处理，结案6起。无一起越级上访信访。

（卢艳春　刘　尧）

种植业

【概况】　2016年，全市各级农业部门深入开展“两学一做”专题教育，贯彻落实中央1号文件精神，克服生产成本攀升加快、资源环境约束加重、经济下行压力加大等困难，圆满完成各项工作任务，确保大宗农产品有效供应，稳步提升农业种植效益，实现种植业增加值160.14亿元，比2015年增长1.7%。

【突出抓好农业生产】　2016年，全市各级农业部门认真落实市委、市政府《关于加强粮食生产的意见》，开展“压单扩双增面”行动，全市粮食播种面积56.25万公顷，比2015年增长0.1%，产量317.69万吨，同比减少2%。全市油料播种面积12.88万公顷，同比减少0.5%，产量22.09万吨，同比减少0.3%。继续调整棉花种植结构，全市棉花播种面积3.64万公顷，同比减少1%，产量5.58万吨，同比增加4.5%，调减的棉田主要改种水稻、玉米等作物。发展高效经济作物，全市蔬菜播种面积10.35万公顷，同比增长3.7%，产量338.87万吨，同比增加4.4%。全市茶园面积1.55万公顷，同比增长0.59%，茶叶产量1.87万吨，同比增长3.29%。全市果园面积1.65万公顷，同比增长0.92%，水果产量71.6万吨，同比增长0.79%。

【新型农业经营主体加快发展】 2016年，全市新增专业合作社1274家，总数达4670家，新增省级示范社7家、市级20家。家庭农场发展到2450家，支持338户成功争取扶持资金615.3万元。农产品加工企业发展到2714家，其中规模以上加工企业420家，占全市规模以上企业的30.3%。市级以上农业产业化龙头企业发展到290家，省三星级以上休闲农庄达83家。培训职业农民4040人，培育对象信息库入库102160人，为全省第一位。涉农中国驰名商标新增3个，总数达到31个，居全省第一位。

【农产品质量安全水平提升】 2016年，全市县乡层层签订《农产品质量安全工作责任状》，成立农产品质量专项整治领导小组，开展专项整治行动，加强农业投入品监管，查处146个假冒伪劣农资产品案件，打击违法犯罪行为，有效提升农产品质量安全水平。推行无公害、绿色栽培技术，制定修订农业技术规范31个，创建农业标准化示范县3个（岳阳县、湘阴县、屈原管理区）、示范区8个，创建省级绿色食品示范基地4个，农业标准化种植面积达到10.33万公顷，成功创建国家级农产品质量安全示范县（君山区）和省级示范县（湘阴县），承办全省绿色食品现场经验交流会。加大“三品一标”认证力度，新创建国家级蔬菜标准园1个，总数达24个，数量居全省第一位，基本实现无公害或绿色蔬菜生产全覆盖。

【农技服务水平提高】 2016年，全市农业部门以病虫监测预报为基础，以主要农作物重大病虫害防控为重点，着力实施“农药使用量零增长行动”，强化植物检疫和疫情监控，推进农作物病虫害专业化统防统治和绿色防控融合发展。全市病虫草鼠总体中等发生，总发生面积366.25万公顷，防治面积442.31万公顷，分别较2015年减少20.83万公顷次、16.03万公顷次，通过防治挽回损失103.3万吨，病虫为害损失率控制在5%以内。专业化统防统治与绿色防控工作稳步推进，市农委先后召开的植保无人机应用研讨会和现代农业发展论坛，分别由永乐农业、田园牧歌承办。农技服务组织发展壮大、服务能力不断提高，全市在工商或民政部门注册的服务组织66家，同比新增10家，建设区域服务站381个，拥有大中型植保机械3000多台套，其中，植保无人机52架，背负式喷雾器7000多台，从业人员1万多人，日服务能力2万公顷。专业化统防统治与绿色防控融合推进，成效明显。

【蔬菜产业快速发展】 2016年，全市完成蔬菜播种面积11.6万公顷，同比增加7620公顷，增长7%；蔬菜总产量400万吨，同比增加19.57万吨，增长5.1%；实现蔬菜总产值53.5亿元，同比增加0.94亿元，增长1.8%；蔬菜加工企业92家，年加工鲜菜130万吨，实现蔬菜加工增值30亿元；蔬菜个体运销户3500户，实现市外境内销售鲜菜180万吨，境外出口销售鲜菜4.5万吨，实现蔬菜流通增值24亿元；全市注册登记各类蔬菜专业合作组织（包括食用菌）45个，入社社员9900多人，合作生产面积2.33万公顷。蔬菜生产企业19家，生产经营面积2666.67公顷。全市蔬菜生产、加工、流通总值达到107.5亿元。质量安全进一步提升。24个国家级蔬菜标准园，经农业部抽检，合格率均为100%。全市连续10年没有发生一起由于食用蔬菜造成农药中毒事故，实现连续9年全市基地外销蔬菜（包括出境蔬菜）没有发生一起由于农残超标问题被处理事件。

【绿色蔬菜生产基地加快发展】 2016年，岳阳市君山区、华容县3.33万公顷绿色蔬菜产业基地建设顺利推进。君山区广兴洲镇新建冷库、批发市场各1个，良心堡镇新建育苗中心1个。开展“互联网+农业”的实践与探索。湖南新泰和绿色农业集团有限公司着眼发展现代农业，坚持“守护舌尖安全，放飞绿色梦想”战略构想，以“回到农村，将美丽还给自然，把健康还给人类”为宗旨，建立一套集物联网、互联网信息技术、电子商务和线下服务于一体的绿色农产品销售系统。公司运用互联网+直销的商业模式，在岳阳市主城区建设农产品小区直销店100多个（3年内发展到300家），通过O2O和F2C的模式，集电商宅配、团体直销、跨区域营销于一体，把绿色农产品的营销策略不断创新，逐步完善农产品的加工、冷藏和冷链物流体系，获得2015年度湖南省创新创业带动就业优质初创企业荣誉称号。

（卢艳春　刘　尧）

精准扶贫

【概况】 2016年，岳阳市围绕率先实现洞庭湖区全面建成小康社会的目标，强力实施精准扶贫三年攻坚行动（2015—2017年），全年实现23个贫困村退出，完成80596人的减贫任务。

【贫困识别更精准】 2016年，岳阳市为做好精准识贫工作，组织开展“五个一批”和“五个突出”对象第三次全面复核，进一步澄清贫困底子。平江县通过“六看一听”模式，将贫困对象分为一般贫困户和深度贫困户；云溪区按贫困程度深浅分为“A、B、C”三类，对非贫困的“C”类贫困实施叠加帮扶（在原有乡村干部帮扶的基础上，区直单位再派出副科级上以干部结对帮扶），做到精准施策、差异化扶持，同时也消除部分群众的平均主义思想，取得较好的效果。

【精准扶贫资金投入加大】 2016年，市委市政府全面加大扶贫资金投入，争取中央、省级专项扶贫资金1.89亿元，比2015年同期增长294%。市本级财政扶贫专项预算由2014年的180万元，直接增加到每年1200万元，所有县级财政扶贫专项投入资金翻番超过1.2亿元。

【驻村帮扶力度加大】 2016年，全市实施省、市、县三级245名领导、821个部门单位、344个工作组、1046名干部联点结对驻村帮扶，选派319名干部脱产担任贫困村第一书记，组织3.7万名社会人士帮扶10万贫困户，实现贫困户结对帮扶全覆盖。

【产业扶贫】 2016年，全市产业扶贫根据“四跟四走”的路子，因地制宜，出台一系列鼓励产业发展的奖励政策，发展一批特色种养业。平江县成立136个贫困农户专业合作社，发放鸡苗11万羽，实施稻田综合种养项目33.33公顷，确定10个贫困村为乡村旅游示范村，进行重点扶持开发，在44个贫困村建立村级电商扶贫服务站。岳阳县出台《产业帮扶奖励试行办法》，发展土鸡养殖4.6万羽，红薯种植1000公顷，药材种植80公顷，优质水果种植466.67公顷。临湘市建成3个村级光伏发电站，还有8个在建，实现每户贫困户增收3000元，在10个贫困村建立食用菌产业基地，5个贫困村建立油茶基地。汨罗市投入产业扶贫资金1069万元，发展产业项目91个。湘阴县发展樟树港辣椒、南湖土菜、六塘茶叶等特色种植280公顷、鹤龙湖螃蟹等特色养殖433.33公顷，投入专项财政扶贫资金187.7万元，扶持贫困对象1767人。

【金融扶贫】 2016年，全市对109148户贫困农户开展评级，有59198户贫困户获得有效授信，发放小额信贷3.87亿元，完成全年目标任务3.76亿元的103%，建立金融扶贫服务站点280个。平江县成功争取国家开发银行“镇带村”项目贷款第一期12亿元、第二期6亿元，在湘鄂赣三省交界延绵200千米的山区贫困带，打造旅游扶贫走廊，惠及10个乡镇101个贫困村8万多贫困对象；争取到农业发展银行湖南省分行易地扶贫搬迁后续产业发展资金和同步搬迁长期低息贷款7.8亿元，到位3.8亿元；争取到中和农信项目管理有限公司向农村低收入家庭发放贷款8000万元。

【易地搬迁扶贫】 岳阳市计划在“十三五”期间完成63746人的搬迁任务，2016年完成2865户、10494人。建立易地扶贫搬迁工作联席会议制度，完善日常工作管理机制，下发《岳阳市2016年度易地扶贫搬迁部门职责分工和重点工作的通知》《关于扎实做好易地扶贫搬迁对象确定及信息标识录入工作的通知》实行一月一调度，两月一讲评。全市6县1区的77个易地扶贫搬迁项目全部开工，总投入资金6.3亿元。同时，投入资金3.02亿元，用以规范农村建房统筹贫困户危房改造8867户，让2.5万贫困农民享受到惠民政策。

【教育培训就业扶贫】 2016年，全市100所城镇学校与农村薄弱学校“点对点”结对帮扶，九年义务教育薄弱学校改造项目动工率98%，九年义务教育入学率100%、巩固率98%，特困家庭学生扶贫助学覆盖率95%，职业学历教育扶贫补助应补尽补覆盖率100%，1560名“两后生”享受“雨露计划”的帮扶，建档立卡贫困家庭高中生免除学杂费全面开展。全市农村劳动力转移就业23663人，新增贫困劳动力就业比例为90%，贫困村创业致富带头人培训计划完成100%。

【生态扶贫】 2016年，全市319个贫困村规划5.63万公顷森林为省级以上生态公益林，每年争取生态补偿资金1152.9万元，全部及时足额发放到贫困户手中。根据国家级贫困县实施护林员纳入国家补助范围开展精准扶持的政策，通过向国家林业局和省林业厅申请，将平江县1500多名有劳动能力的贫困人口就地转成护林员等生态保护人员，并向省林业厅争取将铁山库区300名贫困人口纳入政策扶持范围，加快库区贫困人口脱贫。

【贫困村基础建设】 2016年，全市扶贫村加快实施“六到农家”（水、电、路、气、房、环境），推动农田水利、道路交通、生态环保、安全饮水、电力能源、电讯通讯等项目向贫困村倾斜，进一步完善贫困地区基础设施。全市319个贫困村，新建、改建山塘、蓄水池433口，新修、维修水渠218.26千米，自来水入户3000多户。新建、改建村公路、便民路575千米，维修改建

市委副书记李爱武到平江县浯口镇田湖村就脱贫攻坚工作现场办公

（宋 蔚 摄）

桥梁33座，新建150万元以上的桥梁一座，投入资金1.1亿元，完成171个贫困村的电网改造升级。

【社会扶贫】 2016年，市委市政府把扶贫业绩作为推荐、遴选、评定各级党代表、人大代表、政协委员及各种模范称号企业家的重要依据，有效调动社会力量参与扶贫的积极性。市政协组织325名政协委员结对帮扶岳阳楼区、君山区建档立卡贫困户。岳阳亿利达建设公司董事长李建利主动承担临湘市长安街道办事处城南片区8个村、45户、108人的结对帮扶工作任务。湖南瑞丹科技公司、平江县长城建筑公司、富基实业集团3名民营企业家被评为湖南省“百名最美扶贫人物”。岳阳县开展“同心携手、为爱传递”精准扶贫大型公益活动，募集资金5470万元，全部用于解决贫困户实际困难。平江县组织103家民营企业到贫困村参与驻村帮扶和结对帮扶，成立“汨江友爱”等爱心基金会、扶贫志愿者团体50多家。临湘市投入资金1500多万元，引导73家企业，对21个贫困村开展精准扶贫。

【对口帮扶】 2016年12月16日，市人民政府市长刘和生带队到湘西土家族苗族自治州（简称湘西自治州）保靖县开展对口帮扶工作。同湘西自治州副州长何益群共同主持召开会议，就岳阳市对口帮扶湘西自治州保靖县工作有关问题进行研究。明确2016—2017年岳阳市对口帮扶项目为保靖县岳阳妇女儿童医院，援助资金600万元，由岳阳市财政安排资金，分两年按工程进度拨付。继续加强人才培训，做到经济援助和人才援助协同推进。同意按惯例每年接纳3~4名科级干部到岳阳相关部门单位挂职，接纳5名科级干部参加岳阳市委党校中青班学习，同意保靖县选派干部免费参加岳阳市委组织部与清华等名校举办的短期主题培训等。继续加强对接加大两地专业技术人才的交流互派。岳阳市教育体育局负责安排好保靖县相关中小学校长和教师的交流培训，市卫计委负责将保靖县相关医务技术人员纳入交流培训计划。岳阳市作为对口帮扶湘西自治州保靖县的市州，22年来岳阳市无偿援助物资资金2800多万元，援建的有保靖岳阳桥、岳阳幼儿园、岳阳小学等13个帮扶项目，有效促进当地民生事业发展，增进两地人民感情。

（刘庆华）

农村经营管理

【概况】 2016年，全市农村经营管理贯彻落实中央和省委1号文件精神，以加快构建新型农业经营体系、发展现代农业、促进农业增效和农民增收、维护农民合法权益和农村社会稳定为目标，工作迈上新台阶，被省农委评为全省农村经营管理工作先进单位。

一、推进土地承包经营管理。一是有序推进农村土地承包经营权确权登记颁证工作。2016年，临湘市、君山区和岳阳楼区启动农村土地承包经营权确权登记颁证工作，加上2015年启动的7个县市区，全市进入全面推进阶段。截至年底，第一批整县推进县市区基本完成权属调查工作，正在全面开展技术勘察和田块指界，同步进行数据录入；第二批启动的3个市区在省、市的统一部署下，完成机构成立、宣传发动、业务培训、承包档案资料清理整理，同时启动乡镇、村组摸底调查，技术队伍开展招投标进场工作。整体进度在全省排名靠前，被省经管处评为农村土地承包经营权确权登记颁证先进单位。二是引导农村土地承包经营权有序流转。通过多形式、多途径、多渠道推动农村土地向种养大户、农民合作社、农业公司、家庭农场转包租赁，促进农村土地流转。全市耕地流转面积12.17万公顷，占家庭承包耕地总面积的40.18%。三是加强土地承包经营纠纷调解仲裁体系建设。全市有9个县市区设立土地承包经营纠纷调解仲裁机构，仲裁委员会组成人员数161人，各仲裁办工作人员数40人，聘任仲裁员数193人。全市乡镇设立调解委员会107个，配备调解员833人，设立村组调解小组1331个，配备村组调解员3518人。县级财政安排土地承包纠纷仲裁工作经费68万元。各地建设标准化土地纠纷仲裁办公场所890平方米，所有办公场所均配备音视频显示系统和日常办公设备。以民间协商、乡村调解、县级仲裁、司法保障的农村土地经营纠纷调处体系进一步完善。全市调处土地纠纷722起，仲裁5起，土地问题的纠纷信访经多方协调后都得到妥善处理，没有因为农村土地问题发生大的群体事件和恶性案件。在省农委组织的土地仲裁考评中，岳阳市得分97分，全省排名前列。

二、构建新型农业经营体系。一是引导发展农民合作社。新增注册农民合作社1274家，全市登记注册各类农民专业合作社4670家，其中，合作联社15家，联合社5家。入社成员总数超过40万户，占总农户的39.8%。二是加强合作社农民培训。参与省农业管理干部学院培训8次，培训30多人，参加省农委培训3次，培训15人，市农经局组织合作社理事长培训1次，培训140多人，各县市区分别组织相关理事长培训1100多人。三是做好信息监测。监测合格国家级示范社59家，及时登录国家合作社管理系统填报基本情况，实行网上平台监测。

三、清理审计建制村合并集体“三资”。完成清理审计合并村2482个，清理审计资金总额21.12亿元，完成涉村清理审计任务的77%。通过清理审计发现违纪违规问题198起，涉及资金818万元，退赔资金641万元，移交立案105起，处分处理违纪人员93人。

【推进承包经营权确权登记颁证】 2016年，全市农经系统一是广泛深入宣传。印发宣传资料50万份，编发《资料汇编》《培训手册》5000份，通过“3·15”组织开展一次土地确权大型宣传活动，借助微信平台、手机报等新兴网络媒体开展宣传。二是强化专题培训。10月举办土地确权工作专题培训会，培训200余人。各县、乡、村多次召开不同层面培训动员会150余场次，参会1.3万多人次。三是明确技术标准。依据“公开、公平、公正”的原则，通过严格招投标，确定技术队伍。为确保工作效率和工作质量，确权办组织技术公司召开碰头会，明确各阶段具体任务，拿出具体意见，提出具体要求。为统一技术标准，每个县市区确定一家技术公司为牵头单位，负责项目技术标准工作。四是加强督查调度。市确权办准确把控工作节奏，对确权工作进行4次督查，6次召开会议专题调度，每季度以简报的形式通报1次各县区工作进度，有力推动土地确权工作。

【引导和规范农村土地承包经营权流转】 2016年，全市贯彻落实《关于引导农村土地经营权有序流转发展农业适度规模经营的实施意见》文件精神，一是创新政策机制。市农委形成《关于引导农村土地经营权有序流转推进农业新型经营主体发展的实施方案》。全市有10个县市区政府制定相关配套文件14个。二是创新扶持机制。通过加大对种养大户、家庭农场、农民合作社和社会资本进入土地流转领域，引导扶持他们围绕主导产业和特色产品，发展适度规模经营。三是创新服务机制，全市以农经部门为依托，设立土地流转中介服务平台。建立岳阳联合农村产权交易中心，各县市区和乡镇已有土地流转服务中心74个。四是加强监管机制。全市各级农业、林业、国土等部门按照政策法规的规定，切实引导规模经营主体合理利用土地，发展农业特别是粮食生产。全面清理农村土地流转的使用情况，对流转面积大、流转周期长的实行跟踪监管，及时纠正查处一批影响耕地保护、损害农民权益的违法违规行为。

【开展示范促进农民合作社规范】 2016年，全市成功培育国家级示范合作社3家，省级示范合作社7家，市级示范合作社20家。一是做好政策指导。根据上级文件精神，及时将示范合作社创建要求及标准及时传达至各县市区，指导优秀合作社进行各级示范社的申报。二是规范示范合作社办公场地建设。督促3个国家级示范社、7个省级示范社和20个市级示范社全部建好专门办公场地，法人登记证、税务登记证、组织机构代码证齐全并悬挂上墙，合作社章程和各种管理制度上墙公开。三是完善示范合作社运行机制。重点抓好民主管理制度建设、财务管理制度建设、生产安全记录制度和品牌建设。四是教育培训示范合作社成员，对成员进行法律法规、合作知识、农业科技、财务管理、农产品安全生产、市场营销等方面的培训。五是提升示范合作社服务功能，特别是增强加工、销售环节的服务能力，使80%以上的农产品通过合作社组织生产、加工、销售。六是实地考察督促规范。组织专家到各示范合作社进行实地考察两次，指导规范建设，严格财务制度，经验收，删除2家不合格市级示范社名单。

（涂俊杰）

畜牧业

【概况】 2016年，全市畜禽生产按照年初制定的指导规划，在生猪价格高位运行的利好推动下，克服禽蛋价格波动等问题，实现稳步发展。全市出栏生猪752.81万头，比2015年下降2.3%，生猪存栏404.81万头，其中能繁母猪存栏49.06万头，同比均下降2.9%。出栏牛、羊、家禽分别为17.11万头、48.04万只、3304万羽，同比增长2.5%、3.6%、3.8%。

一、标准化规模养殖持续推进。一是开展示范场创建。通过下发方案、审核材料、随机抽查、现场指导等工作措施，确定8家养殖场为标准化示范场申报单位，全部通过考核验收，超额完成省畜牧水产局下达的任务。截至年底，全市挂牌的国家、省级畜禽规模养殖标准化示范场达59个，稳居全省前列，辐射带动规模场标准化建设2000余户。二是提升规模养殖比重。全市年出栏生猪500头以上的规模场（户）3044个，家禽规模场（户）629个，出栏牛50头以上的规模场（户）584个，出栏羊100只以上的规模场（户）252个。全市年出栏500头以上的规模猪场出栏生猪331.5万头，规模养殖比重达到45.7%，同比增加5个百分点；规模禽场、牛场、羊场分别出栏（笼）家禽、牛、羊1550.1万羽、5.81万头、7.17万只，畜禽规模养殖比重同比提高5~7个百分点，全市畜禽养殖方式从分散养殖向标准化、规模化养殖转变的步伐加快。

二、做好种畜种禽场管理。一是开展自查工作，加大对伪造种畜禽生产经营许可证、无证经营、超期限超范围经营等违法行为的查处力度。二是加强监管。对平江粤湘种猪场、汨罗佳润种猪场、天龙牧业公司、平江芳草湾羊场、岳阳县天裕鹅场等种畜禽场的软、硬件设施和供种能力进行抽查评估，完成5家种畜禽场的证照审查和事中监管工作。三是完成良种建设。截至年底，建设完成种公猪供精站14个，年供精液72.8万份，全年完成牛羊冷配冻精12.6万份，全市猪、牛、羊品种改良覆盖率分别达到93%、83%和67%，全面完成省畜牧水产局下达的任务。

三、加快草食动物发展。一是严格按照基础母牛扩群增量项目规定，组织平江县各级畜牧部门做好基础母牛的普查、核查、公示等工作。该项工作取得全省初评第一名的好成绩。二是对华容泰平牧业、思民牧业、湘强肉羊养殖场，平江县伍市镇、梅仙镇的牛羊合作社进行重点关注。对其在项目申报，软、硬件设施改造等方面提供指导与支持。三是精心组织、指导平江县芳草湾公司申报南方草地项目，获得通过，争取到项目资金280万元。

四、联手帮扶卓有成效。指导屈原管理区政府提供担保协助洋利公司成功申请中国农发行重点建设基金贷款2000万元，成为岳阳市首批获此贷款的民营企业。督促该区政府积极协调当地关系，顺利解决洋利公司种苗基地土地租赁问题。协调市、区环保局，降低洋利公司栀子GAP种植及深加工项目建设环境评估报告的费用，减轻企业负担。指导协助其申报2016年畜牧专项资金、沼气工程项目。

（陈 亮）

【完成环南湖畜禽退养工作】 2016年10月底，市畜牧兽医水产局全面完成环南湖畜禽退养工作，退养生猪26617头、禽类4187

羽，养殖栏舍功能性拆除10.11万平方米，与542户畜禽养殖户签订退养禁养协议。（陈 亮）

【开展洞庭湖区养殖环境整治工作】 2016年，市畜牧兽医水产局完成洞庭湖区畜禽规模养殖场摸底。从2015年年底到2016年8月，开展对洞庭湖区内湖及农村集中式饮用水地下水源取水点周边1000米范围的摸底核实，该区域有规模养殖场2513户，栏舍建筑面积79.79万平方米，大牲畜存栏20.87万头。拟定《洞庭湖区畜禽养殖污染整治专项行动方案》，明确全市畜牧部门在该项工作中的主要职责和工作重点。建档备案。对各养殖场均建立资料台账，明确专人负责，并按照一场一档的要求，将养殖场面积（由GPS测量，精确到0.1平方米）、设备、技术服务合同、拆迁协议、禁养承诺书、拆迁前后照片、验收报告、付款凭证等全部入档，建立养殖户退养档案，做到拆迁完成后有据可查。四是实行进度月报。从5月开始，对洞庭湖区畜禽污染防治工作情况实行按月报告、季度汇总制度。截至年底，全市退养拆除1501户，退养栏舍面积39.98万平方米，完成总任务量的50.11%，完成年度任务的125.27%，全面超额完成年度绩效目标任务。（陈 亮）

【推进病死畜禽无害化处理机制建设】 2016年，全市有岳阳县、屈原管理区病死畜禽无害化处理中心建成投产。5月17日，农业部副部长于康震考察岳阳县病死畜禽无害化中心时称赞岳阳县病死畜禽无害化处理模式全国领先，堪称“岳阳模式”，可考虑纳入农业部计划，向全国推介。该模式被纳入《湖南省病死畜禽无害化处理机制建设实施方案》，全省推介。全市接待20余批次农业部、省畜牧水产局、有关市州和县市区的参观考察活动，打造岳阳市病死畜禽无害化处理机制建设工作在全省的亮点名片。（周志军）

【畜禽产品抽检】 2016年，农业部组织全国畜禽水产品质量安全例行监测，在全市采集畜禽水产品样品进行抽样检测，采集猪肉24个，猪肝24个，禽肉8个，禽蛋8个，猪尿20个，牛肉8个，羊肉8个，水产品（含苗种）48个，检测合格率100%。SVC（鲤春病毒血症）流行病学调查抽样10个，抽检合格率100%，完成省兽药监测任务25个，抽检合格率100%。（邱跃彬）

【质量安全专项整治】 2016年，市畜牧兽医水产局开展畜禽水产品质量安全专项整治行动。开展“瘦肉精”拉网式排查，抽检生产经营企业2210家，合格率100%。开展水产品禁用药物和有毒有害物质检查，抽检企业818家，合格率99.6%；兽用抗菌药专项整治抽检企业112家，合格率100%。全市出动执法人员3460人次，检查生产经营企业4770家，查处问题16起，涉及金额10.25万元，发放宣传材料4.2万份，媒体宣传20次，指导培训168场次，培训人数4230人，有效增强生产、经营者以及城乡居民的法律意识、责任意识、安全意识和自我保护意识。（邱跃彬）

水产业

【概况】 2016年，全市水产业围绕转方式、调结构、增效益推进各项工作，实现年度各项目标任务。全市水产养殖面积9.2万公顷，水产品总产量53.78万吨，比2015年增长4.8%，总产量居全省第一位。

一、继续加强种苗体系建设。全面清理全市水产苗种场的生产资质，督促3家许可期限即将过期的苗种场重新办理生产许可证，注销5家许可证过期或不再符合生产条件的苗种场的生产资质，进一步规范全市苗种生产经营行为，持证率达到100%。开展市级水产良种场创建工作，汨罗水库名贵鱼苗繁殖场通过加强软硬件设施建设，提升生产能力，达到市级良种场的标准，由县级苗种场晋升为市级良种场，做好省级良种场的复查工作，岳阳县中洲渔场顺利通过省级复查考核。截至年底，全市有水产苗种场44家，其中，有省级水产良种场5家、市级水产良种场5家、县级苗种场34家。

二、持续推进健康养殖。开展农业部健康养殖示范场创建工作。华容县朝阳湖淡水鱼养殖专业合作社、岳阳市云溪区崇岳螃蟹养殖专业合作社、汨罗市双河坝渔业专业合作社、湘阴县军盛现代农业专业合作社4家水产养殖场获得农业部水产健康养殖示范场称号，6家养殖企业通过农业部水产健康养殖示范场的复查，全市农业部水产健康养殖示范场数达到44家，居全省市州第二位。继续推进无公害产地认定与产品的认证工作，全市新增3家无公害水产品产地和6个无公害水产品。

三、稳步发展休闲渔业。全市现有一定规模的休闲渔业场所557家，其中，国家级休闲渔业示范基地4家，省级休闲渔业示范基地9家，休闲渔业垂钓总水面9200公顷，直接安排就业岗位3200个，全年接待休闲人数267.5万人，创造经济效益7.62亿元。新型经营主体的发展进一步集聚全市渔业资源优势，协同养殖生产企业向规模化、组织化、市场化、信息化和品牌化方向发展。

四、整治水产养殖环境。一是清理河湖网箱。全市清理网箱2330口，面积24.67万平方米，完成省定任务的99.6%，发放补偿网箱退养资金1095.89万元，提前一年完成清理任务。二是规范水库水产养殖。规范水库渔业投入品的使用，开展水库网箱、网围、网栏养殖整治，并着手水库渔业发展规划编制。

五、发展稻田综合种养。稻田综合种养具有“一水两用、一田双收、稳粮增鱼、粮鱼双赢”的效果，特别是“稻虾连作”还有低成本、低风险、高效益的优点。全市把推广稻田综合种养作为水产养殖转方式、调结构、增效益的重要工作举措，发展稻田综合种养1.49万公顷，比2015年增加50%。其中，稻田（莲田）养虾面积1.34万公顷，稻田养鱼面积1613.33公顷。稻虾连作集中连片27.78公顷以上的有65处，成立小龙虾养殖专业合作社25家，正在成立中的有12家。全市小龙虾产量1.8万多吨，产值6亿元，稻田养虾规模及发展势头领先全省其他市州，5月16日《湖南日

报》头版以“稻虾连作看岳阳”为题对岳阳市推广稻田综合种养工作进行报道。（谈毅奇）

【渔业资源养护】　2016年，市畜牧兽医水产局结合三峡工程、蒙华铁路项目渔业资源补偿计划，分两批次在12个放流点开展增殖放流活动，放流四大家鱼，鳊鱼、黄颡鱼、翘嘴鱼等不同规格鱼种6000万尾，投入资金247万元，超额完成省定放流任务。增殖放流对扭转洞庭湖渔业产量逐年萎缩，增加洞庭湖鱼类数量、改善鱼类种群结构、促进渔业可持续发展和生态文明建设等方面，都具有明显成效。同时，根据农业部要求，长江及洞庭湖流域从3月1日0时至6月30日24时实施禁渔，与往年相比，洞庭湖禁渔提前10天。（夏　英）

【推进“洞庭风雷”行动】　2016年，市畜牧兽医水产局与公安部门建立联动机制，持续深入开展“洞庭风雷”行动，抓大案要案，有效震慑违禁违法捕捞人员。全市“洞庭风雷”行动开展1280次，参加执法人数12811人次，查处违法捕捞船只387艘，其中，涉渔“三无”船舶14艘，查处电捕鱼案件249起，收缴电捕器具134台（套），查处违规网具案件113起，其中拦河缯20部，清除“迷魂阵”371部49327米，没收渔获物7787公斤，行政处罚354人，其中，行政拘留61人，刑事处罚25人，罚款52.22万元，洞庭湖渔业捕捞秩序持续好转。（夏　英）

【开展清湖行动】　2016年9月25日，由农业部和江西省人民政府、湖南省人民政府共同组织开展为期三个月的环“两湖”（即鄱阳湖与洞庭湖）大型清湖行动，环“洞庭湖区”大型清湖行动的启动仪式在岳阳市巴陵广场举行。行动期间，重点打击电力捕捞、拖网捕捞、机械吸螺等非法捕捞行为，清理取缔电捕网（器）、吸螺机械、机动底拖网、矮围、围堰、网围、迷魂阵等“绝户网”和非法作业方式，严厉查处制造、销售、使用禁用渔具和违反安全生产规定的违法行为，依法查处涉渔“三无”船舶。此次清湖行动效果好，开展清理整治行动142次，参加执法船293艘次，参加执法人员1378人次，查处违法捕捞船64艘，查处电捕鱼案件48起，其中，收缴电捕器具29台套，查处拦河缯4部，清理迷魂阵56部7110米，没收渔获物1366公斤，行政处罚50人，其中，行政拘留16起21人，罚款4.15万元。（夏　英）

【加强保护区管理】　2016年，市畜牧兽医水产局扎实做好水产种质资源保护区的申报工作，在原有4个国家级水产种质资源保护区的基础上新增2个，即汨罗江河口段间下鱵鲶国家级水产种质资源保护区和汨罗江平江段斑鳜黄颡鱼国家级水产种质资源保护区。同时，为进一步加大江豚的保护力度，由该局牵头，各县市区配合，在长江、洞庭湖边设置20块大型永久性宣传牌，宣传渔业法律法规及江豚保护知识。（夏　英）

【拆除矮围网围】　拆除矮围网围属环洞庭湖生态经济圈建设“五大专项行动”的内容之一，2016年，岳阳市落实省政府规定的拆除任务，全市拆除省畜牧水产局规定任务内矮围网围16处5030公顷。同时，加强对已拆矮围网围所辖水域的监管巡查，一旦发现新建复建矮围，一律按照属地管理原则，及时拆除。屈原行政管理区对推山咀青港水域恢复的矮围进行功能性摧毁，岳阳县对红旗湖11处矮围进行彻底摧毁，湘阴县、南湖新区分别拆除新发现的青山矮围和月亮湾矮围。（夏　英）

林　业

【概况】　2016年，全市林业系统落实市委、市政府和省林业厅的决策部署，主动对接林业发展新业态，助推“一极三宜”江湖名城建设，林业工作稳步推进。森林覆盖率稳定在45.3%，提前完成小康考核目标，全年争取政策性资金3.2亿元，林业总产值达到312亿元，活立木蓄积量1950万立方米，湿地保护面积18.9万公顷，湿地保护率77.28%，高于全省平均保护水平；森林火灾受害率0.02‰，林业有害生物成灾率2.77‰，均控制在规定范围内。全市发展生态林业和民生林业，建设绿色岳阳，植树造绿在整体联动中蓬勃开展，年均完成义务植树1100万株，义务植树尽责率达到90%以上。全力构建“城市园林化、城郊森林化、道路林荫化、农田林网化、村庄花园化”的绿化格局，成功创建“全国绿化模范城市”。获得全国绿化先进集体称号。圆满完成“湘林杯”林业建设18项目标任务，获得省政府“湘林杯”林业目标考核优胜单位，全省排名第二。

【林业产业蓬勃发展】　2016年，全市油茶、楠竹面积分别达5.67万公顷、7.87万公顷，形成以平江县山润油茶为龙头的林油、以临湘市羊楼司竹业特色镇为龙头的林竹和以泰格林纸为龙头的林纸等林产工业集群。全年获批省级林业龙头企业4家、现代林业楠竹综合产业园1个、现代林业特色产业园省级示范园4个，林业行业争取产业园建设资金1300万元。争取全省唯一一个现代林业楠竹综合产业省级示范园项目，推进竹产业集群发展。

【落实林农补助政策】　2016年，市林业局充分利用行业精准扶持政策，将平江县387名有劳动能力的贫困人口就地转成生态护林员，每年获得财政补助387万元。林业系统8批次涉林项目均与扶贫工作挂钩，在贫困地区营造具有较高经济价值的果树、珍稀名贵树种10万株，发展油茶、楠竹等特色林果666.67公顷。落实22.55万公顷省级以上生态公益林保护，打卡发放林农生态补偿金5484万元。发放退耕还林、森林抚育等补贴2156.5万元。

【服务经济新举措】　2016年，市林业局下放市级审批事项5个，并对省林业厅委托下放的3项行政许可进行流程制作、社会公示。林业窗口办理行政审批事项456件，办结率100%，行政审批提速40%以上。林业审批项目接入岳阳市市场主体许可审批监管信息共享交换平台，并全部登录湖南省网上政务服务和电子监察系统，主动服务城陵矶新港区重点项目建设，全年申报办理市级以上重点项目45宗，办理建设项目永久性用地160宗，占用林地788公顷。

【优化生态环境】 2016年，市林业局紧扣林业发展主题，全力优化生态环境，加大造绿护绿力度。着力推进城乡建绿、扩绿、护绿工程，完成造林2.13万公顷，其中，人工造林1.47万公顷、无林地和疏林地封山育林0.67万公顷，完成义务植树1165万株，义务植树尽责率达90%。完成“绿色通道”建设4600千米，绿化达标率90%。编制《岳阳市绿化城乡三年行动总体方案》和《岳阳市绿化城乡三年行动2017年度实施方案》，着力营建宜居森林生态体系。落实禁伐减伐三年行动，活立木蓄积净增加76万立方米，全覆盖普查古树名木资源，核定古树名木6979株。

【加强林地保护】 2016年，全市林业部门严格林地保护。在严厉打击非法占用林地等涉林违法犯罪专项行动中，查处林业行政案件53起，清理非法占用林地项目16个，清理木材、野生动物非法交易场所45处，收回违法占用林地面积7.07公顷，收缴木材121立方米。严防森林火灾。加强森林火灾督查问责，强化火源管控，全市发生森林火灾85起，过火面积159公顷，没有发生人员伤亡事故。严控林业有害生物。制定病虫害防治预案，主要林业有害生物成灾面积1673.33公顷、成灾率2.77‰，低于省定控制指标。严抓野生动物保护。开展野生动物保护的“清网行动”，非法狩猎刑事案件林业行政案件立案各2起，刑拘2人，处理违法人员2人，收缴枪支4支。严查涉林案件。全市办理涉林案件218起，其中，刑事案件40起，行政案件178起。

【打造湿地保护亮点】 2016年，全市湿地公园建设进入快车道，有国家级湿地公园6个，其中，汨罗江国家湿地公园、湘阴洋沙湖—东湖国家湿地公园试点建设顺利通过国家级评估验收。麋鹿保护成为新亮点，成立汛期高水位麋鹿救护应急队，按照《洞庭湖汛期后麋鹿保护管理工作方案》，加强麋鹿后续保护，岳阳县、华容县、汨罗市、君山区林业局协助东洞庭湖保护区管理局在汛期救护自然野化麋鹿成体5头、幼体4头，解救受困麋鹿6头。湿地宣传和保护开辟新途径。启动中国首部湿地生态电影《洞庭情缘》拍摄，完成剧本创作、场地选址等前期工作。湿地保护进入新常态。争取市人民政府出台《关于进一步加强东洞庭湖自然保护区管理综合整治通告》，开展专项整治行动，推进保护区人类活动斑块点和人为活动整治，下湖道路实行封闭管理，拆除东洞庭湖矮围和壕河外湖洲滩烧烤灶台等设施，对60个重点整治点整治情况进行督查。及时回复处理“东洞庭湖湿地君山后湖竭泽而渔”等网络舆情，正面引导与掌控网络舆情。

【推进秀美林场建设】 2016年，市林业局抓好秀美林场建设示范工作，巩固国有林场改革成果，对全市国有林场改革后续问题进行定期调度督查，确保林场生态功能只增不减，保障林场职工的正当权益不受损失。平江县福寿山国有林场被评为2016年度湖南省秀美林场；湘阴县老庙台林场和岳阳县相思山林场正式纳入国有林场行业管理。依托林场改革红利，加快森林公园建设，全市森林公园“吃住行游购娱”产业链不断完善，带动当地餐饮、零售、交通等产业发展，4个森林公园参加2016年中国森林旅游节，吸引全国慕名而来的游客。岳阳楼区投资1880万元用于麻布山森林公园上山游步道、进村公路、生态停车场等基础设施建设。

【平江县打造森林康养产业】 2016年，平江县林业部门围绕“加强绿色供给，打造林业新业态”的发展思路，全面启动森林康养产业，平江县福寿山森林公园作为森林康养示范基地的代表在全省旅游大会上作典型发言。把握全球温室效应与碳汇交易走向，开展林业碳汇调研，主动介入林业碳汇交易，掌握碳排放权交易的主动权。通过示范基地和示范社的引领，带动林下经济的发展，发展省级林下经济示范基地5个、农民林业专业合作社6家，林下经济产值达21亿元，比2015年增长21.4%。平江县被评为“国家林下经济及绿色产业示范基地”，参与林下经济开发的林农达5.2万户。

【举办全国林业站公共服务能力提升示范培训班（南方区）】 2016年5月31日至6月3日，全国“林业站公共服务能力提升示范培训班（南方区）”在岳阳市举办，国家林业局林业工作站管理总站副总站长汤晓文、省林业厅总工程师吴剑波出席开班式并讲话，岳阳市人民政府副市长熊炜出席开班仪式并致辞。来自全国16个南方片区的省级林业站主管部门的站长（处长）和部分市县林业站管理人员参加。岳阳县林业局、岳阳市经济技术开发区康王乡林业站分别作“一站式、全程代理服务”经验介绍；会议播放岳阳县开展林业站“一站式、全程代理服务”视频；组织学员到岳阳县新墙镇林业站和张谷英镇林业站进行现场教学，学员们全面了解岳阳市推行“一站式全程代理服务”的实际做法以及成效，对岳阳市提升林业站公共服务能力的有效举措纷纷点赞。其间，汤晓文一行考察调研临湘市林业站管理和建设情况。

【华容县塔市国有林场被评为全国十佳林场】 华容县塔市国有林场经营总面积1725.67公顷，为生态公益型林场。该林场坚持“以林为本、生态优先、多业并举、持续发展”的办场方针，以“秀美林场”建设为目标，不断深化国有林场改革，着力推进管护方式创新，大力开展植树造林，精心培育森林资源，多业并举发展林场经济，切实加强森林资源保护。森林蓄积量达到20万立方米，森林覆盖率达到97%，亩平蓄积量为8.5立方米，居全省国有林场之首；各项事业取得突破性发展，职工生活水平全面提高，和谐林场、“秀美林场”建设深入推进，建成集生态、经济、社会三大效益显著的示范林场。2016

年11月，被中国林场协会授予“全国十佳林场”称号，在全国4800多家国有林场中脱颖而出，是湖南省唯一获此荣誉的国有林场。

（易少满）

农业机械化管理

【概况】　2016年，全市农机系统面对经济下行压力以及特大洪涝灾害等困难，围绕农业供给侧改革，立足“一极三宜”江湖名城战略，按照“创新推广、监管安全、产业引领、亮点示范、服务到位、作业全程”的要求，有力推进农业机械化事业健康快速发展。全市农机总动力达到590万千瓦，农机保有量76.1万台套，分别比2015年增长3.5%和3.1%，综合机械化水平达到69%，增长2个百分点，高于全省平均水平近20个百分点。完成省级农机化项目15项，发展“千社”45家，农机总投入达到5亿元。先后承办全省水稻育插秧机械化技术培训班、全省农机深松整地作业现场会及岳阳市秸秆还田现场演示会、举办岳阳市油菜生产全程机械化现场演示会等大型活动，屈原管理区获得全省唯一一家“全国水稻生产全程机械化示范区”单位。在省政府对各市州综合绩效考核中，市农机局被评为全省先进单位。

【打造农机工作示范亮点】　2016年，市农机局始终把创新引领、示范带动作为打造农机工作亮点的核心工作思路，并提出在每个县市区打造2个农机示范乡镇村和2个农机示范合作社的工作目标，成功打造21个示范社，20个示范乡镇村。一是走出去、拓视野。组织各县市区局长、分管副局长、合作社理事长到江苏、山东、山西等省市考察学习，拓宽农机行业眼界思路，形成调研报告10余篇，为打造示范社奠定基础。二是引进来接地气。为避免先进经验水土不服，市农机局多次组织各县市区局长、分管副局长以及农机合作社理事长代表进行会诊，以讨论的形式集思广益，拟定《岳阳市农机合作示范社及农机工作示范乡镇村创建标准》，明确“科学化发展、规模化生产、企业化管理、市场化经营”的示范社发展理念，提出示范窗口要实现“一站式、高效率、多元化”服务。三是多举措促落实。市农机局选择工作推进较快的县市区召开全市农机工作现场会，为各县市区农机局局长提供学习交流机会，也给进展较慢的地区紧迫感。同时，在市农机局经费紧张的情况下，对发展较好的农机合作社、农机示范点给予经费扶持以及项目倾斜。成功打造以岳阳县丰瑞农机社、屈原惠众农机社、汨罗市鼎升农机社、湘阴县祥发农机社为代表的一批示范合作社，其经营面积均在333.33公顷以上，在全省范围内均属前列。其中屈原惠众农机社、汨罗市鼎升农机社被评为全国农机合作社示范社。引导湘阴县鹤龙湖镇新村为代表的农机工作示范点，得到农业部、省农机局的充分肯定，有农业部水稻生产全程机械化专家小组，山东、黑龙江、江西等省以及邵阳、长沙等市农机部门到岳阳市交流经验。

【农机合作社蓬勃发展】　2016年，市农机局以“千社”工程为契机，在全市掀起农机合作社创建高潮，新建及提质改造现代农机合作社98家，总数达到339家，其中纳入“千社”工程157家，提前超额完成市政府重点工程任务。岳阳市农机合作社总投入达到15亿元，经营土地面积3.33万公顷，总收入3.2亿元。一是突出龙头引领。引导扶持一批规模大、基础好的合作社做大做强。计划将屈原惠众农机社、岳阳县丰瑞农机社打造成集烘干中心、育秧中心、仓储中心、保养中心、培训中心、销售中心及农机文化园于一体，作业面积覆盖666.67公顷的亮点示范现代农机合作社，发挥引领辐射作用，推进全市农业机械化发展，岳阳县丰瑞农机社投入资金近2000万元，屈原惠众农机社投入3000万元完成征地、规划、设计等工作。二是加大培训力度。3月初，汨罗市承办全省水稻机插秧培训班，邀请来自湘北四市的200余名合作社理事长参加。8月，组织20名合作社理事长到江苏省培训学习。引导合作社理事长从种粮能手向管理精英转变，完善合作社管理机制。三是抓好项目建设。为把“千社”工程抓好抓实，5月23日，市农机局召开专题会议，重点部署现代农机合作社申报工作；8月，对岳阳市申报的47家现代农机合作社进行实地审核，在原有标准基础上进一步提高准入门槛，经核查对2家未达到要求的合作社予以取消申报资格，全市有45家农机合作社成功纳入“千社”工程。

【粮油作物生产全程机械化步伐加快】　2016年，市农机局聚焦短板，对症下药，加快实现水稻、油菜等粮油作物生产全程机械化步伐，全市水稻生产综合机械化水平达到76%，高于全省平均水平近10个百分点，油菜综合机械化水平在55%左右，分别比2015年增长4个百分点和2个百分点。一是项目引领。按照“千亩以上，集中连片”的要求，先后在湘阴县、华容县、屈原管理区、平江县等地建立秸秆还田、土地深松、油菜机械化生产、水稻全程生产机械化项目示范点15个，举办各类现场演示30余场，吸引5000余人观摩参与。在平江县举办的岳阳市油菜生产机械化现场演示会上，让观众见证油菜直播、密度种植所带来的产量高、出油高、品质高。临湘市通过对比发现，示范点油菜亩产平均143.1公斤，较人工种植可增产36.6公斤。二是社企结合。鼓励农机合作社开展连片作业，及代耕、代种、代收、代植保、代烘干等农机社会化服务，把覆盖水稻生产全程机械化作为申报现代农机专业合作社的前提。全市农机合作社作业服务面积达到10万公顷，机械化水平达到85%以上。岳阳市以汨罗中天、华容碧华粮机为代表的农机制造企业，在新机具研发过程中，主动邀请农民机手参与对比试验，在论证机具可行性的同时，向农民群众展示新机具与新技术所带来的实惠，调动农民购买新机具，运用新技术的积极性。三是抓好培训。全市农机部门利用“技术下乡”“新型职业农民培训”等平台，举办各类农机技术培训班41期，培训各类农机手、农机合作社理事长3900余人，进一步提高对先进农机技术的认知度和接受度。四是奖补兑现。大多数县市区对机插秧给予每亩30元~60元的作业补贴，君山区对集中连片33.33公顷以上的给予5000元的奖励。平江县从粮食奖补资金中拿出30万元实行机械化插秧作业补贴，屈原管理区计划投入3000万元，力争全区机械化率三年内达到96%以上，机械化栽插率达到90%以上。

【落实农机购置补贴惠农政策】

2016年，市农机局针对全省补贴资金使用比例大幅下降的大环境，主动作为，强化监管，确保惠农资金效益最大化，实施补贴资金1亿元，受益农户7621户。一是强化宣传，提高政策认知度。面对全省农机购置补贴政策实施的新变化、新要求，市农机局及时解读，在5月11日《岳阳日报》上，以问答形式对补贴政策进行宣传讲解，并向社会公开咨询、公布举报电话。临湘市开展为期一周的“农机购置补贴政策宣传周”活动，通过“村村响”进行政策宣讲，同时利用手机报扩大政策宣传面。二是落实责任，促政策监管到位。严格按照“县乡核查，市级督导”工作要求，将日常监管与专项行动相结合，将市场监管与风险预警相结合，打造无时差、无死角、无盲区的立体监管体系，既抓实补贴资金监管职责，又严把新入补贴目录机具申报关卡，杜绝以次充好、虚假贴牌机具进入补贴目录。11月，市农机局收到有关单位反映，部分抓草机存在出厂编号、铭牌不规范，购置补贴申办信息不够准确和完整等情形，市农机局迅速向省农机局汇报并于22日紧急召集相关县市农机局局长、分管副局长召开工作会议，明确暂停抓草机结算工作，开展自查自纠，对发现的问题要严查到底，绝不姑息。全市实地核查机具2700余台，有5家企业5个品目产品进行成果鉴定申请，开展机具演示4次。三是强化能力，加快结算进度。加强县、乡两级购置补贴工作人员培训、轮训力度，打造一批业务精湛、能力突出的工作骨干，依托农机大市场打造“一站式”服务窗口，实现机具购买、牌证办理、补贴申报、政策咨询“一条龙”式服务，提出补贴资金每月一结的要求。各县区开展农机工作示范点创建工作以及147台乡镇补贴核查摩托车配备到位，调动基层农机员的办事效率和工作热情。四是依托信贷，缓解购机压力。10月，省农机局与省邮政储蓄银行签订出台《2016—2018年金融信贷支持“农机富民”工程实施方案》，市农机局与市邮政储蓄银行对接，确保有需要的购机户能够享受到最长2年，50万元~300万元的信用贷款，缓解农机大户、农机合作社资金压力。

【农机安全生产】 2016年，全市新增拖拉机1522台、联合收割机1621台，农机驾驶人1253人，全市农机部门监测拖拉机7200余台，未发生较大以上农机安全事故。临湘市通过全国“平安农机”示范县验收。农机报废补贴试点工作推进有序，严格按照规定报废收割机140台，涉及补贴资金70万元。通过不懈努力，全市农机安全生产形势持续向好。一是强化源头管理。严格规范拖拉机上户、牌证管理业务和业务档案管理工作，与农机手签订责任状11087份，制定并完善违法违章“黑名单”制度、安全信息检查通报制度、领导带队督查制度等工作制度，规范落实驾驶员考试考试员异地监考，开展督查36次，实施异地监考27场，做到农机安全监管重心前移。二是夯实监管网络。依托“平安农机”示范年活动，创建临湘全国“平安农机”示范县1个，示范乡镇7个，示范村24个，示范农机合作社45家，构建起市、县、乡、村、社五级农机安全监管体系。加大村级农机安全员推广力度，在湘阴县、临湘市等地试点推广。三是加大执法力度。精心组织农机监理所人员参加全省行政执法证考试，确保行政执法依法依规。按照《岳阳市农机安全“监管执法年”活动方案》规定，全面落实“一月一警示，两月一行动”，重点打击非法改装，无证、无牌驾驶等违法行为，开展检查640次，派出检查人员1324人次，排查隐患727处，投入整改资金12.9万元。平江县联合公安、安监等部门在重大节假日、重要农忙时节开展联合执法5次，检查车辆800多台，纠正违章210余起，岳阳经开区严厉查处道路农机安全违法行为90人次。

（张 湉）

农业科技

【水稻育种研究有新进展】 2016年，岳阳市农业科学研究所（简称市农科所）高档优质稻育种进展顺利。在湖南省第十次优质稻评选中，盛泰优216、盛泰优997被评为湖南省晚籼二等优质稻，5个盛泰优组合当选高档优质杂交稻，成为优质杂交稻评选中的一大亮点。特种稻亲本的红米三系不育系U152-263A定型稳定，起点温度低的优质两用核不育系J1202-9S稳定扩繁，为今后三系、两系高档优质杂交稻选配开辟新的系列。新品种参试势头良好。全年9个品种晋级或参加国家和省级区试，12个品种参加省级预试。龙两优018和盛泰优626参加国家绿超联盟区试，凤两优464、盛泰优216、炳优198、两优584晋级湖南省区试，泸6优476等5个品种参加湘种联盟区试，另外还有荃优476等9个品种分别参加湖南省中籼迟熟、一季晚稻、晚籼中熟、早熟预试及湖北省一季直播预试。盛泰A不育系和以盛泰优018为代表的盛泰优系列组合中，有自主选育的盛泰优018、盛泰优9712、盛泰优626、盛泰优216以及与湖南农大合作选育的盛泰优997被评为湖南省高档优质杂交晚稻（省评二级）。其中，盛泰优018米质国优1级，当选为湘米工程主推品种，盛泰优9712通过国家审定，成为湖南晚稻机插的主要品种和淮河流域麦后直播的主导品种，盛泰优722确认为农业部超级稻，成为湖南省“双季双超”的主要配套品种。盛泰A是呱哇型栽培稻细胞质的国优1级米不育系，盛泰优系列组合丰产性好、米质优、适合轻简化栽培，获和正申请国家植物新品种保护。“优质杂交稻鑫优9113的选育与应用”获得2016年度湖南省科技进步三等奖。“盛泰A及盛泰优018系列高档优质杂交稻的选育”获得中化集团科技发明三等奖。

【经济作物育种研究有新突破】

2016年，市农科所甜宝小玉小果型有籽西瓜、黑神98无籽西瓜两个品种通过湖南省农作物品种审定，审定编号分别为湘审瓜2016001、2016002。48个西瓜新组合进行品比，对150份西瓜、甜瓜和诱变材料加代提纯观察，“优质抗逆广适三倍体无籽西瓜新品种选育与应用”通过由中国农学会组织的成果评价，“高产优质高抗中小果型无籽西瓜新品种博帅的选育与示范推广”项目获得年度华耐园艺科技奖。

棉花育种分新疆试验、海南试验和本地试验三个部分。新疆试验小材料播种在新疆维吾尔自治区喀什地区进行，播种材料1120份，初步筛选出近300个较好的适合该地区的材料，同时在库尔勒、沙雅县、图木舒克市和喀什4个试点安排品比实验，8个组合参试，有3个组合表现较好。三杂棉组合在新疆表现为发育进程快，开花早，果枝数目多，生长势强，适应新疆地区早熟的要求。其中在沙雅县表现为较耐盐碱。海南试验安排制种组合65个，制恢组合60个，制不育系组合15个，加代繁殖材料124份。本地试验配置新不育系组合36对，引进新疆优质材料5份。三杂棉1号获得转基因安全证书，正在准备报审。6001A上交材料进行科技成果登记，并着手进行新品种保护申请工作。

【公益研究有序开展】　2016年，市农科所公益研究稳步推进。农业部岳阳农业环境科学观测实验站。该实验站承担着国家科技支撑计划、国家重点研发计划、国家自然科学基金、学科群开放基金等15项科研课题，主要有洞庭湖粮食主产区农田氮磷污染对地下水的影响、湖垸旱地玉米油菜减氮控磷技术研究、洞庭湖区双季稻田氮循环研究、镉、砷轻中度超标土壤农业安全利用的技术、稻田（渗漏池）不同施肥对土壤肥力及养分淋溶的影响试验、旱地不同施肥对土壤肥力的影响长期定位试验、微区As不同添加比例（客土比例及方式）对As污染土壤的修复研究、低产红壤旱地改良长期定位试验、农田面源污染动态监测全程阻控减排试验、畜废利用模式下氮、磷肥适量投入关键技术研究及示范、国家级旱地土壤质量监测定位试验、湖南农业大学多熟制作物长期定位试验、水稻低镉品种筛选和镉积累特性大田验证、不同施肥方式施用调理剂结合水稻镉低积累品种对降低稻米镉含量的影响等，全年发表专业论文3篇，编写各种文件、汇报、实验总结等25件。成功组织会议5次，其中，国内会议2次，专项专家会议2次。实验站通过湖南省农科院和国家农业环境学科群两个途径申报国家级农业环境科学观测站。

国家水稻产业技术体系岳阳综合试验站。该试验站主要开展水稻病虫草害绿色防控技术集成与示范、水稻抗病、抗虫品种资源鉴定及其利用、水稻生产应对气候变化的关键技术研究、稻米食品方便化加工关键技术研究与示范、镉低积累水稻品种的筛选和种质资源创制等五大重点任务。初步集成的不同病虫害绿色防控技术体系，在湘阴县新泉和鹤龙湖镇、华容县三封寺和万庾镇建立水稻病虫草害绿色防控示范区4个，示范总面积411.33公顷，筛选和利用广谱抗瘟水稻资源、水稻抗虫（褐飞虱、螟虫等）资源组合380个、单株748个、引进抗性材料51份，针对早稻秧龄期低温和晚稻抽穗期“寒露风”而开展相关试验和研究，按照不同秧龄、肥力水平和栽培方式设计多因子组合，研究不同处理对“盛泰优9712”的产量和品质的影响，筛选低镉积累的水稻品种（系）291份，初步筛选出符合低镉标准的新品种1个，新品系5个。另外还协助岗位专家完成相关试验，调研后续研发任务，指导水稻救灾补损。

农业部植物新品种测试岳阳分中心。该中心于8月29日获农业部批准，是全国27个测试分中心之一，10月获得岳阳市编办批准成立内设机构。主要工作是运用相应的技术和标准对申请品种权的植物新品种进行特异性、一致性和稳定性的试验和分析测试。中心承担中稻、一季晚稻、两批双季晚稻试验，测试材料228份，标准品种88份。测试材料田间种植严格按照测试指南规定执行，全年记录数据近6万份，拍摄照片800余张。

长江中下游环洞庭湖流域国家级农作物品种综合区域试验站。该试验站承担着水稻、棉花、油菜3个作物的区试任务。水稻区试包括国家水稻区试、国家科企联合体区试、湖南省水稻区试、湖南省湘种联合体区试等项目，全年完成早稻3组42个品种、中稻48组605个品种、一晚8组82个品种、双晚43组514个品种，区试品种总数1243个，试验面积7.95公顷，是市农科所承担水稻区试项目以来任务最重的一年。棉花区试承担国家区试，全年完成3组21个品种的试验任务，田间调查、考种数据2500多个。油菜区试完成2个组25个品种的试验任务。特别是水稻区试，采用金种子区试软件管理系统，区试人员全部采用新系统进行统计分析，受到农业部与省农业厅的表扬，被评为湖南省区试工作先进单位。

【农科重点项目有序推进】　2016年，市农科所重点项目有序推进。项目建设。重点是岳阳市国家级农作物品种审定区域试验站和长江中下游环洞庭湖流域国家级农作物品种综合区域试验站两个项目。岳阳市国家级农作物品种审定区域试验站，主要完成实验室及考种室的改造装修，大小区间标示牌的制作及种子仓库的改造等，7月通过竣工验收，财政评审，审计结果307万元。专项审计报告完成，验收材料报省农委，等待最后验收。长江中下游环洞庭湖流域国家级农作物品种综合区域试验站，对该项目的仪器设备、软件建设、信息化物联网设备政府采购、田间土建工程四个包的采购程序报批，其中，软件建设110万元，仪器设备340万元，物联网295万元，土建114万元，软件研发由北京市农林科学院信息化研究所中标，信息化物联网设备由岳阳维特数码科技有限公司中标，农机及仪器设备由湖南美中科技有限公司中标，土建、田间工程、信息化机房装修和农机具库房改造，由湖南远辉有限公司中标，这4家单位都出色地完成合同范围内的工作。北京信息化中心成功研发金种子区试软件管理系统，在市农科所召开该系统的启动仪式会，区试科研人员普遍接受，且效果良好。

项目申报工作。农科所申报国家农业科研实验站建设项目、国家级棉花创新育种基地建设项目、2017年高抗、优质超级稻选育与技术培训示范等项目。利用农业部农业环境科学观测实验站与国家现代农业水稻产业技术体系争取“双季稻机直播高产高效栽培关键技术研究”“国家重点研发计划——稻作区土壤培肥与丰产增效耕作技术”“农业环境监测与修复岳阳市重点实验室”“湖南省水稻品种镉积累特性鉴定大田验证试验”“农业部长江中下游平原农业环境重点实验室开放基金”“镉低积累品种筛选以及大田验证试验”等6个项目，项目资金373.6万元。

（李宇翔）

水　务

【概况】　2016年，全市水务系统围绕年初确定的目标任务，齐心协力，认真履职，各项工作均取得好成绩。市水务局先后被评为全省抗洪抢险先进集体，全市“六五”普法依法治理先进集体、“十三五”规划编制工作先进单位、建议提案办理目标管理优秀单位、水利财务报表编制工作先进单位，“12345”公众服务热线工作优胜单位、党委信息工作先进单位；机关党委被市委表彰为先进基层党组织、水利学会获得“中国社会组织评估等级AAAA”、办公室被评为全省水利系统办公室工作业绩突出单位；长江崩岸应急治理受到长江水利委员会防汛办公室通报表扬，中央水利投资计划执行情况评为全省优秀；“两学一做”学习教育和基层党建工作受到市委组织部、市直机关工委通报表扬。圆满完成国务院总理李克强防汛考察和全国部分省市防汛抗灾工作座谈会筹办工作，受到市委、市政府通报表扬。

一、未雨绸缪、科学调度，夺取防汛抗灾新胜利。受极端天气影响，岳阳市入汛时间早、暴雨强度大、超警站点多、受灾程度重，发生近16年来超警戒水位持续时间最长的洪水过程。全市发生大小险情270多处，华容县新华垸发生内溃事故，11个县市区86.4万人受灾，倒塌房屋6179间，紧急转移人口5.58万人，农作物受灾面积7.54万公顷，直接经济总损失18.1亿元。全市水务系统精心组织，科学参谋，立足防大汛、抢大险、抗大灾，做到汛前准备、参谋服务、处险指导、后勤保障、督促检查“五个到位”，按照“坚持一个中心、落实三项制度、实现两个确保”要求，勇当防汛抗灾排头兵，全市没有发生一起直接因洪涝灾害死亡事件，第一时间成功处理华容县新华垸溃堤事件，取得防汛抗灾工作新胜利。

二、突出重点，强力推进，水利建设谱写新篇章。全市完成水利投资22.73亿元，移动土石方6390万立方米。市水务局组织编制《岳阳市加快灾后水利薄弱环节建设实施方案》（2016—2019），涉及项目687个，概算投资108亿元，主动争资立项，得到水利部、省水利厅的高度评价和大力支持。全市新修加固堤防150千米，清淤渠道5667千米、塘坝5114处，完成497座小型水库除险加固项目的扫尾验收，疏浚河道126千米，治理水土流失面积125.04平方千米。投资2.13亿元，完成20.58万农村居民的农村饮水安全巩固提升任务，农村自来水普及率达81.11%，名列全省第二。实施小农水建设项目和农田水利“百千万”工程，改善新增灌溉面积1.25万公顷。同时，编制完成《岳阳市水利发展十三五规划》及其他规划。申报PPP、PSL项目，总投资161亿多元，已批贷款投资4.9亿元。申报确认全市中型灌溉排水泵站更新改造56处等。

三、夯实基础，强化管理，依法治水再创新佳绩。严格水资源“三条红线”管理，强化水资源论证，修编《岳阳市水功能区划》。严格入河排污口登记，加强水功能区水质检测，完成9个省级重要饮用水水源地达标建设，扎实推进饮用水水源地立法工作。牵头推进湘江保护工作，参与制定《岳阳市湘江保护与治理第二个三年行动计划实施方案》等。深入推进水行政审批制度改革，审批项目由11项精简至8项，按时办结率100%。将河道水库保洁纳入农村环境综合整治工作考评，建立54个监控站，实现重要河段、水库和堤防监控系统全覆盖；严格涉河项目审批，严厉查处侵占水域行为，开展执法巡查121起，制止水事违法行为25起；全面推行水行政执法责任制，湘阴县、华容县列入全省水行政执法责任制试点县并顺利通过验收。着力规范水利建设市场，6家水利施工企业列入全省水利建设市场主体信用红名单。健全水利工程质量监管体系，开展“大排查大管控大整治”等活动，

2016年9月13日，“协调江湖关系，促进长江中游绿色生态廊道建设”洞庭湖咨询研讨会现场　（杨彩霞　摄）

发现并整改各类隐患1892处。加强水土保持监督，发挥联审联批优势，审批新建开发项目水保方案81个。加强堤防管理，实行分段包干负责制，堤防规范化管理合格率达100%。加强河道采砂管理，全力打破大面积停采僵局，岳阳县于4月27日恢复开采，湘阴县洞庭湖采区于6月3日实施政府接管临时性经营，汨罗市正在申请河道采砂政府经营。全市多次开展规范河道采砂秩序集中整治行动、长江湘鄂边界河段统一清江行动、长江湘鄂边界河段非法采砂汛末专项打击整治行动等专项整治行动，维护水上交通安全和河道采砂正常秩序。

【举行长江干堤防汛抢险实战演练】 2016年6月5日，岳阳市在长江干堤塔市驿段举行防汛抢险实战演练，市委书记盛荣华，市委副书记、市长刘和生，市领导李志坚、黄大军、许伟奇、熊炜、欧江平和市政府秘书长谈正红等出席。演练以长江洞庭湖区水位全面超警，一线防洪大堤发生险情为背景，全面展现发生管涌、砂眼群、散浸等险情后的应急抢险流程，旨在动员全市上下牢固树立防大汛、抢大险、救大灾的思想意识，扎实做好防汛抢险各项应急准备工作，努力提高防汛救灾的能力水平，最大限度确保人民群众生命财产安全。演练结束后，全市防汛抗灾工作座谈会在紧邻长江干堤的华容县东山镇举行。

【开展洞庭湖区沟渠塘坝清淤增蓄专项行动】 按照省委、省政府在洞庭湖区全面开展沟渠塘坝清淤增蓄行动的决策部署，2016年，岳阳市完成投资3.2亿多元，清淤渠道4153条5667千米、塘坝5114处。主要做法：一是强化组织领导，建立工作机构，明确工作职责。二是明确目标任务，开展调研，澄清底子，出台实施方案，分解目标任务。三是加强检查督促。印发调度方案，实行一月一调度，采取不定期督查方式进行检查，并通报进度，督促工作落实。四是严格考核评比。将沟渠塘坝清淤增蓄专项行动纳入市委市政府年度综合绩效考评和全市“芙蓉杯”水利建设考核范畴，严格奖惩，对工作进展缓慢的，严格追究责任。

【开展长江与洞庭湖综合治理专题研究】 2016年6月30日至7月2日，水利部科技委主任胡四一率调研组到岳阳市就江湖关系变化与洞庭湖四口水系综合整治工作进行现场调研，并召开专家咨询会。省水利厅厅长詹晓安、市人民政府副市长熊炜等省市领导参加。为充分发挥长江中游特别是洞庭湖在长江经济带和绿色生态廊道建设中承东启西的重要作用，9月11—13日，中国科学院学部工作局组织包括9名院士在内的33名国内外相关知名专家齐聚岳阳，围绕当前洞庭湖治理和江湖关系的协调展开实地调研，并于9月13日在岳阳召开“协调江湖关系，促进长江中游绿色生态廊道建设”洞庭湖咨询研讨会。省人民政府副省长张剑飞出席研讨会并致辞。市委书记盛荣华，市领导樊进军、熊炜等参加研讨活动。

（杨彩霞）

水文水资源管理

【概况】 2016年，岳阳市水文局圆满完成各项工作任务，绩效考核获得全省水文系统先进单位，被市委、市政府评为岳阳市市级文明标兵单位、全市防汛减灾突出表现单位、全市档案管理先进单位，平江县加义水文站成功创建全省水文系统文明单位。

【水文业务工作】 2016年，市水文局一是完成全年各项水文测验任务。开展测验方式改革和巡测方案分析工作，中小河流水文监测系统建设项目全面完成，加强水文设施设备运行维护管理，开展水文应急监测工作。二是做好水文预报方案编制、水文情报预报和枯水期监测与分析工作。编写雨水情分析材料20余份，发送水情短信3万多条，发布汨罗江洪水黄色预警2次，参与各级防汛会商20多次。三是完成水资源调查和水环境监测工作。编制完成岳阳市水资源公报（2015），开展南湖纳污能力核定和全市40个常规水质断面、重点水功能区和农村饮水安全的水质监测和质量通报，完成铁山水库水质自动监测站的比测、3个省级重要饮用水水源地达标建设方案的编制任务，做好长江干流岳阳段入河排污量监测及全市入河排污口调查登记工作，配合国家防总、水利部水文局专家到岳阳考察调研洞庭湖低水位相关工作。联合市水务局、武汉大学开展岳阳市南湖纳污能力核定工作。

【水文服务工作】 2016年，洞庭湖城陵矶站出现近16年来第二大洪水，超警戒水位时间长达26天，仅次于1998年。市水文局及时开展水情分析和洪水预报，参与防汛会商，为全市防汛工作提供重要参考和科学依据。7月10日，华容县新华垸发生内溃，市水文局会同省水文局应急监测队迅速赶到现场开展应急监测，第一时间测得溃口宽度、最大流速、入垸洪量、垸内外水位落差等实时数据，编制水文应急监测分析报告，连续20多天每小时向省、市防汛抗旱指挥部（简称省、市防指）和有关单位实时发送新华垸内外河的水位数据及预报情况，为抢险救灾提供重要的决策依据，受到省防指和市委、市政府的一致肯定。

【水文基础设施建设】 2016年，市水文局加大基础设施建设力度，一是中小河流水文监测项目建设进展顺利。完成平江县加义水文站雷达波在线测流系统建设。完成中小河流水文监测系统湘阴县石塘水文站值班用房的购置，并投入使用。洞庭湖工程管理局委托市水文局建设的靖港、南渡桥水位站工程完成施工。二是水文信息化建设逐步完善。雨水情信息采集、传输、存储全部实现自动化，组建省、市、县水文局域网、水文会商系统以及视频监控系统，实现省、市、县的互联互通、数据传输、信息共享，水文信息化业务系统得到全面推广应用。全市完成山洪灾害防治县级非工程措施监测预警系统的验收和移交工作，接收雨水情监测站174个，简易雨量站810个，简易水位站10个。三是县域水文机构建设稳步推进。湘阴县水文局、临湘市水文局于1月8日、4月1日挂牌成立，均在地方办理事业单位法人证书，设立财政基本账户，纳入农口系统管理，成为防指成员单位，全面开展水文工作。四是岳阳水环境监测分中心实验室建设完成。省水环境监测中心岳阳分中心8月通过验收挂牌成立，实验室建设、人员培训和仪器设备配备全面完成。五是岳阳市农村饮水安全工程水质检测中心建设进展顺利。8月，岳阳市农村安全饮水水质检测中心挂牌成立。完成岳阳市农村饮水安全工程水质检测中心第二次招标采购的相关工作。

（彭　星　侯靖琳）

防汛抗旱

【雨情、汛情、灾情】 2016年，岳阳市防汛形势复杂严峻。入汛后，先后发生7次强降雨过程，7月又发生近16年以来第二高水位、超警戒水位时间最长的洪涝灾害袭击，局部地区遭受严重的洪涝灾害。汛期内（4月1日8时至10月1日8时），全市累计面上平均降雨量1127.1毫米，较历年均值偏多17.6%。7月，受湘资沅澧四水洪水及长江来水共同影响，洞庭湖发生入汛以来最大洪水过程。洞庭湖城陵矶站水位自6月25日的29.88米起涨，7月3日16时达到警戒水位32.50米，8日3时达到洪峰水位34.47米，超警戒水位1.97米，上涨4.59米，日平均涨幅0.35米；7月29日6时，城陵矶站退出警戒水位，超警时长达614小时，创下2000年以来第二高水位和最长时间记录。汛情紧张时期，全市58个堤垸有54个超警戒水位，超警戒水位一线堤长804.04千米，占全市一线大堤总长的83%，超保证水位一线堤长117.58千米。受持续强降雨和湖区高洪水位影响，各地险情频发。全市发生大小险情270多处，其中，华容县团南闸险工、湘阴县白泥湖垸新建八组管涌、城西垸北闸险工、临湘市江南垸冶湖堤段风浪险、君山区洞庭湖南堤风浪险、君山区建设垸农科渠管涌较大险情35处。全市11个县市区（包括岳阳经开区）94.87万人受灾，倒塌房屋6165间，农作物受灾面积7.56万公顷，因灾粮食减产10.54万吨，水产养殖损失0.87万公顷，停产工矿企业113个，公路中断766条次，供电中断339条次，损坏小型水库4座、损坏堤防1607处145.2千米、冲毁塘坝973座，损坏灌溉设施2593处，损坏几点泵站120座，直接经济总损失18.77亿元。7月10日，华容县新华蓄洪垸发生内溃，农作物受灾面积1393.33公顷，直接经济损失1.47亿元。

【防汛抗灾工作】 2016年7月，全市发生近16年来第二高水位，且持续时间长，为了做好防汛抗灾工作，岳阳市委、市政府和市防指科学应对、严密组织，各级各部门和武警战士、部队官兵、民兵预备役人员、广大干部群众同心协力、奋力抗灾，全市上下投入干群110万人次，出动机械6500台套，紧急转移人口5.58万人，努力将灾害损失降到最低程度。一是抓好汛前准备。市委、市政府高度重视防汛抗灾工作，主汛期前两次召开全市防汛抗灾工作会议进行部署，在华容县长江干堤举行防汛抢险实战演练。市防指完善市县乡村四级防汛组织指挥体系，落实巡逻队、守护队、抢险队“三队”人员30255人，所有小型水库聘用专职管护员1800多名，完善山洪灾监测预警系统，建成北斗防汛救灾移动管理系统，完成10处长江崩岸应急处险工程。全市各地共存储编织袋240万条、砂卵块石45.81万立方米，湖区各县市区调集44艘抢险自卸驳、150多台运输车辆，满载砂卵石，集中在险工险段和重点堤段待命，抓紧制作储备一大批钢筋混凝土四面体、钢筋笼等重型大件防汛物资器材，以备抢险需求。精心准备，圆满完成国务院总理李克强防汛考察和全国部分省市防汛抗灾工作座谈会的筹办工作。二是抓好预警预报。每次暴雨、洪水发生前，市防指都在第一时间将预警信息向相关防汛责任人及社会公众发布，先后召开防汛会商会、视频会18次，下达明传电报和通知164份，发送预警短信16万多条，6月27日12时和7月4日12时，分别启动防汛Ⅲ级和Ⅱ级应急响应，为防汛抗灾争取主动权。“7·18”强降雨中，平江县提前发布预警，强力转移人员，没有发生一例人员伤亡事件，受到省防指通报表扬。三是抓好督战督导。国家防汛抗旱指挥部（简称国家防总）工作组、专家技术组一连半个月在岳阳市督查防汛工作；省、市防指主要领导高度重视，将防汛抗灾作为汛期压倒一切的中心工作来抓，全市28名包片市级领导坚守在各自责任区的第一线，50多个市直部门单位负责人和技术责任人驻守一线值守重点地段。市里组成5个督查组按照“不定时、不间断、不打招呼、不听汇报、不留情面”的“五不”要求，不分昼夜开展地毯式、滚动性督查，追责问责党员干部99名。四是抓好查险处险。严格落实查险的责任制、报险的奖励制和岗位问责制，市防指出台《岳阳市防汛期间堤防巡查奖惩办法》，全市各地先后奖励286人，发放奖金15.93万元。在防汛最严峻时期，重点防守地段巡查人员按每天每千米12~18人安排，巡查频率半小时一轮次，全市各地出动干群80万人次参与巡查值守，成功处置大小险情270处。同时加强水库山塘和山洪灾害易发区巡查防守，暴雨期间24小时驻坝值守，确保人民群众生命财产安全。五是抓好赈灾济民。全市紧急转移安置群众5.58万人，全部妥善安置到位。市防指发动社会各界向灾区伸出援手，华容县新华蓄洪垸接收社会捐资1750万元，接收捐赠物资94类，折价850多万元。同时，抓紧抢修受损的水利、交通、电力、通信等设施，抓好卫生防疫、心理辅导、危房重建等工作，全力保障受灾群众基本生产生活。特别是做好新华蓄洪垸渍水抢排工作，从全省各地调集73台排水设备满负荷作业，开机4865千瓦，排渍3500万立方米。渍水抽排完成后，紧急转移的23603人全部回垸返家，灾区秩序和谐稳定。

·链　接·

华容县新华垸堵口复堤纪实

华容县新华垸位于华容县中部、华容河南、北两支将其环绕，东靠君山区钱粮湖镇、西通华容县城，总面积43.92平方千米，地面高程在28.0～31.3米之间，属蓄洪垸。垸内辖治河渡镇，该镇有6个村，2个居委会，有9886户居民，人口27488人。

新华垸于7月3日18：00进入警戒水位，达到33.50米，7月9日8时华容河六门闸内达到35.06米，新华垸治河渡水位达35.35米，超过保证水位0.35米。新华垸红旗闸左侧10米处于7月10日上午9：30发生管涌险情，华容河六门闸内水位34.85米，红旗闸水位35.15米，超保证水位0.15米。险情发生后，治河渡镇组织150多名劳力，采取对管涌口抛投砂石，在临水面用棉絮包裹砂石袋封堵进水口的方式进行抢险。9：50，华容县委、县政府、县防指主要领导带领县防指工程技术人员到达现场，因管涌发展迅速，现场采取临水面铺沉彩条布封堵、沉车封堵等措施紧急处险，同时赶赴现场的400名武警官兵向迎水面进水口抛投砂石袋。由于外河水位高，堤身土质差，出水流量越来越大，由出险时每秒1立方米左右，半小时内迅速发展为每秒10立方米，并穿透堤身，导致堤身急剧开裂、下沉，于10：57内溃。

新华垸溃口后，武警总部司令员王宁、副司令员戴肃军、南部战区陆军司令员刘小午，武警交通指挥部司令员傅凌、政委许世宏、参谋长高强，省委常委、省军区司令员黄跃进，副省长何报翔、戴道晋，省军区参谋长郭辑山、武警湖南总队司令员刘国荣、政委蒋建宇等亲临岳阳指挥，市领导盛荣华、刘和生、李志坚、唐白玉、樊进军、张作坤、黄大军、熊炜、唐文发、罗陆平等先后赶赴现场组织抢险救灾，在现场组织召开紧急会议进行部署，成立抢险救灾工作督导组。10日下午4时，副省长何报翔、戴道晋现场组织专家研究迅速制定抢险方案："裹头护堤，遏止龙口继续冲刷；抛块石、金属网石笼等，并逐步向口门中间推进，锁窄龙口；抛投三角四面透水体和金属网石笼合拢；架浮桥跨华容河从护城垸禹山镇丘山区取土堵口复堤"。市防指设立堵口复堤工作领导小组，由市委副书记李志坚任组长、副市长熊炜任副组长，24小时坚守溃口一线协调。市防指从长炼石化公司、巴陵石化公司、中央防汛物资武汉仓库、岳阳仓库、市住建局、市商务粮食局、湖南路桥公司、中铁大桥局五公司等紧急调运编织袋30万个、彩条布10万平方米、吨装袋2600条、铅丝网片5000个、钢丝网兜3000个、钢筋笼449个、混凝土构件300多吨等防汛物资到新华蓄洪垸抢险一线。国网电力岳阳分公司、中国移动岳阳分公司、中国电信岳阳分公司等单位主要领导带领公司人员为溃口封堵提供电力、通信保障。10日傍晚18时50分，方案第一步"裹头"护堤正式拉开序幕。19时19分，第一台满载块石的大卡车连车带石驶入溃口进行块石裹头作业，接着，第二台、第三台依次驶入，半小时内13台大卡车驶入湍急的水流中，溃口成功裹头。接下来抛投块石、钢构笼、钢丝网兜等步骤扎实推进。7月12日上午8时15分，华容新华蓄洪垸溃口成功合龙。投入大小机械1250台套、编织袋16.5万条、砂卵石1.82万立方米，填充土方6700立方米，完成合龙长度47米。之后，实施堵口护堤、闭渗工程，17日14时全面完工。新华蓄洪垸溃口合龙距溃口发生仅45小时，创造堵口抢险史上的奇迹，有效减轻灾害损失，没有发生一起人员伤亡事故，没有发生次生灾害，受灾群众基本生活得到保证，确保灾区秩序大局稳定。

（冯　伟）

2016年7月12日，华容新华蓄洪垸溃口成功合龙

铁山供水工程

【增强发展后劲】 2016年，岳阳市铁山供水工程管理局（简称铁山管理局）坚持问题导向，聚焦发展难题，找准"症结"，开好"药方"，针对制约铁山当前工作和长远发展的瓶颈，有效破解发展难题，增强发展后劲。一是争项引资求发展。争取将铁山水资源保护、外引昌江水源工程、北总干提质改造、城区供水主管网提质改造、一水厂原水复线建设和金凤水库扩容等项目列入全市"十三五"规划重大项目。再次启动铁山灌区农业水价综合改革项目建设，该项目将连续在铁山灌区实施10年，总投资达4000万元以上。争取国家投资近600万元，重新启动铁山灌区进行续建配套与节水改造建设。2014—2016年争取省财政投资700万元对所辖基层所站危旧房进行改造。二是抢抓机遇求发展。过去，因修建铁山城市供水工程，在市农业银行贷款本息3.7亿元，市信用联社贷款本息0.23亿元。铁山管理局抢抓银行部门对不良贷款债务处置的机遇，争取市委、市政府及银行部门的支持。12月12日，根据市长刘和生的批示，市政协主席、副市长陈奇达和副市长李激扬主持召开会议，专题研究铁山管理局在市农业银行债

务处置相关工作。最终同意以5600万元的处置价格，由市城建投作为债务回购主体，一次性出资回购铁山管理局在农行的全部债务，实现债务清零终结处置；同时在市信用联社的贷款本息0.23亿元也圆满处置到位，有效化解修建铁山城市供水工程积压的沉重债务包袱。三是争取政策求发展。2003年以来，铁山城市供水原水价格一直执行的是0.3元/吨，原水价格连续12年未作调整，造成供水成本严重倒挂，严重制约铁山事业的发展。该局多次向市委、市政府及发改部门汇报，争取出台调价政策，终于促成在2015年12月开始执行新的铁山城市供水原水价格。同时，根据国家发改委的政策要求，实行自来水阶梯水价改革同步到位。

【加强“两保”工作】 2016年，铁山水资源保护与库区民生保障“两保”工作被列入市委、市政府的重点工作和省市重点民生实事，铁山管理局狠抓落实，圆满完成工作任务。一是水库污染防治效果明显。铁山管理局严格实施水库“四禁”工作，成效明显。筹资180万元，修建北总干渠防护栏和金凤水库围污栏设施。充分发挥水库垃圾打捞运输船的作用，及时清理水面漂浮物，保持水面清洁。同时，严格执法管理，加大执法力度，铁山水库砂石禁采率达100%，违法建设零增长，水库垂钓、游泳等污染水质的现象得到有效遏制。二是“两保”工作督促推进有力。配合市委、市政府对岳阳县政府建设的铁山库区月田集镇污水处理厂、毛田集镇污水处理厂、垃圾中转站、临水散户居民生活污水“四池净化”等工程建设和民生保障工作进行多次督查。总投资近7000万元的月田集镇、毛田集镇2个污水处理厂竣工投入运行，2个集镇居民生活污水入户管道接通率达到100%。2个垃圾中转站主体工程建成，集镇生活垃圾将全部外运至库外处理。临水散户生活污水“四池净化”完成2000户。850万元的生态公益林补偿资金全部打卡发放到户，大病医疗救助资金与特困救助资金实现专户管理，打卡发放。

【做好服务保障工作】 2016年，铁山管理局管理服务区域涉及铁山库区、铁山灌区和岳阳市区，灌区、库区群众和城市居民是主要服务对象。该局紧扣服务这个主题，加快推进防汛保安、抗旱灌溉、安全供水和扶贫帮困等惠及市民的民生实事工作。一是严防死守度好汛。进入汛期后，铁山管理局管理的一座大型水库、两座中型水库和两条供水干渠经受住严峻考验，该局严格执行国家防总、省市防指各项指令，精心组织，缜密监管，沉着应对，科学避险，加强巡查值守，确保铁山供水工程安全度汛。二是科学调度抗好旱。7—9月，铁山灌区局部地区旱情严重，为保证灌区农田灌溉用水，局领导深入抗旱一线现场办公，研究配水、调水方案，处理险工险段；干部职工对供水渠道分段把守，巡渠查险处险，全力抗旱，保证灌区农田粮食丰收和社会大局和谐稳定。三是保安运行供好水。该局加大对北总干渠和原水供水管道的建设、维修、管理与养护力度，保障铁山城市供水渠道与管道的安全畅通。同时，根据市政府重点工作要求，建立市区供水管网维护和消防栓维修台账，加强市政供水管网安全维护，各类供水口径管道维修率和中心城区消防栓建设完好率均达100%，确保自来水出厂水质综合合格率和管网压力合格率均达100%。四是真心实意惠好民。铁山管理局坚持服务群众不忘初心，切实增进民生福祉。推行农业水价综合改革，加强农业用水管理体制机制建设。新建两个农民用水户协会，实行一把锄头管水，新建、改造末级渠道7000米，新建用水计量、用水控制设施30处，新增、恢复灌溉面积20公顷，改善灌溉面积466.67公顷，年节约用水260万立方米，年新增粮食产能82万公斤，新增农业产值240万元。开展“结对帮扶”“一进二访”“志愿者服务”等察民情、解民忧活动。为扶贫点铁山库区月田镇伏马村争取和直接解决生产发展资金60多万元。在岳阳楼区铁路社区结对帮扶5户贫困残疾人家庭，捐助爱心款物5000元。在铁山库区和南北灌区走访慰问13户特困农户。同时，铁山管理局挤出50多万元扶助灌区与库区群众发展生产，资助教育和其他公益事业。

（邹 阳）

长江修防

【概况】 2016年，岳阳市长江修防处（简称市修防处）以城市防洪和长江护岸两项主要职责为重点，助推“一极三宜”江湖名城建设，完成各项工作任务。争取国家和省级项目资金1.49亿元，到位资金1.33亿元，完成工程投资1.3亿元。运作多年的三峡后续工程项目全面展开，完成工程项目1个，待开工项目1个，推动前期工程项目2个，涉及工程投资计划11.72亿元，计划整治岸线67.44千米，掀起长江护岸又一轮建设的新高潮，为全市经济建设提供水利安全保障。

【城市防洪】 2016年，受厄尔尼诺现象影响，气候反常，降雨明显偏多，防汛形势严峻。7月3日城陵矶进入警戒水位，7月8日达到全年最高水位34.47米，7月29日退出警戒水位，高洪水位持续时间长，为近16年来第二大洪水。为打好城市防汛一仗，市修防处按照市委“坚持一个中心，落实三项制度，实现两个确保”的防汛工作要求，组织协调岳阳经济开发区、岳阳楼区和南湖新区狠抓前期防汛准备工作，狠抓防汛责任落实、防汛纪律督查，有力地推动防汛排渍工作的开展。在警戒水位期间，市委常委、常务副市长、城市防汛指挥部指挥长唐道明每天深入防汛一线检查，督促防汛工作的落实，并就城市防汛工作作出重要指示。岳阳经开区、岳阳楼区和南湖新区落实防汛指令，高峰时期，日投入防汛人员达1100人。市修防处下属单位干部职工全部坚守防汛排涝一线，机关全体人员深入防汛阵地，全面参与防汛排涝抢险工作，确保15.7千米一线大堤和各区重点水库不出现大的险情。城区吉家湖、东风湖、南湖和月形湖4座电排全力排渍，17台机组累计运行8028台时，4个内湖水位控制正常。南湖水位因南湖电排

2016年4月11日，副省长戴道晋考察长江护岸工程　（夏佩华　摄）

站科学调度，提早启动，全站干部职工坚守电排站，连续运行74天，开机4246台时，排水6000多万立方米，相当于降低南湖水位4.1米，最高水位控制在28.88米，低于南湖旅游走廊0.62米，确保城区安全，取得城市防汛全面胜利。

【城市堤防】　2016年，市修防处加大城市堤防建设与管理力度，增强城市防洪能力，为市民提供休闲场所。一是加强城市堤防日常管理。该处堤防管理部门持续抓好穿堤管涵、电排机埠日常管理责任制落实和检查维修工作，充分满足防汛排渍需要。从抓涉堤事务及维权维法入手，进一步加大堤防管理整治力度，全年开展集中行动6次，对沿湖码头营运秩序进行整顿，有效地阻止涉堤侵权、乱倒垃圾现象的发生。加强堤防巡查管理，坚持大堤管养制度化、常态化、责任化，集中对关门湖、东风湖大堤进行除草清障，对南津港大堤实行园林式管理，为市民提供良好的休闲场所。二是加大防洪工程推进力度。随着城市建设的快速发展，城市防洪排涝能力需要同步提升。该处组织完成《湖南省岳阳市主城区防洪规划》的编制，并通过水利行政部门技术审查，规划水平年为2030年，防洪标准100年一遇，治涝标准20年一遇，估算总投资25.28亿元。推进南湖电排站扩容改造工程建设，完成工程初步设计审批，概算投资9600万元。三是进一步加大水利建设基金征收力度。征收水利建设基金3300万元，为市城市防洪和防洪工程建设提供坚实的资金保障。

【长江护岸】　2016年，市修防处以年初工作目标为重点，以争项目、争资金为抓手，抢抓机遇，长江护岸工程建设呈现出自1998年以来又一轮新的建设高潮。一是全面组织实施荆江河控应急工程项目，完成国家投资部分5000万元的工程计划。计划投资2600万元的荆江河控地方配套工程项目于2月开工，在省财政后续配套资金还未到位的情况下，筹措资金，强力推进工程项目开展，基本完成施工任务。二是完成三峡后续工作长江中下游影响处理下荆江河段（湖南段）2011年度河道整治工程项目，完成国家投资3001万元，整治岸线5150米。三是按质按量完成2016年长江特大防汛处险工程全部施工任务。针对汛前长江崩岸险情突出现象，国家防汛抗旱指挥部（简称国家防总）于4月下达岳阳市长江特大防汛处险资金4000万元，用于七弓岭、天字一号、荆江门、洪水港、城螺、界牌等6个河段10处4012米崩岸的整治，完成水下抛石29.8万立方米。四是启动三峡后续工作长江中下游影响处理湖南段一期河道整治工程建设。项目规划整治岸线17.42千米，概算投资2.1亿元，其中中央投资1.26亿元，12月完成招投标，2017年初开工。五是推动项目前期工作。完成三峡后续工作长江中下游影响处理湖南段二期河道整治工程和熊家洲至城陵矶崩岸重点治理工程两个项目可研报告审批，两个项目规划整治岸线44.87千米，概算投资9.06亿元，其中中央投资5.09亿元。

（夏佩华）

交通·邮政

责任编辑 刘兴汉

综 述

【概况】 2016年，岳阳市交通运输局（简称市交通局）围绕建设“一极三宜”江湖名城的战略目标，注重统筹谋划，抓好项目建设，突出安全整治，强化行业管理。一是项目建设提质增速。编制《岳阳市“十三五”综合交通运输规划》。“十三五”期间全市将投资1200亿元，规划建设123个重点交通项目。2015年争取交通部、省交通厅补助资金17.5亿元，完成交通投资92.8亿元，占全省的12.4%。一批谋划多年的项目成功实施，一批进展不快的项目全面提速，大岳高速、京港澳高速新开联络线、龙门至石牛寨公路、省道308线平江段大修工程等项目建成，完成农村公路改造659千米、安保设施建设783千米，杭瑞高速洞庭湖特大桥、临湖公路、国道240线岳阳县城至湘阴县公路、岳阳三荷机场等项目建设提速，岳阳东客运枢纽、平益高速、城陵矶高速等项目前期工作加快推进。二是运输保障强劲有力。加强运力组织调度，圆满完成春运、防汛抢险等重点任务。全市完成公路运输总周转量310.81亿吨千米，比2015年增长7.78%，增速名列全省第一位；完成水路运输总周转量72.66亿吨千米、集装箱29.44万标箱；地方铁路完成货运量1450万吨，城市公交、出租车分别完成客运量1.75亿人次、0.93亿人次。岳阳市获批全国现代物流创新发展试点城市。邮政业完成业务总量8.23亿元，新增末端服务平台945处。三是行业管理规范有序。强化建设项目监管，质量、安全和造价总体受控。开展危货运输专项整治和安全大排查大管控大整治等行动，加强隐患排查治理，确保行业安全稳定。加强公路路域环境治理，推进治超工作常态化，源头治超、路面巡查执法、洞庭湖大桥等固定治超站点超限率控制等工作居全省前列。实行水上常态化、长效化监管整治机制，运砂船舶减少30.7%，特别是七里山水域整治成效明显，运砂船舶锚泊总量大幅减少，通航及停泊秩序有效改观。全市行政村客运班线通达率99.13%，城区万人拥有公共交通车辆15标台，交通运输小康目标提前实现。四是政风行风不断提升。深入开展“两学一做”学习教育，加强干部教育管理，营造干事创业氛围。落实党风廉洁建设“两个责任”，配合市委巡察组工作，抓好巡察反馈意见整改。不断规范交通行政行为、执法行为和从业行为，推动交通运输事业持续发展。

2016年12月13日，市委书记胡忠雄调研临湖公路皇姑塘立交桥项目建设 （刘 端 摄）

【G240岳阳县城至湘阴公路等交通重大项目集中开工】 2016年7月1日，岳阳市举行重大项目集中开工仪式。其中，交通重大项目4个、投资92.3亿元，占此次开工项目投资总额的93.4%，分别是：G240岳阳县城至湘阴县公路，赶山东路，学院路综合提质改造工程，岳阳海吉星国际农产品物流产业园。市委书记盛荣华出席学院路综合提质改造暨岳望高速岳阳连接线工程动员誓师大会，市委副书记、市长刘和生出席G240岳阳县城至湘阴县公路开工仪式，市政协主席、市人民政府副市长陈奇达出席赶山东路开工仪式。G240岳阳县城至湘阴县公路按一级公路标准设计，双向四车道，全长64.6千米，估算总投资17.9亿元。赶山东路是岳阳临湘至湖滨公路的一段，按城市主干道标准建设，双向六车道，路幅宽度46米，道路全长6.68千米，总投资88.9亿元。学院路综合提质改造项目全长20千米，分为南、北、中三段实施提质改造，工程造价估算15.5亿元。其中，南段全长6.5千米，达到一级公路标准，满足作为岳望高速连接线的功能要求。

【胡忠雄调研督查重点项目建设】

2016年12月13日，市委书记胡忠雄到临湖公路皇姑塘立交桥、岳阳东客运枢纽、岳阳三荷机场、G240西环线等重点项目建设现场调研督查。他强调，项目建设是全市经济工作的牛鼻子，必须紧紧牵住不放、加力加速推进，让创新引领、开放崛起的发展战略在全市落地生根，让人民群众享受到更多实惠。市委常委、市委秘书长谈正红陪同调研。在项目所在地，胡忠雄对照规划设计图纸，详细了解投资规模、融资情况和当前存在的困难问题。他指出，西环线是一个重大民生工程，也是城市建设的重点工程，是城市的快速干线，项目的建设将进一步完善城市交通网络，方便群众出行，各有关部门要向上争取支持，按照时间节点，加速推进项目进度。

【打造岳阳交通枢纽城市】 “十三五”期间，全市规划建设交通重点项目123个、总投资约1200亿元。其中，亿元及以上重大项目100个，总投资1188亿元，分别为：高速公路6个395千米，投资410亿元；干线公路45个875千米，投资144亿元；站场21个，投资105亿元；水运建设18个，投资55亿元；铁路建设9个551千米，投资462亿元；机场建设1个，投资12亿元，将重点建设公路“大网络”，江湖“大港口”，客货“大枢纽”，铁路“大动脉”，航空“大走廊”，实现交通大建设、大提质、大发展，到2020年基本建成长江中游交通枢纽城市。

（刘 端 梁 超）

铁路运输

【岳阳车站安全工作】 2016年，广州铁路（集团）公司岳阳车站（简称岳阳车站）深入推进安全风险管理，狠抓安全风险研判，推进自控型班组和可控型班组建设。组织开展安全大检查、大反思、大整改活动，严格干部责任追究、强化职工标准落实，做到全过程控制、全天候跟踪、全方位督导，确保安全持续稳定。截至年底，实现无责任铁路交通事故3525天。

（唐 莺）

【岳阳车站运输生产】 2016年，岳阳车站组织优化客、货运输，及时研究解决客、货运输中出现的问题，不断提升运输保障能力。严格预算管理，加强成本控制，优化岗位配置，完善收入分配办法，职工工作积极性、责任心进一步提高。全年完成旅客发送316.8万人，完成货物发送887.1万吨，完成运输收入9.7亿元。 （唐 莺）

【岳阳车站服务质量】 2016年，岳阳车站坚持“以服务为宗旨、待旅客如亲人”的服务理念，规范服务行为，提升服务质量，设备设施、售票管理、职工素质、保洁卫生、站内秩序得到广大旅客和社会普遍认可，旅客满意度明显提升。在春运、暑运、黄金周等重要运输任务期间，精心组织，严密卡控，强化协调配合，全方位做好安保工作，保证旅客出行安全平稳。

（唐 莺）

【岳阳东站安全工作】 2016年，广州铁路（集团）公司岳阳东站（简称岳阳东站）坚持安全预警制度，开展安全风险研判，严格落实干部落责，职工落标，狠抓安全过程控制，对重点时段、关键岗位、进京进沪重点列车、夜间施工等作业环节加强盯控防护，确保安全持续稳定。 （龚飒虎）

【岳阳东站运输生产】 2016年，岳阳东站发送旅客395万人，日均发送1.08万人，到达旅客422.7万人。完成运输收入6.45亿元。

（龚飒虎）

【岳阳东站服务质量】 2016年，岳阳东站深入开展岗位创品牌活动，围绕“安全、有序、温馨”的服务理念，进一步规范服务行为，提升服务质量，职工的服务意识明显增强，服务水平明显提高，服务方式不断创新，旅客的满意度明显提升。7月3—4日国务院总理李克强在岳阳东站上下乘车接待，得到中国铁路总公司、广州铁路集团公司和岳阳市委、市政府各级领导的表扬肯定。 （龚飒虎）

机场建设

【岳阳三荷机场项目建设进展加快】

2016年，岳阳三荷机场投资建设管理有限公司（简称岳阳三荷机场公司）按照市委、市政府的总体工作部署，协助岳阳经开区完成征地拆迁工作，制定项目整体施工进度计划，采取时间倒排、任务倒逼的方式，精心组织，科学调度，抓安全、保质量、抢进度，全力推进三荷机场与空港大道项目建设。全年完成土石方370万立方米，占总数409万立方米的90%；地基处理工程全部完成；边坡防护工程完成9000立方米，占总量3.6万立方米的25%；项目围界、围场路、航管等工程招标工作开始。完成投资6.9亿元，完成年度计划的100%，累计完成投资8.08亿元，占总投资12.39亿元的65%。空港大道前期工作进展顺利，于9月28日举行开工仪式，正在进行征地拆迁工作，土地清表基本完成，控制性工程三叉港大桥开工建设，完成投资8300万元，占投资计划7000万元的118%，占总投资2.3亿元的36%。

【岳阳机场运营发展有限公司成立】

2016年5月5日，岳阳三荷机场投资建设管理有限公司与广东龙浩航空集团有限公司签订正式合作协议，共同成立岳阳机场运营发展有限公司。该公司将负责岳阳三荷机场建成后的运营管理，深度参与空港经济区的规划建设，配合招商引资，吸引项目落地。市委书记盛荣华，市委副书记、市长刘和生见证签约并分别为岳阳机场运营发展有限公司、湖南龙浩航空培训学校揭牌。广东龙浩集团总经理兼航空集团董事长赵继光等公司高层出席仪式。

2015年12月25日，岳阳市与广东龙浩集团签订《岳阳三荷机场航空物流核心枢纽及空港经济区建设战略合作框架协议》。协议签订后，双方秉持真诚合作、共同发展理念，反复商洽沟通，共同推进框架协议内容落实、落细、落地，并形成成立合资公司的《股东协议》。岳阳三荷机场于2015年12月奠基，2017年底建成，2018年正式投入运营。根据双方合作计划，在“十三五”期间，将在岳阳成立一个以波音737、777机队为主的货机公司；成立一个以哈飞运12f（货）、捷飞EV55飞机（客）为主的短途客货运输航空公司。以短途飞机覆盖岳阳周边1000千米范围内所有的运输机场、支线机场和通用机场，规划岳阳机场通航国内主要省会城市，日本、韩国、泰国、马来西亚等亚洲热点城市，逐步实现其枢纽功能，将岳阳打造成为国内物流核心枢纽城市。

岳阳三荷机场公司与广东龙浩航空集团将认真履约，精诚合作，共同努力把岳阳机场运营发展有限公司做大做强，把岳阳机场及空港经济区打造成为全市的新门户、新引擎、新名片、新基地，加快推进“一极三宜”江湖名城建设。岳阳机场运营发展有限公司还分别与广州市薛航物流有限公司、广州市穗佳物流有限公司签订航空物流战略

2016年8月1日，市长刘和生调研三荷机场项目建设　（苏　悦　摄）

合作协议。

【市领导调研三荷机场项目建设】 2016年8月1日，市委副书记、市长刘和生调研三荷机场项目建设。刘和生一行到位于西塘镇真力村的三荷机场建设现场实地考察，深入了解征地拆迁、工程进展以及建设施工中存在的困难和问题。在随后召开的座谈会上，刘和生对三荷机场前段工作表示肯定。他指出，三荷机场是岳阳市中心城区重要的基础工程和民生工程，对于促进地方经济社会的发展有着重要意义，要切实增强紧迫感和责任感，攻坚克难，稳步推进项目建设。刘和生强调，要把握好项目建设的关键时间与节点，做到以最短的时间、最快的节奏推进征拆等相关工作。三荷机场要按照2017年年底建成的总体目标，精心组织、统筹安排，抢抓工程进度，同步推进水系、路网等配套设施建设。各单位要加大对机场项目的支持力度，加强沟通协作，及时解决项目建设存在的困难和问题，确保完成年度目标任务。

12月13日，市委书记胡忠雄调研督查三荷机场项目建设进展情况。他强调，经济的发展和社会的进步关键看项目，项目建设是全市经济工作的牛鼻子，只能紧紧牵住不放，万万不可松懈。要加力加速推进项目建设，让创新引领、开放崛起的发展战略在全市落地生根，让人民群众享受到更多实惠。

在三荷机场项目现场，胡忠雄与三荷机场公司负责人亲切交谈，仔细了解机场项目建设规模、投融资、建设进度及空港产业园发展等方面的情况。他强调，岳阳三荷机场是城市对外开放的标志性建筑，对岳阳经济社会发展及交通体系的完善具有十分重要的意义，要按照时间节点，加速推进项目进度。各有关部门，要对项目建设提出的具体问题认真研究，明确责任主体，做到事事有着落、件件有回音。

（李　明）

公路运输

【路况质量大幅提升】 2016年，岳阳市公路局全年管养线路好路率各项指标全面超过省公路局下达目标，路况水平和公路服务品质不断提升。全市干线公路养护工程年度投入6.22亿元，实施省道大修81.8千米，实施县道大中修52.9千米。其中，3月正式开工建设的省道308线平江段大修项目，投资2.35亿元，建设资金来源于省定额补助资金和地方配套资金，项目建设在平江县政府的大力支持下，经过9个月的紧张施工，一次性实施省道大修63.3千米，于2017年1月正式完工，成为全市近20年来最大规模的省道大修项目，该项目的建成通车对于改善革命老区交通通行环境、提升平江旅游景区服务品质具有重大意义。投资9599万元，改造危桥31座，实施生命安全防护工程544.8千米，有力提高公路通行安全等级，保障人民群众通行安全。全市管养线路好路率为91.2%，超过省定目标3.2个百分点。（龚子翔）

【确保公路主干线畅通】 2016年3月19日，京港澳高速岳阳大荆段突发货车爆炸事故，107国道管理处迅速启动应急预案，组织专业施工队伍50余人，机械设备20多台，第一时间赶赴现场清理和修复路面，共同参与救援工作，以最快的速度、最小的代价最大限度地减小事故损失，体现岳阳公路人强烈的社会责任感和良好的专业素质。7月初，岳阳市连降暴雨，致使部分管养公路水毁严重，直接经济损失3000万元。市公路局按照先抢通后修复的原则，简化程序、快速反应、主动出击，清理塌方1.24万立方米，处治水毁路面21.6万平方米，完成路面病害挖补9.74万平方米，清理水沟502千米，重建沟渠20.39千米，有力保障公路主干线畅通无阻。

（龚子翔）

【公路管理全面加强】 2016年11月17日，全省公路路域环境治理推进会在岳阳市召开，省公路局及各市州公路局主要负责人在会议期间集体参观国道107线、省道306线路段环境整治现场，受到与会人员高度评价。《湖南日报》持续刊登四篇文章推介“岳阳经验”，《中国交通报》也以大篇幅进行推介。市公路局采取“政府主导、公路牵头、部门联动”的工作模式，发挥垂直管理体制优势，实行管养一体化，全市清理摆摊设点1456处，搬迁马路市场135处，新建规范化市场78处，拆除非交通标志4156块，拆除棚屋1.7万处，拆除违法建（构）筑物142处，封闭违法平交道口16处。车辆超限治理作为一项重点工作列入市政府年度绩效考核内容，市公路局作为牵头单位，在市治超办的统一调度和部署下，向各县市区印发年度工作重点、实施方案和考核细则，现场派驻治超督导员，严厉打击超限行为，严肃查处源头改装企业，实现常态化治超。全市检测货运车辆3.41万台次，查处超限车辆924台次，卸载货物3751吨。在年底全省超限率调查中，岳阳市站点超限率为零，岳阳市治超工作全省排名前列。（龚子翔）

【公路建设稳步推进】　2016年，在全市重大项目建设计划中，由市公路局担任项目实施业主的重大项目有5个，分别是国道240线城市西环线、学院路综合提质改造、洞庭北路提质改造、省道318线岳望高速岳阳连接线路面改扩建和沿湖大道提质改造工程，总投资超过100亿元。截至11月底，学院路路面大修、洞庭北路提质改造工程如期完成，其他项目稳步推进。继续在全市路网改造升级中担当主力，先后与临湘市政府、平江县政府、云溪区政府达成战略合作协议，承接公路改扩建项目3.88亿元，总里程31.51千米。按照市政府要求，市公路建设投资公司对道仁矶至黄盖湖段项目开展前期工作，此项目全长71.6千米，估算投资40.51亿元。（龚子翔）

【发展后劲不断夯实】　2016年，全市公路企业调整经营策略，抢占市场份额。新增经营业务19个标，合同总价43.3亿元，为年度目标任务的283%。在建项目39个，完成产值20.9亿元，为年度目标任务的136%。10月，岳阳路桥总公司以20.83亿元的总价成功中标贵州省黎平至靖州高速公路PPP项目，这是该公司在激烈的市场竞争中尝试多种经营方式、探索多元发展经营的一次重大突破，也成为全省首家参与高速公路PPP项目建设的企业，进一步巩固和推介岳阳路桥的市场品牌。（龚子翔）

【临湖公路北港大桥成功架设首片T梁】　2016年5月29日，临湖公路重要节点工程北港大桥成功完成首片T梁架设，标志着该项目架梁施工拉开序幕。T梁安装是桥梁施工中风险较大、难度较高的重点工序。项目建设单位严格按照要求，编制翔实的专项吊装方案及安全技术方案。同时，对施工人员进行安全技术培训，组织开展安全防范演练，确保

省道308线平江段沥青摊铺施工　（龚子翔　摄）

第一片T梁的顺利架设。北港大桥全长256米，上部设计为10×25米连续T型梁板，桥面宽60米。7—8月，全市降雨量多，北港河水涨势较快，项目建设单位进一步加大人员、抽排水设备的投入，精心组织、科学谋划、严控质量，工程建设较快推进。（刘端梁超）

【胡伟林调研湘阴县交通项目建设】

2016年11月8日，省交通运输厅党组书记、厅长胡伟林到岳阳市湘阴县，调研武警长沙直升机场进场公路、湘江樟树港大桥等交通项目，强调要切实加快交通建设进度，抓好项目质量安全管理，打造品质工程，为服务经济社会发展提供交通保障。岳阳市委副书记、市长刘和生，市交通运输局负责人等参加调研。武警长沙直升机场进场公路起于湘阴县金龙镇左家坡，止于樟树镇广塘坡，总长17.647千米（主线长15.701千米，支线长1.946千米），全线采用二级公路标准建设，设计时速每小时80千米，路基宽度12米，预算总投资1.933亿元，2015年12月开工建设。规划建设的湘江樟树港大桥全长1776米，桥面宽度17.5米，主体结构采用预应力混凝土连续箱梁，属特大桥，连接线按二级公路标准建设，路基宽度12米。项目初步估算投资5亿元。已列入省“十三五”规划国省干线公路改造计划，正在编制可行性研究报告。（刘端梁超）

【大岳高速公路正式通车】　2016年12月12日，大岳高速公路（不含洞庭湖大桥）正式通车。该路将与岳常、长常、京港澳高速公路闭合成环，形成一个以岳阳为中心、环洞庭湖辐射的高速公路圈，将为湖南崛起注入强劲动力。大岳高速公路是湖南省高速公路网规划中的“七纵九横”中的第一横，起于临湘大界接湖北省阳新高速公路，止于岳阳市君山区接岳常高速公路，连接京港澳高速公路和京港澳高速复线。项目建设工期48个月，全长69.8千米，概算总金额83.59亿元，设互通7处，服务区2处，收费站6处。（刘端梁超）

【市政府研究交通路网建设】

2016年12月27日，市长刘和生主持召开市政府第63次常务会议，研究推动全市交通路网大提质大建设工作。会议认为，交通路网建设对于岳阳经济社会发展具有深远意义，是打基础、利长远的民生工程。随着融入长株潭城市群和武汉都市圈、打造湖南新增长极等战略的实施，岳阳市交通路网现有通行能力无法满足发展需求，加快推进交通路网大提质大建设十分必要。会议要求，当前要重点推进国道107线岳阳段东移暨升级改造、省道306线岳阳段升级改造、汨罗至杨桥公路升级改造、岳阳长江经济带沿江公路（黄盖湖至道仁矶）等4个项目，统一规划设计、统一建设

建设中皇姑塘立交工程　　（袁力克　摄）

标准、统一监管、分区域以县市区为主体负责实施。同时，要加快推进临湖公路岳阳楼区和岳阳经开区段、国道240线岳阳县城至湘阴段公路、赶山东路、岳阳东客运枢纽、中心城区西环线以及其他路网建设，鼓励各县市区加快其他公路建设，尽快完善综合交通体系。

（刘　端　梁　超）

【岳阳东站至三荷机场快速通道一期工程开工】　2016年12月28日，岳阳市监管中心进出口道路（岳阳东站至三荷机场快速通道一期）项目正式开工建设。市人民政府副市长、市公安局局长唐文发宣布项目开工。该项目是金凤桥北路和市公安局监管中心之间的一条规划道路，是京广高铁岳阳东站至三荷机场快速通道的一期工程，路线长1.8千米，按双向六车道一级公路技术标准设计建设，路基宽度33.5米。路线经过岳阳经开区金凤桥管理处的分水垅村、硚石村，占地面积11.6公顷，总投资1.35亿元，全线设一个标段，计划工期12个月。

（刘　端　梁　超）

【确保洞庭湖大桥安全畅通】　2016年，岳阳市洞庭湖大桥管理局坚持检修并重、项目建设、动态治理、全面管控四结合，推动养护管理工作上台阶、上水平。日常维护保养到位。按制度要求和养护计划，对桥梁重要部位进行精心养护，确保桥梁结构稳定，技术状态良好。注重工作手段创新，引入小型无人飞机检查高空和近水部位，结合实际改进伸缩缝构件，降低安全风险，延长构件使用寿命，节约养护经费。项目实施情况良好。经报省公路局批准，成立桥中心养护站，启动桥西交通设施场地建设，前期工作稳步推进；筹资40万元，对监控信息中心监视器进行升级改造。动态管理更加高效。依法处理路产路权案件12起，收取赔补资金12万元；开展常态化超限治理，检测货运车辆9329台次，卸载货物450多吨，依法对其中1500多台超限运输车辆进行相应行政处罚，有效遏制超限运输损害桥梁的违法行为。应急能力稳步提高。坚持做到有备无患，不断完善应急预案、日常值班、信息报送、突发事件处置等工作制度，并不定期加强督查，提高应急反应能力，妥善处置沙船撞击大桥主梁事件。成功应对高温、雨雪冰冻天气的多重考验，配合有关部门出色完成“两会”和重要节假日的交通管理工作，确保洞庭湖大桥全天候安全畅通。

（刘国平）

道路运输

【道路运输场站建设有效推进】

2016年，全市客、货运输站场（物流园、物流中心）建设完成固定资产投资3.597亿元，为年度目标任务的137.8%。道路运输站场建设项目获得交通运输部、省交通运输补助资金3210万元。云溪汽车货运站、汨罗星火汽车站、屈原汽车站、冷水铺集装箱货站、华容汽车站等5个年度计划完成竣工验收，岳阳市道路运输管理处（简称市运管处）组织岳阳洞庭汽车站、云溪森凯物流园、云溪文桥客运站、平江天岳汽车站等4个“十三五”规划新建项目初步设计评审并正式动工建设。全面建成农村客运招呼站400个。

（张　湖）

【道路运输日常业务夯实推新】

2016年，全市23家企业、2032台农村客车、41969座加油站，申报油价补助资金5239.5万元，城区出租车发放油价补助资金3388.9万元。湘阴运管所在全省首次开通2条南湖洲镇“村村通”农村客运班线，2台客车对开营运，沿线设25个农村客运招呼站，极大地方便群众出行。

（张　湖）

【道路运输依法整治】　2016年，市运管部门出动稽查人员4410人次，查扣非法营运车211台次、收缴非法空车灯牌131个、摩托车6141台。在市公安局巡特警支队的大力配合下，不间断开展中心城区客运市场“雷霆”整治、危货运输、旅游客运、驾培秩序、源头治超等多项专项行动，声势足、力度大、效果好，有力地打击非法营运，治理违规行为，保护依法经营者的合法权益。同时，与高速交警岳阳支队加强联勤联动，建立健全联合执法、案件移交、违法抄告等日常机制。

（张　湖）

【道路运输机构改革实现平稳过渡】

2016年为全市机构改革年，原道路运输管理局和原城市公交管理局合并成立市道路运输管理处。合并后有人员385人、在职人员277人，核定机关科室18个、二级机构15个。为做到职能整合迅速、调整过渡平稳，公开公正公平开展中层干部竞聘，88人报名参与，通过无记名投票遴选中层实职干部64人，完成一般岗位分配200人，2名正科、6名副科干部不再担任实职。平

江县启动行业体制改革，分设县运管所、交通综合执法大队，运管机构由原105人缩编为30人。（张　湖）

【道路运输安全形势稳中向好】 2016年，全市道路运输行业发生交通安全责任事故4起，比2015年同期下降20%，死亡4人，同比下降43%。认真开展道路运输“安全生产月”“6·16”全国安全咨询日、“安全生产监管执法年”等活动，在全市交通运输系统安全知识竞赛中获得第二名。推进安全生产和监管标准化建设，全市应达标企业有66家，考评达标企业58家。连续3年开展“平安车、站”创建活动，全市营运客车、危货车技术等级评定率达100%、承运人责任险投保率达100%、“两客一危”车辆安装使用卫星定位装置达100%、北斗卫星兼容车载终端安装率达100%、营运车辆日常维护率达100%、“两客一危”车辆司乘人员教育培训覆盖率达100%。（张　湖）

【道路运输信息化建设便民高效】 2016年，全市设置9个营运驾驶员继续教育报名点，启用手机APP教育培训软件，方便驾驶员就近报名学习，全年网络继续教育培训4858人、出租汽车驾驶员集中脱产教育培训6966人。安装教练车车载设备2865台，发放学员IC卡3275张，教练员IC卡236张，计时培训终端安装率、计时平台建设率达90%以上，超标准完成省运管局覆盖率达50%以上的指标。重新搭建“OA”网络办公框架，“OA”网络办公正常流转达13580次，新增OA及运政通办公用户173人，机构15个，对省运管局三级协同系统47个账号进行权限更改，对全市10家平台运营商的服务能力进行综合评估。（张　湖）

【出租车行业改革稳步探索】 2016年，市中心城区11家出租车企业，经营权核定总量1766台，实际投入营运车辆1523台，月均营运收入21090元，全年续牌和奖励车辆审核23批、签订出租车特许经营权协议680台，退返企业特许经营权费2459.98万元。制定下发《岳阳市中心城区巡游出租车卫星定位系统标准》，设计出租车驾驶员电子信息卡、出租车新价目表。推广出租车新设备应用，新投放车辆全部安装合乘计价器，新增导航、车内外行车记录仪、从业人员电子监督卡、服务评价等功能；开通出租车APP网络召车、“岳阳召车网”微信召车，增强市民多形式的乘车体验。指导利诚公司推出“双班定额承包”模式。妥善处置“6·20”出租车停运事件。（张　湖）

【道路运输应急保障有力】 2016年，市运管处按照“统一调配、快速反应、科学应对、保障有力”的工作思路，建立70人应急保障队伍，落实120台各类型应急储备运输车辆，签订《应急运力储备协议》。组织湖南龙骧神驰客运公司、4家出租车公司开展2次涵盖突发交通事故、反恐、火灾和冰雪恶劣天气行车安全等项目的应急演练。7月，华容县潘家垸溃垸，华容运管所迅速反应，征调人员460余人次，货车240台次，运送土石方3000吨，对垸内群众进行紧急疏散，保障人民群众的生命财产安全。（张　湖）

【岳阳春运工作安全有序】 2016年，岳阳市春运工作自1月23日开始，至3月3日结束，历时40天，发送旅客1042.46万人次，比2015年增长0.5%。春运期间，全市交通运输总体安全平稳有序。其中，铁路发送旅客100.56万人次（高铁44.40万人次），同比增长3.2%；道路发送旅客938.80万人次，同比增长0.2%；水路发送旅客3.10万人次，同比下降0.6%。岳阳市春运工作按照“安全第一、保障有力、方便快捷、服务至上”的总要求，加强组织领导，科学调配运力，强化安全管理，提升服务质量，确保人流、车流集散有序。实行春运督查工作领导分片包干负责制，市交通运输局成立6个小组，局领导带队到各县市区督查春运工作情况。整个春运期间，岳阳市未出现长时间、大面积旅客滞留现象，没有发生重特大交通运输事故，确保春运安全有序。（刘　端　梁　超）

【何报翔督查岳阳交通运输安全生产工作】 2016年8月8日，省人民政府副省长何报翔到岳阳市督查安全生产工作，现场检查洞庭汽车站客运安全情况。他强调，安全生产一刻都不能放松，一定要按照党中央、国务院和省委、省政府相关要求，把责任落实落细落小。市委副书记、市长刘和生，市委常委、常务副市长唐道明等参加。何报翔在检查中一再强调，安全生产永远在路上，一定要绷紧这根弦。各地各部门要高度重视，筑牢安全生产的思想基础，不能有丝毫的松懈和麻痹。各生产企业一定要把安全生产责任落实落细落小，真正落实到每一个工作岗位、落实到每一个人，及时排查和消除各类隐患，坚决防范和遏制重大事故发生。（刘　端　梁　超）

【交通运输部调研长江中游城市群综合运输服务一体化发展】 2016年10月13—14日，交通运输部规划研究院调研组到岳阳市就长江中游城市群综合运输服务一体化发展进行专题调研。座谈会上，市发改委、市交通运输局、市经信委、市商务粮食局、市质监局、市口岸办、市邮政管理局和益阳市、常德市发改委、常德市交通运输等部门以及相关典型企业分别结合各自区位和行业特点进行发言，并就如何加快长江中游城市群综合运输服务一体化发展展开讨论。一致认为，要遵循城镇化和城市群发展客观规律，更好地发挥政府引导和协调作用，优化城镇空间格局；发挥各地资源要素禀赋比较优势，促进特色化、差异化发展，探索重大项目、平台共建和利益共享机制；实施创新驱动发展战略，增强自主创新能力，打通从科技强到经济强、城市强、区域强的通道；加强顶层设计，强化规划引领，探索具有中国特色、中部特点的新型城镇化道路，从而促进长江中游城市群尽快建设成为全国经济增长与转型升级的重要引擎和具有一定国际竞争力的现代化城市群。（刘　端　梁　超）

【神驰集团在站务员技能竞赛中获得多项荣誉】 2016年9月19—20日，湖南省第二届汽车客运站务员技能竞赛活动在长沙市举行。全省14个地州市56名选手参赛，选手们通过理论知识和实际操作技能竞赛，经过2天激烈的角逐，湖南龙骧神驰运输集团（简称神驰集团）在此次汽车客运站务员技能竞赛中，参赛选手沉着冷静，语调亲切，精神饱满，极好地展示岳阳站务人的风采。经过激烈的竞赛，最终获得团体二等奖，李伶莉、尹晶、李颖代3名站务员获得湖南省交通运输行业“芙蓉标兵岗”称号，李伶莉、尹晶获得湖南省交通运输行业“芙蓉百岗明星”称号。通过此次参赛，进一步提升岳阳汽车客运站务员的技能素质，提高汽车客运站服务能力和水平。

（王　斌　陈　亮）

【神驰集团开展道路交通事故应急救援演练】　2016年10月19日湖南龙骧神驰运输集团在湘运驾校训练场开展道路交通事故应急救援演练。司属各单位部门100名参演人员参加演练。根据《道路交通事故应急救援演练方案》，在大货车追尾大客车造成两车受损、失火和大客车7名乘客受伤的道路交通事故模拟背景下，按照演练流程和职责分工，现场灭火组、事故处理组、医疗救援组、旅客转运组和车辆施救组在演练指挥长的统一指挥下，有条不紊的开展现场灭火、伤员救治、旅客转运、车辆施救和事故现场处置，交警和医疗救护人员全程配合进行事故现场查勘、伤员救治等演练。市交警支队、交警支队岳阳楼大队、市道路运输管理处、市客运管理所、平安产险岳阳中心支公司和广济医院相关领导、工作人员到现场指导和观摩，岳阳电视台和《岳阳日报》等媒体进行全程采访和报道。　（王　斌　陈　亮）

【岳阳洞庭汽车站举行消防反恐综合演练】　2016年6月21日，岳阳洞庭汽车站举行消防反恐综合应急疏散演练。一辆载满旅客的客车正在缓慢的驶入站场，旅客们即将下车，突然一名暴徒引燃所携带易燃物品，整个车厢内顿时浓烟滚滚，火光四射，车上的旅客极度惶恐、尖叫不断，司机当即停车打开车门，旅客争相下车逃散。正在站场内巡逻的安保人员发现情况后快速反应，用对讲机紧急报告呼救，相关人员赶赴现场，立即启动《洞庭汽车站防暴反恐应急预案》，各组人员迅速行动，灭火行动组全体人员迅速手持灭火器灭火；反恐行动组人员手持防暴盾牌和警棍与犯罪嫌疑人搏斗并将其控制，交与及时赶到现场的公安巡特警人员，押送上警车；应急疏散组人员紧急将旅客疏散到安全地带；伤员救治组成员将受伤旅客用担架抬下客车并及时送医，恐怖事件得到成功处置。

市公安局巡特警支队、市客运管理所相关领导指导并全程观摩。此次演练得到市公安防暴警察支队的全程指导和支持，提升警方与客运站的协调配合及快速反应能力；同时也进一步增强广大职工处置突发事件的能力，演练涉及参演人员100人，通过逼真的演习环境，检验和提高两站安保人员在处置突发事件中的实际战斗力，是一次观摩领导多、配合部门多、参与人员多的实战演习，在岳阳市区各客运站场尚属首次。　（王　斌　陈　亮）

水路运输

【岳阳海事水上联合治超保安全度汛】　2016年5月16日，岳阳海事局、岳阳地方海事局在七里山附近水域开展联合治超行动，对存在超载等违法行为的船舶按规定进行处理。长江流域多数地区出现连续降雨过程，长江水位同比上升较快，与2015年同期相比涨幅近3米。为进一步加强汛期水上交通安全监管，岳阳海事局与岳阳市地方海事局就出湖进江自卸砂船进行联合整治。5月9日首次联席会议以来，双方通过短信平台、现场发放宣传资料等方式告知各个自卸砂船。按照“集中时间、集中人力、统一执法模式、统一执法标准”的联合执法机制，打一场持久战和攻坚战。

（刘　端　梁　超）

【合力推进湖南段长江黄金水道建设座谈会】　2016年6月2日，长江航务管理局党委书记、局长唐冠军和省交通运输厅党组书记、厅长胡伟林率队到岳阳市，在岳阳市召开合力推进湖南段长江黄金水道建设座谈会，共商加快长江经济带建设。市委书记盛荣华出席并讲话，省交通运输厅党组副书记、副厅长赵平，市委常委、常务副市长唐道明，副市长宋爱华等出席座谈会。会上，长江航务管理局、省交通运输厅和岳阳市政府三方就建立“2+1”合作模式（2即长江航务管理局和省交通运输厅，1即岳阳市）和航道整治疏浚、建设高等级航运网络、打造以城陵矶港为重点的湖南集疏运体系、加强水上安全管理、打击长江河道非法采砂等合作事宜达成共识。

（刘　端　梁　超）

【岳阳城陵矶港“四关联动”高效运转】　2016年，岳阳市政府推进城陵矶港大通关建设，采取主动引导城陵矶以上进出口货物落实“四关联动”协议高效率中转、组织进口粮食专项打私活动、开辟进口肉类等通关“绿色通道”，加大宣传推介，科学指导码头生产调度，及时对接协调解决监管查验问题等一系列措施，优化口岸通关环境，促进外向型经济发展。同时，加快推进因带动效应好、产业支撑强、贡献度高的上港集团长江物流湖南有限公司、中粮米业岳阳有限公司等15家优质企业获得超过1000万元的奖励资金。1—6月，城陵矶口岸进出口货物1034万吨，比2015年增长11.2%，集装箱吞吐量11.7标箱，同比增长0.08%。

（刘　端　梁　超）

【岳阳城陵矶港务有限责任公司改革创新谋发展】　2016年，岳阳城陵矶港务有限责任公司面对错综复杂的经济环境，以抓管理强素质、练内功强实力、谋生存图发展为主线，坚持改革创新，生产经营呈现稳健发展的良好态势，全年完成货物进出港量1143.9万吨，超预算13.9万吨，收入和利润均完成预算指标，圆满完成各项生产经营任务。一是市场开发企稳回升。面对中国经济转型期间对外需求减速的严峻挑战，公司深入货源腹地走访考察，努力强化货源组织力度，稳定在港中转矿石的市场保有量，煤炭中转量得到较大提升。进一步开拓市场，新开发铬矿、镉矿、钢管等货物在港中转业务。依托港口良好的硬件平台优势和钢材出口形势，重新启动港口钢材市场业务。二是物流业务成效明显。公司革故鼎新，成立物流公司，各项物流业务开展有序、成效明显，同时也成为港口经营模式转型的一种有力尝试。与岳阳林纸股份公司成品纸中转仓储业务由原6000吨逐步提升至近9000吨的库存量，废纸物流合同及废纸分包的叉车、集卡合同已签订，液氯运输保障实现固定的、常态化运作模式，并开发集装箱进口木浆的转运和拆箱业务，全年完成27个批次1185TEU，吨位达2.85万吨。同时，成功与民生公司达成在港滚装商品车的中转协议，成为物流业务开拓的最大亮点。滚装商品车业务于11月正式启动，11—12月完成商品车中转2375辆。三是生产质量齐头并进。有8个月作业产量超100万吨，有800余次台班作业产量突破工班定额。严格货运质量管理，加强中转操作各环节的现场管控，不断提升服务水平和货运质量，散货损耗率控制在7.3‰之内，装车满载率控制为98.08%，进一步奠定港口专列装车品牌。11月，公司成功申报“高新技术企业”，连续3年每年可免税100多万元。

（徐美芳）

【岳阳城陵矶新港有限公司提升服务质量和效率】　随着“一带一路”和长江经济带、中部崛起、洞庭湖生态经济区等国家战略的布局和实施，以及湖南城陵矶“一区一港四口岸”的批准和设立，为充分发挥岳阳作为湖南融入长江经济带的“桥头堡”和通江达海新增长极的作用，湖南省委、省政府决定整合岳阳港、长沙港以及省内其他港口资源，2014年12月29日，湖南省政府与上港集团签署《关于湖南城陵矶国际港务集团之合作框架协议》。2015年5月13日，湖南城陵矶国际港务集团正式揭牌成立，2016年1月8日正式运营。岳阳城陵矶新港有限公司（简称城陵矶新港）成为城陵矶国际港务集团的全资子公司。

经过几年的发展，公司管理相对稳定，建成一流的软硬件设施，建立完善的企业制度以及安全生产标准化、质量管理、环境保护“三位一体”的管理体系，列入全国第一批唯一内河绿色港口建设示范港。

2016年，城陵矶新港公司围绕“水水中转”发展战略，以生产经营为中心，加强内部管理，强化生产组织，全力提升服务质量和效率。全年完成吞吐量29.44万标箱，为2015年的124%，实现营业总收入5087.81万元，一举扭转开港以来连续7年的亏损局面。　（游　龙）

海事管理

国家海事管理

【客渡船监管取得新成绩】　2016年，岳阳海事局实现辖区渡运“零险情”。严格落实“116”机制，推动政府及企业筑牢安全“责任链”，更新完善辖区“一库一网”基础资料，严格落实恶劣天气情况下、高洪水位期、大流量期间的禁（限）航措施，保障辖区148万人次、18万台车次的平安出行，实现辖区连续13个月客渡船“零死亡”“零事故”“零险情”。打造协议水域水库渡运管理“零死角”。密切与地方政府及相关部门的联系，加强对175千米协议水域及水库渡运安全管理，在长江海事局与湖南省水运管理局支持下，完成对协议水域138名船员的培训、考试和发证，彻底扭转建局以来协议水域及水库客渡船船员无证上岗问题。实现防汛抢险“零伤亡”。7月10日在华容新华垸溃堤突发事件处置中，组织渡船安全转移受灾群众9000人，受到长江航务管理局、长江海事局的通令嘉奖及岳阳市政府表彰。

【筑牢安全监管基础】　2016年，岳阳海事局抓牢涉砂船治理，探索现场监管规律，开展联合整治，查处非法碍航采砂行为。采取优化船舶进出三江口，及砂石过驳作业区航路等多项措施，促进湘鄂水上转运中心规范运行无事故。成功维护3万艘次自卸船，1万余艘次深舱船在湘鄂水上转运中心安全过驳作业、出港，安全转运砂石1亿吨。抓严危防管理，推进危险货物分类监管和重点水域现场维护，对辖区19座危险品码头、4座水上加油站进行排查，整改隐患100项，停止2座码头申报作业，全年检查危险品船285艘，滞留船舶2艘，办理危险品船舶申报2918艘次，实施现场检查2114艘次，现场检查率达72.5%，未发生一般及以上危险品船舶事故和船舶

2016年7月10日，岳阳海事局参加华容新华垸溃堤防汛抢险

（廖　阳　摄）

污染事故。抓实专项整治，组织开展“三保一创”“三防一禁”“创建平安船舶”、洞庭湖水域联合整治等专项活动30余次。抓细预防搜救，运行Ⅳ级预警Ⅲ级发布机制，与岳阳市气象局签署《长江干线岳阳段气象灾害防御合作备忘录》。严格落实值班待命和应急快速反应机制，开展各类应急演习演练53次。

【提升依法行政水平】　2016年，岳阳海事局启动“七五”普法工作，开展法律法规知识培训，通过外网新闻媒体、政府“12345”服务平台，局内网发布法制信息，加强新规宣传，开展海事法律法规、规范性文件清理，推动海事管理法规体系建设。编制并公布海事权力清单，修订更新政务公开指南，主动接受社会监督，构建起定期督察和月度督察齐头并进、优势互补的模式，促进执法规范化，严格落实案卷评查制度，开展海事行政执法案件网上抽查，对案件进行点评和通报。全年实施行政处罚315件，罚款总金额112万元，未发生行政复议和行政诉讼案件。深化落实与长江航运公安分局的战略合作协议，深入开展长航系统联合执法，利用信息化手段推进海事、公安、航道信息共享，加强联合执法情况通报和案件移交工作，加大联合整治水上突出违法行为力度，在市人民政府的领导下，联合水务、港航等部门开展打击长江非法采砂、洞庭湖水域联合执法行动等多项综合执法行动。

【提升精准服务能力】　2016年，岳阳海事局服务岳阳口岸经济发展。松阳湖办事处有效运行，坚持24小时服务承诺，开辟绿色通道，服务重点物资运输，为岳阳口岸大通关提供“一站式服务”。服务重点水工项目建设。保障蒙西华中铁路洞庭湖特大桥、杭瑞高速洞庭湖大桥等一批水上施工项目建设与通航安全。支持岳阳市政府开展杭瑞高速洞庭湖大桥观光平台建设，促进地方经济健康发展。增强通信保障服务能力。加强巡检与现场驻守，强化安全通信值守，开展长江水上无线电通信秩序专项整治活动，确保电路畅通，辖区内无海事遇险通信电路中断事故。

【文明创建取得新成绩】　2016年，岳阳海事局紧贴“三化一面旗”建设，组织开展海事文化建设“五个一”活动及“文明窗口月”活动，先后组织开展“海校共建”、助残帮扶、扶贫助教等文明志愿活动20余次，树立海事良好形象，制订省级文明单位创建实施方案及工作规划，将省级文明单位创建工作与安全监督工作同安排、同落实、同检查、同汇报。11月28日，岳阳海事局通过省级文明单位检查验收。

（陈　琴）

地方海事（港航）管理

【概况】　岳阳市地方海事局为一门三牌（加挂市港口航务管理局、市船舶检验局牌子）。局机关内设14个科室、11个垂直管理下属单位，全局在编干部职工158人，临聘人员92人。主要工作任务为：负责辖区2300平方千米水域、107处乡镇渡口的水上交通安全监管，负责市辖湘江、洞庭湖、长江471千米港口岸线规划、建设管理，以及180余座港口码头（包括14处危险品码头）运营管理，负责除长江、湘江干线外的982千米地方航道规划、建设、维护管理，负责全市125万总吨、1200余艘在籍客货运输船舶登记、检验和营运管理，以及2700余名船员培训考核发证管理，负责水路交通规费征收。全局行政许可审批职能有26项。

岳阳港通过一湖四水连通全省80%以上的大、中型企业和74个县市区，是湖南省唯一的临江口岸，“水优势”得天独厚。岳阳港主要经济指标长期占据全省半壁江山，船舶拥有量占全省45%、港口货物吞吐量和水路规费总量占全省51%、千吨级深水码头占全省60%、深水岸线占全省70%、危险货物进出量占全省80%。2016年，岳阳市地方海事局围绕“一极三宜”江湖名城建设奋斗目标，突出项目攻坚，完成港口航运基础设施投资3.7亿元，推进“绿色循环低碳”试点港项目，突出安全保障，重点开展系列水上专项整治行动，确保辖区107处乡镇渡口、14处危险品码头继续保持安全无事故记录，辖区通航水域安全形势平稳向好，突出服务健全，规范港政运政管理，船检、船舶、船员工作水平有效提升，高标准、高质量为民服务。

【岳阳港发展迈上新台阶】　2016年，岳阳港完成货物吞吐量1.4亿吨，比2015年增长7.7%，集装箱吞吐量完成29.34万标箱，同比增长20.8%，外贸吞吐量达到318万吨，同比增长22.4%，在全国内河港口中排名第八位，在长江干线港口中排名第五位，多数航运指标均居湖南省首位，其中危险货物占全省比重超75%，集装箱发展势头迅猛。

【有序推进绿色试点港项目】

2016年，市地方海事局经中期项目调整后，通过争取国家补助和自筹资金3.05亿元，实施19个重点支撑项目，每年减少碳排放1.92万吨。完成9个重点支撑项目，其余项目正按计划推进。

【开展长江岸线整治】　2016年，市地方海事局提请岳阳市政府发布《长江岸路整治工作方案》和《开展长江岸线整治考核方案》，配合市政府向各县、市、区下发《岸线资源管理考核计分办法》《港口工程项目建设考核计分办法》，督促沿江县市区政府强力整治乱用岸线行为，成功关闭市中心城区东风湖等6个砂石码头，巩固长江岸线整治成果。

【开展湘江东洞庭湖采砂运砂秩序整治】　2016年，市地方海事局按照市委、市政府的统一部署，从9月开始，开展为期三个月的湘江、东洞庭湖采砂运砂整治，采取上移、中调、外迁及功能分区的办法，将七里山船舶锚地下移3000米，组建浮吊船舶经营公司，将原有的60条浮吊船舶减少至30多条，逐步实行规范管理，进一步规范锚泊、作业秩序。

【实施分道航行】 2016年，市地方海事局将岳阳市扁山至城陵矶水域12.5千米航道分道航行列入工作议程，规划、测量、专家论证等前期工作全部完成，得到交通部下文批复，并争取到省地方海事局项目资金770多万元，至年底，该工作进入工程实施阶段。

【重视危货企业生产安全】 2016年7月，市地方海事局参与制定岳阳市港口危化品集装箱堆场泄露燃爆事故应急救援演练方案，和城陵矶新港区、城陵矶新港有限公司等部门共同承办救援演习活动，组织全市各县、市、区安监局长、各港航管理机构负责人、危险化学品经营的企业负责人和专职安全员等到场学习观摩。9月下旬，组织危险品码头经营企业主要负责人和安全生产管理人员、装卸管理人员参加危险货物水路运输从业人员考核，岳阳港11家危险货物企业69人参加考试，通过人员31人，考核通过率居全省第一位。

（刘　琦）

城市公共交通

【市公交总公司争取公交专用道】

2016年，市公交总公司为了治堵、保畅、提效，以路权优先为切入点，促成市政府出台专题会议纪要。明确对中心城区主干道公交专用道实施整体规划，统筹协调，分步实施。计划先期建成投用岳阳大道、巴陵路、南湖大道三条公交专用道，已启动三条公交专用道建设立项工作，将改写岳阳市无公交专用道历史。

【市公交总公司推进项目建设】

2016年，市公交总公司一是持续推进14.6公顷南客运枢纽站建设。办理14.6公顷土地过户、规划方案设计、PPP合作模式洽谈等相关工作，该项目于4月被湖南省财政厅评定为PPP示范项目。二是完成云梦新城9300平方米地下停车场主体工程建设。三是采购56台新能源高等级公交车，为环保城市增添绿色动力。四是优化线网布局。配合微循环改造完成6处站亭移栽工程，调整优化6条公交线路，重点调整连接港区的12路线运力和走向，打造通江达海的窗口。

【市公交总公司挖潜增效】 2016年，市公交总公司主业增效。一是推行新能源高等级公交车2元一票制，全年减亏2000万元。二是加快承租线路回收公营步伐。回收2、11、17、21路等承租线路4条，回收承租车辆42台，进一步强化集约化经营格局，使公营车辆达到95%以上。三是加快目标考评改革。完善二级单位利润考核，倡导PPT管理模式，实现月月有考评、事事有督办、项项有落实，推进核心目标的完成。四是加快人事制度改革。完善人员招录退养等一系列管理制度，健全劳务派遣用工新机制，加强6分公司带薪息岗和外借人员清理工作。

辅业激活。调整创业思路、延伸产业链条、坚持多元发展。实现公交广告、一卡通、驾校、物维、物业、公众旅游、公务用车业务协调联动。三产业年收入达1000万元。

【市公交总公司创文明塑品牌】

2016年，市公交总公司实行车辆趟扫日洗、候车亭全天候保洁、公益广告全覆盖、公交志愿者活动持续增温。投入公益广告费用500万元，发布车身公益广告130台，候车亭公益广告1560幅，开展爱心让座等系列志愿者活动，构建靓丽的城市流动风景线。实现创文明城市与创文明企业双向发力，企业争创湖南省文明标兵单位。

开展星级评比、“芙蓉杯”标兵岗、“三比三看三优”劳动竞赛等活动，投入星评资金600万元，评选出星级线路33条、星级驾驶员750名。接收和处理“12345”工单1831件，有责工单19件，回复处理率100%。

持续推进第三届“太平洋保险杯”安全生产竞赛，深入开展安全生产大检查大排查大整改活动，按照“全覆盖，零容忍，重实效”的总要求，全年重点检查车辆1.2万台次，整改隐患车辆500台次，教育处罚违章驾驶员200名，实行安全间隔里程163万千米，直接经济损失下降25%，安全四项指数得到有效控制。

（陈国阳）

现代物流

【岳阳市现代物流业“十三五”发展规划实施】 2016年3月，《岳阳市现代物流业发展规划》（2016—2020年）获得市政府批准实施，规划重点提出优化物流产业布局、推进物流通道建设、深化物流服务创新、完善物流营商环境、提升壮大物流企业、提升智慧物流水平6大主要任务，重点推进航运物流、多式联运、国际物流、制造业物流、城市配送、冷链物流、农村物流、电商物流、智慧物流九大重点工程，规划49个“十三五”规划重点物流项目。

【岳阳市现代物流创新发展步伐加快】 2016年5月，岳阳市获批全国20个现代物流创新发展试点城市之一，湖南仅此一家。10月，市政府出台《岳阳市现代物流创新发展城市试点工作方案》，制定措施，分解任务，落实责任，强力推动全市现代物流创新发展试点工作。

【岳阳市物流业向千亿产业边进】

2016年，全市物流业产值达560亿元，物流业增加值300亿元，全市物流业取得长足发展，为充分发挥岳阳区位交通和政策平台优势，市委、市政府提出“岳阳市打造千亿现代物流产业”宏伟战略目标，通过“十三五”期间的努力，全面提升岳阳现代物流业规模化、集约化、专业化和信息化水平，加速打造现代物流千亿产业，为“一极三宜”江湖名城建设提供强力支撑。

【岳阳市举办“打造千亿物流产业高峰论坛”】 2016年10月，市交通运输局组织举行“打造千亿物流产业高峰论坛”活动，来自全市的重点物流企业负责人参加此次高峰论坛。论坛围绕“一极三宜”江湖名城战略的总体布局和岳阳物流发展环境进行研究、探讨。武汉理工大学教授付新平认为，岳阳应主动对接国家一带一路和长江经济带发展战略，实施京广线—长沙—洞庭湖—岳阳—长江“公、铁、水多式联运示范工程建设”，努力打造成为长江生态内陆港口物流节点城市。市交通运输局负责人作打造岳阳物流“千亿产业、百亿园区、百家骨干企业”的专题报告。

（徐远方　杨万岗）

邮　政

【概况】　2016年，全市邮政业完成业务总量8.3亿元，比2015年增长59.3%，占全省业务总量的5.8%，在全省排名第五位；实现业务收入（不含邮政储蓄银行直营业务收入）6.5亿元，同比增长33.6%，占全省业务总量的5.8%，在全省排名第六位。其中，全市快递业务处理总量完成7264万件，同比增长47.8%，实现快递出港业务收入2.2亿元，同比增幅达到85%。以单件快件货值150元计算，全市快递业承载108亿货值的商品流通，全市人均收寄快件13个。（肖维妙）

【加强行业基础设施建设】　2016年，市邮政管理局持续推动基础设施换挡升级，全面加强企业品牌建设。争取中央财政加强对全市“十三五”期间基础设施建设项目资金扶持，重点对危旧县局房改造、车辆购置及机要通信基础设施等进行补助。资助企业翻建农村局所2处，新增干线邮运车辆、投递车辆22台，配置车辆安防设备14套。圆通快递成立岳阳地区品牌区域管委会，对管理模式创新做出积极探索，圆通、申通、顺丰、国通等企业完成市级分拨中心置换升级，全市主要快递品牌作业场地面积平均超过2000平方米，新增分拣流水线14条，安装安检设备9台，中心城区建成标准化形象门店21家，全市快递乡镇覆盖率、快递进校园完成率均达到100%目标。全市快件延误率、损毁率、丢失率明显降低，消费者对申诉处理工作满意率为97.5%，同比提高2.9个百分点；对企业申诉处理结果满意率为95.7%，同比提高2.5个百分点。

（柳　毅）

【邮政普遍服务创新发展】　2016年，市邮政管理局引导邮政企业坚持市场导向，立足网络优势，制定邮速资源整合方案，创新普遍服务内涵，寻找传统业务新增长点。新增邮政智能包裹箱8组，新增综合服务平台（便民服务站、三农服务站、村邮站）945处，全市综合服务平台总数达到2467处。创建“君山爱情岛邮局”、圣安寺“祈福邮局”等具有岳阳文化特色的主题邮局。全年新兴普遍服务业务（快递包裹、国际小包）实现进出口总量715万件，完成收入3235万元，同比增长200%以上。市邮政管理局被评为全省邮政普遍服务监管工作先进单位。（柳　毅）

【“智慧邮政”快速发展】　2016年，全市乡镇快递网点总数达189个，乡镇快递通达率实现100%。引导企业以“互联网+”思维加快模式创新，全市“智慧邮政”得到快速发展。其中，汨罗市邮政公司承建汨罗国家电子商务进农村综合示范项目，平江县邮政公司联合县商务局开展电商产业扶贫项目，助力精准扶贫。湘阴县圆通快递联合县商务局打造“快递+电商”培训基地，岳阳县快递企业集中入驻中湘物流园，通过产业融合来聚力发展。临湘市、华容县等地快递企业紧盯鱼标、芥菜等优势农副产品精准服务电商，助推全市“邮三湘”“乡城品”、农村淘宝等农村电商平台发展。

（柳　毅）

【邮政行业监管力度加大】　2016年，市邮政管理局检查邮政普遍服务营业场所146处，覆盖率达到80.6%，出检570人次，开展快递企业日常检查422人次，覆盖市、县、乡近200个网点。组织开展纪特邮票发行销售、机要通信、空白乡镇补建局所运营情况、普遍服务法定业务开办、“夏雨行动”、安全生产、邮政用品用具、企业安防设备、旺季服务保障等专项检查8次，联合市国家安全局、市公安局、市扫黄打非办、市烟草局等单位开展联合检查5次，突出安全生产，督导寄递安全3个100%制度落实情况，督促企业落实安全管理主体责任。严格开展行政执法工作，向邮政企业下发检查通报3份，下发责令改正通知书20份，对2家邮政企业邮件大量积压情况进行立案查处，全年向快递企业下发责令改正通知书15份，立案查处9家企业。（肖维妙）

【全市邮政管理工作会议召开】

2016年3月9日，市邮政管理局组织召开全市邮政管理工作会议，市政府办党组副书记林霞辉出席会

2016年10月9日，市邮政管理局举行第47届世界邮政日宣传活动授旗仪式

（肖维妙　摄）

议并作讲话，市综治办、市公安局治安支队和禁毒支队、市反恐办、市国家安全局、市交通运输局、市文化市场综合执法局、市统计局等相关部门负责人，市县邮政公司、邮政速递物流公司、快递行业协会、快递企业负责人，以及邮政特邀社会监督员参加会议，市邮政管理局负责人作工作报告。会议传达全省邮政管理系统工作会议暨党风廉政建设工作会议精神，表彰2015年度快递企业“创先争优”活动获奖单位和个人，邮政、快递企业负责人向市邮政管理局递交《寄递安全责任书》及《服务承诺书》。

（肖维妙）

【市快递行业协会工作有效推进】 2016年，市快递行业协会加强自身建设、主动谋篇布局、抓好安全生产、优化发展条件，各项工作有效推进。在全市范围内开展寻找“最美快递员”活动，对行业内正面典型进行宣传，传播正能量，提升行业形象，多次协调企业内部矛盾纠纷，妥善处理纠纷7起，保障行业平稳运行，合理整合行业资源，集结行业力量全力做好夏季汛期、G20峰会、“双十一”旺季等重点时期寄递安全管理工作；联合岳阳职业技术学院举办为期5天的快递企业管理人员培训班，提高快递企业法律意识、服务能力和管理水平，力求达到快递服务精细化和优质化的目标，10月9日，组织第47届世界邮政日主题宣传活动，20辆快递品牌标识车辆在中心城区开展巡回宣传，向市民充分展示邮政快递业在基础设施、行业风貌、服务水平等方面的新变化、新发展。

（肖维妙）

【市邮政分公司实现“十三五”良好开局】 2016年，中国邮政集团公司岳阳市分公司（简称市邮政分公司）以构建“幸福岳阳邮政”为目标，以全面落实“一体两翼”经营发展战略为主线，坚持“做实工作、创新发展、融入大势、要有地位”方针，突出问题导向，破解难题，有力地推动改革发展。全市邮政实现业务收入4.46亿元，完成省邮政公司进度107.86%，增幅

2016年3月20日，市邮政分公司举行中国邮政开办120周年客户答谢会暨集藏博览会　（罗焙文　摄）

达20.47%，进度、增幅全省排名第五位。实现利润2588万元，增幅84.71%。全员劳动生产率25.52万元，全省排名第四位。在全省14个市州邮政绩效考核中以第一名的优异成绩获得湖南邮政2016年度绩效考核先进企业荣誉称号。

（罗焙文）

【市邮政分公司代理金融创新高】 2016年，市邮政分公司运用“结补谈督”四字工作法和“五部曲”，全市新增金融总资产40.9亿元。储蓄存款规模达到176亿元，新增31亿元，比2015年多增15.49亿元，活期占比46.52%，全省排名第二位。九个县市区分公司中有湘阴县、临湘市、市本部全年增幅进入全省前二十；储蓄存款市场占有率较2015年年底提高0.63个百分点，达到14.08%。银保市场占有率58%，稳居岳阳银代市场第一位。理财保有量达6.74亿元，全年净增3.38亿，增幅达100.2%，增幅全省排名第二位。　（罗焙文）

【市邮政分公司包裹快递实现跨越式发展】 2016年，市邮政分公司推行“营揽投合一”“仓配一体”“主动客服”“邮速联合”等发展模式，在全市开展的“众创众享”“亮剑”行动中以三包三级六层模式掀起快包业务发展热潮，“一极三全二十招”在全省率先打响。全市完成包裹快递348.5万件，完成收入3683万元，量收较2015年同比分别增长195%和148%。完成收入进度171.6%，规模、进度全省排名第三位，增幅全省排名第二位。其中，快递包裹业务量完成326万件，日均8930件，同比增长231%，快递包裹市场占有率达到19%，全省排名第四位，同比提升8个百分点。特别是“双十一”快递包裹取得重大性突破，收寄量达到5.62万件，同比增长221.01%，11月11—14日，全市收寄快递包裹14.82万件，全省排名第三位。　（罗焙文）

【市邮政分公司文化传媒业务实现创新发展】 2016年，市邮政分公司在发挥传统渠道作用的同时，加大线上营销力度，创新发展文化传媒业务。集邮专业以新邮预订、项目营销、品鉴会、定向邮品开发、新邮首发活动等为抓手，同时拓展集邮网厅、邮三湘等线上渠道，提前4个月完成省邮政公司下达收入计划。函件专业融入地方经济文化，加快主题邮局建设，创新开展“把美丽湖南寄出去”、村志编撰、文化演出等活动，打造“线上邀约（传播）”+“线下体验”的营销模式，开展网上DIY明信片个性化营销，拓展传统函件业务的新内涵。报刊专业通过保存量、拓增量、促转型、抓融合，业务持续稳定增长，报刊大收订圆满收官，实现

进机流转额5933万元，完成计划的100.9%，全省排名第三位，同比增幅4%，全省排名第五位。

（罗焙文）

【市邮政分公司营销体系建设迈上新台阶】 2016年，市邮政分公司在全市组建营销团队28支，市本部团队营销收入2747万元，比2015年增加1357万元，增幅97.6%。组织运作指定项目46个，完成自定项目330个，经济效益和社会效益双丰收，创新型项目取得突破性进展。一是借助全市“两学一做”学习教育实践活动，策划组织实施开展为流动党员“送学上门”的“一个也不能少”项目营销活动，全市整理流动党员数据3万条，寄出包裹15572个，实现政务类图书流转额99万元、函件收入13万元、快包收入18万元。二是利用“南海事件”热点开发“来自祖国南沙的明信片”项目，收寄明信片1万枚，创收10万元。三是开展“毕业季、邮天下”专项营销竞赛活动，全市实现签约客户35家，招商金额34万元。

（罗焙文）

【市邮政分公司加大基础能力建设】 2016年，市邮政分公司投入基础能力建设资金5057万元，其中，用于投入提高生产能力建设资金3652万元，完成汨罗市电商创业园的改造和市邮区中心的升级改造，完成君山区广兴洲支局的重建、谈岑支局改扩建及全市17个网点的装修工作，进一步加大对运能提升及网点生产、安防设备设施的投入。用于投入改善办公、生产场所及职工生活条件方面建设资金1405万元，完成市公司大院的提质改造及生产楼地下车库的加固工程，完成汨罗市邮政分公司办公场地搬迁及临湘市邮政分公司办公楼的改造，对市县会议室进行全面升级，继续加大对农村网点职工小家建设及设备设施的投入。 （罗焙文）

【市邮政分公司增强投递和网运能力】 2016年，市邮政分公司新增网运PDA、揽投PDA、热敏打印、蓝牙打印、蓝牙电子秤基础设备484台，邮运、投递车辆（汽车、电动三轮车、二轮摩托车）68台、伸缩皮带机8台、折叠拖车、推车129台，实现邮件内部处理不落地，提高邮件处理速度。 （罗焙文）

【市邮政分公司发挥农村电商市场主力军作用】 2016年，市邮政分公司建成综合服务平台站点2467个，完成全年计划的103.09%，较2015年同期增加821个。建成邮乐购实体店1360个，其中，有交易量邮掌柜数量达到1208个，打造“精品示范”线路21条，建成高标准、全功能县级电商公共服务中心1个，建成和在建一般功能县级电商公共服务中心5个，并倾力打造“巴陵汇”微商城。全市招商项目上线单品318个单品，其中，商家入驻227个，邮政自营91个，批销金额达349.51万元，批销额全省排名第六位。依托邮乐网、邮三湘、巴陵汇平台，开展“君山莲蓬”“新墙葡萄”和“西塘胡柚”等多个生鲜水果季营销项目，以及横许村“古枫大米”精准扶贫项目，实现销售额60万元，发货8000件，其中电商精准扶贫项目销售额40万元。争取各级党委、政府支持，华容县邮政分公司、平江县邮政分公司先后与县商务粮食局签订电商精准扶贫站点建设协议，汨罗市邮政分公司和汨罗市商务粮食局签订创业城和站点建设协议，全市邮政获得政府电商扶持补贴资金470万元。

市邮政分公司主动作为，将农村电商作为企业精准扶贫的平台认真开展工作。10月，与市商务粮食局、市扶贫办联合下发《关于在全市319个贫困村开展邮政电商精准扶贫工作的通知》，市邮政分公司作为市商务粮食局、市扶贫办指定的电商扶贫单位，对全市319个贫困村的农产品推送工作进行组织、策划和物流配送，将贫困村的农特产品通过邮政的网络推向全市、全省乃至全国。 （罗焙文）

商贸·口岸

责任编辑　李　幸

综　述

【概况】 2016年，岳阳市商务粮食局（简称市商务粮食局）加快发展商务粮食和开放型经济，较好地完成各项工作指标任务。至年底，完成社会消费品零售总额1142.88亿元，比2015年增长12.0%，增速全省排名第一位，总量全省排名第二位。完成外贸进出口额14.9亿美元，同比增长31.1%，内联引资项目493个，到位资金461.95亿元，同比增长14.6%。实际利用外资4.15亿美元，同比增长14.4%，高出全省平均增幅3.3个百分点。完成境外投资中方合同投资额7658万美元，同比增长59.2%，对外承包工程和劳务合作营业额2.34亿美元，同比增长32%，完成加工贸易进出口额8718万美元，同比增长38.7%。完成粮油加工业总产值259.3亿元，收购新粮66.1万吨。市商务粮食局被省商务厅评为全省商务工作先进单位。

【对外贸易扩量增效】 2016年，岳阳市商务粮食局对外贸易扩量增效。至年底，完成进出口额98.5亿元，比2015年增长40.8%，超过全省、全国平均增幅42.9%和41.7%。全市有181家备案外贸企业产生业绩，其中，68家资质企业和内贸企业外贸业绩实现“破零”，21家资质外贸企业实现业绩“倍增”。鼓励支持优势企业“抱团出海”，出台《关于支持企业“走出去”若干措施（试行）》，鼓励优势企业“走出去”，参与国际分工与合作，全市备案“走出去”企业增至36家，有8家企业“走出去”到境外投资，境外投资覆盖20个国家。投资领域逐步拓展至化工、电磁铁、农业、纺织、食品、中医药、建材等产业，对外承包工程领域由传统的土建、基建等项目向工程咨询、工程设计项目过渡，境外投资企业竞争实力明显增强。完成境外投资中方合同投资额7658万美元，比2015年增长59.2%，对外承包工程和劳务合作营业额2.34亿美元，同比增长32%。

【招商引资加快发展】 2016年，市商务粮食局重点瞄准“三五型”企业（国际、国内500强和民营500强企业）招大引强，内联引资项目493个，到位资金461.95亿元，比2015年增长14.6%。清华同方电商产业园、比亚迪云轨交通线、中航发动机关键重要零部件产业园等项目的落户，为岳阳市电子商务、机械制造、节能环保等产业发展注入强劲动力。贯彻落实《商务部外商投资企业设立及变更备案管理暂行办法》，改外商投资企业审批制为外商投资企业备案管理制，实施外商投资企业网上联合年报，激发外商投资活力。实际利用外资4.15亿美元，同比增长14.4%，高出全省平均增幅3.3%。

【开放型经济有序推进】 2016年，市商务粮食局牵头做好上海自贸区可复制改革经验推广工作，32项改革任务完成22项，其中国际维修、平行汽车进口走在全省前列。出台《关于加快开放型经济发展的意见（试行）》，加强开放型经济顶层设计，从面上明确发展开放型经济的目标定位，统筹框架和发展导向，为岳阳市开放型经济发展提供行动指南。

【服务外包破“零”】 2016年，市商务粮食局推动服务外包发展，全市有39家服务外包注册企业，其中，32家开展服务外包业务，完成服务外包合同额1.6亿美元，实现合同执行额4331万美元，打破岳阳服务外包“零”的历史。服务外包涉及10个行业，其中，化工业、制造业和服务业成为岳阳市服务外包主流行业。

【加工贸易超额完成】 2016年，市商务粮食局争取中央外经贸发展专项资金（加工贸易），加强与海关、检验检疫等部门的联系，对现有加工贸易企业和有条件从事加工贸易的外贸企业逐个分析调研，宣传解读优惠政策，协助办理相关手续。参与招商对接，组织11家外贸企业参加“2016中国加工贸易博览会”“第十七届高交会”“第七届湘博会”“湖南——长三角园区合作共建对接会”。至年底，全市有加工贸易业绩企业10家，其中，新增企业2家，加工贸易进出口额8718万美元，比2015年增长38.7%。

【内贸流通健康发展】 2016年，市商务粮食局以2015年全市121家年零售额过亿元的企业为全市社会消费品零售统计重点企业，97家负增长企业为全市社会消费品零售统计问题企业，至年底，重点企业零售额296.9亿元，负增长企业比2015年减少35%，完成社会消费品零售总额1142.88亿元，同比增长12.0%，增速全省排名第一，总量全省排名第二。

2016年10月16日，全省粮食产业经济发展座谈会在岳阳召开

（侯　昶　摄）

【市场秩序监管】 2016年，市商务粮食局抓好市场监管，推进商务粮食领域诚信建设，促进行业自律。开展粮食、成品油、二手车、电视购物、单用途商业预付卡以及典当、拍卖等领域的执法检查350次，受理“12312”投诉举报40起，查处各类违法、违规行为32起。建立健全单用途预付卡、美容美发、再生资源回收、商业特许经营、零售商促销、洗染业信息管理台账，市场环境健康有序。依法规范开展粮食收购、粮食库存、食用植物油库存、政策性粮油购销等专项检查工作，确保粮油供给和安全。

【五星级酒店项目建设】 2016年，市商务粮食局向市政府报送《关于我市城区酒店业发展的调研报告》，争取市政府以市长办公会议纪要的形式印发支持五星级酒店重点项目建设措施5条。牵头做好对岳阳大酒店创星服务工作，帮助该酒店解决人防工程出入口建筑拆除重建、交通网格线设置、外币兑换、外部亮化、外围绿化、邻商业城围墙建设、自来水改道维修、商业城夜宵市场整治等8大难题。

【电子商务发展】 2016年，市商务粮食局推进岳阳电子商务产业园建设，有80多家省内外知名电商企业入驻岳阳经开区“国家级电子商务示范基地”。推进“互联网+商贸流通计划”行动，传统中小商贸企业开展电商业务1万多家，32家电商企业成功获批省级电商认定企业。推进农村电商发展，逐步完善县、乡、村三级电商综合服务网络和物流体系，岳阳县、平江县、湘阴县“农村淘宝”电商平台投入运营。牵头做好电商扶贫工作，电商扶贫成为行业扶贫工作亮点，全市319个贫困村建电商服务站点161个，实现农产品网上销售额8.9亿元。

【市场体系建设】 2016年，市商务粮食局启动新一轮商业网点规划编制，推进友阿、步步高、金锐洋等大型城市商业综合体建设，推动东茅岭商贸区、湖鲜美食街、土桥品牌服饰街、3517文化产业街、南湖茶文化一条街等特色街区建设。推进重点民生实事项目建设，完成农贸市场标准化建设和提质改造项目10个，抓好流通项目申报工作，通过省商务厅批准的边贸市场建设项目8个，入选省重点流通设施项目库87个。

【粮食产业发展】 2016年，市商务粮食局组织召开全市粮食行业发展暨质量安全监管工作会议，对粮食行业管理工作进行全面部署。组织粮食企业参加湖北省武汉市举办的2016年粮食科技周——首届粮食科技成果转化对接推介活动、娄底市举办的“湘博会”和长沙市举办的2016中国食品餐饮博览会等重大节展会，成功承办全省粮食产业经济发展座谈会暨全省2016年世界粮食日和爱粮节粮宣传周活动。完成粮油加工业总产值259.3亿元，推进粮油产业转型升级，成功申报粮油“千亿产业”项目17个，为岳阳市粮食产业经济发展打下坚实基础。

【粮食收储工作】 2016年，市商务粮食局科学管理全市11.35万吨省级储备粮，7万吨市县级储备粮、1400吨市级储备油及2800吨市级成品粮储备计划全部落实到位。从升级收购软件、推行网银结算、抓质量把关做好粮食收购工作，收购新粮66.1万吨。

【世界粮食日和爱粮节粮宣传周活动】 2016年10月16日，省粮食产业经济发展座谈会暨世界粮食日和爱粮节粮宣传周活动在岳阳市举行。活动主办单位为省粮食局、省农业委、省教育厅、省科技厅、省气象局、省妇联，主会场联合主办单位为市人民政府，承办单位为市商务粮食局。省粮食局局长张亦贤，市人民政府副市长宋爱华等相关部门负责人出席主会场活动。参加世界粮食日和爱粮节粮宣传周活动主会场336人，参加省粮食产业经济发展座谈会256人。省粮食产业经济发展座谈会上，各市州粮食行政主管部门主要负责人与114名全省米、面、油龙头加工企业的代表，就如何以“创新、协调、绿色、开放、共享”的五大发展理念为引领，促进粮食产业转型升级作典型发言，就加强粮油加工业节粮减损工作，确保国家粮食安全、促进湖南粮食经济强省建设等进行探讨。世界粮食日的主题是“气候在变化，粮食和农业也在变化”，全国爱粮节粮宣传周的主题是“积极应对气候变化，促进粮食减损增效”。世界粮食日和爱粮节粮宣传周活动现场，湖南盈田农业发展有限公司负责人、北港中学学生代表分别宣读粮食行业减损增效、爱粮节粮倡议书，与会人员到道道全粮油股份有限公司进行现场观摩。

（黄湘琪）

贸易促进

【概况】 2016年，中国国际贸易促进委员会岳阳市支会（中国国际商会，简称市贸促会）发挥优势，开展国际经贸活动、加强交流协作、扩大对外宣传、商事法律服务等工作，组织参加“2016印度精细化工展”、俄罗斯“2016国际食品展”、第16届中越（河口）边贸会、2016“清食展”等系列展会活动，对接中国伊朗商会、欧美工商会、马来西亚国际商务促进会、中哈商会、格鲁齐亚工商会等境外商协会机构，率先在全省推出“互联网+法律”企业服务模式，“定期、定向、定主题”的“三定”走访调研企业模式在省贸促工作大会上作典型经验推介，加快企业“走出去”步伐，推动全市外向型经济发展。

【换届工作完成】 2016年1月20日，中国国际贸易促进委员会岳阳市支会第二届委员会议暨中国国际商会岳阳商会第二次会员代表大会召开。市委副书记李志坚，省贸促会、省国际商会副会长黄芳，市领导王瑰曙、李永丰、宋爱华、刘晓英、方争奇出席，会议选举产生新一届市贸促会、市国际商会领导班子。

【法律服务】 2016年6月23日，市贸促会与湖南昌言律师事务所正式签订法律服务合作协议，由市贸促会统一订购法律服务，免费提供给会员企业，提升企业国际市场竞争能力。省贸促会副会长傅丹舟，岳阳市政协副主席、市贸促会会长方争奇，市贸促会全体领导及部室负责人出席签约仪式。

【贸促系统管理】 2016年9月，经中国贸促会正式批准，岳阳市原产地证代办点成功升格为签证点，将进一步完善服务企业的手段，扩大服务企业的范围，节约企业办证成本，提高工作效率。市贸促会以县级机构改革为契机，通过走访，取得县市区党政主要负责人对贸促工作的重视支持，争取机构单列，配强人员编制，各县市区中，市编办全部批复同意设立县级贸促会，其中5个县市区定编在10人以上。出台《岳阳市贸促会、市国际商会关于为会员企业服务的若干措施》以及7大工作制度，规范副会长单位和会员企业管理。建立国际商会会长联席会制度，每季度召开一次，地点设在副会长企业，加强企业之间沟通交流。

【“三定”走访调研模式】 2016年，市贸促会推出“定期、定向、定主题”的“三定”走访调研模式，加强与企业间的沟通交流，了解掌握企业需求，帮助企业解决实际问题，在全省贸促工作大会作典型经验推介。开展定期走访，市贸促会领导干部主动深入基层，每月走访5~8家企业，摸清每家企业的生产经营现状、存在困难，对企业基础信息统一收集整理，内部共享。开展定向走访，除走访比较活跃的会员企业外，还要求每月定向走访平时关注少的企业、新加入的企业和有出口需求的非会员企业，加强与全体会员企业的联系，拓宽走访企业的层次和范围。开展定主题走访，每次下企业，要求围绕企业关心的外贸政策、市场开拓、展览展会等主题，邀请相关职能部门一同走访，现场联合办公，协调解决龙舟农机拓展国际市场、插旗菜业贸易摩擦等各类问题30多个。

【参加展会投资推介活动】 2016年，市贸促会组织企业参加“2016印度精细化工展”“伊朗贸易周暨中国制造展览会”“俄罗斯2016国际食品展”“香港亚洲农产品展”等展会活动，组织县市区贸促人员及企业参加由德国黑森州政府与省贸促会共同举办的“2016德国黑森州经济与投资推介会”“2016哈萨克斯坦投资推介会”等投资推介活动，鼓励支持引导企业开拓境内外市场。其中，组织全市5家企业到印度参加精细化工展，并在展会现场设立岳阳展区，获得一批意向客商和订单，提升企业“走出去”的热情和信心。

【举办专题展会活动】 2016年，市贸促会组织企业参加第十六届中越（河口）边贸会、2016“清食展”“绥博会”、第16届新疆“农博会”、第30届“世批联”大会等各类大型边贸展和专题展。“世批联”大会期间，岳阳市参展企业设置标准展位5个，特展展位1个，展位数占全省贸促系统的1/3。组织长康实业集团、国发精细化工、富丰肥业、亲情茶业、巨雄农副产品、湖南惠众生态农业、华康食品等一批企业参会，对接客商1000余家，达成合作意向60多个。8月，第七届湖南秋季钓具用品博览会暨2016临湘浮标推广会在长沙举行，组织临湘市160家浮标企业参展，设置200个标准展位，现场销售近100万元，提升岳阳市浮标产业的知名度和影响力。

【国际经贸交流】 2016年4月，岳阳市经贸代表团应邀到韩国实地考察韩国昌原市部分重点项目，在昌原市项目座谈会上，岳阳市与昌原市签订经贸旅游合作协议，这是岳阳市与韩国昌原市签订的首个经贸旅游合作协议。5月，市贸促会对接中国伊朗商会、欧美工商会、马来西亚国际商务促进会等一批境外商协会，建立合作关系。9月，市贸促会随中国贸促会组团到哈萨克斯坦、格鲁齐亚、白俄罗斯三国开展经贸考察，对接萨姆鲁克——卡兹基金会、中哈商会、格鲁齐亚工商会、白俄罗斯工商会、哈世博会国家公司等境外商协会机构，加强国际经贸交流。

【推进区域协作】 2016年，市贸促会接待罗马尼亚工商总会、德国梅前州经贸代表团、德国中小企业协会、韩国昌原市经贸代表团、韩国未来政治经济研究院、太平洋建设集团、中国台湾两岸情经贸交流协会等一批境内外知名商协会和企业集团，在港口航运、机械制造、精细化工、绿色食品等领域合作开展对接。德国中小企业协会与城陵矶新港区签订战略框架协议，投资建设德国产业园。

【服务企业发展】 2016年，市贸促会建立“预约+24小时”工作机制，推行企业系统申报、代理办件、邮寄送达的工作模式，为企业办理出口货物原产地证710份，涉及金额4815万美元，签证量比2015年增加20%。其中优惠原产地证133份，出证量居全省贸促系统第一位。通过办理优惠原产地证，企业享受关税减免近700万元，提高企业市场竞争力。

（贾　伟）

招商引资

【概况】 2016年3月21日，岳阳市投资促进事务局（简称市投资促进事务局）正式挂牌成立，为副处级公益一类全额拨款事业单位，核定全额拨款事业编制14名，隶属市商务粮食局，主要承担着全市经济合作、招商引资和投资促进工作。根据主要职能职责，设综合科、联络交流科、投资服务科3个内设机构。突出招商引资和区域合作目标任务，发挥对外开放和招商引资窗口作用，全市投资促进工作稳步推进。至年底，实施内联引资项目493个，其中，总投资1亿元以下项目192个，1亿~5亿元项目（不含5亿元）226个，5亿~10亿元项目（不含10亿元）24个，10亿~20亿元项目（不含20亿元）12个，20亿~50亿元项目（不含50亿元）10个，50亿元以上项目3个。到位资金461.95亿元，在全省排名第三位，比2015年增长14.6%，全省排名第十位，完成目标任务106.2%。引进和建设“三新”项目467个，总投资1536.45

亿元，新签约项目109个，总投资403.91亿元，新开工项目138个，总投资699.98亿元，新投产项目220个，总投资432.73亿元。

【推进项目引进】 2016年，市投资促进事务局搭建平台组织招商活动，成功签约的项目19个，总投资337亿元。直接引进项目3个，总投资30.5亿元。其中，清华同方股份有限公司拟投资15亿元在平江县建设电商产业园项目，宇业集团拟投资13亿元在平江建设高端养老产业基地，东莞钜星科技有限公司在城陵矶新港区拟投资2.5亿元建设文体器材生产加工项目。

【开展招商活动】 2016年，市投资促进事务局推进招商阵地前移，组成小分队到全国各地开展招商活动，对接当地的湖南和岳阳商会组织寻找客户资源，与北京、天津、广州、深圳、上海等市和浙江、福建、山东、新疆、海南等省区的湖南商会签订合作协议，与这10个省市的26个地市县级湖南商会建立交流合作关系。其中，较大的招商活动有：

广州地区考察活动。3月4—6日，市人民政府副市长宋爱华率市投资促进事务局一行到深圳市开展投资考察活动，与深圳市亿点通光技术有限公司、海吉源科技有限公司、中山市大信控股有限公司、金马科技娱乐设备股份有限公司对接投资事宜。

参加2016“沪洽周”活动。8月17—19日，市人民政府副市长胡小闽的率市商务粮食局和市投资促进事务局组团到上海参加2016年湖南（上海）投资贸易洽谈周活动。岳阳市调度17个2亿元以上的重点签约项目，产业涵盖现代物流、新材料、进出口汽车交易、新能源、标准化厂房等众多领域，总投资达129亿元。其中，岳阳经开区君德物流中心项目、华容县200兆瓦渔光互补光伏项目代表岳阳市现场签约。活动期间，代表团一行拜访上海红星美凯龙家居集团相关负责人，参观“湘品入沪”活动岳阳市参展企业展位，考察中国太平洋保险（集团）长江养老保险股份有限公司、中国二十治集团有限公司和上海建为集团，会见上海市岳阳商会主要负责人，就项目合作意向及相关事宜深入交换意见。

参加第十九届中国国际投资贸易洽谈会。9月6—10日，市投资促进事务局组团到厦门市参加第十九届中国国际投资贸易洽谈会。参会期间，代表团与宏大建设集团、华瑞泰科技有限公司等企业进行对接洽谈，拜访厦门市中小企业协会、豪尔新材料股份有限公司等企业。

参加第五届中国——亚欧博览会。9月24—30日，市人民政府副市长宋爱华率领市商务粮食局和市投资促进事务局组团到新疆参加第五届中国——亚欧博览会，开展岳阳参会工作。组织临湘永巨茶业、平江九狮寨高山有机茶业等企业到会参展。活动期间，代表团一行拜访新疆湖南商会、喀什湖南商会，考察益民节水灌溉过滤大设备厂、伽师汝王服饰有限公司、伽师和昌顺服饰有限公司、新疆雅达高新商贸有限公司等企业，并与新疆岳阳物流协会企业、新疆湖南商会企业举行座谈。为临湘永巨茶业有限公司、九狮寨高山茶业有限责任公司争取6万元的参展补贴资金。

浙江省和福建省考察活动。11月10—18日，市投资促进事务局一行到浙江省和福建省，拜访浙江、湖州的湖南商会和义务商会，对接宁波建工股份有限公司、人东吴集团和品诚包装有限公司等企业。

海南省考察对接企业活动。12月26—30日，市投资促进事务局一行到海南省，拜访海南省湖南商会、琼海市湖南商会、三亚市湖南商会，对接琼海达利通通信工程有限公司、中国南海工程有限公司、海南丰园农业科技公司、三亚明申实业有限公司等企业。

【邀请客商考察活动】 2016年，市投资促进事务局发挥自身优势，邀请和接待太平洋建设集团、清华同方股份有限公司、中国一冶集团、北京东方园林生态股份有限公司、广东联泰集团、华远集团、深圳海吉源科技有限公司、重庆东鑫集团、中能东道科技有限公司、特来电新能源科技有限公司、电白建设集团、长江联合集团、浙江大东吴集团、兆恒集团、湖南天鹰投资集团等一批企业负责人40批近350人次，到岳阳市实地考察。

【举办“加强产融学合作”岳阳专场活动】 2016年5月27日，市投资促进事务局和市国资委共同举办“加强产融学合作，推进湖南‘十三五’发展岳阳专场对接会”在长沙市举行。活动调度签约项目9个，总投资188亿元。其中，中国诚通控股集团等4家企业与岳阳市政府签订战略合作框架协议，中科院计算机研究所等18家企业、金融机构和科研院校与岳阳市各县市区及企业签订项目落地协议。

【组织参加第十一届泛珠三角区域合作与发展论坛暨经贸洽谈会】

2016年8月25日，第十一届泛珠三角区域合作与发展论坛暨经贸洽谈会在广州市开幕。此次泛珠三角区域合作与发展论坛，湖南签约3个项目，签约总金额38.29亿元。湖南城陵矶新港区管委会与香港新恒基集团合作的城陵矶平行进口汽车交易中心项目成功签约，项目总投资10亿元。

【组织参加省海关特殊监管区专题招商推介会】 2016年8月27日，省海关特殊监管区专题招商推介会在深圳市举行。岳阳有美盈森集团股份有限公司在岳阳城陵矶综合保税区建设包装印刷工业进口贸易及保税加工项目、北京中科华软集团在岳阳城陵矶综合保税区建设电子产业园项目上台签约，总投资10亿元。

（钟　乐）

供销合作

【综合改革推进】 2016年，供销合作社综合改革工作，纳入全市农村改革范围，5月3日，成立以市委副书记为组长的市深化供销合作社综合改革领导小组，明确成员名单及工作职责，构建党委政府主导、各部门配合、供销合作社牵头实施的工作格局。8月，省深化供销合作社综合改革领导小组办公室预审和批复《中共岳阳市委岳阳市人民政府关于深化供销合作社综合改革的实施意见》，10月26日，《实施意见》正式印发。市供销合作社通过召开党组会、工作会、宣讲会、学习研讨、调研座谈等多种形式，就综合改革工作进行部署安排和宣传发动，市广播电视台报道11次，《岳阳日报》报道14次，收到调研报告30篇。临湘市改革试点通过省深化供销合作社综合改革领导小组验收评估，恢复新建基层社11个、村级综合服务社15个，加盟农资网点120个，领办农民专业合作社27家。

【村级综合服务社建设】 2016年，市供销合作社突出合作经济组织属性，推进村级综合服务社建设。改造升级基层社7家，新增村级服务社12家，农民专业合作社13家。其中，平江县南江桥供销合作社、平江县瓮江供销合作社被评为全国供销合作社系统基层社标杆社，平江县友人家高山有机茶农民合作社、华容县中和蔬菜合作社等5家专业合作社被评为全国供销合作社系统农民合作社示范社。选择全市6个村级综合服务社作为第一批试点，组织县级供销社、基层社、村支两委和战略合作企业开展座谈研讨，指导各试点单位拿出符合自身实际的建设方案，建立农资、日用消费品、电子商务、生活缴费和农技服务平台，协调推进金融、村邮、电信、社保代办等部门服务配套。采取以奖代投方式对试点扶持资金50万元，组织推荐申报全国总社“千县千社”计划基层社12家。

【茶叶产业发展】 2016年，市供销合作社采取系列措施，推动茶叶产业发展。制定《岳阳黄茶企业组团参展方案》，组织茶企组团参加东莞茶博会、上海国际茶业博览会、第五届中国——亚欧博览会、第八届湖南茶业博览会、第十二届中国茶业经济年会暨2016黄山茶会等重大展会。开展系列展销活动，宣传“岳阳黄茶”的收藏和保健价值，扩大产品销售，提升“中国黄茶之乡”和“岳阳黄茶”公共品牌在全省乃至全国影响力。9月，与湘茶集团承办2016中国黄茶高峰论坛，君山银针公司与茶企现场签约超过5000万元。打造线上交易平台，引导茶企经营岳阳黄茶天猫、京东商城专营店，扩大“岳阳黄茶”线上销售份额。开展重点民营企业帮扶工作，到君山银针茶叶有限公司和相关部门协调解决贷款贴息、茶园基地周边环境优化等问题。

【农资惠农服务】 2016年，市供销合作社以市、县新三湘农资公司为重点，加强与湖南金叶众望科技公司战略合作，新增农资物流配送中心3家，升级农资放心超市25家。至年底，销售农资20.8万吨，农药农膜1.6万吨，种子1.2万吨、带动全市农资市场价格每吨下降80元至100元，实现农资惠农2000万元。其经验做法被《湖南日报》《岳阳日报》、岳阳电视台报道。

【土地托管建设】 2016年，君山区新合作、华容县治河渡镇、岳阳县公田镇和筻口镇、平江县安定镇、临湘市定湖镇等土地托管中心示范点建立运营，深化与田园牧歌公司合作，全市系统内土地托管和半托管面积8600公顷。推荐申报君山区和华容县水稻土地托管扩建，新建项目列入2016年和2017年省供销合作总社农业综合开发项目。

【电子商务平台建设】 2016年，市供销合作社指导各县市区供销社对接供销合作社全国电子商务平台“供销e家”，加强农村电子商务平台建设。至年底，全市成立电子商务公司8家，电子商务相关企业23家、专业合作社26家，自建电子商务平台2个，依托第三方电商平台（淘宝、京东、1号店等）开店6家，与全国平台“供销e家”对接2家，实现农资、农产品和生活服务缴费总额500万元。

（白　猛）

石　油

【概况】 2016年，中石化岳阳石油分公司（简称岳阳石油分公司）实施优化平衡资源、优化物流运行、优化库存运作、扩大销售规模的“三优一扩”经营策略，统筹资源和提高低库存运作水平，推行“一司一策、一站一策、一户一策”精准营销理念，开展“多卖一吨油”、油非互动、年货节、员工内购、与知名品牌跨界等营销活动，做大做强门店零售，对门店实施专业化运营、标准化管理，油气经营和非油品经营平稳增长。至年底，销售成品油50万吨，加油卡日均沉淀资金1.33亿元，比2015年增长0.52%，实现非油品销售收入8600万元，上缴税费3200万元，未发生安全环保质量上报事故。

【安全生产管控】 2016年，岳阳石油分公司把安全生产作为企业发展的大事要事，抓HSE管理，贯彻执行《安全管理手册》，分解落实安全主体责任，加大对员工、承包商和承运商的培训力度，开展全员HSE理论知识和技能竞赛活动。编印《安全警示语录》和《应急处置知识读本》，开展预案演练和库站安全环保隐患治理，开展全员风险排查和“我为安全作诊断”工作、编制“十大安全风险清单”及安全环境风险评估报告，落实风险管控措施。组建安全督查大队，开展日常督查和专项督查，制定《承包商违规违章积分制管理办法》，修订“7+1”直接作业环节安全管理规定，提升安全管理水平。抓环节油品质量监管，在总部、国家及各级政府部门组织的抽检中全部合格，做好油品升级协调和宣传引导工作，提升企业品牌形象。强化信息运维管理，提高系统运行质量和效率。制定下发《经营重点风险防控清单》，开展营业网点经营风险全面检查3次，落实问题整改，加大考核处罚力度，防范经营风险。持续强化“三基”工作，推进制度标准化、管理规范化。坚持依法治企，严格执行对合同、制度和决策事项法律审核。

【国V汽柴油升级】 2016年，岳阳石油分公司组织实施国V汽、柴油升级，优化置换流程，加快置换进度，12月31日，所有加油站（点）油品达到国V标准车用汽、柴油质量标准。国IV升级为国V，汽油牌号由90号、93号、97号三个牌号调整为89号、92号、95号、98号四个牌号。岳阳石油分公司国Ⅳ车用汽油经营牌号为93号、97号，置换为国Ⅴ车用汽油后分别对应经营牌号为92号、95号，同时，为满足高端市场消费需求，在部分加油站供应98号汽油。柴油牌号不变，置换后岳阳石油分公司国Ⅴ车用柴油经营牌号仍为0号。

【日常规范管理】 2016年，岳阳石油分公司运用管理平台等技术手段，强化加油站日常规范管理。加大投入，对81座加油站进行监控安装和更换，运用电子账册表单、IC卡管等加油站后台系统，实时监控加油站日常管理工作，规范加油站数据维护。67座加油站液位仪平台深化运用系统联调使用，占营加油站的62%，在全省排名前列。

（刘演林）

盐　业

【概况】 2016年，市盐务管理局紧扣“精细管理推进年、干部员工队伍建设年、命运共同体打造年”工作主题，推进盐业内部改革，夯实市场，挖潜增效，较好地完成全年工作任务。至年底，购进各类盐7.05万吨，完成年计划163.73%，销售各类盐8.25万吨，占年计划82.23%，销售小包盐1.91万吨，占年计划90.57%，完成非盐销售收入1398万元，实现利润2000万元，上缴国家税收1533万元。

【盐业市场管理】 2016年，市盐务管理局结合“打击制贩假盐专项治理行动”和“食品安全周”活动，在全市开展“五进”活动（即进社区、进学校、进生产厂家、进农贸市场、进村入户），依法依规管理盐业市场，有力维护市场秩序，确保食盐安全。查处涉盐违法案件20起，移交公安机关立案侦查2起，刑拘4人，登记保存盐产品76.93吨，罚款4200元。

【盐业内部改革】 2016年，市盐务管理局为应对国家盐业体制改革，制定《岳阳盐业三项制度改革及员工分流安置实施办法》。通过改革，全系统工作岗位由126个下降94个，下降幅度25.4%，解除劳动合同27人，占总人数的16.27%，提前内部退养11人，占总人数的6.63%。

（李　军）

烟草专卖

【概况】 2016年，岳阳市烟草专卖局（公司）（简称市烟草专卖局（公司）保持良好的发展态势，销售卷烟21.67万箱，实现销售收入63.19亿元，实现税收11.99亿元，比2015年增加1.28亿元，同比增长11.99%。连续第9年获得省卷烟打假特殊贡献奖，被国家烟草专卖局评为“六五”普法先进单位，被省委法治湖南建设领导小组办公室授予省“六五”普法依法治理先进单位。

2016年2月18日，市政府副巡视员苏耀辉调研烟草工作

（彭京京　摄）

【烟草专卖管理】 2016年，市烟草专卖局（公司）继续保持高压态势，坚持打假打私与市场日常监管并重，加强烟草专卖管理。加快互联网及新型涉烟案件监管体系建设，探索创新“G-APCD-E”工作方法。严厉打击非法经营烟叶、原辅材料和非法加工烟丝等违法行为，切断制假原料供应链，查处非法经营烟叶案件3起，查获烟叶42.41吨，查获制假烟机3套。强化卡口建设，发挥打假协作机制作用，协调公检法等机关以及国安、邮政等部门，严厉打击网络案件。邀请专家以案例形式进行全员培训，提升专卖管理人员的法律意识、业务技能。至年底，查处涉烟违法案件986起，查获违法卷烟1735万支，破获假烟国标网络案件6起，刑事拘留25人，逮捕17人，法院判刑20人。

（刘　波）

口岸管理

【概况】 2016年，岳阳市人民政府口岸管理办公室（简称市口岸办）抢抓机遇，主动融入长江经济带建设，推进“一区一港四口岸”建设运营，实施口岸经济发展战略，全面完成年度目标任务。至年底，城陵矶口岸进出口货物2117万吨，比2015年增长8.01%，集装箱吞吐量29.43万标箱，同比增长25.5%。

【“一区一港四口岸”运营】

2016年，市口岸办牵头负责城陵矶综保区的封关验收和指定口岸运营工作，通过宣传推介，引导外贸货源从城陵矶口岸进出，推进“一区一港四口岸”高效运营。8月9日，城陵矶综保区顺利封关运营。至年底，完成进出口贸易额10亿美元，进口固废17.07万吨，进口肉类3888吨，进口粮食50.3万吨，平行进口汽车289台。

【电子口岸建设】 2016年，市口岸办正式启动岳阳电子口岸建设。7月，完成岳阳电子口岸平台建设项目可行性研究报告。岳阳电子口岸平台建设项目选址城陵矶联检大楼五楼，建设内容包括：一期项目，岳阳城陵矶联检大楼修缮改造工程；二期项目，岳阳电子口岸信息中心展厅、岳阳电子口岸单一窗口平台视频监控指挥中心与机房及配套工程建设；三期项目，电子口岸平台搭建。至年底，一期项目建设完成，二期项目通过评审进入招投标程序，三期项目完成规划、许可等手续。

【“湘欧快线”国际货运班列站点建设】 2016年，市口岸办主动对接，协助解决“湘欧快线”国际货运班列站点建设相关问题，由长沙铁路局投资9800多万元改造修缮的岳阳北站铁路货场等主体项目完工；向省政府报告，协调长沙海关、湖南出入境检验检疫局等部门，申请将岳阳冷水铺铁路站纳入“湘欧快线”国际货运班列站点；协调引导湖南正虹、道道全、益海嘉里、海益通等生产加工企业，从哈萨克斯坦、俄罗斯、白俄罗斯、乌克兰等国进口的玉米、豆粕、大豆等原材料通过湘欧快线直达岳阳，岳阳企业搭乘“湘欧快线”国际物流新通道。

【汨罗固废后续监管区建设】 2016年，市口岸办推进汨罗固废后续监管区建设，汨罗固废后续监管区建设预算投资5300万元，包括监管区外停车场、进出口电子卡口、查验区、分拣区、掏箱平台、隔离区等海关、检验检疫监管区和检验检疫专用机房及计算机系统、电子卡口管理设施、口岸信息化管理系统、视频监控系统等建设，建立通过工业电视系统实现全监管作业和保安的实时动态监控的现代化监管区。9月，正式启动项目建设。

【推进“2+1”战略合作】 2016年6月2日，市口岸办发挥战略合作协调职责，力促交通运输部长江航务管理局（以下简称长航局）、省交通运输厅、岳阳市人民政府在南湖宾馆召开“2+1”合力推进湖南段长江黄金水道座谈会。会议决定长航局、省交通运输厅、岳阳市人民政府三方正式确立“2+1”合作模式，加强沟通协调，形成“年初有计划、年终有总结、社会有需求、双方有响应、合力推进、互利共赢”的常态化工作机制，合力推进长江湖南段水运发展。

2016年8月12日，上海与中部六省口岸大通关合作第十次联席会议在岳阳召开（郭柒军 摄）

【中部六省与上海市口岸大通关合作第十次联席会议】 2016年8月12日，市口岸办承办的中部六省与上海市口岸大通关合作第十次联席会议在岳阳市顺利召开。海关总署党组成员、国家口岸办主任黄胜强，省人民政府副省长何报翔出席会议，上海市和湖南、河南、江西、安徽、山西、湖北等省口岸、检验检疫、边防、海事部门代表200多人和境外国内20多家重要媒体参加会议。会议主要研究进一步加强和改进口岸工作，讨论深化湖南（岳阳）与上海口岸及中部六省货物大通关合作等问题。同时，组织开展2016湖南（上海）投资贸易洽谈周首场专题活动——深化湘沪口岸大通关合作交流座谈会。湘沪两地代表签署《深化湘沪口岸大通关合作协议》，共同明确在提高江海联运效率、加强国际多式联运合作、加强国际航空运输合作、加强口岸通关合作、共同发展口岸经济、强化合作机制等六个方面加强合作，制定一系列的具体措施。

（郭柒军）

海 关

【概况】 2016年，岳阳海关把握发展态势，监管严密高效、服务细致全面。至年底，审结进出口报关单13529票，比2015年增加1.1倍，进口2064票，同比增加7.2%，出口11465票，同比增加1.5倍。集装箱60623个标箱，同比增加15.6%。进出口货运量106.25万吨，同比增加12.7%，进出口货值13.84亿美元，同比增长1.5倍，其中进口3.2亿美元，同比增长6.7%，出口10.64亿美元，同比增长3.1倍。办理加工贸易备案合同18个，备案金额9852.52万美元，同比增长13.8倍。税收入库3.60亿元，同比增长58.9%。

【对外贸易增长】 2016年，岳阳市进出口总值98.50亿元，比2015年增长40.84%，进出口总量119.05万吨，同比增加24.40%。其中，进口值23.23亿元，同比增长37.13%，进口量60.50万吨，同比增加14.88%，出口值75.27亿元，同比增长42.02%，出口量58.55万吨，同比增加36.04%。

【海关深化改革】 2016年，岳阳海关深化区域通关一体化改革，与全国海关实现互联互通，全市企业进出口“多地通关，如同一关”，完成关检合作“三个一”6657票，为道道全粮油股份有限公司争取到集中汇总征税资格，涉及税款4384.99万元。推进统一社会信用代码改革，全市外贸企业按“三证合一”后的统一社会信用代码办理注册登记、报关业务。协助作为省内唯一改革试点的免除查验无问题货物三类费用事项工作有序推进。全面推广通关作业无纸化，无纸化率为97%，高于全国平均水平。落实国务院双随机改革，布控、查验环节均实现系统随机命中派单，降低整体查验率。实施企业协调员制度，及时化解通关疑难，排除影响通关时效的海关因素，海关通关时间优于全国平均水平。

【服务地方发展】 2016年，岳阳海关加强沟通合作，先后签署关市（长沙海关与岳阳市）、关协（与临湘市浮标行业协会）、关企（与岳阳林纸）合作协议3份，协同推动全市外贸发展。到新疆、天津、张家港等地考察学习并协助地方招商引资，将通关业务现场调整至城陵矶综合保税区通关服务中心，协调运用特殊申报通道帮助海益通解决内销成品无法取得通关单的决定性问题，综保区进出口额8.85亿美元。促进粮食、冻品、固废、整车口岸发展，协调海关总署关税司对大米分类标准进行更新，进口粮食12.75万吨；为冻品提供专业、高效的通关服务，进口冻品3642.95吨；对岳阳林纸股份有限公司进口废纸专门设计安全便利的通关流程，提升通关效率，进口固废14.50万吨；向长沙海关申请汽车进口证明书签发权限，企业可一站式完成整车进口通关和证明书申领工作，进口整车267台。支持岳阳城陵矶开通直航东盟、澳大利亚及上海、中国香港水运航线，完成长沙关区第一批进出境船舶备案手续。

【法治海关建设】 2016年，岳阳海关推进法治海关建设，对外公布权力清单，对内制定责任清单，营造公平、公正、公开、可预期的发展环境。推进简政放权改革，规范行政审批行为，优化内部核批事项，对行政审批事项实现“一个窗口”受理和网上审批，企业办理海关行政审批时间平均缩短30%。取消进出口环节全部行政事业性收费，减轻企业负担。

【海关打击走私】 2016年，岳阳海关开展“国门利剑2016”行动，坚持开前门、堵后门，针对影响岳阳产业发展和人民群众切身利益的热点走私商品和突出走私问题，开展专项打击和综合整治，推动并承办岳阳市打击粮食走私专项行动工作会议，形成反走私综合治理合力。办理各类走私违法案件10起，抓获犯罪嫌疑人4人，刑拘2人，查扣违法冻品575吨、大米1000余吨、电子产品30吨，有效维护海关正常进出口秩序。

（时　悦）

出入境检验检疫

【概况】 2016年，岳阳出入境检验检疫局受理报检6562批、2.39亿美元，比2015年分别增长16.2%和0.02%。其中，出境4769批、1.03亿美元，同比分别增长29.2%和14.17%，入境1793批、1.36亿美元，同比分别减少0.33%和8.58%。检疫进出境集装箱3538批、4.42万标箱，同比分别增长17.04%和2.40%。检出不合格进出境货物1501批、590万美元。签发产地证1078份、金额5103万美元，帮助岳阳出口企业减免进口国关税255万美元。被评为质检总局直属系统先进基层党组织，获得省级文明窗口荣誉称号。

【岳阳城陵矶综合保税区封关运行】 2016年8月9日，岳阳城陵矶综合保税区正式封关运行。省人民政府副省长何报翔出席并宣布正式封关运行，湖南出入境检验检疫局副局长熊裕庆出席封关仪式。岳阳城陵矶综保区自2014年7月获批设立以来，湖南检验检疫局指导综保区建设，争取国家质检总局支持，确保国家十部委联合验收顺利通过；开展综保区检验检疫政策研究，出台检验检疫制度；支持区内项目引进，服务项目顺畅落地；组建工作班子，新增检验监管人员，完善检验检疫监管设施、信息化系统以及应急处置条件，保障和服务综保区的封关运行。11月21日，岳阳出入境检验检疫局正式入驻岳阳综合保税区实行一体化作业，为企业办理进出口业务。

【中国电子检验检疫主干系统（ECIQ）上线】 2016年10月11日，中国电子检验检疫主干系统（ECIQ）在城陵矶口岸全面上线运行，标志着岳阳市外贸正式迈入“互联网+检验检疫”时代。ECIQ

2016年8月9日，岳阳城陵矶综合保税区封关运行　（黄勇华　摄）

2016年12月4日，国家质检总局局长支树平考察岳阳口岸建设

（彭雨琪　摄）

正式上线，为城陵矶口岸带来便利，将原来在口岸与内地之间“T号转单”升级为“一号到底”模式，从城陵矶口岸入境流向省内及周边地省市的货物，只需一次报检，即可全国通关，“互联网+检验检疫”实现全国统一的规则体系和数据平台服务共享。ECIQ上线后，为岳阳市进出口企业节省通关费用。

【首批干香菇出口澳洲】 2016年，在岳阳出入境检验检疫局支持下，首批重1143公斤货值14.3万元的干香菇在澳大利亚顺利通关，进入该国市场，是岳阳首次出口农家干香菇。

【开辟省烟花爆竹出口直航新通道】 2016年，岳阳出入境检验检疫局执行出口危险品产地检验口岸查验制度，首次37批次100个标箱的烟花爆竹经城陵矶口岸直接离境出口。运用ECIQ主干系统实行“一号到底”，简化口岸查验，支持省烟花爆竹出口开辟水运新通道，降低物流成本。

【口岸疫情截获】 2016年，岳阳出入境检验检疫局在进境货物和集装箱中截获有害生物64种280种次，比2015年增长1.4倍，其中检疫性有害生物5种48种次。首次检出西部苋、美洲X草等检疫性杂草，加拿大黑蝇等医学媒介生物。拦截放射性严重超标的入境装载混合氯化稀土集装箱，加强寨卡病毒口岸防控，对903标箱来自疫区的集装箱进行灭蚊熏蒸处理。

【区域性中心实验室（岳阳）通过验收】 2016年9月，国家质检总局肉类食品检测区域性中心实验室（岳阳）通过质检总局专家组现场核查验收。自区域性中心实验室（岳阳）筹建以来，在城陵矶进口肉类、粮食指定口岸建设和验收中发挥重要作用，为岳阳辖区冻肉、大米、大豆、葡萄酒、蜂蜜、荞头等进出口食品农产品质量安全把关提供有力的技术保障。多次开展实验室开放日活动，与社会相关领域企业进行交流与合作并提供技术支持。

（谭　婷）

城乡建设与管理

责任编辑　屈胜龙

综 述

【概况】 2016年，岳阳市住房和城乡建设局（简称市住建局）围绕“一极三宜”江湖名城建设，抓住洞庭湖生态经济区、长江经济带、长江中游城市群、湖南“一核三极四带多点”区域布局和国务院批复《促进中部地区崛起“十三五”规划》明确做大做强岳阳等区域中心城市等重大战略实施政策机遇，加强建设工作统筹，加速目标任务落实，加力重点项目建设，为“十三五”期间打好坚实基础。王家河流域综合治理工程和重大项目建设限时开工和集中开工的做法，在国务院第三次大督查中受到肯定。

【城乡统筹协调发展】 2016年，岳阳市住房和城乡建设工作强化城乡统筹，协调发展。一是助力城镇发展。申报新型城镇化省级引导项目20个。市政府印发《重点扶持十个市级特色示范镇建设方案》，启动10个市直单位对口帮扶10个市级示范镇三年行动。争取中央、省有关政策资金3.74亿元。二是突出城市扩容提质。加强城建项目统筹和前期工作，组建融资100亿元的城市发展基金。市政府印发《关于进一步加强市城区市政基础设施项目建设管理的意见（试行）》，明确市区两级建设责任划分，明确项目业主负责制等六大责任，建立项目分类管理、三年滚动建设等新机制，解决城建项目融资、前期工作、项目实施及质量管理等方面脱节的问题。中心城区城建计划重点突出路网建设、水系治理和综合提质等三方面130个项目，完成投资46亿元。其中，城市道路新、改、扩建项目81个。加速民生工程建设，解决市民出行问题。完成九龙大厦、妇幼保健院和岳城小学三座过街人行天桥建设。根据中央、省关于城市地下管线普查的部署，推进中心城区地下管线普查，完成市中心城区155.6平方千米范围的地下管线普查工作，探测供水、排水、电力、燃气等8大类管线总长6993.33千米，完成地形图修补测10.1平方千米，完成地下管线综合应用管理系统开发。

【生态环境治理】 2016年，市住建局践行绿色发展理念，加快生态环境治理。

海绵城市建设。创建全省“海绵城市”建设试点市，获得专项资金1.5亿元，是全省四个试点城市中唯一的地级市。出台海绵城市建设实施方案，明确将总面积18平方千米、近20万人口的洞庭新城、湖滨新城作为海绵城市建设示范区。推进学院路提质改造等7个项目加速建设，启动南湖、东风湖和芭蕉湖周边77千米截污管网建设。环南湖三圈、东风湖吉家湖综合整治、湖滨和洞庭新城示范区等3个项目通过财政部第三批PPP示范项目审批，获批资金92亿元，完成海绵城市建设投资4.14亿元。

洞庭湖生态经济区建设。完成洞庭湖区域河湖沿岸垃圾、污水设施情况调查摸底，印发《洞庭湖生态经济区岳阳市河湖沿岸垃圾治理专项行动实施方案》，争取省级补助资金6956万元。制定《洞庭湖生态经济区岳阳市污水处理设施及配套管网建设实施方案》，启动农村垃圾治理五年专项行动。

城镇污水治理。全市污水处理厂实现24小时安全运行，设施设备完好率95%，出水水质实现稳定达标排放。处理污水1.42亿吨，城镇污水处理率92.56%，同比提高1.26个百分点，其中市中心城区污水处理率94.56%。王家河清除污泥29.3万立方米，建成两岸截污管网12.2千米，净化水域面积63.3万平方米；建成沿河游路18千米以及一批驿站、音乐广场、亲水平台、观景亭、栈桥等，设计制作岳阳历史文化名人和岳阳民俗文化雕塑28组，绿化面积58.8万平方米，基本实现水清、水活、水美目标。

【改善人居环境】 2016年，市住建局推进实施城市棚户（旧城）区改造和农村危房改造。市中心城区十大片区棚户（旧城）改造惠及1.2万户5万人，消化商品房库存114万平方米。完成签约9646户134.7万平方米，签约率90.5%，直接投资80亿元，推动房地产去库存7000套。争取农村危房改造指标2.26万户，到位资金1.94亿元，开工率96%，竣工率82%，完成省定任务的103.7%。为危房户编制50套不同风貌、结构和面积的农村危房改造施工图集。完成省级示范项目武广高铁沿线岳阳段（临湘市、云溪区、岳阳县、汨罗市）农村危房改造整体推进任务。

【建筑产业提速增效】 2016年，岳阳市建筑产业发展提速增效。一是凸显支柱产业地位。全市完成建筑业产值303亿元，同比增长8.1%；完成省外外拓产值58亿元，同比增长7%，贡献税费11.76亿元。二是完善产业体系结构。全市建筑业企业形成勘查、设计、施工、监理、检测、招标代理等较为完备的结构体系，施工企业占主要份额。全市有施工企业525家，其中，一级总承包企业14家，二级总承包企业106家，三级总承包企业118家，专业及劳务承包资质企业287家；有勘察设计企业5家，监理企业13家，检测、商品混凝土企业43家，招标代理企业9家。市中心城区核发施工许可证53个，建筑面积240.58万平方米，工程造价38.8亿元，完成招投标项目116个，总招标金额32.2亿元。认定新型墙体材料企业33家，新增5家，产量6.54亿标块，利用工业废渣17.23万吨，节地73.33公顷。

【优化行业服务】 2016年，市住建局加强行业监管，优化行业服务。

增强建筑工程品质。开展质量安全标准化、监督规范化、监管信息化“三化”管理。实施“质量治理两年行动”“打非治违”专项行动。建立企业诚信体系、红黄牌警示、“黑名单”公示及差别化管理等制度，形成从勘察设计、招投标、合同履约、施工现场、质量检测等全过程闭环管理体系。抓住国家可再生能源建筑应用示范城市契机，推广太阳能、地源热泵应用，争取国家专项补助资金5000万元。推广建筑节能技术，新建建筑工程节能设计率、实施率100%。未发生一起建筑施工安全生产重大责任事故。全市创建46个省级和107个市级建筑工程质量标准化示范工地。

提升从业人员素质。提升全市建筑行业从业人员17万人的综合素质和职业化程度。抓晋级考证。引导具有专业学历的从业人员晋级考证，有267名企事业单位技术人员考取工程师职称，40名企事业单位技术骨干考取高级工程师职称，511名企事业单位技术人员考取全国注册建造师、造价工程师、设备工程师等。抓技能教育。组织培训鉴定1.71万人次，其中职业技能岗位培训鉴定6848人次，完成省定任务的114%，建筑施工安全生产管理人员考核1800人次，安全生产管理人员B、C类继续教育1240人次，远程网络考试2532人次，企业专技人员岗位资格证书换证2115人次，安全生产标准化培训533人次，《建筑工程施工质量验收统一标准》培训468人次，建筑施工特种作业人员培训考核培训328人次。帮扶优秀企业进行资质升级，提高竞争能力。一级施工总承包企业发展到14家。以岳阳建工集团为代表的一批一级施工总承包企业打响建筑行业“岳阳军”品牌。

提升市场服务效率。出台《房屋建筑和市政工程施工招标投标人资格审查办法》《房屋建筑和市政工程施工招标评标活动管理暂行规定》等文件，推行5种评标办法，将建筑业企业信用等级、优质工程业绩纳入评标计分体系，企业向省住建厅申请省优工程指标27个。在推行施工许可前置管理绿色通道，加强施工许可证后监管，强化对授权下放到岳阳经开区、城陵矶新港区的施工许可行为监督指导等方面出台一系列优化措施。施工许可审批资料由16项调整为14项，施工合同备案资料由15项精简到6项，开工安全生产条件审查事项30项均改为后置。

（邵志超）

城乡规划

【概况】　2016年，市规划局以中央、全省城市工作会议和《关于进一步加强城市规划建设管理工作的若干意见》精神为引领，贯彻新修订的《湖南省实施〈城乡规划法〉办法》，组织编制规划23个，开展建筑方案和重要地段城市设计45个，重大项目规划27个，收取城市配套费1.54亿元。

【规划编制】　2016年，市规划局启动《岳阳市城市总体规划（2008—2030年）》修改工作，明确基于战略、全域、管控、设计、系统等五大思维的编制思路，坚持问题导向，对编制专题、方案和重点问题进行深入研究。

通过招投标程序确定中国城市规划设计院上海分院承担规划编制任务，建立由规划、交通、生态、市政等多学科、多专业组成的专家团队，建立岳阳2049公众参与平台，征集意见建议742份。开展“两个层面”（战略层面和总规层面）和“五项成果”（《美丽岳阳——展望2049战略规划》《岳阳市域总体规划》《岳阳市城市总体规划（修改）》《长江新区规划》《城陵矶新港区总体规划》）规划编制，完成实施评估和强制性条文论证2个评估报告的省级审查及10项专题报告的编制工作。

按照“精明增长”“紧凑城市”理念，开展规划编制年活动，安排规划编制任务35个，投入规划编制经费924万元，召开城乡规划委员会全会1次和专题审议规划编制工作会7次，组织编制中心城区生态基础设施、历史文化名城保护、主城区风貌规划等专项规划10项。合理划分控规编制单元，完成20个片区的控规编制和报批工作，基本实现中心城区46片区控详规划全覆盖的总体目标。指导推进乡镇规划编制工作，加大对县（市）总体规划、乡镇规划、规划行政审批、规划执法、农村危房改造指导，完成537个村庄布局规划。

完成岳阳市公共交通体系、城市综合交通体系和道路交通微循环改造规划编制，开展岳阳东客运枢纽站概念性方案、皇姑塘立交桥、临湖公路、三荷机场快速通道线型设计，服务京港澳高速新开联络线、G240、大岳高速和蒙华铁路等重大交通项目征拆红线圈定及违法建设认定工作。

坚持把绿色发展和生态文明理念贯穿于城市道路、建筑、景观等城市设计环节，推进十大片区旧城（棚户）区改造，开展十大片区棚改依法征收专项督查，划定国际大厦及周边地段、步步高新天地等旧改项目征拆红线30宗，完成片区改造规划方案14个，为项目建立绿色通道，优化审批流程，提供经济评估、土地出让等规划指标48个。

坚持开门编规划理念，聘请规划、建筑、道路交通等10类别80名专家组建规划专家库，开展洞庭湖博物馆建筑方案、三荷机场航站楼设计；编制临港产业新区综保区、空港产业园概念性方案，洞庭新城控规调整、梅西港湿地的规划设计。完成友阿商业城市综合体、市图书馆新馆、王家河配套工程、环南湖交通与景观规划等一批重要地段的修规和景观设计。注重做好公共服务设施、市政设施、城市管线的规划设计，开展广济医院、中心城区社会停车场、学院路综合提质改造、花板桥小学、十四中搬迁、白杨坡小学修建性详细规划，完成中心城区4处人行过街天桥和地下通道方案设计。

推进城市地下管线设计，抓好市中心城区排水、电力、燃气、通信、综合管沟等8类管线规划；加速地下综合管廊建设，将部分新建和改建道路作为试点工程，同步敷设地下综合管廊，其中，置田庄路、学院路、分水垄路北段、奇康路等均完成项目规划方案设计；推进海绵城市建设，推进城区雨水口袋花园、南湖公园等一批海绵体改造。

【规划审批】　2016年，市规划局推进规划制度建设，创新服务举措，提升依法行政水平。建立健全规划委员会、专家评审委员会和规划设计方案会审制度，召开项目规划评审会65次，审查规划建设项目36个。对经营性项目及公建项目实行“业务例会—项目评审会—规划委员会”三级审批，对社区配套用房、停车设施等指标严格把关，推行联审联批、窗口审批和网上审批等方式，简化办事程序。加强房地产开发项目容积率、用地红线、建筑密度等强制性指标的管控，出台《岳阳市建筑间距、离界和日照管理规定》《岳阳市公寓类建筑规划审批管理规定》。依法依规依程序许可建设项目，核发“建设用地规划许可证”111份，面积770万平方米；核发“建设工程规划许可证”76份，面积319万平方米；核发《建设项目选址意见书》26份，面积197万平方米。建立城市三维信息系统，规划服务一站式平台正式运行，实现以信息专网、数据中心、信息系统为核心的办公平台，统一全市控详规划、建设用地红线2000坐标系的数据采集工作，实现业务审批网络化管理。对建设工程放线定位、位置复验、主体工程竣工验收、监管备案等重点环节进行跟踪监管。完善规划批前公示、听证和批后公告工作机制，确保项目建设可控，全年建设工程放线44次，下发法律文书18份，查封施工现场3个，追缴罚款498万元。

【禁违拆违治违】 2016年，市城区拆除违法建设5296处110万平方米，71个存量违建片区全部清零，节约土地收储成本约50亿元。拆违量比2015年增加2倍，存量违建拆除为2015年的5.5倍。市规划局以党员干部、国家工作人员模范带头为突破口，加大从严治违力度，三季度讲评会后问责处分39人，查处违法建设案件50起，组织拆除党员干部涉嫌违建房屋32栋。加大居民保障性住房建设，建成一批居民点、保障性住房、危旧房及棚户区改造项目，依法依规审批民生建房5481栋，解决民生困难建房。建立禁违村组为主、区乡连责，拆违区乡为主、村组连责，治违属地为主、部门连责的工作模式，责任网络体系基本完善。出台《城区集体土地村（居）民住房建设管理暂行办法》和《房屋登记认定与分类处置暂行办法》，从政策层面解决民生建房和存量违法建设处置问题。完成城区数字禁违指挥监控平台建设，确定“新增违建为零、存量违建两年清零”工作目标，将禁拆治违和土地依法征收工作合二为一，成立市城区土地依法征收和禁违拆违治违工作前线指挥部。建立完善新增违法建设挂（销）号、航拍及卫片比对查违、存量违建片区清零核查、违法建设“零补偿”、民生建房批后监管、典型违法建设突破、舆论宣传引导、约谈查处问责、督查考评和市民监督团监督评议等十大工作机制，构建长效常态化禁违机制。

【扩容提质】 2016年，市规划局为新型城镇化试点工作和城镇扩容提质牵头单位，在工作机构、试点方案、年度工作要点和15个试点项目方面统筹推进。建立31个成员单位的联动机制，在投融资、土地保障、城市管理、户籍改革和社会保障等方面，研究出台具体政策，构建加快新型城镇化工作的完整政策体系。举办岳阳市新型城镇化培训班。通过全省新型城镇化试点工作检查。谋划基础设施建设、城镇扩容提质等6大类20个项目100项工程规划服务，实施沿湖风光带维修改造、环芭蕉湖绿道改造等道路建设提质工程。

（陈　思）

城市建设

【概况】 2016年，市城市建设投资集团有限公司（简称市城投集团）围绕公司转型发展和推进城市建设两个大局，完成年度目标任务。

积极融资争资。获授信192.64亿元，实际到位资金145亿元。其中，棚改项目融资实现突破，国开行融资8.74亿元、农发行融资12亿元、交通银行融资58亿元。市城投集团信用评级从AA提升到AA+。

加快项目建设。完成投资42.5亿元，其中工程建设项目完成投资8.8亿元，棚户区改造项目完成投资33.7亿元。推进开发中路一期项目、市图书馆及周边配套项目、王家河流域综合治理一期工程和棚户区改造项目等建设任务。棚户区建筑垃圾处理设备投入运营，完成体育中心场外配套及外电接入工程。

推进经营开发。11月27日，恒大绿洲项目开盘，当日销售额4.8亿元。12月25日，君山岛君澜度假酒店开业。平江天岳幕阜山国际度假旅游区基础设施及配套工程建设全面铺开，4月1日接管景区运营，全年接待游客2万人次，实现销售收入300万元。与云溪区政府签订《全域旅游合作备忘录》及《开发清溪旅游项目框架协议书》。与省茶叶公司合作开发君山黄茶产业园项目，签订合作框架协议。黄梅港污水处理和马壕污水处理项目完成竣工验收，全年处理水量1500万吨。直接管理社会停车场5个，总停车泊位数658个，实现停车场收入350万元。参股华润燃气、华融湘江银行和钰成小贷等经济实体项目。出资2.22亿元参股新成立的市农村商业银行，占股20%成为第一大股东。

（杨飞跃）

城市供水

【科学供水用水】 2016年，市自来水公司推进“五个”水司（效益水司、创新水司、平安水司、服务水司、幸福水司）发展战略，实现“十三五”规划良好开局。

加快业务发展。完成供水量8534.06万立方米、售水量6073.99万立方米，实现主营业务收入1.57亿元，同比分别增长3.5%、2.55%和20.1%。广益公司实现收入6288万元，广润给水设计公司实现业务收入774.3万元。工程设计、二次供水、水表检验等业务均有拓展。

拓宽供水格局。推进“十三五”城市供水发展规划，统筹城市供水空间布局，投入1800万元，新建主管线7条，主管线延伸3.63千米。北向敷设城陵矶新港区松阳湖路、芭芸路、城陵矶路、城陵矶保税区新园路等管线，启动实施临湖公路市政供水管线和云溪区加压泵站建设；东向空港产业园延伸，拓宽发展新空间，增强供水辐射带动能力。把发展城市供水与推动新型城镇化、美丽乡村建设、脱贫攻坚等战略相融合，启动康王乡集镇及周边村组、岳兴路沿线马鞍村等村组接入市政供水。

提升供水功能。加快老旧城区市政供水管网提质改造，完成主管线改造6.21千米，实施洞庭北路、学院路等管线提质改造。争取中心城区供水管网改扩建工程纳入资源节约和环境保护2017年中央预算项目笼子。加强供水设施提质改造，完成一水厂十万系统排泥阀自动化改造，四万、五万系统清水池连通管改造，送水泵房进出水7组阀门更换。启动实施一水厂水泵电机及高压配电系统改造、中心调度室调度系统改造。完成二水厂平流沉淀池提质改造，新增自动化排泥机4台，安装不锈钢过水槽。

实施供水分离。落实中央、省、市驻岳央企、省企“三供一业”（供水、供电、供气，物业管理）工作要求，与中石化巴陵分公司、长岭分公司、华能岳阳电厂、广铁集团岳阳段等单位签订移交框架或意向协议，完成长岭分公司、巴陵分公司供水初步设计，实施泰格林纸及下属港务公司、洞纺、省工业设备公司和省建五公司的水改工作。

建设“智慧水务”。加快信息技术改造，升级融合水费收费系统和综合业务平台，打造岳阳供水“水务通”平台，提高信息传输和共享能力。完善信息化核心平台地理信息系统数据录取，完成管网测量点4.45万个，水表附加点1.87万台，测量管线213.5千米。两个水厂实行自动化排泥，回流泵房实行智能启停。建立微信公众号，开通微信支付水费，实现用水信息、用户缴费、业务查询、故障报修“一手掌握”。

加强民生服务。推行业务办理“一窗口受理、一平台共享、一站式服务”。规范客户服务礼仪，开展“强化业务素质，提升服务水平”专题培训，培育员工优质服务理念。畅通投诉渠道，开通网上信访投诉平台。全年受理书面、电话投诉和用户现场投诉4000人次，“12345”热线工单3074份，24小时服务热线日均受理电话124个，处理市长信箱件31份，及时率、满意率均达99%。提升抢修效率，组织管网抢修5267处，修护阀门1200台，清查问题水表和违章用水问题500处，抢修及时率90%。加强用水业务宣传，发放水费缴费宣传小手册2万份，发送手机短信60万条，张贴缴费及服务通知单2万份，办理低保水费减免5260户。

开拓海外业务。实施“走出去”战略，注册成立湖南广达水务有限公司，构建董事会、监事会、经理层的公司运营架构，实行收支独立核算。新签订埃塞俄比亚区域（北京医院）供水管道施工项目，合同价1470万元；吉布提集水管线工程项目，合同价2535万元；吉布提配水管线工程项目，合同价4700万元。

（蔡勋云）

城市供电

【电力服务】 2016年，岳阳市电力产业完成产值87.7亿元，比2015年增长-1.5%；完成规模工业增加值27亿元，同比增长-0.3%。截至年底，岳阳市电力装机容量317.8万千瓦，其中火电301.9万千瓦、水电9.2万千瓦、风电4.2万千瓦、生物质发电2.4万千瓦。神华国华岳阳电厂、华电平江电厂等一批重点项目开工建设。至年底，国家电网岳阳供电公司实现连续安全生产5068天。全年售电量完成87.16亿千瓦时，增长6.45%。全年完成电网建设投资4.99亿元，竣工投产500千伏岳阳南（罗城）、220千伏墨山输变电工程，投产35千伏和110千伏项目23个。城东变等13个110千伏工程获国网公司优质工程，23个35千伏以上项目均获评湖南省电力公司优质工程，云溪公司被国网公司命名为配电网标准化建设创建活动达标单位。组织完成11个省级以上园区专项电力规划编制，签署合作框架协议8个。

（楚心越）

城市供气

【燃气服务】 2016年，岳阳华润燃气有限公司提供安全、洁净的燃气和便捷的服务，建立客户服务中心，简化办事程序，提高工作效率；设立24小时客服团队，打造专业服务队伍；成立调度、呼叫、信息三位一体的生产指挥中心、服务指挥中心、应急指挥中心，配备专业技术人员43名；增加日常抢修的预测性和计划性，减少对用户的影响。对城市低保户及残联户制定优惠政策；降低工程造价，支持老小区居民早日用上管道燃气。截至年底，公司建有天然气门站及储配站6座，天然气加气站9座，敷设各类管线1100千米，总资产8亿元。拥有天然气用户30万户，年用气量1.6亿立方米。全年安全生产总投入548.12万元，工程总投资4762万元，建设管网10.59千米。多渠道采集气源，取得中石油云溪门站开口权。

（王　晶）

城市重点项目建设

【重大项目建设】 2016年，岳阳市有29个项目纳入省重点建设项目，其中，全省平台打捆项目11个、全市单列项目14个、跨区域项目4个。全市省重点项目（不含打捆）完成投资124.4亿元，占年计划的121.1%。除神华国华岳阳电厂、岳望高速因业主原因暂缓、暂停施工外，其余省重点项目均达到或超过目标任务，其中，蒙华铁路、岳阳三荷机场、南翔万商国际商贸物流城一期等9个项目完成投资达年计划的110%。蒙华铁路路基土石方完成1244万立方米，桥梁完成42.2千米，隧道完成6.84千米，完成投资34.1亿元，为计划的145%。岳阳三荷机场完成土石方工程370万立方米，完成地基处理，围界、围场路、航站楼招标工作启动，完成投资6.9亿元，为计划的300%。南翔万商一期家居建材交易区及家居博览城建成，万商广场（电子商务中心）主体结构5万平方米封顶，十里洋场7万平方米启动建设，完成投资6.44亿元，为计划的129%。大岳高速路基、路面、交通安全设施、机电、房建、绿化完工，主线通车试运营，完成投资8.54亿元。湖南城陵矶新港区食用油加工综合项目一期工程主体竣工，办公楼、宿舍楼土建完工，码头水工部分完成，投资4.54亿元。环南湖交通三圈道路、桥梁、绿化、亮化工程完工，赏梅阁、双亭轩等配套公共服务和商业服务设施基本建成，完成投资7.67亿元。全市重点推进“双百工程”重大项目210个，包括重大前期项目103个，重大建设项目107个。重大建设项目完成投资489.8亿元，占年计划的108.7%，其中基础设施项目25个，完成投资131.6亿元，占年计划的109.1%；重大产业项目42个，完成投资179.4亿元，占年计

2016年12月19日，岳阳市年度重大建设项目集中竣工仪式在岳阳经开区南翔万商国际商贸物流城一期工程现场举行
（范向辉　摄）

划的106.1%；民生保障项目26个，完成投资163.2亿元，占年计划的112%；生态环保项目14个，完成投资15.6亿元，占年计划的103.3%。
（李时红）

【洞庭新城建设】　2016年，岳阳市洞庭新城投资建设开发有限公司（简称洞庭新城公司）紧扣“一极三宜”江湖名城建设战略目标，抓好项目建设、资金保障、规划招商和内部管理四大重点，推进洞庭新城项目实施。洞庭新城公司运用土地抵押、企业债券和国家专项扶持政策等多种途径进行融资，完成融资19.6亿元，为土地征收和项目建设提供资金保障。完成投资10.45亿元，其中，市政公益性项目6.85亿元，自营性项目3.60亿元；土地征拆投入资金8.55亿元，工程建设投资1.9亿元。一是推进省属重点工程鱼巷子改扩建工程。完成产值8650万元，完成一期、二期主体工程，对三期工程项目进行方案设计。二是推进洞庭新城沿湖治理（一期）工程，完成投资4000万元，跨线桥全长480米，桥面全线贯通。三是推进韩家湾干堤加固工程，完成投资3000万元，完成现场“三通一平”和工程招投标等前期准备工作。四是加快东风湖房地产开发项目建设，完成投资3400万元。五是加快实施三角线跨铁路危桥抢修工程，投资350万元，7月18日竣工验收并交付使用。六是推进历史文化街区保护建设项目，完成投资2000万元，基本完成慈氏塔文化遗址的维修保护工作，启动慈氏塔公园建设。
（邓　芳）

【洞庭新城招商引资工作】　2016年，洞庭新城公司加大招商引资力度，树立品牌效应。一是与恒大地产集团合作开发南湖半岛项目，总投资20亿元，累计完成投资13亿元。该项目在工程进度和销售业绩上均取得重大突破。二是与云南城投医疗健康产业投资公司等合作投资岳阳雷公湖国际健康城项目，土地征拆工作全面实施，全年完成投资1.12亿元。三是加大对基础文化旅游业态项目投资力度，推动岳州古镇、张谷英等文化旅游资源整合，为加快全市文化旅游产业发展做贡献。
（邓　芳）

城市管理

【概况】　2016年，岳阳市城市管理和行政执法局（简称市城管局）坚持精准管理，坚持改革创新，城市管理水平得到提升。

日常管理有成效。规范调整环卫作业流程，实施河湖沿岸垃圾清理专项行动；开展乱停乱靠、夜市经营、出店（占道）经营、马路游摊、城区禁炮和广告招牌等六大专项整治行动；保持公园、广场卫生洁净、秩序良好、生态优美，加强绿化养护工作，保持城区良好的绿化景观；采取“清、抽、投、吸”等治标措施开展蛇皮套调蓄池整治，推进泵站提质改造并实行定置化管理；路灯设施完好率和亮灯率保持98%以上，全市90处亮化设施保持常态化的亮化效果；购置新型智能环保渣土车20台；开展户外广告专项执法行动，拆除广告牌3000块，处置历史遗留广告牌4块；推进“数字城管”二期建设；沿湖路、广场和景区周边等做到经常化有效管理；火车站地区综合执法在秩序、环境、卫生等方面取得明显成果；保持安全有序的生产经营秩序，为市场供气提供优质服务；多渠道治堵保畅，完成主城区停车设施专项规划编制，督促新建（改）社会停车场，开展“僵尸车”占道专项整治，协调道路停车收费等工作。

项目建设有进展。完成公共自行车二期、“数字城管”二期、火车东站应急通道、烈士陵园绿化建设和年度公厕垃圾站建设等5个项目建设任务。推进蛇皮套和三大湖综合治理、垃圾焚烧发电建设、花果畈垃圾处理场防渗提质改造及岳阳大道维修提质等项目前期工作。

改革创新有突破。解决遗留多

年的市政改制难题，完成市政职工身份置换和招录招聘等工作。依法出让市政资质，组建新的维护管理机构。探索服务外包和自身监督管理相结合的管理模式，成立王家河公园管理中心。按照省政府《关于调整岳阳火车站地区相对集中行政处罚权工作的批复》，强化巩固火车站地区综合执法体制改革试点成果。对传统老式渣土车逐步淘汰、更新换代，10月28日，岳阳首批20台新型智能环保渣土运输车在城区投放使用。

管理效益有提升。提出“出门就是工作，上街就是管理”理念，向“12319”热线平台上报、督办城市管理动态问题5000个，其中较大问题403个，整改率90%。推出“三查两提高”（查人、查车、查记录，提高见面率、提高问题处置率）考评方案，强化考评措施和手段，提高管理效率和服务意识。创新五区市容环卫和局系统标准化考评方式，组织考评230次，下发专题通报140份，督促解决问题2000个。办结信访案件50件。加强行业安全监管，推进“打非治违”和安全生产大检查专项行动，排查整治燃气安全隐患500处，督促15家燃气企业取得燃气经营许可，16家燃气企业通过安全评价。

【垃圾焚烧发电项目】 2016年2月2日，市长刘和生主持召开市政府第50次常务会议，审议并原则同意《岳阳市静脉产业园PPP项目初步实施方案》。7月1日，静脉产业园发电项目在云溪区开工。静脉产业园规划占地面积207公顷，主要布局生活垃圾和固体废弃物处理等环保产业项目，总投资30亿元。开工建设的发电项目占地7.8公顷，总投资5.95亿元。建成后日处理生活垃圾1200吨，年提供绿色电力超过1亿度，水耗、能耗及环保控制标准等指标均达国际国内同类项目先进水平。项目将于2018年8月建成运营。

【防汛防涝】 2016年入汛后，市城管局启动城市排涝应急预案，成立防汛救灾领导小组，分设泵站运行组、应急突击组、后勤保障组、信息综合组等四个工作组，确保人员到位、领导靠前指挥到位、防汛责任到位。投入100万元对所辖的11座泵站进行维护维修，其中投入40万元对金东门、蛇皮套两大水系涉及到的蛇皮套泵站进行维修，购买设备7台。对主城区11个易渍点26千米的管网清理淤泥3453立方米，对金东门、蛇皮套雨水闸进行检修。下发“防汛督查责任安排表”，汛期每日督查联系点岳阳楼区的水库、湖区堤垸、采石场和内渍隐患点的值守情况。加强对城区11座泵站运行情况的巡查。

【公共自行车二期】 2016年7月22日，岳阳市公共自行车租赁系统二期160个站点、3000辆公共自行车建成运营。服务范围从居民小区、办公区、超市、学校、医院、公共交通换乘点、车站、购物中心、广场、公园，辐射到城乡接合部、大中专院校、风景旅游区、商业区、大型居民区等，最大限度满足市民租还需求。办理租赁卡9万张，日均租车量超2.1万人次，单日租还车最高突破4万人次，总租借量达1900万人次。

2016年7月22日，岳阳市公共自行车二期投入使用　（徐　畅　摄）

【蛇皮套和三大湖综合治理工程】

2016年11月4日，蛇皮套调蓄池水系和主城区三大湖综合治理工程开工建设，系岳阳市争创国家海绵城市的首个示范性工程。该工程运用“海绵城市”建设理念，在尽量不填水的前提下，将南、北、中三大湖水系连通，提高环湖区域的可达性。清理湖泊内淤泥，实现周边雨水收集和自然过滤功能。实施环湖滨水休闲走廊建设，设置游步道、休闲平台、广场和栈道等设施。

【城区限炮】 2016年，市城管局按照谁主管、谁负责和属地管理原则，把整治工作责任明确到各区、各街道办事处、社区居委会和小区物管。一是健全组织机构。督促市区两级限炮部门加大人、财、物的投入，增加限炮检测点，安排限炮人员轮流值守，定期开展联防联治。二是加强宣传引导。面向社会公布限炮举报电话，定期向手机用户群发限炮短信，开展巡回限炮宣传。三是曝光违规行为。在新闻媒体公开曝光限炮工作不力的单位和个人，定期公布限炮工作考核情况。四是严格追究问责。将区级限炮工作纳入城区市容和环境卫生考评范围，实行奖惩兑现，对违规燃炮、限炮工作不力的单位和个人报请督查问责或采取经济处罚，城区燃炮现象得到有效遏制。

（徐　畅）

园林绿化

【概况】 2016年，岳阳市风景园林局（简称市园林局）争取年度湖南省新型城镇化引导资金项目——城市立体绿化项目，获得引导资金

300万元，建设太阳桥立体绿化和王家河公园绿雕。完成金鹗公园桃花湖景观建设任务以及金鹗公园、南湖公园等公厕、生态浮岛提质改造。完成南湖公园防灾避险附属设施树顶栈道建设。规划岳阳大道、南湖大道的鲜花种植，调整花境结构。利用"海绵城市"建设理念，在市委、市政府周边主要节点实施花境栽植技术，完成时令草花换植面积2万平方米，换花80万盆。按照鲜花工程用花需求，建立花境植物基地。在金鹗公园、南湖公园、南湖广场等地栽植二月兰2万平方米，打造"蓝色花季"主题花卉季。指导县市区开展创建活动，创建省、市级园林式单位（小区）10家。组织局系统干部职工在湖洲中心滩涂地义务栽植柳树600株。城市建成区绿地率38.95%，绿化覆盖率40.92%，人均公园绿地面积9.24平方米。

【成立王家河公园管理中心】

2016年4月，岳阳市成立王家河公园管理中心，性质为公益二类正科级事业单位，核定差额拨款事业编制30人，正科级职数1名，副科职数2名，隶属市园林局管理。公园南起三眼桥附近的螺丝岛，北至通海路，全长7.5千米，景区规划总用地面积148万平方米。加强园内秩序巡逻、安全文明劝导、违规菜地整治、园林绿化维护等工作，接待国家、省市领导20批次。

【湖南省地被植物座谈会在岳阳召开】　2016年8月26日，湖南省住房和城乡建设厅地被植物应用和生态修复座谈会在岳阳召开，全省14个市州及部分县（市）相关负责人100余人参加会议。会议要求各地学习借鉴岳阳市在园林绿化工作方面的经验。岳阳市在园林绿化建设和提质改造中改掉以往灌木模纹、大面积时令草花等植物的应用，大力推广应用低维护、低投入、高产能的开花草本植物、观赏草及其他草本植物、蕨类植物和藤本植物等，以营造季相色彩丰富的植物景观。大胆创新推进生态浮岛、立体绿化和公园绿地建设，提升城市绿化花化彩化水平。

（邓栋梁）

市容环卫

【概况】　2016年，岳阳市市容环境卫生管理局（简称市环卫局）贯彻"时时干净、处处整洁"的管理理念，完成各项目标任务。

营造秀美环境。推动环卫工作实现"四个推进"：即从辖区范围向街巷社区推进，从路面卫生向水域保洁推进，从视线范围内垃圾清理向视线范围外推进，从治理视觉污染向消除嗅觉污染和减少扬尘推进。在水域环境治理方面，组建5支专门队伍，投入300万元，对中心城区"五湖一河"（洞庭湖东岸线、南湖、芭蕉湖、东风湖、吉家湖和王家河）沿岸10万吨生活垃圾和建筑垃圾进行全面清理、平整和运输处理。

坚持工作标准。重要领导到岳阳、重大活动开展和重要节日期间，坚持工作高标准、以最佳状态展示岳阳城市形象。完成重大接待迎检活动38次97天。服务工作大局，在学院路、洞庭北路等工程建设期间，调配人力物力，增加清洗车辆，使市容卫生标准不降低，居民出行不受阻。

倾情关注民生。为困难社区、改制企业、"城中村"等特殊区域无偿清理垃圾1万吨。改进工作方式方法，确保清扫保洁、洒水降尘等日常作业不扰民。办结数字城管派单、市长信箱平台投诉等问题3万个。开展"关爱环卫工人"等公益活动，联合社会爱心企业关爱环卫工人4次300人，走访慰问困难职工100名。

【完善环卫作业体系】　2016年，市环卫局完善作业体系，推动环卫作业向高标准、高质量、高效率方向前进。

洗扫保洁机械化。推行人工"两扫全保"服务制和"快速巡回保洁法"。调整优化机械洗扫保洁模式，将"人、车、路"相对捆绑，利用洒水车、洗扫车、高压清洗车、护栏清洗车等设备，对车行道、人行道、边沿石及隔离护栏，进行全方位、连续性、高精度的"淋浴式"清洗，强化人工保洁与机械洗扫相互配合、协调推进。

垃圾收运物流化。合理布局果皮箱、垃圾桶等收集容器，确保市民方便投放。科学安排垃圾收集时间及频次，统筹调度各站点清运路线，以网格化管理覆盖所有的点、线、面，使垃圾的产生、收集与运输实现无缝对接，整个运行体系环环相扣，城区垃圾基本实现随产随清。

终端处理无害化。按照国家最新技术标准，对入场垃圾开展卫生填埋、无土覆膜、除臭灭蝇，规范进行污水处理，各项指标达到国

2016年10月28日，岳阳市首批新型智能环保渣土运输车投运启动仪式在市会展中心举行　（徐　畅　摄）

家规定要求。全年完成生物纤维覆膜12万平方米，处理生活垃圾28万吨、污水8.6万吨，城区生活垃圾无害化处理率100%。

【创新环卫管理机制】　2016年，市环卫局构建科学高效、充满活力的运行新机制。

创新“智慧环卫”管理模式。投入500万元，结合“数字城管”二期工程，将平台建设到队、班组，全面采集第一手真实数据，对环卫工作进行全过程监控管理。建立环卫考评微信反馈系统，加强日常考评过程。每月召开考评工作讲评会。

建立“常态考核”监管框架。推进“全天候、全过程、全覆盖”的督查考评新模式。坚持用“三净”（对泥沙和尘土称重考核，以克论净；对烟蒂和白漂计量考核，以个论净；对垃圾落地计时考核，以快论净）指标检验工作效果，使市容卫生保持在“两个10”的高度，即“道路浮尘砂石每平方米不超过10克、垃圾滞地时间不超过10分钟”。

推进“多元控污”治理体系。坚持“三个强化”，即强化市容执法治污，全年整治各类污染源300处，处置突发污染事件2500起，查处散装货物违章运输车辆500台次，堵住基建场地、街道门店和“五漏”车辆等主要污染源头；强化文明引导治污，优化环卫工作外围环境；强化部门联动治污，将防污手段前移，减少环卫重复劳动。

【提升环卫服务功能】　2016年，市环卫局加快环卫设施设备建设改造步伐。一是完善设施。新建连体公厕、垃圾站3座，重点改造庙前街、东茅巷等站厕16座。投入300万元，对所有站厕的内外墙、下水道及无障碍设施等，进行高标准维修维护。提高站厕服务水准，执行从早7点到晚9点的全日制专人保洁制度，定时喷洒药物消毒除臭，设施内外环境干净整洁。在公厕内部布置绿色植物。环卫设施管理由规范服务向优质服务转变，由具备一般功能向注重弱势群体转变。二是添置设备。推动环卫工作从劳动密集型向机械集约型转变。投入600万元，新购密封式垃圾运输车、高效吸尘车、环境监测车等作业机械20台。构建安全生产预警机制，加大监管和防范力度，有效控制机械设备及职工安全事故发生。

（张　颉）

勘测设计

【概况】　2016年，市规划勘测设计院突出转型拓展市场空间，经济效益降中企稳，实现合同产值5000万元，完成营业收入4800万元。

创建地理信息中心。在全省率先搭建地理信息平台，从高校招聘6名毕业生，委托武汉测绘研究院开发平台软件，委托专业公司装修平台机房，地理信息平台框架基本成形，实现各类规划、勘测数据汇总“一张图”平台管理，提高图纸使用率。

升级给排水专业。推进给排水专业转型发展，承接各类大型给排水业务。与中国城市规划设计研究院合作完成岳阳市海绵城市总体规划，与德国汉诺威水有限公司合作完成岳阳市主城区排水专项规划（修编）、蛇皮套水系及调蓄池综合改造等项目。

发展测绘专业。稳住工程测量业务，发展地籍测量、不动产测量和管网测量等业务。重点推进管网测绘工作，抢占岳阳管网测绘业务1800千米。派遣2名技术人员前往武汉测绘院、长勘院跟班学习，派遣1名技术人员常驻市住建局坐班协调。

培育高端人才。通过“四海揽才”解决注册岩土工程师的编制问题。招聘应届毕业生8名，投入20多万元组织20人次外出学习培训。全年取得注册造价师执业资格1人，通过注册岩土师考试1人，考取高级工程师职称2人，考取工程师职称6人，考取助理工程师职称3人。

【开拓业务市场】　2016年，市规划勘测设计院一是深耕城区市场。通过内引外联、主动出击、合作投标等方式，加强与国内知名设计院和兄弟设计院的合作，找准品牌特色、市场定位、发展条件和介入机会等竞争因素，完成项目招投标80个。与上海市政院合作齐康路项目，与长沙建筑设计院合作南湖通道等项目。二是拓展县域业务。稳固华容县、湘阴县、临湘市市场，重点推进平江县、云溪区市场，承接平江县风光带园林景观设计、云溪区云龙公园方案设计等项目。平江大众风光带完成以水系为纽带，人水相依、岸绿景美、生态宜居的园林设计。寻求勘察业务市场，完成平江甲山河风光带、汨罗江风光带等岩土工程勘察。完成勘察项目70个，总进尺25千米，预算产值300万元。开展乡镇总体规划、旧城改造、专项规划、城市设计和重要地段修规等规划勘测设计项目12个。

（胡佳琪）

房地产业

【概况】　2016年，岳阳市房地产管理局（简称市房产局）突出发展主题，打造智慧房产，完成工作任务。完成商品房销售总额215.2亿元，成交面积534.2万平方米，比2015年分别增长22.4%、19%。完成房地产开发投资133亿元，比2015年下降12.2%。全局完成经济收入5465万元，超年度计划17.5%。直接协征契税1.17亿元、营业税2.3亿元。市本级归集维修资金2.17亿元，累计归集金额为11.7亿元，增值收益998万元。

【加强市场监管】　2016年，市房产局组织清理70个内部管理制度，将43项管理工作制度编印成册，要求干部职工遵照执行。强化问题导向，倒查制度漏洞，围绕干部选拔任用、“三公消费”等重点领域，加大制度建设力度，形成用制度管权管事管人的长效机制。报请市政府出台《岳阳市房地产开发项目货币资本金管理办法》，《岳阳市物业管理办法》《岳阳市房屋安全管理办法》通过市政府法制办审查和市政府专项会议讨论。对73个房地产项目实施预售款监管，归集预售款65.23亿元，储存项目资本金1.49亿元。完成三级及以下房地产开发企业资质审批职权承接和相关制度建设、流程设计等工作。加强市场监管，巡查房地产项目70个、房地产经纪公司35家、物业企业52家。整治违规行为，查处房地产领域违法违规案件52起、立案调查14起。规范新建小区家装行为，加大装修工地巡查力度，办理施工证4180个。完成君山农垦农村危房改造8500户。实施个人住房信息系统建设，完成省市县三级联网。推进“数字房产”综合管理平台建设，确保不动产统一登记工作顺利进行。组织存量房及资金监管系统培训，完成物业管理综合平台开发。加强房地产基础测绘和项目测绘，完成中心城区45平方千米修补测、城陵矶新港区新测房产图13.86平方千米。实测商品房小区房屋238栋，总面积203.8万平方米。完善装饰装修检测实验室建设，提升检测分析能力，完成家装检测1252户。推广白蚁防治饵剂系统新技术，在商品房小区安装、更换监测装置2625套，绿色环保防治施工面积88万平方米。

【助力中心工作】 2016年，市房产局服务十大片区棚户区改造，安排专人加强国有土地上房屋征收政策指导，配合市棚改办制订《国有土地上涉公住房征收补偿处理意见》。完成棚改项目国有土地上93.5万平方米、6108户的征收成本概算审核工作。提供80套经济适用房房源，安置棚改拆迁户。对棚改片区进行征收测绘，测绘房屋1.2万栋（户），面积92.4万平方米。开通棚改档案查询绿色通道，完成7035户棚改项目红线范围内的房屋档案查询工作。推进文明城市创建、卫生城市复审、安全生产等工作，对物业小区现场督察100次，对不合格小区发出整改通知60份。划转70名工作人员到不动产登记中心工作，完善业务流程设计，做好与国土部门的对接，确保不动产登记改革平稳实施。组织干部到扶贫点湘阴县岭北镇仁义村走访调研，投入帮扶资金20万元，扶贫点被评为全省脱贫攻坚示范村。

（石　勇）

住房公积金管理

【概况】 2016年，岳阳市住房公积金管理中心归集住房公积金29.19亿元，缴存总额176.24亿元，缴存余额98.98亿元。发放住房公积金贷款28.29亿元，累计发放住房公积金贷款111.13亿元，贷款余额77.65亿元。逾期贷款62.23万元，逾期率0.008%。办理住房公积金政策性提取18.73亿元，全市住房公积金提取总额77.27亿元。个贷率78.45%。利用住房公积金支持保障房建设项目贷款余额1.02亿元。开展文明创建，平江县管理部获得省级文明窗口单位。

【归集扩面提标】 2016年，市住房公积金管理中心抓好归集扩面提标。做好宣传工作。在全市楼盘、部分行政事业单位和大企业开展宣传工作。在市中心人口最密集处投放宣传广告，举办住房公积金宣介会。加大执法力度。加强对非公企业建制执法，对188家单位开展行政执法，下达法律文书188份，其中有111家单位完成整改。强化部门联动。联系协调各相关职能部门，提升各级领导对住房公积金的认识。衔接人大和财政部门，财政补贴提升幅度较大。落实“控高保低”。维护缴存职工的合法权益，在缴存未达标单位中筛选一批有能力提标的单位进行督促，部分长期欠缴、停缴住房公积金的单位实现正常缴存。推动归集增长。以缴存年审促建制扩面的开展，抓好基数调整，带动单位补缴、限高保低、单位开户、新开职工和财政追缴等多种途径的归集增长。

【保障民生需求】 2016年，市住房公积金管理中心执行省市关于提高住房公积金使用率的战略部署，加大对职工购房的支持。个贷率达78.45%，完成省定75%的考核目标。一是修订提取和贷款实施细则。二是加大贷款支持力度。对符合基本贷款条件的，做到应贷尽贷，落实全国性异地贷款政策，在城区实现同城通贷，对业务量较大的管理部办理人次进行有效分流。三是满足不同社会群体的提取需求。将第二套以上购房申请贷款的最高比例调整为70%。无房户租房提取额度提高至每年1.5万元。

【贷款管理】 2016年，市住房公积金管理中心以风险防范为前提，规范贷款运行，注重过程控制，在贷前、贷中及贷后三个环节下工夫。加强三级审批，坚持受理、复核和审批环节工作原则性。对接市不动产登记中心，合理分流办理落宗手续，提升抵押贷款办证效率，缩短缴存职工办理贷款的等待周期。项目贷款科每季度接受住建部巡查组的检查，所有本息回收做到“零逾期”。市直管理部推行“三库一途径”，做好逾期贷款催收工作。

（李　游）

开发区·新区

责任编辑 刘兴汉

岳阳经济技术开发区

【概况】 2016年，岳阳经济技术开发区（简称岳阳经开区）在市委、市政府的坚强领导下，以“两学一做”学习教育为抓手，以“一极三宜”江湖名城战略为指引，以市委“三个办法”为保障，推动经济社会协调发展，圆满完成各项工作任务，实现“十三五”规划的良好开局。

【经济运行高位增长】 2016年，岳阳经开区完成地区生产总值226.3亿元，比2015年增长7.8%；完成规模工业增加值120.4亿元，增长7.1%；完成固定资产投资185.9亿元，增长17.8%；实现社会消费品零售总额109.2亿元，增长11.9%；完成公共财政收入34.1亿元，增长13%；其中地方公共财政预算收入14.6亿元，增长19.8%，主要经济指标达到或超过全市平均增速，园区主要指标考核综合全市排名第一。

【项目建设强势推进】 2016年，岳阳经开区新签约项目20个，合同总投资98亿元，实际到位内资53.6亿元，实际利用外资9592万美元，新引进投资30亿元的恒大绿洲综合体、投资20亿元的海济生物医药、投资10亿元的湖南科伦药业研究院等一批项目。万达城市广场、红星美凯龙产业综合体、美的地产等一批知名品牌即将入驻。岳阳三荷机场、临湖路、赶山东路、蒙华铁路、岳望高速、大岳高速、长郴输油管线、岳阳高铁东站交通枢纽、市体育中心西侧棚改、罗家坡污水厂二期等一批国家、省、市重点工程，现代装备制造产业园、百利科技、中航浮空器、水果市场等一批重大产业项目推进有力，实施土地依法征收项目21个，完成征收腾地402.2公顷，拆迁房屋2670栋，新增建设用地16宗339.73公顷。

现代装备制造产业园建设场景 （李 鹏 摄）

【产业升级提速增效】 2016年，岳阳经开区新增规模企业5家，百利科技主板上市。中科电气组建院士工作站，收购星城石墨进军新能源领域。巴陵节能炉窑关键技术入选国家重点节能低碳技术推广目录，新华达制药进入中国制造2025项目计划，道道全粮油获得市长质量奖，湘沪现代农业示范园被评为省级特色水果产业园，岳阳华文食品有限公司被评为省级农业产业化龙头企业。新建“135工程”标准厂房60万平方米，成功举办全省“精准服务进园区”现场会，湖南海陵科技获得“国家级科技企业孵化器”，“岳阳忧乐空间”被评为“国家级众创空间”。新增省级高新技术企业10家，新增马德里注册商标2件、中国驰名商标1件、省名牌产品6件、著名商标5件，获得专利授权130件，实现高新技术增加值94.8亿元，比2015年增长18%，高新技术增加值占GDP比重位居全市第一。第三产业加速发展，岳阳东部商圈加速形成，三次产业结构比调整为2.2：71.9：25.9。

【禁拆治违形势扭转】 2016年，岳阳经开区拆除新增违建400处5万平方米，新增违建发生量同比下降80%。市禁违折违办公室信息平台疑似新增挂号下降50%，新增违建

2016年岳阳经开区乡镇管理处简况

表5

名 称	国土面积（平方千米）	耕地面积（公顷）	年末总人口（人）	人均年收入（元）	书 记	乡（镇）长 主任
康王乡	76.94	1726.7	28369	21000	徐 胜	吴昌华
西塘镇	146.4	4918.6	45000	21684	任岳良	周胜华
通海路管理处	9.8	0	185000	32000	黎 为	李石斗
金凤桥管理处	24.05	390	20030	21813	易朝辉	黎 明
木里港管理处	15	280	9341	23500	方 敏	周 雄

基本实现“零增长”。拆除存量违建1721处54万平方米，是2015年拆存总量的5倍，片区清零任务超额完成。拆除市、区典型违建17处，总面积6万平方米，典型违建拆除数量和面积均居全市第一。严格落实房屋合法性认定、安置人口认定等政策制度，蒙华铁路、岳阳三荷机场、临湖路、南翔万商、枣子山路等项目甄别拆除违建房屋600栋，节约资金10亿元，坚持违法建设“零补偿”效益明显。

【社会大局和谐稳定】 2016年，岳阳经开区一批信访疑难遗留问题得到妥善解决，进京赴省上访下降50%以上，重要特护期实现“零上访”目标，城区信访工作综合考核全市排名第一。严格落实安全生产责任，开展“大排查、大管控、大整治”行动，关闭烟花爆竹生产企业2家，整顿非法生产企业50家。持续加大社会综合治理力度，八字门派出所“三调”经验被全国公安机关基层警务暨110接处警工作现场会议推广，“三实”信息采集工作被评为全省先进，政法“三项行动”经验在全市推介，禁毒挂牌乡镇全部摘帽，禁毒工作全市排名第一。

【改革创新彰显活力】 2016年，岳阳经开区政务服务中心组建运行，77项市级行政审批事项基本承接落地，办理各项事务1197件，减免费用923.5万元，行政审批、便民服务大幅提速，“开发区的事在开发区办结”基本实现。推进投融资改革创新，到位融资56.97亿元，岳阳经开区开发建设投资有限公司（简称开建投）、岳阳轩达交通科技有限公司（简称轩达公司）成功获评为AA信用等级，开建投4.5亿元中期票据发行实现成功注册，轩达公司15亿元企业债发行推进顺利，打通资本市场直接融资渠道。新成立区外贸综合服务中心，出台促进外向型经济发展办法，聚源石油、宫下电气等企业外贸业绩破零或倍增，全年实现外贸收入1.4亿美元，引进外资9592万美元，比2015年分别增长75%和58.2%，超额完成市政府目标任务。推进商事制度“放管服”综合配套改革试点，新增内资企业814户，同比增长192.8%，市场经济活力进一步释放。

【城乡面貌持续改观】 2016年，岳阳经开区白石岭北路、大桥河路、健康路、科技路等城区园区道路提质改造，“十大工程”“六大整治”取得实效，文明城市创建工作持续发力。提质改造农村公路34千米，新修通村通组公路60千米，X026城桃线大中修工程完成，修缮改造危桥3座，农村安全饮水工程巩固提升，美丽创建暨农村环境卫生整治工作深入开展，康王乡乌江村、西塘镇星光村集中建房示范点工程竣工，农村生产生活面貌持续改善。滨湖游路截污管网、王家河压力管网、木里港雨污管网工程完成，环南湖生猪全面退养禁养，金凤湖、黄茆山区域保护力度加大，禁炮工作强势铺开，生态环境不断优化。

【民生福祉显著改善】 2016年，岳阳经开区推进脱贫攻坚，“六个一批”措施落实有力，年度减贫任务全面完成，顺利通过省扶贫考核和第三方评估达标验收。新增城镇就业2835人，其中，下岗失业人员再就业443人，就业困难人员再就业155人。五大基金征缴扩面，城乡社保、低保提高标准，城乡医保并轨，社会保障体系更加健全。深入实施惠民工程计划60个，完成农村危房改建改造80户，实施保障房建设项目3个，新建安置房1944套，竣工1418套。新建棚改房674套、公租房122套，实施棚改货币化安置695栋、1736户。北港小学、珍珠山中学主体工程奠基开工，中小学标准化建设“三年行动”完美收官，一批中小学校办学条件有效改善，教育教学质量得到提高。新建一批农村文化站、文化广场、电子阅读室等文化设施，成功创建省级“书画之乡”，通过国家公共文化服务体系示范区验收。全面推进卫生计生公共服务均等化，居民健康建档率达79%。

【党的建设全面加强】 2016年，岳阳经开区开展“两学一做”学习教育、“巴陵先锋先行”和“我是党员我带头”系列活动，精心组织20多类党员教育培训活动。坚持“五个看重”“两个倾斜”用人导向，圆满完成乡镇换届工作，干部交流比例达到45%，全年调整干部2批次106人，提拔重用基层一线干部20名，实干担当氛围更加浓厚。推进基层党建“三大三强”行动，成功承办全市非公党建现场会，“岳阳模式”获得省、市肯定推介，年度基层党建工作全市排名第一。党风廉政建设始终走在前列，被评为全市先进单位，全面落实“两个责任”，认真开展“纠四风、治陋习”和“雁过拔毛”式腐败问题专项整治行动，始终保持反腐高压态势，区乡两级纪检监察机关受理群众信访举报234件1800余人次，上级转办28起，立案32起，党纪政纪处分32人，营造风清气正的良好氛围。

（周立波）

湖南城陵矶新港区

【概况】 2016年，湖南城陵矶新港区（简称城陵矶新港区）科学推进产城融合，高效运营口岸平台，引进培育优势产业，提质升级管理服务，着力发展临港经济和开放型经济，建设湖南对外开放“桥头堡”取得开局性胜利。全面完成地区生产总值100亿元，比2015年增长10%；增幅全市排名第一；完成固定资产投资86.1亿元，同比增长29.5%，增幅全市排名第一；完成规模工业增加值32.2亿元，同比增长8.2%，增幅全市排名第三。完成公共财政预算收入7.32亿元，同比增长12.5%，其中地方公共财政预算收入4.48亿元，同比增长14.4%。

【口岸平台营运增效】 2016年，城陵矶新港区依托“一区一港四口岸”国家级开放平台的开放效应、辐射作用，自觉把新港区的发展放到长江沿线九省二市的大坐标中去定位，放到全省“创新引领、开放崛起”大战略中去思考，放到全市“一核三极两区多点”的大格局中去审视，以“一区一港四口岸”为依托，推进外向型经济发展迈上新台阶。促成市委、市政府在新港区召开全市开放型经济工作会议，出台《关于促进岳阳城陵矶“一区一港四口岸”加快发展奖励暂行办法》等3个政策文件。兑现“一区一港四口岸”奖励，25家外向型经济企业获得奖励资金2852万元。综合保税区封关运行不到5个月，签约入区项目128个，完成入驻企业注册87家，其中7个项目开工建设，总投资54亿元，完成进出口贸易额10亿美元，是全省进出口贸易增幅最大、项目落地速度最快的综保区。进口肉类指定口岸直接进口肉类冻品3802吨，是2015年总量的近四倍。进口粮食指定口岸进口粮食50.3万吨，同比增长114%，为长江沿线上海以外最大的粮食口岸。汽车整车进口口岸进口汽车289台，货值超过1.1亿元，在国家同时批准的5个汽车口岸中业绩仅次于重庆市和郑州市。固废进口指定口岸进口固废17.51万吨，有力带动全市循环经济发展。成功组建运营城陵矶国际港务集团，全年集装箱吞吐量突破40万标箱，实现集装箱吞吐量、主营业务收入、净利润三量齐升。

【产业新区精准招商】 2016年，城陵矶新港区面对经济下行压力增大、产业投资增长乏力等困难形势，坚持一手抓招商引资，一手抓产业培育，力促临港产业拔节生长。围绕“一区一港四口岸”精准招商，围绕优势产业开展产业链招商，围绕重点区域、重点项目开展点对点敲门招商，着力招大、招群、招特，引进一批重大产业项目。合同引资突破100亿元，内联引资到位30.26亿元；新签约项目14个，均为亿元以上项目；新开工项目16个，其中亿元以上项目15个；新投产项目11个，均为亿元以上项目，其中工业制造类项目4个。湘江纸业环保搬迁与优化升级项目、海益通微生态复合能量加工项目、海圣祥俊电子显示屏项目正式投产运营，中粮城陵矶产业园一期物流园、道道全粮食加工项目、3517高分子材料产业园橡胶密封圈车间竣工试运营，国家财政部PPP示范项目进出口商品展示交易中心一期主体工程封顶，高澜二期厂房、湖南军民融合双创基地主体完工，吸引航天神舟卫星应用数据中心、臻恒光电系统、军民两用无人机等项目入驻。

【产城融合加速发展】 2016年，城陵矶新港区牢固树立产城融合发展新理念，着力推动城市服务功能与产业新区深度融合。部署实施“3040”项目建设竞赛、重点项目百日攻坚行动，加大项目建设在绩效考核中的比重，项目建设取得明显成效。全年报批土地24宗、384.93公顷，批回6宗、120.07公顷；出让土地22宗、201.8公顷。松杨湖路西延线、兴港东路、城陵矶路竣工通车，芭芸路、云欣东路、芭蕉湖路建设扎实推进，兴港路与国道107线接口工程和杭瑞高速冷水铺互通工程基本完工。实施杨树港、象骨港、凌泊湖等水利工程建设，较好地经受雨季洪涝灾害考验；完成污水处理厂建设，埋设污水管道2.2千米；自来水配网、高压电力迁改等工程有序推进。投入资金1.02亿元，完成城陵矶片区棚改房一期工程；碧桂园、恒泰雅园、亚泰花园等房地产项目顺利推进，总销售面积24.6万平方米。有效保障重点项目用地需求。顺利获批国家级产城融合示范区，为全省仅有的2个国家级产城融合示范区之一。

【管理服务提档升级】 2016年，城陵矶新港区主动适应作风建设新常态，深入开展“两学一做”“巴陵先锋先行”等活动，巩固转化群众路线教育成果，学习贯彻党的十八届六中全会、省第十一次党代会、市第七次党代会精神，践行《准则》《条例》，党员干部“四个意识”，纪律规矩意识进一步增强，“四讲四有”“好干部”品格得到锤炼、作风得到提升、形象得到重塑。开展“五比五做”活动，优化项目立项、招投标核准、环评审批验收等一站式服务流程，提高服务效能，打造管理服务集成升级版。突出担当实干，先后解决招商引资、规划建设等“先上车后买票”的遗留问题100多个，有力保障工程项目的有序推进。同时，加强建章立制，先后出台各类规范性文件20多个，规范项目建设监督管理流程，保证项目规范运行，干部干净干事，构建“亲清”的政商关系。制定落实《重点产业重点民营企业帮扶行动方案》，为企业出谋划策、解决实际困难，为企业申报争资项目44个，到位资金1400万元，申请专项建设基金7.65亿元；开通公交线路、举办失地农民招聘会、就业培训班，打通服务企业、服务群众“最后一公里”。开展“监管执法年”和“大排查大管控大整治”行动，实现连续6年安全生产“零死亡”。全面加强党风廉洁建设和反腐败工作，持续开展“清正在心”“谈心谈话”等系列教育警示活动，驰而不息纠“四风”、转作风，从严整治“六大陋习”和“雁过拔毛”式腐败问题，始终保

湖南城陵矶新港区物流园局部　（城陵矶新港区供稿）

持惩治腐败高压态势，干部作风持续改进，管理服务水平不断提升。

【湖南城陵矶国际港务集团有限公司正式运营】 2016年1月8日，湖南城陵矶国际港务集团有限公司与上海国际港务（集团）股份有限公司合作运营启动暨中国远洋岳阳——澳大利亚接力航线开通仪式隆重举行。省人民政府副省长张剑飞宣布港务集团公司正式运营、接力航线起航。湖南城陵矶国际港务集团有限公司是城陵矶新港区开发投资有限公司和上海国际港务集团、中交投资有限公司、长沙新港通过资产重组方式组织的航运企业，对岳阳扩大对外开放、加快外向型经济发展具有里程碑意义。省政府党组成员、省长助理袁建尧主持仪式，市委书记盛荣华致辞，市领导刘和生、李志坚、李湘岳、赖社光、樊进军、陈国荣、陈恢清、李可波等和新港区负责人等参加活动。

【城陵矶综合保税区正式封关运营】

2016年8月9日，城陵矶综合保税区举行封关运营仪式。省人民政府副省长何报翔出席仪式并宣布城陵矶综合保税区正式封关运营，市委书记盛荣华致辞，长沙海关关长黎对贞下达通关运行指令，市委副书记、市长刘和生主持仪式，市委副书记李志坚，市委常委、市委秘书长樊进军，市领导李永丰、宋爱华和新港区领导黄俊钧等出席。城陵矶综合保税区于2014年7月经国务院批复设立，总体规划面积2.98平方千米，分两期建设，其中一期建设面积1.28平方千米，含通关监管作业区、保税加工区、保税仓储物流区、保税服务区等4个功能区。

（刘向葵）

岳阳市南湖新区

【概况】 岳阳南湖旅游度假区（又称岳阳市南湖新区）是1992年10月经湖南省人民政府批准建立的全省首家省级旅游度假区。2000年6月，市委、市政府在度假区基础上加挂岳阳南湖风景区的牌子，实行两块牌子、一套班子运作。2011年1月，岳阳南湖旅游度假区更名为湖南岳阳洞庭湖旅游度假区。2015年4月2日，市政府正式启动南湖新城区规划调整，2015年9月2日，岳阳南湖风景区更名为“岳阳市南湖新区”，管辖面积由28平方千米（含三眼桥以下南湖水域9平方千米）调整为约56平方千米（含南湖和洞庭湖水域12.6平方千米），辖南湖、求索、湖滨3个街道办事处和龙山、月山2个管理处，有19个社区、3个村，管理人口14万人。

境内生态环境秀丽，文物古迹众多，人文景观丰富，文化底蕴深厚，既有“八仙台”和“一龙赶九龟”的美丽传说，又有南津古渡、麋子古城、尚书坊等众多古迹古景。

2016年，南湖新区围绕打造美丽幸福新南湖，强力推进“13118”南湖综合工程，团结全区干部群众齐心协力，奋力攻坚，全区经济社会呈现出加快发展的良好态势。全年完成地区生产总值66.4亿元，比2015年增长7.9%；固定资产投资47.51亿元，同比增长14.7%；公共财政预算总收入5.61亿元，同比增长21.14%，社会消费品零售总额19.76亿元，同比增长11.9%。三次产业结构比为0.81∶4.40∶94.79。三产服务业继续保持区域经济主导地位，主要经济指标均保持较快增长。

【项目建设不断升温】 2016年，南湖新区争取中央及省市预算内资金和国家专项建设基金项目10个，到位资金4.4亿元，对接银信机构，完成合同融资48.81亿元，到位资金22.71亿元。争资融资工作顺利推进，为重点项目建设奠定坚实基础。列入年初“三赛”活动的项目完成27个，投资23.4亿元。“13118”南湖综合工程按照市委市政府要求全面推进，完成南湖片区污水管网规划工作，在三区率先完成211户、7414头牲猪的退养任务。出动打捞人员5200人次，打捞船只2500船次，投放各类生物制剂2143吨，打捞漂浮物200吨，有效遏制蓝藻的爆发。环南湖交通三圈于5月1日全线拉通，沿线道路、桥梁、绿化、亮化工程完工，三街建设、教会学校修复建设、植物园建设、八景建设等工作如期推进。

表6　2016年岳阳市南湖新区办事处、管理处简况

名　称	国土总面积（公顷）	耕地面积（公顷）	年末总人口（人）	人均纯收入（元）	书　记	主　任
湖滨办事处	1233	70.15	16604（常住） 31538（辖区）	21559	王　维	李　斌
南湖办事处	386	240	35037（常住） 28265（辖区）	27877	孔建明	范朝阳
求索办事处	1400 （包括水面1180公顷）	33	26500（常住） 9500（辖区）	27877	沈兰和	刘岳怀
龙山管理处	2320	530	23757（常住） 10000（辖区）	18000	张国礼	向　勇
月山管理处	1047 （包括水面629公顷）	10	7091（常住） 7241（辖区）	27877	许湘群	张　勇

【旅游产业加速发展】 2016年，南湖新区围绕构筑全域旅游新南湖，加快形成以南湖为核心、龙山为支撑、“13118”南湖综合工程为载体、环南湖旅游交通三圈为纽带的全域旅游体系。加快推进刘山庙五星级园林式酒店、龙山精品酒店长廊、青蛙乐园等旅游产业项目。与湖南广电天娱公司签订战略合作协议，联合举办“洞庭南湖首届全国高校湖畔挑战赛”“第一届洞庭南湖起鱼节”“圣安花灯市集”等大型活动，着力打造“洞庭南湖”生态旅游品牌。全区旅游接待总人数为281.63万人次，比2015年增长24%，旅游总收入8.45亿元，占GDP比重10.92%，同比增长28.6%。

【重点工作亮点纷呈】 2016年，南湖新区城市管理工作在全市中心城区市容市貌和环境卫生考评工作中连续三年获得年度优胜奖。土地依法征收工作强力推进17个项目、119.63公顷土地、254栋房屋（70370平方米）的拆迁腾地工作，清零率达到100%，在全市“土地依法征收”行动中并列第一名。安全生产获得市级年度优胜单位荣誉称号。禁拆治违工作组织大小行动149次，拆除违建479处、10.42万平方米，在全市率先完成片区清零任务，继续保持全市中心城区领先的位置。综治维稳接待来访413批、1360人次，全区到市上访总量同比下降65%，到市非访下降75%，到市集访下降40%，进京赴省非访为零。综治和信访工作获得市级年度优胜单位荣誉称号。人口和计生工作获得市红旗单位荣誉称号。

【社会民生显著改善】 2016年，南湖新区全面或超额完成承办的11项省市重点民生实事任务。争取民生资金2029万元，为区城乡低保、医疗、“五保”、孤儿、残疾人等各类困难对象打卡发放生活补助资金1097万元，55名符合国家安置政策的退役士兵全部安置到位。充分利用互联网、手机、微信等新型媒体拓展创建活动的覆盖面和影响力，求索街道办事处被评为省级文明单位，湖滨街道黄义军获得“湖南好人”荣誉称号。制定帮扶措施，实行“点对点”“一对一”帮扶，圆满完成62户贫困户精准扶贫工作任务。争取就业资金1000万元，成功举办“创业创新·先锋先行”主题周活动，全面启动茶博城创业基地和龙山风情小镇大学生众筹创业园建设，率先在全市对初创企业进行场租补贴。完成“国家县（市、区）域义务教育均衡发展”达标验收，八仙台学校改建和畔湖湾小学整体搬迁新建工程列入市政府“六建六扩”任务并启动建设，“二弦戏”列入市级非物质文化遗产保护名录。引进资金300万元，标准化改造和新建求索社区卫生服务中心、云梦和长檀社区卫生服务站，人口和计生工作获得市政府红旗单位荣誉称号。

（皮文辉）

平江工业园

【经济建设平稳运行】 2016年，平江工业园区经济建设整体运行平稳，呈现逆势上扬的良好态势，入园企业达到84家，完成技工贸收入274亿元，完成税收2.75亿元，增长速率保持在20%以上，园区综合实力在全省142个国家级及省级园区中综合排名第17位，在全市6个县市工业园绩效考核中名列第一，被评为全省创新创业带动就业示范基地。

【推进招商引资工作】 2016年，平江工业园为加快推进招商引资工作，充分运用商友招商、互联网招商、媒体招商、区域招商等模式，拓展招商渠道，强化招商对接和跟进，全力以赴抓招商引项目。园区签约项目达17家，其中，过亿元以上项目有青方环保、岳峰新材料、泽恩食品、润哥食品等。

【加快项目建设】 2016年，平江工业园区制定促产促建项目建设进度表、重点项目建设进度表以及项目任务分解表，明确当前在建项目的任务目标、时间节点以及负责人，为每一个重点项目成立专门的促产促建工作小组，由一名园区班子成员任组长，牵头负责项目建设，要求每周一汇报，每月一调度，确保项目建设升温加快。园区在建产业项目26个，其中14个项目实现当年引进当年投资建设。新建亿元产业项目有润哥食品、晏子食品、岳峰云母、青方环保等，二期扩建项目有方正达二期、山润茶油二期、华文食品二期、诚今二期等。基础设施建设项目12个，投资超过2亿元，涵盖“135”工程标准化厂房、南北两园的美化绿化亮化、文化广场、主干道白改黑、污水处理厂和管网升级改造等。

【机制创新成效明显】 2016年，平江工业园区启用入园项目行政审批“2号公章”，深化投资项目行政审批制度改革，精简审批事项45项，审批提速65%以上；拥有一定的自主用人权，对专业技术人员和高级管理人才，经报人社、编制部门批准后，可自行组织公开公平公正的招聘，引进专业人才9名；根据园区生产经营规模和经营业绩制定出人员和绩效工资考核，进一步促进干部想事干事成事。为8家以上企业召开专题班子会议，研究解决企业发展中存在的难题，帮助企业招工1000人以上，组织企业培训10余次，帮助企业消防演练4次以上；坚持宁静日制度，除明确规定的情况外，各单位在每月1—20日一律不得入园检查，宁静日之外对园区内企业依法检查，必须由园区管委会安排专人协助对接；开展园容园貌专项整治行动，清除晴雨棚、广告牌、明爆垃圾及各类违章违规建筑等，并建立长效机制，安排专人长期沿线巡逻等，为园区营造良好的投资环境。

（向承启）

岳阳高新技术产业园

【加速园区创新发展】 2016年，岳阳高新技术产业园区以党风廉政建设为抓手，在推进作风建设的基础上，不断创新工作思路，抓好工作落实，提升园区发展质量，推动产业转型升级，加速园区创新发展。以服务发展为宗旨，稳步提升贡献能力。园区实现各类税金入库1.56亿元，较2015年同期稳步攀升，财税贡献能力进一步提升。

【开展招商选资工作】 2016年，岳阳高新技术产业园在认真研判国家产业导向的基础上，精准出击，放手招商，顶住经济下行压力，招商引资取得一定成效。截至11月底，合同引资9.9亿元，其中，新项目4个，续建项目3个，分别为投资1.4亿元的贝特新能源汽车空调及压缩机生产项目、投资1.5亿元的集中供热供气项目、投资4.9亿元的兴业太阳能70兆瓦光伏发电项目、投资6000万元的健康园项目；投资5000万元的阳光创新置业标准化厂房建设（二期）、投资4000万元的中粮米业（二期）、投资6000万元的盛路人防（二期）。

【推进项目建设】 2016年，岳阳高新技术产业园严格对照项目投资合同，科学安排，督促入园企业加快项目建设进度，力保签约项目早开工、开工项目早投产、投产项目早见效。园区开工建设产业项目7个，分别是贝特新能源汽车空调及压缩机、阳光创新置业标准化厂房建设（二期）、嘉华电梯零部件、新能源电动汽车、中粮米业仓储建设、盛路人防（二期）、四化建高压阀门管件（二期），其中，贝特新能源汽车空调及压缩机生产项目、阳光创新置业标准化厂房建设（二期）项目是当年签约当年开工项目。另有2个项目竣工投产，阳光创新置业（一期）标准化厂房和新一步科技复合电磁线生产项目。开展五期扩园系统工程，推进泽园路道路工程、林冲路公租房施工，完成集中区标准化厂房和泽园路公租房附属工程建设，园区产业配套能力进一步增强。

【提升优质服务水平】 2016年，岳阳高新技术产业园全面推行"一站式""一条龙"服务机制，成立企业服务工作组，对投资商和入园企业从立项审批、登记注册、开工建设到投产经营实行全程代理服务，提高办事效率，加速项目建设步伐。同时，围绕"联手帮扶"开展企业帮扶工作，争取联企县级领导支持，调动参联单位的力量，实行包干负责制，深入企业，解决实际困难和问题。通过"保姆式"服务，新引进的贝特新能源汽车空调及压缩机项目当年签约当年开工当年试生产，整个建设周期不到半年。因自身原因，停工的健强药业项目，在园区的帮扶下，重启项目建设。

【打造创新创业平台】 2016年，岳阳高新技术产业园以"135"工程为依托，通过强化措施，加大财政投入，引进社会资本参与标准化厂房建设，园区2015—2016年完成标准化厂房建设20万平方米，超额完成目标任务。同时，为完善园区标准化厂房基础设施配套，提升创新创业服务能力，园区同步完成泽园路公租房建设，启动林冲路公租房建设，拟配套建设公租房400套。

【立项争资工作取得新突破】

2016年，岳阳高新技术产业园始终将立项争资作为一项中心工作来抓。通过加强与县发改局、县财政局等部门对接，认真分析、仔细梳理与园区对口的项目信息，把准政策导向，找准主攻方向，立项争资工作取得新的突破，为园区建设提供有力支持。园区从"135"工程标准化厂房建设和园区污水处理厂工程两个重点项目入手，主动立项争资。申报"135"工程标准化厂房面积8.7万平方米，争取省奖补资金1000万元。污水处理厂项目争取到中央预算内投资资金950万元，并纳入省第三批PPP示范项目。

【贝特新能源汽车空调及压缩机生产项目签约】 2016年4月8日，贝特新能源汽车空调及压缩机生产项目签约落户岳阳高新技术产业园。该项目由湖南贝特新能源科技有限公司投资兴建，总投资1.4亿元，拟用地面积2.27公顷，主要生产新能源汽车空调及压缩机。项目设计年产新能源汽车电动空调系统10万套、电动压缩机20万台，预计年产值5亿元以上，年创税1000万元以上。项目顺利实施将进一步壮大园区机械制造产业集群。

岳阳县生态工业园区　　（岳阳县生态工业园供稿）

【怡鑫能源集中供热项目签约】
2016年7月8日，怡鑫能源集中供热项目正式签约落户岳阳高新科技产业园。该项目由湖南省怡昌能源科技开发有限公司投资建设，总投资1.5亿元，其中首期投资不低于6000万元，首期用地面积0.73公顷，主要面向园区企业提供集中供热供气服务。项目投入运营后，园区企业10吨以下燃煤锅炉将全面淘汰，进一步优化园区环境质量。

（李　岳）

华容工业集中区

【华容工业集中区发展态势好】
华容工业集中区由石伏工业园（包括杨家桥创新创业园）、三封工业园和洪山头工业园组成，总体规划面积977.52公顷，开发面积385公顷，2006年3月开工建设，2010年进入全国农副产品加工基地行列，2012年经省政府批准设立为省级工业集中区，2013年被评为省新型工业化产业示范基地，2014年获得省和谐劳动关系模范园区。10多年来，园区坚持“产业立区、创新兴区、科技强区”发展方向，不断创新发展思路，破解发展难题，经济社会呈现较好发展势头，主要经济指标平均增幅达15%以上。2016年，园区入驻企业达到70个，实现工业总产值280亿元，创税收1.45亿元。

【华容工业集中区基础设施建设】
2016年华容工业集中区完成三封园区污水处理厂尾水排放专管铺设工程。完成洪山头园区污水处理厂及其配套管网的规划、地形测量、地勘、设计方案编制等前期工作，设计方案通过专家评审。完成三封园区求索南路路基土方和路面硬化工程。完成三封园区新铺安置区东西向和南北向两条主干路建设。启动三封园区地下排水排污管网、沟渠升级改造工程。

【华容工业集中区招商引资工作】
2016年华容工业集中区引进鸿仁源油脂、新叶筑品、理昂生物质发电、新美佳婴童服饰、晨晓服饰、千岭豹鞋业、康沃医疗用品、福尔康婴童卫生用品、老宝智能机器人、华飞电子、丰硕有机硅等项目11个，协议引进资金9亿元。正在与中通客车电动车、橄榄菜、宜春服饰、太平洋机电与科力嘉纺织合作新上15万锭高端纺织等项目进行对接洽谈。

【华容工业集中区服务项目建设】
2016年华容工业集中区推行“一个项目、一名领导、一套班子、一套方案、一抓到底”的“五个一”项目协调服务机制，确保雪花啤酒配套押改售、南山矿泉水技改、明盛纺织、宏绿食品扩规升级、新美佳婴童服饰、晨晓服饰、千岭豹鞋业、康沃医疗用品、华飞电子、老宝智能机器人等10个项目顺利建设、投产达效。

【推进杨家桥创新创业园区建设】
2016年华容工业集中区贯彻落实省、市“135”工作会议精神，推进杨家桥创新创业园建设，打造“大众创新、万众创业”平台。首期新建的8栋标准化厂房于年底竣工，入驻新美佳婴童服饰、晨晓服饰、千岭豹鞋业、华飞电子、康沃医疗用品、福尔康婴童卫生用品、老保智能机器人等中小微企业20家。推进21层电子商务综合大楼和公租房、食堂建设，实现杨家桥创新创业园区行政办公及企业生活服务设施配套，增强招商引资竞争力，激发创新创业活力。

（易　鹏）

湘阴工业园

【湘阴工业园区招商引资工作】
2016年，湘阴工业园区在招商引资上，坚持抓大不放小的原则，围绕“招商引资就是园区生命线”的战略思想，发挥湖南省最具投资吸引力县和湖南省电子信息产业示范基地的名片效应，承接产业转移，坚持联审会议制度，确保引进项目质量。通过采取上门招商、以商招商、网上招商等形式，推介和宣传湘阴的区位优势，交通优势，资源特色，优惠政策和园区完善的基础设施、优质的服务环境。接待客商170人，引进优质项目10个，其中，投资过亿元项目4个：湖南交通工程学院、国网电力湖南A级工厂化检修基地、合力置业、金高电力。投资5000万元以上项目6个：新五俏食品、鸿跃锂电池、燕青电力、金诺动力、金锥电力、亭桥科技。国家电网湖南A级工厂化检修基地项目总投资3.2亿元，用地面积13公顷，即将完成100万立方米土方工程建设。湖南交通工程学院计划投资10亿元，一期项目用地66.67公顷，年内动工建设。

【湘阴工业园区基础建设】 2016年，湘阴工业园区立足于“高起点规划、高标准建设、高效能管理”的指导思想，从路网、管网、电网、土方平整等多方面入手，营造良好的发展环境。推进园区道路建设。顺湘路、黄金北路全面建成通车，新华北路路基工程及污排管网安装工程全面完成，许家垅安置小区、新华二组公路班安置小区的道路硬化、污排水管道、水、电等基础设施建设完成，键铭大道的污排水管道全线安装到位。推进水电管网建设。全面完成湘家线、袁工I–II回高压线路迁移，及时保证入园企业的生产、生活用电负荷，完成黄金北路、新华北路的主供水管道安装。推进天然气管道建设。全面完成洋沙湖大道、工业大道天然气管道安装，并延伸到顺天大道的鑫光铸造项目，园区部分企业使用上天然气。推进第二污水处理厂建设。园区在确保安全和质量的前提下，立足于早、着眼于快，通过精心安排，严密组织，工业园区污水处理厂于11月10日正式投入运营。

【湘阴工业园区项目建设有序推进】
2016年，湘阴工业园区在项目用地急、完成时限紧、矛盾纠纷多、调价补差面积大的情况下，采取“大征拆”的形式，坚持协议拆迁与依法拆迁相结合，白天座谈与晚上做工作相结合，全年征收七宗土地面积16.54公顷，拆迁安置房屋52栋、2万平方米，拆除养殖场3个，寺庙2座，青苗清点补偿扫障86.33公顷，迁移坟墓758冢（其

远大可建科技园 （湘阴县工业园供稿）

中墓坟49家），为项目建设争取时间，赢得主动。在服务项目建设上，园区成立项目建设领导小组，主要领导亲自抓项目，制定抓重点项目建设的措施，开展“百日攻坚”行动，严格推行“一个项目、一套班子、一个目标、一抓到底”的工作机制，项目建设各项工作稳步推进。君昊科技、凯特电力、天跃电气、君德工业地产、玉立环保、金诺动力、富士电梯二期、奇思环保、众均科技、奥莎电梯等10个项目实现投产，合力置业、天宏置业、苏德新材料、鸿跃锂电池、新五俏食品等项目在年底实现投产，蓝天豚硅藻泥、国网电力、锦旺机械、百尔泰克、千硕科技等项目有序推进，亭桥科技、金鑫金属制品、永峰空调、华隆重机、旭鑫电子、智多星新材料等项目征地完成，并完成部分拆迁工作。

【湘阴工业园区清退不良企业】

2016年，湘阴工业园区坚持把不良企业清退作为工作重点，根据项目不同情况，采取先易后难的工作措施，分阶段展开工作，成效较为明显。一是在2015年实施“腾笼换鸟”的基础上，加大置换企业的项目建设力度，使其早日投产达效。凯特电力、君德工业地产、玉立环保实现投产，天宏置业、合力置业项目加速推进，至年底实现投产。二是通过艰辛复杂的洽谈收回春云农业、好日子门业、天宏农机、智星电子、大爱家纺、福源商贸等项目用地，其中，春云农业项目，分别处置给湖南亭桥节能科技有限公司和湖南金鑫金属制品有限公司，2个项目正在办理相关手续。三是启动湘厨厨具、远大再生油、大成麓森、海日食品等项目的土地收回及退出和置换工作。

【湘阴工业园区推进“135”工程建设】 2016年，湘阴工业园区坚持把“135”工程作为提速发展、扩大有效投资、稳定经济增长、促进创新创业的有力抓手，按照“筑巢、引凤、辐射”的工作思路创新举措，强力攻坚推进“135”工程建设，完成标准厂房68.75万平方米、完成投资42亿元，占岳阳市下达湘阴县目标任务的152.78%。园区纳入“135”工程的建设项目24家（其中集中工业地产项目3家，企业自建自用项目21家），竣工标准化厂房面积53.98万平方米，在建的标准化厂房面积18.46万平方米，入驻企业39家，其中，卓达金谷工业地产项目26栋标准化厂房全面竣工，引进4家企业进驻，10家企业签订入驻合同，出售标准化厂房11.04万平方米、出租18万平方米，解决就业人数5900人。合力置业工业地产投资1.2亿元，新建成标准化厂房面积8万平方米。苏德新材料标准化厂房建设面积3万平方米，计划投资2亿元。

（彭拥军）

湖南临湘工业园区

【临湘工业园区主要经济指标稳中有进】 2016年，湖南临湘工业园区（简称临湘工业园区）完成规模工业总产值253.8亿元，比2015年增长18.2%；完成规模工业增加值47.4亿元，占全市规模工业增加值的比重64.3%；园区高新技术产业增加值完成117.27亿元，同比增长114.34%；技工贸总收入195.92亿元，同比增长15.93%；固定资产投资56亿元，同比增长124.90%；实缴税金入库1.56亿元，同比增长14.7%。

【临湘工业园区项目建设】 2016年，临湘工业园区引进项目65个，到位资金65.8亿元。其中，投资过亿元项目28个，超5亿元项目3个，超10亿元特大项目2个。园区充分利用区位政策扶持、产业资源联动、基础设施齐全、环境容量大、软硬环境好5大优势，基本形成以非金属矿产品加工、机械制造为主导产业的三湾片区，以农药化工、精细化工为主导产业的滨江片区。

【临湘工业园区编制远近景规划】

2016年，临湘工业园区坚持以规划引领发展，贯彻“强基础、提门槛、增效能”三大举措。园区委托湖南城市学院高起点、高标准、高水平编制滨江产业区远景规划20.16平方千米，近期规划8.76平方千米，完成总体规划、控制性详规和产业发展规划。5月20日，省人民政府批准园区扩区8.76平方千米，完成工业园调区扩区17个政策性评估报告。同时，完成国务院开发区公告目录的申报，确定到2020年园区规划总面积839.01公顷，其中，三湾园区193.98公顷，滨江园区645.03公顷，通过国家修订开发区公告目录申报，并取得资质。

【临湘工业园区破解资金难题】

2016年，临湘工业园区充分发挥富园投资开发有限公司投融资平台作用，对外增资融资。向国家、省、市申报各专项建设基金、财政贴息和奖补资金项目8个，争取特色县域经济专项补贴资金3000万元。争取项目资金5880万元，争取园区道路管网工程项目资金1.27亿元。同时，不断创新融资模式。利用政策优势，做足做活株洲清水塘老工业基地承接地资金1.86亿元。通过商业银行融资模式，得到建设银行和华融湘江银行授信2.72亿元。特别是利用智慧园区平台，吸引外来资金建设运营，一期工程投资1000万元。利用长江经济带污染治理项目，补助4500万元，解决北控水务工艺提质改造资金难题。此外，及时进行机制体制创新，研究下发《关于进一步促进产业园区发展的意见》，出台《部室业务工作绩效考核方案》《绩效工资管理工作办法》，初步建立园区综合绩效考核工资和管理制度，园区征地拆迁、新集镇开发、重大项目落地等资金得到保障。

【临湘工业园区精准招商】 2016年，临湘工业园区招商工作一是走出去招商。年初派出2人到上海金山化工二区挂职锻炼2个月，取得很好的效果。二是点对点上门招商。引进总投资10亿元的柳化集团湖南基地绿色搬迁与产业转型升级项目，该项目建成投产后，可实现年利税1.1亿元，同时安排500人就业；引进总投资5.2亿元的湖南昊华化工项目，一期、二期工程投产后税收可达9000万元；总投资1.3亿元的湖南福尔程化工有限公司项目落户园区。同时，引进总投资4.5亿元的比德、环宇、宇恒、金叶肥二期扩建项目落实到位。三是开展平台招商。利用园区资源优势和优惠条件在网络等各类平台发布招商信息，取得良好效果，引进投资10亿元以上项目1个，5亿元项目2个。

【临湘工业园区“135”工程加速推进】 2016年，临湘工业园区完成投资2.7亿元，开工建设40.8万平方米标准厂房全部完工。通过标准化厂房在三湾园区建设浮标产业园，有16家浮标企业入园。总投资8000万元的全国第一家专业钓具（浮标）电商平台入驻园区并正式运营；池海、名冠、海鳌等三家公司入园签约购地4公顷，池海公司完成1.8万平方米自建厂房建设装修，名冠、海鳌2家公司完成装修即将开工生产；同时，还有9家浮标企业和研发中心、检测中心等公共平台一并入驻，租用厂房面积2.12万平方米。企业落户总数达到40家。

【临湘工业园区征拆安置基本完成】

2016年，临湘工业园区征拆安置体制实行新的转换，整体推进儒溪村1、2、8、9组征拆工作，收储土地93.31公顷，拆迁房屋200栋。对拆迁户一律实行上楼安置。同时，在滨江产业区加大实施产城融合发展战略，投资5000万元的滨江新集镇三纵三横路网管网工程投入使用。投资1.2亿元高标准建设的1260套公租房，投资1200万元新建的76套拆迁户安置房一期，投资290万元的滨江新集镇二期绿化和投资170万元建设的浮标产业园景观工程投入使用，滨江新集镇初见雏形。

【临湘工业园区保障安全环保底线】

2016年，临湘工业园区建立夜间巡查机制。对各企业进行夜间突击检查67次，及时查处企业超标排放3次，企业无领导带班值班5次，污染治理设施未运行3次等问题，有效杜绝企业的偷排直排行为。建立健全园区安全生产事故及突发环境污染事故的应急处置机制，成立园区应急救援指挥部。园区安全生产事故应急预案和突发环境污染事件预案全部编制完成，并通过评审备案。同时，实行日常精细化管理。园区安环部与驻园安环站建立“一企一台账”，利用科技手段实行“一企一管”在线监控，强力实施一岗双责，园区环保监管有据可查，有据可依。妥善处理各类群众来电投诉，保障在第一时间赶赴现场，第一时间调查取证，第一时间化解矛盾。园区安环部接访并现场处理群众投诉23次，调查处理岳阳市“12345”热线平台关于园区安环投诉单4单，确保园区安环工作平稳有序。

（李　飞）

汨罗循环经济产业园区

【循环经济平稳增长】 2016年，湖南汨罗循环经济产业园区（简称汨罗循环经济产业园区）面对宏观环境复杂多变、经济下行压力加大、国家政策调整、企业生产低迷的形势，按照“621行动”和“135工程”要求，坚持在压力中求突破，在困难中找出路。全年新增规模工业企业10家，规模工业企业总数达到84家，实现工业总产值442亿元，比2015年增长26%，实现规模工业增加值85.9亿元，同比增长15%，小康指数实现程度达到55%，同比增长14%，完成税收6.2亿元，其中，国税5亿元，地税1.2亿元，同比增长24%。

【投资项目顺利申报验收】 2016年，汨罗循环经济产业园区把握国家扶持政策，包装策划一批基础设施、产业发展方面的上级财政性投资项目。新区污水管网收集工程被国家发改委批复同意使用专项产业发展基金3000万元，其中国家开发银行1900万元下拨到位；湖南龙舟农机、晨威高科等4家企业申报国家产业发展基金1.5亿元，其中湖南龙舟农机成功申报3000万产业发展基金，到位资金900万元；湖南汨水循环经济投资有限公司成功申报专项建设基金8000万元。认真做好项目绩效评估与验收工作。2010—2015年，园区56个国家城市矿产示范基地项目终期验收全面铺开，编制《中央专项资金扶持项目竣工验收报告》，完成《汨罗循环经济产业园国家城市矿产基地终期验收自评报告》，进入省级评审阶段；2013—2015年，园区87个特色县域经济项目完成绩效评估报告，项目的引领示范作用得到省财政厅、省特色办的充分肯定。

【全面深化园区改革】 2016年，汨罗循环经济产业园区体制机制更加完善。按照岳阳市委、市政府出台的“园区十条”，拟定实施细则，研究制定《园区工业地产建设管理暂行办法》《园区干部交流任用管理办法》《关于推进园区二次创业的优惠政策》等一系列文件，进一步激发园区发展活力。开展园区家底全面摸清。根据国家六部委《关于开展开发区审核公告目录修订工作的通知》、省发改委、省住建厅和岳阳市园区建设领导小组有关文件精神，经过历时2个月的反复修订，资料文本完善并一次性通过国家部委审核。按照《关于开展全省产业园区清理整顿的工作方案》要求，围绕经济社会发展、土地开发、管理机构设置等六个方面39项内容开展园区清理整顿，进一步推动园区法治化进程。一些遗留问题逐步解决。为了推进园区“二次创业”，整理出制约园区发展的22个问题，经过较短时间的努力，被督办的各个问题事事有着落，件件有下文。闲置资产有效盘活。园区高度重视盘活闲置资产、清理僵尸企业工作，收购域内两家企业20公顷闲置厂房，着力打造成中小微企业孵化基地。

【全面优化发展环境】 2016年，汨罗循环经济产业园区加大平安创建和综治民调工作力度，通过宣传发动、多措并举，区内环境得以优化，综治民调工作由2015年全市第二十名上升为第八名。安全生产。联合市安监局、市质监局多次检查企业安全生产，及时督促整改不达标事项。园区安全办成员注重自身学习并多次组织企业相关负责人集中培训，提升队伍整体素质。联合市消防大队检查企业消防设施，有效预防和杜绝火灾隐患。加强建设领域安全管理，确保工程质量。园区未发生一起安全责任事故。禁违拆违。配合市国土执法监察大队、新市国土所搞好土地动态巡查。发现违法行为立即上报，切实做到早发现、早制止、早报告。多次开展联合行动，拆除违章建筑5420平方米。环保执法。协助市环保局关停多家排放不达标铝厂，关停40多家门窗制造厂和6家金刚砂厂，有利保护生态环境。治安维护。园区公安分局为企业发展和群众安居保驾护航，先后破获晨威高科、金龙铜业被盗案，追回鑫祥碳素被抢货物，成功调处各类纠纷80余起，刑事立案9起，教育训诫70余人，有效维护企业权益，保障园区发展环境。

汨罗循环经济产业园负责人陪同省领导考察园区企业

（汨罗循环经济产业园供稿）

【推进创新发展】 2016年，汨罗循环经济产业园区审时度势，按照国家发改委发布《关于做好制定“互联网+”行动计划有关工作的通知》要求，适时切入国家发展战略，与湖南大学联姻，启动“互联网+再生资源电子商务平台”建设项目。依托该平台的“湖南汨水循环经济投资有限公司”注册成立，成功入选国家发改委第三批专项建设基金项目库，获得8000万元专项建设基金，按照政策，同时可向国家开发银行申请3.6亿元配套资金。

（李海波）

岳阳楼区工业园

【岳阳楼区工业园加快转型升级】

2016年，岳阳楼区工业园贯彻落实党的十八大和市、区党代会精神，围绕“一极三宜、江湖名城”发展战略，以全面建成转型发展、创新创业核心引领区为工作目标，立足区情实际，在三产主导下，注重发挥七里山工业集聚区产业资源、交通区位优势，抓优工业经济，抓精工业项目，密切联系临港融城发展形势，抓优工业经济，抓精工业项目，以企业协调服务为业务主方向，克服新上规模工业土地储备不足短板，充分把握七里山老工业基地去产能方向，做好石化行业划拨工业用地盘活文章，利用央企混改后的产业链接招商合作新优势，加快新型工业项目的引入与建设，建设七里山绿色工业示范区，促进七里山工业集聚区转型升级、绿色发展，较好地完成各项工作任务。以七里山为产业基地的工业经济产城融合力度加大，全年新增工业投资12.43亿元，规模以上工业完成产值142.69亿元，比2015年增长8.6%，规模工业增加值增幅6.7%，占全市规模工业增加值的比重3.2%，第二产业税收2.31亿元。全区13个工业细分行业生产情况虽有增有降，但整体呈增长趋势，部分企业产值呈现总部集中跨越型增长，各项环保排放控制指标达标。

【岳阳楼区工业园招商引资工作】

2016年，岳阳楼区工业园按照

区委、区政府核心引领区建设要求，进一步明确建设七里山绿色工业示范区的发展目标，加快产业结构转型升级，发挥交通区位优势，融入长江经济带、洞庭湖经济生态圈发展，充分发挥城北七里山工业聚集区的二次产业基础配套作用，合理延伸产业链项目，去过剩产能，盘活资源存量，构建以高新都市工业、生产配套型物流业、新兴加工服务业等为主的多业态体系，着力打造七里山总部经济高地。盘活土地存量，开展产业链招商，接洽客商34次，利用混改政策趋向，鼓励支持外来客商参与七里山老石化产业基地的技改与转型升级。4月，在市、区各级各部门支持下，投资6.2亿元的电子及特种气混配生产项目，迅速完成立项可研和项目预选址，该项目9名美国专家入驻七里山着手开展前期工作。在项目前期工作中，园区努力提供高效务实、服务经济的制度“软”环境，简化办事程序、缩短办结时限、规范行政行为。园区争取市政务中心主要领导的重视支持，确定专门的调度联络人，实行行政审批全程无偿代办，全面执行落实园区优惠减免相关政策。针对投资额度大、科技创新水平高、工艺设备流程全套国外引进的特点，与电子特种气混配项目投资方克服项目准入的行业把握难、标准定位难的问题，多次向市、区发改、环保等部门汇报，在市发改委多次会议协商，争取第一时间完成立项报批工作。为推进该项目用地规划调整，多次到市规划局、市住建局协调，对湖南气体工程技术中心项目仓库用地调整方案汇报会商，明确具体实施办法。

【岳阳楼区工业园推进项目建设】

2016年，岳阳楼区工业园在项目建设上，一是充分体现产业特色，进一步加大环境整治力度，加快企业节能减排，突出循环经济发展特点，谋划建设工业气体回收利用的国家级行业标准企业气体回收研发基地。初步完成投资6500万元的省级工业稀有气体工程中心的主体工程基础建设，组织项目报批验收及科研实施设备的建设完善，争取建设国内第二家国家级工业气体产学研基地。二是整合七里山工业物流平台，加快临港融城发展。整合已建成湖南龙骧物流储运中心、中顺化工物流等项目运营功能，加快与火车货运北站、七里山港、桂花园港及临港国际集装箱码头的合作联动，充分挖掘七里山工业基地的工业运力、运量潜力，建设七里山工业交通运输枢纽。三是园区发展环境治理得到重视和加强。6月，岳阳楼区政府成立七里山招商环境整治领导小组，推动由环保、城管、交建、民政、食药经信及相关乡办共同参加的七里山绿色工业示范区招商环境总体整治方案的实施，工业园与各整治部门单位沟通协调，明确部门治理责任，汇总问题建立台账，汇编成册，整治成效明显；切实落实重点企业帮扶责任，完成承担的工作任务；优化项目建设施工环境，注重安全隐患排查，主动协调重点项目施工监理方，及时处置企业项目矛盾纠纷24次，杜绝干扰阻挠施工、寻衅滋事的案件发生，有力维护园区七里山核心区的和谐稳定；围绕重点项目推进，联系区国土局，开展国有划拨闲置工业用地的土地政策成本分析与二级市场流转出让的前期概算，同步抓好七里山工业集聚区的土地资源存量盘底，谋划工业公益检测项目搬迁腾地，对接落实跨区搬迁、重建选址，确保重点招商项目发展预留空间，为重大项目招商和“一事一议”核心优惠政策实施获得一手资料，确保项目招商引入与建设推进的零障碍。

湖南气体工程研发中心主体工程竣工　（王洪田　董　芳　摄）

【岳阳楼区工业园产业规划布局】

2016年，岳阳楼区工业园按照岳阳楼区区委第五次党代会精神，工业园认真思考对接临港辐射，加快企业提档升级，实现绿色发展，盘活土地存量，实施产业梯度发展布局的主方向。配合区贸促会做好产业调研文章，参与浙江大学课题调研与讨论。按照核心引领区建设要求，进一步明确建设七里山绿色工业示范区的发展目标：加快产业结构转型升级，在核心引领区三次产业主导的大产业框架下，发挥交通区位优势，融入长江经济带、洞庭湖经济生态圈发展，打好产业保卫战，充分发挥城北七里山工业聚集区的二次产业基础配套作用，合理延伸产业链项目，去过剩产能，盘活资源存量，构建以高新都市工业、生产配套型物流业、新兴加工服务业等为主的多业态体系，着力打造七里山总部经济高地。体现产业特色，进一步加大环境整治力度，加快企业节能减排，创建国家级行业标准工业气体研发基地。争取省市发改部门支持，申报“资源节约型、环境友好型”两型园区建设，把东风湖公园、七里山公园、沿湖临江湿地及七里山工业片区雨污分流、水系水体提质工程等后工业景观设计与改造项目列入远景地标项目，作为园区重大前期项目储备，争资争项，走环境优化、绿色发展的可持续发展之路。

【岳阳楼区工业园提升服务协调企业水平】　2016年，岳阳楼区工业园在优化项目建设发展环境中，按照省、市优化发展环境的工作要求，努力提升服务协调企业水平，始终注重提高服务档次与内容，靠前协调、靠前服务，在项目运营、科技改造、节能减排政策争取等方面千方百计帮助项目单位排除项目建设推进过程中的系列难热点问题。充分挖掘发挥七里山工业示范区园区产业孵化基地功能，着力提升创业孵化服务档次，为广大中小微企业入园发展、电商推广、人员培训及创业扶持优惠政策落实提供全方位、保姆式服务。妥善解决湖南气体工程技术中心项目面临项目建设推进与项目报批报建手续脱节的矛盾问题，工业园采取多方协调汇报，争取市政府重视支持，市、区共同发力，多次专题协调调度，破解难题，理清责任，理顺关系，补充完善300份资料，确保项目基础主体工程在10月顺利竣工。为园区企业化工物流运输系列问题协调市质监局、市运管处完成园区运输槽车液压式充装GPS安装和运输监管事宜。在续建工业项目三通问题上，协助办理华润天然气管道穿越七里山工业示范区生产区道路干线和涉及地下人防工程的施工审批，处理好人防工程安全保障问题，扫尾完成湖南气体工程技术中心项目的征拆补偿安置遗留问题，杜绝群访苗头。

（王洪田）

湖南岳阳绿色化工产业园

【岳阳绿色化工业园区经济稳步攀升】　2016年，湖南岳阳绿色化工产业园（简称岳阳绿色化工产业园）以创建“国家级经济技术开发区”为总揽，全面贯彻落实“园区十条”，围绕年初的工作任务目标，凝心聚力，克难奋进，园区建设呈现蓬勃发展之势，经济效益不断攀升，外在形象全面提质。园区入驻企业达208家（小园区204家）；完成技工贸收入910亿元（其中小园区423亿元，比2015年增长36.8%）；税收155.7亿元（其中小园区7.63亿元，同比增长20.2%）；规模工业增加值175.8亿元（其中小园区52.5亿元，同比增长8.3%）；产业集群总产值826亿元（其中小园区338亿元，占比80%）；高新技术产业增加值120.6亿元（其中小园区32.3亿元，同比增长15.3%）；固定资产投资52.9亿元（其中小园区42亿元，同比增长25%）；招商引资20.3亿元（1亿元以上项目12个，其中5亿元以上项目1个）。

【全面贯彻落实“园区十条”】

2016年，岳阳绿色化工产业园贯彻落实“园区十条”，一是依法下放审批权限。6月，云溪区委、云溪区人民政府下发《关于授权湖南岳阳绿色化工产业园管委会实施部分行政审批事项的通知》文件，授权管委会实施11项区级行政审批事项，启用“2号行政审批专用章”。二是优化园区环境。云溪区委印发《云溪区2016年度优化经济发展环境工作考评办法》，明确将优化经济环境纳入全区年终工作绩效考核范畴；坚持园区“宁静日制度”。要求各职能部门到园区检查须实行备案制度，通过区优化办准入备案方能进入园区进行检查；建立园区“缴费清单”制度。区政府通过召开专题会议，对全区的涉企收费项目标准进行重新审核和修订完善，下发《关于加强建设项目联合审批与一票制收费工作的实施意见》，并将新的缴费清单予以公布，减轻企业的经济负担。三是人才队伍建设。印发《湖南岳阳绿色化工产业园关于高层次创新人才引进实施办法》的文件。园区选用专业人才，可由管委会向区编制部门申报用编计划后，制订招聘方案报市人社局核准发布方案，由园区自行组织公开招聘。园区引进博士以上人才4名，硕士7名。四是用地保障。用活计划指标政策，采取有保有压措施，将园区内重点项目、基础设施、民生工程等用地优先纳入年度用地计划内，并争取用地计划指标。开通园区用地报批绿色通道，缩短报批时间，全力保障园区项目落地。五是财政支持。将工作经费纳入财政预算。区财政预算绿色化工园工作经费及建设资金1600万元。

【基础建设扎实推进】　2016年，岳阳绿色化工产业园完成大园区总体规划初步方案的编制和小桥还建点三期规划设计工作，园区开发土地53.33公顷，拆迁房屋49栋，挖运土石方84万立方米，拉通路基3780米，硬化2490平方米，绿化2000平方米，铺设雨水排水管线5600米，完成云溪片区双回路电力建设，启动长炼片区事故应急池项目、二套污水管网建设工程和氢氮气管线工程的前期立项、设计和招标工作，标准化厂房建设完成10.55万平方米，在建3.2万平方米，引进东方通达等28家企业，全面启动循环经济信息平台建设项目。

【招商引资取得新突破】　2016年，岳阳绿色化工产业园重点围绕碳一、丙烯、碳四、芳烃四条主产业链，开展小分队招商、定点招商和联合招商。招商三新项目43个，其中，新签约项目22个、新开工项目13个、新投产项目8个。组团参加印度（孟买）精细化工展，与世界500强对话，成功举办2016年第一批项目集中签约仪式。完成项目评审26个，其中SBS胶乳等18个项目通过评审。完成融资2.43亿元，争取中央、省、市预算内资金7000万元，财政债务置换专项资金和项目建设资本专项基金1.2亿元。

【安全环保意识加强】　2016年，岳阳绿色化工产业园落实安全环保管理责任，签订《安全环保消防目标管理责任状》，建立企业“一企一档”制度，完成60家企业资料档案整理，制定《园区危险化学品安全专项检查（整治）方案》，完成隐患整治244条，整改率达82.4%。落实环保整治三年行动计划，全面整治企业脏乱差现象，园区环境卫生大为改观；完成园区公安值勤室建设，全面开展园区值勤巡逻工作，开展特种作业培训、“6·5”环境日宣传、安全生产月、应急知识宣传日等活动，提高园区企业的安全环保意识，实行24小时安全值班制，全年未出现一起安全环保责任事故。

（余　剑）

君山工业集中区

【君山工业集中区加快发展】

君山工业集中区2014年7月被省人民政府批准为省级工业集中区。规划总面积508.44公顷，其中，林角佬工业园272.35公顷，荆江门工业园236.09公顷。主导产业为农副产品加工和食品制造业。入园企业65家，2016年技工贸总收入107.25亿元，上缴税收近亿元，安排劳动力就业4500多人。

【君山工业集中区园区建设】

2016年，君山工业集中区建成标准化厂房面积20.1万平方米。其中，企业孵化中心面积3.5万平方米，三利和面积1.6万平方米，雅美时面积1.6万平方米，君山印象面积2.2万平方米，立华包装面积1.4万平方米，思贝尔运动用品面积0.6万平方米，孵化中心二期面积3.1万平方米，中原创运动用品面积0.6万平方米，吉兴通一期面积1.1万平方米，金联星特种材料面积0.9万平方米，兴蒙生物面积1.2万平方米，巧师傅食品面积1.1万平方米，大农米业面积1.2万平方米。投资4.55亿元，完成园区道路，入园景观、污水管网等设施建设。其中，园区污水处理厂和排污主管网1.12亿元，自来水主管网4900万元，10千瓦高压电线1200万元，荆江门码头8500万元，荆江大道一期2000万元，集中供热一期3700万元，企业孵化中心标准化厂房一期、二期1.4亿元。食品产业园完成土地调规233.33公顷，土地报批176.07公顷，其中，林角佬片区111.13公顷，荆江门片区64.93公顷。

【君山工业集中区招商引资工作】

2016年，君山工业集中区新签约粮食精深加工项目8万吨，巧师傅、兴蒙生物、劲扬科技、康之源中药材、莲子深加工和洞庭湖欢乐世界主题乐园等8个项目，到位资金14.43亿元，孵化中心五栋标准化厂房全部签约或即将签约入驻，一栋一层签约劲阳果疏粉提炼项目、二层和三层待租创客中心项目；二栋一层签约康之源项目、二层待租福建文鑫莲业项目、三层签约兴蒙生物项目；三栋全部签约兴蒙生物项目；四栋一层待租评审通过的子奇生物项目、二层和三层待租评审通过的虹宇休闲食品加工项目；五栋待租国泰食品和沙巴哇合作项目。

【君山工业集中区服务企业】

2016年，君山工业集中区优化服务，一是简化办事程序和缩短审批时间。配合区政府制定和出台《关于进一步优化工业园投资项目审批流程的通知》，将项目审批程序由“串联”改为“并联”，时间由过去的90天缩短到73天。二是规范企业管理。园区联合工商、税务、电力、环保、建设、安监等相关职能部门对入园企业的安全生产、证照办理、税收缴纳等方面进行全面的摸底排查，对华塑彩印、立华包装等6家没有办理有关证照的企业限期整改。三是为企业排忧解难。成功化解大地印务和立华包装员工工伤纠纷，妥善处理泰铭印刷和方菱包装的劳资纠纷问题，协助办好吉兴通、兴蒙生物、巧师傅和大农米业等项目的立项、规划环评、国土报批等各种手续。

（刘米武）

环境保护

责任编辑　刘兴汉

综　述

【概况】　2016年，岳阳市环境保护局（简称市环保局）落实责任，攻坚克难，锐意进取，取得一定实效。在全省环保系统绩效考评中名列第三，获得全省环保系统先进单位称号。在全市综合考评中，被评为全市“一极三宜”江湖名城建设综合绩效考评先进单位、落实党风廉政建设“两个责任”工作考评优胜单位、综治工作优胜单位。

一、理思路，建机制，着眼构建大环保格局。市环保局围绕市委提出的建设“一极三宜”江湖名城战略目标，结合新形势、新要求，研究制定“紧盯一个目标、握紧两个抓手、结牢三个维度、围绕四个全面”的“一、二、三、四”工作思路和“三主”（主题、主业、主体）工作路径，严格实行“三心合一”（即围绕改善环境质量这个核心，扭住迎接环保管理体制改革这个重心，瞄准污染防治这个靶心），明确奋斗目标、工作重点、保障措施等，为全市环保工作指明方向。成立服务“一极三宜”领导小组，制定《服务全市建设“一极三宜”江湖名城建设工作方案》，以此统揽全市环保工作。

争取市委、市政府重视，报请市政府成立市生态环境保护委员会，市长任主任，40个成员单位，政府领导、环保牵头、部门联动的大环保机制得到强化，生态环委会发挥领导协调督促作用。市政府第53次常务会议专题研究环境保护工作，市政府给予环保工作一系列关心支持。市委、市政府领导多次就环境保护工作批示、指导、协调。环保部对岳阳市环保工作给予大力支持，争取环保部铁山水库湖泊保护项目资金1.59亿元，全年争取项目资金2.88亿元。12月底，争取到环保部组织对东洞庭湖调规方案通过专家评审，为岳阳经济社会发展争取新空间走出关键一步，受到市政府领导高度评价。

二、抓重点，攻难点，着力整治环境污染。坚持把解决突出环境问题、改善全市环境质量作为首要任务，截至年底，经省环保厅核定反馈岳阳市完成化学需氧量、氨氮、二氧化硫和氮氧化物减排2403吨、387吨、8214吨、3466吨，分别削减1.7%、1.6%、15.8%、7.2%。四项主要污染物减排指标超额完成全年目标任务。一是抓空气污染整治。完成工业排放治理等各类大气污染防治项目69个，淘汰黄标车8878辆，超额完成任务。实施砖瓦行业、餐饮油烟、加油站油气回收三大专项整治，检查整治砖厂31家，整治餐饮油烟75家，治理挥发性有机废气142家。岳阳市城区环境空气质量优良率为77.3%，同比提高2.7个百分点，可吸入颗粒物（PM10）月均浓度在2014年下降29.8%基础上，2016年同比下降21.7%，削减率高出全省平均水平12个百分点，绝对值由2014年全省倒数第二位，2016年上升到第五位；城区空气质量指数从2014年的全省倒数第二位，2016年上升到第六位，空气质量有了明显改善。二是开展水污染整治。完成湘江污染防治第一个三年行动计划工作任务，启动第二个三年行动计划。开展洞庭湖重点工业污染源排查专项行动，排查重点入湖、入河排污口91个；重点工业企业175家，整治超标排污企业6家。南湖新区取缔污染小企业10家，全面整治南湖水上餐饮，受到市政府领导的高度评价。牵头督查环南湖生猪禁养，退养生猪26446头。国控、省控水质断面均按功能区要求达到水质标准。集中式生活饮用水水源地水质达标率为100%。三是开展农村环境综合整治。君山区农村环境整治整区推进工作9月顺利通过省环保厅验收。屈原管理区项目9月完工，正准备复核验收，岳阳县项目完成整治任务，其余各县市区均按时间节点要求有序推进。平江县落实农村环境综合整治“一方案四办法”，成效明显，在全省受到宣传推介。

三、严督查，硬手段，全面加强监管执法。市、各县市区、各乡镇（街道）及行政村（社区）初步建立“横向到边、纵向到底”的四级网格化环境监管体系。市级环境监察建立包括107家重点污染源和937家一般污染源的污染源日常监管动态信息库，将随机抽查作为选取日常监督检查对象的主要方式。排查企事业单位1109家、工业园区10个，排查2015年以来新增隐患180个，完成整改172个。全年市本级实行行政处罚103件，查封扣押21件，移送公安12件，刑事立案4件。协助公安机关查处“3·9”危险废物非法倾倒案件，逮捕犯罪嫌疑人13人。

（何　旭　廖从志）

岳阳市长江经济带环境违法行为大整治“百日攻坚”绿色化工园现场调度会　（刘忠良　摄）

环境质量

【概况】　2016年，岳阳市城区空气质量优良率（AQI）为77.3%，主要污染物是可吸入颗粒物（PM10）。集中式饮用水源地水质达到国家地表水环境质量标准，符合饮用水源地水质要求。主要江河湖泊水质保持稳定。

【环境空气质量】 2016年，岳阳市环境空气质量指数AQI范围为23~218，空气质量优良率为77.3%。城区空气质量指数（AQI）Ⅰ级（优）天数为66天，Ⅱ级（良）天数为214天，Ⅲ级（轻度污染）天数为80天，Ⅳ级（中度污染）为1天和Ⅴ级（重度污染）为1天，无效天为4天。超标的82天中，PM2.5超标天数为49天，臭氧超标天数为32天，PM10超标天数为1天。

二氧化硫日平均浓度值范围4~49□g/m^3，全市2016年浓度均值为20□g/m^3，与2015年相比浓度均值有所下降。二氧化氮日平均浓度值范围9~65□g/m^3，全市2016年浓度均值为25□g/m^3，与2015年相比浓度均值基本持平。可吸入颗粒物日平均浓度值范围15~209□g/m^3，全市上半年浓度均值为72□g/m^3，与2015年相比浓度均值有所下降。细颗

2016年岳阳市城市环境空气质量状况一览表

表7

城市	空气质量状况（天）							首要污染物（天）				优良率（%）	
	优	良	轻度污染	中度污染	重度污染	严重污染	无效	O3_8h	PM2.5	PM10	PM2.5和O3_8h	2016年	2015年
岳阳	66	214	80	1	1	0	4	119	153	23	1	77.3	74.6

2016年岳阳市环境空气常规监测点数据统计表

表8 （单位：μg/m^3，注：CO单位为mg/m^3）

项目	指标 / 位置	南湖风景区	岳阳经开区	城陵矶	云溪区	君山区	全市
二氧化硫	最小日均值	2	3	2	2	1	4
	最大日均值	71	84	60	78	63	49
	年均值	22	31	19	16	13	20
	较2015年（±）	−2	+1	−8	−17	−2	−6
二氧化氮	最小日均值	6	4	2	4	2	9
	最大日均值	90	91	59	72	63	65
	年均值	33	30	24	20	20	25
	较2015年（±）	+5	+4	−6	+5	−2	0
可吸入颗粒物	最小日均值	18	14	7	12	8	15
	最大日均值	212	205	230	218	206	209
	年均值	70	78	66	76	69	72
	较2015年（±）	−17	−22	−18	−17	−26	−20
细颗粒物	最小日均值	7	11	13	4	5	10
	最大日均值	149	160	191	168	170	168
	年均值	49	51	52	45	48	49
	较2015年同期（±）	0	−5	−6	−8	0	−4
臭氧（日最大8小时平均）	最小值	6	4	3	5	12	6
	最大值	214	241	216	224	229	214
	第90百分位数	150	164	145	171	174	158
	较2015年（±）	−5	−8	+7	+11	+12	+4
一氧化碳	最小日均值	0.456	0.307	0.291	0.488	0.373	0.6
	最大日均值	2.296	2.685	1.703	2.423	2.258	2.2
	第95百分位数	1.7	1.5	1.3	1.5	1.5	1.4
	较2015年（±）	−0.9	−0.7	−2.2	−1.5	−0.4	−1.2

粒物日平均浓度值范围10~168□g/m^3，2016年全市浓度均值为49□g/m^3，与2015年相比浓度均值有所下降。臭氧日最大8小时平均浓度值范围6~214□g/m^3，全市2016年第90百分位数浓度值为158□g/m^3，与2015年相比浓度值有所上升。一氧化碳日平均浓度值范围0.6~2.2mg/m^3，全市2016年第95百分位数浓度值为1.4mg/m^3，与2015年相比浓度值有所下降。

【水环境质量】 2016年，岳阳市环境监测中心对水环境进行监测，省控江河及湖库水质情况。全市纳入县市区考核的33个省控以上断面中，Ⅱ类水质断面10个，Ⅲ类水质断面13个，Ⅳ类水质断面9个（六门闸、岳阳楼、洞庭湖出口、鹿角、东洞庭湖、横岭湖、虞公庙、扁山、芭蕉湖），Ⅴ类水质断面1个（南湖）；另外11个作为趋势科研的省控断面中，Ⅲ类水质断面4个，Ⅳ类水质断面4个（东风湖、松阳湖、团湖、湘阴东湖），Ⅴ类水质断面2个（大小西湖、鹤龙湖），劣Ⅴ类水质断面1个（华容县东湖）。

全市纳入县市区考核的33个省控以上断面中，14个原省控监测断面与2015年同期相比，水质类别发生变化的有5个。断面水质均得到改善，分别为岳阳楼区的岳阳楼、洞庭湖出口断面，岳阳县的鹿角、扁山断面，湘阴县的横岭湖断面。因《“十三五”湖南省地表水环境质量监测网设置方案》在5月对全市断面进行调整，其他19考核断面、11个科研断面2015年数据省环保厅未进行统计，所以暂不进行同比分析。

按照水质功能区进行评价，33个省控考核断面中，有3个监测断面水质状况未达到水质功能区执行标准，分别是华容县的六门闸断面化学需氧量超Ⅲ类标准0.16倍、五日化学需氧量超Ⅲ类标准0.24倍，云溪区的芭蕉湖断面总磷超Ⅲ类标准0.13倍，南湖新区的南湖监测断面总磷超Ⅲ类标准1倍。

“水十条”国家考核断面水质情况。12个“水十条”国家考核断面中，均达到水质目标。

城镇集中式饮用水水源地水质情况。全市对9个县级以上城镇集中式饮用水水源地开展监测。按照《地表水环境质量标准》（GB3838-2002）中表1的Ⅲ类水质标准及表2、表3中饮用水源地特定项目58项指标的标准限值进行评价，9个水源地全部达标，达标率为100%。按照水质类别进行统计，Ⅱ类水质断面7个，Ⅲ类水质断面2个。

（向　旭　廖从志）

环境综合整治

【开展空气污染整治攻坚】 2016年，市环保局完成工业排放治理等各类大气污染防治项目69个，淘汰黄标车8878辆，超额完成任务。实施砖瓦行业、餐饮油烟、加油站油气回收三大专项整治，检查整治砖厂31家，整治餐饮油烟75家，治理挥发性有机废气142家。针对城区交通工程、建筑工程建设如火如荼，交通施工、建筑施工扬尘及道路扬尘污染易发多发且难以控制的现象，城区各分局多次协调皇姑塘立交桥、国道107线拓宽工程等重点工地施工方、监管方，抓监管、用处罚、搞督查，并协调环卫部门加密洒水频次，多措并举，强力整治，发现问题，及时处罚。由市环境监察支队牵头，岳阳楼区环保分局配合强力开展城陵矶砂石码头环境整治，临湖路道路扬尘大大降低。湘阴县4家发挥性有机废气排放企业全部整治到位。各地对垃圾乱烧、秸秆焚烧等污染加密监控，强力整治，取得一定实效。岳阳市城区环境空气质量优良率为77.3%，同比提高2.7个百分点，PM10月均浓度在2014年下降29.8%基础上，2015年同比下降21.7%，削减率高出全省平均水平12个百分点，绝对值全省排名第五位；城区空气质量指数全省排名第六位。

【实施水污染整治】 2016年，市环保局圆满完成湘江污染防治第一个三年行动计划工作任务，启动第二个三年行动计划。开展洞庭湖重点工业污染源排查专项行动，排查重点入湖、入河排污口91个，重点工业企业175家，整治超标排污6家。华容县、君山区强力整治华容河污染，网箱养殖基本取缔，水质开始有所改善。组织开展汨罗江、洞庭湖岳阳片区水体达标技术方案编制，为污染整治奠定技术基础。南湖新区取缔污染小企业10家，全面整治南湖水上餐饮。根据市委、市政府安排，由市环保局牵头，岳阳楼区、岳阳经开区、南湖新区环保分局共同参与，督查环南湖生猪禁养，成立专项领导小组，起草《南湖畜禽养殖污染整治方案》，抓督查，抓调度，抓协调。退养生猪26446头，并拆毁猪栏，全面完

2016年11月23日，市环保局开设《准则》《条例》专题教育辅导课

（廖从志　摄）

成退养任务。加强对王家河沿岸排污、污水抽排情况的督查和水质监控。用有限的治污资金，启动东风湖、吉家湖、松阳湖、芭蕉湖入湖工业排污调查、整治工作。岳阳县应对污水厂因灾停运不利影响，多措并举，保障新墙河水质稳定保持Ⅲ类。国控、省控水质断面均按功能区要求达到水质标准。集中式生活饮用水水源地水质达标率为100%。

【开展农村环境综合整治】 2016年，君山区农村环境整治整区推进工作顺利通过省环保厅验收。屈原管理区整治项目完工，正准备复核验收，岳阳县整治项目完成任务，各县市区均按时间节点要求有序推进。平江县落实农环综合整治“一方案四办法”，成效明显，在全省受到宣传推介。市环保局组织各县市区完成生态保护红线划定工作，报请市政府第60次常务会议进行专题研究。

（向 旭 廖从志）

环境监测

【概况】 2016年，全市环保部门处理各类监测数据42万个，其中环境质量数据40.64万个，各类委托、咨询、送检等监测数据4709个，污染纠纷应急、重点污染源、验收等数据8740个。编制各类监测报告（报表）307份，其中，环境质量监测报表75份，编制委托、咨询、送检监测报告232份。

【环境质量监测】 2016年，市环境监测中心（简称中心）开展环境质量监测。

空气质量自动监测。严格执行《岳阳市国家城市空气质量监测站第三方机构运维技术要求》。市区6个空气质量自动监测站实行“三方运维”后，中心进一步加强质量控制管理与数据审核工作。每周对4项气态物分析仪进行零点、跨度检查，对2项颗粒物监测仪器进行流量检查；每月对颗粒物监测仪校准膜进行核准，对气态物分析仪及质控设备动态校准仪的流量进行检查；每季对气态物分析仪进行精度检查；每半年采用臭氧标准源对臭氧分析仪进行传递校准、对气态物分析仪进行多点线性检查、对氮氧化物分析仪进行钼炉转化率检查，并对质控设备动态校准仪进行20点检查。

通过系列质量控制管理，督促运维方实现每台自动监测设备的正常运行、保障监测数据的有效性、准确性。配合市环保局监测科对三方运维公司自动监测设备运行情况，随机抽站点进行2次现场检查，设备运行参数结果均符合技术规范要求。每天对自动监测数据进行审核，凡出现异常的，都及时与环保部监测总站进行沟通，得到合理修约，保障数据的真实性。配合大气环境攻坚行动，开展周汇总、月分析，为有效整治大气污染源提供科学数据。

按时完成6个县市空气自动监测站的省级联网工作，每天对各县市空气自动监测数据进行复审、修约异常数据，并进行1~2次现场核查。针对岳阳县臭氧偏高的情况，进行臭氧传递校准。分别对岳阳经开区、城陵矶空气自动监测站连续15天、21天进行拟调点比对监测，协助专业公司连续35天对南湖新区空气自动监测站颗粒物自动监测仪进行比对监测。为协助市环保局开展空气质量预警预报工作，中心派出3人参加中国科学院大气物理研究所3月在武汉主持召开的“环保行业高性能计算与数值预报峰会”，了解空气质量预警预报理论常识，与气象部门合作，完成环境空气质量预警预报工作，双方建立会商平台，发布环境气象公报33份。

地表水质量监测。按照“十三五”规划水环境质量监测网络建设规范，全市布设44个水质监测断面，其中，湘江流域4个、长江及环洞庭湖流域22个、大型湖泊18个。中心技术人员深入每个断面，进行现场核实、采集相关信息，整理编制方案，经省环保厅认可，按要求启动定期监测。按市环保局要求，完成新增市控水质断面布设工作，部分断面启动定期监测。

按照水质自动监测站点管理要求，执行“日监视、周核查、月比对”。按环保部监测总站要求，完成鹿角水站移站至屈原水站任务。接受环保部委托监测中心的每个季度一次考核。开展岳阳地区省控水质自动站现场质量核查。全年按时完成16个水质监测断面（包括饮用水源）、31个水质监测点位、2个底质监测点位的采样分析工作。

环境噪声监测。中心按规范完成城市交通干线噪声84个点位、区域噪声103个点位的噪声监测。按时完成城市功能区噪声10个点位的24h噪声监测工作。

【污染源监测】 2016年，市环境监测中心对重点污染源监测。按季度及时完成15家重点污染源废水企业（36个废水点位）、5家重点污染源废气企业（16个废气点位）的监测工作及9套烟气在线系统比对监测工作，完成21家重点污染源废水在线监测系统的比对监测。

污染源监督监测。完成市级重点污染监控企业排污收费监测，每季度对在运行且能进行监测的完成采样和数据上报工作。4月完成市环保局下发的临湘市儒溪工业园12家企业的监督性监测。多次完成市环保局临时下达的监督监测任务。

应急监测。完成9次应急监测工作。完成京港澳高速汨罗大荆段爆炸应急监测、岳阳市中顺化工有限责任公司原料泄漏应急监测、岳阳市云溪区大洋溶剂化工厂危废违法处置事件的应急监测、云溪区环保分局扣押非法转移危废的应急监测、107国道遗弃废液的应急监测、南湖水质应急监测、三湘化工应急监测、儒溪化工工业园北控污水处理厂等应急监测。

专项监测。按照环保部《关于开展国家土壤环境质量监测国控点位布设工作通知》要求，在全市布设180个土壤国控点，其中，基础点82个、背景点29个、风险点69个。中心技术人员历经数月反复多次深入到每个点位，进行现场核实、采集相关信息，收集大量资料，整理编制方案，报省监测中心站通过专家论证。完成岳阳市重金属污染源场地调查采样工作，开展岳阳市中心城区排水专项规划评估监测工作、南湖及周边支流水体（王家河）专项监测、湖南省常规土壤监测、湖南省土壤治理项目核查监测、国家重点监控企业污染源专项抽测。

（向　旭　廖从志）

环境保护管理

【环境执法】 2016年，全市环保部门排查企事业单位1109家、工业园区10个，排查2015年以来新增隐患180个，完成整改172个。全年市本级实行行政处罚103件，查封扣押21件，移送公安机关案件12件，刑事立案4件。协助查处“3·9”危险废物非法倾倒案件，逮捕犯罪嫌疑人13人。汨罗市环保局办理“4·7”医疗废物污染环境案件，公安机关刑事拘留犯罪嫌疑人14人，有效震慑环境违法行为，在全省产生较大影响。

【环境信访】 2016年，市环保局实行24小时接听投诉电话、全局执法人员轮流值班出动制度，落实环境信访回访跟踪和督办工作制度，对重点信访件开展回访督办，确保查处到位。成立环境信访维稳信息分析研判小组，每月召开一次研判会议，对排查出的环境矛盾纠纷案件进行深入分析。受理环保投诉158件，办结率达到100%。

【环保宣传教育】 2016年，市环保局开展环保知识“五进”活动、广场专题宣传活动55次，通过报纸、电视、互联网、微信等多种媒体广泛开展宣传，在“岳阳日报”连续推出8篇生态建设评论员文章，产生较好舆论反响。群众环境保护素养不断提高。岳阳楼区环保分局在全系统率先开辟微信公众号，建立环境监察网格员微信群，广泛宣传环保工作。

（向　旭　廖从志）

2016年6月5日，市环境保护局开展世界环境日宣传活动

（刘忠良　摄）

旅游

责任编辑　刘兴汉

综 述

【概况】 2016年是实施“十三五”规划的开局之年，按照市委、市政府“一极三宜”江湖名城战略部署，围绕“要素齐备、服务优良、人气兴旺、独具魅力、令人流连忘返的全域旅游目的地”发展目标，把旅游作为第三产业龙头来抓，突出“宜游江湖名城”建设，认真谋划，努力打造特色亮点。至年底，旅游入境33.5万人次，比2015年增长44.12%；创汇1.46亿美元，同比增长43.91%；旅游总人数4278.62万人次，同比增长49.86%；旅游总收入500.08亿元，同比增长50.32%。在全省旅游产业年度考核中，岳阳市旅游工作全省排名第一；在市级“一极三宜”江湖名城建设综合绩效考核中，旅游工作在经济类单位中排名第二，市旅游外事侨务办公室（简称市旅游外侨办）获得市委、市政府全市考评工作先进单位。

坚持高位推动，旅游发展氛围更加浓厚。岳阳市把旅游业发展作为经济发展的重要板块，放到全市经济社会发展全局中去谋划，推进全域旅游。5月11日召开全市旅游发展大会，科学制定下发《岳阳市推进全域旅游示范区创建方案》，分层次推进全域旅游，推进平江县、临湘市、湘阴县第一批国家全域旅游示范区创建，在此基础上，申报第二批国家全域旅游示范区的创建。按照“先规划、后建设，无规划、不建设”的原则，高屋建瓴、顶层设计，将全域旅游整合进入《岳阳市“十三五”旅游发展规划》《岳阳市旅游发展总体规划》中。旅游大县平江县被评为“全国十佳生态文化旅游县”，该县旅游综合收入对全县GDP的贡献率为22%，帮助2.7万名精准扶贫对象稳定脱贫，全县全域旅游创建氛围浓厚，发展形势喜人。

夯实发展基础，旅游要素配套不断完善。岳阳市从旅游供给侧入手，持续加大资金、用地等要素保障力度，着力把旅游业打造成投资重点、消费热点和开放亮点。一是打造项目扩供给。加大项目包装策划力度，努力将旅游资源变成旅游产品，策划洞庭湖博览园、3517文旅新城、环南湖“13118”工程等旅游综合体及各类旅游项目113个，其中，56个项目进入《洞庭湖生态经济区旅游发展规划》项目库，13个项目进入省“251工程”。岳阳楼君山岛景区评为湖南首家全国标准化景区，岳阳大酒店被评为岳阳市首家五星级旅游饭店。二是招商引资促供给。坚持开门办旅游，鼓励和撬动各种社会资本投资岳阳旅游产业，全市在建旅游项目42个，总投资397.1亿元，计划投资30亿元，实际完成投资32.5亿元。其中，平江县打造自在平江、石牛寨、天岳幕阜山等一批重点项目。湘阴县引进湖南顺天集团开发建设洋沙湖国际旅游休闲度假区，近几年累计完成投资20多亿元。汨罗市成功签约汨罗江端午文化产业整体开发PPP项目，总投资50亿元。三是提质升级优供给，以旅游“厕所革命”为突破口，加快景区提质升级，游客服务中心、旅游交通标识标牌和信息服务平台等旅游公共服务体系进一步完善，全市计划新改扩建旅游厕所120座，实际完工124座，新增58座正在建设中。南湖新区新建的欧式风车旅游厕所被国家旅游局网站刊登推介。2月4日在广州举行的全国厕所革命工作现场会上，国家旅游局对2016年全国推进“厕所革命”的100个先进城市予以表彰。岳阳市、长沙市、常德市、怀化市、郴州市、湘潭市等省内其他5个城市被表彰。

创新营销模式，旅游品牌进一步打造。通过市场营销，打造品牌，兴旺人气。一是开展节庆营销。6月22日在平江县承办全省夏季乡村旅游文化节，11月10日由省旅游局、市人民政府主办的洞庭湖生态旅游文化节在南湖新区举行，11月16日由中央电视台七套、中国妇女报社、共青团湖南省委、岳阳市人民政府共同主办的“情满洞庭湖、爱溢君山岛”2016中国当代最美爱情故事征集评选及颁奖活动在君山岛景区举行。全年举办第十二届中国汨罗江国际龙舟节、君山野生荷花旅游文化节、范仲淹国际学说研讨会暨岳阳楼国际诗歌会等30多项活动，进一步宣传岳阳的知名度和美誉度，全面展现岳阳宜居宜业宜游江湖名城的独特魅力。二是突出线路营销。依托精品线路打开市场。重点推介江湖名城游、生态休闲游、湘楚文化游、黄金自驾游等精品线路，推动客源市场向优势景区、精品线路集中。三是强化区域营销。与九江市、咸宁市、宜昌市、荆州市、常德市建立区域联盟，实现区域互动，达到客源互流、信息互通、互惠双赢的目标。以京广高铁、长江沿岸、洞庭沿湖为主线，多次参加博览会、旅游展、旅游洽谈等活动。

力推体制改革，旅游创新动力逐步增强。认真贯彻落实《国务院关于促进旅游业改革发展的若干意

2016年5月11日，岳阳市旅游发展大会在平江县召开 （汤志坚 摄）

见》和《湖南省人民政府关于促进旅游业改革发展的实施意见》，将旅游体制改革作为旅游发展的根本动力和活力源泉。一是推进旅游综合改革。市委编办、市旅游外侨办、市公安局、市中级人民法院、市工商局等部门通过调研，提出岳阳市旅游管理“1+3”模式改革草案。成立市旅游委在大编委会会议上通过。平江县成立旅游发展委员会，正在推进旅游警察、旅游工商分局、旅游巡回法庭等机构建设。二是深化旅游机制改革。按照《政府工作报告》“创新景区运营机制，推进景区所有权和经营权分离”要求，进行招商选商，3月，市人民政府与云南城投集团签订合作备忘录，10月14日在市政府第60次常务会议上听取与云南城投集团旅游开发合作情况汇报。三是进行旅游行业协会改革，按照国家相关政策，完成市旅游协会脱钩暨换届工作，建立以政府主管部门实现“五分离、五规范”的市级旅游协会。

突出市场监管，旅游发展环境不断优化。岳阳市补短板、抓整改，着力营造便捷、安全、舒适、文明的旅游环境。一是切实加强旅游安全检查。集中开展“大排查、大管控、大整治”安全专项行动，每月进行两次督查，将旅游生产安全作为重点进行督查。联合相关单位对假日旅游市场秩序及安全隐患进行专项检查和排查，实现“质量、效益、安全、有序”四统一的工作目标。召开全市旅游市场监管和旅游安全工作会议对旅游安全工作进行部署。在春节黄金周期间，副市长邱虹率队实地检查春节假日旅游市场组织、接待服务保障、消防安全措施落实等情况，实现春节旅游零投诉。二是规范旅游市场秩序，开展“两打击一整治”活动。成立以分管副市长为组长的专门班子，制定专项行动方案，实行常态化管理，并将A级景区的标准化管理纳入其中。三是开展文明旅游活动。组织召开全市文明旅游联席会议，对做好旅游市场秩序整治和旅游安全保障工作进行专题部署，面向行业和公众广泛营造“文明旅游”活动氛围。

【编制“十三五”旅游发展规划】

2016年2月，由北京博雅方略旅游景观规划设计院研究编制的《岳阳市旅游发展总体规划（2015—2030）》，经市政府审批同意按此规划执行。《岳阳市“十三五”旅游发展专项规划》，由岳阳汇景旅游文化景观设计有限公司编制完成，3月，市政府审批同意按此规划执行。

【全面推进旅游项目建设】　2016年，全市策划各类旅游项目113个，在建旅游项目42个，总投资397.1亿元，全年计划投资30亿元，完成实际投资32.5亿元。为了发展岳阳旅游产业，强化项目支撑，全力推进岳阳市全域旅游示范区创建工作，市全域旅游发展领导小组办公室“全方位、多渠道、多层次、宽领域”地对岳阳旅游项目进行筛选，确定54个项目进入岳阳市推进全域旅游创建重点项目库，总投资1010.44亿元。项目大多数进入省“十三五”旅游专项规划、省“十三五”干线公路建设规划、市“十三五”旅游专项规划、市“双百”工程项目。其中综合体建设类项目26个，总投资774.92亿元；景区提质升级类项目15个，总投资198.13亿元；基础设施建设类项目10个，总投资19.19亿元；酒店管理建设类项目3个，总投资18.2亿元。处于启动阶段的项目3个，总投资11亿元；新建项目30个，总投资671.67亿元；续建项目21个，总投资327.77亿元。全市文化旅游产业帮扶领导小组牵头帮扶的旅游项目有6个，分别是洞庭3517文旅城、洞庭湖博览园、君山岛、芦苇荡、君山野生荷花世界景区经营权转让、环南湖“13118”综合工程、顺天洋沙湖国际旅游度假区、天岳幕阜山。为项目单位争取省旅游发展专项资金2050万元。

（赵　立）

旅游资源开发与保护

【旅游新业态建设】　2016年，全市旅游新业态建设发展成果丰硕。平江县石牛寨成功创建国家地质公园、湘阴洋沙湖—东湖成功创建国家湿地公园、汨罗江成功创建国家湿地公园、北罗霄山成功创建国家森林公园、麻布山森林公园获批成为省级森林公园，平江县被评为全国十佳生态休闲旅游城市。

【岳阳楼君山岛景区创建湖南首家全国标准化景区】　2016年8月26日，岳阳楼君山岛景区经过省专家组现场评估，顺利通过评审，12月由国家旅游局批准，成为湖南省首家全国旅游标准化景区。岳阳楼君山岛景区于2014年8月被列入第三批全国旅游标准化试点旅游景区。景区以国家AAAAA级旅游景区建设为基础，部门联动，管理与建设共进，并邀请国内知名标准化建设公司进行指导培训，投入4500万元对标示标牌、旅游安全、卫生等设施进行升级改造，并在创建过程中督促落实《旅游标准化工作监督检查制度》。通过近2年的“创标”实践，景区逐步建立起一套完整的旅游标准化体系，景区环境得到改善，服务质量进一步优化。

（赵　立）

旅游产业发展

【参加中国湖南（第七届）旅游产业博览会】　2016年12月23—25日，中国湖南（第七届）旅游产业博览会在长沙红星会展中心举办。岳阳市包含平江县、临湘市及湘阴县3家全域旅游示范创建单位等10余家旅游机构参加。在本届展会上，岳阳市旅游外侨办获得优秀组织奖，由临湘市文化旅游广电新闻出版局选送的《一叶舟红棉芯浮漂》一举夺得湖南旅游商品大赛金奖，湘阴县文物旅游局获得最佳展台奖。

【开展旅游扶贫】　2016年，由国家旅游局、国家发改委、国务院扶贫办等10多个部门和单位共同制定并印发的《乡村旅游扶贫工程行动方案》中岳阳市有81个村被列入全国乡村旅游扶贫重点村。全市有11个县市区17个建档立卡扶贫村制定旅游扶贫方案。出台《岳阳市实施

岳阳市AAA级以上景区名录

表9

县市区	景区名称	景区等级	主题类型
岳阳楼区	岳阳楼—君山岛旅游区	AAAAA	历史文化
南湖新区	南湖圣安寺景区	AAAA	宗教
君山区	君山野生荷花世界旅游区	AAAA	自然景观
平江县	平江石牛寨景区	AAAA	自然景观
	平江起义纪念馆	AAAA	红色旅游
汨罗市	任弼时纪念馆	AAAA	红色旅游
岳阳县	岳阳市张谷英旅游景区	AAAA	自然景观
岳阳楼区	华夏民俗风情园	AAA	主题游乐
平江县	平江连云山景区	AAA	自然景观
	沱龙峡生态旅游景区	AAA	度假休闲
	纯溪小镇生态旅游风景区	AAA	自然景观
	仙姑岩·长寿谷	AAA	自然景观
	天岳幕阜山旅游区	AAA	自然景观
	岳阳平江福寿山景区	AAA	自然景观
汨罗市	普德文化园	AAA	历史文化
临湘市	湖南五尖山国家森林公园	AAA	自然景观
	岳阳6501风景区	AAA	历史文化
	湖南省十三村食文化博览园	AAA	工业旅游
岳阳县	岳阳大云山国家森林公园	AAA	自然景观
	相思山旅游风景区	AAA	自然景观
湘阴县	岳阳左宗棠风景区	AAA	历史文化
	岳阳湘阴南泉寺景区	AAA	宗教
华容县	岳阳华容县博物馆景区	AAA	红色旅游

乡村旅游精准扶贫工程的意见》，按照“一年打基础、三年有突破、五年见实效”的要求，围绕具有鲜明扶贫效应的特色旅游小镇、旅游重点村为旅游扶贫主战场，加快推动乡村旅游精准扶贫工程的实施。

【开展红色旅游“进景区，进社区，进校园”主题活动】 2016年6月16日，市旅游外侨办组织红色景区开展“重温红色历史、红色旅游，进校园、进社区、进景区”主题活动，免费向市民和游客发放红色旅游宣传资料2000份，并接受现场咨询，同时指导平江起义纪念馆、任弼时纪念馆、华容县博物馆景区提供免费参观和免费讲解服务，弘扬红色文化，发展红色之旅，在社会上获得良好反响。

【岳阳楼君山岛景区获得全国文明旅游先进单位】 2016年2月4日，国家旅游局正式公布全国25家文明旅游先进景区名单，岳阳市岳阳楼君山岛景区榜上有名，并成为全省唯一上榜景区。国家旅游局公布的全国文明旅游先进单位包括全国范围内景区、饭店、旅行社100家。岳阳楼君山岛景区推进“文明旅游，从我做起”文明景区创建工作，除规范内部各岗位规范和文明服务，还结合志愿者行动开展各种形式的文明旅游宣传，不断推出“做谦恭有礼的岳阳人、文明与岳阳同行”“文明旅游万人签字”等行动，成功举办“背诵岳阳楼记”“君山岛爱情节”“十大名楼为爱点亮蓝灯”等结合文化文明传播的特色旅游经典活动。景区忧乐文化传承和文明旅游活动特色鲜明，各项工作得到全面推进，2014年被公布为湖南省首家“全国旅游服务质量标杆试点单位”，2015年获得全国文明单位荣誉称号。

【岳阳市旅游发展大会召开】

2016年5月11日，岳阳市旅游发展大会在平江县召开。会议的主要任务是贯彻落实全国、全省旅游工作会议精神，分析形势，部署工作，加快建设宜游江湖名城。市委书记盛荣华强调，坚定信心，抢抓机遇，奋力作为，全力打造令人流连忘返的全域旅游目的地。省旅游局局长陈献春出席并讲话，市委副书记、市长刘和生主持，市领导李志坚、徐新启、樊进军、陈光荣、李永丰、宋爱华、石光、黎四清等出席。市全域旅游发展领导小组成员单位主要负责人，各县市区书记、县（市）长、分管旅游工作的副县（区）长、旅游局局长和有关人员300人参加会议。

【天岳幕阜山获得“湖南省最佳避暑胜地”称号】 2016年6月22日，在“2016湖南夏季乡村旅游节”开幕式上，湖南省旅游协会下发《关于推荐大围山等13家单位为“2016湖南最佳避暑胜地”的决定》并授牌，天岳幕阜山作为湘北唯一单位接受现场授牌。随后，举行天岳幕阜山挂牌仪式。省委常委、省军区司令员黄跃进，省人民政府副省长何报翔，省军区原副政委万建华，省旅游局副局长高扬先，市委常委、军分区政委张作坤，市人民政府副市长宋爱华等领导出席挂牌仪式。

【平江县全域旅游成全国典型】

2016年5月26日，全国全域旅游创建工作现场会暨创建工作培训班在浙江省杭州市桐庐县举行。作为首批全域旅游创建示范单位，平江县应邀参加会议并在会上作典型发言。平江县将发展全域旅游作为县域经济发展的新引擎和脱贫攻坚的总抓手，变资源优势为产业优势，拓展视野，以战略思维谋划全域旅游，突出重点，以扎实举措推进全域旅游，改革创新，以健全体制创建全域旅游，走出一条旅游扶贫、“绿富双赢”的新路子。

【平江县首家“智慧旅游”景区投入运营】 2016年，平江县福寿山森林公园注重“智慧旅游”景区建设，提升景区管理、服务、营销的数字化水平，营造平安、顺畅、文明的旅游景区氛围。通过省旅游局验收投入运营，成为平江县首家“智慧旅游”景区。为全面推介公园旅游资源，提升景区知名度。福寿山森林公园紧跟时代步伐，创新市场营销方式，掀起“微营销”热潮。一是景区实现无线网络全覆盖，游客可随时随地上网，深度了解景区情况。二是建成景区手机导览系统，变传统讲解为电子语音讲解，使导览服务规范化，提高服务水平。三是创建微信公众号，打造微信服务平台。及时发布景区游客流量、天气预报等动态信息，同时发动旅游系统全体员工开通个人手机微信，每天编写或转发旅游微信，掀起“微营销”热潮，取得良好宣传效应。

（赵　立）

旅游宣传营销

【首届（岳阳）洞庭湖生态旅游文化节】 2016年11月10日，首届岳阳洞庭湖生态旅游文化节开幕式在南湖新区举行，省人民政府副省长何报翔宣布活动开幕。市人民政府市长刘和生主持开幕式，省旅游局党组书记、局长陈献春，市委书记盛荣华，省人民政府副秘书长熊方平等出席开幕式。来自俄罗斯、日本、澳大利亚、泰国等国的友人与客商，以及沿长江、洞庭湖、京珠高速及省内相关城市的代表，56家中央、省、市知名媒体，

岳阳市旅游节庆活动一览表

表10

活动名称	时间	地点
岳阳首届南湖圣安庙会旅游文化节	1月17日	岳阳市
平江县南江镇首届“黄鳝面节”	4月25日	平江县
湘阴县首届乡村旅游辣椒节	5月8日	湘阴县
湖南山地与户外休闲健身大会湘阴站	5月21日	湘阴县
第十二届中国汨罗江国际龙舟节	6月9日	汨罗市
第三届湘鄂赣边界地区非遗文化节	6月11日	湘阴县
湖南夏季乡村旅游节	6月22日	平江县
中国（福尔康）第二届棉文化节	7月5日	华容县
岳阳君山野生荷花旅游文化节	7月10日	君山区
2016中国黄茶高峰论坛	9月13日	岳阳市
《岳阳楼记》诞生970周年纪念活动	10月15日	岳阳市
首届岳阳洞庭湖生态旅游文化节	11月10日	岳阳市
“情满洞庭湖，爱溢君山岛”2016中国当代爱情故事颁奖活动	11月16日	君山岛

2016年11月10日，首届岳阳洞庭湖生态旅游文化节开幕

（汤志坚 摄）

与当地市民3万人在岳阳南湖广场参加开幕式。首届（岳阳）洞庭湖生态旅游文化节由省旅游局、市人民政府主办，市旅游外事侨务办、南湖新区管委会承办，该活动由五大系列活动组成，其中开幕式和第七届中国绿色发展高层论坛为两大亮点活动。第七届中国绿色发展高层论坛于11月11日在岳阳市南湖宾馆举行，岳阳市入选本届论坛评选的2016年中国十佳绿色城市。此次生态旅游文化节着力彰显国际化、品牌化、产业化特色，打造江湖名城、生态湿地的城市品牌，推介环南湖生态圈生态休闲旅游文化，整体提升南湖新区“城市客厅”的文化内涵，促进岳阳旅游由观光旅游向生态休闲度假旅游、由景点旅游向全域旅游转型升级。

【第二届中国当代爱情故事颁奖活动】 2016年11月16日，“情满洞庭湖、爱溢君山岛”2016中国当代最美爱情故事征集评选结果在君山区君山岛揭晓。此次活动由中央电视台军事·农业频道（CCTV-7）、中国妇女报社、共青团湖南省委和岳阳市人民政府共同主办，岳阳市旅游外侨办、岳阳楼君山岛景区承办。活动收到几千篇爱情故事，通过各专家与评委认真评选，选出20个候选故事，面向全国进行公示，根据投票最后选出2016十大中国当代最美爱情故事。该颁奖活动由中央电视台军事·农业频道（CCTV-7）进行现场录制，于12月31日在《相约》栏目作为年度特别节目播出。活动强调文化和历史的传承，充分挖掘君山岛的爱情文化资源，对岳阳全域旅游市场兴旺和君山爱情岛文化品牌进一步推广起到很好的推动作用。

【“环行洞庭——聚焦洞庭湖生态文化旅游”大型主题采访活动】

2016年4月，由省委宣传部牵头组织的“环行洞庭——聚焦洞庭湖生态文化旅游”大型主题采访报道活动形式多样，内容丰富，成效显著。从4月6日开始，省内22家媒体52名记者到岳阳市进行为期4天的踩点拍摄，范围覆盖全市各县（市区）的代表性景点，重点突出岳阳的生态资源和文化民俗；7日记者团在南湖宾馆集中采访市长刘和生。4月12—23日，湖南卫视、湖南经视、湖南都市、《湖南日报》等重点媒体的多批次记者、摄影进驻岳阳，以直播、录播、访谈、采访等多种形式，报道岳阳美不胜收的湖光山色。4月21—23日，湖南卫视新闻栏目每天晚上6点半至7点，在三个景区景点直播岳阳旅游，三天直播9个景区景点；湖南经视新闻栏目也于同时段进行录播，岳阳楼景区、君山岛景区、南湖风景区、张谷英景区、东洞庭湖湿地、临湘市聂市老街、汨罗市屈子祠等重点景区和君山区六门闸全鱼席、岳阳市汴河街巴陵戏、汨罗市长乐故事会等民俗，充分展示岳阳深厚的文化底蕴。

【推介四条精品旅游线路】 2016年2月，市旅游部门通过调研，编制江湖名城游、生态休闲游、湘楚文化游及黄金自驾游四条精品线路，经报市政府批准后采用多种方式对四条新线路进行宣传推介。一是将位于高速岳阳入口处、巴陵大桥、火车站出口及南湖广场等位置的五处户外广告牌进行内容更新；广告牌文字更换为四条线路的内容，并配以四条路线代表性景点图片进行重新设计。二是设计制作以“游山玩水登楼逛古城”为主题的岳阳市精品旅游线路宣传单，宣传单印刷2万份，在各县区、宾馆及酒店进行发放。三是在腾讯大湘网旅游版块的“小Q带你玩”栏目专门用一期介绍四条线路，包括景点简介、交通、食宿等都作了详细推介，并在其他页面也附上四条线路的内容链接。四是对旅游指南、旅游画册等宣传资料上的旅游路线全部更新为四条精品线路内容。

【岳阳精品旅游路线宣传活动】

2016年9月6日，首届“岳阳人物游岳阳”活动启动仪式在南湖新区南津古渡举行。“岳阳人物游岳阳”活动由市委、市人民政府主办，市旅游外侨办、南湖新区联合承办，共同打造的首次大型“一日游”免费体验活动，旨在鼓励先进，兴旺岳阳旅游人气，持续带动岳阳全域旅游发展。此次举办首届“岳阳人物游岳阳”活动，邀请1000名各界优秀代表热游岳阳，旨在串联岳阳城区特色旅游景点，打造中心城区“一日游”精品线路，进一步引爆岳阳城区乃至全市旅游消费。

【《岳阳楼记》诞生970周年纪念活动】 为纪念《岳阳楼记》诞生970周年，弘扬“先忧后乐，团结求索”的岳阳精神，提升岳阳历史文化名城品质，推进“一极三宜”江湖名城建设，从2016年10月14日开始，市委宣传部、市文明办、市文广新局、市旅游外侨办、岳阳楼景区等部门联袂打造11大主题活动，进一步凝聚人心，振奋精神，激励和传播正能量。此次主题活动包括：10万人同城吟诵《岳阳楼记》、组织召开“第六届范仲淹国际学术大会”、举办“中国·岳阳楼”国际诗会、岳阳楼主题书画作品展、召开部级领导见面会、境外友人见面会、诗会部级领导见面会、组织巴陵戏《远在江湖》在全市巡演、举办“我读《岳阳楼记》”征文比赛、出版《岳阳楼志》、举办“一极三宜·江湖名城”摄影大赛等。

【2016湖南夏季乡村旅游节】

2016湖南夏季乡村旅游节于6月22日在岳阳市平江县安定镇横冲村举行。省、市主要领导、各市州旅游局局长、周边各县旅游部门负责人，30余家中央省市主要媒体，20余家全省知名旅行社和平江县各大景区、旅行社等单位，以及1万多名游客参加开幕式和6个景区推广秀活动。本届乡村旅游节是平江县继“平江起义80周年”以来的又一次大型旅游节庆活动，整个活动内容丰富、主题突出、特色鲜明、富有创意，活动筹备到位，展示精彩，成效显著，实现了“大影响、大传播、大提升”的目标，对于岳阳建设宜居宜业宜游江湖名城，推进平江县创建“全国全域旅游示范区”，加快旅游产业发展具有重要意义。

【第三届湘鄂赣边界地区非遗文化节】　2016年6月11日，中国第十一个“文化遗产日”（岳阳）宣传活动暨第三届湘鄂赣边界地区非遗文化节系列活动在临湘市举行。此次活动分为四大部分：启动中国第十一个“文化遗产日”（岳阳）活动宣传、召开湘鄂赣三省边界地区非遗联席会议、开展湘鄂赣边界地区非物质文化遗产展览、举办湘鄂赣三省边界地区传统音乐、舞蹈、戏曲类的国家级、省级非物质文化遗产项目文艺演出。在文艺演出节目中，有由湖南省岳阳市各县市区选送的巴陵戏选段《天官赐福》、花灯戏选段《颠花轿》、临湘花鼓小戏《为猪讨薪》；湖北省选送的提琴戏《凤中龙》、舞蹈《拍打舞》；江西省铜鼓县选送的表演唱《唱起山歌歌对歌》等9个国家级、省级非物质文化遗产保护类节目。此次活动弘扬中华优秀传统文化，加强湖南、湖北、江西三省边界地区非物质文化遗产工作相互交流，推动湘鄂赣边界地区非遗事业共同协作、融合发展。

【加大长株潭城市群和武汉城市圈区域旅游市场营销力度】　2016年，全市各旅游景区景点，采取行之有效措施，不断拓展旅游市场。长株潭城市群和武汉城市圈是岳阳市的主要旅游客源地之一，针对这两个客源地的旅客做精准营销，不断深度拓宽岳阳市客源市场。汨罗市、湘阴县、平江县都毗邻长株潭城市群，加强对洋沙湖国际旅游度假区宣传力度，提升渔窑小镇、体育公园、欢乐水世界等休闲度假项目的吸引力，组织系列文化节庆活动，引导周边地区客源聚焦湘阴县。加大“天岳幕阜山”的影响力，倡导养生文化和道教文化，打造岳阳市高山养生旅游品牌。利用临湘市创建国家全域旅游示范区的契机，增强聂市古街、十样锦、五尖山国家森林公园等旅游景点对武汉城市圈游客的吸引力。

【开展国际营销推介岳阳旅游】

2016年5月26日至6月3日，由市长刘和生率领的市政府考察团出访俄罗斯、匈牙利、保加利亚三国，市旅游外侨办主任任焱辉随同出访。出访期间，刘和生重点就经贸、旅游、城建等方面与对方进行洽谈和深入交流，任焱辉向当地旅行商及媒体推荐岳阳的旅游资源和旅游项目，寻求合作意向，得到积极回应。继续加强与瑞士维京游轮公司对接合作，争取更多国际游轮停靠岳阳，拓展欧美客源市场。全年30趟游轮停靠城陵矶码头，上万名欧美游客登岸游览岳阳市景点，游客主要来自英国、德国、美国、加拿大等国。

（赵　立）

旅游行业管理

【岳阳大酒店获批岳阳市首家五星级旅游饭店】　2016年11月14日，经全国旅游星级饭店评定委员会研究决定，批准湖南岳阳大酒店为五星级旅游饭店，为岳阳大酒店历时四年的“创五星”活动打上圆满的句号。2012年以来，作为岳阳市唯一以行政名称命名的岳阳大酒店开展创建五星级旅游饭店的活动，以适应日益发展的旅游事业需要，填补岳阳市迄今没有五星级旅游饭店的空白。四年来，在市委、市政府和主管部门的高度重视以及各相关部门的支持下，岳阳大酒店全体员工群策群力，团结奋进，顺利完成创五星工作的各项指标，8月下旬以超过国家旅游星级饭店的划分与

2016年6月22日，湖南2016夏季乡村旅游节开幕　（汤志坚　摄）

评定（GB/T14308-2010）国家标准13.5分的优异成绩通过全国星评委专家组检查评定。专家组将评定资料呈报全国星评委，全国星评委通过暗访和集体研讨等形式进行复检，最终做出批准岳阳大酒店为五星级旅游饭店的决定。

【文明旅游氛围浓厚】 2016年，岳阳市全力推动文明旅游，全市旅游市场秩序进一步规范，文明旅游环境进一步优化、全民旅游意识进一步增强。出台《全市文明旅游宣传引导工作实施方案》，抓住重要时间节点，增加宣传频率，加大教育引导力度，特别是在元旦、春节、“五一”小长假、“5·19”中国旅游日等节假日集中宣传《旅游法》，普及文明旅游相关知识，通过举办“一极三宜江湖名城、文明与旅游同行”活动、旅游行业文明创建专题辅导、“文明规范经营”全市旅游行业经理人培训班、文明旅游进社区等活动，掀起文明旅游宣传热潮，社会反响强烈。加强法律法规和制度化建设，市旅游外侨办按照《旅游法》要求，加强出境旅游组团社管理，提升导游、领队等从业人员的文明素质，深化导游、领队培训活动。编写《团队旅游行前说明规范要求》，确定行业标准，行前教育更加规范。修订《旅游合同》示范文本，把文明旅游相关要求纳入其中，权威性、约束力进一步增强。全市建立文明旅游志愿者服务队，在景区、星级饭店、旅行社推广建立学雷锋志愿服务岗，并在显著位置标示文明旅游志愿服务联系方式，为游客提供问询等便民服务。在春节、五一等重要节假日，组织志愿者在景区出入口发放文明旅游宣传册，清理环境卫生，劝导游客爱护自然、遵守公共秩序、注意旅游安全等。

【规范市场秩序确保旅游安全】 2016年，全市旅游部门始终把旅游安全管理工作放在首位，推行预防管理。在黄金周、小长假和旅游旺季对全市各宾馆、旅行社、景点景区的安全制度、消防设施、安全通道、警示标志、娱乐项目等进行专项检查，在检查中对存在安全隐患的旅游企业提出整改要求和时限，从根本上消除安全隐患。市旅游外事侨务办联合市安监局、市工商局、市物价局、市卫计委、市食品药品监督局、市消防支队等部门联合对旅游行业重点单位进行联合安全检查。开展预防突发事故应急演练，在岳阳楼景区詹岳门前举行旅游行业安全宣传咨询活动，在岳阳泰和大酒店进行消防安全知识比赛。深刻吸取宜凤高速“6·26”特大道路交通事故教训，开展安全生产“大排查大管控大整治”工作专项行动，对县市区进行督查检查，检查涉旅企业120家，发现隐患58个，全部整改到位。旅游市场秩序良好，全年未出现一例安全事故。

（赵　立）

科学技术

责任编辑　刘兴汉

综　述

【概况】　2016年，岳阳市科技工作围绕市委、市政府的工作部署，落实全面创新驱动战略，推进科技体制改革，打造一系列工作亮点，岳阳市被评为湖南省知识产权工作先进市，岳阳市科学技术局（简称市科技局）先后被评为湖南省《科学素质纲要》实施工作先进集体、湖南省第三届创新创业大赛优秀组织奖、湖南省科技活动周先进单位、湖南省科技政务信息工作先进单位、湖南省科技统计工作先进单位，防震减灾、机关党务、人口与计划生育、社会治安综合治理、档案管理等单项工作分别跻身省、市先进行列。

【科技项目建设】　2016年，市科技局争取国家和省级科技项目61个、资金3029万元，先后落实市级财政科技项目三批、资金1402万元，落实企业研发费用加计扣除、高新技术企业所得税减免政策，为60家企业减税1.97亿元，实现全社会研发经费支出53.7亿元，占GDP比重1.73%。

【科技服务】　2016年，市科技局转变工作作风，强化科技服务，选派精干力量，开展产业帮扶、驻企帮扶、驻村帮扶、社区联系点和"双联"点帮扶工作，借助科技活动周"知识产权宣传日""防震减灾日"等科普载体，全面加强科普宣传服务，全民创新创业氛围浓。

【科技体制改革】　2016年，市科技局制定岳阳市《关于实施创新驱动发展战略促进产业转型升级的意见》《科技发展计划专项资金管理办法》《促进重大科研基础设施和大型科研仪器向社会开放实施方案》，市政府出台《岳阳市"十三五"科技创新规划》《科技计划管理改革实施方案》等文件，新的五类科技计划即将全面构建，专利权质押融资实现"零"的突破，科技企业孵化器建设、科研仪器设施共享平台建设等获得省、市改革办肯定。

【实施知识产权战略】　2016年，市科技局在全市开展"提升万人发明专利拥有量专项行动"，争取市政府出台相关政策，授权发明专利第一次纳入市政府财政资助，第一次大幅提升专利在科技计划立项中及政府对县市绩效考核的权重，专利权质押贷款实现零的突破，完成专利权质押融资2笔，获得银行授信金额900万元。全市企业创新能力大幅提升，专利申请量2801件，比2015年增长28.96%；专利授权量1620件，同比增长1.63%；发明专利申请557件，同比增长28.63%；发明专利授权188件，同比增长6.82%；有效发明专利993件，万人有效发明专利拥有量为1.76件。全市开展专利行政执法200余人次，检查商场（超市）、药店40余次，检查商品5000余件，发现查处假冒专利177件；处理专利侵权纠纷14件。岳阳市被评为2016年度湖南省知识产权工作先进市，临湘市、汨罗市被评为2016年度湖南省知识产权工作先进县市。湖南省金为新材料科技有限公司、湖南洞庭山科技发展有限公司成功进入国家知识产权优势企业行列，岳阳林纸（泰格林纸）通过国家知识产权优势企业复核，岳阳县进入全省首批知识产权强县。

【科技普及推广】　2016年，市科技局利用"创新引领，共享发展"科技活动周、全市科技奖励大会、产学研合作对接、科技业务培训、"4·26"知识产权宣传日、"5·12"防震减灾日等各类科技活动时机，宣传知识产权保护、科技政策法规等知识，营造有利于科技进步和创新创业的良好氛围。通过2年的建设，"岳阳市支柱产业科技信息服务平台"正式上线，免费为全市中小企业和科技人员提供科技文献资源检索和下载服务。曾晓虎编撰的《点赞家庭养生——做家人的四季养生顾问》图书作品获得省优秀科普作品，湖南民族学院万红获得省科普讲解大赛三等奖，平江石牛寨国家地质博物馆科普基地、市气象博物馆科普基地成功申报为省级科普基地。湘阴县资江村农村民居地震安全工程建设项目被评为省农村民居地震安全示范工程。

（朱　珊）

2016年5月19日，岳阳市召开科学技术奖励大会　（朱　珊　摄）

科技创新

【高新技术产业】　2016年，全市新认定、复审、重新认定高新技术企业49家，其中，新认定高新企业23家，高新技术企业达到136家，高新技术产品企业达到271家，实现高新技术产业增加值610.6亿元，占GDP比重达到19.69%。湘阴县工业园区被认定为省级高新区，屈原国家农业科技园区完成投资2.3亿元，湖南海凌被认定为国家级科技企业孵化器。

（朱　珊）

【产学研结合创新】 2016年，市科技局加强技术平台建设，创建省级院士工作站、重点实验室、工程技术研究中心4个，组建市级技术创新平台9个，新增国家级众创空间、星创天地3个，省级众创空间、星创天地、科普基地6个。引进中国工程院院士1名、创新人才团队8个，培育省级科技人才团队2个，评选市级科技创新创业人才团队20个、“巴陵卓越工程师”21名，选派市县两级特派员130人，总数达到850名。组织参加湖南省第三届科技创新创业大赛，13个企业和团队获得优胜奖。 （朱　珊）

【举办科技活动周活动】 2016年5月15—21日，市科技局在全市各有关部门单位的协助下，举办以“创新引领，共享发展”为主题的2016年岳阳市科技活动周活动。5月19日，“创新引领，共享发展”岳阳市科技活动周启动式在岳阳会展中心开幕。市委副书记李志坚、市人大常委会副主任陈光荣、市人民政府副市长李为、市政协副主席李平出席。全市科普领导小组成员单位、县市区科技局、高等院校、科研院所单位、获得市科技奖励代表及部分高新技术企业170人参会。市科技局局长曹合群介绍本次活动周主体活动安排，副市长李为发表讲话，湖南海凌科技企业孵化器有限公司总经理何泗凌介绍创新创业经验，市领导为获得国家级科技企业孵化器的湖南海凌科技企业孵化器有限公司和岳阳市黄茶科普基地等4家第二批市级科普基地授牌，并为参加第五届湖南省科普讲解大赛获奖者万红和湖南省优秀科普作品《点赞家庭养生——做家人的四季养生顾问》图书作者曾晓虎颁奖，湖南理工学院与湖南海凌科技企业孵化器有限公司签订“大学生创新创业战略合作协议”，湖南省中晟热能科技有限公司、湖南千牛无人机科技有限公司等9家科技小微企业在科技活动周现场展示他们的创新创业科技成果。 （朱　珊）

【科技奖励工作】 2016年，岳阳市获得国家技术发明二等奖、科技进步二等奖，获得省级科技进步奖励12项，评出市级科技贡献奖1名、科技进步奖28项。是岳阳市最近几年获得科学技术奖励种类最多、行业分布最广、获奖数量最多的一年。进行技术合同认定登记92项，合同成交总金额2188.58万元，进行省级科技成果登记35项。 （朱　珊）

【科技信息服务工作】 2016年，岳阳市科技信息工作围绕科技创新需要，为全市科技行政管理、基层科技、科技服务体系建设提供保障服务。组织开展科技政策调研服务，做好“一网两热线”电子科技政务服务和湖南省农村农业信息化示范省建设等工作，启动“科技成果登记”“技术合同认定登记”业务拓展服务。抓好“12396科技服务中心”建设和基层服务站点服务。服务中心全年值班在线率保持在95%以上，审核上传信息1336条。依托涉农专家和基层服务站，组织开展农村农业信息化科技服务，全年接受求助信息1000条，组织宣传活动、上门服务30场次，培训人员2000多名。 （罗晓红）

【生产力促进中心工作】 2016年，市生产力促进中心开展送科技下乡活动6次，举办农业实用技术讲座4场，展出各类展板100余块，培训农民技术骨干200人次，赠送种植、养殖科技书籍1万册，发布实用科技信息360条，受惠农民群众1万人。协助全市52家中小企业申报高新技术企业，其中49家认定为高新技术企业。免费提供专利申报、成果鉴定、ISO质量管理体系认证等咨询服务，免费举办技术、人才培训等活动，在各县市区举办培训5场，培训企业200多家。针对全市中小企业创新创业找资源难、选资源难、用资源难等问题，搭建“岳阳市支柱产业科技服务与创新平台”，提供科技文献资源共享、产品检验检测、仪器设备共享、技术成果转移和科技人才等服务。11月15日该中心和中国知网合作开发的科技文献资源共享——“岳阳市支柱产业科技信息服务平台”开始为全市中小企业和科技人员免费提供科技文献资源检索和下载服务，平台收录学术期刊8201种、中国会议230万篇、硕士论文280万条，中小企业和科技人员通过账号可进行免费下载，同时提供博士论文、报纸、外文文献、专利、标准、科技成果等在线检索，为中小企业和科技人员免费传递原文。经过一个多月的试运行，平台注册用户83家，发放免费账号83个，提供科技文献检索服务12687次，提供科技文献下载服务523次。 （冯振家）

专利与知识产权

【概况】 2016年，全市专利申请量为2801件，同比增长28.96%；专利授权量1621件，同比增长1.69%；全市发明专利申请量为557件，同比增长28.63%；发明专利授权量为188件，同比增长6.82%。拥有有效发明专利993件，每万人发明专利拥有量为1.76。市科学技术局被湖南省知识产权局评为知识产权工作先进单位。

【知识产权管理】 2016年，临湘市知识产权局、汨罗市知识产权局被评为湖南省专利工作先进单位，岳阳县进入湖南省知识产权强县行列。汨罗市顺利通过国家知识产权试点城市考核验收，并加入国家知识产权示范（创建）城市行列。临湘市知识产权局的“创建湖南省知识产权示范（县）市”、汨罗市知识产权局的“国家知识产权示范（培育）城市建设”2个项目获得省知识产权战略推进工程项目经费支持。市科技局对全市7个省级及以上工业园进行知识产权工作情况调查，为开展园区知识产权工作摸清“家底”；多次到临湘市、岳阳经开区、云溪区进行知识产权调研和座谈，指导企业申报专利、保护企业知识产权、听取企业对专利工作的意见和建议。组织全市企事业单位申报湖南省知识产权战略实施专项项目，其中，湖南龙舟农机股份有限公司的“水田机械防泥水密封专利技术产业化”、湖南科美达电气股份有限公司的“铁芯屏蔽辊式电磁搅拌感应器”、岳阳市永金起重永磁铁有限公司的“起重永磁铁系列专利成果产业化”、湖南高安新材料公司的“电子级高纯氨产业化技术开发”等4个项目获得省知识产权局专利技术产业化项目支持。配合市经信委完成年度“百项专利转化推进计划”项目的申报推荐工作，岳阳市永金起重永磁铁有限公司的“活动导磁板顶杆起重永磁铁产业化”、湖南省中晟热能科技有限公司的“微波裂解装置在有机物质的资源化应用”、湖南华中天地环保科技有限公司的“冶金铸造电磁配料行车自动化控制系统”等3个项目获得“百项专利转化推进计划”重点专利技术转化项目立项支持。岳阳林纸成功通过国家知识产权优势企业复核，湖南省金为新材料科技有限公司、湖南洞庭山科技发展有限公司入围国家知识产权优势企业。

【知识产权保护和维权工作】

2016年，岳阳市打击侵犯知识产权和制售假冒伪劣商品领导小组办公室（设市科技局）加强统筹协调，组织各成员单位按照职责分工以食品药品安全、农资、建材、烟花、家电等涉及民生安全的领域为重点整治领域，开展专项整治行动。市知识产权系统出动执法人员500余人次，调解处理14起专利侵权纠纷案，结案14起，查处假冒专利177件。湖南省知识产权维权援助中心（岳阳分中心）开展“12330”知识产权维权公益服务热线宣传活动，对“12330”公益服务热线进行全面宣传。配合市工商局等单位开展“3·15”消费者维权宣传活动，发放宣传彩册2000份。

【宣传培训工作】 2016年，市知识产权局与市工商局等单位联合开展“3·15”消费者维权宣传活动，组织开展“4·26”知识产权宣传周系列宣传活动，岳阳广播电视台、《岳阳日报》发表知识产权相关报道，双打成员单位组织知识产权领域专项整治行动，全市企事业单位设置知识产权咨询台10处、向市民发放知识产权宣传册和宣传资料2000份。多家试点企业分别以企业知识产权管理为主题进行专题培训，市科技局组织举办岳阳市小康“科技三项指标”培训会，分别在市一医院、市二医院、际华三五一七、华中电磁、汨罗市举办专利申请培训班，在平江工业园举办企业专利战略培训会，在湖南理工学院举办专利挖掘及专利申请实务培训，各单位参训踊跃，参加培训人数达800人次；先后到城陵矶新港区、岳阳经开区、汨罗市、临湘市、平江县、云溪区、岳阳县等县市区，以开展面对面交流等形式，指导企业做好专利申请和保护工作。

【知识产权奖励和资助】 2016年，岳阳钟鼎热工电磁科技有限公司的“连续旋转蓄热式预热器陶瓷球更换清洗通风装置”发明专利获得湖南省专利三等奖。全市有178项专利获得省专利资助，落实专利资助资金48.82万元。

（何建国）

科技成果与奖励

2016年度岳阳市获得国家、省科学技术奖励名单

表11

项目名称	获奖单位	获奖人员	获奖等级
单晶多空心钛硅分子筛催化新材料及制备关键技术	中国石油化工股份有限公司石油化工科学研究院 中国石化催化剂有限公司等	林　民　舒兴田　史春风 李国繁　朱　斌　戴　泳	国家技术发明二等奖
苎麻生态高效纺织加工关键技术及产业化	湖南华升集团公司 东华大学 湖南农业大学	程隆棣　荣金莲　肖群锋 李敏陵　耿　灏　陈继元 揭雨成　严桂香　匡　颖 崔运花	国家科技进步二等奖
复杂手性萃取过程模拟和优化	湖南理工学院	唐课文　张盼良　易健民	省自然科学二等奖
淡水珍珠全产业链健康生产关键技术创新与应用	湖南省普利农业科技综合开发有限公司	杨品红等	省技术发明二等奖
绿色高性能水性树脂合成关键技术及涂料应用	华容县恒兴建材有限公司等	刘娅丽　李皞丹等	省技术发明二等奖
大容量注射剂—即配型粉液双室袋产品技术发明与创新	湖南科伦制药有限公司	刘思川　谭鸿波　葛均友 王利春　邹瑰丽　张爱波	省技术发明二等奖

续表11

项目名称	获奖单位	获奖人员	获奖等级
丙烯高温氯化混合反应器强化关键技术创新与应用	中国石化集团资产经营管理有限公司巴陵石化分公司 湘潭大学	韩路长 王新龙 陈康庄 罗和安 夏金魁 袁罗云 张 献 刘 利 龚升高 周江明 庄宏清 罗 卫	省科技进步二等奖
植物源性发酵食品安全清洁工业化生产关键技术创新与应用	湖南华康食品有限责任公司 湖南插旗菜业有限公司等	周红丽等	省科技进步二等奖
木竹全资源高值化利用技术与示范	湖南福相木业有限责任公司等	陈泽君等	省科技进步二等奖
甲基叔丁基醚（MTBE）深度脱硫技术开发	中国石化集团资产经营管理有限公司巴陵石化分公司	潘罗其 曹双武 顾湘兴 颜 刚 陈 胜 周 卫 曾光乐 余卫勋 袁 缪 彭 涛 付安军	省科技进步三等奖
水稻三系不育系“鑫A”及杂交组合“鑫优9113”选育及应用	岳阳市农业科学研究所 湖南洞庭高科种业股份有限公司	郭爱军 蒋小勇 夏照明 石 磊 李再强 李小盛 周小波 李云胜	省科技进步三等奖
热塑性聚烯烃（TPO）防水卷材及应用技术开发	岳阳东方雨虹防水技术有限责任公司 北京东方雨虹防水技术股份有限公司	梁卫业 姚 达 曾益龙 田凤兰 向 锋 张庆生	省科技进步三等奖
湘式休闲卤制食品工业化生产关键技术创新与应用	湖南省旺辉食品有限公司 湖南农业大学	李清明 徐旺辉 李 坚 余自力 李文佳 王 燕 黄佳贵	省科技进步三等奖
膀胱白斑分型诊断标准及其临床应用	岳阳市一人民医院 华中科技大学同济医学院 厦门大学附属第一医院	唐秀英 邢金春 唐 敏 叶章群 文定军 彭世波 官 阳 李 斌 王 欢	省科技进步三等奖
膀胱白斑分型诊断标准及其临床应用	岳阳市一人民医院 华中科技大学同济医学院 厦门大学附属第一医院	唐秀英 邢金春 唐 敏 叶章群 文定军 彭世波 官 阳 李 斌 王 欢	省科技进步三等奖

2016年度岳阳市科学技术奖励项目

表12

项目名称	获奖单位	获奖人	获奖等级
	中国石化集团资产经营管理有限公司巴陵石化分公司首席专家教授级高级工程师	梁红文	突出贡献奖
苯酚—甲醇烷基化选择性制高品质邻甲酚工艺技术开发与工业应用	湖南长岭石化科技开发有限公司 湖南新岭化工股份有限公司 岳阳兴长石化股份有限公司	李 华 余喜春 黄 华 衷 晟 徐 斌 肖久炎 尹笃林 毕文波 胡莲佑	一等奖
乙酸异丙酯制备新工艺	湖南中创化工股份有限公司	申文义 刘郁东 张小明 杨湘平 黄能武 刘良会 侯 杰 王伟华 李 霁	一等奖
防锈紧固锌钢型材制备关键技术的研发与应用	湖南省金为新材料科技有限公司	谢斌泉 李 杰 熊翰超 许又配 张 黎 杨 斌	一等奖

续表12

项目名称	获奖单位	获奖人	获奖等级
两系优质杂交中稻新组合“粘两优4011”选育	湖南鑫盛华丰种业科技有限公司 怀化市农业科学研究所 岳阳市金穗作物研究所	邓　松　向太友　刘　岸 舒铁生　彭星辉　肖俊良 邓　猛　余　敏　黄　雄	一等奖
10000t/a邻甲酚醛环氧树脂成套工业技术开发	中国石化集团资产经营管理有限公司巴陵石化分公司	任六波　潘卫章　唐光斌 王新龙　肖　雄　李楚新 傅江福　周江明　汤文红	一等奖
全绕组板坯连铸结晶器电磁搅拌装置及板坯连铸结晶器	湖南中科电气股份有限公司	李爱武　肖　红　向新星 李伟红　何　浩　宋哲启 杨立军	一等奖
紧压晒青黄茶关键技术研究与示范	湖南洞庭山科技发展有限公司	陈奇志　王岳芹　袁小月 彭正伟　王春雄	一等奖
病死动物高温化制（常压）无害化处理技术体系研发	湖南祥柏工业油脂有限公司	谢松柏　肖安东　杨俊杰 宋跃君　许碧辉　谢树林	一等奖
一种三酸混合发酵生物有机肥	湖南金叶众望科技股份有限公司	向铁军　陈裕新　易百科 卢小伸　吴　飞　江　涛 袁辉雄	一等奖
替罗非班冠脉内靶病变后给药对心肌梗死患者急诊PCI疗效的影响	岳阳市一人民医院	潘　港　龙胜春　赵建华 徐细平　冯小坚　李正在 张煦斌　杨　佳　周　波	一等奖
防水铜版原纸技术研究与应用	岳阳林纸股份有限公司	朱宏伟　刘成良　刘春景 李望南　肖友年　李　丹 冀振华	二等奖
环己酮氨肟化用钛硅分子筛催化剂再生优化研究及工业应用	中国石油化工股份有限公司巴陵分公司	旷志刚　谯　荣　刘文宗 范壮志　刘卫东　李学农 李惠友	二等奖
SEBS质量升级关键技术开发及工业应用	中国石化集团资产经营管理有限公司巴陵石化分公司	宁朝晖　余振银　张红星 梁红文　王　旭　张君花 夏金魁	二等奖
两类流体力学方程的适定性和零耗散极限	湖南理工学院	张映辉　陶　霞	二等奖
铜基非晶合金及其复合材料制备及其性能研究	湖南理工学院	蔡安辉　安伟科　罗　云 周果君	二等奖
宫颈癌发生发展相关标志物的研究	岳阳市二人民医院	周传意　余飞跃　柳亚兵 王　冰　毛　磊　李　杨 高章泉	二等奖
胎盘植入的MRI产前诊断研究	岳阳市一人民医院	周文明　何　磊　付维东 单　蓉	二等奖
高温熔物流槽的创新改造	岳阳职业技术学院	徐石交　李子昀　葛　立	二等奖
全氟丙烷人血白蛋白微球注射液	湖南康润药业有限公司	毛金武　周松辉　陈　勇 刘　智	三等奖
湘阴县双季优质稻高产高效栽培技术推广	湘阴县农业技术推广中心	杨益新　蒋仁霞　吴兰军 殷　平　杨润芝　陈利球 汤世平　甘　觉　黄曙光	三等奖

续表12

项目名称	获奖单位	获奖人	获奖等级
除尘脱硫综合技术开发	湖南凌峰环保科技有限公司	凌昌伟 孟 娇 官小春 许春燕 张艳兵	三等奖
国防教育18讲系列研究成果	中共岳阳市委讲师团	蔡吉跃 蔡 振 戴文慧 吴 灿 吴霞伶	三等奖
环保型在线中性清洗技术	岳阳宇翔科技有限公司	曾蔚然 姜建平 吴新汨 李 珏 蒲玉强	三等奖
《安安带你躲地震》	岳阳市地震局	李 成 吴奇良 陈晓雷 陈 凯	三等奖
岳阳地区子宫颈癌机会性筛查多中心临床研究	岳阳市二人民医院 岳阳市妇幼保健院	刘崇梅 陈 卓 沈小卜 毛 敏 蒋 倩	三等奖
高等职业教育教学质量监控的理论与实践	岳阳职业技术学院	闫四文	三等奖
针刺颈椎病穴治疗椎动脉型颈椎病的临床研究	岳阳市中医医院	蒋学余 付漫娣 严 全 刘芝俐 谢 慰	三等奖
校企合作的中小企业公共服务云平台系统建设与应用	岳阳广播电视大学	陈美中 邹欣欣 隆 哲 贺 信 严 静	三等奖

（徐 麟）

防震减灾

【概况】 2016年，全市防震减灾工作围绕“一极三宜”发展大局，科学谋划防震减灾“十三五”规划，全市防震减灾工作取得新的进步，市地震局被评为全省防震减灾工作先进单位和政务信息工作先进单位，湘阴县地震办公室、临湘市地震办公室被评为全省县市区防震减灾工作先进单位。

【地震监测预报】 2016年，岳阳市升级改造汨罗市神鼎山地震监测中心防雷设施，对平江县、临湘市地震台进行维修改造，配合中国地震局做好国家地震烈度速报与预警工程湖南分项目台站现场勘选工作，全市测震台网对市及周边区域可定位地震进行精确监测，准确地完成震情速报任务，参加湖南省及湘鄂赣皖四省联席地震趋势会商会，科学地研判本地区地震发展趋势，及时处理华容县水井水位异常现象，查明现象原因，消除社会恐慌心理。

【地震震害防御】 2016年，国务院9号令颁布实施后，岳阳市地震主管部门迅速转变震防工作思路，做好地震审批服务工作，联合相关部门转发湖南省地震局《关于贯彻执行国家标准〈中国地震动参数区划图〉（GB18306—2015）的通知》，在湘阴县资江村举办农村民居建设施工技术培训，为施工队讲解地震安全施工技术要点，推动该规范化建房项目入选湖南省农村民居地震安全示范工程。

【地震应急救援】 2016年，市地震局在学校、社区等单位组织实地应急演练15次，参加全省地震应急桌面演练4次，向市应急办提交《南湖广场应急避难场所建设设计方案（初稿）》，应急避难场所建设列入市政府“十三五”规划，11月中旬，全国地震应急指挥中心质量考核暨指挥中心负责人工作会议在岳阳市召开。

【地震宣传工作】 2016年，市地震局组织编撰《安安带你躲地震》动漫科普图书，免费赠送给市中心城区学校，开展地震科普宣传活动15场次，发放各类宣传材料1.5万份，临湘市第五完小获得省级防震减灾科普示范学校称号。组织全市省级防震减灾科普示范学校参加全省手抄报比赛，初选19幅作品参赛，其中，2幅获得二等奖，4幅获得三等奖，13幅获得优秀奖。向中国地震局网、湖南省地震局网等投稿55篇，及时报道全市防震减灾工作动态。

（陈 凯）

气 象

【概况】 2016年，岳阳市气象局全面完成省气象局和市委市政府下达的各项工作任务，在全省气象系统目标管理考核中，名列全省第三，获得全省气象系统综合目标管理优秀达标单位。全年基础业务工作扎实，天气预报、气象探测和气象服务等主要业务质量和指标全省排名前列。全市地面测报、农气质量继续保持零错情，城镇预报质量全省排名第三，获得城镇预报质量竞赛一等奖。国家级自动站资料传输及时率为99.99%，名列全省第一；区域站传输及时率保持稳定，酸雨质量考核连续10年保持全优，气候影响评价全省排名第二位，评为一等。在第十一届湖南省气象行业县级综合气象业务技能竞赛中获得优秀组织奖。多普勒雷达、闪电定位、土壤水分、大气负氧离子、GPS/MET水汽等综合探测设备均保持高质量稳定运行。1人被评为全国重大气象服务先进个人，6人次获得全省气象业务优秀个人，5人次获得全省气象科技服务先进个人。省级文明单位申报获得通过。（向 伟）

【汛期气象服务】 2016年，受超强厄尔尼诺事件等因素影响，全市极端天气事件明显增多，强降水频繁，经历16次强降雨天气过程，其中6次造成暴雨洪涝灾害，特别是“7·1—7·6”持续暴雨过程，洞庭湖出现34.47米的洪峰水位，超警戒时间长达27天，为近16年来第二高水位。全市各级气象部门严密监测，科学分析，及时预警，主动服务，为各级党政部门指挥防汛抗灾救灾提供有力支撑。全年启动气象灾害应急响应9次，发布《重大气象服务专报》等决策气象服务材料190期，暴雨、大风、冰雹等气象灾害预警信号352条764县次。优质的气象服务工作，得到各级党政领导和社会公众的高度肯定。市气象台获得全市防汛服务先进单位，2人获得全市防汛服务先进个人。

（向 伟）

【公共气象服务】 2016年，市气象局增加影视节目内容和频次，每天制作6套天气预报节目6次播出，每天向13万手机用户发送气象服务信息；举行4次气象新闻发布会，全面完成春运、春节、市两会、清明节、“五一”节、端午节、国庆节、市党代会等一系列专题气象保障服务，通过电视、广播、报纸、手机短信、“96121”、网络、电子显示屏、大喇叭等途径向公众发布最新天气资讯。联合岳阳市农业委员会，组成专家联盟，开展为农气象服务，洞庭湖气候中心及各县气象局开展农事调查42次，联合市农业部门植保专家会商10余次，发布各类专报104期。汨罗市、湘阴县认真实施三农气象服务专项，汨罗市屈子祠镇、神鼎山镇被评为中国气象局标准化气象灾害防御镇。（向 伟）

【气象现代化建设】 2016年，突发事件预警信息发布体系建设取得突破进展。该系统建设全面启动。岳阳水上交通安全气象保障系统一期建设任务全面完成。系统的软硬件建设投入使用。在省气象局和市科技局的大力支持下，组建岳阳市水上安全气象保障工程技术研究中心并牵头成立湖南省水上安全气象保障服务中心，气象保障能力得到大幅度提升。同时针对岳阳市实际需求，与市长江修防处、市环保局联合申报，岳阳市城市内涝气象服务系统和空气质量预报预警系统建设得到市政府支持。全市基层气象台站面貌有明显改善，岳阳雷达站综合改造基本完成，雷达站、观测站和气象台联合申报的湖南省科普基地得到认定，在湖南省科技活动周开幕式上被授予2016年岳阳市唯一的湖南省科普基地牌匾。市本级及各县市气象工作被纳入上级政府对下级政府的绩效考评。与市发改委联合印发《岳阳气象发展“十三五”规划（2016—2020年）》，岳阳市突发事件预警信息发布系统、洞庭湖气候变化应对决策支撑系统工程等7个重大项目被列入岳阳市“十三五”规划项目库。全市有5个省级课题、8个市级课题在研，其中，省级重点课题1个，1个课题获得湖南省气象局科技成果转化二等奖。同时加强局校合作，3月市气象局与耶鲁大学—南京信息工程大学大气环境中心签订合作协议，就洞庭湖流域大气环境、水环境、城市气象研究及应用等方面开展广泛深入的合作。（向 伟）

【气象科普宣传】 2016年，全市、县两级气象部门通过参加“3·23”世界气象日、“5·12”防灾减灾日、“安全生产月”等系列活动开展科普宣传，举办气象科普宣传活动40余次，发放各类宣传资料2万余份。市气象局继续加强对新闻报道的管理，市县两级在中国气象报、中国气象局网、湖南气象网、《岳阳日报》等各类新闻媒体发稿181篇，宣传报道量稳居全省第二。新闻稿件《洞庭湖水位缓慢回落》被省气象局选送参加中国气象局的优秀新闻宣传评比。

（向 伟）

【气象法制和行政执法工作】

2016年，防雷减灾体制改革取得明显进展。根据国务院关于第一、第二批清理规范国务院部门行政审批中介服务事项的决定，停止向企业收取新（改、扩）建建构筑物的防雷技术服务费。其他服务改由气象部门委托服务机构（防雷中心）开展技术服务。加强雷电灾害防御的管理工作，修订印发《岳阳市雷电灾害防御管理办法》，建立岳阳市气象行政监管平台，编制完成岳阳市防雷体制改革方案。联合安监部门或独立开展防雷安全双随机检查10多次，进行检查201次，下达执法文书70份；对58家单位进行行政执法，交市中级人民法院强制执行的案件4件，完成防雷装置设计审核和竣工验收行政审批200件，施放气球行政审批82件。（向 伟）

【雷电灾害】 2016年，市气象局组织开展雷电灾害调查、统计上报，调查上报雷灾24起。其中较典型事故：4月2日、4月5日、7月4日、8月14日云溪有线网络有限公司电视网遭雷击，造成直接经济损失9.5万元，间接经济损失2.2万元。4月2日，临湘市同力矿业有限公司遭雷击直接经济损失1.4万元，间接经济损失2万元。同日，岳阳泰格林纸集团遭受雷击，至芦苇堆垛起火，直接经济损失60万元。4月15日，岳阳长岭凯美特气体有限公司遭雷击，击坏高压真空开关，直接经济损失2.9万元，间接经济损失6万元。4月19日，汨罗市古培镇移动基站遭雷击，直接经济损失0.6万元，间接经济损失0.5万元。5月5日，湘阴县三塘镇一栋二层住宅遭雷击，损坏屋脊和墙面、家电等，直接经济损失1.8万元。6月1日，湘阴县三塘镇政府及附近居民家遭雷击，损坏镇政府办公设施及居民家电，直接经济损失16.2万元。7月15日，岳阳市经开区三荷乡附近湖南随岳高速公路实业有限公司遭雷击，损坏变压器，直接经济损失2万元，间接经济损失9万元。8月8日，岳阳经开区岳阳泰瑞精细化工有限公司遭雷击，损坏摄像头，直接经济损失0.6万元。（阎 雍）

教育·体育

责任编辑　李　幸

综　述

【概况】 2016年，岳阳市有各级各类学校和幼儿园2358所，在校学生和幼儿81.66万人，教职工5.88万人。全市教育系统推进“三园建设年”“双普推进年”活动，教育体育工作成效明显。“五好小公民”主题教育活动等33项工作被评为全国先进，教育精准扶贫被评为全省特色创新项目。在全省市州教育行政部门年度综合考核和全市综合绩效考评中，岳阳市教育体育局（简称市教体局）均被评为先进单位。

教育均衡发展。全市投入2.44亿元建设村小和教学点合格学校119所，投入4303万元建设18所公办幼儿园，全部验收合格。实施2014—2018年全面改薄工程，使用资金7.12亿元，621所学校启动项目建设，573所学校完成建设。临湘市投入2亿元，搬迁新建临湘市一中。君山区征地13.33公顷，投资1.5亿元，新建市十六中。鼓励引导民间资本投资民办教育，弘毅教育集团、华夏学校分别投入7000万元、5700万元建设学校，湘一南湖学校一期投资6000万元，洞庭实验学校启动征地拆迁。发放助学金1.92亿元，资助各级各类贫困学生42.64万人次，组织100所城镇学校与农村薄弱学校结对帮扶。增加公共财政投入，均衡区域之间、校级之间发展，汨罗市、临湘市、君山区顺利通过国家义务教育均衡发展验收。全市人均受教育年限10.48年，比2015年提升2个百分点，全省排名第三位。

办学水平提升。推进“三园”建设，开展安全讲座、启动仪式、应急演练、安全排查553场次，教育部开学工作督查组对岳阳市“三园”建设高度评价。华容县推进教师“幸福工程”、边远学校“五小工程”建设，师生工作、学习、生活条件改善。各学校组织开展师生读书演讲活动，市十五中参加全国第五届中小学生艺术展演，获得戏剧朗诵类比赛一等奖和优秀创作奖。深入推进教育改革，按重教材、重基础、重能力要求，调整中考命题思路，突出检测主干知识和学科核心素养，注重试题素材与生活实践的紧密结合，坚持德智体美并重，体育成绩和一般学科同分量，启动美育考查。秋季入学新生全面实行综合素质评价制度。继续深化课堂教学改革，平江县“五步三查导学”课改模式、岳阳市十中“任务驱动，问题引领”四环节教学新模式、临湘市六中的平等课堂、汨罗市罗城学校的智慧课堂，充满生机和活力。全市高考文理科平均分分别高出省平均分20.36分和2.95分，录取率86.48%，较全省（85.95%）高0.53个百分点。其中，本科录取13350人，本科录取率42.24%，高考质量排名入围全省第一方阵，临湘市二中省示范性普通高中成功复牌。

教育管理规范。坚持阳光招生，实现普职同步、市县同步、招考同步，有效遏制中职买卖生源现象，其中，普高、职高分别招生2.9万人和2.5万人，普职协调发展。建立健全教育收费公示、举报台账、季度通报、重点监控、典型案例通报等5项制度，重点治理学校违规补课乱收费、教师有偿家教家养和收受学生及家长礼品礼金等问题，通报典型案例10起，13名校领导和教师受处分。推进政务公开，依托政府门户网站，重点打造市、县教育体育网站，创建公众微信服务平台，及时发布教育体育要闻、法规政策、工作动态，及时公布社会普遍关注的信息。教师资格认定，民办学校设立，运动员、裁判员技术等级办证实现网上服务。率先在全省启动中小学校章程建设，市十五中等8所学校（园）开展试点，《湖南教育快讯》第70期专版推介岳阳经验。

教师队伍建设加强。制定《岳阳市乡村教师支持计划实施细则（2015—2020年）》，从政策和制度上推动全市教师队伍建设。恢复农村教师公费定向培养制度，落实招生计划241人。各县市区通过招聘、引进等方式，补充教师1100人。平江县、君山区开展校长、教师交流轮岗试点，岳阳楼区交流中层以上骨干144人，云溪区正副校长轮岗50%。实施国培、省培、市培7大类17个项目培训，1.15万人参加，组织28名县市区教育（教体）局局长、机关科长到上海市参加全市区域教育发展研修，组织34名全市义务教育阶段中小学优秀校长、机关科长到武汉市参加全市“教育教学管理与能力提升”研修。

【岳阳教育“阳光工程”被《湖南日报》报道】 2016年，《湖南日报》以“万家忧乐尽关心——岳阳市教育系统实施‘阳光工程纪实’”为题报道岳阳教育，从阳光招生、阳光助学、阳光行政、阳光服务等方面，介绍岳阳教育系统实施“阳光工程”所取得的成绩和经验。

【岳阳教会学校保护修缮设计方案通过国家级初评】 2016年2月14日，岳阳教会学校保护修缮设计方案通过国家级初评。岳阳教会学校是全国重点文物保护单位，全国唯一保存完整的教会学校建筑群，学校遗址公园被纳入岳阳市南湖新区“13118”综合工程，是东洞庭湖君山岛、岳阳楼、教会学校旅游金三角之一。教会学校于1901年4月由美国基督教复初会海维礼派其妻海光中在湖滨黄沙湾设立。

【巴陵千名小院士孵化工程启动】

2016年6月3日，巴陵千名小院士孵化工程启动，3年内培育1000名中小学生，属全国首创。巴陵千名小院士孵化工程是岳阳市巴陵人才工程“未来”培养计划的一部分，着力挖掘培养青少年科技人才，推行“科技馆与学校结合”，立足“周六课堂”等科教平台，在全市中小学遴选20所学校开展培育试点，以3年为一个周期，对参与培训的学生建档跟踪。启动试点学校科技骨干教师培训，组建科技教师讲师团，采用“科学知识+动手实践+拓展创新”三位一体教育模式，提升青少年科学素质。全市通过“周六课堂”、科普大篷车进校园、青少年科技创新大赛等活动，培养科技创新型人才，100件青少年科技作品获得省、国家级奖励。

【岳阳高考成绩位于全省第一方阵】

2016年，岳阳市高考成绩总体保持稳定，继续位于全省第一

岳阳市2016年各级各类学校基本情况表

表13

项　目	校（园）数（所）	教学点数（个）	学生数（人）			教职工数（人）	专任教师数（人）	学校占地面积（平方米）	校舍建筑面积（平方米）	图书（册）	固定资产总值（万元）	
			毕业生数	招生数	在校生数						计	其中：仪器设备总值
总　计	2358	306	219851	231928	816559	58783	47371	24157106.59	8670763.76	17267312	745495.93805	74857.826009
学前教育	1208		66581	63709	174083	15691	7278	2115727.33	1117740.62	1148367	*	*
义务教育	1063	306	109820	116670	502494	32687	31304	16235884.45	4972578.9	12660627	470228.8522	42264.404179
小学	805	306	55222	62254	342998	16969	16641	8882148.41	2629811.43	7234402	245189.87808	20753.401776
其中：完全小学	806	306	48684	56240	307057	16969	16641	8882148.41	2629811.43	7234402	245189.87808	20753.401776
九年一贯制学校			6538	6014	35941							
初中	258		54598	54416	159496	15718	14663	7353736.04	2342767.47	5426225	225038.97412	21511.002403
其中：初级中学	180		42986	42456	124901	11074	10332	5059203.35	1634135.14	3866751	141384.82863	14289.192078
九年一贯制学校	78		9694	10235	29129	4644	4331	2294532.69	708632.33	1559474	83654.145497	7221.810325
完全中学			1918	1725	5466							
高中	46		27523	28619	83420	7660	6634	3977136.04	1741629.35	2136866	204830.83585	16314.53183
其中：完全中学	12		5709	6589	18807	2100	1863	864513.39	403205.5	415854	39129.951567	3801.388584
高级中学	34		21726	21930	64613	5560	4771	3112622.65	1338423.85	1721012	165700.88428	12513.143246
十二年一贯制学校			88									
特殊教育	7		64	154	1158	196	184	209552	28655	44141	0	
工读学校	1				314	31	25					
职业教育	33		15863	22776	55090	2518	1946	1618806.77	810159.89	1277311	70436.25	16278.89

方阵。高考文科总分平均分404.05分，高出省平均分15.82分，全省排名第五位，理科总分平均分413.77分，高出省平均分3.6分，全省排名第四位。其中，文科总平均分最高的是平江县425.57分，理科总分平均分最高的是市直433.95分。全市27113人参考，文理科本科上线13694人，上线率53.24%。其中，一本上线3264人，上线率12.69%，一本上线率最高的是汨罗市，上线率16.41%；二本以上上线9356人，上线率36.38%，二本以上上线率最高的是平江县，上线率39.86%；专业生本科录取1673人，占全市专业生的49.72%，比2015年提高21.28个百分点。

【临湘市获得全国中学生田径锦标赛金牌】 2016年7月27—30日，全国中学生田径锦标赛在长春市实验中学举行，临湘市第二中学7名运动员参加比赛，获得金牌6枚。其中，周琳获得女子甲组400米栏第一名，陈藩获得女子甲组800米第一名，屈璟获得女子乙组200米、女子乙组400米第一名，钟叶获得女子甲组铁饼第一名，游佳睿、陈藩、屈璟、周琳获得女子4×400米接力第一名，获得学校团体总分第二名（第一名为清华附中）。

【市十四中新校园启用】 2016年9月1日，岳阳市第十四中新校园正式启用，市委书记盛荣华揭牌并讲话。新校园主体项目完工，教学楼、综合楼、食堂、教师周转房全部交付使用，学校顺利开学。

【全市教育教学工作会议召开】

2016年10月13日，岳阳市2015—2016学年度教育教学工作会议在平江县召开，市人民政府副市长李为出席会议并讲话，市教体局全体班子成员、各县市区教育（教体）局长及相关人员160多人参加。会议对年度教育教学工作进行讲评，表彰年度教育教学工作先进单位、岳阳市首届教育教学成果奖、“金鹗奖”高中教学竞赛金奖。平江县教体局、平江县七中、临湘市二中、华容县教师进修学校附属中学作典型发言。

【全市大中专学生科技创新示范竞赛】 2016年12月5日，岳阳市大中专学生科技创新示范竞赛在岳阳广播电视大学举行决赛，市人民政府副市长李为出席活动并为获奖学生颁奖。大赛历时4个月，吸引2000名学生参与，提交创新作品300件。通过层层选拔，最终有15件作品进入决赛。

【岳阳市教师奖励基金会更名】

2016年6月22日，根据省民政厅下发《关于同意岳阳市教师奖励基金会更名为岳阳市教育基金会的行政许可决定书》，岳阳市教师奖励基金会更名为岳阳市教育基金会。

【4名教师获得全省第一批中小学“优质空间课堂”终期验收首席教师】 2016年，4名教师获全省第一批中小学“优质空间课堂”终期验收首席教师，分别是：汨罗市白水镇中心小学刘培（小学数学），岳阳楼区岳阳楼小学张大庆（小学数学），市教育技术研究院郝乐心（高中英语），岳阳楼区东方红小学程五霞（小学数学）。

【2016年度为民办实事项目校（园）评估】 2016年，岳阳市教育督导委员会办公室通报2016年度为民办实事项目校（园）评估结果，119所义务教育学校为合格等级，18所农村公办幼儿园为合格等级。合格等级学校平江县52所，岳阳县11所，华容县3所，湘阴县20所，临湘市17所，汨罗市13所，云溪区1所，岳阳经开区2所；合格等级幼儿园平江县1所，岳阳县1所，华容县2所，湘阴县7所，汨罗市4所，岳阳楼区1所，云溪区1所，岳阳经开区1所。

合格等级学校

平江县（52所）：万古小学、更新小学、庆宜小学、狮岩小学、肖家小学、永太小学、碛江小学、高坪小学、潭湾小学、大塘小学、阳坪小学、大桥小学、银子小学、源里小学、积谷小学、古江小学、柘坪小学、凤阳小学、三联小学、松山小学、高义小学、泉源小学、东源小学、四美小学、鲁合小学、三联小学、梅树小学、大水小学、正北小学、三阳大桥小学、中坪小学、建设小学、园艺场小学、育才小学、大岩小学、九眼小学、玳瑋小学、龙洞小学、石坳小学、秀水小学、白土小学、上莲小学、白荻小学、南尧小学、邵阳小学、新建小学、柘庄小学、协洞小学、三义小学、稻竹小学、桥头小学、柘江小学

岳阳县（11所）：城关镇大冲教学点、新开镇五垸教学点、中洲乡河头教学点、张谷英镇寺湾教学点、黄沙镇群乐教学点、鹿角镇鹿角教学点、杨林乡城山教学点、步仙乡狮山教学点、柏祥镇伏太教学点、毛田镇英桥教学点、甘田乡戴家教学点

华容县（3所）：朝阳小学、钢铁小学、桃花小学

湘阴县（20所）：一塘学校、白雪学校、华中学校、香山学校、长康镇中心小学、保合小学、兴隆小学、王家坝小学、白羊学校、绍明小学、关公潭小学、洞庭干塘小学、王家河小学、合兴学校、新合小学、洞庭伏家山小学、南边小学、新农学校、齐贤学校、东亚小学

临湘市（17所）：第五完全小学、儒溪中学、文白中学、聂市中心校、文白中心校、白羊田中心校、儒溪中心校、贺畈中学、城南中心校、乘风中心校、源潭中心校、坦渡中心校、白云中心校、横铺中心校、贺畈中心校、黄盖中心校、壁山中心校

汨罗市（13所）：大兴小学、龙塘小学、栗桥小学、培塘小学、新桥小学、瑞林小学、群合小学、青江完小、神鼎小学、马桥小学、高冲小学、赤卫小学、大旗学校

云溪区（1所）：城南小学

岳阳经开区（2所）：北港小学、梅子柿小学

（袁卫和）

学前教育

【概况】 2016年，全市有各类学前教育机构1508所（含公办学校附设学前班364个），其中，公办和公办性质幼儿园550所，普惠性民办幼儿园557所，公办和普惠性民办

幼儿园占比73.41%。全市3~5岁学龄前幼儿190263人，入园幼儿学前教育173548人，学前三年毛入园率91.21%，农村地区为78%，高于全省平均水平。幼儿园专任幼儿教师9819人，在编教师760人，幼儿教师持证5210人，持证率53.06%，具有大专以上学历5656人，占57.6%。保育员5030人，持证3567人，持证率70.91%。完成18所为民办实事项目园建设任务。

【示范园创建与督导】 2016年，市教体局加强示范园创建与督导，对全市新申报市示范性幼儿园的9所幼儿园，组织考查认定，8所幼儿园通过创建考评，对全市通过认定的市示范性幼儿园进行3年一周期督导评估工作，28所幼儿园接受复查，26所幼儿园通过评估。

【首届幼儿园园长专业能力大赛】 2016年5月，岳阳市学前教育首届幼儿园园长专业能力大赛决赛在市一幼儿园举行。比赛形式分理论笔试、案例分析、现场答辩三个环节，比赛内容根据《幼儿园园长专业标准》设计。18位园长代表县区和市直参加比赛，南湖新区簕杜鹃金湖园园长钟海获得第一名，并被选派参加省级比赛，获得省级二等奖。

【学习贯彻《幼儿园工作规程》】 2016年3月1日，教育部新修订的《幼儿园工作规程》正式实施。岳阳市及时下发《关于深入开展〈幼儿园工作规程〉学习活动的通知》，组织召开县区学前教育管理人员、各类幼儿园园长和骨干教师代表座谈会，明确要把《幼儿园工作规程》学习和贯彻落实作为今后一个时期内全市学前教育改革发展的一项重要工作任务，结合学前教育宣传月活动安排，强化各类学前教育机构依法办园、依规管园的意识，规范办园行为。

【保育员持证上岗培训】 2016年8月，全市1000名保育员参加保育员任职资格培训，确保保育园持证上岗，完成“岳阳市实施第二期学前教育三年行动计划”既定目标。

（朱彩虹）

基础教育

【概况】 2016年，全市有普通中小学1361所，其中，小学1043所，教学点244个，初级中学177所，九年一贯制学校87所，高级中学31所，完全中学17所，特殊教育学校6所。在校中小学生578649人，其中，小学在校学生336039人，初中学生157195人，高中学生84317人，特殊教育学校学生1098人。

（李嘉谊）

【教育项目建设】 2016年，全市投资2.4亿元建设省级实事项目学校73所，投资4300万元建设省级实事项目园18所。组织实施“全面改薄”工程，做到“薄弱学校撤并到位、定点学校建设到位、离校远的学生入学措施落实到位”。使用中央和地方资金87391.44万元，占规划比率92.7%。改薄项目覆盖义务教育学校977所，启动项目建设学校621所，项目竣工学校573所，受益学生35万。其中，平江县代表全省迎接全国改薄办专项检查，并在全国改薄工作电视电话会上作经验发言。

（李嘉谊）

【中小学研究性学习成果奖评选活动】 2016年，岳阳市继续开展中小学研究性学习成果评选活动，评出一等奖8个、二等奖15个、三等奖27个，优秀指导教师13人，优秀组织奖12个，推荐23项作品送省参评。其中，岳阳市一中的《岳阳市区排水井盖维护现状调研》和岳阳县一中的《关于二胎政策对第一个孩子影响的调查研究》两个课题获得省一等奖，2个作品获得省二等奖，8个作品获得省三等奖，市教体局、岳阳县教育局和岳阳县第一中学获得全省优秀组织奖。

（李嘉谊）

【“一师一优课、一课一名师”评选活动】 2016年，岳阳市开展“一师一优课、一课一名师”评选活动，报名参加活动教师20402人，晒课数18079节，上传优课1260节，完成目标率在全省各市州排名第八位。经过市级评审报送220节市级优课，入选省级优课144节，入围率65.4%。

（李嘉谊）

【岳阳市参加湖南省艺术类比赛获得一等奖】 2016年12月10日，岳阳中学高二295班代表岳阳市参加在省音乐厅举办的湖南省首届中学生建制班合唱比赛现场展演活动，获得省级一等奖，市教体局、岳阳县教体局、湘阴县教育局、岳阳楼区教育局、君山区教育局获得省级优秀组织奖。全市组织40名音乐教师到现场观摩展演活动，选送14名选手参赛，获得一等奖5个，二等奖7个，三等奖2个。

（廖　薇）

【“2016年候鸟保护——岳阳市青少年在行动”活动】 2016年11月，“2016年候鸟保护——岳阳市青少年在行动”活动启动仪式在岳阳楼区东方红小学举行，省野生动物保护协会、市人大、市政协、市教育体育局、市林业局等部门相关领导出席。城区学校德育工作负责人、市二中、市四中、东方红小学学生代表700余人参加启动仪式。中国环保第一人、2014—2015绿色中国年度人物、岳阳市环保志愿者协会理事长朱再保作主题发言。

（廖　薇）

【4名学生获得第十二届宋庆龄奖学金】 2016年，岳阳市九中刘亦凡、岳阳县柏祥镇中心学校将涵、岳阳楼区乾明寺小学张麒乐、平江县三阳中学魏怡芳4名学生获得由教育部、中国福利会、宋庆龄基金会颁发的第十二届宋庆龄奖学金。

（廖　薇）

【东方红小学少先队大队获得五星级“湖南省优秀少先队集体”称号】 2016年，根据共青团省委、省教育厅、少先队省工作委员会发表关于表彰2015年度“湖南省优秀少先队”“湖南省优秀少先队辅导员”的决定，岳阳楼区东方红小学少先队大队获得五星级“湖南省优秀少先队集体”称号。

（廖　薇）

【岳阳市首届中小学生建制班合唱比赛暨2016年“童心向党”歌咏比赛活动】 2016年6月23日，由市

2016年6月23日，岳阳市举行首届中小学建制班“童心向党”合唱比赛（廖　薇　摄）

教体局、市文明办联合主办，岳阳楼区教育局承办的岳阳市首届中小学生建制班合唱比赛暨2016年“童心向党”歌咏比赛在东方红小学举行。比赛分小学组、初中组和高中组三个组，27个班级进入市级决赛，东方红小学、市六中、岳阳中学分别获得各组别第一名。通过评分，确定推选洞氮小学等7个参赛班级参加中央文明办举办的全国“童心向党”歌咏比赛。（廖　薇）

特殊教育

【概况】　2016年，岳阳市有市、县特殊教育学校7所，在校学生1158人，教职工196人，占地面积21万平方米，建筑面积2.87万平方米。其中，岳阳市特殊教育学校有学生141人（聋教部39人，培智部102人），班级13个（学前教育1个班，聋教部6个班，培智部6个班），在编在岗教师50人。

【“全国助残日”活动】　2016年5月15日，我国第26个法定“全国助残日”，岳阳市文明办、志愿者联合会在市特校启动“志愿者进校园”活动，10家志愿者协会参加活动。湖南理工学院、月山管理处、岳阳楼区文体新局等单位捐赠“爱心书屋”图书2000多册价值6万多元，市教体局教建投公司、新世纪的士公司资助学生1万元，岳阳市杂技、魔术家协会和省科技馆等单位组织表演活动，丰富学生生活。

【“双语教学”活动】　2016年10月，按“中芬双语合作项目”要求，组织由爱德基金会主办、市体校承办和重庆市聋哑学校、成都市特殊教育学校、德阳市特殊教育学校、乐山市特殊教育学校参与的“LEFM双语聋教育秋季访视活动”，取得圆满成功。

【市特校育人成效显著】　2016年，市特校毕业初中生8人，7人考入武汉市第二聋哑学校读高中。往届在武汉市第二聋哑学校就读高中的毕业生高考成绩优秀，3名学生分别升入长春大学、北京联合大学、郑州师范大学。

（廖　薇）

中等职业教育

【概况】　2016年，全市有中等职业学校28所，其中，公办13所，民办15所。国家中等职业教育改革发展示范学校5所，国家级重点中等职业学校4所，省级示范性中等职业学校1所，省级重点建设专业（群）34个，省级示范性实训基地11个。在籍中职学生6.5万人，毕业生就业率98%以上，其中，对口就业率90%以上，就业稳定率80%以上。

（周有年）

【中职阳光招生】　2016年，岳阳市对原城区普通高中招生网络信息系统改进升级，中职招生内容一并纳入网络信息系统，通过网上填报志愿，统一网上录取。各中职招生院校向市教体局签订规范招生行为承诺书，对中职学校招生宣传员实行准许证管理，对初中学校、中职招生学校提出“八个严禁”纪律要求，虚假宣传、买卖生源等违规现象得到有效遏制，普职分流比更趋合理，招收中职新生25526人。

（周有年）

【中职项目建设】　2016年，湘阴县第一职业中专、华容县职业中专通过国家改革示范中职学校验收。岳阳县获批第二批国家农村职成教育示范县项目，岳阳县职业中专获批省级卓越中职学校建设项目，平江县职业技术学校获批省级校企合作生产性实训基地建设项目，湘阴县第一职业中专、湘北女子职业学校获批省级示范性特色专业群建设项目。（周有年）

【中职竞赛活动】　2016年，全市中职院校参加省中职学生文明风采大赛作品86件，获得一等奖5个，二等奖12个，三等奖28个。参加省中职学生技能竞赛学生53人，获得一等奖1个，二等奖7个，三等奖15个。参加省黄炎培创业大赛作品7件，获得一、二、三等奖各1个，优胜奖4个。参加全国中职学生技能大赛学生2人，获得二等奖、三等奖各一个。组织全市中职学生技能竞赛，设26个赛项，参赛学校22所，学生384人。开赛赛项、参赛学校、参赛学生比2015年有较大幅度增长。（周有年）

【学生综合素质抽测】　2016年12月17—18日，全市组织中职学生综合素质抽测，抽测内容包括语文、数学、英语、德育、健康、礼仪等方面，参加抽测学校26所，学生420人，在推动学校重视学生技能培养的同时，注重文化综合素质教育，促进学生全面发展。（周有年）

【职业教育宣传周主题活动】 2016年5月9日，职业教育宣传周启动仪式在湘北女校举行，市人大常委会副主任陈光荣、市人民政府副市长李为、市政协副主席李平等出席活动。主题活动以“弘扬工匠精神、助推‘一极三宜’江湖名城建设”为主题，全市各初高中学校均办一期职业教育宣传窗，开展职业教育宣传展板进社区、进学校活动。编印《素质教育·职业教育专刊》，送各级领导及有关部门，赠送城镇社区街道、农村乡镇村和各级各类学校。5月11日，新华社、《光明日报》等12家中央、省、市媒体到岳阳，对岳阳市职业教育、各职业院校办学情况深入采访报道。 （周有年）

【湖南省工业技师学院启动章程建设】 2016年，湖南省工业技师学院启动章程建设。章程分为序言、总则、学校职责、职能、治理结构等9章，全面规范学校各项管理。学院调整完善“学校督导工作组”等领导小组组成人员13个，逐步调整学校内部管理机构，从学校层面发文修订《财务报销程序》等制度32个，全面清理修订建立的校内规章制度，建立完善适应学校管理和发展的内部控制制度体系，为学校依法治教、自主办学、规范管理提供制度保障。 （戴 娜）

【湖南省工业技师学院推进“智慧校园”建设】 2016年，湖南省工业技师学院投入120万元推进“智慧校园”建设。搭建数字化校园基础平台，完成校园网络平台建设，搭建虚拟化云计算平台，完成“智慧校园”软件平台建设，建立全校统一信息门户，完成德育管理、教学管理、OA办公、资产管理平台等应用模块的融合统一，研发网络教学平台，完成校园一卡通平台建设。启动信息化教学设备改造，主要包括科教楼301机房的新建、网络线路铺设、学术报告厅LED屏和音响系统改造、校园广播和电视IP化改造、全校教室监控系统和显示系统安装、全校理论教室多媒体设备和黑板改造。 （戴 娜）

【湖南省工业技师学院实施教育信息化“三通”工程】 2016年，湖南省工业技师学院实施教育信息化“三通”工程，实现宽带网络入校率100%、优质资源入班率100%、师生个人空间拥有率100%。与超星公司合作搭建学校慕课平台，开设MOOC课程12门，公共文化基础领域的空间课程开出率80%以上，专业领域的空间课程开出率60%以上，建成中南焊接等12个专业优质数字资源库，组织验收并通过省级“名师课堂”优质课程资源8个，“网络课堂”4门14堂课以上，新建实习实训基地教学资源2个，“专递课堂”教学资源1个专业以上。 （戴 娜）

【湖南省工业技师学院技能竞赛成绩优异】 2016年，湖南省工业技师学院组织学生参加技能和文体等各类竞赛获奖80项，其中，国家级7项，省级12项。组织4个项目参加省教育厅技能竞赛，获得一等奖1个、二等奖4个、三等奖1个，同期获得国赛焊接、数车2个三等奖；组织10个项目参加岳阳市教育系统技能竞赛，获得一等奖5个、二等奖5个、三等奖7个；焊接、数控车项目代表湖南省参加第四十四届世界技能竞赛选拔赛。 （戴 娜）

【湖南省工业技师学院打造特色专业群】 2016年，湖南省工业技师学院调整专业布局，构建以焊接专业、机电设备安装与维修、仪器仪表装配与维修为主体专业的化工建设专业群，构建以数控技术应用、模具制造、机械设备维修、机器人为主体的加工制造专业群，新增电子商务、物流管理，与会计、旅游服务专业构建现代商务专业群。对接行业企业，深化课程改革。化工专业群主动对接石油化工行业，与巴陵石化、长炼机电公司等企业深度合作，校企共同制定人才培养方案，开发焊接专业五门MOOC课程，编制《焊接电弧焊实训》《过程控制》《化工生产建设安全教育》等一体化校本教材7门。加工制造专业群与中航长动、巴陵节能、岳阳科美达等先进制造企业合作，共同制定人才培养方案。开发《使用数控铣床的零件加工》《机械制图》《机械基础》等9门一体化校本教材。整合教学资源，提升装备水平。化工建设专业群添置合成氨模拟工段，电动单梁起重机、电动套丝机、手工直流氩弧焊机等设备20台套，对3个管工实训车间进行改造升级；加工制造专业群添置五轴加工中心、三坐标测量仪等设备，对数控车间、普车车间等实训车间按照现代先进制造企业车间标准进行全面规划、设计。 （戴 娜）

成人教育

【概况】 2016年，岳阳市成人高校函授站24个，社区教育服务指导中心1所，社区大学1所，社区学院5所，社区学校238所。其中，岳阳广播电视大学是全市成人高等教育的骨干支撑和核心力量，岳阳楼区为国家级社区教育实验区和全省社区教育示范区，岳阳社区大学为中央电大社区教育实验中心。

【全民终身学习公共服务体系】 2016年，岳阳市举办干部网络教育专题班5个，在线学习人数12095人，培训规模居全省前列。11月27日，开办岳阳发展新战略主题班，是岳阳干部教育培训网络学院第一次开办线上本土学习班。岳阳社区大学在全市各社区开展各类社区教学活动300场。开办“文明市民学校”“青少年科普学校”“社区教育中心”“家长学校”“亲子课堂”“农家书屋”等社区教育新载体，直接服务社区居民2万人次。为社区居民提供经济、法律、科技、民俗文化、艺术、摄影书法、计算机与网络应用、民族乐器欣赏、现代社交礼仪、本土风俗等课程，内容贴近百姓，形式生动多样。各社区学院（校）开展“绿色生活进社区”讲座、百场居民家居安全知识教育培训活动、“市民安全自救”和“环保低碳新生活”主题讲座等活动，传播实用知识。岳阳社区大学南湖学院被评为岳阳市“优秀终身学习品牌项目”。

【全民读书活动】　2016年，全市开展300场全民读书活动，各志愿者协会征集热爱阅读、热心公益、传播阅读理念的优秀阅读组织和阅读指导员，2万人参加活动。市老年大学和全市200个社区学校举办读书征文、好书品读、党员分享读书心得等活动，市体育馆、科技馆、博物馆、图书馆、文化宫、全市大中小学校、46个机关和企事业单位等举办“书香家庭”评比活动，营造良好的全民读书氛围。

【全民终身学习活动周】　2016年10月24日，岳阳市全民终身学习活动周启动仪式在湘阴县举行，市委常委、宣传部部长马娜、市政府副市长李为等领导出席活动。活动周以“推进社区教育发展，促进全民终身学习”为主题，开展全民终身学习活动，举办岳阳社区大学南湖广场学院“纪念红军长征胜利80周年”文艺演出、岳阳市老年教育研讨会、岳阳市社区教育优秀论文征文比赛、“江湖名城写新意”书画展、岳阳市青少年书法比赛等活动。各县市区结合本地实际，推出200多个学习活动，内容包括各类培训、系列讲座、才艺表演和主题鲜明的比赛、征文、沙龙、论坛等。

【岳阳楼区开办“四点半课堂”】

2016年，岳阳楼区持续开展志愿服务，与高校对接，试点开展“四点半课堂”志愿者团队服务社区活动，开展专题授课、座谈讨论、经验交流、专题亲子活动、心理咨询等一系列活动268场次，受益家庭4300多个，举办亲子读书“宝贝我们一起读书”专题讲座活动6场。社区教育讲师团确定岳阳楼区社区教育“学习超市”课程一览表，下发至各乡街部门。社区根据需求，自行选定学习内容，申请约课，社教办分排讲师免费授课，开展送课196节次，培训市民5000人以上。开发的新课程，如“十八届六中全会精神宣讲”、社区人员的“网格化管理知识培训”、市民“应急知识和急救知识讲座”，“隔代亲子教育”等深受市民喜爱。组织专家讲座10次，受益群众2万多人。

（周有年）

民办教育

【概况】　2016年，岳阳市民办教育机构1395所。其中，民办幼儿园940所，在园幼儿人数12.23万人，占全市在园幼儿总数的73%。民办小学11所，在校生1.26万人，占全市小学在校生总数的3.6%。民办初中10所，在校1.04万人，占全市初中在校生总数的6.4%。民办普通高中4所，在校生0.65万人，占全市普通高中在校生总数的7.8%。民办中等职业学校14所，在校生0.83万人，占全市中等职业学校在校生总数的16%。民办教育培训机构416所。

【5所幼儿园通过“十二五”省级骨干民办学校2013年度立项学校验收】

2016年6月22—23日，省验收小组对岳阳楼区红黄蓝幼儿园、岳阳楼区洞氮幼儿园、平江县岑川镇博新幼儿园、汨罗市城关镇彩虹幼儿园、临湘市童之梦幼儿园等5所幼儿园进行“十二五”规划省级骨干民办学校2013年度立项学校验收，5所幼儿园顺利通过验收。

【举办岳阳市民办教育骨干培训班】

2016年10月27—28日，岳阳市民办教育骨干培训班在君山区举办，市教体局相关领导，县市区教体局分管副局长、民办股长，市直民办学校举办者或校长230多人参会。培训班邀请上海等地专家就“民办学校分类管理中冲突与调适”“培训学校管理中的五要五不要”作专题讲座。

【湘阴县知源学校办学成效显著】

2016年，湘阴县知源学校校园面积22.27公顷，校舍建筑面积13.9万平方米，总投资4亿元。学校集小学、初中、高中及高中复读班于一体，施行全日寄宿制，开设教学班97个，学生5274人，教师352人。学校连续7年被评为岳阳市普通高中教育教学质量先进单位，被评为岳阳市骨干民办学校、岳阳市示范性普通高中、全国民办教育先进集体、全国先进民办学校、全国民办教育百强学校。

【湘一南湖学校筹建】　2016年，岳阳市湘一南湖学校（筹）九年一贯制民办学校建设项目通过市规划局、市教体局、南湖新区发改局相关审批，前期投资6000万元，占地面积4公顷，建筑面积2.5万平方米。

（汤小红）

高等教育

【概况】　2016年，岳阳市有高等学校5所。其中，普通高等学校1所：湖南理工学院；职业技术学院3所，分别是岳阳职业技术学院（简称岳阳职院）、湖南民族职业学院（简称湖南民院）、湖南石油化工职业技术学院（简称湖南石化职院）；成人高校1所：岳阳广播电视大学（简称岳阳电大）。

湖南理工学院是一所理工为主，多学科协调发展的省属二本高校。校园面积133.3公顷，设有18个院（部），53个本科专业。学校有全日制本科生和硕士生2.3万人，留学生50余人，教职员工1300余人（不含离退休人员400余人），其中，教授160余人，外籍教师20余人，博士210人。至年底，学校被评为全国文明单位、全国普通高校毕业生就业工作先进集体、全国师德建设先进单位、全国大学生社会实践活动先进单位、省最美校园、省先进平安高校等荣誉称号。

岳阳职院是一所综合性高等职业院校。学院占地面积66.7公顷，固定资产总值6.9亿元（原值），设有10个系（院）部，27个专业，有教职工847人，在校学生15000余人。至年底，学院获得全国校园文化建设先进单位、省文明高校、省职业教育与成人教育先进单位等30多项国家和省级荣誉，成为国家技能型紧缺人才培训基地、全国游乐设施产业唯一的人才培养基地、省贫困村创业致富带头人培训基地、省乡村医生本土化培养基地、省企业人才培养示范基地等20多个培训基地。

湖南民院是一所公办全日制普通高等学校，是湖南省高职院校中唯一同时具备招收小学教育、学前教育等教师教育专业资格的学校。学院占地面积66.67公顷，建筑面积

26万平方米，资产总值7.6亿元。有教师和各类专业技术人员807人，专任教师607人，其中，正副教授280余人，硕士研究生200多人，“双师型”教师221人。学院设有10个系部和成人教育学院，开设30个大专专业及专业方向、3个中专专业，在校学生1.3万多人，来自全国24个省市26个民族。至年底，获得省示范性（骨干）高职院校、省平安高校、省招生工作先进单位、就业工作“一把手工程”先进单位等荣誉10多项，全年师生获得各级各类奖励800多项。

湖南石化职院占地面积23公顷，建筑面积11.8万平方米，固定资产总值1.03亿元，建有47个校内实习实训场所和71个校外实习实训基地。有教职工278人，专任教师170人。设有石化技术工程系、石化装备工程系、石化管理工程系、思政课部和培训中心等5个教学培训单位，16个职能部门（合署办公为11个）和4个教辅机构，开设13个专业，在校学生3403人。

岳阳电大是一所运用现代多媒体技术进行远程教育的开放大学。校园面积2.93公顷，建筑面积6.1万平方米。学校下辖7个县（市）级电大分校和11个电大工作站。有各类在籍学生2.1万人，其中本部1.5万人。校本部在岗职工154人，正教授1人，副教授30余人，讲师60余人，在全省高等院校和科研单位中聘请兼职教师80余人。

（袁卫和　张劲超　胡海林　刘　娜　魏　来）

【湖南理工学院学生创业团队获勉励】　2016年4月12—13日，省委书记、省人大常委会主任徐守盛在岳阳调研时，现场观看湖南理工学院大学生创业团队演示，勉励他们创业成功，并详细考察无人机、3D打印等创新产品研发情况，与该校机械学院大学生创业团队现场连线，通过视频观看团队研发的机器人抓取演示。4月24日，《中国教育报》以《省委书记为创业学子鼓劲》为题对此进行报道。　（袁卫和）

【湖南理工学院与地方签订教育硕士联合培养协议】　2016年4月，湖南理工学院分别与岳阳市教育科学与技术研究院、岳阳市第十五中学、岳阳市第九中学签订教育硕士专业学位研究生联合培养协议。

（袁卫和）

【《湖南日报》聚焦湖南理工学院604寝室】　2016年6月22日，《湖南日报》市州新闻版头条刊载题为《用青春浇灌理论之花——湖南理工学院604寝室女大学生学理论的故事》的报道。湖南理工学院体育学院604寝室10名女大学生坚持理论学习，自觉学习总书记习近平系列重要讲话精神，撰写10多万字学习笔记，5名同学加入中国共产党，2名被列为重点发展对象，3名成为入党积极分子，同时，10名同学学习成绩优秀，全部担任学生干部，获得省部级奖励9项、市级奖励33项、校级奖励125项。在“两学一做”学习教育中，学校将604寝室作为“学理论示范寝室”，在全校青年大学生中开展大学生学理论“个十百千”工程，在全校大学生中掀起学习总书记习近平系列重要讲话精神的热潮。湖南日报社“新湖南”客户端将604寝室作为全省“两学一做”先进典型，在全省进行推介。

（袁卫和）

【湖南理工学院校内巡察】　2016年，湖南理工学院成立巡察工作办公室，设学校纪委，总巡察一人，首批总巡察和巡察专员4人，是湖南高校首个巡察工作机构。巡察工作办公室主要对全校各中层领导班子及其成员，在严守党的政治纪律和政治规矩、坚持党的教育方针、贯彻执行学校决策部署、推动改革发展，落实党风廉政建设责任制和勤政廉政，执行民主集中制和院（处）务公开等方面进行巡察，原则上对学校中层领导班子及其成员在每届任期内巡察一次。11月25日，《中国教育报》要闻版以《湖南理工学院：校内巡察有了“尚方宝剑”》为题进行报道。

（张劲超）

【湖南理工学院跻身“国家方阵”】

2016年，湖南理工学院成功获批国家产教融合发展工程应用型本科高校建设立项，成为国家“十三五”规划重点支持向应用型转变100所地方普通本科高校之一，成功进入地方普通本科高校“国家方阵”，获得中央及省政府支持学校建设经费1.7亿元，为学校“十三五”规划改革与发展带来新契机。　（张劲超）

【湖南理工学院召开第三次党代会】

2016年6月24—25日，中共湖南理工学院第三次代表大会召开，学校160多名党员师生代表参加会议。会议总结该校第二次党代会以来的主要工作，提出今后五年工作的指导思想、奋斗目标和主要措施。大会选举产生以李明为书记的中共湖南理工学院新一届党委班子，选举产生以谢贵辉为书记的中共湖南理工学院新一届纪律检查委员会。

（张劲超）

【湖南理工学院与韩国高校签订联合培养博士项目】　2016年11月7日，湖南理工学院与韩国湖西大学签订联合培养博士项目，双方将于2017年3月起，每年联合培养4名工学博士生。根据双方签订的研究生培养协议，只要达到韩国语能力考试（TOPIK）3级或通过韩国教育部认可的语言测试，湖西大学可直接录取湖南理工学院推荐的青年教师和优秀硕士研究生，前往韩国高校攻读工学博士学位。博士学习期间，36个学分有30个在韩国完成，湖南理工学院承担6个学分的培养任务和学位论文答辩工作，中韩双方高校互派教师授课。　（张劲超）

【湖南理工学院与美国东卡大学共建光学研究所】　2016年7月5日，湖南理工学院先进光学研究所合作共建签约暨“南湖学者”受聘仪式举行。该校与美国北卡罗来纳州东卡大学物理系胡新华教授签约共建先进光学研究所，同时胡新华教授受聘为该校“南湖学者”。

（张劲超）

【湖南理工学院获批省级“屈原文化研究基地”】　2016年，湖南理工学院“屈原文化研究基地”被确立为省社科研究基地，标志着湖南屈学文化研究初步实现集群化、规模化。研究基地主要将在屈原学术传承研究、屈原文艺大众化研究及屈原文化产业化等方面展开，以打造屈原研究学术化、大众化、产业化一体式发展特色，建设成学科育人、文化育人、实践育人的湖湘名人文化基地。（张劲超）

【湖南理工学院与企业联手岳州窑品牌】 2016年5月9日，岳阳市首个岳州窑产学研基地正式签约落户湖南理工学院。湖南理工学院与岳州宋瓷文化艺术发展有限公司联手，优势互补、资源共享，共同复兴岳州窑文化产业，做大做强做响岳州窑品牌。（张劲超）

【湖南理工学院获批首批湖南省非物质文化遗产实践基地】 2016年1月13日，湖南省确定首批非物质文化遗产传承学校和实践基地，湖南理工学院依托《渔歌（洞庭渔歌）》项目被确定为首批湖南省非物质文化遗产实践基地。

（张劲超）

【湖南高校首个数字法庭落户湖南理工学院】 2016年5月9日，湖南理工学院模拟法庭暨岳阳市中级人民法院第六数字法庭正式启用，这是湖南省首个建在高校的数字法庭。按照校地共建数字法庭战略合作协议，岳阳中院将有计划地在第六数字法庭开庭审案，为广大师生提供教学科研素材，产出司法实践成果，开辟高校与法院互利共赢的交流合作新机制。

（张劲超）

【湖南理工学院与美国高校签订合作协议】 2016年5月11日，美国乔治福克斯大学校长琳达·萨梅克（Linda Samek）、副校长彭长征（Thomas.C.Peng）到湖南理工学院，两校正式签署学术交流与合作协议。双方将在科研与学术著作出版合作、科技和管理人员互访、学生互选课程、学术资料共享、联合举办学术会议、联合研发和开展学术课程及项目等方面展开合作。

（张劲超）

【湖南理工学院产教融合扩大办学“朋友圈”】 2016年，湖南理工学院号召全校教师加快科技创新步伐，实施产教融合，服务地方发展，扩大办学“朋友圈”。建立专任教师到行业一线学习制度，规定工科类青年教师上岗前至少要有一年时间在企业挂职锻炼，立足岳阳石化、生物医药、电磁装备等优势产业，6次组织博士教授深入岳阳绿色化工工业园、汨罗循环经济产业园等，全面对接、服务产业发展。学校教授李进生作为科技特派专家，进驻高新企业岳阳远大热能，与技术团队成功开发40兆瓦天然气燃烧器，改写中国不能生产大功率天然气燃烧器的历史，产品远销南美国家。为复兴岳州窑，学校建立岳州窑产学研基地，组织旅游、文史、体育等专家，全面对接汨罗屈原文化研究，信息学院博士万忠民主持广东省战略新兴产业项目，关键技术应用在生产一线，每年创造经济效益3.2亿元。（张劲超）

【湖南理工学院与科技园共建创新创业平台】 2016年5月19日，以“创新引领·共享发展”为主题的岳阳市科技活动周启动式在海凌科技园举行，湖南理工学院与湖南海凌科技企业孵化器有限公司签订大学生创新创业战略合作协议。根据协议要求，海凌公司将在未来5年内协助湖南理工学院开展创业教育，及时对接优秀创业项目进入园区孵化，开展创新创业竞赛，与该校共建实习就业一体化基地，共同创办“优乐创客空间”等。（张劲超）

【湖南理工学院与湖南联通合作办学】 2016年11月28日，湖南理工学院与湖南联通在长沙签署校企合作协议。湖南理工学院党委书记李明、省教育厅高教处处长唐利斌和湖南联通总经理唐永博出席签约仪式。根据协议，湖南联通与湖南理工学院双方将在长期合作、互利共赢的前提下，共同推进“聚焦创新合作”发展战略，充分发挥各自领域的优势资源，为适应新型网络通信和信息化建设对高素质人才的需求，开展以校企合作为主的联合人才培养，致力于向社会推送基础理论扎实、工程实践能力强并富有创新意识，符合社会需求的应用型人才。（张劲超）

【湖南理工学院成立创新创业就业学院】 2016年11月8日，湖南理工学院创新创业就业学院正式成立，主要负责全校创新创业就业教育与实践工作的整体规划、组织实施和协调，学院院长由校长卢先明担任。学院每年从创新创业竞赛优秀项目中遴选10个左右的大学生创业项目，拨付一定的启动资金资助并提供创新创业工作室，配备相应的创新创业导师或导师团队，支持学生开展创新创业实践。同时规划建设面向全校学生的大学生创新创业园和大学生创新创业项目孵化基地。（张劲超）

【《湖南理工学院学报》获评全国优秀科技期刊】 2016年，中国高校科技期刊研究会公布中国高校杰出·百佳·优秀科技期刊获奖名单，湖南理工学院主办的《湖南理工学院学报》（自然科学版）获得“中国高校优秀科技期刊”奖。

（张劲超）

【湖南理工学院教授获得“梁希林业科学技术奖”】 2016年12月，湖南理工学院经管学院教授曾玉林获得国家林业局第七届“梁希林业科学技术奖”二等奖。该奖是经科技部批准设立的代表全国林业行业最高科技水平的奖项。此次获奖成果《集体林权制度改革监测研究》，是国家林业局林业软科学课题项目、国家林业局重大林业财政专项课题研究项目的阶段性研究成果。（张劲超）

【湖南理工学院成为国际异构计算联盟正式会员】 2016年12月19日，异构计算（HSA）联盟正式发函湖南理工学院，经过HSA联盟全球主席John Glossner博士核准，上报联盟董事会批准，该校获准成为HSA正式会员（AcademicLevel）。这标志湖南理工学院可以参与到HSA联盟在全球、亚太区和中国区的关键技术研发、标准化与产业化的各项部署与实施计划。（张劲超）

【岳阳职院成功立项卓越院校】

2016年，岳阳职院在全省21所高职院校竞争中，以排名第三的综合成绩，顺利入围湖南省卓越高职院校。该院着力打造老年健康服务等6个专业群，重点建设老年健康服务、社区健康服务、健康装备制造与维护3个特色专业群。以卓越院校项目为引领，带动其他项目，助产专业立项为首批全国健康服务类示范专业点，立项省级名师课堂7门、省级名师示范空间2个、省级青年骨干教师培养对象1人。（胡海林）

【岳阳职院在全国学生技能大赛中获团体一等奖】 2016年，在全国职业院校学生技能大赛中，岳阳职院应用软件专业、护理专业组队代表湖南省均夺得团体一等奖。此次全国大赛设94个赛项，湖南代表团派出457名选手参加92个赛项，获得24个一等奖。（胡海林）

【岳阳职院科研成果显著】 2016年，岳阳职院科研成果显著，立项省级以上科研课题19项、市科技项目4项，开展省、市横向科研合作项目5项，教师获得科研专利4项。其中，该院教授王红领衔的油茶粕精深加工技术研发与应用人才团队获得2项发明专利和1项实用型专利，所推广的油茶座果技术可直接为种植户增收3000万元。（胡海林）

【岳阳职院服务地方发展】 2016年，岳阳职院深化校地合作，建立郭镇乡村学院、杨树塘健康服务社区学院，组织师生发挥专业特长，深入乡村、社区开展健康服务、文化服务、义工服务和技术服务。开展培训服务，建立和巩固20多个培训基地，争取贫困村创业致富带头人、乡村医生、企业人才等多个省市培训项目，开展各类社会培训9000多人次、开展技能鉴定3100余人次，取得良好的经济效益和社会效益。（胡海林）

【岳阳职院游乐设施人才培养开班办学】 2016年，首届招收的157名游乐设备生产与运营专业新生开班办学，游乐设施人才培养工作有序开展。岳阳职院是中国游乐设施产业联盟理事单位、全国唯一的游乐设施人才培养基地，成立中国游乐设施协同创新中心，与联盟企业合作办学，联合培养人才，填补国内、国际游乐产业人才培养的空白。（胡海林）

【“久久书香”读书会入选全国基层团建创新典型】 2016年，在第二届全国基层团建创新典型案例征集展示活动中，岳阳职院“久久书香”青年教工读书会，成为岳阳市唯一入选的社团组织，是大学组湖南高校中唯一获奖的典型案例。该读书会积极组织青年教师开展各种读书交流、学习研讨活动，提升教师的综合素养和教书育人水平。同时，该校学生社团茶艺协会、演讲与辩论社被评为湖南省高校最受欢迎的“百优十佳”学生社团。（胡海林）

【岳阳职院3名教师入围“巴陵人才工程”支持人选】 2016年，岳阳职院加强人才队伍建设，选送9名专业骨干教师出国培训、5名专业骨干教师参加湖南省高职院校骨干教师省本级培训，选派127名教师下企业进行实践锻炼，选派28名教师参加省内外专业学术交流会议或年会。在“巴陵人才工程”支持人选中，岳阳职院教授王红被确定为加工技术研发与应用人才团队带头人，岳阳职院教授邱志军被评为“岳阳名师”，岳阳职院副教授黄红波被评为岳阳市“巾帼英才”。（袁卫和）

【岳阳职院在湖南省大学生田径比赛中取得好成绩】 2016年11月8日，在湖南省大学生田径比赛中，岳阳职院田径队取得历史性突破，获得1金5银。机电工程系学生江峻强和商贸物流系学生付万兴，包揽3000米障碍赛的第1名和第2名，其中，江峻强还获得万米跑银牌，临床医学系学生张野、张雯君、护理学院学生于正徽分别摘得110米栏、100米栏、400米栏银牌。（袁卫和）

【湖南民院被确定为湖南省示范性（骨干）高等职业院校】 2016年12月，湖南省教育厅组织专家对职业教育省级重点建设项目进行验收，湖南民院以“优秀”等次成功通过评估验收，被正式确定为湖南省示范性（骨干）高等职业院校。（刘　娜）

【湖南民院被授予湖南省“平安高校”称号】 2016年11月8日，湖南民院通过湖南省“平安校园建设工程”项目评估验收评审，被省教育厅授予湖南省“平安高校”称号。（刘　娜）

【湖南民院获得职业教育省级重点建设项目立项】 2016年12月28日，湖南民院以小学教育专业为核心的教师教育专业集群，作为湖南省“十三五”规划重点建设示范性特色专业群立项建设，高分通过省职业教育省级重点建设项目评审，作为示范性特色专业群建设项目立项。（刘　娜）

【湖南民院被授予“全国民族团结进步教育基地”称号】 2016年2月28日，根据国家民委《关于命名第四批全国民族团结进步教育基地的决定》，湖南民院被授予“全国民族团结进步教育基地”称号，成为湖南省获此殊荣的两个单位之一。11月5日，“湖南省民族团结进步创建活动示范单位”授牌仪式在湖南民院举行，省民宗委党组书记、主任徐克勤出席授牌仪式。（袁卫和）

【湖南民院招生工作】 2016年，湖南民院招收新生3940人，三年制高职新生报到率95.1%，连续3年全省排名第一位。高职专科批录取分数线，文史类406分、理工类374分、职高对口类571分，在全省73所高职、高专院校中分别排在第三、第六和第一位，居全省领先水平，被省教育厅评为2016年湖南省高校招生工作先进单位。（刘　娜）

【湖南民院就业创业工作全省领先】

2016年，湖南民院应届毕业生参加全省高职院校毕业设计抽查合格率为100%，参加全省职业院校专业技能抽查合格率为100%。其中，

2名艺术表演专业学生代表湖南省参加全国技能竞赛获得三等奖，参加省级以上创新创业大赛获得9项省级奖励、2项国家级奖励，在全省高职院校中排名第一位。毕业生初始就业率93.71%，对口就业率87%，年度就业率97.18%，被省教育厅评为2016年湖南省普通高等学校就业创业工作“一把手工程”优秀单位。

（刘　娜）

【湖南民院首创民院V视】　2016年12月8日，湖南民院新媒体电视台（简称民院V视）正式成立。民院V视，是湖南民院全新互联网新媒体，成功制作并推出《中国为什么需要核心》《明年花开时，你会想他吗——献给我们的老院长吴顺发》《创卓越如打台球，且看湖南民院如何挥斥方“球”》等节目，开辟学生喜闻乐见的栏目，弘扬正能量，属全国高校首创。

（刘　娜）

【湖南石化职院获得全国石油化工生产技术技能竞赛团体三等奖】

2016年11月3—6日，全国石油化工生产技术技能竞赛在秦皇岛市举行，来自全国13个省、市、自治区的25所石油化工类院校参加本次竞赛。湖南石化职院组成由赵克、曾伟、宋海霞为指导教师和包正文（石化）、卢松林（应化）、刘康康（应化）为学生的代表队获得竞赛团体三等奖，指导老师曾伟获得优秀指导教师称号。　（袁卫和）

【湖南石化职院注重人才培养】

2016年，湖南石化职院坚定“以特色求生存、以质量求发展”的差异化办学之路，着力建设石化生产技术、化工设备制造与维修、石化物流与营销三大特色专业群，形成“一站式”满足石化岗位需要的专业体系。在培养目标定位上，培养具备“人文品质、石化特质、劳模潜质”的高素质技术技能型人才。在落实就业市场的拓展和优化上，平均每个专业安排20家及以上需求企业，新引进20家以上目标企业入校招聘。在全国各地开拓就业市场，加强与各相关行业的紧密合作，搭建“政、校、行、企”就业创业大平台。注重校企一体按需培养，校企共建3个专业群和16个专业，均由企业专家、学院骨干和行业名师引领，共建学院教学资源库。在落实创新创业培育方面，学院建立完整的课程教学体系，发挥榜样的力量和竞赛的作用，鼓励学生创新创业。　（袁卫和）

【岳阳电大招生实现“八连冠”】

2016年，在湖南电大系统召开全省电大系统办学综合考评会议上，岳阳电大完成开放教育招生7083人，全省排名第一位，实现“八连冠”，办学综合考评被评为优秀分校，圆满实现“八连优”目标。学校党委书记陈美中连续第七年获得“优秀党委书记”称号。

（魏　来）

【岳阳电大教育规模】　2016年，岳阳电大本科学历教育规模占全市21%，专科学历教育规模占据全市18%，非学历教育继续教育规模占全市27%，岳阳开放大学构建写进岳阳市“十三五”规划。建设终身教育服务大楼列入岳阳市“十三五”规划重点项目建设库。学校通过市级文明标兵单位的考核，成为全市“十佳道德讲堂”。

（魏　来）

【岳阳电大成立公共实训中心】

2016年，岳阳电大成立岳阳市公共实训中心，填补岳阳市公共实训机构的空白。公共实训中心定位面向学校、企业、社会的技能实训培训和就业培训服务，服务地方经济对应用型人才的需求，每年可培训各类技术人员1万人次。

（袁卫和）

体　育

【概况】　2016年，市教体局推动全民健身科学化，体育设施便民化，群众活动常态化，服务体系网络化，全市体育事业繁荣发展。群众体育有影响力，争取中央资金300万元，建设农民健身工程（乡镇项目）及社区多功能运动场项目，岳阳县、湘阴县、华容县申报并配置180套农民健身工程项目。全市有各类体育设施757万平方米，人均1.36平方米，其中主城区2平方米，村级农民健身工程覆盖率84.4%，达到小康社会指标要求。开展大小群众性体育活动150余场次，5万余人次参与。较大型及有影响力的活动有：环洞庭湖国际新能源汽车拉力赛、2016国际男篮亚特拉斯系列赛（岳阳站）比赛、第一届全省业余乒乓球俱乐部联赛、“全民健身挑战日”、第五届全省教育系统机关干部乒乓球比赛等，社会反响好。

竞技体育有突破。全市每年体育后备人才培养经费近300万元，9所体校开设田径、游泳、皮划艇等训练项目13项，在训学生600余人。市游泳学校成功申报国家高水平体育后备人才基地。其中，彭林、熊敦瀚所在的女子水球队获里约奥运会第7名，全国中学生田径运动会临湘市二中取得6金1银2铜和团体总分第二名，岳阳籍钟沛丰获得亚洲沙滩田径锦标赛男子跳远冠军。组队参加全省青少年锦标赛、中学生排球、田径、健美操等项目比赛，派出26支队伍，500多人参赛，获得奖牌106枚，其中金牌32枚。

学校体育有特色。组织学校校长、骨干教师150余人参加校园足球培训。在全省校园足球比赛中，岳阳市女子足球队（汨罗体校）在湖南青少年足球锦标赛、湖南省青少年校园足球初中组总决赛中分别获得初中组第三名、女子甲组第三名。成功举办岳阳市中小学生运动会。

（袁卫和）

学校体育

【国家和省级足球项目】　2016年，岳阳市获批全国青少年校园足球特色学校53所，校园足球试点县一个（汨罗市），省青少年校园足球高水平和较高水平运动队建设基地两个（湖南理工学院和汨罗市第二中学）。

【校园足球培训】　2016年3月18—20日，市教体局在汨罗市第二中学举办岳阳市校园足球教练员和裁判员培训班，全市中小学校100余名体育教师参加培训。省校园足球发展办主任谷贻林、西班牙籍教练卡瓦安德雷斯等分别为学员授课。

【2016年岳阳市中小学生运动会】

2016年11月4日，岳阳市中小学生运动会在湘阴县知源学校开幕，全市各县区及市直学校、民办学校255支队伍4000余名运动员参加篮球、田径、足球、排球、羽毛球、乒乓球、跳绳、象围棋8个项目的比赛，分别由湘阴县教体局（湘阴县知源学校）、汨罗市教体局、岳阳楼区教育局、岳阳市六中、岳阳市体育馆等6个承办单位承办，其规模为历来中小学生运动会之最。

【周琳获得全国田径大奖赛第二名】

2016年4月21—23日，全国田径大奖赛第二站比赛在江苏省淮安市举行，本次比赛由国家体育总局田管中心和中国田径协会主办，有来自全国36个省、市代表队和1531名运动员、教练员参赛。在22日举行的女子400米栏决赛中，岳阳市临湘二中运动员周琳以58.71的成绩获得第二名。本次比赛是周琳首次参加全国成年组的专业比赛，是岳阳市首次业余运动员参加专业组比赛获得的最优成绩。5月20—22日，周琳参加太原站比赛以58.19获得女子400米栏第三名，达到健将标准。

（李　缘）

群众体育

【2016中韩武术文化国际交流岳阳地区启动仪式在湖南理工学院举行】

2016年3月9日，中韩武术文化国际交流岳阳地区启动仪式在湖南理工学院图书馆学术报告厅举行，省武术协会主席陈正培、岳阳市政府副市长李为等参加启动仪式。中韩武术文化国际交流活动由韩国忠州市政厅、韩国世界武术联盟及省武术协会主办。（袁卫和）

【岳阳市第九届体育舞蹈比赛暨友好城市邀请赛】　2016年4月16日，由市教体局主办，市体育舞蹈协会承办，岳阳市第九届体育舞蹈比赛暨友好城市邀请赛在市体育馆举行，全市70余支舞蹈队伍及其他市州代表队2000余名选手参赛。

（刘　刚）

【2016岳阳市直机关干部职工环南湖健步行活动】　2016年4月17日，由岳阳市直机关工委主办，市教体局及南湖新区管委会协办，市直机关干部职工环南湖健步行活动在市南湖广场举行，全市机关19个系统3个行政区及驻岳部队3300余名干部职工参加活动。（刘　刚）

【湖南省第九届老运会乒乓球比赛】

2016年5月4—8日，湖南省第九届老年人运动会乒乓球比赛在岳阳市体育馆举行，全省14个市州及省直单位、行业的19支代表队伍200多名运动员参加比赛。（刘　刚）

【岳阳市第二届市直机关乒乓球比赛暨岳阳市第四届业余乒乓球团体赛】

2016年7月1—3日，岳阳市第二届市直机关乒乓球比赛暨岳阳市第四届业余乒乓球团体赛在市体育中心举行。此次比赛由市直机关工委、市教体局联合主办，市体育中心和市乒乓球协会承办。赵格格、李星、曾兰芝分别获得副处以上干部女子单打前三名，王瑰曙、欧润林、陆海湖分别获得副处以上干部男子单打前三名，市政府办系统、市财税金融系统、市政法系统分别获得市直组团体赛前三名，云溪一队、市乒协、华容一队分别获得县市区组团体赛前三名。（刘　刚）

【首届洞庭湖水上古战场竞游活动】

2016年7月24日，岳阳市举行首届洞庭湖水上古战场竞游活动，湖南省、湖北省、江西省三地18支代表队500多名游泳爱好者参加活动。市人大常委会副主任余炳锐、市人民政府副市长李为、市政协副主席刘晓英出席活动开幕式。

（刘　刚）

【2016国际男篮亚特拉斯系列赛（岳阳站）】　2016年8月3—5日，国际男篮亚特拉斯系列赛（岳阳站）在岳阳市体育中心举办，美国、意大利、立陶宛、中国国奥队4支男篮队伍参加比赛。美国队、中国国奥队、意大利队、立陶宛队分列获得比赛的一、二、三、四名。

（刘　刚）

【全民健身日活动】　2016年8月8日，第8个全民健身日在岳阳市南湖广场举行。岳阳市太极拳协会组织100人队伍，在南湖广场进行太极拳展示活动，吸引大量群众观看。

（刘　刚）

【中国乒乓球协会会员积分赛暨湖南省第一届业余乒乓球俱乐部混合团体锦标赛】　2016年10月2—

2016年8月11日，来自全国各地的500多名游泳爱好者畅游南湖

（杨晨牧　摄）

2016年10月12日，环洞庭湖新能源车越野挑战赛岳阳站开幕式在南湖广场举行 （杨晨牧 摄）

5日，中国乒乓球协会会员积分赛暨湖南省第一届“岳阳农商行·联盟”杯业余乒乓球俱乐部混合团体锦标赛在岳阳市体育中心举行，全省14个市州62支乒乓球俱乐部参赛，裁判员、工作人员、领队、教练员及运动员500多人。比赛设男女混合团体赛甲、乙、丙、丁组和老年组。 （刘 刚）

【2016环洞庭湖国际新能源汽车拉力赛开幕式暨首站发车仪式】 2016年10月12日，环洞庭湖国际新能源汽车拉力赛开幕式暨首站发车仪式在岳阳市南湖广场举行，龙清泉、向艳梅、高敏、王明娟、凌洁、陶毅、乐茂盛等一批奥运冠军、世界冠军亮相首发仪式并参加比赛。中央电视台体育频道（CCTV-5）、湖南都市频道进行时长60分钟现场直播。10月16日，环洞庭湖国际新能源汽车拉力赛颁奖仪式暨闭幕式在长沙贺龙体育场东广场举行，岳阳市获得“金健最美赛道奖”和“突出贡献奖”，是此项比赛承办城市（长沙、岳阳、常德、益阳、南县）中唯一获得2项荣誉的单位。 （刘 刚）

【“科学健身·快乐同行”主题活动】 2016年11月8—9日，在湘阴县举行“科学健身·快乐同行”运动健身科学指导活动，活动示范展示和宣传普及科学健身理念，指导广大群众科学参与体育锻炼。 （刘 刚）

【“全民健身挑战日”活动】 2016年11月12日，“全民健身挑战日——健康湖南动起来”系列活动第3站在岳阳市和益阳市举行，活动由中华全国体育总会主办，国家体育总局群体司发起，湖南省体育局、岳阳市人民政府、益阳市人民政府联合主办。此次“挑战日”活动主会场设置在南湖广场，下设各县（市）区分会场10个，主会场中央LED显示屏实时直播各个正在进行的项目。活动仪式上岳阳市成功登上珠峰第一人谢尔文宣读《全民健身倡议书》。岳阳市获得“参与率”优胜杯、“融和关爱跑”优胜杯、“广场舞挑战赛”优胜杯。 （刘 刚）

【岳阳女驴友登顶珠峰】 2016年5月20日，岳阳激情山水户外运动俱乐部女会员谢尔文从珠峰南坡顺利登顶珠峰。谢尔文是岳阳市驴友登顶珠峰第一人，是湖南省6位登顶珠峰人员中的第2位女性。 （刘 刚）

竞技体育

【岳阳籍运动员征战里约奥运会】 2016年8月5—21日，第31届夏季奥林匹克运动会（GamesoftheXXXIOlympiad）在巴西里约热内卢举行。8月19日，里约奥运会女子水球排位赛中，中国队以10∶5战胜巴西队，获得第七名。其中，中国奥运会女子水球队包括2名岳阳籍运动员，她们分别是中国水球队的中锋熊敦瀚和守门员彭林，彭林1995年出生于岳阳楼区，熊敦瀚1998年出生于云溪区（岳化）。

【周倩获得全国女子自由式摔跤冠军】 2016年4月8日，全国女子自由式摔跤锦标赛在广东省广州市番禺区落幕，岳阳籍运动员周倩代表湖南省队参赛，获得75公斤级第一名。

【钟沛丰获得亚洲青年田径锦标赛冠军】 2016年6月3—6日，第十七届亚洲青年田径锦标赛在越南胡志明市举行。6月4日，岳阳籍运动员钟沛丰以7.84米的成绩获得男子跳远冠军。中国田径队52人参加本次比赛。

【参加全国软式棒垒球锦标赛获得亚军】 2016年8月2—8日，全国软式棒垒球锦标赛在吉林省长春市隆重举行，全国19个省市156支参赛队2831名运动员参赛。云溪区代表队作为湖南省唯一一支参赛队伍，获得本次全国锦标赛亚军，这是自云溪区建区以来，该区学生获得的全国体育运动项目比赛最好成绩。 （李 缘）

2016年岳阳市参加各类比赛成绩统计一览表

表14

比赛名称	姓名	性别	组别	项目	成绩	名次
第31届夏季奥林匹克运动会 8月5—21日 巴西里约热内卢	彭 林	女	成年组	水球		第七名
	熊敦瀚	女	成年组	水球		第七名
全国女子自由式摔跤锦标赛 4月5—8日 广州番禺	周 倩	女	成年组	女子自由式75公斤级		第一名
第十七届亚洲青年田径锦标赛 6月3—6日 越南胡志明市	钟沛丰	男	青年组	男子跳远	7.84	第一名
	周 琳	女	甲	400米栏		第一名
全国中学生田径锦标赛 7月27—30日 长春市	陈 藩	女	甲	800米		第一名
	屈 璟	女	乙	200米		第一名
				400米		第一名
	钟 叶	女	甲	铁饼		第一名
	游佳睿 周 琳 陈 藩 屈 璟	女	甲	4×400米接力		第一名
全国田径大奖赛（淮安站） 4月21—23日 江苏省淮安市	周 琳	女	成年组	400米栏	58.71	第二名
全国田径大奖赛（太原站） 5月20—22日 山西省太原市	周 琳	女	成年组	400米栏	58.19	第三名
2016年湖南省青少年武术锦标赛 1月24—26日 株洲市	陈鑫洋	男	甲	自选太极剑	5.85	第一名
	胥宇轩	男	甲	散打65公斤级		第一名
	邹宇豪	男	甲	散打80公斤级		第一名
	席祖涵 沈李毅 方 圳	男	甲	拳术对打	8.91	第二名
	任 顶	男	甲	散打52公斤级		第二名
	龚 硕	男	甲	传统四类拳术	8.45	第二名
	李庭威	男	甲	传统四类拳术	7.56	第三名
	李 成	男	甲	散打75公斤级		第三名
	蒋 彪	男	甲	散打85公斤级		第三名
	徐 帅	男	甲	散打48公斤级		第三名
	吴 浪	男	甲	散打60公斤级		第三名
	刘紫禁	男	甲	四十二式太极剑	7.39	第三名
2016年湖南省青少年水球锦标赛 7月16—20日 永州市	刘 娜 江 蒙 易晓宣 邓婧雅 徐子睿 杨丝雨 熊 林 谢子怡 龚婉霖 向歆怡 张美惠子	女	甲	女子水球		第一名

续表14

比赛名称	姓　名	性别	组别	项目	成绩	名次
2016年湖南省青少年柔道锦标赛 7月16—18日　株洲市	陈　涵	男	乙	男子乙组-81公斤级		第一名
	王生齐	男	丙	男子丙组-66公斤级		第一名
	秦斯陶	女	乙	女子乙组-57公斤级		第二名
	王凯文	男	甲	男子甲组-100公斤级		第三名
	周　麟	男	甲	男子甲组-66公斤级		第三名
	高　杰	男	乙	男子乙组+81公斤级		第三名
	杨子龙	男	乙	男子乙组-73公斤级		第三名
2016年湖南省青少年皮划艇、赛艇锦标赛　7月20—26日　长沙市	胡　振	女	乙	轻量级1000米单人双桨	04：50.89	第一名
	胡乐瑶 彭思敏	女	乙	女乙轻量级1000米双人双桨	04：46.09	第一名
	周尚军 彭思佳	女	乙	女乙1000米双人皮艇	04：39.77	第二名
	高　嘉 胡　振	女	乙	女乙轻量级4000米双人双桨	24：17.27	第二名
	陈鸿斌	男	乙	男乙公开级1000米单人双桨	05：18.39	第二名
	尹　沛	女	甲	女甲轻量级1000米单人双桨	05：23.44	第二名
	肖凯尧	男	乙	男乙2000米单人皮艇	08：59.03	第三名
	姚子清 邓淇丰	男	乙	男乙轻量级1000米双人桨	04：08.54	第三名
2016年湖南省青少年跆拳道锦标赛 7月23—25日　娄底市	邓婧雯	女	丙	女子丙组-54公斤级		第三名
2016年湖南省青少年射击锦标赛 8月3—9日　衡阳市	乔　芬	女	甲	女子飞碟多向50靶（个人）	34中89分	第一名
	乔　芬 王群怡 何时檬	女	甲	女子飞碟多向50靶（团体）	84中	第一名
	刘　涛	女	甲	双多向男女混合组50靶（个人）	48中99分	第一名
	刘涛声 王群怡 乔　芬	女	甲	双多向男女混合组50靶（团体）	120中	第一名
	李威杨	男	甲	男子50米手枪（个人）	532-6X	第一名
				男子10米气手枪（个人）	564-13X	第一名
	唐博文 朱锡盛 李威扬	男	甲	男子50米手枪（团体）	1482-7X	第一名
	唐博文 朱锡盛 李威扬	男	甲	男子10米气手枪（团体）	1648-35X	第一名
	任　蕾	女	甲	50米步枪跪射20发	193环	第一名
	郭茹萌 任　蕾 汤柏川湘	女	甲	女子50米步枪3种姿势	1666-36X	第一名
	郭茹萌 任　蕾 艾　巧	女	甲	女子50米步枪卧射	1784.9	第二名

续表14

比赛名称	姓　名	性别	组别	项目	成绩	名次
2016年湖南省青少年射击锦标赛 8月3—9日　衡阳市	秦禧龙 梁梓煜 唐博文	男	甲	男子25米手枪速射（团体）	1376-7X	第二名
	郭茹萌 任　蕾 艾　巧	女	甲	女子10米气步枪（团体）	1211.2	第二名
	唐博文	男	甲	男子25米手枪速射（个人）	536-6X	第二名
				男子10米气手枪（个人）	552-14X	第三名
	王群怡	女		女子飞碟多向50靶（个人）	31中75分	第三名
	李芳建 邓润东 任　少	男	乙	男子25米手枪速射（团体）	876-5X	第三名
	陈　兰	女	乙	50米步枪跪射20发	485环90.60分	第三名
	李文静 蒋雅清 陈　兰	女	乙	女子50米步枪3种姿势（团体）	1626-32X	第三名
	任　蕾	女	甲	女子50米步枪卧射（个人）	608	第二名
				女子10米气步枪（个人）	408.7	第三名
2016年湖南省青少年游泳锦标赛 8月9—13日　郴州市	宗志骁	男	甲	200米蝶泳	02：06.76	1
	李禹昕	女	甲	100米仰泳	01：07.29	1
				400米混合泳	05：04.30	1
				100米蛙泳	01：14.74	1
	刘丁华	男	甲	100米蝶泳	00：59.61	2
	宗志骁	男	甲	400米混合泳	04：43.08	2
	王泽瑜	女	甲	100米蝶泳	01：06.05	2
				200米蝶泳	02：28.31	2
				400米混合泳	05：32.76	2
	周炫颖	女	甲	100米蝶泳	01：08.30	3
				200米蝶泳	02：35.41	3
				400米混合泳	05：35.36	3
	于心仪	女	甲	200米蛙泳	03：04.90	3
2016年湖南省青少年排球锦标赛 8月17—25日　衡阳市	施卓岑 朱元略 彭子涛 李慕义 胡哲彪 张　皇 陈　阳 夏　敏 欧　博 边　腾 李　贝 李志鹏 蒋道曦	男	甲组			第一名

续表14

比赛名称	姓　名	性别	组别	项目	成绩	名次
2016年湖南省青少年排球锦标赛 8月17—25日　衡阳市	余思瑶	女	甲组			第二名
	蒋　烁					
	成文会					
	彭雨荷					
	杜　琼					
	徐咏荷					
	蒋冰洁					
	龚　庆					
	荀海璇					
	黄　倩					
	刘　璇					
2016年湖南省青少年举重锦标赛 8月18—22日　郴州市桂阳县	漆力文	男	丙	69公斤级	183	第二名
	赵子文	男	丙	62公斤级	136	第三名
2016年青少年田径锦标赛 8月20—23日　衡阳市	陈　藩	女	甲	800米	02：16.6	第一名
	陈　藩	女	甲	1500米	04：47.7	第一名
	钟　叶	女	甲	铁饼	48.38	第一名
	李　维	女	乙	铅球	15.36	第一名
				铁饼	46.39	第一名
	屈　璟	女	甲	200米	25.73	第二名
	王怀远	男	乙	200米	23.02	第二名
	周　丹	女	乙	铅球	13.92	第二名
	谢昭云	女	甲	铁饼	45.7	第三名
	钟　叶	女	甲	标枪	41.32	第三名
	黄　迎	女	甲	100米栏	16.09	第三名
	龚伟奇	女	乙	800米	02：21.6	第三名
	游佳睿	女	乙	100米栏	15.49	第三名
				400米栏	01：08.6	第三名
	徐　会	女	乙	1500米	05：01.5	第三名
2016年青少年摔跤锦标赛 8月23—26日　益阳市	许高鲁	男	丙	46公斤级		第一名
	张　铭	男	丙	52公斤级		第一名
	张　可	女	丙	40公斤级		第一名
	孙忠豪	男	乙	54公斤级		第二名
	许江鸿	男	乙	63公斤级		第二名
	董德兵	男	乙	69公斤级		第二名
	徐鑫海	男	乙	63公斤级		第三名
2016年湖南省青少年拳击标赛 11月8—11日　张家界市	宋佳辰	男	甲	81公斤级		第一名
	周丙申	男	乙	75公斤级		第一名
	舒　蕾	女	乙	60公斤级		第一名
	马光灿	男	甲	60公斤级		第三名

（李　缘）

文化

责任编辑 李幸

社会文化

【成功创建国家公共文化服务体系示范区】 2016年，岳阳市创建国家公共文化服务体系示范区工作通过验收。4月，文化部党组成员、中央纪委驻文化部纪检组长王铁带队的国家验收组与省文化厅厅长李晖等领导对岳阳市创建工作进行实地验收，对创建成效给予肯定。5月，岳阳市顺利通过第二批示范区验收集中评审答辩。10月26日，文化部、财政部正式向岳阳市授牌“国家公共文化服务体系示范区”。创建工作开展以来，岳阳市推进公共文化设施网络化、服务规范化、保障制度化、研究科学化，新建文化设施167处，整合文化设施455处，研究成果转化为“一主”“一专”“八辅”政策文件10个，其他相关文件28个，鼓励、引导和支持社会力量参与文化建设，从资本运营等8个方面进行探索，形成公共文化服务社会化发展“岳阳模式”，获得文化部专家肯定。

【公共文化服务】 2016年，岳阳市文化广电新闻出版局（简称市文广新局）组织市群众艺术馆、市美术馆送书画下基层活动，举办“欢乐潇湘·幸福岳阳”、庆祝中国共产党成立95周年“红旗颂”大型群众合唱比赛、“社区万家乐”“艺术课堂”“大美岳阳·锦绣潇湘”书法展、《洞庭长歌——岳阳古代文明陈列》等文化活动，丰富群众业余文化生活。打造公民图书漂流站5个，流动图书车、24小时自助图书馆等读书活动新平台，推进全民阅读。至年底，完成“送戏下乡，演艺惠民”活动847场，“幸福岳阳·一元周末剧场”217场，“高雅艺术惠民演出”15场，“岳州讲坛”“国学讲堂”等全民阅读活动21场。

【“三馆一站”建设】 2016年，市群众艺术馆数字文化馆结束招投标工作，工程建设完成80%。市图书馆新馆项目建设主体变更至市城投公司，完成征地拆迁、三通一平、项目土石方工程施工、项目监理公司招标等工作。市美术馆新馆选址螺丝岛风景区，总投资6000万元，建筑面积约7000平方米，与市图书馆新馆配套建设。出台《岳阳市加快推进基层综合性文化服务中心建设实施方案》，全市合格村级基层综合文化服务中心（乡镇综合文化站）为36.2%。

（杨如婧）

2016年4月25日，岳阳市召开创建国家公共文化服务体系示范区汇报会 （李昶澄 摄）

专业文化

【巴陵戏《远在江湖》巡演】

2016年，市文广新局打造文艺精品，组织巴陵戏新编历史剧《远在江湖》在常德市、益阳市等湖南省各市州以及岳阳市下辖各县市区巡演。成立《远在江湖》晋京展演领导小组，9月3日，《远在江湖》在全国地方戏演出中心巡演。

【艺术创作扶持】 2016年，市文广新局发挥“文艺岳家军”优势，扶持创作大型剧目4个，小型剧目13个。其中，梅实《天蓝湖美》和曹雨《风雨城陵矶》入选省优秀剧本扶持计划，曹宪成《桃花烟雨》和郑玲《苗寨新歌》入选省“精准扶贫”重点剧目，小戏《过渡》等3个项目成功申报国家艺术基金，巴陵戏《远在江湖》等4个项目入选省文化综合发展专项资金（艺术精品创作类）支持项目。

【艺术宣传推广】 2016年，市文广新局编撰13集巴陵戏电视专题片台本，由市广播电视台录制12集电视专题片《巴陵戏风采》，在《岳阳日报》进行整版宣传。编发《艺术岳阳》杂志巴陵戏《远在江湖》专刊，进一步扩大巴陵戏影响。参加艺术交流推广，花鼓小戏《今天有客来》应邀参加文化部“群星奖”获奖作品展演专场演出，是全省唯一参演作品。

（杨如婧）

文化产业

【概况】 2016年，岳阳市文化产业发展水平提升。全市文化产业单位4022家，从业人员12.7万人，占城镇就业人数2%，文化产业占全市GDP总量4.8%，规模特色文化产业企业由7家发展到22家。其中，湖南百利科技股份有限公司5月在上交所挂牌上市，市值80亿元。岳阳大地印务有限公司打造“全国挂面包装纸印刷基地”，岳阳金寿印务有限公司打造“中南五省药品包装印刷基地”，业务遍及中南五省药品制造企业，岳阳市历史特色文化旅游与开发工程、屈子文化产业园、际华3517文旅新城等一批文化项目建设立项。 （杨如婧）

【重点特色文化产业项目申报】　2016年，市文广新局广泛发动全市重点特色文化产业企业参与中央和湖南省项目申报，推动全市文化产业发展。项目申报由各县市区文广新局初审，市文广新局对各推荐项目进行实地考察。其中，中央文化产业发展专项资金有3家单位申报成功，获得项目资金110万元；省文化产业专项资金有15家文化企业参与项目申报，9家单位申报成功，获得项目资金410万元。

（杨如婧　蔡晓春）

文化市场管理

【概况】　2016年，全市文化市场和谐繁荣，没有发生一起安全责任事故。至年底，文化市场综合执法部门联合公安、消防、工商等部门开展文化市场专项行动200次，出动人员3100人次，网吧换证103家，查处网吧接纳未成年人330起，整改无证经营网吧130家，整改歌舞游艺娱乐场所180家，查处未审批演出30起，取缔黑网吧20家。查处岳阳“4·25”网络传播淫秽物品牟利案和湘阴“9·29”印刷非法出版物案。（杨如婧　王冬娜）

【“扫黄打非”工作】　2016年，岳阳市文化市场综合执法局加大巡查力度，查处岳阳“4·25”网络传播淫秽物品牟利案和湘阴“9·29”印刷非法出版物案，开展“净网2016”“清源2016”“秋风2016”“护苗2016”和“固边2016”5个专项行动，开展“云盘传播淫秽色情信息”“校园周边文化环境”“国庆出版物市场”等集中整治，建立健全应急机制，夯实工作基础，建立南湖新区湖畔社区、平江县南江镇等示范点，规范出版物市场经营秩序。

岳阳“4·25”网络传播淫秽物品牟利案。3月18日，市文化市场综合执法局在日常巡查过程中，发现一微信号涉嫌利用百度云盘存储传播淫秽色情信息，通过远程调查取证，查处以传播贩卖淫秽色情信息牟利的整个犯罪团伙，查明身份的18名主要犯罪嫌疑人全部被抓获归案，岳阳县人民法院对该案作出一审判决。“4·25”专案作为典型案例，被中央电视台《社会与法》栏目进行专题报道。

岳阳“9·29”非法印刷出版物案。9月29日，全国“扫黄打非”办检查组对湘阴县湖南翰林文化商务有限公司进行检查，现场发现数10万册出版物涉嫌非法印刷。市文化市场综合执法局当即成立专案工作领导小组，调查取证，出动执法人员170人次，将40余万印刷品进行异地扣押封存，并移交湘阴县公安局正式立案。经鉴定，涉案非法出版物142个品类约36万册总码洋约325万元，批捕涉案人员7名。

（王冬娜）

市文化市场综合执法局开展“扫黄打非”专项整治行动

（冯博文　摄）

【网吧市场管控】　2016年，岳阳市文化市场综合执法局加强网吧市场管控，强化源头管理，对所有网吧进行拉网式排查，摸清网吧底数和区域，对所有经营户全部登记建档，核实经营资格。强化宣传教育，召开网吧经营业主会议，与所有网吧业主签订《守法经营责任书》，制作保护未成年人健康成长公益广告，通过岳阳电视台各频道播出，营造良好宣传教育氛围。强化监管措施，坚持错时工作制，重点加强午间、周末和节假日监管，不定时分头检查或集中执法，建立网吧“黑名单”制度，对列入“黑名单”网吧经营单位、“12345”“12318”举报内容、校园周边及居民住宅区等重点领域加大执法检查力度。严格执法监管标准，联合通信部门对违规不改的网吧经营单位，一律停止网络信号接入，责令停业整顿。（王冬娜）

【文艺娱乐市场管理】　2016年，岳阳市文化市场综合执法局加强文艺娱乐市场管理。协调相关职能部门联合执法，开展“春雷”整治行动，严格演出审批备案手续，严厉打击非法演出活动，对旅游景区、校园周边、城乡接合部的娱乐场所加强监管，查办“少儿春晚”“卡斯特年会”“无同酒吧”等多起演出案件，查办城乡结合部、校园周边非法经营娱乐场所案件10件，现场监管“跨年演唱会”“女神之夜”大型演唱会，事先告知恒大、碧桂园房地产公司提前办理马戏团演出审批。引导协会加强行业自律，3月，市文艺娱乐协会正式成立，选举产生新协会领导班子，制定协会章程，引导加强自身管理，规范文艺娱乐行业经营行为。

（王冬娜）

【版权保护】　2016年，岳阳市文化市场综合执法局推进软件正版化，打击侵权盗版行为。推进政府机关使用正版软件工作，下发《关于进一步推进政府机关软件正版化工作的通知》《岳阳市2016年推进使用正版软件工作实施方案》的通知，转发国家版权局《正版软件管理工作指南》的通知，开展为期4个月打击计算机软件非法预装行为专项行动，查处非法预装计算机软件行为3起。开展“剑网行动”，加强对互联网媒体的监管，纠正各种涉嫌侵权盗版倾向性问题30个，责令限期整改网站平台2家。加大业务培训，推进民营企业软件正版化，联合岳阳市版权保护协会组织2期版权保护培训班，300人次参加培训。开展版权保护宣传活动，举办“数字创意，重塑文化，实施版权保护战略，助推‘一极三宜’江湖名城建设”2016年版权保护宣传周，开展版权保护千人签名和销毁盗版图书活动，宣传版权保护知识。

（王冬娜）

【广电执法】 2016年，岳阳市文化市场综合执法局加强广播电视安全播出管理，联合相关部门开展卫星电视地面接收设施专项集中整治行动，打击泰和电器批发大市场、有鸿达电器商行等8家门店违法销售卫星地面接收设施行为，加强对岳阳市电视台节目播出日常监管，打击过度广告及影视作品盗版侵权行为，打击企事业单位、乡镇广播电视站私自设立小前端自办节目的行为，依法对阿波罗御庭酒店未经许可，擅自设立小前端自办节目的违法行为下达限期整改通知书，有效规范全市有线电视网络经营秩序。加大电影放映市场巡查力度，定期开展对影院“放映许可证”等相关证件合法性和时效性检查，联合消防对电影放映企业等文化市场经营场所进行安全隐患大排查行动，关停2家有重大消防隐患影吧，督促9家影吧办理消防安全合格证。

（王冬娜）

【文化市场视频监管指挥中心升级改造】 2016年，岳阳市文化市场综合执法局提出“互联网+文化监管”新模式，建设文化市场视频监管指挥中心，提升“线上”事中事后巡查监管能力。文化市场视频监管指挥中心升级改造项目，是市政府年度重点工作项目，评审、建设经费、招投标审批到位。项目通过云存储监管视频信号，有效防范设备损坏、数据丢失风险，在日常执法检查中，文化执法人员利用移动互联网，通过4G网络与后台管理平台实现无缝对接，对文化市场进行全时段、移动式的监管模式，构建统一、开放、有序的文化市场监管体系。

（王冬娜）

文博·图书

【文物挖掘与修复】 2016年，市文物管理处加大地下文物保护工作力度，规范文物考古调查勘探、发掘流程和考古收费及使用。介入建设工程31个，涉及文物调查勘探面积230万平方米，收取考古勘探发掘经费348万元，投入经费300万元，出土文物80件。完成岳阳市水产科研示范基地、恒大南湖半岛建设、汨罗高泉山东周墓群、蒙华铁路湖南段和平江电厂等重点考古发掘项目。完成所有文物调查勘探和考古发掘项目报告，并作文字和电子版归档，做到“一事一档”。康王乡峁山村宋墓发掘简报发表于《文物》期刊。对出土文物进行修复和绘图工作，完成文物修复60件，文物绘图50件（组）。

【首次可移动文物完成普查】

2016年，根据省“一普办”工作部署，全市10个“普查办”全部完成文物普查信息采集登录任务，并于8月底前完成“一普”文物信息市级审核工作。通过此次文物普查，24家国有单位被认定有文物收藏，其中，文物系统外13家，文物系统内11家。此次系统外国有单位新认定文物1272件（套）（实际数量是19531件），全市有16282件（套）文物被采集登录。岳阳博物馆在这次文物普查中，通过多种渠道征集文物，丰富文物馆藏数量，至年底，博物馆文物藏品数量由2400件（套）上升至5227件（套）。

【博物馆免费开放服务】 2016年4月，文化部党组成员、中央纪委驻文化部纪检组长王铁，文化部公共文化司副司长、验收组组长陈彬斌等领导和专家一行，对岳阳博物馆创建国家公共文化服务体系示范区工作进行验收。6月，省政协副主席张大方、省政协副秘书长李微等领导和专家一行，对市博物馆的免费开放工作给予高度评价。至年底，市博物馆接待政府机关、部队、企事业单位、学校、旅游团体300个，各界群众33万人次。

【文物保护工程建设】 2016年市文物管理处加大申报文物保护项目力度。在省级经费申报中，申报坪田牌坊保护性维修等5个项目685万元，争取上级文物保护专项资金3195万元。推进文物保护，启动慈氏塔主体工程周边环境整治和塔龛佛像修复补配、铸铁塔刹修复等工程，对岳阳教会学校修缮工程完成招标方式的核准和招标文件的制订、审核与网上公示，出台历史文化街区修缮设计方案，完成《岳阳历史街区修建性详规》招标文件的编制及挂网工作，岳阳文庙修缮防雷工程同步实施，保护设施利用项目进行方案设计，鲁肃墓修缮工程进行墓园环境整治与墓冢维修。

【馆校馆际合作交流】 2016年“5·18”国家博物馆日，岳阳博物馆与湖南理工学院举办共建实践教育基地签约暨揭牌仪式，加强博物馆与高等院校合作，促进教学与科研相结合，探索馆校联合培养实践型、创新型人才新模式。与河南南阳唐王府博物馆、湖北随州华夏博物馆、北京天文馆、陕西历史博物馆、武汉中山舰博物馆开展馆际展览交流引进活动。举办《洞庭长歌——岳阳古代文明陈列》《万平生根雕展》《岳阳民俗文物展》《雷锋的故事》等品牌专题展览，开展《好时猴——中国古代猴文化展览》《天外来客——陨石科普知识展》《陕西历史博物馆馆藏铜镜特展》《青铜的对话——黄河与长江商代青铜文明展》《精神如见——中山舰出水文物展》等临时展览，加强交流合作。

【非遗保护与传承】 2016年，市文广新局有效推进非物质文化遗产保护工作。8月，承办《湖南省实施〈中华人民共和国非物质文化

岳阳市非物质文化遗产项目目录

表15

人类非物质文化遗产代表作名录（1项）			
项目名称	项目类别	申报地区	
中国端午节—汨罗江畔端午习俗	民俗	汨罗市	
国家级非物质文化遗产代表作名录（6项）			
项目名称	项目类别	申报地区	项目批次
岳阳巴陵戏	传统戏剧	巴陵戏传承研究院	第一批
平江九龙舞	传统舞蹈	平江县	第一批
岳阳花鼓戏	传统戏剧	岳阳县	第二批
临湘花鼓戏	传统戏剧	临湘市	第三批
长乐故事会	民俗	汨罗市	第三批
洞庭渔歌	传统音乐	岳阳楼区	第四批
湖南省级非物质文化遗产代表作名录（17项）			
项目名称	项目类别	申报地区	项目批次
平江花灯戏	传统戏剧	平江县	第一批
华容夹叶点子	传统音乐	华容县	第一批
平江民歌	传统音乐	平江县	第二批
屈原传说	民间文学	汨罗市	第二批
屈子祠祭屈大典	民俗	汨罗市	第二批
柳毅传书传说	民间文学	君山区	第二批
岳州扇制作技艺	传统技艺	岳阳县	第二批
临湘十三村酱菜制作技艺	传统技艺	临湘市	第二批
平江皮影戏	传统戏剧	平江县	第三批
岳州窑烧制技艺	传统技艺	湘阴县	第四批
啰啰咚	传统音乐	君山区	第四批
君山银针茶制作技艺	传统技艺	君山区	第四批
幕阜拳、气功	游艺、传统体育与竞技	平江县	第四批
张氏正骨术	传统医药	岳阳市中医院	第四批
川山毛笔制作技艺	传统技艺	汨罗市	第四批
临湘天狮舞	传统舞蹈	临湘市	第四批
云山山歌	传统音乐	岳阳县	第四批
市级非物质文化遗产代表作名录（23项）			
项目名称	项目类别	申报地区	项目批次
龟牛拳	游艺、传统体育与竞技	岳阳县	第一批
三棒鼓	曲艺	华容县	第一批
汨罗饮茶习俗	民俗	汨罗市	第一批
长乐甜酒制作技艺	传统技艺	汨罗市	第一批
民间龙舟打造技艺	传统技艺	汨罗市	第一批

续表15

酒糟制作技艺	传统技艺	汨罗市	第一批
长寿酱干制作技艺	传统技艺	平江县	第一批
打倡	传统舞蹈	汨罗市	第二批
长乐山歌	民间文学	汨罗市	第二批
楚鼓舞	传统舞蹈	岳阳楼区	第二批
兰花萝卜制作技艺	传统技艺	岳阳楼区	第二批
巴陵书画扇	传统技艺	岳阳楼区	第二批
金刚大练	游艺、传统体育与竞技	岳阳县	第二批
牛马归栏同过年	民俗	岳阳县	第二批
中华神膏	传统医药	云溪区	第二批
翰林隐士和独奶夫人	民间文学	岳阳县	第三批
七星拳	游艺、传统体育与竞技	岳阳县	第三批
张谷英油豆腐制作技艺	传统技艺	岳阳县	第三批
行礼	民俗	岳阳县	第三批
回龙门的传说	民间文学	汨罗市	第三批
陈氏“泥鳅肚”秤杆制作技艺	传统技艺	华容县	第三批
湘江排客符水	民俗	湘阴县	第三批
龟蛇酒制作技艺	传统技艺	岳阳楼区	第三批

（梅　莹）

遗产法〉办法》业务培训班暨全省非遗保护工作推进会，省文化厅及各市州非物质文化遗产保护单位有关负责人，部分县市区代表等80余人参加会议。加强非遗保护队伍建设，启动非遗名师传艺支持计划，对入选的12对师徒给予3万元专项资助。推广非遗活动，开展非遗传承讲座、非遗保护成果图片展、非遗“三进”系列活动20场次，在第十一个全国文化遗产日期间，投入宣传活动经费100万元，在全市范围内开展主题活动36场。推动“非遗一条街”项目，与洞庭新城投资有限公司合作，在汴河街鱼巷子原址上规划建设“岳阳非遗一条街”。争取非遗地方立法，岳阳市非物质文化遗产保护纳入《岳阳历史文化名城保护条例》。

【图书馆工作】　2016年，市图书馆发挥职能作用，优化更新硬件设施，新建“爱心图书室”3个、读者服务点2个，建“公民图书漂流站”4家。改善软件服务，整理、分编图书12165册，征集地方文献201册。开展建立爱心图书室，父母课堂、读书会、岳州讲坛、绘本故事等一系列文化志愿服务活动100场，送书3万册。

（杨如婧）

广播·电视·电影

【概况】　2016年，岳阳市广播电视台严格导向把关，制定下发《新闻从业人员“十不准”实施细则》《新闻“三审”负面清单》《网络媒体三审制度》《网信安全应急预案》等规章制度，对新闻从业人员设定道德底线、行为红线，签订内容三审承诺书，坚持新闻三审、节目三审、广告三审、网络三审督查制，最大限度规避节目播出可能出现的导向偏差。发挥电视新闻频道主力军作用，开展《“一极三宜”两江行》《“两学一做”我先行》《防汛抗灾特别报道》《喜迎党代会·共谋新发展》等12次大报道，特别是对华容县新华蓄洪垸溃口合龙现场直播和党代会总体宣传。通过“三微两端”媒体集群和《今日头条》岳阳新闻网订阅号等六大移动平台，讲述岳阳好故事，传播岳阳好声音，刊播新闻4.5万条次，营造良好舆论氛围。主动对接中央电视台、湖南卫视等主流媒体，在中央电视台上稿67条，湖南卫视上稿391条，湖南经视上稿108条。岳阳新闻网在国家级门户新闻网站上稿178条，湖南红网上稿266条。推荐59件作品参加湖南新闻奖、湖南广播电视奖、湖南广播电视播音主持作品奖、湖南广播电视广告信息奖4大奖项评选，50件作品获奖，其中，一等奖11个，获奖数量位于全省前三，获得湖南广播电视宣传创优组织奖。电视专题片《微笑的背后》获得中国影视大奖提名奖。

广播中心以提高节目质量为宗旨，打造广播品牌，加大栏目建设力度，推出室内访谈节目《故事岳阳》、广播娱乐节目《芳欣脱口秀》、科教频道网络视频节目《网眼看岳阳》、公共频道生活服务栏目《餐佳吧》等栏目，全面提升广播宣传质量。其中，《行风热线》栏目接入听众来电300次，投诉处理回复率100%，《方琳书香》栏目获得首届“书香湖南全民阅读”品牌示范项目奖。主动对接重要媒体，在中央人民广播电台上稿18条，湖南人民广播电台上稿162条，广播专题《“焚假哥”的坚守》获得中国广播大奖提名奖，这是广播中心第四次获得该奖。

电影工作坚定文化自信、提升服务水平、稳定市场份额、升级管理平台，实现社会效益和经济效益双丰收。订购公益片100部、商业片82部，公益免费放映36900场，其中，故事片26000场、科教片8100场、纪录片1000场、戏曲片1800场，实现票房1.1亿元，观影人次和放映场次增幅居全省第一位。

（廖　岚　白石华）

【广播电视全媒体融合】　2016年，岳阳广电官方微博、官方微信、官方微视、岳阳新闻网PC端、智慧岳阳移动客户端、《今日头条》岳阳新闻网订阅号媒体集群形成。投入资金110万元上线“智慧岳阳”APP，实现传统电视节目网上同步直播，迈开岳阳广电走出去步伐。开发《岳阳直播》《岳阳点播》《岳阳发布》《岳阳链接》等一级目录，全媒体中央厨房正式启用，140多名广播电视记者为中央厨房提供新闻稿件。“三微两端”媒体平台日均更新原创新闻稿件20条，日均网页浏览量突破200万，成为全国具有影响力的地市新媒体集群。岳阳新闻网获得2016年全国地方网络媒体十大最具创新力品牌，总监陈球获得全国地方网络媒体十大领军人物。　（廖　岚）

【《网眼看岳阳》网络视频栏目启动】　5月13日，《网眼看岳阳》网络视频栏目在岳阳市南湖宾馆举行启动仪式，市委书记盛荣华、省委网信办常务副主任屈贵全等省市领导启动栏目开播，50多家中央、省、市、县媒体记者和自媒体人士、网络大V及网友代表参加栏目开播仪式。《网眼看岳阳》网络视频栏目注重网络与电视的深度融合，注重线上与线下密切互动，注重集群与矩阵强势传播。至年底，播发视频节目59期，每期阅读率超过5万条次。　（廖　岚）

【广播电视管理】　2016年，市文广新局系统抓好广播电视管理，做好舆论宣传和安全播出工作，规范广播电视播出秩序，对全市各播出机构的电视播出频道秩序进行全面摸底整改，理清各播出机构频道设置的登记备案，组织各播出机构“广播电视节目传送业务经营许可证”和“卫星地面接收设施安装服务许可证”的集中审核。开展打击利用私设前端非法传输境外卫星节目和乡、镇、村广播电视小片网（重点是对岳阳楼区六乡镇）的“清网”行动，收缴非法销售卫星锅90个，接收天线1000米，高频头8个，查处违规门面30家。完善广播电视监管平台，编印《岳阳文广新监评》12期，拟制广播电视监管中心二期工程技术方案和项目预算书，启动二期建设的招投标程序。强化安全播出日常工作，完成“两节两会”“G20杭州峰会”“十一”长假、第三届世界互联网大会以及节假日等重要保障期的安全播出督查工作和“零报告”工作。组织各广播电视播出机构，开展优秀国产纪录片推荐播映工作，完成庆祝建党95周年，红军长征胜利80周年优秀影视剧展播，组织2015—2016年广播电视公益广告扶持项目的评审工作，开展“爱·陪伴”、征兵宣传、安全生产、禁毒、税收、美丽中国、美丽湖南环保宣传、敬老、养老、助老等公益广告作品征集和展播工作。规范记者证、新闻采编人员管理，组织全市新闻单位新闻采编人员情况登记上报，摸清新闻采编人员情况，组织广播电视新闻记者、播音员主持人资格证考试，完成新闻记者以及《湖南日报》岳阳分社记者站核验450人，注销记者证10个，新申领记者证41人。

（杨如婧）

【广播电视民生实事项目建设】

2016年，市文广新局推进广播电视民生实事项目建设，完善“村村响”工程建设，云溪区、平江县、湘阴县、岳阳县完成55个乡镇1335个行政村“村村响”工程建设任务。完成“户户通”工程建设，君山区、云溪区、汨罗市、平江县、湘阴县、临湘市、华容县、岳阳县101个乡镇录入88497户，开通76734户，受益用户信息录入率105.3%，通过直播卫星，用户可以收看58套电视节目，收听44套广播节目。加快广播电视节目无线数字化覆盖工程建设，启动全省无线覆盖提质工程第一期工程建设，岳阳市电视转播台达摩岭、金鹗山发射台、华容县禹山发射台、平江县梧桐山发射台、湘阴县电视发射台6个台站承担中央广播电视节目无线数字化覆盖任务，新增地面数字电视发射机12部，改造地面数字电视发射机4部（有备机），新增FM—CDR发射机1部。　（杨如婧）

【电影工作】　2016年，市文广新局突出监管，规范电影市场秩序，建立年检制度，定期开展培训，与各影城签订《依法经营责任书》《消防安全责任书》，对23家影城开展专项巡查3次，逐步形成部门主管、社会共管、行业自律、群众监督的电影市场监管格局。突出优化公共服务，电影文化惠民，岳阳市被国家新闻出版广电总局确定为全国农村公益电影固定放映试点单位，全市设立260个固定放映点，添置7500流明投影机10台，11米和7米的大银幕10块，购置流动放映面包车3台、座椅2000把，挑选一批思想性、艺术性、观赏性较强的影片投放农村市场，开展“喜剧电影专场”“戏曲电影专场”“纪念长征电影专场”等活动，完成农村电影公益放映3.7万场，城市广场电影2100场，取得较好的社会效益。突出体制改革，市电影公司改制工作取得阶段性突破，职工房产证及失业金办理和发放到位，签订解除劳动关系合同90%。　（杨如婧）

新闻出版管理

【概况】　2016年，市文广新局加强新闻出版行业管理。强化行政管理职能，4月，正式设立版权管理科，加挂“扫黄打非”工作领导小组办公室牌子。规范出版物、印刷行业秩序，3月11日，召开全市新闻出版管理暨印刷产业工作会议，表彰10个印刷产业发展先进企业和7个印刷质量优秀企业，完成60家印刷企业38家内部资料性出版物单位年检，规范全市印刷企业和内部资料性出版物市场。提升新闻出版公共服务水平，开展“全民读书月”活动，创新“农家书屋”管理机制，整合农家书屋3431家，成功申报省级示范农家书屋29家，获得湖南省新闻出版广电局嘉奖。

（杨如婧）

报　纸

【《岳阳日报》构建新媒体矩阵】 2016年，岳阳日报社投资300万元，启用北大方正全媒体数字采编平台，通过数字化处理技术和流程提高报业信息资源整合，从源头、渠道、终端推动报业健康发展。基于岳阳网PC端大数据库，成立岳阳日报新媒体中心，以《这里是岳阳》新闻客户、岳阳日报官方微信、江湖那些事微信公众号、岳阳日报官方微博、岳阳手机报为平台，涵盖《洞庭》《岳州教苑》《时光故事》等14个细分公众号等新媒体矩阵为依托的互联网和移动互联网聚合平台发布中心，日均阅读总量52万次，是岳阳新闻网络和移动网络发布主渠道。党代会期间，APP客户端尝试全程图文直播，引起社会强烈反响。

（谭振华）

【宣传引导助力文明创建】 2016年，岳阳日报社以社会主义核心价值观为引领，为全国文明城市复查提供强大舆论引导。开展“道德讲堂”活动，刊发“我的中国梦”“我们的价值观——岳阳故事”学雷锋志愿活动，文明与旅游同行宣传、诚信建设、我们的节日宣传等公益广告70个版面。在版面、网站开辟“我推荐、我评议身边好人”“学雷锋当好人”等栏目，每月发稿100篇以上，多数稿件被国内各大主流网站转载，有力宣传岳阳形象和岳阳精神。

（谭振华）

【“民生十大实事”评选形成品牌效应】 2016年，岳阳日报社策划“2015十大民生实事评选和2016最期待的十大民生实事活动”，开通报纸和新媒体两个投票平台，获得全市干部群众广泛关注。“民生十大实事”主题活动，主要围绕岳阳市重点民生实事推出系列报道，突出改善城乡环境、加强生态保护、增进民生福祉，加快建设可以深呼吸的水墨丹青岳阳，形成强大声势，产生强烈反响。持续关注“民生十大实事”，策划“2016民生实事今如何”系列报道，以现场写真形式全面细致报道十大民生实事进展和百姓受益情况，每周重点报道一个相关内容，刊发相关稿件500篇，着力打造具有影响力的“民生十大实事”评选主题活动，形成品牌效应。（谭振华）

【《长江信息报》聚焦主流舆论】 2016年，长江信息报社把握正确的舆论导向，聚焦主流舆论，以《平江顺风车3个月“顺”了5万》《记者体验顺风车，上车接送不谈钱》《爱心顺风车想一路顺风还有坎儿》等为题的爱心顺风车连续报道，加强对社会热点、敏感问题引导，发挥党报系列新闻媒体的主流舆论阵地作用。以《别让地下过街通道成为卫生死角》《多方联动整治城区地下过街通道》《城区过街地下通道焕然一新》等为题的连续报道，及时关注重大突发性社会、民生新闻，回应民生关切，有效引导社会舆论。以《流浪狗咬伤11人后“玩”失踪》《凶狗伤人事件敲响防患警钟》《城区集中清理流浪犬只》等为题的连续报道，第一时间反映群众心声，引导舆论方向，通达社情民意。报社在运营长江信息报微信公众号的基础上，注册长江信息报头条号、企鹅号，承接单位和企业微信平台的内容生产和发布，形成立体传播矩阵，提升报社把握主流舆论导向水平。

（王海燕）

【《洞庭之声报》稳健发展】 2016年，洞庭之声报社坚持正确舆论导向，坚持质量第一办报原则，推动各项工作平稳较快发展。采编围绕市委、市政府中心工作，推出“两会”特刊、“三八”特刊、《“五一”黄金周特刊》《魅力民校》特刊、龙舟特刊、高考答案特刊等10个特刊，参与承办市委宣传部、市文明办、市妇联联合主办寻找“最美家庭、最美家风、最美女性”活动大型系列报道。创收立足报纸延伸平台，以活动增活力，以活力促效益，承办岳阳市富民强市经济新闻人物评选、“惠民安居”工程启动仪式、岳阳首届最酷炫车大赛、“王林时间”高峰论坛、“徒步南湖三圈·乐享岳阳美景”岳阳市首届亲子徒步活动、湖南省青少年科技创新大赛等大型活动，维护拓展品牌形象，实现活动和经营良性互动。推动融合式发展，构建涵盖报纸、刊物、网站、书刊编辑、活动策划运营等多种媒介形式的全媒体矩阵，加快转型升级。其中，承接书刊编辑出版成为报社新的经济增长点，在承办《文明岳阳》月刊、《经开区周刊》的基础上，出版《最美家风润名城》《最美女性暖名城》《大学新生入学手册》等书籍，实现社会效益和经济效益共赢。（任言志）

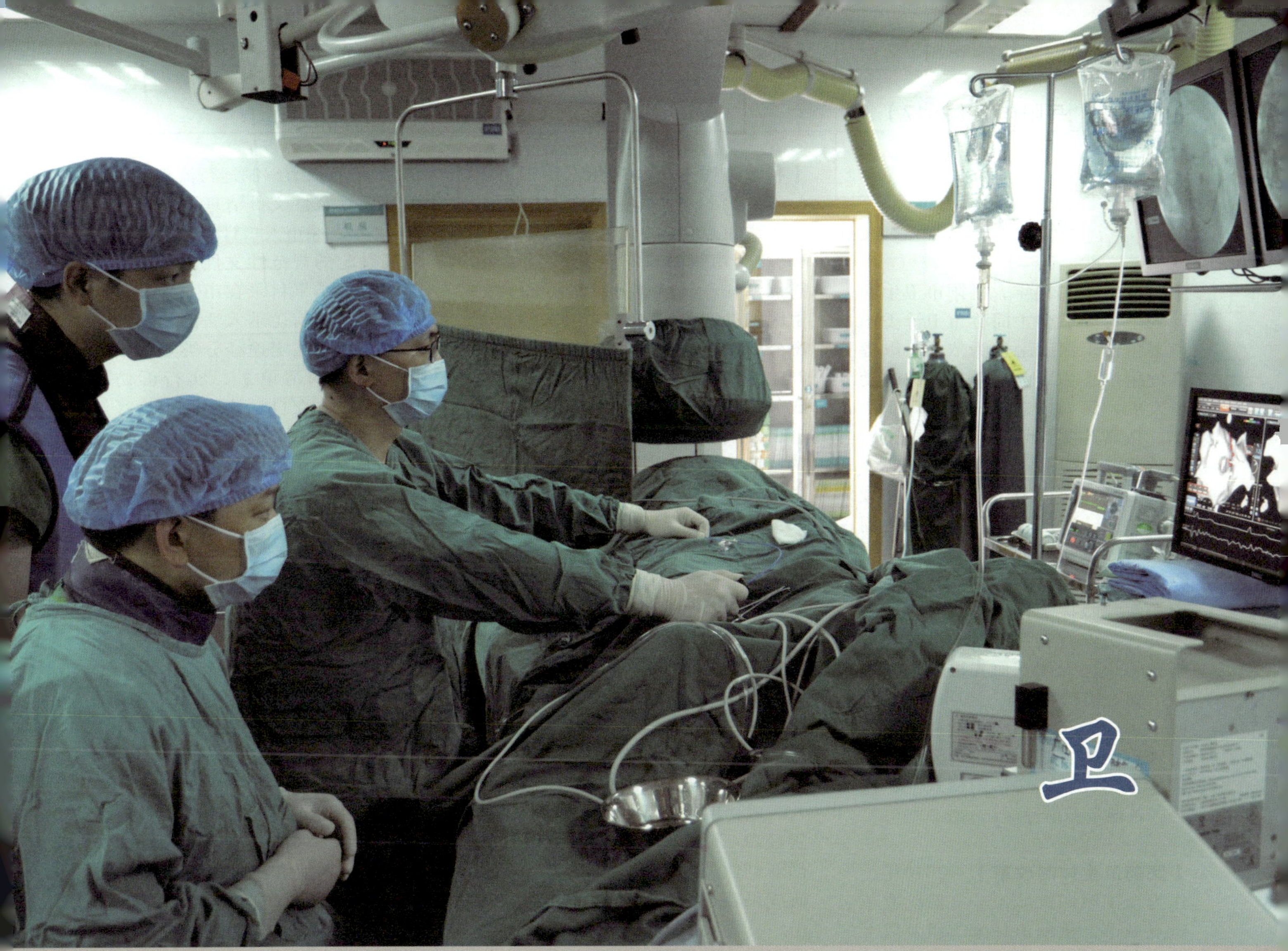

卫生

责任编辑　屈胜龙

综　述

【概况】　2016年，岳阳市卫生和计划生育委员会（简称市卫计委）以卫生计生深度融合为依托，以提高健康水平为导向，以新突破带动新发展，深入推进医药卫生体制改革，认真落实计划生育基本国策，完善公共卫生服务体系，提升医疗质量水平，实现卫生计生事业持续健康发展。开展长期免费“相约周六·赶健康集”的爱民义诊活动。完成“3·19”京港澳高速车辆燃爆事故医疗救援工作。支援华容抗洪救灾，确保有灾情无疫情。连续七年获得全国无偿献血先进城市，造血干细胞捐献148例，稳居全国同等城市第一，获得湖南省造血干细胞特殊贡献奖。基层卫生计生综合监督体系建设创造“岳阳模式”，被全国各地学习借鉴。

【医药卫生体制改革】　2016年，作为全国第四批城市公立医院改革试点城市，岳阳市18家二级及以上公立医院全部实施综合改革。市政府第57次常务会议研究部署医改工作，出台《岳阳市城市公立医院综合改革实施方案》，市发展和改革委员会、市财政局、市人力资源和社会保障局、市卫计委四部门联合下发《岳阳市城市公立医院医疗服务价格调整实施方案》。10月1日零时起，岳阳市18家城市公立医院均实行药品零差率销售，并按照“两降一升”的原则理顺医疗服务价格，即降低医用耗材加成，降低CT、核磁共振等大型医用设备检查价格，调整医疗服务价格项目4358项，医疗服务价格补偿率71.15%。同步跟进相关配套改革措施，落实医改补偿问题，整合城乡居民医保，出台分级诊疗实施方案，确保医改工作稳妥有序推进。自10月1日启动改革后，市财政补助市直医院384万元，岳阳市医保政策范围内住院费用报销比率达85%。2016年第四季度，医院在护理、诊查等体现医疗技术劳务价值的收入较前三季度增加55.5%，人均住院费用较前三季度下降0.7%，没有发生重大舆情和信访事件。

【科教工作】　2016年，岳阳市有6个国家级医学重点专科、11个省级医学重点专科，15个市级重点学科，5个市级重点实验室，7个市级重点专科。住院医师培训方面，三甲医院参训率100%，二级医院参训率48%。招录新学员70名，合格率88%，向省卫计委选送考官8人。完成4名农村订单定向生招录协议签订，落实20人全科医生培训任务。精选165人参加岳阳市农村与社区卫生适宜技术培训班。组织600名卫技人员通过“医教在线网”参加远程继续教育学习，对500名卫生专业人员进行学分审核。启动第一批7807名卫技人员居民健康卡的发放和第二批卡的录入工作，为在岗继续教育常态化打下基础。全市2600人网上报名参加医师资格考试，符合条件2404人，通过实践技能考试获参加医学综合笔试资格1456人，其中执业医师874人，执业助理医师582人。成功申报省级课题7个，获得科研经费4万元。组织申报市级科技创新创业人才团队项目4个。3项科研成果获得市政府科技进步奖，其中，一等奖2个、三等奖1个。推荐申报省市两级课题13个，参与市级课题评审3个，推荐2人参加评选市科学技术突出贡献奖，推荐1人参加第十三届省医学科技奖评选。报送8项省卫计委课题开展结题工作，结题率94%。举办省市级继续教育项目、学术研讨会、专题讲座62场，其他学术交流活动30次。实施省级基层适宜技术继续教育项目17个，推动岳阳市优质医疗和卫生计生技术资源下沉基层，组织开展省级继续医学教育项目5个，培训基层医务人员1560人次。选拔两批21名医卫特派员下到11家乡镇卫生院服务，带动专科建设48个，投入器械资金559.10万元，举办骨干培训班94期、卫生培训110期，接诊病人3.9万人次，完成手术2788台，为乡镇卫生院增收3928万元。

【依法行政】　2016年，市卫计委推进依法行政工作，规范行政复议与行政应诉，印发《岳阳市卫生计生委行政复议与行政应诉工作制度》。出台《岳阳市卫生计生委行政权力实施程序和运行流程》，对112项行政权力编制运行流程图。组织开展规范性文件清理清查工作，对近5年来原市人口计生委、原市卫生局制定的规范性文件进行清理，部门清理结果目录在市卫计委官网上公示。把信访纳入法治化轨道，制定《通过法定途径分类处理信访投诉请求的清单》，实行诉访分离，引导群众自觉按照法定途径解决信访投诉请求，保障合理合法的诉求依照法律轨道和程序能得到合理合法的结果。畅通信访渠道，完成“12345”公众服务热线工单1057件次、市长信箱群众来信118件次、网上信访39件次，群众来电来信来访1000件次。湘阴县卫生计生局、华容县卫生计生综合监督执法局、岳阳县毛田镇卫生和计划生育办公室获评湖南省卫生计生依法行政示范县市区和依法办事示范窗口。

【应急救援】　2016年，市卫计委开展多种形式的卫生应急培训，采取以会代训和依托市疾控中心、传染病定点医院和医疗紧急救援中心组织3批次的卫生应急业务培训。5月12日，组织市直医疗卫生单位在金鹗公园东门前广场进行处置人感染H7N9禽流感和急救技能课目演示等卫生应急宣传演练。密切关注禽流感和寨卡病毒疫情，加强监测和防范工作，开展4期突发公共卫生事件和重大事故灾难紧急医学救援风险评估。处置岳阳楼区梅溪桥市场1起布鲁氏菌病疫情和湘阴县袁家铺镇1起疑似食物中毒事件。组织“3·19”京港澳高速爆炸事故医学救援，第一时间组织市直、平江县、汨罗市卫计部门出动33台救护车辆、110名医护人员赶赴现场参与救援，危重伤员无一人死亡，伤员均得到及时救治。召开岳阳市防汛抗灾工作紧急会议，建立防汛抗灾领导小组和专家组，完善应急预案，加强应急准备。华容新华垸溃堤灾情发生后，组织医疗救治和卫生防疫，向当地派出市级医疗队和防疫队，及时收集上报灾情，筹措救灾药品和物资，确保灾民无死亡、大灾无疫情。做好反恐怖和重大活动的卫生应急勤务保障工作。

【红十字会工作】　2016年，岳阳市红十字会做好备灾救灾工作。7

2016年10月19日，岳阳市获中华骨髓库第6000例大型公益宣传活动“特别贡献奖”　（赵雨萌　摄）

月10日，华容县新华垸溃口灾情发生后，积极开展救灾工作，及时向省红十字会领导汇报灾情，争取救灾款物130万元。开展“红十字博爱送万家”活动，为56位白血病患者争取中国红十字基金会救助金180万元。救助弱势群体和大病患者150人，发放救助款50万元。联合致公党岳阳市委开展送药下乡活动，向岳阳县、汨罗市和君山区乡镇卫生院捐赠价值18万元的药品。10月19日，中国红十字会造血干细胞捐献第6000例公益宣传暨“传递爱心，健步同行”健步走活动在岳阳文化艺术会展中心举行，中国红十字会副会长王平为全国第6000例造血干细胞捐献者熊军颁发荣誉证书，省人大常委会副主任王柯敏授予岳阳市湖南省造血干细胞特别贡献奖。至年底，完成造血干细胞志愿者2000人份入库，完成高分辨采样86人，体检26人，回访志愿者1600人次，完成造血干细胞捐献18例，累积实现捐献147例，稳居全国同等城市第一。人体器官捐献实现40人捐献，捐献肾脏80个，肝脏40个，挽救120人的生命。6月14日，世界献血者日，举行岳阳市无偿献血十大公益形象大使、公益团队、公益家庭表彰颁奖仪式。

【中医药事业】　2016年，市卫计委夯实中医药发展基础。平江县中医医院新院主体建筑竣工，华容县启动中医院住院楼改造，汨罗市争取项目建设用地，筹划项目建设。完成乡镇卫生院中医馆建设项目35个，83家乡镇基层医疗机构设立中医馆，开展中医门诊、针灸推拿、中药足浴、小针刀等中医药服务。推动中医药健康旅游产业发展，平江县向国家局申报创建健康旅游示范区，岳阳县、湘阴县、岳阳楼区申报创建示范基地和示范项目。加强中医重点专科建设，市中医院肛肠科等6个专科成功申报为湖南省中医重点建设专科。安排市级中医药专项资金115万元用于市中医院康复中心建设，60万元用于华容县中医院颈肩腰腿痛专科等6个市级重点专科建设，张氏正骨流派纳入湖南省第四批非物质文化遗产保护名录。发挥媒体作用宣传中医药，扩大中医药工作社会影响，在国家级媒体发表宣传报道1篇，省级媒体发表1篇，市级报刊发表10篇。

【医学会工作】　2016年9月8日，岳阳市医学会召开第六次会员代表大会，选举新一届岳阳市医学会理事会，选举理事59人、常务理事34人、会长助理20人。市卫计委主任彭纲要当选第六届理事会会长，副主任刘志敏当选常务副会长。会议听取《第五届理事会工作报告》和《财务情况报告》。评选先进团体会员单位14个和先进专业委员会9个，市一医院和呼吸内科、超声医学专委会作为先进代表作典型发言。会议表决通过《岳阳市医学会章程》修改方案。批准成立脊柱外科、肝胆外科、计划生育和优生优育、医学教育等四个专业委员会，督促指导儿科、神经内科、骨科、肾内科、呼吸内科等5个专委会完成新旧更替，专业委员会达到39个，医学教育专委会下设专业学组1个。学会指导、协助各专业委员会、团体会员单位举办学术交流活动50场，邀请100名省内外知名专家到岳阳讲学，参会代表5000人次。接到医疗事故技术鉴定申请95起，正式受理31例，其中，医患双方共同委托18例、司法部门委托9例（本市3例，异地6例）、卫计部门移交4例，不予受理的64起中，当事人单方向医学会提出鉴定申请的59起，医疗事故争议已经人民法院判决的2起，调解成功3起。

（余定刚）

疾病预防控制工作

【重大疾病防控】　2016年，报告乙丙类传染病23种31421例，无重大传染病疫情爆发流行，无霍乱、鼠疫等甲类传染病疫情报告。手足口病疫情得到有效控制，报告手足口病1.68万例，重症164例。积极防控寨卡病毒病、黄热病，组织县区疾控开展培训，加强预测预警、实验室检测能力和应急物资储备。艾滋病整体疫情保持低流行，报告艾滋病病毒感染者/艾滋病病人236例，抗病毒治疗覆盖率96.12%。处理艾滋病病毒职业性原因暴露9起，提供暴露后预防用药、心理访谈和HIV抗体检测。

【疾病防治】　2016年，结核病防治定点医院模式稳步推进，检出活动性肺结核病人3310例，其中新发涂阳病人1045例，治愈率97.4%。通过省级消除疟疾考核验收，报告11例输入性疟疾病例。采集碘盐2700份，碘盐合格率96.6%，碘盐覆盖率99.7%。规范血吸虫病的诊断及疫情报告程序，完成垸内螺情与涵闸信息收集工作，开展血吸虫查螺663.18平方千米，药物灭螺灭螂98.86平方千米。通过重点民生实事“重性精神疾病患者救治救助”项目省级考核验收，推动全民健康生活方式行动，举办岳阳市健骨操创意广场舞大赛，组织参与“骨动湖南”湖南省健骨操创意广场舞大赛，获得优胜奖。上报粗死亡率为555.34/10万，报告及时性为98.27%。完成“肿瘤防治宣传周”“全国高血压日”“世界精神卫生日”“世界糖尿病日”等系列宣传活动。

【职业卫生】　2016年，组织开展职业病防治法宣传周活动，对36家企业进行职业病危害因素检测，检测作业点1345个，完成30家医疗单位辐射工作场所的放射防护监测工作。加强劳动者职业健康监护意识，完成职业性体检5140人次，从业人员健康体检1.12万人次。

【卫生监测】　2016年，城乡生活饮用水水质监测网络覆盖全市，完成枯水期城市87个监测点和农村生活饮用水768个监测点的监测任务。食品安全风险监测覆盖率达100%，15个监测点采集食源性致病菌监测食品样品262份、化学污染物和有害因素监测食品样品238份，上报食源性疾病病例信息4000条。加强食品安全风险监测数据的汇总分析利用，做好食品安全宣传周宣传教育工作。

【学校卫生】　2016年，加强对学校的防病指导，督查指导31所小学、托幼机构等重点单位，落实好晨检、洗手、消毒和宣传教育制度，及时预警并调整防控措施。全面启动2016—2017学年学生健康检查工作，完成65所学校6.8万人的常规体检，1.9万人结核筛查，6.3万人乙肝普查。

【免疫规划】　2016年，全市常规疫苗接种率持续保持95%。保持无脊髓灰质炎状态，无乙脑、流脑病例报告，确诊麻疹42例。报告疑似预防接种异常反应332例，疑似预防接种异常反应监测处置各项指标均达95%。免疫规划信息化建设实现温度监控全覆盖，提高扫码率。完成脊髓灰质炎免疫策略转换工作，举办岳阳市预防接种安全倡议暨最美接种医生颁奖活动。

（潘　静）

爱国卫生工作

【爱卫复审】　2016年3月22日，岳阳市国家卫生城市复审动员大会召开，会议下发《岳阳市城区2016年迎接国家卫生城市复审工作方案》和《国家卫生城市复审工作任务分解表》，部署迎检工作。市爱卫办制定《国家卫生城市标准工作指导手册》，每月进行工作调度3次，指导迎检工作。重点解决农贸市场、五小行业、城中村及城乡结合部、城区水域卫生等问题。联合市委督查室、市政府督查室对市直单位及城区五区各部门进行复审情况督查，督查32次，发现问题986条，下发督办函限期整改，整改到位率95%，确保迎检工作有序开展。4月初和4月下旬，分别接受省爱卫会对岳阳市国家卫生城市复审省级督导检察和明查评估考核。8月上旬，通过全国爱卫办对岳阳市国家卫生城市暗访评估。

【城乡环境卫生整治行动】　2016年，按照《2015—2020年岳阳市城乡环境卫生整洁行动实施方案》要求，组织协调城乡环境卫生整洁行动各部门单位落实责任，到县市区乡镇、村、组开展督查指导，基本解决四个方面的问题：一是基本解决城乡环境卫生脏、乱、差和陈旧垃圾处理问题；二是基本解决基础卫生设施严重不足的问题；三是基本解决城乡环境卫生基层队伍管理和保洁人员经费落实问题；四是基本解决城乡环境卫生管理城乡一体化，建立长效机制的问题。2016年，岳阳市农村厕所卫生厕所普及率90.56%。

【基层爱卫创建】　2016年，平江县、岳阳县、华容县国家卫生县城复审工作通过，平江县接受全国爱卫办暗访。临湘市通过省级卫生城市复审。湘阴县创建省级卫生镇3个，省级卫生村1个，华容县、临湘市共创建省级文明卫生单位3家。

【病媒生物防制】　2016年3月，举办岳阳市城区病媒生物防制工作动员大会暨培训班，市直单位、中央（省）驻岳单位、城区五区区直单位爱卫负责人及爱卫专干362人参加。9月中旬，接受省病媒生物防制协会的第三方评估。9月底，接受省爱卫会的考核评估，通过病媒生物防制（蚊、蝇）密度控制水平C级达标考核评估。

（余定刚）

血吸虫病防治

【概况】　2016年，血防工作立足抗大灾防大疫，落实防治措施。完成查螺面积737.15平方千米，灭螺面积72.48平方千米，灭蚴面积28.94平方千米，人群查病43.32万人次，人群化疗23.59万人次。人群血吸虫病感染率0.16%，家畜感染率零，连续五年无急性血吸虫病报告病例。湖南省血吸虫病防治所湘岳医院发挥特色专科优势，以国家血吸

2016年岳阳市农村卫生厕所普及率一览表

表16

指标名称	岳阳市	岳阳楼区	经开区	南湖区	云溪区	君山区	岳阳县	华容县	湘阴县	平江县	汨罗市	屈原区	临湘市
农村卫生厕所普及率%	90.56		91.96		89.9	89.63	93.13	92.6	98.98	85.54	85.5	82.12	91.49

虫病临床重点专科为龙头，行使全省晚血临床诊疗指导中心职责，科学规范开展晚血鉴定、诊疗工作。全年收治晚血病人663人，救助费用371万元。指导全省核查、救助晚血病人3472人，落实救助费用1751万元。

【钉螺状况】 2016年，除平江县、岳阳经开区外，全市11个县市区（含岳阳监狱）有钉螺分布，钉螺总面积700.44平方千米，其中垸内钉螺面积4.07平方千米，主要分布在岳阳县、华容县、湘阴县、临湘市、汨罗市、云溪区、君山区、屈原管理区，垸外钉螺面积696.28平方千米，易感地带长509.17千米，易感地带面积319.27平方千米。利用GPS（全球定位系统）记录滋生环境相关信息，绘制Google Earth，为精准防控血吸虫病奠定基础。

【血吸虫病防治规划编制】 2016年，岳阳市卫计系统（血防）牵头组织农业、林业、畜牧、水利、交通、教育等部门，围绕消除血吸虫病目标，编制《岳阳市2016—2020年血吸虫病防治规划》，使之成为《湖南省消除血吸虫病规划（2016—2025年）实施方案》的有机组成部分，为岳阳市消除血吸虫病提供保障。

（余定刚）

卫生计生监督执法工作

【概述】 2016年，经省编办批复，在岳阳市卫生监督中心的基础上整合计划生育监督职能，组建岳阳市卫生计生综合监督执法局，7月18日挂牌成立。增设计划生育监督科，配置全额拨款参公事业编制46个。按“简政放权，能放则放”要求，市级承担少数日常监管任务，将主要监管任务下放县市区，加大对基层的监督检查频率和指导培训。向县市区调整下放公共场所、医疗卫生、生活饮用水卫生、消毒产品卫生、学校卫生等730家被监督单位。各县市区全部设立卫生计生综合监督执法局，利用现有基层机构编制资源，通过优化整合和职能转型，在乡镇（街道）设立卫生计生办和卫生计生监督管理所，将卫生监督协管职能下沉到村，在组设立卫计信息员，打造新型基层卫生计生监督管理体系，填补乡镇一级卫生管理机构空白。岳阳市的探索得到国家卫计委综合监督局的肯定。9月27—28日，全国计划生育监督工作现场会暨全省卫生计生监督执法体系经验交流会在长沙举行，全体代表参观湘阴县现场点，向全国推介岳阳市的做法，有40家单位到岳阳市学习。国家卫计委办公厅《卫生计生工作交流》和10月28日的《中国人口报》分别予以报道。

【爱卫创建工作】 2016年，岳阳市迎接国家卫生城市复审。岳阳市卫生计生综合监督执法局落实卫生监督任务，涉及重点场所和五小门店、生活饮用水和学校卫生、医疗机构传染病防治、打击非法行医、职业病防治监督等方面。实行网格化管理，实行领导包区包片、监督员包街包店责任体系。对全市范围内2000多家被监督单位进行摸底排查，对照标准分类处理，规范一批、整改一批、关停一批。办理卫生许可证206个，督办健康证370人，整改消毒间72个、布草间30个，添置头癣患者专用工具盒250个，张贴禁烟标识500张，准备8条样板街和72家迎检单位。组织督导五区开展迎检工作，班子成员到区暗访，每周召开调度会1次，下发督办函25份。

【公共场所卫生监督】 2016年，岳阳市卫生计生综合监督执法局完成公共场所监督、监测采样计划，按计划会同市疾病预防控制中心采样，其中游泳场馆水样204份，旅店、超市、浴室、KTV、影院等空气质量监测样品433份，用具、茶具、布草等公共用品238份，集中空调通风系统清洗监测样品62份。对辖区32家公共场所单位进行卫生许可现场审查验收，对50余家公共场所进行日常监督，对存在的问题下达卫生监督意见书，责令其限期改正。

【医疗机构卫生监督】 2016年，市卫生计生综合监督执法局开展医疗机构常规监督检查，检查各级各类医疗机构76家，其中，医院59家、门诊部2家、社区卫生服务中心3家、社区卫生服务站2家、个体诊所3家、妇幼机构3家、采供血机构4家，书写现场检查笔录、监督意见书400份。开展医疗广告监管工作，检查各级医疗机构40家，约谈医疗机构负责人10次。对6个县市区的6家中医医疗机构进行依法执业情况专项督查。

【打击非法行医卫生监督】 2016年，市卫生计生综合监督执法局将

2016年12月21日，岳阳市举办乡镇（街道）卫生计生监督管理培训班

（李　佳　摄）

3月定为全市集中打击“黑诊所”专项整治月。2月29日，召开全市打击非法行医工作会议，确定以城乡接合部、集贸市场等非法行医高发区域为重点，打击危害社会的“黑诊所”。实行“黑名单”制度、回访制度，在社区进行警示，在《岳阳日报》刊登公告并公布举报电话，组织开展夜间暗访、错时执法工作，下发督办函5份，督办违规医疗机构20家。开展打击非法行医行动239次，发放打击非法行医资料1.68万份，办理无证行医案件129起，罚款12万元，没收违法所得3.12万元，取缔非法行医门店157家，没收药品器械403箱/件，拆除招牌121个，申请法院强制执行7起。10月，在全市开展医疗美容违法行为专项整治行动。联合岳阳楼区、岳阳经开区和南湖新区，组织中心城区专项整治行动，按40%比例随机抽查，抽查生活美容机构52家，立案3家。利用各种媒体大力宣传相关法律法规和医疗美容服务知识，引导群众防范就医风险。

【计划生育卫生监督】 2016年，市卫生计生综合监督执法局被列为国家计划生育监督工作试点单位。派员到大连市、连云港市参加国家推进计划生育监督工作试点会议。结合会议精神，建立管理单位分户资料、案卷档案、监督信息“三卡六表”、计划生育业务学习档案等信息档案。3月，对全市范围内的奖励扶助与预防“两非”机制建设开展半个月的督查，对市直医疗机构开展预防“两非”专项督查，承担全市127个乡镇（街道）700例社会抚养费征收个案调查工作。与岳阳楼区卫计局协同办理“两非”案件两起，单独办理一起。对某医院B超设备未登记备案立案处罚，国家卫计委综合监督局给予肯定。

【传染病防治卫生监督】 2016年，市卫生计生综合监督执法局对辖区7家卫生纸巾厂、7家餐饮具集中消毒单位进行2次监督检查，对6家餐饮具集中消毒单位进行随机抽样检测，合格率100%。对各县市区餐饮具集中消毒单位进行为期3天的专项监督检查，对部分不按规范操作的单位提出限期整改意见。对市区32家药店开展消毒产品专项监督检查。

【生活饮用水卫生监督】 2016年，市卫生计生综合监督执法局完成国家饮用水卫生监督监测计划，对4个市政供水和10个城市二次供水丰水期和枯水期水质样品进行监测，监测样品146个，分析水性疾病的发生和变化情况。对市直1家集中式供水单位、9家二次供水单位进行2次专项监督检查，对3家供水单位重新验收发放“卫生许可证”，对市直10家供水单位进行水质抽样。

【放射卫生监督】 2016年，市卫生计生综合监督执法局对市管45家放射诊疗单位进行放射卫生现场监督检查，书写法律文书90份，提出书面整改意见400条。新发放射诊疗许可证7本，校验6家，放射诊疗许可证持有率100%。组织对全市172家放射诊疗单位600名放射工作人员进行系统的个人剂量监测工作，个人剂量监测率95.5%。对18家新建、改建、扩建放射机房的放射诊疗单位，进行建设项目职业病危害放射防护预评价审核，下达审核批复。对3家新建、改建放射机房建设单位发送限期进行职业病危害放射防护控制效果评价、验收、许可书面通知。

【学校卫生监督】 2016年，市卫生计生综合监督执法局对16所中学、6所大专院校开展传染病防治、饮用水安全、教学卫生监督检查2次，监督检查覆盖率100%。对市直12所提供分质供水学校开展专项卫生监督检查2次。中考、高考期间，对5所考点学校进行专项监督检查并协同市疾控中心进行随机抽样检测，保障师生饮用水卫生安全。10月，处置平江县张市中学饮用水水源污染事件。开展全市大专院校、中小学、托幼机构生活饮用水专项督查和现场抽样检测，提出书面整改意见，针对岳阳经开区、南湖新区存在严重问题的学校，由市卫计委向两区管委会下发督办函。

【依法行政工作】 2016年，市卫生计生综合监督执法局加大办案力度。全年依法办理卫生计生行政处罚案件22起，罚没款18.4万元，涉及医疗机构12家，其中，“两非”案件1起、公共场所卫生4起、放射卫生3起，集中消毒餐饮具1起、学校卫生1起；线索来源方面，日常监督中发现15起，群众举报4起，上级交办或部门移交3起。查处巴陵医院对外出租承包妇产科、康达骨伤分院非法行医、艾米美人非法医疗美容等典型案件。规范办案程序，实行每周三行政处罚集体合议制度，对案件事实是否清楚、性质如何认定、证据是否完整、法律适用是否准确、处罚是否公平合理进行集体讨论，提高办案能力和案卷质量。强化办案意识、总结办案经验，在全国首创设立“案例室”，集中展示案例查办成果、方法和技巧，成为办案能力培训新阵地。

【业务培训】 2016年12月21—23日，市卫生计生综合监督执法局针对机构改革后基层卫生计生监督执法能力普遍不足的现状，将县市区卫生计生局分管局长、综合监督执法局长、乡镇（街道）卫计办主任、监督管理所长284人集中到市委党校，开展封闭式培训3天。邀请省、市、县专家讲课。加强放射工作人员健康管理，提高放射工作人员放射防护和法律法规知识水平，组织两年内未进行职业健康体检的基层放射工作人员进行体检。9月，举办2016年放射工作人员培训班，参加培训的放射工作人员221名。选送局业务骨干10余人到上海市、南京市、大连市、抚顺市等地考察学习。学习内容包括医疗机构依法执业、计划生育行政执法、行政许可受理发证、稽查协管、二次供水、餐饮具消毒法律法规最新解读、档案管理、财务报表管理和新闻写作宣传等。

（李　佳）

医疗服务

【概况】 2016年，市卫计委狠抓医疗质量管理，改善医疗服务行动计划工作，对全市25家医疗机构医院近4年业务开展情况、预约诊疗、日间手术及临床路径开展情况、门诊患者就诊满意度进行调查。开展抗菌药物临床应用管理，制订抗菌药物分级管理目录，实行追索管理，对超标的6家医疗机构的负责人进行警示约谈。组织对县市区人民医院和部分行业管理二甲医院的紧急救治能力和大病抢救能力检查。组织院感专家对47家县级、行业管理和基层医疗机构进行专项督查，对存在的问题进行通报批评，对下阶段工作提出具体要求。组织对全市二级及以上医院和部分一级医院进行临床用血工作检查。启动岳阳市卫生计生系统医德医风建设年活动，向全市医务工作者发出“树良好医德医风，做人民健康卫士”倡议书。开展最美医师、“南丁格尔”式护士评选活动。

【医疗纠纷处置】　2016年，市卫计委受理并处理医疗纠纷或医疗事故82起，医疗机构自行处理医疗纠纷327起，医疗纠纷人民调解委员会调解医疗纠纷157起，法院受理医疗纠纷案件25起。市委、市政府启动医患矛盾纠纷综合整治专项行动，全市医疗机构保卫人员和保安员现场处理扰乱医疗机构正常秩序事件163起，由公安等部门配合，现场依法制止“医闹”44次、出动警力79次。公安机关查处涉医治安案件28起，治安处罚37人，刑事立案4起，结案3起，刑事拘留6人。

【医疗紧急救援】　2016年，120接警处警5.43万次，急救做到零纠纷。救护车出车1.69万台次，接诊病人1.52万人次，其中，“三无病人”（无身份、无责任机构或人员、无支付能力的病人）137人次，无一例“三无病人”被拒接、拒收、拒治。参加京珠高速大荆段爆炸事故大型医疗紧急救援、反恐、水上救援演练。参加各种大型会议、拆迁、上访等社会保障救护任务出车60台次。岳阳市疾病应急救助基金管理工作接受省卫计委、省财政厅联合绩效考核，获得95分，全省排名第一。

（余定刚）

医疗机构

岳阳市一人民医院

【概况】　2016年，岳阳市一人民医院（简称市一医院）迎接国家卫生城市和全国文明城市复审工作，加强医院管理，狠抓技术创新，提升服务理念，加强作风建设，完成诊疗99.38万人次，同比增长7.4%；住院人次7.3万人，同比增长8.0%；住院手术2.58万台，同比增长7.0%；病床周转45.60次，同比增加3.3次；平均住院日8.6天，同比下降0.2天。加快中心医院建设，通过概念性方案评审会并选取方案，成立岳阳市中心医院项目拆迁指挥部，召开项目征地协调会7次，完成项目用地摸底调查和概算审核工作。

【医院管理】　2016年，市一医院开展日间手术、日间化疗，推进护理专科化建设，缩短平均住院日，提升医疗服务水平。一是日间手术顺利开展。1月1日起开展日间手术，有13个科室的18个病种纳入日间手术管理。全年完成日间手术1258例。二是日间化疗创新应用。3月8日，肿瘤三病区开始试行日间化疗模式，开放病床15张，有20名患者通过创新模式完成化疗。日间化疗有效解决化疗病人排队等位问题，同时降低治疗费用，减轻患者经济负担。三是开展临床路径管理。临床路径管理的入径病例数、完成病例数大幅增长，有7151例病人入径，同比增长15%，其中6992例病人完成临床路径管理，同比增长13%。全院入径率95%，完成率98%，大幅超过国家卫生和计划生育委员会规定的50%和70%的标准。四是专科护理成效显著。举办2016年省级临床护理重点专科建设项目研讨会暨伤口造口与糖尿病健康教育知识培训班。选送的《基于Donabedian模型的ECMO高效护理团队构建》创新项目在第二届潇湘护理高峰论坛暨护理管理创新成果展示中获得优秀奖，并作典型发言。五是加强院感管理。市一医院获评2016年度全国医院感染监测网医院感染横断面调查先进单位。急诊科的品管圈《提高医疗废物与垃圾的分拣率》在省级院感年会品管圈比赛中获得三等奖。

【信息化建设】　2016年，市一医院推进自助诊疗、微信、支付宝等平台的上线和使用，方便患者就医。一是完善自助诊疗服务。新的长城银医自助机全面上线，可完成自助诊疗卡发放、自助挂号、自助预约挂号、自助现金充值、自助查询、满意度评价等10余项功能，减轻门诊收费窗口压力，缩短病人排

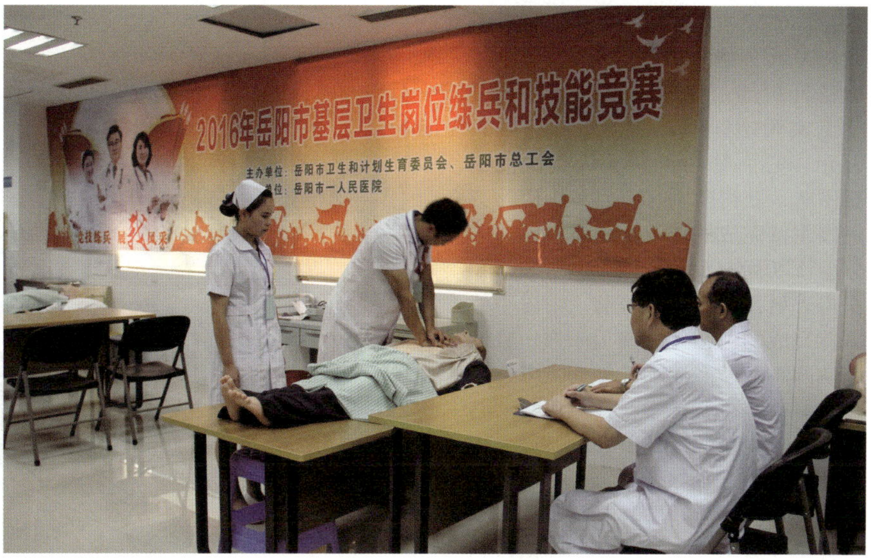

2016年9月2日，岳阳市开展基层卫生岗位练兵和技能竞赛活动

（赵雨萌　摄）

队等候时间，优化门诊服务流程。二是支付宝平台上线。用户可在支付宝服务窗中搜索“岳阳市一人民医院”进行网上预约、挂号、缴费、查询检验检查报告单等操作。预约诊疗实现分时段预约。三是提高移动医疗工作效率。开展移动医疗，实现无线查房，通过移动云接入管理平台，实现无缝对接并延伸至智能手机，实现移动办公。

【医疗重点工作】　2016年，市一医院定为技术创新年。一是辅助生殖技术有成果。医院生殖中心临床妊娠率稳定在60%以上，各项指标均达国内领先水平。11月26日，医院第一例试管婴儿诞生。二是脑卒中防治水平有提升。成功开展岳阳市首例“颈动脉内膜剥脱术”。获得国家卫计委2016年度国家卫生计生委脑卒中防治工程卒中一级预防先进单位。三是ECMO体外膜肺技术有优势。实施ECMO（体外膜肺氧合）技术手术8例，率先在省内开展ECMO远程救援。受邀为省内多家地市级医院进行远程会诊。3月、9月分别为郴州市第一人民医院、株洲市中心医院救治1例高难度重症患者。

【科教及学科建设】　2016年，市一医院发表学术论文247篇，其中，SCI论文9篇，核心期刊论文2篇。向各级科研主管部门申报课题，其中吴阶平基金科研课题1项，获得资助10万元；省卫计委立项课题4项，市科技局立项资助性课题5项，获得资助13万元；指导性课题5项。东院移植泌外科通过岳阳市女性泌尿外科重点实验室评审，获得资助经费20万元。心血管内科获准为市科技创新团队，获得奖励10万元。由唐秀英教授主持完成的课题《膀胱白班临床分型诊断标准及其应用价值研究》，获得省科技进步奖三等奖。由皮小蓉主持完成的课题《湖南岳阳癫痫流行病学调查及城乡活动性癫痫临床特点研究》，获得省医学科技三等奖。心血管内科主持的《替罗非班不同方式给药对心肌缺血再灌注及STEMI患者PCI疗效的影响》获得市科技进步奖一等奖。放射科主持的《胎盘植入的MRI产前诊断研究》获得市科技进步奖二等奖。

【公立医院改革工作】　2016年，岳阳市被确定为第四批城市公立医院综合改革国家联系试点城市。市一医院多次召开院办公会和专题工作会，研究讨论城市公立改革试点工作。成立医院综合改革领导小组，下发《岳阳市一人民医院综合改革试点实施方案》。10月1日，医院正式启动医改试点工作，全面实行药品零差率，破除“以药养医”模式，降低患者医疗费用。

（彭　令）

岳阳市二人民医院

【概况】　2016年，市二人民医院完成门诊病人51.75万人次，同比增长10.6%；急诊病人6.72万人次，同比增长85.15%；出院病人4.46万人次，同比增长5.41%；住院手术1.21万台次，同比增长5.91%。晋升为三级甲等综合性医院，获得全国百姓放心百佳示范医院、全国“三好一满意”示范医院、2016年度全国医院感染检测网院感横断面调查先进单位、第一届湖南省灾害医学突出贡献奖等荣誉。挂靠医院的岳阳市医院感染管理质量控制中心获评为2016年度湖南省医院感染管理先进质量控制中心。院长余飞跃获评2016年全国医院管理优秀院长。

【规范内部管理】　2016年，市二人民医院将创建三级甲等综合医院作为年度中心工作，对631条、3947款评审标准进行细分，确定38个科室为牵头科室，分别签订责任状。11月4日通过省三甲预评，年底通过省三甲终审。完善制度管理，修订制度269条，新增制度146条，编印各类工作制度和手册45册。优化机构管理，整合原行政科、基建办、配送中心及维修中心功能，设立大行政科。将原投诉办、法制办、信访办整合，成立投诉中心，科室设置更科学、运转更协调。加强人才管理，实施“人才兴院”战略，采取选送进修、学术交流、院内培训、业余自学等多种形式，加强人才培养，招募专业技术人员100名，其中，博士1名、硕士18名。关心职工生活，绩效分配向临床一线倾斜、向医生倾斜、向学科骨干倾斜，提高一线医务人员待遇。实行精细化管理，对所有外包服务项目重新进行审核洽谈，精简保安、保洁、维修等后勤服务人员70人，节约支出300万元。对医用耗材、试剂重新进行招标，节约支出2000万元。推行信息化管理，建立一卡通管理系统、结构化电子病历系统等53个子系统，启动数字化协同办公系统（OA系统）。

【推进硬件建设】　2016年，市二人民医院争取岳阳市全科医生培养基地建设项目，启动全科医生培养大楼建设，该楼地上12层，地下1

2016年12月30日，岳阳市二人民医院开展“长跑迎新年”活动

（姜　雁　摄）

层，建筑面积1万平方米，争取国家资金1700万元，市政府配套资金1800万元。与市城投集团达成建设新门诊楼及地下停车场的合作意向。争取岳阳首台PET-CT和3.0核磁。改造污水处理站，日污水处理能力由400吨增加到1200吨。整合全院内镜治疗科目，改造成立内镜诊疗中心。对急诊科进行改造提质，新建急诊ICU。改造检验中心、病理科、疼痛科、静脉配置中心、药剂科库房等。

【健全安全防控体系】 2016年，市二人民医院坚持每月1次院长查房、每周1次业务院长查房，督促医疗、护理、院感、质控等部门每天到临床一线检查工作，每月召开全院医疗质量与安全讲评会，杜绝安全隐患。开展三类药物专项整治、手卫生活动月、医疗内涵质量活动月等活动，停用15个品种的抗生素及辅助用药，洗手正确率由2015年的60%提高到95%。完善单病种与临床路径实施方案，实施临床路径的病种由30个增至43个，入径率由72.8%提高到81.17%。加强应急工作管理，完善总体预案和各专项院级应急预案31个，组织安全生产大检查12次，开展停氧、电梯故障困人等应急演练，提高应急处置和保障能力。

【提供优质服务】 2016年，市二人民医院筹资4万元为退伍老兵邹光奇实施左腿救治手术；投入资金22.5万元，对汨罗市玉池乡玉山村进行对口帮扶。做好临湘市第一、第二医院，君山区人民医院等9家医院的对口帮扶工作。为西藏桑日县人民医院制定连续五年“组团式”帮扶计划，派出6名医务人员进行援助。在门诊推出微信服务平台和支付宝服务平台。新增多功能信息化自助机23台，开通自助挂号、自助查询报告，自助取检验、影像报告等多种自助服务。优化门诊服务接待中心、住院服务接待中心的工作，为患者提供预约导医、药学咨询等“一站式服务”，病人办理出入院手续时间缩短30%。建立新型医疗服务价格形成机制和管理体制，取消药品加成、降低医用耗材加成、调整部分医疗服务价格，药品零利润销售方面，月均让利患者200万元。

【课题项目成果】 2016年，市二人民医院承办“万名专家服务基层行动计划·走进岳阳”活动。承办骨科实用微创技术培训班等8个省级继续教育项目。举办2016年检验专业委员会学术年会、2016年湖南省呼吸高峰论坛等有影响的学术会议。立项2016年省卫计委课题2项，申报2017年省卫计委课题1项，申报湖南省自然科学基金2项；2项科研项目申报岳阳市科技进步奖，在湖南省科技厅和湖南省卫生计生委立项的6项科研项目结题。

【医德医风建设】 2016年，市二人民医院开展“廉洁文化进医院”“道德讲堂”等活动，定期进行医德医风查房，全年医护人员收到锦旗100面、感谢信60封，退红包240次计18万元。开展医患矛盾纠纷综合整治专项行动，医疗投诉率同比下降24.6%，医疗纠纷同比下降17.9%。4月11日、11月17日，岳阳市医患矛盾纠纷综合整治座谈会和医患矛盾纠纷综合整治专项行动调研汇报会分别在该院举行。加大对医院先进个人和先进集体的挖掘，在《医院报》《湖南日报》等各级媒体发表《左腿保卫战》《瘦小护士勇救精神病患者》《医生“累趴”病床前获赞》等新闻稿件180篇，推出刘芳、刘佳、江汛、刘红等一批医护人员典型。

（章枝柳）

岳阳市中医院

【概况】 2016年，岳阳市中医院门急诊及社区义诊服务群众165万人次，较2015年增长17.06%，急诊人次增长35.19%，出院人次增长9.36%。医疗责任事故、重大医疗纠纷群体事件、院感不良事件控制为零，患者满意率96%。获得湖南省急救大赛第一名、湖南省中药技能大赛第二名、湖南中医药大学教学管理优秀单位、湖南中医药大学青年教师课堂竞赛团体一等奖，岳阳市急救大赛第一名、岳阳市产科出血防治项目竞赛团体一等奖；获批湖南省中医康复医院。10月18日，承办岳阳市中医药学会第四届、岳阳市健康促进会第二届会员代表大会，院长向明波当选为市中医药学会第四届理事会会长，党委书记司马雄翼当选为市健康促进会第二届理事会会长。

【科技创新】 2016年，市中医院申报立项科研项目13项，其中，国家中医药管理局重点项目1项，湖南省自然科学基金项目2项，省教育厅科研项目1项，湖南中医药管理局重点科研项目1项。科研项目结题15项，其中，省科技厅5项，省卫计委2项，省中医药管理局8项。推广应用新技术项目19项，“艾灸温补脾胃的生物学效应机制研究”项目获中华中医药学会科技进步三等奖，“针刺颈椎病穴治疗椎动脉型颈椎病的临床研究”项目获湖南中医药科技三等奖。出版专著6本，在省级以上刊物发表学术论文57篇。博士后科研工作站获评省级科技创新创业示范平台。炎性肠病实验室获岳阳市优秀重点实验室称号。

【学术交流】 2016年8月23日，美国亚利桑那州烧伤中心主任、马里科帕医学中心外科研究项目主任凯文N·福斯特医学博士等4位烧伤专家专程访问市中医院，就烧伤再生医疗技术临床救治危重烧伤病例情况进行学术交流。9月23日，湖南省中西结合耳鼻喉专业委员会、变态反应学会学术交流暨岳阳市中西结合耳鼻喉头颈外科专业委员会成立大会在市中医院召开，市中医院耳鼻喉科头颈外科主任周振峰教授当选岳阳市中西结合耳鼻喉头颈外科专业委员会主任委员。10月29日，市中医院举办2016“湖南—中国台湾”海峡两岸针灸推拿学术论坛，与30多位台湾地区针灸推拿专家学者开展技术交流。12月9日，由省中医药学会主办的湖南省中医药学会中医内分泌专业委员会成立暨尚品洁名老中医学术思想研讨会在市中医院召开，确定市中医院为湖南省中医内分泌专业委员会主任委员单位。

【学科建设】 2016年，岳阳张氏正骨学术流派通过国家中医药管理局终期评估验收，全省排名第一。《张氏正骨精华》《常见骨伤疾病诊疗常规》《张瑞林医案精华》《张元初传》《张瑞林传》《罗新群传》等流派系列丛书全国正式出版发行。国家级尚品洁名老中医传承工作室通过终期评审验收。耳鼻喉科、康复科、骨伤科、脑病二科、脾胃病科、肛肠科等6个科室成为省级“十三五”规划重点建设专科。脾胃病科被省科技厅评为湖南省脾胃病临床医疗技术示范基地。市中医院成为全国中药饮片炮制基地项目建设单位。

【“3·19”事故救援】 2016年3月19日晚20点40分，京港澳高速岳阳段发生爆燃事故。市中医院第一时间启动应急救援预案，医护人员冒着可能发生二次爆炸的危险，搜救重伤者5名。21点36分，医院组织脑病科、骨伤科、头颈外科、烧伤疮疡科、麻醉科、ICU、心病科、眼科等学科60多名医护人员进行抢救。经过10多个小时的抢救，取出伤者体内爆炸残留异物700多块，5名重度伤者全部康复出院，得到省卫计委专家指导组的肯定。

【研制药物支援抗洪】 2016年7月，华容县新华垸溃堤后，抗洪救灾一线军民出现“烧裆”皮肤病、中暑、腰肌劳损等病症。市中医院紧急研发并赶制出针对特殊皮肤病治疗的“烂裆膏”1000瓶，张氏正骨贴膏5000份，配制解暑茶1万袋，价值9万元，送到官兵驻地和灾民安置医疗点，治疗效果良好。

（胡　明）

岳阳市三人民医院

【概况】 2016年，岳阳市三人民医院院把“保民生、保稳定，求生存、求发展”摆在首位，狠抓医疗质量，提高服务水平，确保医疗安全，促进业务发展，各项工作顺利推进。

【医院提质改造】 2016年，岳阳市三人民医院对接洞庭新城投资有限公司和云南城建投，探讨改革方案。通过反复磋商谈判，将三医院纳入岳阳首尔健康城建设规划，基本拟定由云南城建投和岳阳洞庭新城投资建设开发有限公司注资，联合成立云岳医疗健康管理投资公司，引入优质民营资本和优秀医院管理、技术团队。自2016年起，3年内投资建设资金3亿元，对医院进行整体提质改造，将其打造成为岳阳市中心城区的一所具有专业特色和上规模、高档次的三级综合医院。保留岳阳市三人民医院的牌子不变，在编人员事业单位编制身份不变，实行“老人老办法、新人新办法”分类管理。12月5日，经云南城建投和洞庭新城协调，委托中国建筑西南设计院有限公司初步完成《岳阳市三医院改扩建项目规划》设计方案。

【提高医疗服务质量】 2016年，岳阳市三人民医院着力提高医疗质量，提供优质服务，确保医疗安全。

加强质控管理。从加强院领导、主要职能负责人对联点科室的工作指导和服务入手，规定每周四上午院领导和主要职能科室负责人必须到联点科室参加交班晨会，具体解决临床科室工作难题，搞好医疗风险排查防范。调整和充实康复科、外二科、外联办业务负责人力量，向社会公开招聘急需的B超、检验和临床医师。严格执行三级查房、三级会诊和各项医护核心制度，严格病人转诊转院，坚持每月医疗质量讲评和每周医院业务大查房制度，重点加强新入病人、危重病人、手术病人、特殊病人、高风险科室的管理以及病历书写的及时性、医嘱落实等制度的督查，全年开展科主任夜查房50次。

开展技能培训。组织开展《乙肝、丙肝的最新防治指南解读》《传统康复医学与现代康复医学》《二胎高龄高危妊娠管理》《腹腔镜手术新进展》《药品管理与用药安全》《PICC置管与导管维护》等专业学术讲座12次。组织年轻医生病历书写及处方管理考试、三基考试3次，隔离技术、心肺复苏操作等技能竞赛4次。组织全院疑难病例讨论18次，要求全体医护人员熟知临床常见病、多发病的诊疗程序、临床路径、专科指南、单病种管理等基本常识。召开“手术安全核查制度及流程的落实”研讨会，详细解读医院手术安全核查制度及流程，组织观看标准手术安全核查视频。组织“强化质量管理，持续分析改进，保障患者安全”为主题的半年医疗质量与安全讲评会，对10例医疗纠纷投诉案例进行分析，指出存在的问题，提出整改要求。

提升护理水平。新增24项专科专项护理风险管控制度流程，组织全院性护理查房会诊12次、分层次理论讲座22次、技能示教22次、理论考试9次，评选护理明星12期，开展技能考核22次，对多项侵入性操作考核做到人人过关。护理部细化病房布局与管理要求，对晨晚间护理的时间、内容、流程进行统一。开展卫生标准模板房推广，改善病房环境。通过召开庆祝国际护士节暨护理工作推进会、举办护理知识抢答赛、开展大批伤病员急救处置演练操训，强化“三基”“三严”、急救知识训练和护理核心制度、优质护理服务。

加强安全管理。对院内压力容器、易燃易爆、毒麻药品、污水处理、高层建筑等进行安全隐患大排查，维修改造住院楼电梯、无障碍设施、病房中央空调、高层建筑防锈防漏等设施。拆除1栋20世纪70年代初期砖瓦结构二层危楼，以配合血吸虫病预防科研综合楼建设。全年无大的医疗纠纷和责任差错及生产安全事件发生。

【手足口病防治工作】 2016年，岳阳市三人民医院发挥专业优势，在手足口病防治工作中实施无缝隙医疗流程。全年接诊乙类及丙类传染病16种7218例，其中手足口病6893例，占94.5%。在医院公众场所醒目位置悬挂手足口病就诊指南，整合医院各部门资源，将门诊挂号、就医导诊、看病检验、收费取药、留观治疗等医疗服务项目集中到2号楼感染科，执行“一站式”服务，以最便捷的模式缩短就医流程，让每一位患者得到优质有效的医疗救治。相关临床科主任、护士长取消节假日休息时间，参加义务坐诊，投身手足口病患儿救治工作。开放2号楼5楼住院部，增设病床26张，满足住院患儿需求。建立党员示范岗，成立志愿者团队和医护应急小分队，号召全体党员干部和行政机关工作人员下病房。培训多批志愿者，让其承担协调科室秩序和传染病知识宣教工作。有序安排输液顺序和患儿座位。加强巡视，及时发现和报告高热、抽搐、惊厥等病情变化。保障输液安全，做好协助处理突发事件的准备。4月28日，《岳阳日报》以《我家崽崽的命是市三医院医生捡回来的》为题进行报道。

（罗　斌）

妇幼保健

【概况】 2016年，岳阳市妇幼保健院编制床位200张，在职职工664人，其中，卫生技术人员571人，正高职称23人、副高职称71人，博士3人、硕士研究生27人。门诊42万人次，住院1.30万人次，剖宫产率35%，药占比25.1%。“体外受精—胚胎移植”（试管婴儿）技术临床妊娠率65%，达全国先进水平，多例试管婴儿诞生。45岁患者秦某通过试管技术助孕成功，刷新岳阳市最大助孕年龄。8月25日，多胎减胎术成功完成。2016年完成治疗周期508例。12月30日，正式挂牌岳阳市生殖与遗传专科医院。9月21—22日，医院以955.8的高分通过省卫计委进行的三级甲等妇幼保健医院复评。医院获评“巴陵先锋先行”主题实践活动群众满意单位、“巴陵先锋先行”主题实践活动先进基层党组织，获得2012至2017年欧盟第七框架国际合作研究INPAC项目杰出贡献奖和66项国家、省、市、区级集体、个人荣誉。医院党委书记袁劲进获得中国最美女医师提名奖，获评湖南最美女医师暨湖南巾帼建功标兵称号。

【妇幼健康工作】 2016年，岳阳市产妇总数6.02万人，建卡率98.77%、产检率98.14%、早孕检查率96.23%、产后访视率97.26%、系统管理率95.19%、住院分娩率99.99%、高危住院分娩率100%，各项妇幼健康指标均完成省卫计委下达的计划任务。完成重大公共卫生项目服务指标。婚前医学检查率93.05%。免费孕前优生健康检查7.80万人，目标人群覆盖率91.44%。辖区及机构孕产妇艾滋病检测率分别为106.82%、99.50%，梅毒检测率分别为106.82%、99.49%，乙肝检测率分别为106.96%、99.63%。农村妇女病普查率101.71%，农村适龄妇女“两癌”筛查项目任务数9.69万人次，农村孕产妇住院分娩补助率为93.55%，补助金额1623.45万元，高危救助394人次，救助金额80.53万元。孕前及早孕叶酸增补率96.50%。出生缺陷防治工作成效显著。产前筛查5.26万人，产前筛查率81.36%。产前诊断2920人，产前诊断率86.60%。新生儿疾病筛查6.13万人，筛查率100.84%。听力筛查6.42万人，筛查率105.59%。完成150名国家肢体智力残疾儿童的康复技术治疗项目工作，为市社会福利院20名残疾儿童进行智力筛查。

【提升医疗业务水平】 2016年，公立医院改革顺利推进。10月1日，启动以取消药品加成、同步实行调整后的医疗服务价格为标志的城市公立医院综合改革。产科省级重点专科优势优先。产房实行四个24小时制，即产科、新生儿科、麻醉医师和助产士24小时倒班制，确保5分钟手术急救圈。成功抢救危重产妇12例，其中，羊水栓塞1例、严重产后大出血76例。在岳阳市产科出血防治项目知识技能竞赛中获得团体一等奖。在湖南省PAC咨询员大赛中获得冠军。新生儿急救技术创全市第一。进一步提升服务水平，开展新生儿脐静脉置管术，开展袋鼠式护理，建立早产儿健康成长家长交流群。抢救危重病人1088人次，抢救成功率98.52%。成功救治肺出血患儿12例、气胸患儿23例，救治早产儿481例，极低出生体重儿18例，开展动静脉同步换血9例。4月11日，成功救治首例0.77千克极低出生体重儿，是岳阳市抢救成功最低体重新生儿。

【提升行业地位】 2016年7月20日，医院正式挂牌为岳阳市妇幼保健计划生育服务中心、岳阳市儿童医院。7月3日，承办岳阳市医学会计划生育和优生优育专业委员会成立大会暨湘北地区生殖医学与遗传高峰论坛，搭建岳阳市生殖医学、遗传优生、计划生育学术交流平台，副院长徐高生当选岳阳市医学会计划生育和优生优育专业委员会第一届理事委员会主任委员。7月16日，承办岳阳市产科危重病人急救技术培训班，县市区及市直医疗卫生单位从事妇产科、妇幼保健、麻醉科、血液科、助产及护理的相关

2016年10月19日，“传递爱心、健步同行”健步走活动在市会展中心启动

（李鎏鑫　摄）

专业医护人员400人参加培训，基层妇产科医生急救水平及急救能力得到提高。

（邓　丹）

血站工作

【概况】　2016年，岳阳市中心血站落实省献血献髓工作总体部署，围绕年度目标，狠抓工作落实。岳阳市获得全国无偿献血先进市、湖南省造血干细胞捐献特别贡献奖等称号。岳阳市红十字会无偿献血志愿者服务队获得全国无偿献血促进奖、湖南省学雷锋志愿服务百强社团。全国造血干细胞捐献6000例大型公益宣传活动在岳阳市举办。市中心血站获得湖南省无偿献血先进单位、湖南省采供血卫生监督工作第一名。9月19日，市中心血站输血研究室获批血型基因研究岳阳市重点实验室。6月24日，市中心血站综合实验楼建设项目竣工，年底投入使用。

【献血献髓宣传招募】　2016年，市中心血站打造公益品牌，在献血献髓宣传招募上下工夫。坚持以人为本，强化宣传创新，结合文明城市、卫生城市创建，实行无偿献血“五进”和“五个一对一”等措施，配合“一极三宜”江湖名城综合考评，带动全市献血工作开展。策划“情人节”“3·15”学雷锋等宣传活动。6月14日，举办我为祖国献热血——岳阳市庆“6·14”世界献血者日暨2016年岳阳市无偿献血“十大公益形象大使”“公益团队”“公益家庭”评选表彰活动。市政协主席陈奇达，市委常委、宣传部部长徐新启等领导与600名爱心志愿者挽袖献血。10月19日，中华骨髓库第6000例造血干细胞捐献大型公益宣传暨“传递爱心、健步同行”健步走活动在岳阳文化艺术会展中心举行，中国红十字会副会长兼秘书长王平为全国第6000例造血干细胞捐献者熊军颁发荣誉证书，湖南省人大常委会副主任王柯敏授予岳阳市“湖南省造血干细胞特别贡献奖”奖牌。中央电视台新闻频道《朝闻天下》栏目滚动播报活动盛况，社会反响强烈。岳阳市成功捐献造血干细胞147例。全年全市采血总量14.82吨，采血总量居全省第二位，确保全市医疗机构临床供血。

【强化精细化管理】　2016年，市中心血站转变服务质量理念，强化精细化管理。一是血液质量“零事故”。全年未发生一例血液质量和经血液传播疾病投诉事件。二是献血回访“零遗漏”。对无偿献血者100%进行电话回访，全年回访无偿献血者4.5万人，对3次拨打无法接通的电话，发送短信4000条。三是血费报销“零差错”。做好无偿献血、免费用血偿还工作，为300名献血者报销输血费用50万元。无用血者对免费用血报销金额有异议，全部通过市财政审核。四是安全生产“零事故”。全年实现无刑事案件、无治安案件、无火灾事故、无综合治理事故的目标。五是创建工作“零扣分”。对照标准，优先保障，做好全国文明城市、卫生城市复审暗访迎检工作，完成迎检工作任务。

（陈宏伟　李鎏鑫）

社会·民生

责任编辑 李 幸

婚姻家庭

【概况】 2016年，岳阳市婚姻登记工作进一步规范，全市设有婚姻登记机关9个，婚姻登记人员40多人。至年底，全市办理国内结婚登记43362对，离婚登记15495对，办理涉港澳结婚登记26对，离婚登记5对。其中，全市25~29岁登记结婚的人数中，男性为21009人，占比48.5%，女性为17735人，占比40.9%；30~34岁男性为6571人，占比15.2%，女性为4603人，占比10.6%；35~39岁年龄段中，男性为3204人，占比7.4%，女性为2592人，占比6%。数据显示，全市25~34岁是结婚的“主力军”。

【婚姻登记标准化建设】 2016年，岳阳市各级民政部门以深化改革为推动民政事业转型发展的重要手段，对照民政部《婚姻登记机关登记评定标准》的各项要求，加大经费投入、加速机构完善、加强人员配备、增强服务意识、提高服务能力、丰富服务手段，促进工作环境、日常管理、服务方式的转变优化，营造婚姻登记机关标准化建设的良好局面，婚姻登记机构标准化建设取得阶段性成果，全市创AAA级婚姻登记机构3个。11月14日，全省婚姻登记机构标准化推进会在岳阳市召开，市民政局婚姻登记机构标准化建设经验在全省进行推介。

【婚姻登记网上预约】 2016年，市民政局开通婚姻登记网上预约功能，市民通过登陆“湖南民政”官方网站，点击“婚姻登记网上预约”选项，在网上按照预约端口的流程，填写当事人双方信息，打印出结婚、离婚登记预约单。到预定日期，当事人可凭预约单或预约号，持所需材料到预约的婚姻登记机关办理婚姻登记手续。工作人员根据网上预约时填写完成的相关信息，在现场对材料进行核对后导入系统，方便当事人合理安排时间，提高婚姻登记办事效率，实现数据多“跑路”群众少跑腿。

（吴 伟）

人口和计划生育

【流动人口生育管理】 2016年，市卫计委出台《岳阳市流动人口卫生计生基本公共服务均等化工作实施方案》，成立岳阳市流动人口卫生计生基本公共服务均等化工作领导小组，提升流动人口卫生计生服务管理水平。开展流动人口关怀关爱活动，走访慰问流动人口困难家庭、留守老人和留守儿童4000人，发放粮油、食品、文具等物资和慰问金160万元。向流动人口发放宣传品10.8万份、避孕药具3万盒，组织流动人口免费孕检13.5万人，为流动人口办理计划生育证明2000份，采集更新信息7.31万条。强化国家流动人口PADIS工作平台应用，至年底，岳阳市流入地应反馈省内信息6074条，及时反馈6074条，省内流入地信息反馈及时率100%。流出地应反馈省内信息4.59万条，及时反馈4.59万条，省内流出地信息反馈及时率100%。PADIS协查信息接收2.51万条，处理2.51万条，协查信息处理率100%，PADIS通报信息接收195条，处理195条，通报信息处理率100%。

【计划生育工作】 2016年，岳阳市出生人口8.9万人，人口自然增长率7.97‰，符合政策生育率95.69%，出生人口性别比113.09。市卫计委被评为省优秀单位，总分全省排名第二位，取得历史最好成绩。汨罗市、华容县、湘阴县被评为国优单位，君山区、屈原管理区、岳阳楼区被评为省优秀单位，岳阳县、平江县、云溪区被评为省良好单位，临湘市被评为省合格单位。组织部门、农委系统在全省计生综合治理考核中排名第一位，民政系统、工商系统全省排名第二位，移民系统全省排名第三位，完成市委、市政府“保位保类、全面发展”目标。

【“全面两孩”政策实施】 2016年，岳阳市符合“全面两孩”政策育龄妇女生育小孩3.5万人。加强“全面两孩”生育政策宣传，邀请省卫生计生委原党组书记詹鸣在市委学习中心组第四次集中（扩大）学习，作题为《计生服务管理改革与医药卫生体制改革》专题辅导报告。利用网络、宣传栏、媒体专栏等阵地，及时宣传“全面两孩”政策。深化计生服务管理，实行生育登记服务制度，优化流程，缩短时限，简化手续。落实出生缺陷干预防治，市政府下发《岳阳市出生缺陷防治工作实施方案》，举办以“防治出生缺陷，生命健康启航”为主题的大型宣传公益义诊活动。加强孕妇产前、产时、产后整个过程的管理，全市产前筛查率

2016年6月20日，岳阳市“新市民健康城市行”活动在南湖新区启动

（赵雨萌 摄）

81.36%，免费孕前优生健康检查覆盖率、化验合格率、早孕与妊娠结局随访率100%。开辟危重孕产妇抢救绿色通道，孕产妇和儿童死亡率控制在小康指标以内，孕产妇死亡率10万分之19.74，5岁以下儿童死亡率4.16‰。

【奖励扶助】 2016年，岳阳市农村奖扶新增7323人，奖励2.74万人。市卫计委全面落实城镇独生子女父母奖励政策，发放奖励资金1297.33万元。落实市计划生育手术并发症人员扶助制度，免费生活扶助997人，落实扶助资金122.04万元。加大失独家庭特别扶助的关爱关怀力度，帮扶失独家庭2607户，落实扶助资金498.19万元。

【计划生育协会作用发挥】 2016年，岳阳市12个县级计生协会纳入群团序列管理，12个县市区计生协会常务副会长均按正科级实职岗位配备，市计生协会编制增加至7人。市计生协会承接基层部分公共卫生服务，组织市公共卫生领域专家4名，编印协会会员公共卫生知识读本2万本，到10个县市区巡回宣讲公共卫生知识。深化骨干会员联系户制度改革，加强对健康教育、妇女保健服务、儿童保健服务、糖尿病、高血压等慢性病患者管理服务。推进基层群众自治示范乡、村创建工作，评选105个市级基层群众自治示范村并授牌表彰。组织第18个计生协会开展“会员活动日”活动，举办宣传活动80场，出动宣传车100辆，发放宣传资料20万份，慰问困难计生家庭8000人，发放慰问金310万元，为群众提供义诊2万人。

（余定刚）

居民生活

【居民收入与支出稳步增长】

2016年，岳阳市城镇居民收入人均27546元，全省排名第六位，较全省平均水平低3738元，名义增长9.3%，扣除价格因素实际增长7.3%，高于全省平均增速0.8%，在省内环洞庭湖经济圈排名第二位。其中，构成城镇居民收入四大类收入情况是城镇居民人均工资性收入17710元，比2015年增加1582元，增长9.8%；城镇居民人均经营净收入3283元，同比增加350元，增长11.9%；城镇居民人均财产净收入1588元，同比增加72元，增长4.8%；城镇居民人均转移净收入4965元，同比增加340元，增长7.3%。市农村居民收入人均13119元，全省排名第六位，较全省平均水平高1189元，名义增长8.5%，扣除价格因素实际增长6.5%，与全省平均增速持平，在省内洞庭湖片区排名第三位。其中，构成农村居民收入四大类收入情况是农村居民人均工资性收入6604元，同比增加570元，增长9.4%；农村居民人均经营净收入3642元，同比增加103元，增长2.9%；农村居民人均财产净收入199元，同比增加55元，增长38.0%；农村居民人均转移净收入2673元，同比增加300元，增长12.6%。

【居民消费价格温和上涨】 2016年，岳阳市居民消费价格总指数比2015年上涨1.9%，呈现温和上涨态势，居民消费价格八大类累计比指数呈现“七涨一降”的态势。其中，食品烟酒类价格上涨4.0%，拉动总指数上涨1.2%；衣着类价格上涨0.9%，拉动总指数上涨0.07%；居住类价格上涨0.8%，拉动总指数上涨0.16%；生活用品及服务类价格上涨0.8%，拉动总指数上涨0.05%；教育文化娱乐类价格上涨0.7%，拉动总指数上涨0.09%；医疗保健类价格上涨5.7%，拉动总指数上涨0.42%；其他用品和服务类价格上涨0.6%，拉动总指数上涨0.02%。食品烟酒类和医疗保健类价格上涨是影响消费价格总水平上涨的主要因素，合计拉动总指数上涨1.62%。下跌的是交通和通讯类，价格下跌0.7%，影响总指数下跌0.09%。

【房地产市场量价齐升】 2016年，岳阳市房地产市场随着国家利好政策的推出，尤其是“首套房首付降至2成，二套房首付降至3成”“房屋登记费下调10%、房屋转让手续费下调30%”等房地产新政策的陆续推出，以及2月22日起执行的调减房地产交易环节的契税、营业税征收，另外个人将购买2年以上（含2年）的住房对外销售免征营业税等措施的出台，推动房地产市场繁荣，加速去库存化，地产市场呈现量价齐升、刚需改需齐头并进的特点。至年底，岳阳市城区新建商品住宅成交15892套，比2015年增长38.5%，成交面积177.9万平方米，同比增长35.8%。根据市房产局调查，岳阳市城区二手住宅成交7792套，同比增长23.8%，成交面积86.4万平方米，同比增长26.7%。

【固定资产投资价格指数平稳增长】 2016年，岳阳市固定资产投资价指数为102.6%。其中，人工费价格指数为102.9%，近3年来人工费逐年增长，分别为2013年上涨113%，2014年上涨106%，2015年上涨101.6%。机械使用费价格指数为99.6%，材料费价格指数为106.2%。其中，钢材价格比2015年上涨8.39.1%，木材类价格同比上涨4.9%，水泥价格同比上涨7.5%，地方建筑材料价格同比上涨4.4%，化工材料价格同比下降了0.6%，电料价格持平%，其他材料价格同比下降0.9%，其他费用价格指数为101.5%。

（陈艳飞）

民族·宗教

【少数民族服务管理工作】 2016年，岳阳市民族宗教事务局（简称市民宗局）加强少数民族服务管理工作。抓宣传发动，组织承办“建设伟大祖国，建设美丽家乡”主题演讲比赛，配合全市“3·15”消费者权益保护日活动宣传，指导市伊斯兰教协会向全市穆斯林经营场所发出文明经商倡议书，湘阴县开展民族宗教知识宣传栏进社区活动，岳阳楼区向在岳阳市的少数民族群众发放《岳阳楼区少数民族流通人口服务手册》和《致岳阳楼区少数民族朋友的一封信》等宣传资料500多份。抓重点引导，做细做实在岳阳市流动少数民族群众工作，实现对流动少数民族群众的精细化管理和服务，分批组织100多名新疆维吾尔自治区及西北地区在岳阳市少数民族流动人员座谈交流会，从政治关怀、困难帮扶、情感交流等多方面同进行沟通交流，妥善安排解决新疆维吾尔自治区籍5名小孩就近入学问题。抓发展全局，推动城市民族工作为全市发展大局服务，在流动少数民族服务与管理工作方面进行探索与实践，从单一管理走向部门联动，从被动应对走向主动作为，从单一的物资帮扶走向系统的人性化服务，从注重矛盾纠纷处置走向注重矛盾隐患排查，妥善处置平江县虹桥镇新疆维吾尔自治区籍商贩意外死亡事件，妥善安排13名在岳阳市的新疆维吾尔自治区和田籍人回老家，维护民族团结和社会大局和谐稳定。

【散居地区民族特色村寨建设】

2016年，市民宗局贯彻落实中央民族工作会议精神，推进散居地区民族特色村寨建设。临湘市举办中国龙窖山瑶文化专题讲座，以《中国龙窖山千家峒运动分析》《中国龙窖山瑶族文化探秘》《中国龙窖山瑶文化旅游开发中的问题和对策》为题，从瑶文化历史渊源和发展、当前各地瑶文化现状、龙窖山瑶文化开发方向等方面对瑶文化旅游开发进行专题讲座，推介岳阳瑶文化历史，为岳阳市唱响瑶文化特色村寨品牌奠定坚实文化基础。组织召开龙窖山瑶文化研讨会，打造“瑶族故里，梦里瑶乡”民族村寨的旅游名片。

【宗教事务管理】 2016年，市民宗局加强依法管理宗教事务水平，制定出台《岳阳市加强宗教工作规范管理暂行规定》，制定《岳阳市开展“规范年”创建活动实施方案》。华容县举办由乡镇分管负责人、公安派出所全体教导员和宗教团体主要成员等100多人参加民族宗教政策法规培训班；湘阴县对宗教场所管理实现三级责任挂牌管理，责任落实到村、社区治保主任；云溪区召开规范宗教活动场所专项整顿工作会议，把宗教工作与中心工作同安排、同部署、同检查、同考核。

【宗教团体桥梁纽带作用发挥】

2016年，市民宗局重视宗教团体在党和政府与信教群众中的桥梁纽带作用。9月1日，市委书记盛荣华组织召开岳阳市五大宗教团体负责人座谈会，听取各宗教团体近几年的工作情况和存在的困难，指出五大宗教团体要贯彻落实全国宗教工作会议精神，为岳阳市“一极三宜”江湖名城建设和宗教和睦做出贡献。引导宗教界参与公益慈善活动，现场指导华容县新华垸10处受灾宗教场所开展自救工作，接受省佛慈基金款物10万元，市佛教界组织募捐5万元。

【宗教活动场所安全管理】 2016年，市民宗局加强宗教活动场所安全管理，及时对各县市区和五大宗教团体下发做好春节期间宗教场所安全工作的文件，进行具体详细安排。对市区内的主要宗教活动场所进行安全隐患排查，对排查出来的问题，坚决要求整改到位。在岳阳楼区将200多张消防二维码发放到每个宗教活动场所教职人员手中，帮助加入岳阳楼区消防微信群，随时学习了解消防安全知识。岳阳县在国际禁毒日活动中组织宗教教职人员参加禁毒宣传日活动。防汛期间，提前向各宗教场所下发做好宗教场所防汛工作的通知，各县市区召开专题会议，制定重点宗教活动场所应急预案，带队到各重点宗教场所和有安全隐患场所开展安全检查，督促各场所严查隐患，及时做好维修防护。

（何灿红）

劳动就业

【承办“四海揽才”活动】 2016年3月22日，岳阳市“四海揽才”（武汉）人才需求信息发布会和招聘会在武汉市举行，市委副书记、市长刘和生出席并讲话，市委常委、组织部部长、统战部部长王瑰曙发布信息，副市长李为主持。并在长沙市、深圳市和湖南理工学院分别举办招聘会。招聘活动改变以往单一招聘模式，提前一周召开人才需求信息发布会，在当地平面、网络和电视媒体广泛宣传发动，吸引各类人才关注，现场招聘采取社会招聘、校园招聘、预约猎聘等形式。组团参加第十四届中国国际人才交流大会和2016年中国（湖南）人力资源服务业博览会暨中国制造2025——先进制造业企业大型人才招聘会。77家企事业单位引进329名人才，其中，博士16名，硕士57名。获得“第十四届中国国际人才交流大会最佳展示奖”，《人民日报》、新华网、湖南电视台等40多家媒体报道岳阳“四海揽才”活动成效。

2016年4月21日，岳阳市2016“四海揽才”现场招聘会在湖南理工学院举行

（何 龙 摄）

【“惩治恶意欠薪”民生实事办理】 2016年，“严惩恶意欠薪，力争基本实现农民工工资零拖欠”首次列入市人民政府为民办实事项目，市委、市政府要求涉及农民工工资案件达到3个100%（即恶意拖欠农民工工资案件100%受理、100%打击、100%反馈）。市人社局加强维权宣传，利用电视、报纸等媒体，广泛宣传法规政策。加强工作联动，与公安、住建、房产等部门联合下发《关于建立和完善全面治理拖欠农民工工资问题部门会商和联合办公制度的通知》，确定每月第一个工作日上午为集体会商时间，端午节、中秋节前3个工作日，春节前10个工作日为联合办公时间，搭建交流信息、共同处理涉农民工工资问题重大疑难案件平台。对拖欠农民工工资且拒不整改的用工企业，列入“黑名单”，对群体性重大投诉案件和拖欠农民工工资单位，实行通报和媒体曝光处罚，对恶意欠薪符合刑事处罚条件的案件，及时移送司法机关，打击和震慑犯罪。在市建筑劳务行业协会维权中心设立农民工欠薪应急周转基金，垫付农民工工资480多万元，试行“农民工工资银行卡发放”，首批发放金额600多万元。加强专项督查，重大节假日期间逐个工地巡查，预防欠薪行为发生，开展“三送三上”（即送政策法规上门、送维权告示上墙、送温暖服务上心）“三个再”（即再上一次门、再谈一次心、再交一个朋友）专项行动，检查建筑工地400多家，张贴维权告示3000多张，发放维权联系卡400多张，建立农民工维权专用QQ群。至年底，全市受理涉农民工工资案件157起、处理157起、反馈157起，实现“三个100%”目标。

【湖南江湖名城众创空间投入运营】 2016年12月1日，湖南江湖名城众创空间在岳阳市投入运营，首批入驻300多个创业主体，在推进全民创新创业进程中发挥桥梁纽带、资源整合、综合服务作用。市人社局按“政府引领、市场运作、公共服务、独立运营”的模式，将岳阳原高校毕业生创业基地升级改造为湖南江湖名城众创空间，设创业工作室、创意市集、创新工场、创客沙龙和“众创在线”虚拟空间等。入驻众创空间的创客，可享受场地、网络、资讯、水电、公共设施等费用全免，优先推荐申报享受国家各类创业扶持政策。

（何　龙）

社会保障

【“五险”统一稽核】 2016年，市人社局围绕社保扩面征缴，整合经办资源，率先在全省推出“五险”统一稽核模式，实现“六统一”（即统一登记申报、缴费基数、征缴、分账、稽核和基础信息管理）。加大稽核力度，核实用人单位各险种参保人数、缴费人数和缴费基数，杜绝用人单位部分参保、选择性参保等行为，避免漏报、瞒报缴费人数和基数现象，各项社会保险实现应保尽保、应收尽收。至年底，稽核参保单位918家343692人，新增参保单位892家，新增参保42037人，年缴费工资总额新增293721.4万元，可增收基金16305.78万元。（何　龙）

【城乡居民大病保险】 2016年9月30日，市人社局分别与中国人民财产保险股份有限公司岳阳市分公司、中国人寿保险股份有限公司岳阳分公司签订城乡居民大病保险服务合同，岳阳市城乡居民大病保险工作正式进入实施阶段。大病保险对参保人患高额医疗费大病、经基本医疗保险报销后需个人负担的合规医疗费用，给予“二次报销”，凡参加城乡居民医保同步参加大病保险，不必再办理参保手续和再缴费，即可享受待遇。岳阳市城乡大病保险资金实施市级统筹，从城乡居民基本医保基金中按一定比例划出，两家保险机构将在各医保经办大厅设立服务窗口、配备专职人员，承担全市大病保险经办服务，有效解决群众“因病致贫、因病返贫”等问题。完成城镇居民大病保险补偿工作，至年底，对2015年居民发生大病费用补偿人数252人，基金支出348.8万元。（何　龙）

【医保指标任务完成】 2016年，全市城镇职工、城乡居民医保覆盖率提升，医疗参保553.31万人，其中，职工57.45万人，城乡居民495.86万人，参保覆盖率100%。基金征缴超额完成，全市职工征缴医保基金12.3亿元，完成目标任务9亿元的137.63%，生育保险收入5508万元，完成任务4000万元的137.7%，城乡居民医保筹资25.7亿元。

（黄正茂）

【医疗审核和监管】 2016年，市医保处突出重点，从严审核，把好医疗费用支付关，组织医学专家组评审5次，特门申办6539人，退回不符合资料374人，查出虚假资料22份。严把零星报账及特门费用审核关，办理转诊转院2206人，办理异地安置586人，接受电话住院报备2366人，电话核实费用1800人。审核结算职工转诊转院、急诊住院、异地安置、统筹未定点医院住院2879人，基金支付2906.81万元，次均费用1.86万元，费用比2015年增长0.05%，自付比例52%。审核居民转外住院、统筹未定点医院、意外伤害门诊、意外死亡一次性补偿458人，基金支付245.02万元，自付比例37%。审核结算职工特殊病种门诊报账16.63万人，基金支付5717.3万元。审核结算居民特殊病种门诊报账1964人，基金支付217.1万元。特门定点单位管理加强，做到因病施治、合理用药、合理治疗。监管医疗机构576次，病人8276人，处理各类违规行为120余人，减少不合理基金支出71万元。（黄正茂）

【大病特药管理】 2016年，市医保处落实特殊药品纳入大药保险支付，加强和规范特殊药品使用管理，下发《关于加强市直大病保险特殊药品支付管理的通知》，向全市公布岳阳市特药协议药店名单及特药责任医师，向创智和宇信息系统有限公司递交岳阳市医保系统特药结算开发需求，特药申请结算模块上线。与5家药店签订岳阳市直大病保险特药药店服务协议，明确各自责任、服务管理、费用结算。至年底，收集患者特药使用申请病史资料63份，审核结算35人，其中，

职工基金支付107.08万元，居民支付5.89万元。（黄正茂）

住房保障

【住房去库存】　2016年，市房产局推进中心城区十大片区棚户区改造货币化安置工作，货币化安置率90%。举办棚改房源推介会5期，签订购房协议6010套，面积58万平方米。联合市农行开展“农民安家贷活动”，为688户进城务工农民放贷1.7亿元。中心城区消化库存114万平方米，完成年度目标任务114%，去库存周期由19个月下降为11个月，提前实现全市商品房去库存周期控制在12个月以内的工作目标。

【房产品质提升】　2016年，市房产局举办房地产交易暨棚改房源信息会，观展5万人，现场签约245份，成交金额1.47亿元。举办岳阳市第11届家装博览会，开展第11届设计大奖赛和行业技能大比武。联合市文明办、市广播电视台开展文明和谐“十佳”物业服务评选活动，对优秀的企业、个人进行表彰。在全省每季度公布的房地产绩效指标中，前三季度全市房地产从业人数比2015年增长29.4%，增幅居全省第一位，房地产从业人员薪酬增长37.5%，增幅居全省第二位。全市城乡居民人均住房面积48.9平方米，超过小康标准达标率12.8%。其中，湘阴县人均住房面积67.6平方米，岳阳县人均住房面积43平方米，均超过小康建设指标。

【民生住房保障】　2016年，岳阳市城市棚户区改造开工31107套，国有工矿棚户区改造开工1237套，国有垦区棚户区改造开工15684套，全市保障性安居工程开工率100%，人均棚户区改造和分配入住综合评价全省排名第一位。全市发放租赁补贴2.41万户，发放经济适用住房货币补贴凭证208户。加快推进政府购买棚改服务工作，全市申报银行贷款规模78.44亿元，争取中央、省级保障房资金16.1亿元。对市本级的保障房小区全部纳入专业化物业管理，建立住户档案，保障对象享受与商品房同等质量的物业管理服务。市、区两级设立住房保障专门部门、科室，负责保障性住房后续管理工作，定期对保障房入住对象进行抽查，严肃查处转借、转租、转卖的行为。开发住房保障管理信息系统，通过信息化对保障性住房房源分配、租金收缴、维修维护等实行智能化管理。加快公租房分配入住，分配公租房82535套，分配入住率89.2%，全省排名第一位。

（石　勇）

2016年11月18日，岳阳市房地产交易暨棚改房源信息会在南湖广场举行

（石　勇　摄）

市场物价

【市场物价平稳运行】　2016年，岳阳市居民消费价格（CPI）累计上涨1.9%，与全省水平持平，市场物价总水平保持基本稳定，全市经济社会发展价格环境健康平稳。市发改委围绕“米袋子”“菜篮子”等居民生活必需品价格的监测，完成报表560多份，分析价格数据6.3万条，撰写调研报告、价格分析及建议13份，为科学决策提供基础支撑。针对洪涝灾害，及时启动应急监测，连续35天对粮油、蔬菜等38个品种进行动态监测。开展农产品成本调查，对覆盖6个县区的晚籼稻、生猪、棉花、油菜籽等7个国家直报农产品，坚持第一时间到一线调查上报，审核农调数据6.2万个，及时性、准确性100%。

【深化市场物价改革】　2016年，市发改委按照《关于推进价格机制改革的实施意见》精神，深入推进价格改革，发挥价格杠杆对稳增长、调结构的撬动效应。加大简政放权力度，对授权岳阳市制定的燃气等12个种（类）、25个定价项目进行梳理，落实下放权力，市、县两级定价权限进行明确界定。完成岳阳市中心城区自来水阶梯水价改革，出台新水价标准并执行阶梯水价，使水价改革顺利进行。针对市长信箱反映阶梯水价过高的问题，经过调查研究，调整阶梯水价的比例，及时化解执行中出现的矛盾。加快医疗服务价格改革，对18家试点城市公立医院医疗服务价格进行结构性的调整，取消药品加成，降低25项大型设备检查治疗费标准，适度提高体现医务人员技术劳务价值的诊查、护理、手术等2350项收费标准，参加改革的公立医院“药占比”从39.27%下降到32.18%，达到改革预期目标。

【降价清费】　2016年，市发改委降低企业用电成本，3次降低用电价格，减轻企业负担7275万元。降低社会用能成本，停征天然气价格调节基金，为全市老百姓天然气支

市价格监督检查局到步步高超市执行价格监管 （刘延威　摄）

出节省160万元。对新增非居民用户主干网设施建设费在现有基础下浮30%，减轻企业负担126万元。降低企业制度性交易成本，降低涉企行政事业性收费项目32个，涉及执收部门11个，减少企业经营成本支出9364万元。取消依托行政职能收费的涉企经营服务性收费项目9项，对15个服务收费项目的收费标准进行大幅下调，对依赖度高的项目收费标准降50%，对依赖度低的项目收费标准降10%。实施收费项目清单化管理，发布《岳阳市行政事业单位收费目录清单》和《岳阳市涉企行政事业收费目录清单》，对市本级涉企服务性收费进行全面清理，整合出台目录清单，编制《岳阳市涉企服务性收费目录清单》，通过各种渠道及政府网站公开发布，让企业缴费公开透明。

【市场价格监管】 2016年，市发改委加强市场价格监管力度，通过日常巡查、节日检查，提醒告诫等，引导价格自律，规范价格行为。至年底，查处价格违法案件282起，受理价格咨询投诉举报3237件。其中，办理投诉举报案件1286件，实施经济制裁1376.5万元，清退多收价款770万元，没收496.5万元，罚款110万元。构建“快捷化”举报办理机制，市价格举报中心受理各类价格咨询投诉举报1935件，办结率100%，退还多收价款51235元，行政处罚2.7万元，价格举报中心举报案件办结工作在市政府综合等级考评中获得A类。

【优化经济发展环境】 2016年，市发改委围绕涉企收费和老百姓反映强烈的热点价费问题，组织对商业银行等七大行业开展价格专项检查，查处无证收费、超标准收费、超范围收费、只收费不服务等价格违法案件363件，违价总额4100万元，对违规收费，按法定程序退还给缴费者。优化价格认证服务，严格实行鉴证程序，从受理、勘测、调查、出具结论等每个环节都环环相扣，层层把关，落实到人。至年底，认证中心负责监办或直接承办涉案物价格鉴证案件5000余宗，承办检察机关贪污渎职涉案物价格认定5宗，承办各类县区公安复核案件11宗，鉴证金额上亿元。

（姜　华）

社会事务

【殡葬管理】 2016年，岳阳市深入推进殡葬管理和改革工作，贯彻落实《关于党员干部带头推动殡葬改革的实施意见》和《关于印发〈岳阳市贯彻落实湖南省2015—2020年殡葬事业发展规划实施办法〉的通知》。利用横幅、标语、广播、宣传橱窗进行殡葬宣传，悬挂横幅、标语累计2478条；利用宣传车上街宣传，播放殡葬法规政策，上街宣传308次；有关殡葬改革工作汇编成册，深入街道和居民家中发放宣传册5万多份。对不享受“五项免费项目”且进行火葬的其他城乡居民，实行普通殡葬专用车遗体接运费、三日内普通冷藏（冻）柜遗体存放费、平板式普通火化机遗体火化费、骨灰寄存1年等五项基本殡葬服务费包干政策；对在市殡仪馆集中简朴治丧和进行生态安葬的市城区居民给予补助奖励。开展“清明节”督查工作，全市实现连续5年平安清明工作目标。完善惠民殡葬政策，开展文明丧葬宣传活动，举行全省首次江葬活动。严厉查处违规墓地修建行为，分别查处岳阳经开区康王乡、云溪区云溪镇、金鹗公园山上违规修建豪华墓等3起修建大墓、豪华墓和农村集中安葬墓地的行为。

【老龄工作】 2016年，岳阳市老龄工作体系进一步完善，市民政局落实老年优待政策，根据《关于进一步加强老年人优待工作的意见》，加大对老年人的优待力度，将百岁老人长寿保健费提高至每月400元，对各县市区2015年在册的百岁老人进行一次复查，重新提交在世老人的百岁老人近照，及时填报死亡和新增百岁老人登记表，及时掌握老人动态，严格保健费的发放。组织第四个法定“老年节”慰问活动，市领导盛荣华、刘和生、李志坚、李湘岳、唐道明、陈奇达、樊进军等分别对岳阳市部分敬老机构和高龄老人进行走访慰问。汨罗市政府举办“岁月如歌，情满重阳”大型活动，临湘市举办最美夕阳红——笑脸专题摄影展，展现当代老年人风采。平江县在老年节期间举办首届老年人艺术节大型会演。云溪区安排专项慰问经费，对全区30名困难老年人和百岁老人进行慰问，同时开展为老志愿服务活动。岳阳楼区走访慰问全区敬养老机构老人，对百岁老人、特困高龄老人、老党员、老劳模及老干部等进行慰问。

【老区建设】 2016年，岳阳市老区建设水平进一步提升，完成省老区扶贫项目年度资金拨付工作，下拨老区扶贫项目资金343万元，扶持项目100个，资金与项目逐年增加。加强对项目资金的管理，督促各县市区及项目单位按条例有关规定加强对专项资金的管理，督促各县市区积极配合财政部门，做好统筹安排革命老区专项转移支付资金的工作。结合老区项目建设，举办农村实用技术培训班和送科技下乡活动，为老区建设队伍输送新鲜血液，提高科技扶贫的质量。根据老区特点，发展优质、高产、高效、生态、安全的小型种养业等老区特色经济，推动老区经济社会发展。

（吴　伟）

社会福利与慈善事业

【福利事业】　2016年，岳阳市社会福利事务工作进一步发展，市民政局落实《关于加快发展养老服务业的实施意见》，不断创新工作方法，为民政对象提供更优质便捷的公共服务。全市新增养老服务床位1876张，基本养老服务补贴、养老机构责任险、“五类”老年人意外保险覆盖率分别达到100%、92%、100%。督促各县市区按照省、市文件精神，出台加快养老业发展政策文件。全市8个县市区出台困难残疾人生活补贴和重度残疾人护理补贴（简称残疾人“两项补贴”）操作办法文件，县区文件出台比率67%，位于全省前列。至年底，全市享受重度残疾人护理补贴对象5.57万人，困难残疾人生活补贴的对象4.47万人，发放资金总额6023.7万元，实现残疾人“部署、宣传、交接、落实”四到位。集中供养孤儿基本生活费每月1000元，社会散居孤儿基本生活费每月600元。推进市县儿童福利院转型工作，全市范围内（含县市区）孤残弃婴的集中养育全部收归市儿童福利院，散居孤儿的养育由各县级儿童福利院负责。至年底，汨罗市、临湘市向市儿童福利院移交孤儿15名，收养散居儿童7名，其他各县市区按“分步实施，稳妥推进”原则进行移交。开展农村留守儿童摸底排查工作，全市农村留守儿童49914人。推进流浪未成年人救助保护工作拓展为未成年人社会保护工作，市救助管理站在中心城区2个社区启动试点工作，为下阶段全面铺开积累工作经验。

【慈善事业】　2016年，岳阳市慈善事业发展进一步壮大，市民政局利用新项目筹资，借鉴和推广长沙等地建立慈善项目库的成功做法，结合实际，建立慈善项目库，为爱心企业和个人搭建公益活动平台，吸引企业或个人冠名捐赠，定向捐赠。推行“微慈善”“微捐赠”，开设微信公众账号，帮助微信用户用微信支付的方式直接捐赠给求助者。在民政网站开设“我要捐赠”栏目，开通快速捐赠通道募集善款。“天天慈善一元捐”活动改为“慈善一日捐”活动，向民营企业、民间组织、社区挖掘筹资潜力。特困家庭大病医疗慈善救助基金会对6201名特困患者实施救助，发放救助金5145万元。

（吴　伟）

县市区概况

责任编辑　屈胜龙

平江县

中共平江县委员会
书　记　汪　涛
副书记　黄伟雄　肖湘晖
常　委　向风行　彭喜丰　胡　伟
　　　　张一翔　舒葵阳
　　　　欧阳晓耀　陈　淼
　　　　周虎光　张满兰　熊江新
　　　　方　辉
县人大常委会
主　任　黎耀辉
副主任　戴领梅　童驾辉　刘裕凡
　　　　李　泓　吴姣姣
县人民政府
县　长　黄伟雄
副县长　陈　淼　徐教凡　潘如意
　　　　姜伟南　何洪武　艾志军
　　　　魏移宗　田　浩　汪　洋
县政协委员会
主　席　洪志凡
副主席　毛帅南　刘佑泉　向晓燕
　　　　谢淼泉　周晓辉
县人民武装部
政治委员　舒葵阳
县纪律检查委员会
书　记　向风行
县人民法院
院　长　李　明
县人民检察院
检察长　黄利军

【概况】 2016年，平江县土地面积4114.42平方千米，耕地面积5.63万公顷，辖24个乡镇。地方生产总值239.09亿元，比2015年增长8.5%。全社会固定资产投资236.38亿元，增长20.3%。规模工业增加值增长8.9%。公共财政收入11.54亿元，增长11.8%。社会消费品零售总额96.44亿元，增长12.3%。城镇居民人均可支配收入20148元，增长8.8%，农村居民人均可支配收入7994元，增长10.5%。金融机构各项存款余额231亿元，增长23.66%，人均储蓄存款15807元，同比增长10.1%，各项贷款余额101.1亿元，增长45.9%。第三产业完成88.92亿元，占GDP比重37.2%，三次产业结构调整为19.2：43.6：37.2。2016年，平江县获评五个“省先进”，分别是：全省平安县、计划生育先进县、安全生产先进县、脱贫攻坚先进县、全面小康经济快进县；获评三个“全市第一”：全市“一极三宜”江湖名城建设综合绩效考核第一名，县域经济“六个一”壮大战略考核第一名，全市党风廉政建设考核第一名。

小康指标稳步提升。小康社会总实现程度为88.6%以上，比2015年同口径提高5%，其中，经济发展指标实现程度为84.1%，人民生活类指标实现程度为97.7%，社会发展和民主法治类指标实现程度为100%，生态文明类指标实现程度为99.1%。37项监测计分指标有26项实现程度达到100%，有4项指标实现程度在90%以上。

特色产业加快升级。一是园区工业升级。推进产城融合，加快天岳新区开发建设，加快钰海标准厂房建设，弘擎电子、飞天鹰、元创时代等项目顺利推进。落实“园区十条”，平江工业园签约项目16个，其中亿元项目5个。投资2.18亿元，对园区工业污水处理厂和园区道路进行升级改造，新建标准厂房35万平方米。完成技工贸总收入206亿元，同比增长20%，综合实力在全省142个园区中排名第十七位，在133个省级园区排名第五位，获评全省创新创业带动就业示范基地。平江县获评中国云母制品之都，获得中国（平江）休闲食品文化节永久举办权。二是全域旅游升级。天岳幕阜山、石牛寨、亚马逊、自在平江、福寿山等景区完成投资2.22亿元，长寿镇砂岩水库、伍市镇“十里长坡”、亚马逊二期等项目签约。建成安定镇横冲村、高坪村、长寿镇国富村、石牛寨镇普安村等乡村旅游示范村。成功进入国家全域旅游示范区首批创建名单，承办全市旅游发展大会、湖南夏季乡村旅游节、首届国际道教文化前沿论坛等重大活动。全年接待游客380万人次，门票收入2.1亿元，直接税收3000万元，旅游综合收入89亿元，旅游带动3万人实现就业增收，其中带动6000名精准扶贫对象实现脱贫。三是现代农业升级。粮食生产稳中有升，申报省级龙头企业1家，林下经济发展经验在全国推介。四是电商产业升级。与阿里巴巴集团签订“农村淘宝+智慧县域”项目战略协议，县级“村淘”服务中心和村级服务点开业当日销售额达1930万元，刷新全国农村淘宝开业日纪录。全年电商交易额4亿元。

民生实事成效明显。实施农村危房改造4400户、城市棚户区改造4402户，解决7.7万人的安全饮水问题。新增养老服务床位732张，救治救助贫困重性精神病患者105人。新增城镇就业5573人、创业主体3800户。完成52所合格学校建设，启动县一中、二中、职校提质改造工程。县第一人民医院通过二甲医院复评，县疾控中心和卫生监督所投入使用，县妇幼保健院、中医院项目完成主体工程建设，民政“三院”一期工程投入使用。全市首家县级手机电视台“平江视界”上线，举办大型群众文化活动45场次，完成2.59万户直播卫星“户户通”安装，农村广播“村村响”实现全覆盖。

城乡环境更加秀美。加大美丽乡村建设力度，安定镇白茅墩村获评全省美丽乡村建设示范村。推进城乡三年绿化升级行动，新造林5333.33公顷，义务植树312万株。创新“十无”“十有”“十禁”“十每”“六个一”工作举措，推进全域环境综合整治，全县环境卫生质量明显提升，全年空气质量达标率达90%以上。巩固国家园林县城、卫生县城和创建全国县级文明城市创建成果，启动实施城区主次干道油化、夜景亮化、大街小巷绿化等“十化工程”。县城全面提质，“一江两岸，山水新城”的旅游城市形象初步显现。

社会大局和谐稳定。加强舆情引导和处置，创新信访工作“四办”机制，开展社会治安“五打五整治”专项行动和安全生产“大排查、大管控、大整治”行动，社会大局和谐安全稳定。成功应对14轮强降雨，防汛抗灾工作得到省防指肯定。

队伍建设全面加强。圆满完成县乡换届任务，实现换出好思路、好风气、好班子的目标。坚持严谨审慎、人岗相适、统筹平衡的原则，推进干部人事调整，调整干部

390人，其中，调整主职干部93人，交流干部162人，消化超配职数189人，公开选拔乡镇长8人、“三类人员”24人，对3名不合格领导干部进行停岗检查，优化队伍班子结构，干事创业氛围更加浓厚。实施“人才强县”工程，在全县优秀技术技能人才中评选出20人享受县政府特殊津贴，面向全社会引进31名紧缺专业技术人才、储备14名重点人才，建立用事业造就人才、用环境聚集人才、用制度激励人才的工作机制。在1800多个基层党组织中落实“三会一课”制度，县乡培训无职党员2万人次。举办培训班3期，培训专职副书记、组织委员、基层党组织书记等重点对象750人次。调整“三低一大”支部书记49名。对46个软弱涣散基层党组织，由县乡选派优秀干部担任第一支部书记。成立非公经济组织和社会组织党工委，旅游党建、园区党建、网络党建覆盖全县16个景区、73家入园企业、48个驻外流动支部。推行农村党员分类量化管理，严把党员入口关，发展新党员485名，处置不合格党员574名。将村级运转经费提高到行政村14万元、乡镇社区18万元、城区社区30万元，村党支部书记报酬提高到1.5万元，离任村干部补助按任职年限分四档发放，标准高于省、市文件要求。整合资金3.9亿元，分三年完成500个乡村综合服务平台建设，启动163个村项目建设。

【重大项目建设】 2016年，平江县实施重点项目90个，5000万元以上项目完成投资79亿元，其中全市“双百工程”项目完成投资26.9亿元。平江供水（黄金洞水库）枢纽一期工程、严家滩广场、甲山河风光带一期等项目投入使用，省道317

2016年平江县乡、镇简况一览表

表17

乡　镇	国土面积（平方千米）	耕地面积（公顷）	年末总人口（人）	人均纯收入（元）	党委书记	乡（镇）长
城关镇	63.07	729.69	90806	13113	张新年	陈　鑫
三阳乡	205.07	3298.95	68430	8077	潘典宏	姚志宏
安定镇	167.83	4174.93	73470	8230	熊江新	黄益武
福寿山镇	136.59	1913.13	22477	6442	吴竞湘	余防根
三市镇	138.08	3295.23	58932	7740	李祝荣	熊昭明
加义镇	438.62	4137.37	59668	7862	毛高贤	朱关兮
长寿镇	494.45	4704.83	81053	7693	尹佑祥	余刚要
龙门镇	203.38	2278.1	41644	6890	谭晓峰	彭小林
木金乡	118.94	1886.66	27120	6665	罗今昔	王掌义
石牛寨镇	108.32	1773.35	24431	7043	曾要军	翁方平
虹桥镇	183.17	2888.05	38825	6559	李　明	周　李
南江镇	195.21	3118.76	83162	6910	李三军	张创国
上塔市镇	59.88	1251.27	25600	6835	刘长江	周红人
板江乡	70.17	532.60	15723	6777	周阳波	杜　军
梅仙镇	204.74	2978.43	70293	7530	罗江伯	黄进军
大洲乡	100.30	543.84	22089	6500	施卫军	林石柏
童市镇	158.97	1583.71	30968	7121	刘日新	王河生
三墩乡	117.54	1622.77	33002	6778	赵淼涛	唐杏桂
余坪镇	182.1	1619.30	42097	6785	张智鑫	吴敏思
岑川镇	92.06	1052.63	21601	8879	张生才	童勋海
瓮江镇	253.87	2574.86	56239	6750	赖　毅	徐鹏午
浯口镇	189.93	1795.75	40873	6830	张廉波	张　波
伍市镇	186.36	4591.12	74062	8778	田　浩	徐　莉
向家镇	41.32	1210.94	17247	8970	张　文	黄明权
园艺中心	4.64	81.12	3200	11003	余朕军	余朕军（主任）

（党委书记、乡镇长以2016年12月31日在任为准）

线龙门—石牛寨、省道210线向家黄长至车碓河公路和老龙沟、杜甫墓景区公路竣工通车，省道308线平江段完成“白改黑”。五大项目抓紧推进：华电平江电厂项目征地拆迁工作、安置区和配套项目建设按计划推进，被国家能源局列为新型煤电清洁工程的样板项目；福寿山抽水蓄能电站成立项目筹建处，完成可行性研究等28个专项报告编制，通过国家和省级层面评审；天岳幕阜山国际旅游度假区进入国家“十三五”规划三年期滚动投资项目库，获批国家专项建设债券资金计划1.41亿元，整体开发全面启动；蒙华铁路平江段完成投资15亿元，完成总工程量的32%；平益高速平江段被省政府列为2017年开工建设项目。

【推进脱贫攻坚】　2016年，平江县推进精准扶贫“一号民生工程”，争创全省脱贫攻坚先进县。成立精准扶贫推进工作指挥部，各乡镇成立扶贫工作站，形成县、乡、村三级联动工作机制。出台13个行业扶贫规划方案，整合涉农资金优先投向贫困村。完成4.12万名易地搬迁对象的核准，50个搬迁项目加快建设，总投资4.1亿元的县城洪家塅集中安置区正式开工，建成后可容纳1932户7000人。完成3952名低保兜底对象的认定，补助标准提高到220元/人。完成4.34万户贫困农户评级授信，发放扶贫小额贷款1.45亿元，超额完成省定任务。扶持贫困户发展优质水果、名贵苗木520公倾，向5000户贫困户发放鸡鸭苗20.1万羽，全县有23个贫困村、4.05万名精准扶贫对象脱贫。

【完成重点改革】　2016年，平江县完成政府机构改革，正科级机构减少10个，实现人财物全部合并。773个行政村合并为496个。开展省直管县改革试点，做好406项省下放经济社会管理权限的承接、落实工作。在岳阳市率先完成县检察院内设机构改革，改革经验得到中央政治局委员孟建柱的肯定性批示。在全市率先启动不动产统一登记，不动产登记办结量排全市首位。在全市率先启动强镇扩权试点，制定实施《长寿镇强镇扩权改革方案》，长寿镇进入湖南省特色小镇名录。在全市率先推进投资项目行政审批制度改革，精简、取消、合并前置审批条件和审批、验收事项45项，项目审批时限压缩65%以上。平江工业园在全市率先启用县政府行政审批部门“二号公章”，入园项目手续办理时限缩短80%以上。在全市率先推进产城融合试点，城市扩容提质，产业不断壮大。在全市率先实施高标准农田建设，全省高标准农田建设现场会在平江召开。深化“注册资本认缴制”“先照后证”、企业“五证合一”、个体户“两证整合”等系列改革，激发市场投资活力。

（朱冒柏）

岳阳县

中共岳阳县委员会

书　记　田文静
副书记　曾平原　王保林
常　委　万　东　余泽世　吴跃中
　　　　赵　瑾　周　鹏　洪国明
　　　　易新岳　王卫兵　苏红琳

县人大常委会

主　任　汤小娥
副主任　刘小良　张艳生　胡海平
　　　　易治国　许吉程

县人民政府

县　长　曾平原
副县长　万　东　周　里　彭碧芳
　　　　杨　谦　付学文　胡秉阳
　　　　杨前进　张　奕

县政协委员会

主　席　袁陆保
副主席　陈　明　甘柏旺　彭荣欣
　　　　余望新　刘　岳

县人民武装部

政治委员　洪国明
县纪律检查委员会
书　记　赵　瑾
县人民法院
院　长　杨水平
县人民检察院
检察长　钟　沁

【概况】　2016年，岳阳县总面积2809.83平方千米，耕地面积491.33平方千米，总人口72.94万人。县市区乡镇区划调整改革方案调整后，全县由20个乡镇合并为14个乡镇，新组建的荣家湾镇、公田镇、毛田镇、张谷英镇和乡改镇后的步仙镇全部挂牌，原558个建制村合并为161个，减少397个，减幅71.1%。

全县完成GDP286.54亿元，比2015年增长8.2%。固定资产投资263.68亿元，增长11.6%。社会消费品零售总额95.11亿元，增长12.1%。公共财政预算收入8.98亿元，增长10.3%。城镇居民人均可支配收入24287元，增长9.4%；农村居民人均可支配收入13822元，增长8.4%。

产业结构不断优化。三次产业结构比优化为17.6：48.4：34。工业发展稳中有进，落实“园区十条”，加快推进“135”工程，完成18.7万平方米标准厂房建设。全县规模工业企业达到145家。农业地位得到稳固，开展农业品牌创建，新增规模以上农产品加工企业10家，创建国家级农业品牌11个、省级品牌29个。8000公顷水稻基地被评为全国绿色食品原料标准化生产基地。连续8年被评为全国粮食生产先进县或全省粮食生产标兵县。第三产业持续升温。张谷英景区被评为国家AAAA级景区，大云山国家森林公园、相思山景区被评为国家AAA级景区，旅游接待总人数、综合收入分别比2015年增长150%和160%。举办“孝行岳阳、友爱天下”岳阳张谷英百千米孝友行、“新墙葡萄节”和“孝廉传家”主题活动。引进“农村淘宝+智慧县域”，农村电商蓬勃发展。推进创新创业，新登记市场主体1510户，其中企业293户。引进2家银行和5家保险机构，农村信用社改制工作稳步推进。

项目建设成效明显。招商项目来势看好。引进或续扩建招商项目51个，到位资金43亿元。争资融资成效明显。争取国家重点投入项目52个，落实资金8.97亿元；融资项目4个，落实资金2.9亿元，争取政府债券换存量债务和转移支付项目到位资金14亿元。做好蒙华铁路、岳望高速、京港澳高速新开连接线建设协调工作，完成大凤线一期、省道208线杨林至张谷英段、省道312线新墙至公田段改造升级，硬化升级农村公路1028千米，完成危桥改造和渡改桥116座。实施中小河流治理、麻塘垸堤防加固等水利项目15个，解决农村41.6万人饮水不安全问题。完成农村电网升级改造和小水电整治，获评全省新农村电气化县。项目建设进展顺利。新开连接线、岳望高速G240线岳阳县段拓改工程、城市防洪闭合圈建设进展顺利，阳光置业、丰利特种纤维素、盛路人防二期等项目竣工投产，欢乐地水上乐园、贝特新能源、农光互补发电等项目稳步推进。

城乡面貌持续改观。创建全国文明县城和省级园林城市，通过国家卫生县城复审省级验收。完成荣湾湖广场、城南河广场、县职专“梦园”小游园建设，创建省级园林式单位19家，县城建成区绿地率达到27.34%。推动农村水、电、路、通讯等基础设施升级改造。推进全县村民集中规范建房和村庄整治，美丽乡村建设成效明显。新墙镇清水村、筻口镇西冲村、张谷英镇张谷英村获评全国文明村，岳阳县被评为全省城乡环境十佳县、全省社会主义新农村建设先进县，全市农村环境整治先进县。

民生福祉不断提升。推进精准扶贫。建立县级领导联贫困村的工作机制，推行“一户一卡、一户一干部、一户一策”，全年有1.4万贫困人口脱贫。发展社会事业。完成农村中小学校危房改造25.9万平方米，投入1.58亿元全面化解义务教育阶段学校和公办幼儿园的债务，推进高中学校阳光招生，实施偏远山村教师岗位津贴制度。投入3295万元全面改造薄弱学校，推进高中阶段学校化债。推进公立医院综合改革，建立统一的城乡居民基本医疗保障制度，连续11年被评为全省人口计生工作先进县。完成广播电视“村村通”工程，创建中国楹联文化县。创新社会治理。新建公租房、廉租房3037套，完成城市棚户区改造2957户13.4万平方米。

改革开放更加深入。完成政府机构改革、乡镇行政区划调整改革，推进“五证合一、一照一码”登记制度改革，在全省率先开展农村土地承包经营权抵押贷款试点，全面启动不动产统一登记发证工作。办理人大议案建议386件、政协提案390件。推行建设工程项目联合审批，36项收费纳入“一票制”收费目录。

【建设“四大板块”】 2016年，岳阳县打造“四大板块”，助推“旅游兴县”战略。张谷英民俗文化旅游板块：项目建设方面，完成引景区停车场、路面硬化、游客接待中心、票房、景区新门头建设；景区提质方面，强化景区环境综合整治，制订景区总体绿化方案，对当大门、王家塅、何家塅等重点地段实施绿化；安全整治方面，开展消防隐患整治并增添消防设施，确保食品安全、消防安全和游客人身安全。东洞庭湖芦苇生态旅游板块：加强组织领导，成立东洞庭湖月山芦苇生态旅游开发项目工作领导小组，将东洞庭湖湿地生态补偿、芦苇湿地保护与恢复工程项目以及宝塔湖湿地保护区生态过滤场建设项目纳入2016年度争取国家重点投入项目计划。大云山宗教体验旅游板块：投入资金500万元，对祖师殿、真君殿进行翻新、加固、绿化；向国家文物总局争取到“三战三捷”摩崖石刻文物本体保护和周边环境改造项目资金700万元。公田温泉养生旅游板块：成立温泉开发项目协调领导小组，通过会议、广播、电视等形式对温泉开发项目进行的宣传，配合华圣温泉开发有限公司进行前期的钻探测试工作，完成钻探测井3个和取水井1个。

2016年岳阳县乡、镇简况一览表

表18

名称	国土面积（平方千米）	耕地面积（公顷）	年末总人口（人）	农村居民人均可支配收入（元）	党委书记	乡（镇）长
荣家湾镇	217.42	6283.63	164867	14860	李德军	孙荣华
黄沙街镇	130.86	4652.03	55320	15869	吴旺兴	费时铭
新墙镇	75.97	2444.40	32526	15210	杨　盛	周立雄
柏祥镇	100.00	3048.55	33724	14525	周代建	吴　进
筻口镇	139.38	5304.34	60750	14451	梁亿仲	刘　炜
公田镇	250.2	3496.89	45825	13208	任伟平	高兴球
毛田镇	192.91	3627.81	57196	11360	李　林	刘三军
月田镇	175.40	2900.93	47571	10814	续广宁	付海苗
张谷英镇	177.36	1568.75	46793	12990	张文毅	毛绍波
新开镇	132.80	3732.04	40126	14352	孙　肱	毛红波
中洲乡	72.90	3443.51	31064	13203	刘四兵	王　勇
长湖乡	120.60	3320.88	40921	14253	童　铮	王四平
步仙镇	103.66	2314.29	35223	12620	毛　欧	汤少文
杨林乡	85.28	2977.70	33733	13301	程立斌	陈登高

【铁山库区“两保”工作】 2016年，岳阳县推进铁山库区“两保”工作。一是改善库区民生。加大库区流域污染防治，严禁新上各类涉污项目，禁止库区内一切非法采矿活动。加大库区控建力度，禁止库外人员假借库内群众名义建房。出台库区大病救助、建房联合审批、生态补偿机制、特困户救济救助等办法，将农村低保、农村危房改造等项目和资金重点向库区倾斜。二是加快易地扶贫搬迁。在毛田镇、月田镇、公田镇的道仁村、南庙村等39个行政村易地搬迁建档立卡贫困户249户，贫困人口819人。设置分散安置点28处，分散安置131户420人，建设项目计划总投资6680.31万元。三是推进污水处理厂建设。月田集镇污水处理厂工程于1月8日竣工并试运行，运行效果及出水水质均基本达到国家《城镇污水处理厂污染物排放标准》一级A类标准。毛田集镇污水处理厂入厂新增道路硬化工程完工，污水处理设备全部进场开工运行。

【“互联网+”促进现代农业发展】

2016年，岳阳县以“互联网+品牌创建”为抓手，挖掘自然资源优势，实现由大到强的转变。

生产过程网络直播。投入资金74.9万元，组建岳阳县品牌农产品质量溯源系统，在全省率先建立品牌农产品生产过程24小时实时监控网络，对9大品牌15个生产基地（栏舍、加工车间、农资仓库等）重要位置安装3个以上高清摄像头，全程监控施用农药、投饲投肥等生产过程。通过网络全程直播，让监管部门、企业主、销售商、消费者均能实时查看，营造“看得见、放得心、呷得香”的安全食品生产环境。

乡下创业网上销售。6月18日，阿里巴巴岳阳县营运中心正式运营，全县同步开通43家“淘宝村口店”，集农资采购、农产品销售于一体，“O2O模式”（线上线下结合）初步形成。将所有快递公司整合到县电商物流园集中营业，通过新组建的“岳阳县乡村物流公司”接力快递，解决农村物流“最后一公里”的问题。至年底，全县建立村级农村淘宝服务站55个，100余位村淘合伙人和淘帮手参与电商创业，实现网络销售交易额2600万元。全县新成立电商企业13家（罗内土鸡、五谷杂粮等），实现网销2000万元。

打造“互联网+”品牌。以品牌创建为抓手建设现代农业，根据“有生产基地（规模）、有经营主体（龙头企业、专业合作社或家庭农场）、有县域特色、有市场前景”四个原则，确定无公害蔬菜、鸽业、优质葡萄、红薯粉、土鸡、黄颡鱼、油茶、黄茶、富硒产品等“九大”农业品牌创建重点，按照“生产有标准、上市有标志、质量可追溯”的现代农业生产要求，采取“一个品牌、一套班子、一个方案、一抓到底”的工作机制，收到较好效果。全县创建国家级农业品牌20个、省级品牌55个，6个产品获得“有机产品认证”。

（费淑荷）

华容县

中共华容县委员会
书　记　刘铁健
副书记　陶伟军　钱丹青
常　委　黎朝晖　李学松　杨　景
　　　　石　剑　谢志辉　蔡吉伟
　　　　黎华平　胡　军
县人大常委会
主　任　付岳君
副主任　潘维新　张兴中　李东见
　　　　张昭林　陈绍汉
县人民政府
县　长　陶伟军
副县长　黎朝晖　张大宏　金　辉
　　　　赵群子　黄建明　范文科
　　　　蔡　智　周新建
县政协委员会
主　席　徐康荣
副主席　文丽萍　蔡宜生　罗绍洪
　　　　刘云华　廖权赋
县人民武装部
部　长　刘少红
政治委员　石　剑
县纪律检查委员会
书　记　李学松
县人民法院
院　长　郑　军
县人民检察院
检察长　彭　俊

【概况】 2016年，华容县辖12个镇2个乡，全县土地面积1601.1平方千米，耕地面积7.21万公顷。年末全县常住人口72.96万人，其中城镇人口34.04万人。年内出生人口9293人，人口出生率12.2‰，人口自然增长率6.41‰。年平均气温18.2℃，年极端最高气温为38.7℃（7月26日），年极端最低气温为）-4.3℃（1月25日），年总降水量为1298.8毫米。

地区生产总值305.17亿元，比2015年增长7.9%。其中：第一产业增加值63.66亿元，增长3.0%；第二产业增加值139.32亿元，增长7.2%；第三产业增加值102.18亿元，增长10.3%。全县地方财政收入8.26亿元，增长10.1%。

全年农林牧渔业总产值103.93亿元，较2015年增长3.12%，其中农业产值51.19亿元，增长0.9%，畜牧业产值23.05亿元，增长3.72%，渔业产值27.14亿元，增长6.6%，林业产值1，07亿元，增长5.7%。主要农产品产量：粮食55.2万吨，比2015年下降1.88%；油料7.39万吨，比2015年下降0.14%；棉花3.27万吨，比2015年增长7.7%；蔬菜64.91万吨，增长3.43%；出栏生猪81万头，家禽出笼535.54万羽，水产品产量11.87万吨。全年造林1333公顷，比2015年下降28.6%；活立木蓄积189.4万立方米，较2015年增长4.7%；苗木产量3220万株，比2015年增长7.3%；全县森林覆盖率为22.13%。

全县工业总产值比2015年增长10.8%，增加值增长8.0%，其中规模以上工业增加值增长8.3%。年末有规模以上工业企业126家，其中本年新增11家，实现主营业务收入492.33亿元，增长6.35%；实现利润总额13.36亿元，增长32.5%。其中，国有企业实现利润0.3亿元，增长47.6%；集体企业实现利润0.47亿元，下降33.8%；股份制企业实现利润9.85亿元，增长47.23%；外商及港澳台商投资企业实现利润0.42亿元，增长13.5%；其他内资企业实现利润2.32亿元，增长14.85%。在全部规模以上工业企业中，非公有制工业企业完成产值480.5亿元，增长16.0%。按产品性质分类，轻工业产值367.8亿元，增长18.9%；重工业产值141.3亿元，下降6.0%。

全年完成全社会固定资产投资297.84亿元，增长16.1%。其中，民间投资85.86亿元，下降1.5%，占全部投资比重的29.4%。按经济类型划分，国有投资202.95亿元，增长16.96%；非国有投资89.29亿元，下降0.3%。从投资方向看，民生工程投资20.14亿元，增长123.4%；基础设施投资135.76亿元，增长17.8%；工业投资86.5亿元，下降14.0%；产业投资51.5亿元，下降25.7%；生态环境投资27.7亿元，下降11.4%。按产业划分，第一产业投资14.96亿元，增长72.5%，占全部投资比重的5.12%，比重比2015年提高1.82个百分点；第二产业投资89.28亿元，下降11.2%，占全部投资比重的30.55%，比重比2015年下降7.66个百分点；第三产业投资187.99亿元，增长22.1%，占全部投资比重的64.32%，比重比2015年提高5.8个百分点。

房地产开发完成投资5.6亿元，比2015年下降5.6%。其中，住宅投资额4.56亿元，增长2.29%；商品房销售面积42.54万平方米，增长75.97%。其中，住宅销售面积33.31万平方米，增长66.5%。商品房销售额16.45亿元，增长114.4%。其中，住宅销售额9.8亿元，增长76.69%。至年底，商品房待售面积20.46万平方米，下降17.74%，比2015年底减少3.5万平方米。商品房销售均价为3867元/平方米，增长568元/平方米。

全年实现社会消费品零售总额95.87亿元，比2015年增长12.2%。按经营地分，城镇零售实现83.79亿元，增速8.5%，乡村零售实现12.08%，增速9.2%。按消费类型分，批发业13.54亿元，增长12.5%，零售业74.85亿元，增长12.9%，住宿业3.59亿元，增速8.7%，餐饮业3.89亿元，增速10.5%。社会消费品零售总额构成比例为：批发零售业份额92.2%，住宿餐饮业份额7.8%；城镇零售额份额87.4%，乡村零售额份额12.6%。

全年进出口总额1414万美元，同比下降14%。其中出口额1182万美元，增长22.0%，进口额232万美元，下降65.7%。

全年实现交通运输、仓储和邮政业增加值14.3亿元，增长3%；年末有汽车客运站5个，公共汽车营运车辆80辆，民用营业性客车391辆，发送旅客量514万人。公路通车里程2685千米，其中高速公路61千米。公交线路7条，出租汽车200辆。行政村客运班线通达率100%。

全年邮电业务总量4.4亿元，其中邮政业务总收入0.8亿元，下降40%；电信业务总收入3.6亿元，增长23%。年末固定电话用户6.5万户，下降15.6%；移动电话用户44.5万户，新增1.3万户，增长3%；互联网宽带用户5.4万户，新增0.3万户，增长5.9%。

广播电视机构15个，其中乡镇广播电视服务站14个。有线电视用户9.7万户，广播人口覆盖率100%，电视人口综合覆盖率100%。

全年城镇新增就业6904人，其中失业人员再就业3725人。新增农村劳动力转移就业6113人，援助零就业家庭成员55人，城镇登记失业率3.1%。

全县有省级非物质文化遗产保护目录2个，艺术表演场所1个，艺术表演团体1个，群众艺术文化馆1个，公共图书馆1个，藏书总量14.6万册；影剧院1个，电影放映场次4500场；博物馆1个，文物藏品973件，参观人数12万人次。全年新闻出版业销售收入5185万元，利润额460万元。

2016年华容县乡、镇简况一览表

表19

名　称	国土面积（平方千米）	耕地面积（公顷）	年末总人口（人）	人均纯收入（元）	党委书记	乡（镇）长
三封寺镇	75.8	2600	32928	11450	黎志良	谢绍峰
治河渡镇	43.92	2910	27614	12680	张水锋	张述军
北景港镇	75.5	3753	41908	15893	朱智华	万　伟
新河乡	70.5	4183	41218	9360	钟勇军	李建新
鲇鱼须镇	107.2	6010	54648	11600	易　斌	张哲军
万庾镇	98.5	4420	45180	10250	付春林	黎　翳
东山镇	278	7849	86157	8622	谢光辉	付祖云
操军镇	104	4813	50505	9780	傅耀华	刘爱东
梅田湖镇	91.4	4692	40101	9842	夏　季	严定维
禹山镇	136.2	5540	47649	12174	姚书茂	胡先兵
插旗镇	52.3	3069	29036	12580	王　鹏	方小雷
注滋口镇	125.4	7900	75468	11385	虢汉平	陈　飞
团洲乡	50.15	3987	29828	9676	丁　乙	卢进文
章华镇	122.7	5496	144600	10798	包金跃	蔡远鸣

【推进“六大工程”】 2016年，华容县坚持以项目统揽全局，围绕“六大工程”重点项目，争取行文批复国投项目280个，资金23.9亿元；集中签约项目21个，合同引资153.5亿元。举办重大项目集中开工活动2次，涉及总投资21.3亿元。县妇幼保健计划生育服务中心建成投入使用。省道306线和省道203线部分路段、桃花山红康线、一桥东路升级改造、华钱公路大修、集成安合垸围堤加固、华容河治理一期、“旱改水”项目、华容东220千伏变电站和35千伏长艳湖变电站改扩建等项目竣工。东洪公路二期、华容大道西延伸二期、杏花村路东延伸、钱粮湖垸和大通湖东垸安全区、蒙华铁路等项目进展顺利。杨家桥5万平方米电子商务大楼、县教科苑建设推进有力。“两湖一河”升级改造步伐加快，状元湖西路等区域配套路网竣工通车，状元湖湿地公园景观工程、田家湖大道一期加紧建设。雪花啤酒配套押改售、明盛织布等产业项目顺利投产，全县纺纱规模达到70万纱锭，占全省纱锭总量的1/4。多个渔光互补光伏发电项目相继签约落户并启动建设，光伏发电能力占全省总量的1/3。

强化要素保障。提供资金保障，搭建和做实县城建投、农建投两个平台。推进政府投融资由以土地经营为基础的银行贷款，向以资本运营为基础的债权融资和股权融资转变。推广PPP投融资模式，取得成效。开展招商引行，引进华融湘江银行、星龙村镇银行等两家金融机构。支持农村信用社改制成农村商业银行。出台专门奖励措施，鼓励各金融机构扩大本地贷款，全县贷款余额和增速均居全市首位。提供用地保障，建立土地流转交易市场，以农村“空心房”宅基地腾退复垦为重点推进用地“增减挂钩”，加强用地申报和土地收储，储备经营性土地180公顷。

优化发展环境。坚持开展企业帮扶行动和向重点企业派驻服务“保姆”，全面实施重大建设项目联合审批、联合验收机制，严格规范对重大建设项目的收费和处罚，建立重大项目属地参与的矛盾推进协调处理机制，全面落实“三张清单”制度。

加强项目调度。对重大项目实行包干领导一月一调度、书记（县长）一季一调度，半年一讲评、好坏“两上台”。5月23日、8月11日组织两批集中开工，总投资21.3亿元。年初确定的62个重点项目中，达到和超过时序进度的57个，占92%。其中，神华国华岳阳电厂完成公司注册、可研批复和征地报批，华容煤炭铁水联运储备基地进行省级核准，塔市驿码头完成水工部分建设任务。投资4.65亿元的长江引水工程完成工程验收，争取国家新增投资1.3亿元。安合垸围堤加固、华容河治理一期、“三大垸安全区”建设等项目完工。推进县教科苑、田家湖学校、县中医院改扩建等民生项目。投资4.5亿元的县人民医院和投资5500万元的县妇育保健院住院大楼交付使用。多方筹资，搞好新华垸的灾后重建，实施水毁设施修复和堤防加固工程。

【何长工纪念馆竣工】 何长工纪念馆于2012年由中宣部等14部委批复，2014年在原华容博物馆基础上改（扩）建而成。工程于2015年9月动工，2016年4月竣工。馆址位于华容县烈士陵园内，占地面积1万平方米，总建筑面积3182平方米，陈列室面积2660平方米，拥有馆藏文物、文献、资料1000余件，其中何长工生前工作与生活遗物200余件。陈列室总体布局上分为序厅和六个分展厅，在陈列上，通过创作画、场景还原、幻影成像、模型制作、橱窗展示、人体感应音乐自动播放等一系列表现手法将何长工的光辉一生予以展现，达到昭示后人、激励来者的作用。7月1日，纪念馆实行试运行，至年底，接待旅游参观团体40余个，接待参观群众及中小学生6万余人次，成为湘鄂边重要的红色旅游经典景区和爱国主义教育基地。

【发展农业产业扶贫】 2016年，华容县有建档立卡贫困村30个，贫困户1.6万户，贫困人口3.72万人；帮扶建档立卡人员6000人，省定脱贫任务6526人，全年脱贫4534户，1.13万人。县委、县政府落实省、市精神，开展扶贫帮困攻坚战。产业帮扶方面，通过提供帮扶措施、优先小额信贷等办法，形成绿色水稻、稻虾连作、无公害蔬菜三大产业板块。采取“合作社+贫困户”的稻虾连作产业扶贫模式，有稻田的亩平可增收2000元，无田户人平可分红1000元。全县稻虾连作面积6666.67公顷，受益贫困户达到3000多户。引进岳阳泰和公司，与鲇鱼须、万庚、东山等乡镇的5家粮食生产专业合作社签订绿色粮食生产购销合同，入社贫困户达到1000多户。按照统一种子、统一技术、统一管理、统一销售模式，种植绿色水稻466.67公顷，全年农户亩平增收500元。引导和发动“田丰蔬菜”“聚力蔬菜”等龙头企业参与扶贫，以分贷统还的方式，解决小额信贷资金4000多万元。企业给予固定分红，在用工上优先聘用贫困对象。

【打造“华容芥菜”品牌】 华容县是全国最大的芥菜生产集中区，常年保有种植面积8000公顷。以芥菜种植业的发展，催生芥菜加工产业的发展。通过“资源整合”和“标准化”发展，将全县小规模加工厂、农户加工作坊，整合成大型现代化公司，形成龙头企业。推进蔬菜加工业品牌建设，对企业的生产技术、加工流程、工艺水平实行标准化。拓展产品市场延伸，华容芥菜系列加工产品占全国同类产品市场份额60%以上，部分精深加工产品销往海外。以华容芥菜为主要原料的方便面酸菜风味包年产量达到30亿包，“统一”“康师傅”两家国际方便面领军企业80%的酸菜风味包均由华容县生产。全县有芥菜加工企业37家，其中省级龙头企业2家，全年加工工业产值超过8亿元。“华容芥菜”获得国家地理标志保护认证和国家地理标志证明商标。2016年，华容县芥菜产量突破60万吨，芥菜亩平收入3300多元，比其他常规农作物高出800元~1200元。

（白　勇　赵　芳）

湘阴县

中共湘阴县委员会
书　记　汪　灿
副书记　李镇江　彭方建
常　委　邹国良　周太平　李爱佳
　　　　李青松　姜开顺　邓　淼
　　　　林恒求　方卫兵　宋　华
　　　　肖　华
县人大常委会
主　任　熊检华
副主任　吴志辉　张亚玲　蔡　炜
　　　　刘海棠　李军良
县人民政府
县　长　李镇江
副县长　林恒求　肖　华　许　波
　　　　蒋世杰　范　征　余建新
　　　　刘映球　方腊初　汤　静
县政协委员会
主　席　周义军
副主席　吴星亮　甘文伟　陶　娜
　　　　熊国庭　甘　政
县人民武装部
部　长　姜开顺
政治委员　张　琳
县纪律检查委员会
书　记　邓　淼
县人民法院
院　长　李卫东
县人民检察院
检察长　何忠伟

【概况】　2016年，湘阴县辖14个乡镇和2个街道办事处，土地总面积1581.5平方千米，耕地面积63.21千公顷。年末总人口78万人，人口出生率13.2‰、自然增长率7.63‰。年内最高气温38.8℃，最低气温-4℃；年降水量1877.7毫米。

全年地区生产总值338.89亿元，比2015年增长7.9%，其中第一产业增加值52.76亿元，第二产业增加值185.48亿元，第三产业增加值100.65亿元，同比分别增长3.1%、7.5%、11.5%；一、二、三产业结构比为15.6：54.7：29.7；全县财政总收入13.57亿元，增长10.1%。

农林牧渔业总产值76.48亿元，增长3.24%；全年粮食种植面积10.32万公顷，油料种植面积1.07万公顷，棉花种植面积0.03万公顷；粮食总产量59.92万吨；出栏生猪94.94万头，出笼家禽361万羽，水产品总量14.822万吨。流转土地3333.33公顷，粮食生产保持稳定，新获无公害蔬菜、绿色食品认证16个，渔业健康养殖示范县通过初检，全省农机现场会在湘阴县召开。

工业总产值815.5亿元，同比增长8.3%。全年引进项目24个，湖南交通工程学院等15个项目投资过亿元，国网电力等15个产业项目正式动工，奇思环保等12个项目竣工投产，“135”工程建设任务超额完成。实施工业技改项目96个，完成投资73.2亿元，新增规模工业企业11家、高新技术企业4家，实现规模工业总产值794亿元，同比增长10.1%，获批省级高新技术产业开发区；8家企业在中国（长沙）住宅产业化与绿色建筑产业博览会亮相。

社会消费品零售总额96.52亿元，同比增长12.1%。洋沙湖国际旅游度假区品牌全球发布，举办全省山地户外健身大会和首届樟树港辣椒节，获批全国第二批全域旅游示范创建县。与阿里巴巴集团开展战略合作，建成村淘站33个，淘实惠

2016年湘阴县乡、镇简况一览表

表20

名　称	国土面积（平方千米）	耕地面积（公顷）	年末总人口（人）	人均纯收入（元）	党（工）委书记	乡（镇）长、主　任
文星镇	30.85	270	121415	24837	张　淼	张　放
漕溪港街道办事处	85.61	2990	41823	15293	朱岳军	任术海
洋沙湖街道办事处	89.55	2160	50973	15102	黄新凯	陈洪幸
鹤龙湖镇	140.49	4650	73730	14321	冯为（12月免）	杨　敏
新泉镇	103.18	6840	86322	15232	吕乐（7月免）	焦洪桥
岭北镇	114.76	4080	83051	15239	周学斌	戴卓伟
湘滨镇	183.24	4530	62879	13294	柳艳秋	左一峰
金龙镇	44.48	1020	18054	16226	李　峰	杨　林
玉华镇	45.91	1220	21945	13502	易宇峰	杨建伟
静河镇	60.92	1460	31475	14350	王献平	胡建龙
樟树镇	55.19	1370	26940	14557	王　树	易志杰
三塘镇	67.49	1530	25890	15336	秦献鹏	王　雄
东塘镇	43.09	2120	31691	15379	王　锐	熊　伟
六塘乡	36.12	1050	16588	15340	宋华（8月免）	郑　剑
杨林寨乡	30.23	1740	26897	9042	戴　翔	何建平
南湖洲镇	150.09	4500	63015	14457	熊　巍	徐昌文

等电商企业加快发展。房地产新开工面积26.3万平方米、完成销售面积30.4万平方米。

完成社会固定资产投资304.43亿元，增长18.8%。武警直升机场公路、新乔线建设加速推进，岳望高速G240拓改湘阴段路基贯通，16条城区干道和背街小巷提质改造完工，改造危桥15座、渡口8个。工业园区污水处理厂投入试运营，金龙新区文襄路、安嘉路加快建设，漕溪港码头二期工程全面铺开。争取专项资金1.3亿元、整合资金3450万元，开展水利秋冬修；规范村民建房1203户，鹤龙湖、新泉等示范点建设提速，推进南湖、岭北等集镇提质改造和金龙镇美丽乡村示范片建设；开展洞庭湖水环境综合治理五大行动，沿湘江500米范围内畜禽养殖场全部关停，节能减排任务完成；加强砂石和码头管理，河道采砂生产有序；拆除违章建筑2.3万平方米，完成“五边”绿化植树100万株，打造秀美村庄示范村30个，东湖—洋沙湖获批国家湿地公园，玉华等3个乡镇获评省级卫生镇。

改善社会民生，狠抓实事办理，省市下达的民生实事任务和县里确定的10件民生实事全面完成。攻坚精准扶贫，落实专项资金5867万元，易地搬迁149户，脱贫1.54万人。完成27所合格学校建设，高考二本以上上线人数达1318人，全市中小学生运动会和全省第四届武术大赛在湘阴县举行。投资5.8亿元的新县人民医院投入使用，计生工作实现创国优目标。广播“村村响”工程建成，掌上长沙湘阴频道开通，郭嵩焘广场和体育馆、图书馆即将竣工，档案馆投入使用，9个棚户区改造项目和12个公租房项目加速推进。安全生产持续稳定向好，信访维稳工作进一步提升。迎战1998年以来最大洪水，取得防汛抗灾胜利。

【湘阴县入选第二批国家全域旅游示范区】 2016年，湘阴县坚持将旅游业作为县域经济战略性支柱产业来培育，强化举措，加大投入力度，推进全景化建设、全县域覆盖、全产业融合，推动旅游业发展。引进顺天洋沙湖、青龙湖等一批休闲旅游度假项目，新建或改造东湖生态公园、左宗棠文化园等10多个景区景点。洞庭洋沙湖国际旅游度假区项目，由湖南顺天集团投资200亿元建设，是湖南旅游“251”工程的重点项目和中部最大旅游综合体，完成投资50亿元。36洞高尔夫国际标准赛场、悦榕湾、渔窑小镇一期主体工程完工，9月在长沙举行全球品牌发布盛典暨战略合作签约仪式，项目建成后将填补中部地区国际顶级滨湖生态旅游项目的空白。举办或承办左宗棠文化旅游节、鹤龙湖螃蟹美食节、首届湘阴乡村旅游节暨樟树港辣椒节、2016年全省山地户外休闲健身大会，组团参加2016湖南第七届旅博会，湘阴旅游的知名度、美誉度得到提升。11月，湘阴县入选第二批国家全域旅游示范区。

【湘阴县工业园区获评省级高新技术产业开发区】 2016年，湘阴县坚持“工业强县、园区兴工、项目立园”理念，抓实基础强园、产业兴园、机制活园重点，以园区提档升级推动产业集聚集群。园区规划面积12平方千米，将洋沙湖产业园、临港产业园纳入高新区统一规划、统一管理，形成“一区两园”发展格局，主要发展绿色建筑建材、绿色装备制造、绿色食品、新材料等主导产业。至年底，园区引进远大可建、富士电梯等一批新型重大项目，入驻规模科技型企业40家、高新技术企业11家，拥有创新服务机构6家、省级企业技术中心1家，完成高新技术产品产值226亿元，占园区工业产值的55.3%。8月，湘阴县工业园区获评省级高新技术产业开发区。

【湘阴县年度综治民调排名岳阳六县市第一】 2016年，湘阴县以建设“左公故里、美好湘阴”为愿景，保稳定、优环境、促发展，推进平安湘阴建设。保持严打高压态势，组织开展“五打五整治”“冬季攻势”等专项行动。突出治安防范，完成平安城市一二期建设，建立“五为主”巡逻防控体系，强化特殊行业、区域、物品、人群清查排查专项整治，提升人民群众社会安全感和治安满意度。落实“三调联动”，开展“大走访、大排查、大调处”活动，突出各类风险和矛盾先期预测、预判、防范、化解，矛盾纠纷化解成功率达98%，化解维稳及信访积案16个，防止群体性事件7件。综治民调全省排名第25位，居全市六县市第一，获评全省社会治安综合治理先进县。

【湘阴县人民医院新院投入使用】 2016年10月18日，湘阴县人民医院新院正式投入使用。项目总投资5.6亿元，占地11.53公顷，其中总建筑面积8.3万平方米。医院按三甲标准设计，拥有后勤综合楼、办公楼、医技楼、门诊楼、住院楼、传染病楼等建筑，设置床位1000余张，临床科室20个，院区实行智能化设计，配备64排进口CT、1.5T进口核磁共振、美国产血管机和胃肠机等高档医疗设备。新院基础设施完善，科室设置齐全，住院条件优越，就医环境舒适，医疗设施设备高标准配置，是岳阳市建设标准最高、配置最好、环境最优的县级甲等龙头医院。

（胡　卫）

临湘市

中共临湘市委员会

书　记　李美云
副书记　魏淑萍　余岳雄
常　委　凌晓明　吴光文　李其报
　　　　易兴建　胥春华　李孟阳
　　　　樊　伟　孙少游　周少华

市人大常委会

主　任　魏新咏
副主任　王友华　陈长英　曹小光
　　　　李垂利

市人民政府

市　长　魏淑萍
副市长　凌晓明　周少华　彭海云
　　　　刘如乐　邓可杰　熊　丽
　　　　张国辉　吕　乐

市政协委员会

主　席　廖祯祥
副主席　李征雷　马　榕　盛美华
　　　　陈步龙　刘伯凤

市人民武装部

政治委员　樊　伟

市纪律检查委员会
书 记 易兴建
市人民法院
院 长 张 猛
市人民检察院
检察长 吴春生

【概况】 2016年，临湘市辖13个镇（街道办事处），土地面积1760平方千米，耕地面积3.81万公顷。年末总人口54.3万人，其中城镇人口14.3万人。人口出生率13.7‰，自然增长率7.39‰。最高气温38.9℃，最低气温-6.9℃，年降水量1786.2毫米。

实现地区生产总值233.17亿元，同比增长8.5%。其中，第一产业增加值31.28亿元，第二产业增加值126.96亿元，第三产业增加值74.93亿元，同比分别增长3%、8.3%、10.6%。一、二、三产业结构比为13.4：54.5：32.1，其中第三产业占比比2015年提高0.7%。完成财政总收入7.7亿元，同比增长12.5%，税收占财政总收入比重为86%。

实现农林牧渔业总产值46.25亿元。其中，农业产值20.23亿元，林业产值2.08亿元，牧业产值16.22亿元，渔业产值7.27亿元，农林牧渔服务业产值0.45亿元，同分别增长2.9%、0.4%、13.1%、11.2%、9.8%。粮食种植面积5.84万公顷、产量31.85万吨，薯类播种面积1420公顷、产量0.64万吨，蔬菜种植面积1.01万公顷、产量28.95万吨，油料播种面积1.38万公顷、产量2.29万吨。茶园面积3140公顷、产量0.55万吨，楠竹面积3.9万公顷，出栏生猪69.74万头，出产水产品4.16万吨。发展电商企业100余家，个人网店达1000余家，全市浮标、茶叶、竹制品、特色农产品等电子商务年交易额达到5亿元，年增速达30%。创建国家示范标准茶园2个、国家级休闲渔业基地1家、水产健康养殖示范场1家，新增省、市级龙头企业4家、五星级休闲农庄1家。“龙窖酱菜”“龙窖腐乳”获评国家地理证明产品，“临湘黑茶”“临湘浮标”被认定为中国地理标志证明商标、“十三村”“洞庭青砖”等获评国家驰名商标。现代林业楠竹综合产业园物流商贸区主体工程封顶，浮标特色小镇建设全面启动，被列入湖南省第一批产镇融合示范镇，国际垂钓竞赛训练基地开工建设。

截至年底，临湘市规模工业企业达125家，完成规模工业总产值414.98亿元、增加值75.4亿元，同比分别增长13.5%、8.6%。引导企业申报节能、技改、科技、信息化等项目169个。“十五小”企业关闭及淘汰落后产能工作基本完成，单位GDP能耗年均下降4.6%。永巨茶业、国发精细、金叶众望等7家企业被评为省级高新技术企业，高新技术产业增加值占GDP比重达16.83%。编制滨江产业区20.16平方千米远景规划和8.76平方千米近期规划，完成总体规划、控制性详规和产业发展规划。投资1亿元建设浮标科技创新创业园，3家企业签订入园合同。占地4.92公顷、总投资1.5亿的宇恒化工二期生产扩建项目落实。与柳化集团湖南基地绿色搬迁与产业转型升级项目签约。与俄罗斯八月公司签订1万吨/年高效环境友好新型植保产品项目。园区初步形成化工、有色、建材、浮标多元支撑的产业发展格局。实现固定资产投资56亿，完成园区规模工业增加值48.5亿，同比增长9%，占全市总量的64.3%，实缴税金入库全年可达1.56亿元，同比增长14.71%。

实现社会消费品零售总额67.94亿元，同比增长12.2%。完成外贸进出口1800万美元、外派劳务人员566人次。实现商品房销售成交量

2016年临湘市镇、街道办事处简况一览表

表21

名 称	国土面积（平方千米）	耕地面积（公顷）	年末总人口（万人）	人均纯收入（元）	党委书记	镇长（主任）
长安街道办事处	104	5739.7	11.34	24083	何华光	吴 斌
五里牌街道办事处	128.63	2158.4	4.17	24045	李 瑜	汪 浪
忠防镇	117	2250.3	3.32	12040	李伟峰	潘德明
聂市镇	259	6006.3	5.5	13529	刘 宝	郑新宇
江南镇	197.3	6933.33	4.24	14824	陈彦斌	王文雄
羊楼司镇	283	2833.3	5	14933	夏逢响	李志华
桃林镇	160.7	3327	5.9	12907	戴季田	彭庆楚
长塘镇	58.32	1940.4	2.9	13112	李开龙	张 华
白羊田镇	83.4	1374.4	2.34	12040	沈国齐	陆 晖
詹桥镇	151	1891	4.12	12019	李四海	袁 胤
黄盖镇	35.6	2400	1.09	13369	黄 晓	郑 娟
坦渡镇	152.9	4865.3	3.6	13290	方腊初	何卫华
桃矿街道办事处	6.92		0.77	24064	刘庆明	沈凡力

2569套，成交面积29.88万平方米，销售金额9.29亿元，同比分别增长64.9%、64.07%、61.56%。临湘市被国家旅游局列为“茶叶之路”湖南三个节点城市之一，为全省旅游产业发展“十佳”县（市），旅游行业联合会获得湖南省基层工会组织创先争优活动先进单位。五尖山国家森林公园获批国家生态文明教育基地，6501景区、十三村酱文化产业园被评定为国家AAA级景区，梅池村获评全国生态文化村。累计包装、申报项目388个，争取各类上级政策性资金70亿元。储备“一带一区”、“十三五”规划等重大项目413个，总投资2570亿元。引进金融机构4个，新增贷款29亿元，集中清收信用社不良贷款1.1亿元。金融机构各项存款、贷款余额分别达到156.3亿元和70.4亿元。

完成固定资产投资182.64亿元，同比增长16.1%。其中，总投资3.84亿元的新一中整体搬迁项目完成投资1.8亿元，总投资1.35亿元的幸福岭水厂主体工程完工。黄盖湖防洪治理项目上报国家发改委审批，桃矿独立工矿区获得国家发改委独立工矿区搬迁转移的政策、资金支持。总投资5.03亿元的金叶肥年产100万吨经济作物专用肥项目及配套工程、总投资2.5亿元的湘北楠竹科技产业园完成主体工程建设。交通领域，重点推进湘北大道、临湘大道、南太路、五尖山南门公路等城市主要道路建设。加快长忠公路、长桃公路、临港公路一期等通乡干线公路建设。水利建设领域，完成龙源灌区节水改造及小水电代燃料建设、洋溪湖撇洪渠总干南干河段等7处河流治理，以及桃林等4个乡镇小农水重点县建设。山洪灾害防御非工程措施完善项目，水土保持重点县项目，骨干山塘改扩建项目、五小水利工程项目等完工。城市建设方面，启动实施城市主干道“白改黑”、背街小巷硬化、供排水管涵、城市绿化等基础设施建设。

城镇居民人均可支配收入24064元，同比增长10.1%；农村居民人均纯收入13364元，同比增长9.1%。民生保障不断提高，累计投入资金35亿元，办理实事265项，累计实施社会救助131万人次，新增城镇就业2.4万人，五大保险参保人数达52.7万人次，新建村级幸福院52所，社会福利中心4栋主体工程封顶，国有林场危旧房改造工程660套住房投入使用。市精神病专科医院揭牌开业，新农合“首诊免费”经验在全国推介，妇幼健康服务获得国家卫计委表彰。教育布局重大调整，市五完小、新儒溪中学投入使用，新设立市三中、市四中、市八中，城区大班额问题得到缓解。教学质量明显提升，录取清华大学、北京大学学生2人。临湘市被评为全国青少年“五好”公民主题教育先进集体，市五小被评为全省教育信息化创新与应用示范学校。扶贫攻坚取得阶段性成果，精准脱贫4775户、1.35万人，改造农村危房3882户。改制改革不断深化，完成4个国有林场改制工作，改制国有和集体企业138家，公车改革全面启动，供销社综合改革列入省级试点。防灾抗灾能力不断增强，开展山洪地质灾害实战应急演练。社会事业不断进步，龙窖山堆石墓群列为全国重点文物保护单位，临湘市进入全国文化工作先进县（市）行列，村村响工程完成，工作经验在全省推介。体育事业创佳绩，获得国际国内体育赛事金牌58枚。信访改革有成效，社会治安好转，刑事发案率同比下降11%，人民调解工作被评为全国先进。

【临湘市被列入第二批创建国家全域旅游示范区】 2016年，临湘市委提出“打造全景临湘，构建全域旅游”的发展理念，发挥“山奇、水秀、洞幽”的资源优势，打造“山水画廊、人间胜景”的生态休闲游品牌，挖掘“风景里的生产力”，把“全景临湘，全域旅游”作为临湘新增长极的重大引擎。全市有旅游景区（点）18家，其中，五尖山、6501、十三村成功创建国家AAA景区，忠防镇、羊楼司镇被列入省特色旅游名镇，聂市镇被评为省历史文化名镇。有宾馆酒店116家，其中，国家四星级酒店1家、三星级酒店2家，特色餐饮娱乐场所75家，旅行社7家，省级工农业示范区（点）1个。临湘市被列入第二批创建国家全域旅游示范区。

【临湘桃矿获得国家政策支持】

2016年，桃矿独立工矿区总面积203平方千米，总人口12.8万。原桃林铅锌矿作为国家“一五”计划156个重点项目之一，曾被誉为“亚太地区最大”的矿区。因原有矿区资源濒临枯竭、后备矿区矿石品位低下和企业转型失败，于2002年实施政策性关闭破产。临湘市抓住国家实施独立工矿区改造搬迁工程政策契机，统筹推进企业再生、产业重构、功能再造、环境重塑、民生改善，加快建设绿色矿区、宜业新区、宜居城镇。规划建设改造搬迁工程关联项目42个，总投资57.5亿元。临湘桃矿获得国家独立工矿区搬迁转型的政策支持。

【临湘市获评中国浮标之乡】 临湘市是国内乃至国际上知名的浮标生产基地，浮标产品在国内市场的占有率达75%，产品远销东南亚等20多个国家和地区，业内素称“威海的竿、临湘的标”。临湘市有浮标生产企业569家、电商主体200多家，从业人员2万人，年生产量1亿支，年产值突破15亿元，注册各类品牌342个，包括中国地理标志证明商标1个、马德里国际商标1个、湖南省著名商标7个，基本形成集原材料供应、机械制造、浮标加工、包装印刷、油漆制造、生产服务、电商营销、商贸物流于一体的大型完整产业链。临湘市获评中国浮标之乡。

（黎建平）

汨罗市

中共汨罗市委员会

书　记　喻　文

副书记　朱平波

常　委　李冯波　林治学　陈培宏　向进良　谢兰兰　王敏求　柳雁翔　杨　峰　舒文治

市人大委员会

主　任　闵秀明

党组副书记　倪运清

副主任　杨　勇　何中良　许向云　易　红　毛炼红

市人民政府

市　长　朱平波

副市长　林治学　朱　苇　陈岭华
　　　　刘四清　仇正勇　吴高明
　　　　宋　辉

市政协委员会

主　席　彭千红

副主席　徐德元　周育林　何秀伟
　　　　彭国光　李才红

市人民武装部

部　　长　向进良

政治委员　刘志勇

市纪律检查委员会

书　记　柳雁翔

市人民法院

院　长　孔　剑

市人民检察院

检察长　赵承卓

【概况】　2016年，汨罗市辖15个镇、1个办事处，土地面积1562平方千米，其中耕地面积4.15万公顷。年末全市总人口67.54万人，符合政策生育率96.34‰、自然增长率6‰。年内最高气温38.4℃，最低气温-7.1℃，年降水量1560.7毫米。

完成地区生产总值347.35亿元，比2015年增长7.6%。其中第一产业实现增加值41.67亿元，增长3.1%，第二产业实现增加值199.42亿元，增长7%，第三产业实现增加值106.25亿元，增长10.5%，三次产业结构比由11.5∶60.3∶28.2调整为12.3∶58.5∶29.2。完成地方财政收入15.4亿元，收入结构和质量得到优化。

实现农林牧渔业总产值62.5亿元，比2015年增长3.2%，其中农业产值27.9亿元，增长2.4%；林业产值1.3亿元，与2015年持平；牧业产值25.3亿元，增长2.1%；渔业产值6.9亿元，增长8.8%；农林牧渔服务业产值1亿元，增长10%。建成高标准农田1333.33公顷，培育种植大户2047户、养殖大户315户，出栏生猪108.4万头，实现粮食播种7.73万公顷、总产量49.5万吨，获评全省粮食生产标兵县（市）。发展农业专业合作社567家、农机合作社72家，盈田农业在新三板成功挂牌上市。

规模以上工业企业发展到214家，实现规模工业总产值808.1亿元，增长10.4%，规模工业增加值155亿元，增长8.2%。全市铁路旅客发运量107.9万人，其中高铁发运量61万人，汨罗站发送旅客46.9万人。工业用电3.92亿千瓦时，增长2.3%。货运总量2.91亿吨，增长7.3%。万元GDP能耗降低率4.45%，高新技术产品增加值占规模工业增加值比重增长28.9%。循环经济产业园通过全省特色县域经济重点县项目绩效考评，推进再生材料园、双华铝业、振纲铝材二期等项目建设，固废进口后续监管区建成卡口、围栏、查验平台、监管仓库等主体工程。长沙经开区汨罗产业园入围全省重点项目，园区路网基本拉通，安置区建成10栋房屋主体工程，引进湖南优冠集团，与巴陵石化公司签订协议共建高分子材料园。“135”工程建成标准厂房12万平方米，入驻企业13家。屈子文化园拉通园内主道路基，完成楚堤景观绿化，启动屈子书院布展。新市古镇建成亲水码头，完成仿古街改造、地下管网铺设和博物馆建设。

社会消费品零售总额86.28亿元，增长11.6%。外贸进出口总额980万美元，增长8.9%。内联引资51亿元，增长20.4%，实际利用外资2885万美元，增长21.8%。对外投资500万美元，增长19%。外派劳务510人，增长21.4%。对外劳务合作营业额2717万美元，增长16.1%。完成2家外贸新备案企业进出口实绩“破零”和1家外贸实绩“倍增”，累计发展外贸经营资质企业74家。新增电商、网商260家，完成电子商务交易额36.8亿元，同比增长62%，新增从业人员2000人。快递业务量达1250万件，营业额达3000万元，增长均在80%以上。金融机构存款

2016年汨罗市乡镇简况一览表

表22

名　称	国土面积（平方千米）	耕地面积（公顷）	年末总人口（人）	农村居民人均可支配收入（元）	党委书记	镇　长
归义镇	26.62	897.20	87288	18993	毛炼红	闵庆丰
汨罗镇	24.49	1884.80	27339	13686	黎中元	郝　光
新市镇	34.45	1340.93	28019	17770	刘艳平	周　田
罗江镇	155.96	5109.76	61552	15064	倪　勇	张　勇
古培镇	58.45	2276.12	34716	15450	李亚江	郑　丰
弼时镇	156.00	3466.66	57000	17108	吴艳平	张保林
神鼎山镇	118.74	3353.20	48841	17193	许艳辉	李鲜艳
白水镇	65.42	2083.63	36946	14680	欧明目	胡亚运
川山坪镇	143.00	3594.60	58100	13910	楚　军	李尚兵
长乐镇	70.73	1973.92	32332	15990	陈学礼	凌红权
大荆镇	81.10	2634.12	26838	15200	周爱煌	郭永恒
三江镇	129.12	2014.15	31875	14022	陶文轩	仇文娟
桃林寺镇	150.57	4837.37	70254	14575	周　振	刘成熟
白塘镇	73.34	2478.05	28620	13092	李　旺	徐　波
屈子祠镇	93.72	3204.74	45715	15010	黄　平	廖升红

余额181.3亿元，贷款余额69.8亿元，实现保费收入4.5亿元。房地产开发建筑面积9.8万平方米，销售商品房1547套，销售面积19.1万平方米。

社会固定资产投资260.78亿元。城区到屈子祠旅游公路建成通车，G240拓改启动。提质山塘路、公园路，全面拉通高泉路，新汽车站启动建设，罗城西路、新市立交西南侧匝道完工。城市内涝治理工程完成山塘路及山水路排水管网、友谊河机埠箱涵、铁西排污渠改造。提质农村公路61.6千米，改造危桥29座。改造机埠185处，整修山塘2090口、河坝204处，除险加固小Ⅱ型水库106座。“引兰入市”二期实现向城区供水。岳阳南500千伏变电站全面竣工，220千伏送出工程正式运营，改造行政村农网30个。与中南粤水电投资有限公司正式签约，投资50亿元，建设达摩岭120万千瓦抽水蓄能电站，启动鹤巢湖光伏发电工程。建成4G基站770个，行政村宽带通达率89%。完善垃圾消纳场渗漏液处理系统，完成垃圾消纳场封场工程，长乐镇生活污水处理厂、汨罗江水质监测站、空气监测站投入运行。

城乡居民人均可支配收入分别达27014元、15277元，分别增长9.8%、8.2%。推进脱贫攻坚，减少贫困人口6829人。新增城镇就业5596人，城镇登记失业率控制在4%以内。开展为教育办实事年活动，公开招聘教师110名，委托培养教师30名，建成农村公办幼儿园4所、合格学校13所，建设乡村教师周转房40套，改造学校危房6.7万平方米。第二批国家公共文化服务体系示范区创建工作通过国家验收。改造归义社区卫生服务中心，改扩建乡镇卫生院4个，城镇居民医保与新农合并轨。下拨城乡低保救助资金8255万元，五保供养资金1590万元。建设公租房464套，改造城市棚户区1426户、农村危房1000户。防汛抗灾期间，处置水库险情15起、垸区涵闸险情2起，转移安置2800人。

【综治民调满意度提升】 2016年，汨罗市深化“平安汨罗”创建，持续开展“五打五整治”“零点清查”等专项行动，重拳打击各类违法犯罪行为，破获各类刑事案件320起，查处行政案件1635起。提高行政效能，提升办事效率，办理“12345”热线、市长热线、市长邮箱事项8000余件。办理人大代表建议122件、政协委员提案69件，满意率达97.9%。改善干部作风，开展“走亲访友”活动，结对帮扶困难群众，人民群众幸福感和满意度明显提高，综治民调排名升至全省前40名。

【“引兰入市”工程竣工】 “引兰入市”工程是汨罗市重点水利工程，总投资4.4亿元。于2013年1月正式动工兴建，2014年6月30日一期竣工，2016年9月13日二期工程竣工。该工程将兰家洞水库、向家洞水库优质水源引至新市镇，继而引至城区，惠及沿线及城区周边15个乡镇，成为城乡饮水安全工程总水源，为44万汨罗城乡居民提供安全优质的饮用水。

（许劲松）

岳阳楼区

中共岳阳楼区委员会
书　记　陈阁辉
副书记　黄建文　廖星辉
常　委　朱彦翼　李　峰　周岳雄
　　　　徐　平　黄良武　王智勇
　　　　黎建欣　白铭科
区人大常委会
主　任　漆　胜
副主任　周幺龙　施　敏　李建国
　　　　张雪梅　陈金星
区人民政府
区　长　黄建文
副区长　徐　平　余　昕　高鸽子
　　　　唐露尧　蒋　琳　方正春
　　　　严石龙　邓建华
区政协委员会
主　席　彭端生
副主席　吴怡红　邓群政　许国豪
　　　　刘　娟
区人民武装部
政治委员　黄良武
区纪律检查委员会
书　记　周岳雄
区人民法院
院　长　夏常凯
区人民检察院
检察长　许建华

【概况】 2016年，岳阳楼区致力打基础利长远、促发展惠民生，在发展城市经济、保障城市安全、管理城市秩序、优化城市服务上下工夫，全面完成各项工作任务，保持经济社会持续健康发展。全区实现地区生产总值566.05亿元、比2015年增长9.3%，固定资产投资205.72亿元、同比增长18.3%，社会消费品零售总额395.76亿元、同比增长12%，财政收入22.77亿元、同比增长7.5%，经济发展质量和效益稳居全市前列。

推动经济发展。开展招商引资，先后参加“湖南省—中央企业‘十三五’战略合作对接会”“沪洽周”“亚欧博览会”等招商活动，新建续建产业项目38个，到位资金16亿元，万象瑞城国际金融港、天伦金街等一批产业项目开工。实施重大项目86个，开展土地依法征收攻坚行动，在市级重大项目建设中，临湖公路岳阳楼区段提前完成征拆任务，征拆房屋187栋、腾地35.73公顷，节约资金近3亿元，无一人上访阻工。完成海吉星项目A地块1片区74户征拆，实现按时交地。出让土地4宗，成交额2.3亿元。推动九大棚户（旧城）区改造，通过快速办理手续、提前禁拆治违、公产单位带头、全程司法介入等系列举措，推进征地拆迁，完成签约8189户、征收房屋115万平方米，其中，市七中南侧、琵琶王东南角、洛王等片区完成签约。高标准编制产业发展规划，确定设计单位，完成前期调查摸底。提前规划片区产业布局，筹划将大型城市综合体、现代商业街区等优质产业落实到片区建设中，3517文旅新城、友谊阿波罗城市综合体、南湖大道金融中心启动建设。支持新兴业态发展，落实小微电商企业市场开拓资金200多万元。落实“营改增”、结构性减税等政策，减少涉企服务性收费项目，为企业减负1.5亿元。落实商事制度改革，推进工商登记便利化，全面实施“五证合一、一照一码”登记，全年新登记注册市场主体6000多户。加强政府性债务管控，收回政府投资1.3亿元。向上争项争资，争取上级支持8.8亿元。

人居环境提质。进一步完善“大城管”机制，实行分级、分类负责和全时段、全方位监管，集中整治站前路、菜园坡路、新桥巷等路段的马路市场，有效改善南环路、奇家岭、雷锋山等农集贸市场环境，在全市环卫月度评比中均排名第一。围绕“新增违法建设为零，存量违法建设两年清零”的工作目标，强力开展禁拆治违升级行动，严格监管重点区域、重点时段、重点对象，拆除违法建设482处、面积7.3万平方米。加强南湖水环境综合治理，周边企业、居民区污水全部进入截污管网，羊角山垃圾场封场项目完成拆迁，环湖1000米内畜禽养殖场所全部取缔。加强农村环境综合整治，争取省级奖补资金1000万元。

惠民实事办理。坚持民生为重，民生支出占财政总支出的比重达到80%，21项省市实事全部完成。全面推进社区治理和服务创新“三合一”工程，111项公共服务事项下沉社区，涵盖与居民群众密切相关的80%以上的服务事项，办理民生业务18万件。划分社区网格652个，实行“一格一员”，及时发现、处理民生问题2.6万件。通过政府购买服务、实行项目补贴、部门对口帮扶等措施，发展社会组织460家。推进大众创业、万众创新，重点做好高校毕业生、进城农民工、城镇困难人员等群体的就业工作，新增城镇就业、下岗再就业9000人，城镇登记失业率控制在4%以内，“零就业”家庭保持动态清零。抓好民生兜底，推行“阳光救助”，实行应保尽保、动态管理，发放低保、医疗救助资金6500万元，临时救助资金2000万元，城乡低保人均月补差均超过省定标准。整合资金1.03亿元，统筹实施麻布山区域精准扶贫、新农村建设、健身乡村旅游建设，进山主道、上山步道基本建成，配套建设产业基地3处，种植油菜200公顷。围绕“一公里就近入学”，加快推进梅溪中学、花板桥学校扩建工程，启动白杨坡小学建设。围绕“一公里就近诊疗”，推进区妇幼保健计划生育服务中心、王家河社区卫生服务中心建设，东茅岭社区卫生服务中心即将竣工，枫桥湖社区卫生服务中心跻身全国百强。围绕“一公里就近健身休闲”，完成4个街道文化站、20个社区文化活动室、28处户外健身工程建设任务。投入5000万元，新建改建王家河、东茅岭、金鹗山等街道和岳阳楼、德胜等社区的便民服务用房31处。

维护公共安全。坚持运用法治思维和法治方式，以“解决问题”为导向，出台《关于进一步加强岳阳楼区信访工作的实施办法》，全方位防范和化解矛盾纠纷，疏导群众情绪，信访总量下降50%，实现重要节会活动期间无越级集访、无恶性案件、无群体性事件发生。推进“平安楼区”“法治楼区”建设，开展常态化巡逻，提高街面见警率，建成区级社区矫正中心，强力整治“两抢一盗”、涉黄涉毒、涉黑涉恶等重点问题，社会治安环境进一步好转。严格执行《安全生产法》和食品药品监管法律法规，全年未发生较大以上安全生产事故和食品药品安全事故。强化金融风险监控，依法打击非法融资活动，处置民间非法借贷案件16起，追回资金7519万元。

2016年岳阳楼区乡、街道办事处简况一览表

表23

名称	国土面积（平方千米）	耕地面积（公顷）	年末总人口（人）	人均纯收入（元）	党（工）委书记	乡长（主任）
郭镇乡	34.62	540	13181	16542	李大汉	向　彪
枫桥湖街道办事处	3.565	3	28137	30386	刘达鸿	任鸿初
奇家岭街道办事处	13.245	170	37324	30386	彭宪会	蔡华坤
洛王街道办事处	31.2	431	83366	30386	许春龙	李立邦
洞庭街道办事处	6.84		5755	30386	徐　佳	刘卫华
城陵矶街道办事处	6.09	10	30628	30386	任建国	兰寒松
望岳路街道办事处	2.35		37802	30386	徐演铭	肖　永
五里牌街道办事处	3.17		58965	30386	李亚东	周七亿
东茅岭街道办事处	1.71		42643	30386	李水平	林　海
吕仙亭街道办事处	3.168		34358	30386	柴石球	刘　勇
三眼桥街道办事处	2.22		31586	30386	周上青	李　敏
岳阳楼街道办事处	3.03		33792	30386	陈建明	万雁飞
金鹗山街道办事处	2.988		48417	30386	曹　陶	周智勇
站前路街道办事处	1.188		24042	30386	沈为庆	胡　定
王家河街道办事处	2.358	1	30258	30386	胡吉安	杨霞霞

【棚户区改造】 2016年，岳阳楼区加快棚户区改造步伐。一是凝聚发展共识。针对中心城区土地资源稀缺的实际，区委区政府将棚户（旧城）区改造作为推动产业升级、提升城市品质、改善居民生活的重要载体，全年腾地400公顷。二是开展部门联动。区棚改办、征收安置局、国土分局、规划分局、房产分局、财政局、经建投、审计局、司法局、法制办等部门主动担当和优质服务，确保项目快速推进。区法院组建四个巡回小组，提供司法保障；区委组织部、区监察局对未按期签约的公产单位和公职人员进行跟踪督办，推动“三公”率先签约；区委政法委、公安分局严厉打击“三强”等违法行为，为项目建设保驾护航。三是规范征拆程序。建立征收安置工作联席会议制度，实行“一事一议”，解决征收补偿过程中的个案问题。各项目部对征收拆迁政策、程序、标准和补偿金额，全面进行公开公示；对参与一线征拆工作的人员实行打桩定位，责任到栋到户。将“以拆促签、司法助拆、三公带头”作为推动项目征拆的“组合拳”，确保项目快速有序推进。四是化解民生难题。通过棚户（旧城）区改造，九华山、白水磨子山等片区一些住房面积小、居住环境差、人均收入偏低的贫困户、公租户住房问题得到妥善解决。青年东路北侧、洛王等片区城中村低洼渍水地段的居民居住问题得到彻底解决。一些改制企业遗留下的民生保障、土地处置等矛盾得以化解。五是锤炼干部作风。成立19个项目部，由乡街和区直部门负责人担任项目部主任，在全区抽调1100名干部职工，开展项目征拆工作。各项目部熟练掌握征收补偿政策，比进度、比质量，晒成果、晒作风，做群众工作的水平得到提升，打造一支政治觉悟好、业务水平高、战斗能力强的干部队伍。

【社区治理和服务创新】 2016年，岳阳楼区加强和创新社区治理和服务工作。

“零距离”公共服务。让数据多跑路，让群众少跑腿。坚持部门职权向基层下放，打造“一公里便民服务圈”，架起政府与群众之间的“连心桥”。优化社区布局，按照“人口规模适度、管理服务方便、社区居民自愿”原则优化社区布局，合并、拆分、新设社区13个，新建改建便民服务用房31处，实现社区服务用房百分之百达标。明晰服务目录，全面梳理人社、民政、城管等职能部门的服务事项，编制完整的服务目录，将其中111项服务事项委托社区办理或协助办理。完善服务平台，在社区建成公共服务平台95个，将分散的各类办事窗口整合为一个综合服务窗口。推行“互联网+政务服务”，建立社区公共服务系统、自助服务一体机、门户网站、手机APP客户服务端、“12345”公众服务热线五个网络平台，实现线上线下相结合，提升服务效能。建强服务队伍，将政府机构改革富余人员全部转为社区公共服务人员，考核选拔100名窗口专职工作人员，实现社区专职服务人员全覆盖。

“网格化”社区管理。坚持服务力量向基层下沉，在社区全面推行“网格化”管理，社区网格人员“出门就是办公、巡查就是服务”。定格明责，管理全区域覆盖。以“街巷定界、规模适度、无缝覆盖、动态调整”为原则，将中心城区99个社区划分为652个网格，将新的网格单元与公安、计生、城管等传统网格单元相衔接。建立以人口、房屋为基础的综合数据库，实现人、地、物、情、事、组织等信息全要素掌握，建立起“数字网格”和“电子地图”，实现网格管理全覆盖。定员专责，服务全方位响应。每个网格配备一名专职网格员，每天对所在网格开展两次常态巡查，确保民情在第一时间掌握、问题在第一时间解决。定位考责，工作全过程监督。依托网格化管理系统，建立事件分流直达、限时办理、办结回复、超时预警、协调督办的高效处置机制，实行区、街道、社区三级联动化解。综合运用信息技术，对网格员实行全过程“痕迹管理”，使其日常工作有迹可查、有据可依。成立网格管理中心和考评办，严格督促考评，确保网格员的管理服务责任落小落细，矛盾处置又快又好，基本实现“小事不出社区、大事不出街道”。

“多元型”居民自治。坚持治理重心向基层下移，搭建多元社区自治平台，调动各方力量参与社会治理与服务，变政府单一治理模式为政府与居民共治模式，实现社区居民自我管理、自我教育、自我服务，提高社区治理的公正性与和谐度。坚持社区民主协商。组建民主协商议事会，凡重大事项由居民提、居民议、居民评、居民定，街道、社区负责指导“协商什么、和谁协商、如何协商”，区直部门负责采纳协商意见，反馈落实情况。增进邻里沟通交流。设立楼栋长、业主委员会等，以楼栋、小区为社区自治基本单元，开展“和美家庭、和睦邻里、和乐楼栋、和谐小区”创建活动，增进邻里交流、互帮互助，形成“1+1>2”的社区治理服务综合效应。培育民间社团组织。采取政府购买服务、实行项目补贴、部门对口帮扶等措施，重点培育家政、养老、教育、健身、慈善等社会组织。截至年底，岳阳楼区登记社团组织460家，成为居民自治的重要力量，在协调居民纠纷、维护小区治安、凝聚社区力量等方面发挥重要作用。

（高　新）

云溪区

中共云溪区委员会

书　记　张中于

副书记　余良勇　严银辉

常　委　余　炯　潘宏军　杨　斌　胡　蝶　彭　明　王来平　姜其胜　吴健思

区人大常委会

主　任　聂金华

副主任　陈辉华　廖小谷　熊永初　刘中华　叶小平

区人民政府

区　长　余良勇

副区长　潘宏军　徐　利　邓岳生　刘庆雄　周拥军　刘绍文　何　喜

区政协委员会

主　席　蒋雄波

副主席 桂海波 周家冀 肖洋溢
刘小洲 曾海兵

区人民武装部

部 长 杨 斌
政治委员 喻齐归

区纪律检查委员会
书 记 吴健思

区人民法院
院 长 李伟辉

区人民检察院
检察长 何小山

【概况】 2016年，云溪区辖3个镇、1个街道，土地总面积396.2平方千米，耕地面积8700公顷。年末总人口17.03万人，出生率15‰，自然增长率11.1‰。

实现地区生产总值129.12亿元，比2015年增长7.9%；规模工业增加值55.3亿元，增长8.3%；实现消费品零售总额22.88亿元，增长11.9%；完成固定资产投资56.75亿元，增长17.2%；财政总收入11.87亿元，增长10.4%；城乡居民人均可支配收入分别为31913元、16452元，分别增长9.1%、7.9%。三次产业比重优化为11.2∶47.3∶41.5，其中第三产业比重提高9.1百分点。

优化经济结构。围绕“一极三宜”江湖名城建设谋篇发力，着力提升产业发展水平，做强绿色化工，推动港口物流、电子商务、生态休闲等产业齐头并进、共融发展。绿色化工产业园完成5平方千米扩园修规工作，新增规模工业企业8家，新开发项目用地53.33公顷，新开工建设标准化厂房10.8万平方米。推进道仁矶综合物流园、云溪化工物流园建设，扶持电子信息等新兴产业发展，启动化工产品交易平台和农副产品交易中心筹建工作，区首家电商平台——农联网上线运营。发展生态休闲农业和特色水产养殖，筹建湖乡生态休闲农业园和山地生态休闲农业园，品蟹、食虾等乡村旅游经济进一步升温。

推进项目建设。组织举办项目集中签约和集中开工仪式，新引进项目23个、引进资金18.49亿元，岳阳安泰化工设备再生利用、岳阳恒忠新材料、岳阳湘茂医药化工等重大项目落户云溪。开展禁拆治违和土地依法征收“百日攻坚”行动，拆除违法建设10.41万平方米，依法征收土地330.33公顷。实行区级领导联系项目负责制，对进入项目库的100个推进项目、20个重点项目进行帮扶调度，催化剂二期、金瀚高新植物油、东方雨虹防水板材、中创化工甲乙酮等一批产业项目开工或竣工投产，济海、森凯等一批物流项目建成试运营，云港新城公租房、人民医院异地新建等一批民生项目顺利推进，静脉产业园生活垃圾焚烧发电项目进入全省PPP示范项目库。

深化城乡统筹。推进城镇建设，缤纷天地商业街区基本完成主体工程建设，学苑路建成通车，胜青路、永济新镇立面改造和临港农贸市场新建工程顺利推进。加强城镇管理，做好全国文明城市建设测评和国家卫生城市复审迎检工作，开展市容保洁、城区禁炮、交通秩序整治、渣土运输管理等工作。推进新农村建设，推进农村土地确权登记颁证工作，全面启动规范村民建房整区推进工作，实施全省整县（区）推进农村环境综合整治项目，推进农村土地综合整治、小农水重点县、“五小”水利项目建设和水毁水利设施修复工程。强化生态环境治理，落实第二轮“环境治理三年行动”目标任务，加快实施云溪河及松杨湖流域综合治理工程，启动白泥湖湿地生态修复和清溪河流域水环境治理工作，区域生态环境持续改善。服务厂港发展，做好港区社会事务管理和大厂“三供一业”移交前期工作，协调推进“二污”拆迁、“厂中村”改造、油气管道隐患整治等重点工作，长炼油港处等4个管道重点隐患整治任务全面完成。

改善民生福祉。增加财政民生投入，投入民生支出资金9.57亿元，占公共财政支出的77%。新增城镇就业2620人，新增农村劳动力转移就业1400人，征缴社保基金8298万元。实施十大扶贫工程，完成598户2181人脱贫任务。办好民生实事，行政村配电网、农村危房改造、农村饮水安全等20项24件民生实事基本完成。发展社会事业，云鹰小学、临港中心幼儿园建成投用，文桥汽车站正式运营，广播电视“村村响、户户通”工程完工。做好防汛抗灾工作，成功应对撇洪河黄花港支渠及西干渠溃口等险情，做好救灾减灾和灾后重建工作。推进“平安云溪”建设，加大信访维稳、治安防控工作力度，加强安全生产重点隐患整治和监管平台建设，人民群众生命财产安全得到保障。

【工业经济转型升级】 2016年，云溪区推进新型工业化发展，完善工业企业创新体系，以企业为主体组织实施科技创新计划，加强关键共性技术攻关，做大做强新材料等领先优势产业，工业经济整体发展水平和质量得到较大提升。全年实现区本级规模工业总产值329亿元，比2015年增长9.2%，区本级规模工业增加值55.3亿元，同比增长8.3%，区本级工业实缴税金3.84亿元。东方雨虹被认定为全省工业品牌培育示范企业，尤特尔生化、新

2016年云溪区镇、街道办事处简况一览表

表24

名称	国土面积（平方千米）	耕地面积（公顷）	年末总人口（人）	人均纯收入（元）	党（工）委书记	镇长（主任）
云溪镇	179.79	2822.7	88658	13439	杨建勤	李　伟
路口镇	108.09	1930.8	22925	15295	郑　国	李新安
陆城镇	112.48	2916.7	21796	13954	刘云飞	方　洪
长岭街道办事处	2.64	848.1	36921	15021	丁平安	江和平

岭化工、瑞森达橡塑等3家企业被认定为湖南省第四批新材料企业，新材料企业总数占全市1/3。

【环境保护成效明显】 2016年，云溪区推进大气污染和流动污染防治，加强危货车辆和渣土车辆运输管理，城区空气质量指数位居全市六区前列。严格落实第二轮“环境治理三年行动”2016年度任务，关停园外小化工企业7家，关闭黏土砖厂2家，整治畜禽养殖场26家。完成“绿色通道”建设三年行动计划目标任务，实现营造林面积400公顷、森林抚育666.67公顷，道路绿化达标和提质提效228.2千米。

【区安监局获评全国先进】 2016年，云溪区以“监管执法年”活动为主线，持续开展“打非治违”“车辆超限超载治理”和油气管道重点隐患整治等专项行动，建成运营危化品运输安全监管平台，建立完善安全生产应急管理和生产安全事故应急救援企地联动机制，实现全区安全生产形势持稳向好，云溪区安监局作为全省唯一单位获评全国安全生产监管监察系统先进集体。2008年至2016年，云溪区连续9年被评为岳阳市安全生产先进县（市）区。

【综治工作和美丽乡村建设获评全省先进】 2016年，云溪区以改革精神推动社会治理创新，全面完成合乡并村改革任务，启动社区网格化管理试点，实行“一村联三警”制度，构建“大巡防、大刑侦、大调解”工作体系，严厉打击涉毒、涉黄、涉毒、侵财等各类违法犯罪活动，实现接处警、治安案件和刑事案件数量“三下降”，综治民调成绩进入全省一类县市区行列，被评为全省综治工作先进县（市）区。把“美丽乡村、美好社区”建设作为建设美丽幸福新云溪的重要内容，加大投入力度，推进枧冲村省级“美丽乡村”、洗马塘社区市级“美好社区”建设，推进农村危（旧）房改造和集中建房点建设，推进农村环境综合整治，完善落实垃圾收集转运和无害化处理机制，乡村面貌持续改观，乡风文明得到提升，被评为全省美丽乡村建设先进县（市）区。

（李　朋）

君山区

中共岳阳君山区委员会

书　记　谢　胜

副书记　李　勇　白再兴

常　委　罗　遥　李爱玲　马志光　傅大斌　彭志展　李力之　陈华生　周　峰　吴　波

区人大常委会

主　任　余　为

副主任　张跃芝　陈可娟　何欣平　蔡国兴　朱　旗

区人民政府

区　长　李　勇

副区长　罗　遥　李卫兵　丰为民　彭红卫　庞域建　周志辉　吴国良　严　虹

区政协委员会

主　席　陈忠炎

副主席　杨才学　练　伟　高本贻　杨再兴　曹志刚

区人民武装部

部　长　彭志展

区纪律检查委员会

书　记　李力之

区人民法院

院　长　陈　勇

区人民检察院

院　长　闵孚君

【概况】 2016年，君山区辖4镇1办2场，土地总面积627平方千米，耕地面积2.67万公顷。年末总人口24.57万，人口出生率11.33‰，自然增长率7.49‰。年内最高气温35.6℃、最低气温-0.6℃、平均气温18℃；年降水量1584毫米。

实现地区生产总值122.59亿元，比2015年增长7.6%；三次产业结构调整为21∶42∶37；完成财政总收入4.2亿元，增长10.3%。

实现农业总产值43.6亿元，增长1.8%。粮食、蔬菜、棉花（皮棉）总产量为15.8万吨、32.8万吨和0.99万吨。全年出栏生猪39.9万头、出栏牛0.8万头、羊1.4万头、出笼家禽300万羽、实现水产品总量3.97万吨。推进沟渠疏浚、小农水“百千万”和国土整理等项目建设，提升农业综合生产能力。推进农业产业化，重点抓好泰和现代农业示范农园、洪市蔬菜产业园、绿色食品产业园等重点项目。发展标准化生产基地5333.33公顷，建设“135”工程标准化厂房12.4万平方米，申报“三品一标”农产品42个，实施水稻统防统治面积3333.33公顷，蔬菜、茶叶绿色防控面积1333.33公顷。推进农产品新品种试种，全区建立新品种示范点20个，推广新品种44个。推进农产品质量安全监管，获评全国农产品质量安全示范县。

实现规模工业产值230.6亿元，同比增长7.4%；完成规模工业增加值49.2亿元，同比增长5.9%；万元GDP能耗降低率为3.5%；全区工业用电量7782万千瓦时，增长-17.4%。开展联手帮扶产业发展升级行动，重点培育新材料、新能源、生物医药和电子信息等新兴产业，金联星特种材料在新三板上市，童记三利和食品、湖南完镁航材投产达效，区创业科技企业孵化园引进企业2家。31家入园企业实现产值82.7亿元，安排就业3230人。

实现社会消费品零售总额26亿元，同比增长11.8%。推进洞庭湖博览园建设，洞庭湖博物馆、洞庭湖欢乐世界动工建设，全年完成投资2.8亿元。洞庭湖大桥观光塔项目顺利推进。全区旅游接待人数342.5万人次，实现旅游综合收入27.4亿元，同比增长14.7%。新增外贸进出口企业1家、工商企业169户。广兴洲农贸市场和钱粮湖雅园农贸市场完成提质改造。竣工商品房23.7万平方米。金融机构各项存款余额65.6亿元，增长21.95%，其中储蓄存款45.6亿元，增长19.5%，各项贷款余额15.97亿元，增长8.5%。

完成固定资产投资124.88亿元，增长16.7%。以项目建设为抓手，调度推进重大建设项目79个，完成投资10.6亿元；招商引资签约项目8个、开工项目11个、投产项目8个。谋划实施重大项目，新签约总投资30亿元的LNG接收站和总投资7亿元的“渔光互补”发电等项目，其中渔光发电项目为华电集团全国第一家渔光发电项目，是入驻君山

2016年君山区镇、场简况一览表

表25

名　称	国土总面积（平方千米）	耕地面积（公顷）	年末总人口（人）	农民人均可支配收入（元）	党　委书　记	镇（场）长、主　任
广兴洲镇	84.43	4492.51	38180	17234	吴国良	钟海波
许市镇	81.65	3521.98	31260	14033	易俊良	李启明
柳林洲街道办事处	171.59	4510.39	76374	16557	李　伟	黄正洲
钱粮湖镇	161.64	7956.43	65665	16052	彭海泉	李华平
良心堡镇	69.87	4048.37	30206	14121	张兴隆	李　伟
君山芦苇总场	64.17	13.26	3961	20466	万　胜	黄志超
水产养殖场	6.8	23.01	2769	24872	何志能	卢进文

区的第一家央企项目。

实现城镇居民人均可支配收入26918元、农民人均纯收入15260元，同比分别增长10%、8.9%。教育、科技、文化、卫生等社会事业取得新进步，义务教育质量稳居全市前列，全省县级教育工作“两项督导”评估考核获评优秀，通过教育强县评估验收，岳阳市第十六中学完成主体工程建设。计生工作被评为全省模范单位和全国优质服务先进单位。安全生产形势保持稳定，落实打击犯罪、信访维稳和应急工作。综治民调全省排名前列，连续七年被评为湖南省平安县市区。

【岳阳市第十六中学主体工程建设】岳阳市第十六中学选址于君山区柳林洲街道办事处九公里路段，东临绿化路，南临洞庭大道，西临光明路，北抵岳西中学。项目建设工程总投资1.5个亿，占地面积8.93公顷，总建筑面积5.62万平方米，学校规模为72个教学班，满足3600个学位，拥有教学楼2栋、实验室1栋、办公楼1栋、学生宿舍4栋、教师周转楼2栋、学生食堂（3层）、体育馆、图书馆（3层）、400米标准田径场等。2016年3月，项目正式动工新建，至年底，主体工程封顶。

【引进“渔光互补”发电项目】2016年10月10日，岳阳市君山区与华电湖南分公司正式签约“渔光互补”发电项目。该项目是将光伏组件布置于水面上方，上层用于太阳能发电、下层用于水产养殖的新型光伏系统工程。项目选址君山区广兴洲渔场的太阳湖、溜子湖。租赁水域面积200公顷，期限25年。项目计划总投资7亿元，于12月开工建设“渔光互补”分布式光伏电站2×20“兆瓦”。该项目为华电集团全国第一家渔光发电项目，是君山区引进的第一家央企项目。

（熊　龙）

屈原管理区

中共屈原管理区委员会

书　记　黄岳山

副书记　金　晨　田明清

常　委　宋可权　田　荣　沈小星
　　　　曹正平　欧明目　宋　为

区管理委员会

主　任　金　晨

副主任　田　荣　沈小星　刘柏荣
　　　　谢辉煌　韩德辉

区人大政协工委

主　任　曾兰芝

副主任　周陆军　曹建赓

区纪律检查委员会

书　记　宋可权

区人民法院

院　长　杜国伟

区人民检察院

检察长　吴健思（2016年12月免）

【概况】2016年，屈原管理区辖2个镇、1个乡、1个街道办事处，耕地面积9300公顷，人口9.9万人，人口出生率11‰，自然增长率3.57‰，年内最高气温35℃，最低气温-2℃，年降水量1725.6毫米。全年实现GDP84.39亿元，增长8.1%；固定资产投资50.67亿元，增长17.8%；社会消费品零售总额9亿元，增长11.8%；规模工业增加值54.13亿元，增长5.7%；农民人均纯收入19093元，增长8.2%；城镇居民可支配收入27014元，增长9.8%；完成公共财政收入1.69亿元，增长17%；地方公共财政收入1.2亿元，增长17.3%。

【农村改革集中区启动创建】2016年5月，屈原管理区启动创建农村改革集中区。岳阳市政府召开市政府常务会3次，研究屈原农村改革集中区创建工作，成立由市长任组长的指导小组，出台实施意见。搭建城乡建设投资公司、农村产权债权股权交易中心、家庭农场联盟等资本运作平台。开展不动产登记工作，流转田土面积800公顷，发展各类专业合作社158个、家庭农场联盟12家。创建现代农业创业孵化园。在每个村成立农村社区，完成4个农村综合服务平台示范点建设。完成合乡并村工作，由原来5个乡镇1个办事处合并为3个乡镇和1个办事处，70个村（社区）合并为32个村（社区）。

【三次产业有效融合】2016年，屈原管理区做强第一产业，推进一、二、三产业融合发展。农业机械化综合水平达96.1%，被农业部评为全国首批、全省唯一的基本实现主要农作物生产全程机械化示范县（区）。国家现代农业示范区综合水平在全国283个示范区排名进入前二十，在省14个示范区中排第一。全区规模经营面积7093.33公顷，规

2016年屈原管理区乡镇、街道办事处简况一览表

表26

名　称	国土面积（平方千米）	耕地面积（公顷）	年末总人口（人）	人均纯收入（元）	党委书记	乡（镇）长、主　任
营田镇	40.28	2020.19	43230	20100	彭　伟	谢家旺
河市镇	66.93	3624.9	26662	19000	刘建云	周晓明
凤凰乡	67.21	3658.88	18177	18500	湛　江	胡　鹤
天问街道办事处	0.57		11411	21500	陈正勇	黄合平

模经营率达72.38%。农民专业合作社196家，家庭农场96户。有部级农业产业化龙头企业1家、省级龙头企业2家。海泰博农公司栀子种植及深加工项目4条生产线动工建设，投资1.5亿元。建成民俗文化村，投资2000万元。生态农业公园开工建设，投资1亿元。建成虾吃一条街，投资1500万元。稻虾共养面积666.67公顷。惠众生态农庄被评为省级五星级休闲农庄。

【项目建设提速增效】　2016年，屈原管理区正虹科技、德科纺织、双胞胎饲料、湘天科技等产业项目稳步发展，争项争资成效明显。全年向上争取项目72个，到位项目资金4.1亿元，增长19.8%，银行融资10.57亿元，专项建设基金5700万元。新开工5000万元以上项目9个，其中竣工项目6个。利用原汨纺闲置厂房，引进纺织、电子、医药企业9家，年创税收1060万元。推进总投资3亿元的推山咀码头港口物流园建设。鑫源新材料低成本制备特种高性能炭/炭复合材料应用项目建成，年新增产值6000万元。总投资1.1亿元的中农联成绿色饲料加工厂正式投产。天下洞庭、屈原一中综合性高标准田径场、一级消防站等项目竣工。

【社会事业全面进步】　2016年，屈原管理区气化屈原项目完成3.1千米主网铺设。实施薄弱学校改造工作和新型职业农民培训计划，完成两所青少年宫建设。全年新增城镇就业2539人，新增创业主体701户，带动就业2720人。推进屈原大道立面改造、省道210线提质改造、7856户农垦危房改造、470户农村危房改造、870户棚户区改造等惠农工程。城乡居民医疗保险报销比例提高到51%，人口和计生工作获得全省先进。老年康复活动中心投入运营，3所敬老院全面改造。精准扶贫扎实推进，脱贫2312人。殡葬改革全面推进，殡仪馆正常运营，公墓建设推进顺利。安全生产形势平稳。信访秩序明显好转。社会治安综合治理群众满意度调查全省排名第八、全市第二，获评为省平安区。

（易　可）

人物

责任编辑 李 幸

新任市级领导干部

胡忠雄

湖南省澧县人，汉族，1966年1月出生，1989年8月参加工作，1985年4月加入中国共产党，博士研究生学历。历任湖南经济管理干部学院教师、团委书记（副处级）（其间：1993年2月至1995年6月挂职任双牌县人民政府副县长），冷水滩凤凰园经济技术开发区管理委员会主任，共青团湖南省委副书记（其间：2000年9月至2003年6月在湖南师范大学公共管理学院伦理学专业博士研究生学习，获得哲学博士学位），中共益阳市委副书记、市纪委书记，市人民政府代市长、市人民政府市长，2015年5月任中共益阳市委书记。2016年12至2017年1月任中共岳阳市委书记、市人大常委会主任候选人，2017年1月任中共岳阳市委书记、市人大常委会主任。

李爱武

湖南省临湘市人，1968年11月出生，1990年7月参加工作，1994年11月加入中国共产党，硕士研究生学历。历任省直团工委干部、副主任科员、办公室副主任、办公室主任，省直团工委副书记（其间：2001年9月至2002年2月被团中央选派到美国科罗拉多州立大学学习）、书记（其间：1999年2月至2002年7月在中国社会科学院研究生院财贸经济系应用经济学专业在职研究生学习，获得经济学硕士学位；2003年5月至2005年1月挂职任郴州市北湖区委副书记），省直工会常务副主席，省直属机关工作委员会工委委员、工委副书记、常务副书记。2016年12月任中共岳阳市委副书记、市委党校（市行政学院、市社会主义学院）校（院）长，湖南城陵矶新港区工委第一书记（兼）。

徐新楚

湖南省湘阴县人，汉族，1962年11月出生，1984年8月参加工作，1992年9月加入中国共产党，大学学历。历任省商业科技研究所干部，长沙市标准管理局产品质量监督检验所干部、副所长、所长，长沙市技术监督局副局长、党组成员，长沙市质量技术监督局局长、党组副书记，省质量技术监督局副局长、党组成员。2016年10月至2017年1月任岳阳市政协党组书记、主席候选人，2017年1月任岳阳市政协主席、党组书记。

李　挚

湖南省浏阳市人，汉族，1969年1月出生，1991年6月参加工作，1991年3月加入中国共产党，大学学历。历任省总工会民主管理社会保障部干事、副科级干事、办公室秘书科科长、常委会秘书，研究室副处级干事、副主任、主任，副主席候选人、研究室主任，党组成员、副主席（其间：2009年12月至2010年3月在美国弗吉尼亚州老道明大学工商行政管理专业进修班学习）。中共常德市委常委、市纪委书记。2016年4月任中共岳阳市委常委、市纪委书记。

胡小闽

湖北省松滋市人，汉族，1974年2月出生，1998年7月参加工作，1994年12月加入中国共产党，硕士研究生学历。历任北京华安东会计事务所审计一部职员，中国进出口银行财会部会计一处干部，财会部制度处副主任科员、主任科员，稽核部营业性机构稽核处主任科员，稽核部总行业务稽核一处处长助理、副处长，稽核评价部综合处副处长、处长，稽核评价部稽核一处处长（其间：2010年12月至2011年5月参加美国伊利诺伊大学高级访问学者培训项目），稽核评价部总经理助理兼总行稽核一处处长，稽核评价部总经理助理、副总经理。2016年6月至2016年7月任中共岳阳市委常委、市人民政府副市长候选人（挂职），2016年7月至2016年10月任中共岳阳市委常委、市人民政府副市长（挂职），2016年10月任中共岳阳市委常委、市人民政府副市长、党组成员（挂职）。

马　娜

湖南省临澧县人，汉族，1969年3月出生，1990年9月参加工作，1995年10月加入中国共产党，博士研究生学历。历任湖南省委党史委征研三处科员、副主任科员、主任科员，研究室人物研究处副处长（其间：2004年9月至2008年6月在湖南师范大学公共管理学院中共党史专业博士研究生学习）、处长（其间：2009年3月至2011年3月挂职任中共湘阴县委常委、县人民政府副县长），研究室科研管理处处长，研究室办公室主任，研究室副厅级纪检员。2016年9月至2016年10月任中共岳阳市委常委，2016年10月任中共岳阳市委常委、市委宣传部部长。

谈正红

湖南省华容县人，汉族，1961年10月出生，1981年8月参加工作，1988年6月加入中国共产党，大学本科学历。历任华容县幸福乡杨林中学教师（1985年8月至1988年7月在湖南电大中文专业学习），华容县一中团委书记，华容县教委团工委书记、少工委书记，华容县委办干事、秘书、副主任，中共华容县终南乡党委书记（其间：1995年9月至1998年6月在湖南教育学院政教专业函授本科学习），中共华容县治河渡镇党委书记，汨罗市人民政府副市长，中共汨罗市委常委、政法委书记，中共临湘市委常委、常务副市长，中共屈原管理区党委副书记、管委会主任，岳阳市建设局党组书记、局长，岳阳市住房和城乡建设局党组书记、局长，岳阳市人民政府党组成员、秘书长，市人民政府办公室党组书记、主任。2016年9月至2016年10月任中共岳阳市委常委，市人民政府党组成员、秘书长，市人民政府办公室党组书记、主任。2016年10月任中共岳阳市委常委、市委秘书长、市直机关工委第一书记（兼）。

陈光荣

湖南省平江县人，汉族，1961年2月出生，1980年3月参加工作，1982年3月加入中国共产党，大学本科学历。历任平江县栗山区公所农技站测报员，平江县向家乡团委书记、副乡长（其间：1981年7月至1986年1月在中央农业广播学校中专学习），平江县向家乡乡长、党委副书记（其间：1988年9月至1990年7月在岳阳市委党校大专学习），平江县三阳乡乡长、党委副书记、党委书记，中共平江县三阳区区委副书记、区长，中共平江县委常委、宣传部部长（其间：1998年8月至2000年12月在中央党校党政管理专业函授本科学习），中共平江县委副书记、纪委书记，岳阳市人民政府副秘书长、市政府办党组成员、市信访局局长，岳阳市纪委副书记、市监察局局长，市政府党组成员，市预防腐败局局长，岳阳市人大常委会副主任候选人、党组成员。2016年1月至2016年9月任岳阳市人大常委会副主任、党组成员，市纪委副书记，市政府党组成员、市监察局局长，市预防腐败局局长。2016年9月至2016年11月任岳阳市人大常委会副主任、党组成员，市政府党组成员、市监察局局长，市预防腐败局局长。2016年11月任岳阳市人大常委会副主任、党组成员。

李永丰

湖南省华容县人，1964年9月出生，1985年7月参加工作，1988年10月加入中国共产党，大学学历。历任岳阳地区粮食局工业饲料公司干部，岳阳市粮食局工业饲料公司干部，岳阳市城陵矶粮库饲料厂副厂长（1988年6月至1988年10在南京粮食学院经济系进修），岳阳市粮食局工业饲料公司副经理、工业饲料科科长、局长助理，岳阳市粮食局党组成员、副局长，屈原农场党委副书记、场长，岳阳市委党校副校长（其间：2002年9月至2003年3参加湖南省领导干部第二批美国学习考察），岳阳市外事侨务办公室党组书记、主任，岳阳市政协党组成员、秘书长、办公室主任，湖南城陵矶新港区工委书记，岳阳市人大常委会副主任候选人、党组成员。2016年1月至2016年5月任岳阳市人大常委会副主任、党组成员，湖南城陵矶新港区工委书记。2016年5月任岳阳市人大常委会副主任、党组成员。

赵岳平

湖南省岳阳县人，汉族，1966年10月出生，1988年7月参加工作，1987年6月加入中国共产党，大学本科学历。历任岳阳市房地产管理局干部，岳阳市城建处党办秘书、办公室秘书、办公室副主任，岳阳市城建局办公室主任，岳阳市公用事业局办公室主任（其间：1994年9月至1996年7月在中央党校经济管理专业函授本科学习），岳阳市环卫处副主任，共青团岳阳市委副书记、市青联主席（其间：2000年3月至2001年3月主持团市委工作；1996年7月至1998年7月在中国人民大学区域经济学专业研究生课程班学习），中共汨罗市委副书记，中共湘阴县委副书记，中共君山区委副书记、区人民政府区长、区委书记（其间：2011年9月至2012年2月在湖南省委党校第41期中青干部培训班学习），岳阳市委组织部常务副部长。2016年10月至2016年11月任岳阳市人大常委会党组成员，2016年11月至2017年1月任岳阳市人大常委会党组成员、副主任候选人，2017年1月任岳阳市人大常委会副主任、党组成员。

李激扬

湖南省涟源市人，汉族，1969年9月出生，1987年7月参加工作，1993年9月加入中国共产党，博士研究生学历。历任娄底市大科乡学区教员（其间：1989年9至1991年7月在湖南师范大学汉语言文学专业自考专科学习），娄底市委宣传部干事、研究室主任、副科级研究员，娄底地委政策研究室副科长、正科级研究员（其间：1994年9月至1996年7月在中国社会科学院研究生院财贸经济系国际贸易专业研究生班学习），

湖南省委政法委员会研究室主任科员、维稳办代理副主任，湖南省委防范和处理邪教问题领导小组办公室综合处副处长、处长（其间：2002年5月至2004年12月在湘潭大学法律专业硕士研究生学习，获得法律硕士学位；2006年3月至2008年1月挂职任中共临武县委常委、县人民政府副县长），湖南省信访局党组成员、副局长（期间：2007年9月至2012年6月在湖南大学经济与贸易学院应用经济学专业博士研究生学习，获得经济学博士学位），益阳市人民政府副市长。2016年10月至2017年1月任岳阳市人民政府党组成员、副市长候选人，2017年1月任岳阳市人民政府副市长、党组成员。

黎作凤

湖南省临湘市人，汉族，1965年11月出生，1986年7月参加工作，1986年6月加入中国共产党，硕士研究生学历。历任临湘县一中教师、校团委书记，临湘县团委干事（其间：参加支乡工作队半年，1988年9月至1991年6月在华中师大政教专业函授本科学习），临湘市委政研室干部、副科级研究员、政研室主任，岳阳市委政研室正科级研究员，岳阳市委常委秘书，岳阳市委办公室副主任（其间：2004年12月获得湖南大学工商管理硕士学位），岳阳市委副秘书长、政研室主任，挂职任中共临湘市委常委、市人民政府常务副市长，中共湘阴县委副书记、县人民政府代县长、县长（其间：2011年9月至2012年1月参加湖南省委党校第41期中青班学习），中共湘阴县委书记。2016年8月至2016年10月任岳阳市人民政府副秘书长，2016年10月至2017年1月任岳阳市人民政府党组成员、副市长候选人，2017年1月任岳阳市人民政府副市长、党组成员。

杨　昆

湖南省冷水江市人，汉族，1974年10月出生，1994年7月参加工作，1997年3月加入中国共产党，研究生学历。历任岳阳市委办干部、副科级干部（其间：1997年9月至1999年6月在湘潭大学文秘专业自考本科学习）、正科级干部，共青团岳阳市委副书记、书记，中共云溪区委副书记（其间：2006年9月至2009年7月在湖南省委党校工商管理专业在职研究生班学习），中共君山区委副书记、区人民政府代区长、区长，中共君山区委书记。2016年8月至2016年10月任岳阳市人民政府副秘书长，2016年10月至2017年1月任岳阳市人民政府党组成员、副市长候选人，2017年1月任岳阳市人民政府副市长、党组成员。

邱　虹

湖南省益阳市人，汉族，1971年5月出生，1993年7月参加工作，1995年11月加入中国共产党，硕士研究生学历。历任岳阳石化总厂合成橡胶厂检验科技术员、副科长、质检中心主任（其间：2001年7月至2001年10月任鑫达公司改制工作组组长，主持公司改制工作），巴陵石化有限责任公司技术开发部副主任，岳阳楼区人民政府副区长（其间：2002年4月至2005年6月在湖南大学工商管理学院学习，获得工商管理硕士学位），中共岳阳楼区委常委、统战部部长（其间：2007年11月至2008年3月在湖南省委组织部赴美公共管理高级培训班学习），中共岳阳楼区委常委、纪委书记，岳阳市政府外事侨务办公室党组书记、主任，挂职任中共云溪区委副书记，中共云溪区委副书记、区长，湖南岳阳绿色化工产业园工委副书记、管委会主任（兼），中共屈原管理区党委书记。2016年10月至2017年1月任岳阳市人民政府党组成员、副市长候选人，2017年1月任岳阳市人民政府副市长、党组成员。

喻　昌

河南省固始县人，汉族，1962年12出生，1978年11月参加工作，1987年8月加入中国共产党，研究生学历。历任西藏自治区那曲地委办公室警卫员、办事员，那曲地区行署办公室秘书科科员（其间：1983年6月至1985年7月在西藏民族学院干训部文秘专业学习）、副科长、科长，那曲地区行署副秘书长（其间：1992年11月至1993年12月在山东省泰安市政府挂职锻炼），那曲地区文化局党组副书记、局长（其间：1999年5月至2002年4月在中央党校第26期西藏干部培训班学习，1998年6月至2001年6月在中央党校函授学院本科班经济管理专业学习），那曲地区文化广播电影电视局党组副书记、局长（其间：2001年6月至2004年1月在中央党校研究生院在职研究生班中共党史专业学习），中共比如县委书记，中共比如县委书记（副地级），那曲地区行署副专员，山南地区行署副专员，山南市副市长。2017年3月任岳阳市人民政府副市长、党组成员（挂职）。

秩　励

湖南省花垣县人，1966年4月出生，1987年6月参加工作，1985年1月加入中国共产党，研究生学历。历任湖南农学院畜牧水产系学生辅导员、党总支副科级秘书，湖南农学院农业工程系学工党支部书记、党总支副书记

（副处），湖南农业大学动物科技学院党总支副书记（其间：1995年6月至1996年3月挂职任岳阳鼎立重阳科技有限公司常务副总经理），湖南农业大学党校副校长、组织部副处级组织员（其间：1997年9月至2000年8月在中央党校经济管理专业研究生学习）、宣传部部长（1998年7月至2001年2月挂职任汨罗市人民政府科技副市长），中共云溪区委副书记，岳阳市委组织部副部长，中共岳阳楼区区委副书记、区人民政府区长，中共岳阳楼区区委书记。2016年8月至2016年10月任岳阳市委副秘书长，2016年10月至2017年1月任岳阳市政协党组成员、副主席候选人。2017年1月任岳阳市政协副主席、党组成员。

孔福建

湖南省华容县人，汉族，1964年1月出生，1983年7月参加工作，1985年6月加入中国共产党，大学本科学历。历任钱粮湖农场层山小学教师，钱粮湖农场教育科办公室主任，钱粮湖农场党委组织部干事（其间：1985年7月至1988年7月在湖南师大中文系大专学习），钱粮湖农场一分场党委副书记，钱粮湖农场蛋品总公司党支部书记、经理（正科级），钱粮湖农场团委书记，钱粮湖农场五分场党委副书记、场长，钱粮湖农场纺织厂党委副书记、厂长（其间：1992年8月至1994年12月在中央党校经济专业函授本科学习），钱粮湖农场纺织厂党委书记，钱粮湖农场场长助理，企业管理处处长，钱粮湖农场党委委员、党委办主任（副处）、党委副书记（其间：1998年6月至2000年12月在湖南大学工商管理专业研究生班学习），岳阳市纺织工业总公司党组副书记、副总经理，岳阳市港口航务管理局党委委员、副局长，岳阳市地方海事局党委委员、副局长，岳阳市口岸办党组书记、主任，中共屈原管理区党委副书记、管委会主任、党委书记，岳阳市人大常委会党组成员、副秘书长、办公室主任、机关党组书记，岳阳市人大常委会党组成员、秘书长、办公室主任、机关党组书记。2016年10月至2016年11月任岳阳市政协党组成员、市人大常委会秘书长。2016年11月至2017年1月任岳阳市政协党组成员、副主席候选人，市人大常委会秘书长。2017年1月任岳阳市政协副主席、党组成员。

先进人物

夏登刚

1970年2月出生，中共党员，大学文化，高级工程师，历任车间技术员，工程师，主管工程师，车间副主任，作业部副主任、主任。他多次参加国家部委、中石化重点项目的装置改造、技术试验及工业应用，在国内核心期刊上发表论文8篇，获得省科技论坛二、三等奖，市第七届自然科学一、二等优秀学术论文。被巴陵石化长岭分公司评为技术创新能手、十大青年标兵、模范共产党员，获得岳阳市十大杰出青年和湖南省五四青年奖章等荣誉称号，被业内公认为全国石油化工临氢技术的青年科技带头人。2017年获得“全国五一劳动奖章”。

全国第一套组合床重整装置在巴陵石化长岭分公司进行技术应用，是国家计委和中石化集团公司“九五”十条龙攻关项目之一。他作为项目主要筹备人员全程参与装置的筹备、建设和开工工作，在国内外都没有现成经验参考的情况下，他翻阅大量技术资料，结合装置改造情况和操作工人的技术素质，成功编写近50万字的《50万吨/年低压组合床重整装置试运操作手册》《50万吨/年低压组合床重整装置总体试运方案》等技术资料。同时，他严格把好设计与施工质量关，查出设计错漏项百余项，发现施工质量问题90多项。通过多次与施工、设计单位艰难交涉，解决重整进料泵流程设计失误、脱戊烷塔及脱重塔底油开工初期无出路等重大隐患，为装置开车一次作出重要贡献，成功打破国外公司在连续重整技术上的封锁和垄断。2008年，他带领员工攻关一个中石化“十条龙”项目，重汽油选择性加氢脱硫技术试验，对RSDS—Ⅱ技术的工业化操作进行摸索研究，总结出一套稳定有效的操作方法，应用试验取得圆满成功，为全面进行汽油产品升级换代提供最佳方案。

2009年，为保证省重点工程长岭油品升级改造大项目顺利实施，长岭分公司组建炼油第二作业部。他团结带领炼油二部人，用不到3年时间，克服重重困难，在短时间内实现大项目南北区11套装置开车一次成功，创造业内开工时间最短、运行最为平稳的“长炼记录”。

蒋绮云

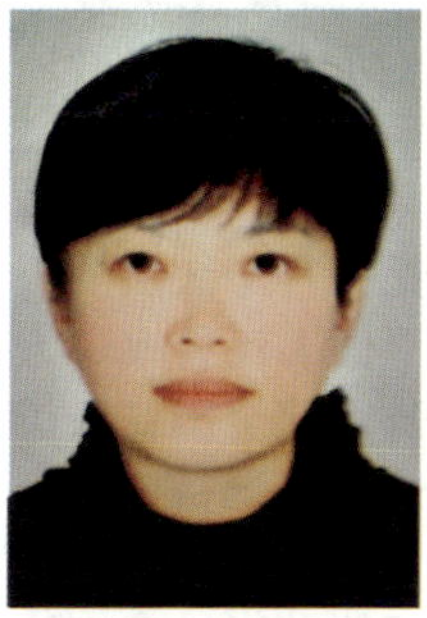

1966年11月出生，1988年7月参加工作，硕士研究生学历，九三学社成员，岳阳楼区人大代表，现任新兴际华集团橡胶技术首席工程师、际华三五一七橡胶制品有限公司总工程师。享受国务院特殊津贴专家，是橡胶行业橡胶等高分子材料应用技术领军人物。获得中央企业知识型先进员工、橡胶工业优秀科技工作者、优秀科技工作者、先进工作者等荣誉称号。2017年获得“全国五一劳动奖章”。

她自1988年从华南理工大学橡胶工程与塑料工程专业毕业，参加工作后一直从事橡胶制品的配方和工艺设计工作。她注重学习专研，在短时间内掌握橡胶工程师应具备的生产现场的关联知识和经验，为今后在生产实践中解决各项技术难题打下坚实的基础。她于1994年调入科研组，负责全厂新产品开发和老产品配方优化和设计工作。开发新产品99作训鞋、排水胶圈、燃气胶圈、热水密封圈、EPDM在出口胶圈中的应用、05高腰作训鞋、05棉鞋等项目，科研组每年在双增双节活动中平均节约成本300万元以上。她主导研制的“耐250℃高温特种作业鞋”成功被军队采用，填补国内空白；主导研制的“用于输送直接饮水橡胶密封圈”成功通过英国WRAS环保认证，是全国首个通过该项检测的产品，开启中国直饮水密封件走向欧美市场的先河；主导研制的“三元乙丙橡胶密封件”经国家权威机构检测，使用寿命可达139.5年，开创“百年胶圈”的奇迹，该成果达到国际领先水平，填补中国该项技术的空白。她获得专利20余项，其中发明专利3项，发表论文10余篇。研发新产品600余款，技术创新成果130余项，多项成果获省、市奖励，每年创效达1000万元。

胡光志

1980年12月出生，中共党员，现任华容县公安局禁毒大队教导员。荣立个人三等功4次，被县政府嘉奖5次，被评为岳阳市第六届百名优秀青年、第五届敬业奉献道德模范、优秀共产党员、十大法治人物，获得湖南省十佳人民警察、人民满意公务员和公安部全国二级英雄模范等荣誉称号。当选岳阳市第七次党代会代表、湖南省第十一次党代会代表。2017年获得“全国特级优秀人民警察”荣誉称号。

胡光志不负人民警察的使命，在工作中一身正气，在危险面前从不退缩，每遇大的抓捕行动，他总是主动请缨、冲锋在前，把危险留给自己，把安全留给战友和群众。2015年11月3日，胡光志在执行抓捕毒贩任务时，面对犯罪嫌疑人的枪口，他果断将身边的开锁师傅推开，为保护群众的安全而延缓躲避和开枪还击的时间，连中两弹身负重伤。在身中两枪的情况下仍对犯罪嫌疑人实施抓捕，最终因失血过多晕倒在血泊中。

胡光志综合素质高，热爱自己的本职工作，爱岗敬业，勤于钻研，是全县、全市乃至全省公安系统的实战高手和办案能手。参加工作来，他刻苦训练警体技能，多次在射击等警务实战技能比赛中获奖。2012年，他参加全国警务实战教官比武获得第四名。在工作中，他参与侦破毒品刑事案件150余件，查处治安案件300余起，与战友抓获各类涉毒违法犯罪嫌疑人2000余人，其中，直接参与破获公安部督办毒品目标案件3起，省公安厅督办毒品目标案件5起，市公安局督办毒品目标案件11起。

高 城

1977年9月出生，中共党员，现任岳阳楼区公安分局刑侦大队副大队长。荣立个人一等功1次、二等功1次、三等功7次，被评为岳阳市十大法治人物、青年卫士，获得湖南省优秀共产党、侦查破案能手、打黑除恶先进个人、湖南好人等荣誉。2017年获得“全国优秀人民警察”荣誉称号。

挡住死神的“高城”。2015年12月9日，城陵矶某小学9岁女生方某被人持刀劫持，接警后高城立即随同同事赶赴现场，仅仅3个小时，他和同事不但查清犯罪嫌疑人，而且锁定人质和嫌疑人的具体位置。随后，他破门而入，奋不顾身扑上去，将人质挡在身后，并成功解救人质。

侦察破案的能手。2009年公安部督办的“9·16”系列拐卖儿童案，他在破案中发挥关键作用，被记二等功。2012年侦破的“6·23”系列银行储户ATM机被抢案，被省公安厅评为年度十大经典案例。2013他成功侦破“3·26”系列盗车案，为受害人追回被盗车辆18台。2014年6月13日乾明寺发生特大杀人案，他带领刑警们仅用28个小时就侦破案件，抓获凶手。2015年4月10日，运通街一招待所内1名老板和2名服务员被害，他和刑警们在7天时间内侦破此案。

文 朗

34岁，大学本科文化，三级警督，中共党员，现任湘阴县公安局杨林寨派出所所长。荣立二等功2次，三等功1次，受嘉奖2次，被评为岳阳市首届十佳民警，获得湖南省优秀人民警察、打黑除恶先进个人等荣誉。2017年获得“全国优秀人民警察”荣誉称号。

打击犯罪的尖兵。他坚持党委领导、密切联系、依靠群众的工作方法，全方位、多角度打击各类违法犯罪活动。2012—2017年期间，杨林寨派出所的打击处理总数是过去四年总数的五倍，破案率由之前的33%上升到67%。

维护稳定的先锋。在工作中，他细心摸索出“六进门”的群众工作方法。2012年以来，他先后带队成功处置10余起群体性事件。2015年8月，他成功处置杨林寨乡老年移民集访事件。

守护平安的斗士。从警十余年来，他从不逃避退缩，敢于直面一切违法犯罪行为。2014年6月30日，一名曾被他带队打击处理过的吸毒违法人员毒瘾发作，携带20斤汽油和五个液化气罐到派出所，扬言要与他同归于尽。危险关头，他冷静面对，智谋反击，成功将犯罪分子制服，保护国家财产和人民群众生命财产安全。

赵 庆

1977年9月出生，大学文化，中共党员，1996年参加工作，现任市公安局巡特警支队特警大队突击作战中队中队长，三级警督警衔。被评为先进工作者6次，嘉奖6次，荣立个人三等功9次，荣立个人二等功1次，2010年赴疆维稳被省公安厅记个人一等功，获得全省十佳巡特警等荣誉。2017年获得“全国优秀人民警察”荣誉称号。

他一直在巡特警岗位上工作，坚守在防暴处突第一线。20年来，他10次在执行任务时与死神擦肩而过，在危难时刻，总是将人民群众的利益放在首位，彰显一名优秀人民警察的高尚情操。他苦练技能本领，擅长狙击技巧、突击行动、查缉搜捕等与特警突击攻坚任务有关技能，率领特警突击队员成功处置多起人质劫持、涉枪、涉爆、涉恐案件，多次参加和率队参加省市各种特警、警务实战、教官类比武，多次组织市县级防暴反恐演习，同时兼职警务教学工作7年，参与省公安厅治安总队特警装备专题的教学和研究任务。凡遇急难险重任务，他总是冲在最前面，抓获犯罪嫌疑人500人次，参与处置突发群体性事件200次，参与警保卫活动160余次，热心服务群众1300人次，为保护人民群众生命财产安全、维护社会稳定作出重大贡献。

【岳阳市2016年“巴陵工匠”个人名单】

一等奖（10名）

张光育　湖南省华容县华容宾馆

梁　毅　岳阳惠众汽车有限责任公司

李丛根　平江县长城建筑工程有限公司

罗　洪　岳阳长炼机电工程技术有限公司

任　龙　岳阳职业技术学院

黄　琛　岳阳楼景区管理委员会

曾利艳　湖南省工业技师学院

付　钢　湖南省工业技师学院

刘　杨　湖南省工业技师学院

钟　波　岳阳职业技术学院

二等奖（18名）

徐胜全　长岭炼化公司接待会议中心

熊楚静　长岭炼化公司接待会议中心

付相宝　岳阳惠众汽车有限责任公司

姜玉林　湖南邦田汽车服务有限公司

王小忠　中浩建设股份有限公司

洪长兴　湖南省汉昌建筑工程有限公司

李　成　岳阳职业技术学院

刘　超　宁波中车时代电气设备有限公司

吴　彬　岳阳职业技术学院

赵　胜　岳阳职业技术学院

李　佳　岳阳楼景区管理委员会

刘　芳　岳阳楼景区管理委员会

杨　欢　岳阳长炼机电工程技术有限公司

谭泽威　远大可建科技有限公司

唐纯清　中国石油化工股份有限公司巴陵分公司

李　艺　中国石油化工股份有限公司巴陵分公司

袁野次郎　湖南省工业技师学院

方　振　湖南省工业技师学院

三等奖（24名）

廖朝晖　长岭炼化公司接待会议中心

黄　平　平江县天岳大道生态农庄总店

李恕光　平江县生态美食

罗　威　岳阳职业技术学院

何文龙　岳阳楼区飞龙汽修厂

欧阳丽君　云溪区湘北米兰中外汽修厂

郑志敏　岳阳鹏程建筑工程有限公司

洪吉华　湖南湘禹水电建设开发有限公司

李奕驳　湖南省宏江建设工程有限公司

李　威　岳阳长炼机电工程技术有限公司

王雨丰　湖南兆邦陶瓷有限公司

付建辉　中国石油化工股份有限公司巴陵分公司大成检修安装有限责任公司

杨小伟　中国石化股份有限公司长岭分公司

毕　明　岳阳职业技术学院

黄　达　岳阳职业技术学院

黄承岱　岳阳楼景区管理委员会

张　萍　中国国旅岳阳分公司

吴再员　中国国旅岳阳分公司

董建国　中国石油化工股份有限公司巴陵分公司

姚　纲　中国石油化工股份有限公司巴陵分公司

李　刚　中国石油化工股份有限公司巴陵分公司

易　安　岳阳林纸股份有限公司热电事业部

曹志祥　岳阳长炼机电工程技术有限公司

方　彪　湖南天一奥星泵业有限公司

新闻人物

张　超

湖南省岳阳市人，1986年8月出生，2004年9月应征入伍，2009年5月加入中国共产党，海军某舰载航空兵部队正营职中队长，大学本科学历，海军少校军衔，一级飞行员。

2016年4月27日，他在驾驶舰载战斗机进行陆基模拟着舰接地时，突发电传故障，危急关头，果断处置，尽最大努力保住战机，推杆无效、被迫跳伞，坠地受重伤，经抢救无效壮烈牺牲。此前，他是“海空卫士”王伟生前所在部队优秀的三代机飞行员，全团6名“尖刀”队员中最年轻的一员，曾数十次带弹紧急起飞驱离外军飞机。

经历空中特情，直面生死考验，对于他来说不止一次。航校毕业刚分配到南航部队不久，在一次团里组织的跨昼夜飞行训练中，他驾驶的二代机右副翼复合舵机壳体突发漏油故障，助力液压急剧下降，飞机难以操纵。险情面前，他冷静果敢，正确处置，精心操作，最终驾机安全着陆，避免一起严重飞行事故。历经危险考验的洗礼，他不仅没有退缩，反而更激起战胜艰险、勇攀高峰的血性斗志。正是骨子里这股不服输的劲头，他抱着“我要成为舰载机飞行员，我不能落后”的信念，经常利用周末和休息时间给自己加量，把自己“绑”在模拟器上训练，就连睡觉室友都常听到他念叨飞行口诀，在模拟器飞行时间高达300余小时，遥遥领先同班次战友。每次飞行几百个操纵动作和程序记得丝毫不差，近百个空中特情处置方案倒背如流。

他用生命诠释军人使命，次次以家国为重、以使命为先，放弃的是舒适和安逸，选择的是梦想和挑战，取舍之间体现一名革命军人爱党、强军、报国的赤胆忠诚。他的先进事迹被中宣部授予“时代楷模”荣誉称号，被中央军委追授“逐梦海天的强军先锋”荣誉称号，当选“感动中国2016年度人物”。

逝世人物

杨君全

男，1916年9月出生，湖南省澧县人，1935年8月参加中国工农红军，1936年1月加入中国共产党，岳阳军分区原副司令员、军分区离职干部休养所正师职离休干部。历任战士、看守员、班长、干事、旅副科长、副团长、团参谋长、大队长，兵役局局长，人武部部长、军分区参谋长、军分区副司令员兼地区革命委员会副主任等职。

土地革命时期，他参加长征龙溪口战役、攻打新化县、澧县、龙山、乌江、遵义、万县等多次战斗战役。抗日战争时期，他参加山西同蒲路战斗，新县、环城县、沙河县、红源县、府南、山井、临武、阔南、西窑县、野门关、平型关等战斗战役，荣获三级独立自由功勋章一枚。解放战争时期，他参加黑山战役、平津战役、北平战役、宜昌战役、东北剿匪等战斗战役，荣获三级解放功勋章一枚。解放初期，他参加湘西剿匪反霸斗争和抗美援朝战争，获得朝鲜人民民主共和国三级国旗功勋章一枚。为中华民族自由独立、中国人民解放事业和维护世界和平建立不朽功勋。新中国成立后，他坚持从严治军，全面建设部队，为军队革命化、现代化、正规化建设作出杰出贡献，1988年被授予中国人民解放军二级红星功勋章，2015年由中共中央、国务院、中央军委授予中国人民抗日战争胜利70周年纪念章。

2016年9月19日在解放军武汉总医院逝世，享年101岁。

统计资料

责任编辑 李 幸

2016年岳阳市行政区划统计表

表27

县级单位	街道办事处（个）	镇（个）	乡（个）	村委会（个）	居委会（个）
岳阳楼区	14		1	8	99
经开区		1	1	30	10
南湖新区	3			2	19
云溪区	1	3		36	23
君山区	1	4		53	23
岳阳县		11	3	161	42
华容县		12	2	161	49
湘阴县		12	2	153	48
平江县		19	5	496	46
汨罗市		15		154	35
屈原区	1	2	1	24	8
临湘市	3	10		114	33
合　计	23	89	15	1392	435

2016年土地利用现状一级分类面积

表28　　单位：公顷

	耕地	园地	林地	草地	城镇村及工矿用地	交通运输用地	水域及水利设施用地	其它土地	总计
地类代码	01	02	03	04	20	10	11	12	
岳阳市合计	353581.85	62286.82	585436.84	10224.68	103625.94	27695.75	316449.13	26477.72	1485778.73
岳阳楼区	8600.53	2574.89	11508.70	493.28	10171.73	1528.91	4827.41	1055.10	40760.55
云溪区	8699.81	1416.71	13209.81	290.80	4382.15	1092.74	7789.57	910.53	37792.12
君山区	26879.42	1070.72	4803.66	158.38	5432.90	2083.96	21921.06	359.52	62709.62
岳阳县	49944.20	3832.93	88391.66	3229.30	13472.60	3852.15	112516.60	5743.92	280983.36
华容县	72053.17	8734.13	18781.38	278.75	13035.03	3241.18	41953.96	1020.22	159097.82
湘阴县	42120.30	12667.56	17870.61	1006.15	11331.65	3334.05	64674.47	1141.65	154146.44
平江县	56240.55	15571.16	283624.60	3443.78	21102.61	4940.26	16564.76	9955.27	411442.99
汨罗市	50782.12	6920.74	61033.57	385.26	15837.29	4999.90	24237.54	2788.63	166985.05
临湘市	38261.75	9497.98	86212.85	938.98	8859.98	2622.60	21963.76	3502.88	171860.78

2016年国民经济和社会发展总量指标

表29

	2016年	2015年
人口与就业		
一、常住人口	568.11	562.92
# 城镇人口	315.98	304.02
农村人口	252.13	258.90
# 男性人口	294.28	291.65
女性人口	273.83	271.27
二、就业		
全社会从业人员数（万人）	—	367.01
城镇单位从业人员数（万人）	46.90	47.99
其中：在岗职工人数	39.47	40.27
城镇登记失业人员数	3.80	3.45
宏观经济		
一、国民经济核算（亿元）		
岳阳市生产总值	3100.87	2886.28
第一产业	345.84	317.33
第二产业	1469.10	1446.83
第三产业	1285.94	1122.12
国内支出总额	3100.87	2886.28
最终消费	1562.88	1396.59
居民消费	1159.76	1044.83
政府消费	403.12	351.76
资本形成总额	1485.94	1453.62
固定资本形成总额	1281.33	1255.16
存货增加	204.61	198.46
货物和服务净出口	52.05	36.07

2016年国民经济主要比例关系

表30

	2016年	2015年
一、国内生产总值比例	100.0	100.0
第一产业	11.1	11.0
第二产业	47.4	50.1
其中：工业占GDP	42.6	45.3
建筑业占GDP	4.8	4.9
第三产业	41.5	38.9
其中：交通运输、仓储和邮政业	3.4	3.4
批零贸易住宿餐饮业	8.6	9.2
金融保险业	1.9	1.2
房地产业	2.9	2.8
其他服务业	22.9	22.3
二、国内支出总额比例	100.0	100.0
（一）资本形成总额	47.9	50.4
固定资产形成总额	41.3	43.5
存货增加	6.6	6.9
（二）最终消费	50.4	48.4
居民消费	37.4	36.2
政府消费	13.0	12.2
（三）货物和服务净出口	1.7	1.2

2016年国民经济和社会发展效益指标

表31

	计量单位	2016年	2015年
人口			
人口出生率	‰	12.98	13.60
人口死亡率	‰	5.98	6.84
人口自然增长率	‰	7.00	6.76
宏观经济			
人均国内生产总值	元	54832	51429
固定资产投资相当于GDP	%	75.2	75.4
财政收入相当于GDP	%	10.7	10.5
地方财政支出相当于GDP	%	13.9	13.0
金融存款余额相当于GDP	%	70.2	60.1
金融贷款余额相当于GDP	%	33.0	31.0

续表31

	计量单位	2016年	2015年
进出口总额相当于GDP	%	3.2	2.4
产业			
农业人均耕地面积	公顷	0.153	0.149
农业从业者人均农业总产值	元	23087	21033
每公顷耕地农机总动力	千瓦	17.4	17.0
每公顷耕地化肥施用量（折纯量）	公斤	653.49	682.83
每公顷播种面积农产品产量			
粮食	公斤	5647	5743
棉花	公斤	1535	1453
油料	公斤	1715	1729
规模工业企业效益			
资产利税率	%	22.1	21.4
产值利税率	%	8.7	9.4
工业增加值率	%	23.1	21.5
工业产品销售率	%	98.4	99.2
全员劳动生产率（增加值）	元/人	305510	312052
每百元销售收入实现利税	元	8.7	9.8
流动资产周转天数	天	41.3	42
全市人均消费品零售额	元	20210	18186

2016年岳阳市生产总值构成项目表

表32 单位：万元

	增加值		劳动者报酬		生产税净额		固定资产折旧		营业盈余	
	2016年	2015年	2016年	2015年	2016年	2015年	2016年	2015年	2016年	2015年
GDP	31008720	28862800	13966144	12568166	5015888	4814233	4043173	3765266	7983515	7715135
农林牧渔业	3507247	3217758	2887661	2653459	93876	85991	356864	325135	168846	153173
农业	1601428	1532544	1405830	1345359	35239	33723	146042	139760	14317	13702
林业	112135	111454	75493	75035	4731	4702	7008	6965	24903	24752
畜牧业	1199464	1040496	971610	842840	26195	22723	150579	130622	51080	44311
渔业	545366	488852	391729	351136	27427	24585	47810	42856	78400	70275
农林牧渔服务业	48854	44412	42999	39089	284	258	5425	4932	146	133
工业	13216806	13074976	4401391	4145062	3277946	3242731	1871025	1849840	3666444	3837343
采掘业	342035	344300	104111	97914	79255	79780	17052	17165	141617	149441
制造业	12324523	12191246	4178673	3938425	3068793	3035607	1712721	1694200	3364336	3523014
电力、煤气及水的生产和供应业	550248	539430	118607	108723	129898	127344	141252	138475	160491	164888

续表32

	增加值		劳动者报酬		生产税净额		固定资产折旧		营业盈余	
	2016年	2015年	2016年	2015年	2016年	2015年	2016年	2015年	2016年	2015年
建筑业	1495572	1413584	873787	825886	205915	194627	93553	88424	322317	304647
批发和零售业	2022220	1906821	637491	555561	679502	616422	109012	101306	596215	633531
交通运输、仓储和邮政业	1061369	980735	662140	603166	110256	106568	127973	118288	161000	152713
交通运输和仓储业	1041906	962659	652165	593902	109359	105735	119902	110792	160480	152230
邮政业	19463	18076	9975	9264	897	833	8071	7496	520	483
住宿和餐饮业	633439	580018	440709	400060	64599	59227	37055	34083	91076	86648
信息传输、软件和信息技术服务业	778403	622718	134553	90576	66624	55839	271526	205200	305700	271103
电信、广播电视和卫星传输服务	472053	345640	80341	41544	25654	18784	234440	171658	131618	113654
其他信息活动	306350	277078	54212	49032	40970	37055	37086	33542	174082	157449
金融业	589813	532897	190590	174369	49147	65700	15525	14490	334551	278339
货币金融和资本市场服务业	490195	435172	152005	141731	38552	55688	14136	13043	285502	224709
保险业	90865	90244	30908	25504	10245	9612	1346	1395	48366	53733
其他金融活动	8753	7481	7677	7133	350	400	43	51	683	−103
房地产业	888800	799547	111658	80703	96644	83551	522890	485455	157608	149838
房地产开发经营	340216	297161	100769	73158	89590	78252	19396	16941	130461	128810
其他房地产活动	84514	63487	10889	7545	7054	5299	39424	29615	27147	21028
自有房地产经营活动	464070	438899					464070	438899		
租赁和商务服务业	1310382	1049902	235758	174195	136194	109121	63893	51192	874537	715394
科学研究、技术服务业	339558	295673	92665	75958	31172	27143	28512	24827	187209	167745
水利、环境和公共设施管理业	189575	165074	101668	85557	5780	5033	27679	24102	54448	50382
居民服务和其他服务业	1190218	953851	593982	466484	117489	94157	69544	55733	409203	337477
教育	918449	799748	703088	601824	13093	11401	124604	108500	77664	78023
卫生和社会工作	925670	806036	517393	434404	25090	21847	87655	76326	295532	273459
文化、体育和娱乐业	435851	352665	113480	86179	35453	28686	48949	39607	237969	198193
公共管理、社会保障和社会组织	1505348	1310797	1268130	1114723	7108	6189	186914	162758	43196	27127
第一产业	3458393	3173346	2844662	2614370	93592	85733	351439	320203	168700	153040
第二产业	14690962	14468294	5268386	4964521	3478549	3432331	1961549	1935397	3982478	4136045
第三产业	12859365	11221160	5853096	4989275	1443747	1296169	1730185	1509666	3832337	3426050

2016年分县市区年末人口

表33　　单位：万户、万人、%

市县名称	总户数	总人口	总人口中		总人口中		城镇化率	人口密度（人/平方公里）
			男	女	城镇	农村		
岳阳市	172.79	568.11	294.28	273.83	315.98	252.13	55.62	382
岳阳楼区	28.79	85.56	45.37	40.19	78.66	6.90	91.94	2099
云溪区	6.39	18.83	10.24	8.59	12.30	6.53	65.32	498
君山区	8.64	25.43	13.04	12.39	14.45	10.98	56.82	406
岳阳县	20.98	73.81	40.42	33.39	35.25	38.56	47.76	263
华容县	22.22	72.96	37.06	35.90	34.04	38.92	46.66	459
湘阴县	21.58	70.39	30.97	39.42	34.41	35.98	48.88	457
平江县	27.87	98.28	52.30	45.98	42.26	56.02	43.00	239
汨罗市	21.84	71.34	37.46	33.88	39.02	32.32	54.70	427
临湘市	14.48	51.51	27.42	24.09	25.59	25.92	49.68	300

2016年分行业从业人员年末数

表34

指标名称	年末人数（人）			
	单位从业人员	在岗职工	劳务派遣人员	其他从业人员
全部单位合计	469040	394652	23966	50422
Ⅰ.国有单位	194801	167657	9329	17815
Ⅱ.城镇集体单位	17162	13189	1507	2466
Ⅲ.其他单位	257077	213806	13130	30141
一、按执行会计标准类别分组				
1.企业	302793	244396	16602	41795
2.事业	103080	90779	4655	7646
3.机关	43116	40332	2004	780
4.民间非营利组织	3388	3316	51	21
5.其他	16663	15829	654	180
二、按国民经济行业分组（GB/T4754-2011）				
（一）农、林、牧、渔业	6263	6137	50	76
（二）采矿业	2289	2010	278	1
（三）制造业	106318	100950	2287	3081
（四）电力、热力、燃气及水生产和供应业	6502	6299	47	156
（五）建筑业	84505	51552	9792	23161

续表34

指标名称	年末人数（人）			
	单位从业人员	在岗职工	劳务派遣人员	其他从业人员
（六）批发和零售业	19279	17702	271	1306
（七）交通运输、仓储和邮政业	10283	8731	605	947
（八）住宿和餐饮业	6403	5806	199	398
（九）信息传输、软件和信息技术服务业	6707	5195	862	650
（十）金融业	20255	9541	780	9934
（十一）房地产业	6829	6070	328	431
（十二）租赁和商务服务业	6181	5336	477	368
（十三）科学研究和技术服务业	16009	14081	443	1485
（十四）水利、环境和公共设施管理业	10064	6932	378	2754
（十五）居民服务、修理和其他服务业	2095	1997	54	44
（十六）教育	52730	49150	1490	2090
（十七）卫生和社会工作	28328	25175	2269	884
（十八）文化、体育和娱乐业	3873	3587	144	142
（十九）公共管理、社会保障和社会组织	74127	68401	3212	2514

2016年全部单位分行业从业人员工资总额和平均工资

表35 单位：千元、元

指标名称	工资总额（千元）					平均工资（元）				
	从业人员工资总额	1.在岗职工工资总额	2.劳务派遣人员工资总额	在岗劳务合计	3.其他从业人员工资总额	从业人员平均工资	1.在岗职工平均工资	2.劳务派遣人员平均工资	在岗劳务合计	3.其他从业人员平均工资
全部单位合计	22115569	19397136	1021183	20418319	1697250	47574	49431	42170	49009	35183
Ⅰ.国有单位	9372852	8413523	341661	8755184	617668	48566	50681	37101	49967	34747
Ⅱ.城镇集体单位	743374	573377	78465	651842	91532	44047	43723	50010	44394	41719
Ⅲ.其他单位	11999343	10410236	601057	11011293	988050	47057	48808	44728	48566	34949
一、按执行会计标准类别分组										
1.企业	14202254	11946118	781784	12727902	1474352	47381	49116	46322	48935	37187
2.事业	4953962	4602933	157201	4760134	193828	48193	50842	33850	50013	25450
3.机关	2045944	1965162	58979	2024141	21803	48355	49692	29697	48736	28024
4.民间非营利组织	142929	140880	1447	142327	602	42075	42408	26796	42158	28667
5.其他	770480	742043	21772	763815	6665	46359	47006	33240	46458	37235

续表35

指标名称	工资总额（千元）					平均工资（元）				
	从业人员工资总额	1.在岗职工工资总额	2.劳务派遣人员工资总额	在岗劳务合计	3.其他从业人员工资总额	从业人员平均工资	1.在岗职工平均工资	2.劳务派遣人员平均工资	在岗劳务合计	3.其他从业人员平均工资
二、按国民经济行业分组（GB/T4754-2011）										
（一）农、林、牧、渔业	187821	184991	1385	186376	1445	30032	30183	27700	30163	19267
（二）采矿业	93141	85931	7166	93097	44	41525	43378	27456	41524	44000
（三）制造业	5217898	4930335	189572	5119907	97991	48514	48270	71294	48855	35568
（四）电力、热力、燃气及水生产和供应业	391085	382944	1518	384462	6623	61695	62318	32298	62090	45054
（五）建筑业	3779354	2428737	390992	2819729	959625	45975	48617	40400	47283	42518
（六）批发和零售业	739637	695676	13175	708851	30786	38559	39357	46886	39475	25131
（七）交通运输、仓储和邮政业	440512	392003	35492	427495	13017	43111	45313	55981	46041	13952
（八）住宿和餐饮业	228426	204877	8207	213084	15342	35697	35354	40230	35520	38355
（九）信息传输、软件和信息技术服务业	435974	355205	48051	403256	32718	65285	68999	54234	66831	50804
（十）金融业	1168508	885786	33061	918847	249661	61243	93388	42009	89452	28345
（十一）房地产业	316528	293424	9343	302767	13761	47577	49199	35797	48637	32152
（十二）租赁和商务服务业	219587	196686	13120	209806	9781	35682	37062	27797	36305	26083
（十三）科学研究和技术服务业	607600	543940	21371	565311	42289	38149	38995	45665	39211	28006
（十四）水利、环境和公共设施管理业	386966	309953	12247	322200	64766	38708	44986	33280	44392	23646
（十五）居民服务、修理和其他服务业	77448	74037	1881	75918	1530	37306	37449	31350	37270	39231
（十六）教育	2628702	2528456	45523	2573979	54723	50031	51615	30800	51005	26360
（十七）卫生和社会工作	1582045	1462745	88748	1551493	30552	56037	58349	38907	56727	34639
（十八）文化、体育和娱乐业	156782	147128	5273	152401	4381	40481	40858	36874	40705	33961
（十九）公共管理、社会保障和社会组织	3457555	3294282	95058	3389340	68215	47193	48760	29724	47900	27232

岳阳市2016年12月居民消费和商品零售价格指数

表36

项目名称	上月=100	上年同月=100	上年同期=100	2015年=100
居民消费价格总指数	99.8	103.5	101.9	103.2
一、食品烟酒	99.2	103.3	104.0	103.3
粮　食	100.0	98.0	99.5	98.5
鲜　菜	95.4	108.9	108.8	105.3
畜　肉	99.4	106.3	112.3	110.6
水产品	96.9	109.4	107.9	107.2
蛋	100.0	88.7	96.0	91.3
鲜　果	99.8	99.7	97.4	95.1
二、衣着	100.2	101.3	100.9	101.7
三、居住	100.0	102.0	100.8	101.5
四、生活用品及服务	100.1	101.9	100.8	101.4
五、交通和通信	100.1	102.4	99.3	100.6
六、教育文化和娱乐	100.0	101.6	100.7	101.4
七、医疗保健	100.0	117.7	105.7	118.8
八、其他用品和服务	99.4	100.6	100.6	100.1
商品零售价格总指数	100.0	101.8	100.8	101.2
一、食品	99.0	103.4	104.4	103.3
二、饮料、烟酒	100.2	100.4	100.6	100.7
三、服装、鞋帽	100.2	101.2	100.8	101.5
四、纺织品	100.2	102.2	101.3	102.2
五、家用电器及音像器材	100.0	100.6	100.3	100.5
六、文化办公用品	100.0	101.0	100.7	101.0
七、日用品	100.1	101.7	100.6	101.7
八、体育娱乐用品	100.0	103.3	101.2	103.2
九、交通、通信用品	100.0	97.4	98.0	97.1
十、家具	100.4	99.8	98.6	98.5
十一、化妆品	100.0	99.7	100.6	99.6
十二、金银珠宝	97.4	98.7	99.8	97.4
十三、中西药品及医疗保健用品	100.0	102.6	103.9	105.1
十四、书报杂志及电子出版物	100.0	101.7	100.7	101.7
十五、燃料	101.8	107.8	96.4	100.7
十六、建筑材料及五金电料	100.0	102.3	100.5	101.4

岳阳市2016年住户收支与生活状况调查年报表（城镇）

表37

指标名称	单位	代码	岳阳市	岳阳楼区	云溪区	君山区	岳阳县	华容县	湘阴县	平江县	汨罗市	临湘市
可支配收入（不含自产自用）	元	1100	27771	30594	31892	27407	24447	25306	26864	20148	27187	24692
现金可支配收入	元	1201	26503	28596	30169	26549	23840	24585	25731	19270	26074	23738
现金收入（未扣除生产费用）	元	1501	29032	30940	38517	27701	25173	30135	26857	21671	27621	25849
可支配收入	元	3701	27546	30386	31913	26918	24287	24857	26620	20148	27014	24064
总收入（未扣除生产费用）	元	4001	30385	33012	40269	28559	25868	31079	28038	22563	28737	27118
可支配收入	元	3701	27546	30386	31913	26918	24287	24857	26620	20148	27014	24064
一、工资性收入	元	3702	17710	22585	19096	13345	15292	11725	15730	12855	17482	11317
二、经营净收入	元	3781	3283	1722	1776	5306	5813	6419	4075	584	1612	3946
三、财产净收入	元	3861	1588	1883	1247	787	787	2938	1017	703	1668	2069
四、转移净收入	元	3881	4965	4197	9794	7481	2395	3776	5798	6007	6253	6732
消费支出	元	4202	19355	24601	21582	18944	11111	13756	18920	16148	17360	17168
（一）食品烟酒	元	4203	5941	7537	7797	6715	3878	4451	5700	5042	5104	5840
（二）衣着	元	4241	1640	2065	2203	1598	925	1297	1568	1271	1573	1520
（三）居住	元	4251	2900	3433	2435	2552	2459	2197	3001	2351	3097	2971
（四）生活用品及服务	元	4261	1098	1126	1685	1377	501	832	935	878	1171	948
（五）交通通信	元	4271	2516	3706	2150	2225	767	1637	2107	1808	2195	1494
（六）教育文化娱乐	元	4285	3293	4331	3470	3461	1851	2155	3224	2784	3225	2420
（七）医疗保健	元	4311	1423	1656	1384	795	428	731	2147	1494	711	1650
（八）其他用品和服务	元	4321	544	748	458	221	302	455	236	519	283	326

岳阳市2016年住户收支与生活状况调查年报表（农村）

表38

指标名称	单位	代码	岳阳市	岳阳楼区	云溪区	君山区	岳阳县	华容县	湘阴县	平江县	汨罗市	临湘市
可支配收入（不含自产自用）	元	1100	12420	16415	16513	16116	13466	15183	14760	7239	15408	12907
现金可支配收入	元	1201	12170	16248	16416	15762	13269	14923	14516	7218	14766	12817
现金收入（未扣除生产费用）	元	1501	15229	17222	21860	18416	14740	19223	18084	9226	16659	14395

续表38

指标名称	单位	代码	岳阳市	岳阳楼区	云溪区	君山区	岳阳县	华容县	湘阴县	平江县	汨罗市	临湘市
可支配收入	元	3701	13119	16452	16452	15260	13822	16449	15702	7994	15277	13364
总收入（未扣除生产费用）	元	4001	16639	17865	22387	18537	16035	21034	19663	10148	18147	15435
可支配收入	元	3701	13119	16452	16452	15260	13822	16449	15702	7994	15277	13364
一、工资性收入	元	3702	6604	8232	11546	5660	7579	5316	6799	4462	7714	8534
二、经营净收入	元	3781	3642	617	3867	4586	3583	8258	4082	990	3527	2670
三、财产净收入	元	3861	199	35	122	195	55	671	110	28	110	184
四、转移净收入	元	3881	2673	7568	917	4820	2605	2204	4711	2515	3925	1976
消费支出	元	4202	12050	12714	14535	11324	11027	11803	13894	9325	15095	9575
（一）食品烟酒	元	4203	3537	4693	4045	3798	3453	4370	3977	2680	4006	2953
（二）衣着	元	4241	745	666	968	641	745	653	821	585	995	602
（三）居住	元	4251	2580	2969	3224	2568	2658	1629	3312	2212	3057	2161
（四）生活用品及服务	元	4261	806	503	910	598	638	795	962	635	1016	512
（五）交通通信	元	4271	1361	1541	2089	1059	1087	1017	1028	1059	2211	701
（六）教育文化娱乐	元	4285	1776	1790	2607	1570	1738	2163	2182	1127	1994	1821
（七）医疗保健	元	4311	999	404	610	1002	598	918	1477	787	1525	606
（八）其他用品和服务	元	4321	245	148	82	88	111	257	135	241	290	217

2016年规模以上工业增加值增速

表39

单位：个、万元

	单位个数		工业增加值		主营业务收入	
	2015年	2016年	2016年	±%	2015年	2016年
总　计	1283	1285	11193900	7.1	47337484	50300480
一、按行政区划分						
岳阳楼区	33	32	257617	6.7	1310157	1387524
云溪区	97	90	2489866	5.7	7901397	7789798
君山区	69	70	382309	6.2	1792137	1748261
岳阳县	148	147	1104387	8.9	4554584	4996168
华容县	134	125	974241	8.3	4653815	4931922
湘阴县	151	154	1409735	8.3	6030118	6487736

续表39

	单位个数		工业增加值		主营业务收入	
	2015年	2016年	2016年	±%	2015年	2016年
平江县	140	152	897050	8.9	3300015	4084397
汨罗市	216	212	1332699	8.2	7217322	8261449
临湘市	129	144	808203	8.6	3379800	3723641
开发区	111	107	1188063	7.1	5265514	5615647
城陵矶新港区	11	12	145209	8.7	372730	355712
南湖区	9	9	14873	3.5	83303	82634
屈原区	35	31	189649	5.7	1476594	835592
二、按轻重工业分						
轻工业	585	597	4414398	8.1	20298813	21960177
重工业	698	688	6779502	6.5	27038672	28340303
三、按隶属关系分						
中央省属工业	22	21	2446233	−0.9	7656850	7525601
市属及以下工业	1261	1264	8747667	8.8	39680634	42774880
四、总计中						
大中型工业	300	299	6395551	2.9	26312659	26693821
中小微型工业	1258	1262	8544751	9.1	38837580	41979564

2016年岳阳市固定资产投资完成情况

表40　　单位：万元；%

指标名称	本年完成	去年同期	增幅
全市固定资产投资	23173698	20230925	14.5
一、按经济类型分			
国有投资	8889820	7140908	24.5
非国有投资	14283878	13090017	9.1
民间投资	12861581	11176435	15.1
二、按隶属关系分			
中央项目	168688	153105	10.2
地方项目	23005010	20077820	14.6
三、按产业分			
第一产业	1066763	909164	17.3
第二产业	9261882	9224830	0.4
第三产业	12845053	10096931	27.2

续表40

指标名称	本年完成	去年同期	增幅
四、按投资方向分			
工业投资	9157132	8090596	13.2
民生工程	2417809	1470247	64.4
生态环境	1669043	1208218	38.1
基础设施	6100597	3546173	72
高新技术产业投资	1300324	994936	30.7
技改投资（含全部）	8374889	7540357	11.1
战略性新兴产业	5757862	4553847	26.4
房地产开发投资	1329500	1514489	–12.2
五、按结构分			
建筑工程	11480930	10286455	11.6
安装工程	2749064	2125512	29.3
设备工器具购置	5564651	4465221	24.6
其他费用	3379053	3170317	6.6

2016年地方财政收支情况

表41　　单位：万元

科　　目	2016年	科　　目	2016年
一、税收收入	702901	一般公共服务支出	405046
增值税	244506	外交支出	0
营业税	111608	国防支出	3631
企业所得税	51875	公共安全支出	195104
企业所得税退税	0	教育支出	565581
个人所得税	16386	科学技术支出	54655
资源税	4739	文化体育与传媒支出	65673
固定资产投资方向调节税		社会保障和就业支出	777339
城市维护建设税	85630	医疗卫生与计划生育支出	409251
房产税	20720	节能环保支出	112250
印花税	9890	城乡社区支出	409176
城镇土地使用税	28881	农林水支出	550678
土地增值税	32473	交通运输支出	252451
车船税	12787	资源勘探信息等支出	88089
耕地占用税	28704	商业服务业等支出	29036

续表41

科　　目	2016年	科　　目	2016年
契税	54702	金融支出	702
烟叶税		援助其他地区支出	30
其他税收收入		国土海洋气象等支出	35149
二、非税收入	817532	住房保障支出	279483
专项收入	110145	粮油物资储备支出	9572
行政事业性收费收入	126412	债务付息支出	32759
罚没收入	51239	其他支出	34578
国有资本经营收入	2596		
国有资源（资产）有偿使用收入	276770		
其他收入	250370		
地方公共财政预算收入	1520433		
上划中央收入	1623053		
上划省级收入	164035		
财政总收入	3307521	本年支出合计	4310233

2016年金融机构本外币信贷收支表

表42　　单位：万元

金融机构信贷情况	本月余额	年初余额	上年同月余额	比同期
一、各项存款	21783520	17334702	17334702	25.7%
（一）境内存款	21774682	17326052	17326052	25.7%
1.住户存款	12641749	10913863	10913863	15.8%
2.非金融企业存款	4846002	3049211	3049211	58.9%
3.广义政府存款	4257815	3336404	3336404	27.6%
4.非银行业金融机构存款	29115	26576	26576	9.6%
（二）境外存款	8838	8649	8649	2.2%
二、各项贷款	10240070	8944779	8944779	14.5%
（一）境内贷款	10239513	8944482	8944482	14.5%
1.住户贷款	3622229	3223005	3223005	12.4%
2.非金融企业及机关团体贷款	6617284	5721477	5721477	15.7%
（二）境外贷款	556	297	297	87.6%
（三）短期贷款	3320050	3610677	3607677	-8.0%
（四）中长期贷款	6763543	5219761	5222761	29.5%

2016年农作物播种面积、产量

表43　　单位：千公顷、吨

	播种面积		总产量	
	2016年	2015年	2016年	2015年
农作物播种面积和产量	905.07	901.43		
一、粮食作物	562.54	562.01	3176885.82	3241137.84
（一）谷物	526.07	526.71	3070468.65	3137644.95
1.稻谷	484.65	486.07	2890347.6	2958589.85
（1）早稻	215.88	216.25	1122197.18	1155283.28
其中：优质早稻	125.18	144.59	676975.41	764341.8
（2）中稻及一季晚稻	26.34	26.82	179893.12	184933.57
（3）晚稻	242.43	243	1588257.3	1618373
其中：优质晚稻	138.87	185.56	939347.31	1216694.2
2.小麦	7.2	7.09	22772	22387.7
3.玉米	32.99	32.29	152712.17	151863.09
4.高粱	0.45	0.43	1774.38	1723.4
5.其它谷物	0.78	0.83	2862.5	3080.91
（1）春夏收其它谷物	0.41	0.41	1362.5	1370.01
（2）秋收其它谷物	0.37	0.42	1500	1710.9
（二）豆类播种面积和产量	22.55	21.73	42054.33	40856.35
其中：1.大豆	9.34	8.67	18960.9	17676.35
2.杂豆	1.4	1.21	2633.5	2656
（三）薯类（干）	13.92	13.57	64362.84	62636.54
二、经济作物				
（一）油料	128.79	129.39	220873.35	221598.53
其中：油菜籽	117.45	118.37	190231.5	191668.13
花生	7.28	7.12	25663.02	25184.65
（二）棉花	36.35	36.72	55805.85	53380.89
（三）麻类	0.73	0.86	2005.77	2446.5
（四）甘蔗	0.8	0.68	39298	33788
（五）烟叶	0.26	0.27	1009.66	1082
（六）药材面积和产值（万元）	4.58	4.67	27073	27856.7
三、其它作物				
（一）蔬菜（含菜用瓜）	103.47	99.82	3388663.12	3244454

续表43

	播种面积		总产量	
	2016年	2015年	2016年	2015年
（二）水果	18.49	18.09	542644.17	691973.84
（三）青饲料	19.6	19.49		
（四）绿肥	22.69	22.59		
其中：留种面积、产量				
（五）其它	6.31	6.38		
（六）其它农作物产量			96405.5	95887.5
其中：荸子			85440.5	84666.5

2016年客货运输量与周转量

表44

	运　输　量		周　转　量	
	货运（万吨）	客运（万人）	货运（万吨公里）	客运（万人公里）
合计	30973.14	10461.56	3786788.13	529812.21
铁路	1517.44	779.90	/	/
公路	19574.69	9677.86	3055105.62	529753.26
水路	9545.07	3.80	726636.38	58.95
管道	335.95	/	5046.13	/

2016年港口吞吐情况

表45

	货物吞吐量（万吨）	旅客吞吐量（万人）	
		合计	其中：离港量
全市合计	14082.21	3.80	2.14
岳阳港	14082.21	3.80	2.14

2016年内河航运港口情况

表46

	码头长度（米）	泊位数（个）	年综合吞吐能力	
			货物（万吨）	旅客（万人）
全市合计	11972	152	7000.00	12.00
岳阳港	11972	152	7000.00	12.00

2016年社会消费品零售总额

表47 单位：万元

指标名称	全市	岳阳楼区	南湖风景区	经济技术开发区	云溪区	君山区	岳阳县	华容县	湘阴县	平江县	汨罗市	屈原区	临湘市	新港区
社会消费零售总额	11428833	3957551	197633	1091793	228826	260025	951141	958666	965185	964353	862840	90009	679370	221441
一、按销售单位所在地分														
1.城镇	9946631	3807777	176439	876845	195256	191741	804651	842634	801421	805636	675643	79227	511517	177844
2.乡村	1482202	149774	21194	214948	33570	68284	146490	116032	163764	158717	187197	10782	167853	43597
二、按行业分组														
1.批发业	2255906	593632	9647	327538	118989	42748	102429	132996	425330	161745	229526	684	44210	66432
2.零售业	6434436	1682608	147767	436717	66359	164081	757860	761829	399818	703898	588884	78856	557181	88576
3.住宿业	1109079	702142	13797	142224	11441	24731	9312	34627	78098	43185	11244	826	8664	28787
4.餐饮业	1629412	979169	26422	185314	32036	28466	81540	29215	61939	55525	33185	9642	69315	37645

2016年对外经济贸易和旅游业

表48

指标名称	计量单位	数　量
一、进出口总额	万美元	137454
进口	万美元	35066
出口	万美元	102388
二、对外签订利用外资协议项目	个	9
外商直接投资项目	个	9
外商其他投资项目	个	
三、实际利用外资		
外商直接投资	万美元	41538
四、入境旅游人数	万人次	28
五、国内旅游人数	万人次	5007
六、旅游外汇收入	万美元	13733
七、国内旅游收入	亿元	405

（谢　元）

附录

责任编辑　李　幸

文件目录

中共岳阳市委重要文件目录

△岳发〔2016〕4号　关于印发《岳阳市供给侧结构性改革实施方案（2016—2018年）》的通知（2016年4月8日）

△岳发〔2016〕5号　关于深化财税体制改革加强预算管理的实施意见（2016年5月6日）

△岳发〔2016〕11号　关于深化供销工作和综合改革的实施意见（2016年10月14日）

△岳发〔2016〕12号　印发《关于贯彻落实〈法治政府建设实施纲要（2015—2020年）〉的实施方案》的通知（2016年11月8日）

△岳发〔2016〕14号　转发《市委宣传部、市司法局关于在全市公民中深入开展法治宣传教育的第七个五年规划（2016—2020年）》的通知（2016年12月22日）

△岳办发〔2016〕7号　关于进一步明确市管国有企业管理体制的通知（2016年6月21日）

△岳办发〔2016〕8号　印发《关于推进行业协会商会与行政机关脱钩的实施方案》的通知（2016年8月6日）

△岳办发〔2016〕11号　关于进一步加强县市区信访工作实施意见（2016年9月12日）

△岳办发〔2016〕12号　关于印发《岳阳市公务用车制度改革总体方案》和《岳阳市市直党政机关公务用车制度改革实施方案》的通知（2016年9月13日）

△岳办发〔2016〕13号　关于印发《岳阳市市直机关公务用车管理暂行办法》的通知（2016年9月20日）

△岳办发〔2016〕15号　印发《关于加强非公有制经济组织和社会组织党的建设工作的实施意见（试行）》的通知（2016年12月22日）

△岳办发〔2016〕16号　印发《关于加强政党协商的实施意见》的通知（2016年12月30日）

△岳办〔2016〕6号　印发《关于在全市政法系统开展“增强四个意识、做到三个看齐”专项行动的实施方案》《关于在全市开展医患矛盾纠纷综合整治专项行动的实施方案》《关于在全市开展防范和处置非法集资专项行动的实施方案》《关于在全市城乡社区（村）开展网格化建设的实施方案》的通知（2016年3月10日）

△岳办〔2016〕8号　关于印发《岳阳市城区禁违拆违治违工作大升级实施方案》的通知（2016年3月24日）

△岳办〔2016〕11号　关于印发《岳阳市落实省委配合中央巡视“回头看”工作方案》的通知（2016年3月29日）

△岳办〔2016〕15号　关于印发《岳阳市2016年度重点产业和重点民营企业帮扶行动方案》的通知（2016年4月29日）

△岳办〔2016〕16号　关于印发《岳阳市“雁过拔毛”式腐败问题专项整治行动实施方案》的通知（2016年4月29日）

△岳办〔2016〕18号　印发《关于在全市党员中开展“学党章党规、学系列讲话，做合格党员”学习教育实施方案》的通知（2016年4月29日）

△岳办〔2016〕21号　关于印发《岳阳市“纠‘四风’、治陋习”专项整治行动实施方案》的通知（2016年5月13日）

△岳办〔2016〕27号　关于对实施县域经济壮大战略进行单独考核奖励（试行）的通知（2016年6月22日）

△岳办〔2016〕36号　关于进一步加强反腐败国际追逃追赃工作的通知（2016年9月12日）

△岳办〔2016〕39号　关于印发《岳阳市脱贫攻坚督查巡查工作实施办法》《县市区党委和政府脱贫攻坚工作考核办法》《市直和中央、省驻岳单位脱贫攻坚责任制考核办法》的通知（2016年11月10日）

△岳办〔2016〕41号　关于印发《2016年度落实党风廉洁建设党委主体责任和纪委监督责任考核办法》的通知（2016年11月15日）

△岳办〔2016〕42号　关于印发《岳阳市学习宣传贯彻党的十八届六中全会和省第十一次党代会精神开展“面对面微宣讲、点对点解疑惑”活动方案》的通知（2016年11月29日）

（古　泉）

岳阳市政府重要文件目录

△岳政发〔2016〕2号　关于进一步推进户籍制度改革的实施意见（2016年4月29日）

△岳政发〔2016〕3号　关于取消和调整一批行政审批项目的通知（2016年7月7日）

△岳政发〔2016〕4号　关于加快发展现代保险服务业的实施意见（2016年9月21日）

△岳政发〔2016〕5号　关于进一步加强和规范市城区国有土地使用权出让收支管理工作的通知（试行）（2016年9月28日）

△岳政发〔2016〕7号　关于整合城乡居民基本医疗保险制度和市辖区城乡居民基本医疗保险纳入市级统筹的实施意见（2016年10月26日）

△岳政发〔2016〕8号　关于进一步加强市政府投资项目管理的意见（2016年11月7日）

△岳政发〔2016〕9号　关于进一步加快开放型经济发展的意见（试行）（2016年12月8日）

△岳政告〔2016〕1号　关于进一步规范市中心城区建筑垃圾管理的通告（2016年1月21日）

△岳政告〔2016〕2号　关于进一步加强货运车辆超限超载治理工作的通告（2016年2月22日）

△岳政告〔2016〕3号　关于岳阳市城区实施不动产统一登记的通告（2016年7月20日）

△岳政告〔2016〕4号　关于整治市中心城区沿湖砂石散货码头的通告（2016年9月30日）

△岳政告〔2016〕5号　关于整治和规范市中心城区沿洞庭湖水域浮吊船舶作业秩序的通告（2016年10月

24日）

△岳政告〔2016〕6号　关于进一步加强东洞庭湖国家级自然保护区综合整治的通告（2016年12月28日）

△岳政办发〔2016〕1号　关于实施创新驱动发展战略促进产业转型升级的意见（2016年1月19日）

△岳政办发〔2016〕4号　关于印发《岳阳市小型水库安全管护员管理办法》的通知（2016年2月1日）

△岳政办发〔2016〕5号　关于印发《岳阳市危险化学品安全生产事故应急预案》的通知（2016年2月1日）

△岳政办发〔2016〕6号　关于印发《岳阳市非煤矿山安全生产事故应急预案》的通知（2016年2月1日）

△岳政办发〔2016〕7号　关于印发《岳阳市烟花爆竹安全生产事故应急预案》的通知（2016年2月1日）

△岳政办发〔2016〕8号　关于承接省政府下放的部分省级经济社会管理权限的通知（2016年2月1日）

△岳政办发〔2016〕10号　关于印发《岳阳市城市规划区修建性详细规划和建设工程设计方案管理若干规定》的通知（2016年2月23日）

△岳政办发〔2016〕11号　关于岳阳市中心城区被征地农民社会保障工作的实施意见（试行）（2016年2月25日）

△岳政办发〔2016〕12号　关于印发岳阳市房屋白蚁防治管理办法的通知（2015年7月3日）

△岳政办发〔2016〕14号　关于授权岳阳经开区、湖南城陵矶新港区管委会实施部分市级行政审批事项的通知（2016年3月25日）

△岳政办发〔2016〕16号　关于印发《岳阳市雷电灾害防御管理办法》的通知（2016年3月28日）

△岳政办发〔2016〕17号　关于印发《岳阳火车站地区综合管理规定》的通知（2016年4月6日）

△岳政办发〔2016〕19号　关于印发《岳阳市国家建设项目审计监督办法》的通知（2016年4月6日）

△岳政办发〔2016〕20号　关于深化商事制度改革全力促进大众创业万众创新的实施意见（2016年4月29日）

△岳政办发〔2016〕21号　关于印发《岳阳市政府购买服务管理暂行办法》的通知（2016年5月5日）

△岳政办发〔2016〕23号　关于印发岳阳市出生缺陷防治工作实施方案的通知（2016年6月15日）

△岳政办发〔2016〕24号　关于印发《岳阳市突发性地质灾害应急预案》的通知（2016年6月13日）

△岳政办发〔2016〕25号　关于印发《岳阳市市本级政府投资项目投融资管理办法（试行）》的通知（2016年6月20日）

△岳政办发〔2016〕26号　关于印发《岳阳市市级财政专项资金管理暂行办法》的通知（2016年6月20日）

△岳政办发〔2016〕27号　关于印发岳阳市大气污染防治特护期工作方案的通知（2016年6月20日）

△岳政办发〔2016〕28号　关于印发《岳阳市乡村教师支持计划（2016—2020年）实施细则》的通知（2016年6月30日）

△岳政办发〔2016〕29号　关于印发《岳阳市中心城区新建住宅供电设施建设和维护管理办法（试行）》的通知（2016年8月12日）

△岳政办发〔2016〕30号　关于印发岳阳市机动车排气污染防治暂行办法的通知（2016年8月15日）

△岳政办发〔2016〕31号　关于印发《岳阳市湘江保护和治理第二个“三年行动计划”（2016—2018年）实施方案》的通知（2016年8月15日）

△岳政办发〔2016〕32号　关于印发《岳阳市互联网金融风险专项整治工作实施方案》的通知（2016年8月16日）

△岳政办发〔2016〕35号　关于印发《岳阳市城乡居民大病保险实施方案》的通知（2016年9月12日）

△岳政办发〔2016〕36号　关于加快推进残疾人小康进程的实施意见（2016年10月8日）

△岳政办发〔2016〕37号　关于印发《岳阳市房地产开发项目货币资本金管理办法》的通知（2016年10月25日）

△岳政办发〔2016〕38号　关于印发《岳阳市市本级及所辖区地方政府债券还本付息管理暂行办法》的通知（2016年11月1日）

△岳政办发〔2016〕39号　关于进一步加强市城区市政基础设施项目建设管理的意见（试行）（2016年11月7日）

△岳政办发〔2016〕40号　关于加强治理拖欠农民工工资问题的通知（2016年11月11日）

△岳政办发〔2016〕41号　关于印发《岳阳市放宽市场主体住所（经营场所）登记条件实施办法》的通知（2016年11月15日）

△岳政办发〔2016〕42号　关于印发《岳阳市全面建立困难残疾人生活补贴和重度残疾人护理补贴制度实施方案》的通知（2016年11月21日）

（熊珞圻）

重要文件

岳阳市国民经济和社会发展第十三个五年规划纲要（摘要）

第一章　全面建成小康社会　谱写“一极三宜”江湖名城新篇章

一、过去五年的发展成果

综合实力明显提升，发展势头更趋强劲。2015年全市地区生产总值达到2886.3亿元，居全省第二位，年均增长10.9%；规模工业增加值达到1166亿元，年均增长12.8%；固定资产投资达到2154.7亿元，年均增长27.7%；社会消费品零售总额达到1020.6亿元，年均增长14.4%。公共财政预算收入达到302.8亿元，年均增长16.7%；进出口总额达到11.3亿美元，年均增长24.1%。县域经济实力增强，经开区财政收入突破30亿元，6个县市区过10亿元，汨罗进入全省县域经济十强。

图1：岳阳市地区生产总值增长图

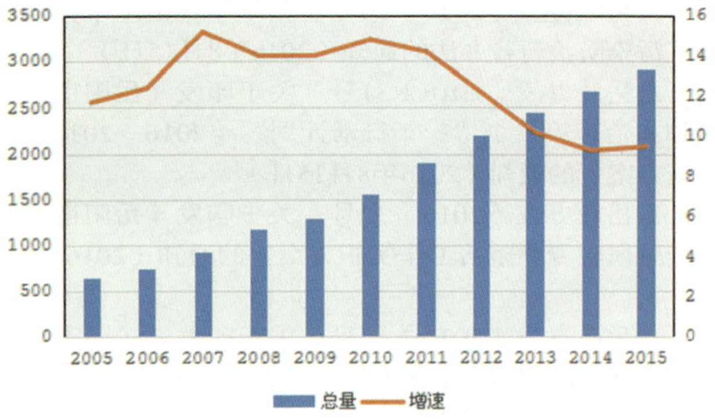

产业结构调整优化，发展后劲持续增强。三次产业结构比由2010年的14：54.2：31.8调整为11：50.1：38.9。形成石化、食品加工两大千亿产业和10个省级以上工业园区，全市园区规模工业增加值占全市规模工业的比重达到60%。实现旅游总收入332.7亿元，年均增长26.5%，引进3家股份制商业银行、2家村镇银行，新增3家上市企业，岳阳电子商务产业园升格为国家电子商务示范基地，全市国家A级物流企业达到18家，第三产业比重提高5.1个百分点。全市农民合作社总数达到2984家，市级以上农业产业化龙头企业达到267家，规模以上农产品加工企业达到409家。

图2：岳阳市三次产业结构变动对比图

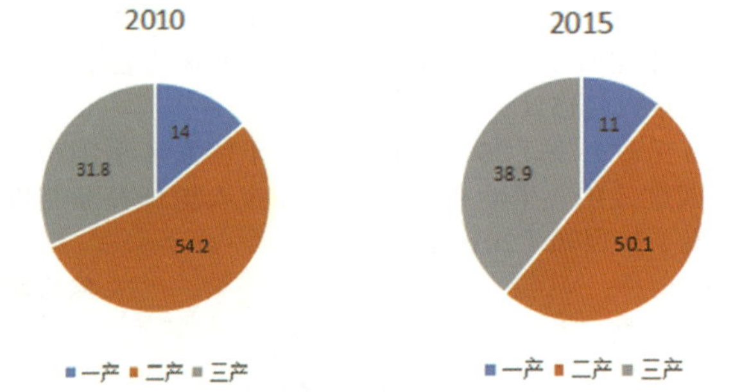

城乡统筹协调共进，发展面貌全面改观。随岳、通平、岳常、石华高速和芙蓉大道湘阴段建成通车，高速公路“两路一桥”、临湖公路、蒙华铁路岳阳段等项目加快推进，岳阳机场获批建设，常岳九铁路、城陵矶松阳湖铁路专用线、岳长城际铁路进入规划层面，全市高速公路通车总里程315千米，二级及以上国省道1270千米，铁路通车总里程455千米。实施中心城区小街巷改造惠民三年行动计划，改造小街巷1153条，市体育中心、环南湖旅游交通三圈、王家河流域生态休闲和历史文化记忆长廊等一批城建标志性工程加快推进。全市建成运营城镇污水处理厂11座，铺设城市燃气管道1200千米，完成574座病险水库除险加固工程，通信设施实现城乡覆盖，获批“宽带中国”示范城市，城乡基础设施更加健全完善。全市城镇化率达到54%，比2010年提升8个百分点。城乡环境美化，完成湘江保护与治理第一个“三年行动计划”，启动实施“绿色通道”和“秀美村庄”三年行动计划，单位GDP能耗年均下降6.6%，全市森林覆盖率保持在45.3%，城市建成区绿化覆盖率达到40.9%，城镇垃圾无害化处理率达到98%。获得全国绿化模范城市、中国最具幸福感城市、全国文明城市、全国宜居城市百强、中国十大活力休闲城市等荣誉称号。

民生保障扎实有力，发展成果全民共享。教育事业健康发展，建成义务教育合格学校、农村公办幼儿园830所，创建国家示范职业学校5所。医疗卫生计生服务体系健全完善，新建改建县级综合医院10所、乡镇卫生院74所、社区卫生服务中心32所、村卫生室652所，人口自然增长率6.76‰，连续16年被评为省人口计生工作先进市。文化强市建设深入推进，成功通过国家历史文化名城复查，获批创建国家公共文化服务体系示范区，被评为中国最具文化软实力城市。社会保障水平提升，城乡三项医疗保险覆盖率97%以上，城乡低保月保障标准线分别提高到400元和200元；实现新增城镇就业27.3万人、农村劳动力转移就业31.9万人，城镇登记失业率控制在3.7%以内；新增各类保障性住房7.5万套，完成各类棚户区改造15.5万户，实施农村危（旧）房改造7.7万户，解决农村饮水不安全人数278.4万人。城乡居民收入分别达到25202元和12091元，年均增长10.8%和13.9%。扶贫工作成效显著，全市减少近30万贫困人口，贫困发生率降低至5.95%。社会大局保持和谐稳定，群众幸福指数明显提高。

图3：岳阳市城乡居民人均可支配收入增长图

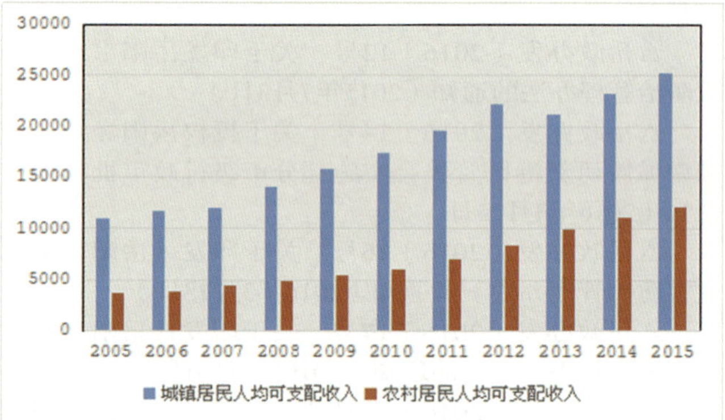

（注：2013年城镇和农村居民人均可支配收入按新口径统计）

改革开放不断深化，发展活力竞相迸发。启动实施9大类109项改革，发展活力与动能更加强劲。完成市本级机构改革任务，率先全省不再保留非行政许可事项；优化调整中心城区管理体制，组建南湖新区、城陵矶新港区；实施乡镇区划调整改革，撤并乡镇52个，调减三分之一；基本完成第一轮国有企业改革。创新驱动发展提速，研发经费投入占GDP比重1.7%，万人有效发明专利拥有量1.13件，全市高新技术产业增加值占GDP比重达到18.6%。开放优势日益凸显，城陵矶“一区一港四口岸”获批建设，成功开通城陵矶至港澳和上海洋山港直达航线、21世纪海上丝绸之路岳阳至东盟接力航线，湖南城陵矶国际港务集团正式揭牌，岳阳港获批全国绿色循环低碳港口试点，港口货物吞吐量达到1.2亿吨，集装箱吞吐量达到24万标箱。区域合作步伐加快，开展与长江沿岸、“中三角”“小三角”城市及6个国际友好城市的经贸往来，签订岳阳市、咸宁市、九江市、安庆市四市战略合作框架协议，成功举办首届洞庭湖生态经济区绿色发展论坛等系列宣传、推介岳阳市的大型活动。

二、发展目标

发展目标。综合实力大幅提升。地区生产总值增速继续高于全省平均水平，总量保持全省排名第二的位置，财政收入实现较快增长、质量明显提高，全市主要经济指标占全省比重达到12%，真正成为具有较强经济拉动力、市场辐射力和区域影响力的名副其实的湖南新增长极。转型升级取得突破。工业化和信息化融合发展水平提高，先进制造业加快发展，战略性新兴产业发展壮大，服务业比重实现较大幅度提升，农业现代化进程加快，产业结构进一步优化。投资效率和企业效率明显上升，出口和消费对经济增长的贡献率明显提高。科技支撑能力增强，创新资源有效集聚，跨入创新型城市行列，基本形成创新驱动发展格局。开放活力全面激发。铁水公空综合立体交通体系初步建成，口岸平台作用得到有效发挥，进出口总额实现倍增，经济外向度明显提升，门户枢纽作用更加凸显，开放型经济新体制基本形成，打造成为中部地区重要的承接产业转移示范区、外贸加工拓展基地、湖南依托长江联系内外的开放桥头堡。生态环境更加优良。能源、水资源消耗、碳排放总量得到有效控制，主要污染物排放总量控制达标，森林覆盖率、绿化覆盖率、湿地保有量保持在较高水平，城乡生态环境明显改善，生态安全屏障和绿色生产生活方式基本形成，城市形象更加靓丽、山水特色更加鲜明，生态文明建设走在全省前列。民生福祉有效改善。就业、教育、社保、医疗、住房等公共服务体系更加健全，妇女儿童、老年人、残疾人等群体合法权益得到更好保障，现行标准下农村贫困人口实现脱贫，居民收入水平和生活质量明显提高，公共文化服务体系基本建成，全民素质和社会文明程度显著提高，社会安定有序。

“十二五”规划主要指标完成情况表

表49

类别	序号	指标名称	“十二五”规划目标	2015年实际完成	年均增长（%）	属性
经济发展	1	地区生产总值（亿元）	3000	2886.3	10.9	预期性
	2	居民消费率（%）	49	49	—	预期性
	3	五年累计固定资产投资（亿元）	[6500]	[7460]	27.7	预期性
	4	财政总收入（亿元）	300	302.8	16.7	预期性
	5	规模工业增加值（亿元）	1500	1166	12.8	预期性
	6	服务业增加值比重（%）	36	38.9	—	预期性
	7	进出口总额（亿美元）	3.6	11.3	24.1%	预期性
	8	城镇化率（%）	55	54	—	预期性
教育科技	9	高中阶段教育毛入学率（%）	92	94.1	—	约束性
	10	高新技术产业增加值占GDP比重（%）	＞25	18.6	—	预期性
	11	非公经济占经济总量比重（%）	＞62	62.1	—	预期性
	12	研发经费占GDP比重（%）	2	1.7		预期性
	13	每万人发明专利拥有量（件/万人）	＞2.5	1.13	—	预期性
资源环境	14	耕地保有量（万亩）	479	479	—	约束性
	15	森林蓄积量（万立方米）	1820	1872	—	约束性
	16	化学需氧量排放量削减率（%）	[9.22]	[10.8]	—	约束性
	17	二氧化硫排放量削减率（%）	[9.85]	[7.7]	—	约束性
	18	氨氮排放量削减率（%）	[11.34]	[20.8]	—	约束性
	19	氮氧化物排放量削减率（%）	[17.99]	[19.2]	—	约束性
	20	单位GDP能源消耗降低（%）	[17]	[32.8]	—	约束性
民生改善	21	人口总数（万人）	575	560	—	约束性
	22	城镇居民人均可支配收入年均增长（%）	＞11	25202	10.8	预期性
	23	农民人均纯收入年均增长（%）	＞11	12091	13.9	预期性
	24	城镇登记失业率（%）	〈4.5	4.3	—	约束性
	25	五年新增城镇就业人口（万人）	[20]	[27.3]	—	预期性
	26	城镇参加基本养老保险人数（万人）	47.6	98.5	—	约束性
	27	城乡三项医疗保险参保率（%）	＞95	97	—	约束性

注：[　]表示五年累计数；城乡三项医疗保险指城镇职工基本医疗保险、城镇居民基本医疗保险、新型农村合作医疗。

三、战略定位和空间布局

战略定位。湖南发展新增长极。以沿江开发开放和临港产业发展为重点依托，加快建设中南地区重要的绿色化工基地、绿色食品加工基地、电力能源基地、北斗卫星导航产业基地，形成若干具有全省乃至全国影响力的产业集群，率先在全省建成通江达海、产业兴旺、开放共赢、绿色发展的新增长极。全国大江大湖名城。充分发挥临江畔湖、江湖交汇、山水相融的基础优势，突出长江流域和洞庭湖区生态特色，加强河湖治理、湿地保护和生态修复，构建绿色生态产业体系与和谐人水新关系，彰显历史文化底蕴，塑造城市品牌，提升城市形象，扩大岳阳在全国的知名度和影响力。区域航运物流中心。立足通江达海、黄金节点区位优势，加快港口码头、高速公路、快速干线、铁路、机场等建设，完善区域性综合立体运输体系，强化大宗货流的水陆中转、铁公水空联运以及客流的快速集散功能，着手规划建设国内航空物流核心枢纽城市和低成本航空客运基地，打造长江中游地区联通三湘四水、辐射川渝鄂赣周边的重要航运物流中心。环湖区域中心城市。牢固树立洞庭湖生态经济区的龙头地位，加快构建岳阳都市区，拓展城市发展空间，增强城市承载功能，不断提升要素资源吸纳吞吐能力和区域经济辐射能力，争当环湖区域经济社会发展的先行者、引领者、示范者，打造环湖区域中心城市。

空间布局。统筹推进“一核三极两区多点”建设，不断优化空间布局，形成核心引领、极区联动、多点支撑的竞相发展新格局。一核。指中心城区，包括岳阳楼区和南湖新区，是全市的政治、经济、文化中心。三极。指城陵矶新港区、岳阳经开区和湖南岳阳绿色化工产业园增长极，是全市产业发展的新高地。两区。指沿江环湖地区和邻长地区，是县域经济发展的主战场。多点。依托县城和各类园区，引导生产要素和公共资源集

“十三五”规划主要指标表

表50

类别	序号	指标名称		2015年	2020年	年均增速[累计]	属性
经济发展	1	地区生产总值（亿元）		2886.3	4820	9%	预期性
	2	规模工业增加值（亿元）		1166	—	10%左右	预期性
	3	固定资产投资（亿元）		[7460]	[18000]	18%	预期性
	4	公共财政预算收入（亿元）		302.8	510	11%左右	预期性
	5	社会消费品零售总额（亿元）		1021	1880	13%	预期性
	6	进出口总额（亿美元）		11.3	50	35%	预期性
	7	服务业增加值占GDP比重（%）		38.9	47	—	预期性
	8	全员劳动生产率（万元/人）		7.6	11	—	预期性
	9	城镇化率	常住人口城镇化率（%）	54	>60	—	预期性
			户籍人口城镇化率（%）	—	>40	—	
创新驱动	10	研发经费投入占GDP比重（%）		1.7	2.5	—	预期性
	11	每万人发明专利拥有量（件）		1.13	3	—	预期性
	12	科技进步贡献率		—	60	—	预期性
	13	互联网普及率	固定宽带家庭普及率（%）	42.3	>85	—	预期性
			移动宽带用户普及率（%）	—	>90	—	预期性
资源环境	14	耕地保有量（万亩）		479	479	—	约束性
	15	新增建设用地规模（万亩）		—	—	[15]	约束性
	16	单位GDP二氧化碳排放降低（%）		—	[18]	—	约束性
	17	单位GDP能源消耗降低（%）		[32.8]	—	完成省下达任务	约束性
	18	万元GDP用水量下降（%）		—	—	[18]	约束性
	19	非化石能源占一次能源消费比重（%）		0.61	1.96	—	约束性
	20	森林增长	森林覆盖率（%）	45.3	45.3	—	约束性
			森林蓄积量（亿立方米）	1873	2300	—	约束性
	21	地表水质量	好于III类水体比例（%）	—	98.3	—	约束性
			劣V类水体比例（%）	—	0	—	约束性
	22	空气质量	中心城区空气质量优良天数比率（%）	—	>80	—	约束性
			中心城区细颗粒物（PM2.5）浓度下降（%）	—	—	[15]	

续表50

类别	序号	指标名称		2015年	2020年	年均增速[累计]	属性
资源环境	23	主要污染物排放总量减少（%）	化学需氧量	[10.8]	—	完成省下达任务	约束性
			氨氮	[20.8]	—		
			二氧化硫	[7.7]	—		
			氮氧化物	[19.2]	—		
民生福祉	24	居民人均可支配收入（元）		18958	30532	10%	预期性
	25	城镇新增就业人数（万人）		[27.8]	[26]	—	预期性
	26	农村贫困人口脱贫（万人）		[30]	[35.2]	—	约束性
	27	城镇棚户区改造（万户）		[15.5]	[15.4]	—	约束性
	28	劳动年龄人口平均受教育年限（年）		10.4	11	—	约束性
	29	基本养老保险参保率（%）		—	>95	—	预期性
	30	人均预期寿命（岁）		76	77	—	预期性

注：地区生产总值2020年绝对值按2015年现价计算；[　]表示五年累计数。

聚，提高其吸纳人口、集聚产业的综合承载能力和公共服务水平，加快形成新的产业增长点、需求增长点、民生增长点和创新创业增长点，实现多点发力、多点开花。

第二章　开放赢得优势

一、构建对外开放新通道

推进陆上、水运、空中通道建设，加强各种运输方式的有机衔接，完善水陆空立体综合运输体系，打造长江中游区域性综合交通枢纽。到2020年，全市公路通车总里程达到2.1万千米，高速公路通车总里程达到485千米，二级及以上国省干线公路达到1600千米，铁路通车总里程达到719千米。推动城陵矶至武汉长江干线航道疏浚治理，实现常年维护水深6米，达到常年散货1.2万吨级、集装箱5000吨级通航标准，水运通道四级及以上航道里程达到354千米。建成运营三荷机场，旅客吞吐量达到每年60万人次左右，货邮吞吐量达到1800吨左右。

专栏1：综合交通运输网络

“四纵两横”国道网。“四纵”即G106、G107、G240（华容塔市驿至岳阳段、岳阳至汨罗段、汨罗至望城杨桥段）、G234（华容铁铺岭至操军段）；“两横”即G353（华容操军至岳阳段、岳阳至临湘詹桥段）、G536（平江三阳至汨罗段、汨罗至湘阴西林段）。

“五纵两横一支”高速公路网。“五纵”即京港澳高速岳阳段、京港澳高速复线（随州至岳阳段、岳阳至望城段）、武深高速通城至平江段、岳宜高速石首至华容段、华容至监利高速；“两横”即杭瑞、平益高速公路；“一支”即三荷机场高速公路。

“六纵两横八支”铁路网。“六纵”即京广铁路、京广高铁、蒙华铁路荆岳吉段、岳阳至长沙城际铁路、月益铁路、咸韶铁路；“两横”即常岳九铁路、浏阳至平江至益阳城际铁路；“八支”即城陵矶铁路专用线、松阳湖及煤炭储备基地铁路专用线、临湘港区鸭栏作业区铁路专用线、临湘工业园铁路专用线、华容煤炭储备基地铁路专用线、华容塔市驿港区铁路专用线、平江电厂铁路专用线、岳州电厂铁路专用线。

“通江达海”水运网。推进城陵矶新港二、三期工程和华容塔市驿、岳阳县鹿角、临湘鸭栏、湘阴漕溪港、屈原推山咀、君山荆江门、云溪彭家湾和南洋洲等码头建设，新建千吨级泊位25个，实现沿江沿湖港口集群发展。

图4：岳阳市“十三五”规划综合交通运输体系示意图

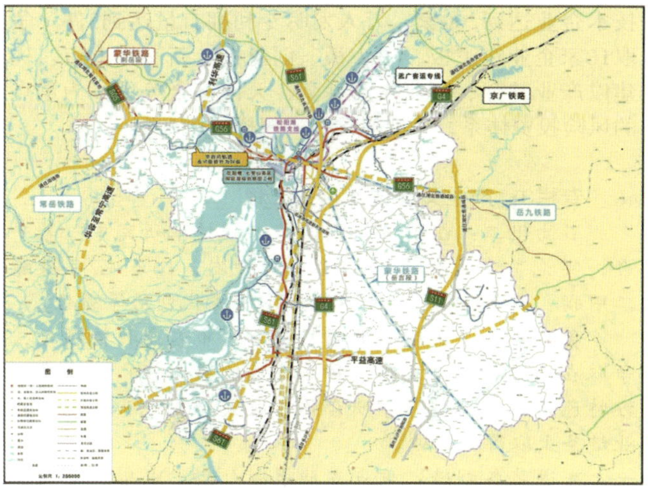

二、打造内陆开放新高地

积极发挥口岸、产业园区、对外交流平台在扩大开放中的载体、纽带和渠道作用，加快完善开放平台功能，促进开放型经济水平提升。

专栏2：城陵矶“一区一港四口岸”

综合保税区。2014年7月5日，国务院批复同意设立岳阳城陵矶综合保税区，规划面积2.98平方千米，一期1.28平方千米。2015年12月22日，城陵矶综合保税区（一期）通过国家验收。

启运退税港。2014年7月30日，财政部、海关总署、国税总局联合发布《关于扩大启运港退税政策试点范围的通知》，决定新增6个启运港退税政策试点口岸，岳阳城陵矶港名列其中。这意味着从城陵矶港报关出口，由水路经上海洋山保税港区中转离境的集装箱货物，只要经确认离开城陵矶港，即视为出口，马上可办理退税。2015年4月24日，城陵矶启运港退税政策试点正式实施。

汽车整车进口口岸。2014年7月1日，国务院批准同意设立城陵矶汽车整车进口口岸，是继上海、张家港之后长江流域第三个，也是我国中部地区首个整车进口口岸。2015年7月16日，城陵矶汽车整车进口口岸通过国家正式验收，投入运营。

进口肉类指定口岸。2014年11月3日，城陵矶进口肉类指定口岸获得国家质量监督检验检疫总局批准，是长江沿线继上海、张家港、重庆后的第四个进口肉类口岸。

进口粮食指定口岸。2014年8月6日，城陵矶进口粮食指定口岸获得国家质检总局正式批准。

固废进口指定口岸。2015年1月13日，海关总署正式发文同意岳阳城陵矶口岸以直航方式进口国家限制类、自动许可类固体废物。

第三章　创新驱动升级

一、加强科技创新能力建设

加快推进自主创新能力建设，大力培育企业创新主体，构建多元创新体系，完善科技创新服务，大幅提高科技创新水平。到2020年，全市新认定省级以上技术创新平台20家，组建产业技术创新战略联盟5家。全市高新技术企业达到200家，万人发明专利拥有量达到3件。争取10家企业在主板、中小板、创业板、新三板上市。构建以产业基金、创业投资基金、天使基金等手段为重点的风险投资体系，争取风险投资规模达到50亿元。

专栏3：产业关键技术攻关工程

石油化工：组建催化剂国家工程技术研究中心等平台，实施高流动性尼龙6工程塑料开发、10万吨/年碳酸二甲脂、石油炼制催化剂生产废水资源化利用等项目。

食品加工：实施一批国家和省、市农业科技项目，争取在新品种培育、生态种养技术攻关与推广、培育地方特色产业、促进产学研合作、做大产业龙头、延伸产业链条上取得新突破。

先进装备制造：重点支持永磁电磁、电磁冶金成套设备、电磁搅拌成套设备、节能高效电磁起重设备、高档轧机、冶金连铸机、矿山磁选成套设备、压力容器、高压阀门、管道、紧固件、大型宽幅高速箱板纸机成套设备、农产品加工和食品包装、半喂入式收割机和水稻插秧机、大型医疗器械及诊断仪器、大型轴承、新一代无异音精密钢球、大功率节能防爆电机等产品研发。

电子信息：推进芯片研发、终端制造、军民融合、应用服务、智能家居服务、智慧旅游服务、智能安防监控、移动电子商务、物联网服务技术攻关和应用、液晶显示器件、新型电子材料、LED大功率照明光源等技术攻关。

生物医药：加快大输液、抗生素、冻干粉等领域新产品开发，加强肿瘤、血吸虫病、心脑血管疾病等重大疾病诊断与防治技术研究。

新材料：加强铝钛中间合金等金属新材料、石墨化增碳剂等碳素新材料和新型墙体等新型建筑材料技术攻关。

节能环保：开展湖区水资源综合利用、水污染监测治理、农业面源污染治理、“两型”技术、能源高效与梯次利用、污染物防治与安全处置、垃圾分选成套设备、监测与应急处置、工业粉尘控制、固体废物和垃圾处理等技术研发。

现代物流：建设公共物流信息中心，支持临港大物流网络协同系统、港口电子数据交换系统、码头集装箱信息管理系统、供应链管理系统、现代物流管理系统与软件、自动导引运输车、仓储物流机器人、高性能特种电机控制与驱动等关键技术研发应用。

二、推动大众创业万众创新

坚持以众创平台为载体，以优化服务为关键，营造创新创业氛围，壮大创新创业群体，激发全社会创新创业活力。

实施“百优资助工程”，每2年对创新创业带动就业成效显著的50个个体工商户和50个优质初创企业，给予一次性创新创业奖励和跟踪扶持。到2020年，全市新增创业主体15万个以上，带动50万以上城乡劳动力就业。全市创业孵化示范基地或创业示范园区达到13个以上，众创空间达到10个以上。

三、大力实施巴陵人才工程

加强创新人才的引进、培育、使用和管理，构建引才聚才的用人环境，营造惜才爱才的留人氛围，造就一支数量充足、质量优良、结构合理的人才队伍。到2020年，引进“两院”院士、国家“千人计划”人才等科技领军人才30名、高层次科技创新创业人才1500名，带动培育市级技术创新团队50个，全市人才总量达到40万人。

专栏4：巴陵人才工程

重点人才支持计划。实施科技创新创业人才团队、巴陵青年英才、文艺岳家军、名师名医、扎根基层优秀人才等5项人才支持计划，每年评选科技创新创业人才团队10个左右、巴陵青年英才10人左右、文艺岳家军20人左右、名师名医各20人左右、扎根基层优秀人才20人左右。

市政府特殊津贴专家选拔计划。每2年开展一次市政府特殊津贴专家选拔工作，侧重在一线专业技术和技能工作岗位上取得突出业绩、作出重要贡献，为同行和社会认可的专业人才。

骨干人才培养计划。采取“走出去”和“请进来”的方式，充分利用国内外优质培训资源，每年举办6期左右的专题培训班和不少于6次的专题讲座，培养一批综合素质较高，能在各行业起到骨干作用的优秀人才。

选派优秀干部和科技人员进企业计划。每批选派

50~100名优秀干部和各类专业人才到市政府帮扶的民营企业挂职或担任企业科技特派专家，引导人才向经济一线流动，为企业加速发展提供人才支撑。

四海揽才计划。每年组织100家左右的企事业单位赴人才集中的大型城市或著名高校，开展1~2次优秀人才专场招聘，公开招聘一批我市紧缺急需的各类优秀人才。

高层次创新创业人才引进计划。围绕重点行业发展和产业转型升级需求，大力引进一批高水平领军人才、高级专业技术人才、高成长性优秀青年人才。

第四章 产业支撑发展

一、构建支撑有力的工业体系

以两化融合为动力，以市场需求为导向，发展大产业、培育大企业、构建大园区，打造多点支撑、集群发展的工业格局，实现工业总量扩张、结构优化、质量提升。到2020年，制造业质量竞争力指数达到85。形成先进装备制造千亿级产业集群和新材料、电子信息、节能环保、生物医药4个五百亿级产业集群，战略性新兴产业增加值占GDP比重达到20%左右。形成石油化工、食品加工2个两千亿级产业集群和电力能源、建材2个千亿级产业集群。培育2~3个年销售额过100亿元、10~15个年销售额过10亿元龙头企业。实现4个园区技工贸总收入过1000亿元，园区规模工业增加值占全市规模工业增加值比重达到70%，园区主导产业主营业务收入占园区技工贸总收入比重达到80%以上。

专栏5：战略性新兴产业发展重点方向

先进装备制造。重点发展工业磁力、汽车及工程机械、节能环保与石油化工装备产业，加快培育航空航天、智能制造装备产业，着力突破一批关键共性技术，培育一批重点企业和重点产品。立足智能装备发展需求，引导企业研发智能装备制造技术和产品，重点发展具有深度感知、智慧决策、自动执行的高档数控机床、增材制造（3D打印）装备、工业机器人、无人航空飞行器、全自动智能化生产线及相关智能制造技术，力争在工业自动控制系统、智能测量仪器仪表、机器人关键零部件等智能核心领域取得突破。

新材料。重点发展新型环保溶剂、功能型环氧树脂、聚酰胺、聚丙烯、高纯氨、合成纤维、合成橡胶等高分子材料和工业催化剂材料，培育发展镁合金、铝合金、稀土氧化物等金属功能材料和防水卷材、保温隔热防火材料、复合保温砌块、远大可持续建材、绿色硅藻泥等新型建筑材料以及云母绝缘材料、锂电池石墨负极材料等先进储能材料。

电子信息。重点发展军民融合卫星应用和民爆器材等军民融合产业，加快发展集成电路、电子元器件、软件与信息服务等优势产业，打造从芯片、软件、终端、网络到业务应用的完整产业链。加快军民融合卫星应用产业园建设，吸引导航定位服务、云计算服务、车联网技术服务等产业链配套企业和关联企业集聚，推进北斗导航应用系统解决方案与位置信息服务产业化。支持移动互联网应用，加快发展移动电子商务，促进以智能家居服务、智慧旅游服务、智能安防监控等业态为主的移动互联网产业聚集。

节能环保。加快发展高效锅炉、高效燃烧装置、工业企业余热余能利用装置、节能监测仪器仪表等节能技术和装备，发展工农业及城市污水等典型废水处理、工业脱硫除尘和汽车尾气净化、室内空气净化、高耗水行业节水等环境治理技术与装备，做大做强金属冶炼、再生塑料、电子拆解等循环经济产业，延伸精深加工产业链条，做强下游产品研发和推广，加快建设技术领先、清洁高效的静脉产业园。

生物医药。重点发展高端抗生素、化学原料药及制剂、大输液、医用耗材，培育现代中药、医疗器械等产业，依托重点企业建设一批现代医药制剂、大输液、医用卫材、保健食品、医用影像设备制造、中药材种植等产业基地，构建集原料、制剂、药用辅料、药用包材、医疗器械于一体的综合性生物医药产业体系。

文化创意。培育壮大创意设计、演艺娱乐、影视制作、动漫游戏、广告传媒、移动多媒体、网络新媒体等产业，大力发展艺术品、民俗工艺品、电影电视剧等重点文化产品，扩大岳州扇、巴陵戏、岳州窑等品牌知名度和影响力。到2020年，打造5家以上国家级、省级文化产业示范基地，文化创意产业增加值占GDP比重达到10%左右。

专栏6：传统产业提质改造工程

石油化工。强化央地合作和炼化一体化发展，扩大原油加工能力，加快成品油质量升级换代，建设碳一、碳三、碳四、芳烃四条主导产业链，配套发展煤化工、盐化工、农药化肥产业，延长石化产业链条，提升产品附加值，形成以基础化工原料、有机化工原料、催化剂及助剂、特种化学品和精细化工产品生产、市场交易、物流为一体的石化及新型化工产业集群，打造具有核心竞争力的国家级石化产业基地。

食品加工。大力发展粮食加工、油脂加工、茶叶加工、料加工、蔬菜加工、休闲食品加工、调味品加工等产业，引导企业实行规模扩张、培育知名品牌，形成一批大型企业集团，扶持洞庭湖绿色食品产业园发展，打造中南地区重要的食品加工基地。

电力能源。加快大容量清洁煤电机组发展和风能、水能、太阳能、生物质能、核能的开发利用，加强临湘、岳阳县等重点区域风电开发，建设华电平江电厂、神华国华华容电厂、煤炭储备基地、中粮城陵矶燃料乙醇等重大项目，推进平江抽水蓄能电站、汨罗玉池抽水蓄能电站、小墨山核电站前期工作，规划建设一批装机容量20兆瓦以上的光伏电站，谋划生活垃圾焚烧发电、沼气发电等其他能源项目，打造湘北能源基地。

建材。按照“控制总量、调优存量、延伸下游、绿色发展”的思路，加快水泥、建筑陶瓷、石材、木材加工、人造板材等传统建材行业技术改造、兼并重组步伐，支持企业研发、生产、推广应用高强钢筋、高性能混凝土、预拌砂浆等建筑材料和新型墙体材料。

造纸。大力推进林纸一体化，推动形成以木材为主、芦苇为辅、废纸为补充的原料结构。推动纸制品深加工，延伸拉长产业链，重点发展印刷文化用纸、新闻纸、生活用纸、纸板原纸等优势产品，开发特种工业用纸、高档白板纸、铜版纸、箱板纸和高档瓦楞原纸。引导造纸企业采用先进的制浆造纸技术、污染治理技术和节水技术，实现资源高效节约利用。

纺织。依托棉花、苎麻等资源，大力发展高支纱、高档生态苎麻面料、水刺无纺布、坯布、印花巾被等产品，延伸深加工产业链，开发精品服装、家居产品、布衣工艺品等高附加值产品，逐步形成集纺织、印染、服装加工等于一体的产业集群。

专栏7：省级以上产业园区主导产业指导目录

岳阳经开区。重点发展先进装备制造（工业磁力装备、石油化工装备、节能环保装备、军民融合装备）、电子信息、生物医药产业。

城陵矶新港区。重点发展航运物流、先进装备制造（节能环保装备、轨道交通装备）、电子信息产业。

岳阳绿色化工产业园。重点发展炼化催化剂、化工新材料及特种化学品产业。

临湘工业园。重点发展有色冶炼、精细化工产业。

汨罗循环经济产业园。重点发展再生资源、先进装备制造产业。

平江工业园。重点发展食品加工、新材料产业。

湘阴工业园。重点发展先进装备制造（工程机械装备）、电子信息产业。

岳阳县工业集中区。重点发展生物医药、建材产业。

华容县工业集中区。重点发展纺织、食品加工产业。

君山工业集中区。重点发展绿色食品加工（休闲食品业、茶叶加工业）产业。

二、培育面向时代的服务经济

坚持把发展服务业作为优化产业结构、提升产业层次的战略重点，培育壮大旅游、物流两大支柱产业。构建“一心支撑（城市旅游服务综合体）、双核引领（楼岛湖旅游核和环南湖旅游核）、两翼齐飞（东部山地森林旅游发展翼和西部滨湖湿地生态休闲翼）、三江串联（长江、湘江、汨罗江旅游廊道）”旅游发展格局。到2020年，服务业占GDP比重达到47%。实现接待国内外旅游总数1亿人次，旅游总收入突破1000亿元。建设长江中游物流枢纽城市，建成全国现代物流创新发展示范城市。

专栏8：旅游提质发展工程

景区景点建设。提升岳阳楼—君山岛、石牛寨、张谷英村等知名景区景点承载能力，加快洞庭湖博览园、3517文旅新城、屈子文化园、左宗棠文化园、龙窖山瑶族文化旅游区、华容湘鄂西革命根据地红色旅游区等文化旅游区和天岳幕阜山、黄盖湖、洋沙湖、鹤龙湖等旅游度假区建设，全面推进环南湖“13118”综合工程，打造国家级洞庭湖旅游度假区，争取“中国湿地旅游生态示范区”挂牌，创建国家5A级景区1家、4A级景区2家以上、省级乡村旅游示范区（点）10家以上。

精品线路培育。以国家A级景区、自然保护区、湿地公园、森林公园、地质公园为主要依托，重点推出江湖名城游、生态休闲游、洞庭风光游、民俗风情游、红色故里游、森林度假游、湘楚文化游、美丽乡村游八大品牌和主题游、日程游22条精品线路。

旅游交通建设。完成城陵矶、南岳坡等旅游码头改扩建，科学布局新建一批旅游码头，加快S317平江县龙门至石牛寨、南江桥至幕阜山、通城至相思山、S306岳阳县张谷英至平江县南江镇、华容湘鄂西革命根据地通道、临湘市城区至6501景区等旅游公路建设。

主题节会活动。创新举办岳阳国际端午龙舟节、洞庭湖（岳阳）国际观鸟节、长江（岳阳）旅游暨诗意江湖岳阳楼国际旅游文化节、中国（岳阳）黄茶文化节、岳阳生态（漂流）文化旅游节、洞庭（岳阳）美食文化旅游节、君山岛爱情文化节、君山野生荷花节等主题节会活动，做强做旺“楼岛江湖山”和“花鸟舟情”品牌。

专栏9：现代物流发展工程

物流园区。建设城陵矶临港物流园、道仁矶临港物流园、三荷空港物流园、岳阳公路港物流园等综合性物流园，推进一批县级物流中心项目。

航运物流。依托港口优势，以港口运输、中转为基础，延伸集装箱、船务船代、多式联运等服务，发展农产品、整车、固体废旧物资等领域的贸易、物流信息等服务。

保税物流。依托城陵矶综合保税区，加强保税仓库、监管仓库建设，完善区内仓储、配送、运输、流通加工等功能，发展检测和售后服务维修业务。

制造业物流。依托大型制造企业，加快发展机械及装备制造业物流，完善供应链物流、销售物流、采购物流和售后物流服务体系，推动汨罗再生资源回收物流体系建设。

危化品物流。依托石化产业基地，发展危化品干线运输、绿色仓储、智慧物流等服务，适时开展危化品网上交易、物流金融服务。

城乡配送物流。整合优化“万村千乡”“新网工程”，完善农产品进城、工业品下乡体系，加快县级配送中心和乡镇配送站建设，构建市、县、乡、村四级物流配送网络。

冷链物流。重点发展鲜活农产品、果蔬、鲜花、食品等仓储、配送为主的冷链物流，建设一批冷链配送中心、批发市场。

三、发展集约高效的现代农业

坚持巩固农业基础地位，按照稳粮增收、提质增效、创新驱动的总要求，加快农业结构调整，创新农业经营方式，构建农业支撑体系，开发农业多种功能，走产出高效、产品安全、资源节约、环境友好的现代农业发展道路。

专栏10：现代农业发展重大工程

高标准农田建设。以田、土、水、路、林、电、技、管8个方面为重点，建成集中连片、旱涝保收的高标准农田360万亩，区域亩均粮食综合生产能力提高100公斤以上。

小型农田水利建设。完成华容县、云溪区中央财政小型农田水利重点县建设任务，大力推进中央财政农田水利项目县建设，继续实施市级小型农田水利“百千万”工程，维修改造小型机埠500处、整修骨干山塘5000口、整修小型渠道1000千米，新增、恢复和改善灌溉面积50万亩，新增蓄（提）水能力5000万方。

农业基地建设。重点打造200万亩优质粮食生产基地、100万亩优质油菜生产基地、50万亩蔬菜生产基地、40万亩瓜果种植基地和20万亩优质茶叶基地，新建改造2500个生猪标准化规模养殖场、300个家禽标准化规模养殖场、80个畜禽养殖示范区，创建1~2个国家级渔业健康养殖示范县。

休闲农业发展。重点发展投资500万元以上的休闲农业企业1000家、投资50万元以上的农家乐1万户，打造省星级休闲农庄70家，实现年接待游客1200万人次，推进君山区国家级休闲农业与乡村旅游示范区建设。

农业经营主体培育。重点培育年销售过10亿元的农业产业化龙头企业20家、农民合作社5000家、家庭农场2000家、特色农业产业园100个。

现代农业示范区建设。推进屈原和华容两个国家现代农业示范区建设，打造引领全市现代农业发展的典范。

第五章 城市彰显魅力

一、构建现代都市格局

顺应城市发展规律和趋势，围绕打造100万人以上大城市目标，加快形成“一核四片区”都市区发展格局。

核心区。以岳阳楼区和南湖新区为范围，岳阳楼区依托较为完善的城市功能和深厚的历史文化积淀，加快洞庭新城、洞庭湖风光带建设和城西老工业区搬迁改造，保护岳阳楼、岳州文庙等珍贵历史文化遗存，推进现代商贸、物流、金融等服务业集聚发展，建设立足市域、辐射湘北的现代服务业集聚核；南湖新区依托良好的自然景观与生态环境，加快完善基础设施和公共服务配套，培育现代商务、休闲旅游、美食娱乐、教育医疗等服务功能，打造岳阳生态文化新景区、现代滨湖新城区、旅游休闲度假区。

城东片区。以岳阳经开区为范围，大力推进城市东扩，加快高铁片区、空港片区和岳阳大道东开发建设，规划建设金凤湖生态示范区，提升城市建设品质品位，培育岳阳大道东现代商贸圈，打造功能配套、生态宜居、产城一体的高铁新城、空港新城，彰显岳阳现代核心城区门户形象。

城北片区。以城陵矶新港区和云溪城区为范围，城陵矶新港区加强商业、住宅等设施建设，完善公共服务功能，加快沿江沿湖旅游资源开发，实施芭蕉湖综合治理，建设沿湖景观走廊，提升吸纳集聚人口的能力，打造具有江湖形胜的滨江新城。云溪城区加快老城区改造和云港新城建设，大力发展现代服务业，为两大厂及周边地区提供城市配套服务，与城陵矶新港区融合、错位发展，打造都市区北部商贸商务集聚区。

城西片区。以君山区柳林洲街道办事处为主要范围，依托君山岛、濠河城市湿地公园、洞庭湖博览园、洞庭湖国际观鸟湿地等文化旅游资源，加快发展文化旅游、娱乐休闲业，打造湘北高端文化旅游与生态居住区。

南部片区。以南湖新区以南、新墙河以北部分地区为范围，发挥北临南湖新区、南靠新墙河、西濒洞庭湖的区位生态优势，依托区内鹰咀山、麻布山等自然山体，打造都市区中央公园，为高端要素集聚创造优良环境，培育文化创意、旅游休闲等功能。

图5：“一核四片区”都市区发展格局示意图

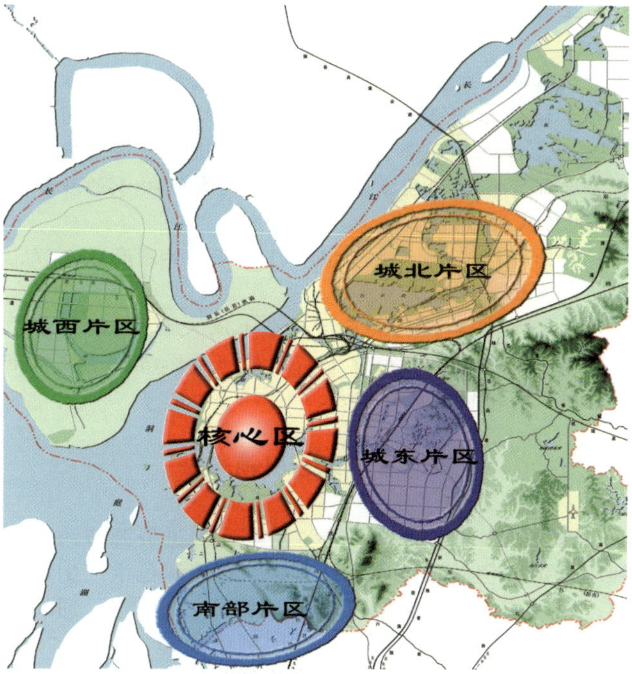

二、提升城市文化内涵

发挥人文资源丰富、文化底蕴深厚的独特优势，加强文化遗产挖掘保护，彰显历史文化名城魅力，擦亮全国文明城市品牌，提升江湖名城内涵。

专栏11：文化遗产保护工程

全国重点文物保护单位：岳阳楼、岳阳文庙、平江起义旧址、平江县委旧址、任弼时故居、张谷英村古建筑群、屈子祠、铜鼓山遗址、罗子国城遗址、大矶头遗址、龙窖山堆石墓群、慈氏塔、湘阴文庙、左文襄公祠、岳州关、岳阳教会学校、大云山三战三捷摩崖石刻

世界级非物质文化遗产：汨罗江畔端午习俗

国家级非物质文化遗产：巴陵戏剧、岳阳花鼓戏、平江九龙舞、临湘花鼓戏、汨罗市抬阁故事会、洞庭渔歌

省级非物质文化遗产：平江花灯戏、平江民歌、屈原传说、屈子祠祭屈大典、柳毅传书传说、华容夹叶点子、岳州扇制作技艺、临湘十三村酱菜制作技艺

三、增强城市承载功能

按照“科学规划、合理布局、突出重点、适度超

前”的原则，统筹推进交通、能源、水利、信息等基础设施建设，全面提升城市承载能力和现代化水平。到2020年，全市固定宽带家庭普及率达到85%以上，3G/4G用户普及率达到90%以上，城市家庭宽带接入能力达到50Mbps以上，农村家庭宽带接入能力达到12Mbps以上。

专栏12：水利建设重点工程

防洪治涝工程。推进以钱粮湖垸、大通湖东垸为重点的蓄滞洪区安全建设及分洪闸控制工程，全面完成集成安合、君山、北湖、义合金鸡四个蓄洪垸堤防加固工程，加强长江干流湖南段河势控制及河道治理工程，实施黄盖湖防洪治理工程，稳步推进14处大中型水闸和重点中型水库除险加固，继续实施青冲等大中型泵站更新改造工程，结合建设“海绵城市”，提升城市防洪排涝能力。

饮水安全工程。重点推进汨罗市兰新供水工程、临湘市幸福岭水厂等5处规模以上水厂续建工程，通过工程改造、升级、配套、联网等方式，进一步提高农村饮水安全保障程度和质量。到2020年，实现100%的乡镇、90%的行政村通自来水。

水源保障工程。重点推进11处河湖水系连通工程，新建或改扩建10座小型水库。

生态水利工程。重点治理水土流失面积210平方千米，继续实施水利血防工程，开展河道保洁，建设城市所在河段河道保洁监控体系。

第六章　绿色引领未来

着力加强生态保护和环境治理，促进资源节约高效利用，走绿色低碳循环发展之路，打造绿色生产生活空间，使岳阳天更蓝、地更绿、山更青、水更秀。到2020年，生态红线区域占国土面积比例达到20%以上。主要江河湖泊水功能区水质达标率达到95%，集中式饮用水水源地水质达标率达到100%，城镇污水处理率达到90%以上。全市万元工业增加值用水量控制在50立方米以下，农田灌溉水有效利用系数提高到0.545以上。

专栏13：自然生态保护修复工程

生态林业建设。加强生态公益林、天然林保护，大力开展人工造林、低产林改造，构筑绿色屏障，规划保护天然林资源270万亩、建设防护林120万亩、退耕还林10万亩、改造退化防护林45万亩，构建健康稳定的森林生态系统。

湿地公园建设工程。加强东洞庭湖濒危鸟类保护及栖息地保护，恢复重建水禽越冬栖息地1.8万亩。重点抓好湘阴洋沙湖—东湖、汨罗江、新墙河、华容东湖、平江黄金河5个国家湿地公园试点建设，规划新建临湘冶湖、云溪白泥湖、城陵矶新港区芭蕉湖3个国家级湿地公园，力争“十三五”期间进入试点建设阶段。

湿地生态保护与恢复工程。通过退田还湖、还泽、还滩、还林草及水土保持等方式，改善湿地生态状况，加强东洞庭湖国家级自然保护区、岳阳森林生态博览园和湿地植物种质资源库建设，开展湿地生物多样性保护。

野生动植物保护及自然保护区建设工程。加强国家级和省级自然保护区、湿地公园和森林公园周围的野生动植物保护及自然保护区建设，完善野生动物疫源疫病监测防控网络，规划建设总面积20万亩，新建1个省级自然保护区。

第七章　发展惠及人民

一、健全社会保障体系

实施就业优先战略，完善社会保险制度，提升社会救助水平，健全住房保障体系，坚持全覆盖、保基本、多层次、可持续方针，构建覆盖城乡的全方位、高水平的社会保障体系，坚决兜住兜牢民生底线。到2020年，全市新增城镇就业不低于26万人、农村劳动力转移就业不低于22万人，城镇登记失业率控制在4.3%以内，全市专业技术人才总量达到18万人左右，高技能人才总量达到10万人左右。城市和农村低保保障标准分别提高到每月700元和每月350元。完成棚户区改造15.4万户，全市县城以上保障性住房覆盖面达到26.4%，农村危房改造覆盖面达到100%。

二、繁荣发展社会事业

大力发展教育、医疗卫生、文化等社会事业，努力提高公共服务均等化水平，推动经济社会协调发展。到2020年，建成学生实习基地10个以上，“双师型”教师占职业学校专业课老师比例达50%以上，全市高等教育毛入学率达到70%。 年均人口自然增长率控制在9‰左右，婴儿死亡率、5岁以下儿童死亡率、孕产妇死亡率分别控制在5‰、8‰、15/10万以下，城乡居民基本医疗保险参保率达到99%，每千常住人口床位数达到5.4张、执业（助理）医师达到2.2人。

专栏14：教育发展重点工程

学前教育普及普惠工程。新建250所公办幼儿园、550所普惠性民办幼儿园、100所市级示范幼儿园，培训幼儿教师6000名、保育员3000名，到2020年全市公办幼儿园和普惠民办园比例达到80%以上、保教员持证上岗率达到90%以上。

义务教育均衡发展工程。新增城镇小学18所、初中5所、农村寄宿制学校10所，加快合格学校和标准学校建设，到2020年义务教育阶段合格学校建设达标率达到100%，标准化学校建设达标率达到60%以上。

普通高中多样化建设工程。新增示范性高中4所、综合性高中5所、市级特色高中10所，撤并一批规模小的高中学校，全市普通高中学校保持在40所左右。扶持薄弱高中发展，建立省级示范性高中扶助薄弱高中常态化机制。

职业教育服务能力提升工程。创建省级示范性职业学院，建成10个多功能可共享的特色实训基地，引导和支持职业院校对接区域优势产业、主导企业，重点建设2~3个特色专业，到2020年，全市建成20个以上省级特色专业，形成10个特色专业群。

特殊教育和社区教育促进工程。设置特殊教育专项经费和扶残助学基金，支持市县特殊教育学校建设，加快社区教育发展，到2020年建成社区教育省级实验区2个、市级实验区12个。

教育信息化建设推进工程。加快推进“三通两平台”和“宽带网络校校通”工程，运用岳阳教学云平台，启动教师网络教学空间建设到2020年全市中小学校100%实现宽带网络“校校通”，95%以上的学校班级实现优质资源“班班通”，90%以上教师实现网络教学空间“人人通”。

专栏15：健康岳阳建设重点工程

区域医疗中心建设。规划新建岳阳市中心医院、韩国首尔大学岳阳数字化医院、岳阳市中医健康养生基地、岳阳市儿童医院和岳阳市妇女儿童医院，实施岳阳市普济颐养中心改扩建、市妇幼保健院整体搬迁、市中医院基本医疗住院楼建设等一批重大项目，构建环湖区域医疗中心、养老中心。

医疗卫生服务体系建设。以市县公立医院为主要依托，重点建设10个国家级临床重点专科、7个国家级中医重点专科、30个省级重点临床专科、15个省级重点中医专科和80个市级医学重点学科群，新建或改扩建一批乡镇卫生院、社区卫生服务中心、村卫生室，新建公共卫生紧急救援指挥中心、区域医学影像和医学检验中心。

中医医疗服务体系建设。加强市县两级中医医疗机构基础设施建设，完善基层中医药服务网络，逐步实现所有乡镇卫生院和社区卫生服务机构具备中医药服务能力。

人口健康信息化建设。融入全省人口健康信息服务体系，强化基于居民电子健康档案贯穿个人全生命周期的健康大数据分析应用，实现居民健康一卡通用。到2020年，居民数字化健康档案覆盖率达100%

体育健身设施建设。申报建设一批农民体育健身、乡镇农民体育、全民健身路径、城乡文体广场、社区体育户外广场工程项目，逐步实现所有县市区建有全民健身活动中心，乡镇、社区、农村建有较为完善的体育健身场所。申办、举办各类赛事活动，促进全民健身活动开展。

（万　成）

索 引

说 明

一、本类目设主题索引和表2个分目。

二、主题索引中文标目按汉语拼音顺序排列，同音字按笔画数多少排列。首字为阿拉伯数字的主题词，排列在本索引之首。

索引名称后的阿拉伯数字表示内容所在的页码，拉丁字母a、b、c表示栏别左、中、右栏。

本年鉴的条目“特载”“大事记”“人物”“统计资料”“附录”均未做主题索引。

类目、专稿标题用蓝色字体表明。

三、表格按序号排列，仅标注所在页码，不标注分栏。

0~9

A

B

Z

表　格

岳阳大酒店

岳阳大酒店外景

10月21日，副省长何报翔到岳阳大酒店考察

2016年12月20日，岳阳大酒店“中国五星级饭店”揭牌仪式举行，湖南省旅游发展委员会党组副书记、副主任王超祥，市领导陈光荣、宋爱华、黎四清参加。

2012年以来，岳阳大酒店积极开展创建五星级旅游饭店的活动，以适应日益发展的旅游事业需要。全体员工群策群力，团结奋进，顺利完成创五星工作的各项指标，2016年8月下旬，以超过国家旅游星级饭店的划分与评定（GB/T14308-2010）国家标准13.5分的优异成绩通过全国星评委专家组检查评定。2016年11月14日，经全国旅游星级饭店评定委员会研究决定，批准湖南岳阳大酒店为五星级旅游饭店，填补岳阳五星级旅游饭店的空白，对于岳阳饭店行业乃至岳阳市旅游产业发展具有里程碑的意义。

酒店祥龙厅

豪华双人间

12月20日，岳阳大酒店中国五星级饭店揭牌仪式

岳阳经济技术开发区

市委书记胡忠雄到岳阳经开区调研

市长刘和生调研岳阳经开区工作

区工委书记文春方调研精彩标识现场

区工委副书记、管委会主任谢春生调研机场快速通道项目建设

现代装备制造产业园建设场景

居然之家

康王乡乌江村国学堂

监申桥工业园

美丽黄茹山

湖南城陵矶新港区

省长许达哲考察湖南城陵矶新港区

湖南城陵矶国际港务集团与上海国际港务集团合作运营启动仪式

城陵矶综合保税区正式封关运营

市委书记胡忠雄到新港区考察工作

市委副书记李爱武到新港区企业考察

工委书记黄俊钧到企业调研

管委会主任王文华为投资客商作讲解

鸟瞰湖南城陵矶新港区

南湖新区

中央环保督察组到南湖新区督查

省委常委、常务副省长陈向群调研污水治理工作

湘北女校新校园开工奠礼

到平江县加义镇咏生村开展对口扶贫工作

南湖城市综合体项目进行签约现场

荆州市党政代表团考察南湖三圈

麦子港

圣安寺

环南湖三圈风光

南湖天灯咀

平江县

国务委员王勇到平江县慰问老红军苏育生

市长刘和生到伍市镇调研

公安“三所”建设开工

平江酱干刷新吉尼斯纪录

三市镇茶园

汨江山城

北京同仁堂平江公司

县城甲山河风光

精准扶贫项目——光伏发电

天岳新区三阳大道

宏远万汇商业广场

改造后的石碧潭大桥

岳阳县

省委副书记乌兰到岳阳县考察

省委常委、统战部部长黄兰香到岳阳县调研

市委书记胡忠雄到岳阳县调研指导工作

市长刘和生到岳阳县毛田镇调研

县城鸟瞰图

湖南省医药领头企业——湖南科伦制药有限公司

工业园二、三期建成区全景图

筻口镇大塘村美丽乡村建设

铁山水库

城南河公园

天下第一村——张谷英村

华容县

市委书记胡忠雄到华容县调研

市长刘和生调研神华国华华容电厂项目

容城风光

部队官兵在新华垸抗洪抢险

投资4.65亿元的长江安全饮水工程

岳常高速华容段

蔬菜丰收

华容芥菜制作车间

新农村居民安置点

湘阴县

市委书记胡忠雄到湘阴县调研

县委书记汪灿调研武警长沙直升机场公路建设

县长李镇江调度G240湘阴段拓改工程

湘阴党政代表团到长沙交流考察

湘阴县与阿里巴巴集团合作村淘工程

卓达金谷创业园100万平米标准化厂房

西姆西科技有限公司生产车间

湘阴县人民医院建成投用

群众文化活动周

南湖洲镇百树山特色农业产业园

田园风光

东湖生态公园

临湘市

武警部队司令员王宁上将到临湘巡查防汛

市委常委、市纪委书记李挚督查防汛工作

市委书记李美云调研湘北大道建设

市长魏淑萍在安全生产调研现场

举办2017年全国垂钓俱乐部挑战赛

浮标企业——我的钓鱼总部

滨江产业园

第七届大众运动会暨登山比赛

6501风景区

山清水秀的龙源水库

汨罗市

市委书记胡忠雄到汨罗市汨罗镇南托新村考察

市长刘和生调研G240汨罗段建设

新一届汨罗市委班子

巡堤查险

2016年中国汨罗江国际龙舟节开幕式

汨罗江国家湿地公园

汨罗江端午文化产业整体开发签约仪式

罗城新颜

长乐台阁故事会

岳阳楼区

市委书记胡忠雄到岳阳楼区调研指导工作

市长刘和生到岳阳楼区调研

2016年，岳阳楼区实现地区生产总值574亿元，增长10%；固定资产投资195亿元，增长16%；社会消费品零售总额430亿元，增长12%；财政总收入22.77亿元，增长7.5%，税收占比达88.4%。着力推动经济发展，新建续建产业项目38个，到位资金16亿元；推动九大棚户（旧城）区改造，完成签约8189户、征收房屋115万平方米。着力改善城乡环境，集中整治站前路、菜园坡路等路段马路市场，改善南环路、奇家岭、雷锋山等农集贸市场环境。开展禁拆治违升级行动，拆除违法建设482处、面积7.3万平方米。着力办理惠民实事，推进社区治理和服务创新“三合一”工程，111项公共服务下沉到社区，办理民生业务18万件；枫桥湖社区卫生服务中心跻身“全国百强”。着力维护公共安全，全方位防范和化解矛盾纠纷，信访总量下降50%；依法打击非法融资活动，处置民间非法借贷案件16起，追回资金7519万元。

城市后花园——岳阳楼区郭镇乡麻布山

区委书记陈阁辉调研精准扶贫工作

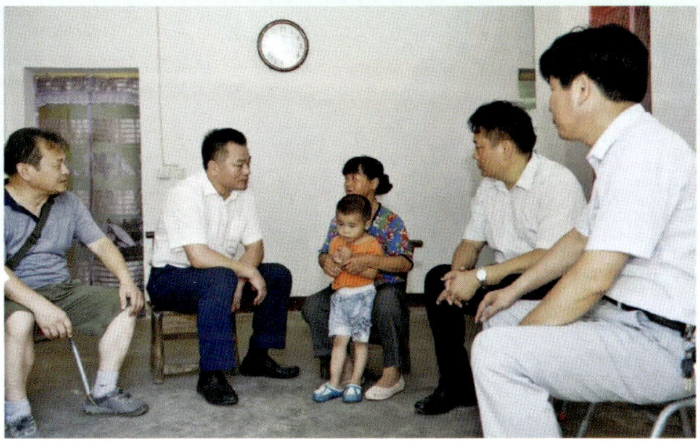

区长黄建文走访农户

“金海岸”经济适用房项目开工

建区20周年感动楼区人物

“送春联”活动

转型发展、创新创业的岳阳楼区

云溪区

区委书记张中于调研官山路建设

区长余良勇调研城建工作

巴陵石化生产装置

城陵矶新港区码头

湖南岳阳绿色化工产业园

云溪广场

白泥湖螃蟹丰收

云溪街道

铜鼓山遗址

大矶头遗址

云溪区一中塑胶操场

君山区

君山洞庭大道

岳阳市第十六中学

工业园标准化厂房三期

湖南国泰食品有限公司生产车间

新泰和集团蔬菜大棚

萌宠小镇·金诚之星启动仪式现场

良心堡万亩油菜基地

钱粮湖镇马颈河村现代化蔬菜育苗工厂

五星级农庄虹宇生态园花卉种植

良心堡镇全程机插化插秧

屈原管理区

省委常委、省军区司令员黄跃进到屈原管理区考察

市委书记胡忠雄到屈原管理区调研

湖南海泰博农生物科技公司黄栀子加工基地奠基

城区一角

正虹集团力得公司预混料新生产线开工

凤凰乡河泊潭村农民集中建房点

屈原管理区被评为全国首批主要农作物生产全程机械化示范区

湿地精灵

河市镇田园风光

云溪区住房和城乡建设局

区委书记张中于调研项目建设

区长余良勇调研城建工作

局党组民主生活会

警示教育活动

看望福利院孤儿

慰问环卫工人